Laureano López Rodó

Laureano López Rodó

MEMORIAS

AÑOS DECISIVOS

PLAZA & JANES
cambio

Portada de

JULIO VIVAS

Primera edición: **Abril, 1991**

Editado por Actualidad y Libros, S. A. — PLAZA & JANES/Cambio 16
Virgen de Guadalupe, 21-33. Esplugues de Llobregat (Barcelona)

Printed in Spain — Impreso en España

ISBN: 84-7863-021-X — Depósito Legal: B. 12.961 - 1991

Impreso en Printer, Industria Gráfica, S. A.
Sant Vicenç dels Horts (Barcelona)

SUMARIO

PALABRAS PRELIMINARES

En este segundo volumen de mis Memorias se pone de manifiesto, de modo más patente que en el anterior, que durante la época de Franco y dentro de las limitaciones entonces establecidas había, de hecho, un pluralismo político que algunos trataron de sofocar pero que acabaría por imponerse.

La diversidad de criterios y tendencias dentro del Gobierno y, en general, dentro del Régimen, era evidente. La apertura de horizontes que, como en seguida veremos, supuso la Ley Orgánica del Estado y, con ella, la inclinación de la balanza en favor de quienes propugnábamos el reconocimiento jurídico del pluralismo político y una mayor apertura, fue seguida por la Ley Orgánica del Movimiento y de su Consejo Nacional, que hizo caer la balanza del otro lado.

Lo mismo podría decirse respecto de los enfoques divergentes del caso Matesa, de la política económica, de la Ley Sindical y de la cuestión sucesoria.

Sin embargo, no cabe ninguna duda que las diversas actitudes fueron adoptadas con la mejor intención y que el forcejeo entre las tendencias contrapuestas estuvo, salvo raras excepciones, presidido por el *fair play*.

Fuimos contendientes episódicos sin que nuestras discrepancias quebraran nuestra mutua estima. La disparidad de criterios no fue obstáculo a la sincera amistad entre los que propugnábamos soluciones diversas; amistad que se ha ido fortaleciendo al correr del tiempo y nos ha situado en las mismas filas a quienes pudimos parecer adversarios acérrimos. Y es que todos teníamos un común denominador: el afán de servir a nuestro pueblo con honradez, decoro y limpieza de miras.

LAUREANO LÓPEZ RODÓ
Madrid, 8 de enero de 1991

AÑO 1966:

LA LEY ORGÁNICA DEL ESTADO

Escrito anti-monárquico y socializante de la Agrupación de Antiguos Miembros del Frente de Juventudes

Bajo el título *Ante 1966*, la Agrupación de Antiguos Miembros del Frente de Juventudes, que presidía Antonio Castro Villacañas, formuló en un escrito de cinco folios, una serie de demandas.

Respecto de la sucesión, abogaba sin ambages por la república: «Desearíamos que el pueblo español, dando una prueba de madurez cultural, desease y favoreciera, cuando la sucesión lo exija, que la primera magistratura del país sea desempeñada siempre por aquel ciudadano que, democráticamente, sea considerado, en cada momento, como el de mayores éxitos biográficos y no por ningún otro de los de aquellos que no pueden alegar más excelencias personales que las de pertenecer, por el azar de la Naturaleza, a una familia determinada.»

Respecto de la Organización Sindical, decía que «Es unánime aspiración, tanto de las clases trabajadoras como de las empresariales, sobre la base de un reforzamiento de la unidad sindical, la pronta democratización total de los Sindicatos y el alcance de su autonomía. Siendo el país capitalista, es absurdo mantener la pretensión de unos equívocos Sindicatos Verticales, pues no lo son ni en la práctica ni en la letra misma de la legislación fundamental en que se sostienen.»

Por último, en el orden educativo, proclamaba: «Durante 1966 habremos de seguir abogando por la necesaria socialización de la educación y por su consideración de empresa nacional prioritaria en todos los órdenes y ante todas las demás obligaciones del Estado.»

Alerta a la inflación

En mi despacho del 13 de enero con el Jefe del Estado, le mostré mi preocupación por las tensiones inflacionistas, pues, en 1965, el coste de la vida había aumentado en un 9,3 %, mientras que en Alemania sólo subió un 3,8 % y en Francia el 2,4 %, y le hice una exposición sucinta de sus causas y efectos.

El alza de precios desalienta el ahorro, pues no se guarda un dinero que cada día vale menos. A este propósito, le conté las escenas que yo viví en Barcelona en enero de 1939, en vísperas de la entrada de las tropas nacionales: como los billetes de Banco emitidos en la zona republicana no eran tenidos por válidos en zona nacional, las gentes invadieron los comercios e incluso las farmacias para comprar todo cuanto había: medicamentos, gasas, algodón hidrófilo, etc.; la cuestión era desprenderse de unos billetes que, de modo inminente, carecerían de valor.

El alza de precios, añadí, retrae la exportación, pues los productos se venden más caros en un mercado interior inflacionista, y reduce el poder adquisitivo de los salarios y de las pensiones: es una estafa a los ahorradores, a los trabajadores y a los jubilados.

Franco apostilló: «La inflación es un delito político, económico y social.»

Me quejé de la actitud de los Ministros de Trabajo y de la Organización Sindical, Romeo y Solís, que, en nombre de la política social, provocaban, sin advertirlo ni pretenderlo, el fenómeno más antisocial: la inflación, al no respetar los márgenes acordados por el Gobierno para los convenios colectivos y para los laudos del Ministerio de Trabajo. Los acuerdos del Gobierno son vinculantes para todos sus miembros y no cabe que algunos Ministros se consideren desligados de lo decidido y actúen en forma insolidaria.

Fraga informa sobre Guinea

El Consejo de Ministros del 14 de enero aprobó, a propuesta mía, el nombramiento de López de Letona para el cargo de Subcomisario del Plan de Desarrollo del sector industrial. Fue un magnífico fichaje: hombre inteligente, ingeniero de Caminos, conocedor del mundo de la empresa y con gran capacidad de trabajo.

Fraga informó acerca de la situación de Guinea; había realizado un viaje de ocho días por Fernando Poo y Río Muni, y se había traído un escrito con muchas firmas en el que se pedía la independencia. Insistió en la necesidad de preparar la emancipación de Guinea Ecuatorial.

A Carrero le hizo muy poca gracia el viaje y el informe de Fraga, pues las «provincias africanas» dependían de la Presidencia del Gobierno y, a juicio del Almirante, su población era adicta a España y no deseaba la independencia; pensaba que era Fraga quien, de acuerdo con Castiella, les había incitado a pedirla. Carrero, en este asunto, estaba muy influido por el General Díaz de Villegas, Director General de Plazas y Provincias Africanas, que tenía una mentalidad colonial «a la portuguesa».

Don Juan de Borbón denuncia un Boletín apócrifo

El 14 de enero, Don Juan de Borbón dirigió una carta a Pemán, Yanguas Messía y García Valdecasas, miembros de su Consejo Privado, en la que les decía que, durante su estancia en Suiza, había tenido noticia de una contestación de un «Boletín del Consejo Privado» a las declaraciones de Fraga a *The Times* de Londres, y que dicho número del «Boletín» era apócrifo. En esa carta, aprobó expresamente la denuncia de suplantación que hizo García Valdecasas a todos los miembros del Consejo Privado del Conde de Barcelona.

El lunes, 17 de enero, dieron comienzo los debates sobre el proyecto de ley de prensa en la Comisión correspondiente de las Cortes.

El PCE propugna la colaboración entre católicos y marxistas

Le Figaro, del 18 de enero, publicó una crónica de Guillemé-Brulon titulada «Recomendaciones del Informe del Partido Comunista Español», en la que ofrecía una síntesis de un extenso informe de Santiago Carrillo titulado: *Después de Franco, ¿qué?* Los principales puntos recogidos por el periodista francés eran:

— «La Iglesia puede tener un papel fundamental en la eliminación del Régimen.» El PCE «no temerá el diálogo con un catolicismo democrático progresista». «No cabe más solución a los problemas de España que la colaboración entre católicos y marxistas.»
— «La República democrática tendrá que liquidar los latifundios y repartirlos entre quienes trabajan la tierra, nacionalizar los Bancos, la electricidad y la gran industria monopolística.»

Para alcanzar esa «verdadera democracia», Santiago Carrillo propugnaba la «huelga general política», en coordinación con el Ejército.

Conferencia en la *American Management Association*

El 19 de enero pronuncié una conferencia, organizada por la *American Management Association,* ante hombres de negocios españoles y norteamericanos, en el salón de actos de la Cámara de Industria de Madrid.

Tracé un balance del bienio transcurrido desde la entrada en vigor del Plan de Desarrollo. Liberada la economía española de muchos obstáculos intervencionistas, demostró tener una gran potencialidad de crecimiento.

El Plan de Desarrollo se limitaba a orientar estas fuerzas dinámicas de nuestra economía mediante un estudio de previsión, que ponía al servicio del mundo empresarial, para superar la improvisación. El Plan es, en frase de Pierre Massé, el antiazar (1).

(1) La Editorial Labor publicó la traducción española del libro de Pierre Massé *El Plan o el antiazar,* prologado por mí.

Gracias a la masiva creación de puestos de trabajo, la emigración a Europa había descendido progresivamente, manteniéndose el pleno empleo, pues el número de parados en ese bienio representó tan sólo el 1,6 % de la población activa.

Hice hincapié en el carácter prioritario que tenía la enseñanza, ya que las inversiones presupuestarias en este campo representaban el 30 % de las inversiones de carácter social.

Un desarrollo sano no se consigue sin un alto grado de estabilidad, pero no es menos cierto que hacer compatible la estabilidad con el desarrollo es tarea difícil. El matrimonio del desarrollo y la estabilidad se encuentra siempre al borde del divorcio.

«En resumen, dije, al "cruzar el ecuador" el I Plan de Desarrollo, se hace patente la necesidad de una vigilancia atenta y una corrección ágil de la coyuntura; un crecimiento de las exportaciones, y un mayor esfuerzo en la transformación del agro español que se acompase con el rápido proceso de redistribución de la población activa.»

Don Camilo no pierde ocasión

El Ministro de la Gobernación, Alonso Vega, en una cacería, le habló a Franco, con la oportunidad con que sabía hacerlo, del tema institucional y sucesorio. «La gente no es monárquica», comentó Franco. Sin embargo, se mostró receptivo a los argumentos de Don Camilo.

Carrero recela de Muñoz Grandes

El 20 de enero, jueves, Carrero tuvo su habitual despacho con Franco en El Pardo, y le expresó su preocupación de que Muñoz Grandes, Vicepresidente del Gobierno, pudiera aspirar a ser Regente al faltar Franco. Para evitarlo, Carrero le propuso que relevara a Muñoz Grandes de la Jefatura del Alto Estado Mayor, toda vez que pocos días después —el 27 de enero— pasaba a la reserva por cumplir 70 años.

Le sugirió también que, en una de las Disposiciones finales de la Ley Orgánica del Estado en curso de elaboración, se modificara la composición del Consejo del Reino estableciendo que el Capitán

General o Teniente General más antiguo que formaba parte de dicho Consejo debería hallarse en activo.

Franco prefirió que Muñoz Grandes siguiera de Jefe del Alto Estado Mayor. «Su cese —dijo— no impediría que, si la ocasión se presentara, el Consejo del Reino lo propusiera como Regente; también el Mariscal Hindenburg estaba en la reserva cuando fue nombrado, a los 78 años, Presidente de la República alemana.»

En cambio, le pareció bien que el representante de las Fuerzas Armadas en el Consejo del Reino estuviera en situación de Activo.

La bomba de Palomares

El 20 de enero, se produjo, junto a la costa de Almería, un accidente de un B-52 de las Fuerzas Aéreas norteamericanas que portaba bombas atómicas, y una de ellas cayó al mar cerca de Palomares. Este hecho causó la natural alarma, por temor a que las aguas de la zona hubieran quedado contaminadas por radiactividad. (Los norteamericanos, con todos sus medios técnicos, no consiguieron localizar la bomba. Fue un pescador español quien la encontró.)

La prensa extranjera daba noticias cada vez más sensacionalistas y la venida del turismo a nuestra Costa del Sol corría serio peligro. Todos los bulos terminaron con el famoso baño en aquellas aguas de Fraga y el Embajador de los Estados Unidos, Biddle Duke, el 8 de marzo.

La prensa del Movimiento

El viernes, 21 de enero, se reunió la Comisión Delegada de Asuntos Económicos, en la que se produjo un serio enfrentamiento de Silva con Solís a propósito del tratamiento que la prensa del Movimiento daba a los temas de Obras Públicas. Como ha escrito Fraga (1), la cadena de Prensa y Radio del Movimiento era a la vez «un santuario falangista, un instrumento político del Ministro Secretario General y de su equipo, y un grupo de presión autónomo de sus colaboradores».

(1) *Memoria breve de una vida pública*, Barcelona, 1980, pág. 158.

López de Letona, Subcomisario del Plan de Desarrollo

En la tarde de ese mismo día, di posesión de su cargo de Subcomisario del Plan de Desarrollo encargado del sector industrial, a José María López de Letona y Núñez del Pino, quien por su eficaz gestión merecería, años más tarde, ser nombrado Ministro de Industria.

El binomio precios-salarios

El jueves 27, despaché con el Jefe del Estado. Abordé nuevamente el tema precios-salarios. Conceder aumentos salariales por encima del incremento de la productividad —le dije— es como repartir participaciones de lotería por un importe superior al del billete.

El proyecto de reglamento de la Ley de Convenios Colectivos del Ministerio de Trabajo no debía, a mi juicio, aprobarse porque estaba pendiente del preceptivo dictamen del Consejo de Estado y del inexcusable estudio económico.

Me quejé de la defectuosa regulación de las retribuciones laborales, hasta el punto de que no se conocía el coste del salario-hora.

Convenios colectivos y laudos: enfrentamiento en el seno del Gobierno

En el Consejo de Ministros del 28 de enero, se entabló una fuerte discusión entre el Ministro de la Gobernación, Alonso Vega, y los Ministros de Trabajo, Romeo Gorría y Secretario General del Movimiento, Solís Ruiz, a propósito de las instrucciones dadas por aquél a los Gobernadores para que los laudos del Ministerio de Trabajo que concedieran aumentos salariales superiores al incremento de la productividad sólo se comunicaran a las partes interesadas. También insistió Don Camilo en que, si se rompían las negociaciones de los convenios colectivos, no se aprobaran por la vía del laudo unos salarios que excedieran el margen fijado para la negociación colectiva. Yo apoyé al Ministro de la Gobernación que, en definitiva, no hacía más que abogar por la política de rentas y precios del Gobierno.

En ese Consejo, di cuenta de la ejecución del Programa de Inversiones Públicas durante el ejercicio de 1965, y subrayé que las inversiones sociales (enseñanza, sanidad, vivienda, etc.) representaron un 36 por 100 de la inversión total, y las inversiones productivas el 64 por 100 (1).

«No sirve para Regente ninguno de los posibles» (Franco)

El 3 de febrero, Carrero despachó con Franco y éste le dijo que se hablaba demasiado de Monarquía en el proyecto de Ley Orgánica del Estado y que había que esperar a que se definiera el hijo (por Don Juan Carlos).

Carrero le respondió que era conveniente insistir en la Monarquía porque no faltaban quienes tenían esperanzas de ser Regentes o Presidentes de República, a lo que Franco contestó: «No sirve para Regente ninguno de los posibles.»

Incidente Romeo Gorría-López Bravo

En la Comisión Delegada de Asuntos Económicos del 4 de febrero, presentó el Ministro de Trabajo, Romeo Gorría, un extenso informe en el que se atacaba la política industrial. López Bravo se quejó de que no se le hubiera enviado previamente, para poder estudiarlo y discutirlo con conocimiento de causa. Surgió así una polémica entre ambos Ministros en la que Romeo Gorría atacó duramente a López Bravo, lo que dio lugar a que Franco manifestara su desagrado por esa tensión personal entre compañeros de Gobierno. Romeo quedó con mucho plomo en el ala.

Tiempos más tarde, Romeo y López Bravo hicieron las paces y quedaron excelentes amigos. López Bravo apoyó a Romeo para que fuera Presidente de Iberia.

(1) Esta clasificación no deja de ser muy convencional pues, por ejemplo, las inversiones en obras de regadío, además de ser productivas, tienen una indudable trascendencia social.

Declaraciones a *ABC*: llamada de atención

El 6 de febrero, publicó *ABC*, en su primera página de tipografía, unas declaraciones mías sobre la situación económica al término del segundo año del Plan de Desarrollo. Mis principales afirmaciones fueron éstas:

«Llevamos cinco años de crecimiento ininterrumpido a un ritmo superior al de cualquier otro país europeo. Dentro de esta tónica general, notoriamente favorable, me interesa resaltar algunos aspectos negativos que se centran en torno al tema del equilibrio económico.»

«Se han producido tensiones en la demanda global, que inevitablemente se traducen en alzas de precios y en un déficit de la balanza de pagos. En estas condiciones se hace necesario un tratamiento adecuado, que no consiste, naturalmente, en renunciar a la expansión, sino en encauzarla debidamente para que sea duradera y no esporádica.»

Rueda de prensa en televisión

El 8 de febrero, acudí a los estudios de Televisión para celebrar una rueda de prensa. Actuó de moderador Fernández Asís y me entrevistaron Javier Echarri, director de *La Vanguardia*, Joaquín López Lozano, director de *ABC* de Sevilla, Adolfo Cámara, director de *Levante*, Antonio Barrena, director de *El Correo Español-El Pueblo Vasco*, y Luis González de Linares, director de *Madrid*. Yo actué, en esa ocasión, como portavoz del Gobierno.

González de Linares me preguntó si propugnaba una política de desarrollo a toda costa aunque hubiera inflación, o el equilibrio a ultranza aunque hubiera estancamiento. «Ni una cosa ni otra, sino todo lo contrario», fue mi respuesta. Y añadí: «Un desarrollo con inflación sería un desarrollo efímero; por otro lado, con estancamiento de la economía, de poco serviría una perfecta estabilidad.»

Echarri trajo a colación el problema de la escasez de recursos financieros de los Ayuntamientos de las grandes ciudades. Le dije que se estaba elaborando un proyecto de ley de reforma de las Haciendas locales para dotarlos de los recursos indispensables.

López Lozano cambió de tercio y me hizo una pregunta de tipo personal: «Usted pertenece al Opus Dei; ahora bien, cuando usted actúa en política, ¿cree que puede comprometer al Opus Dei o a la Iglesia?»

«Yo aplicaría aquí —respondí— el dicho "que cada palo aguante su vela". Actúo en política con la misma libertad que cualquier otro ciudadano y en cuestiones políticas el ser del Opus Dei tiene tanto que ver como el ser del Club de Tenis del Real Madrid, al que también pertenezco. Y, por supuesto, mis aciertos o mis desaciertos políticos no afectan ni al Real Madrid ni al Opus Dei. De mis fallos tenísticos prefiero no hablar. Pero sí le diré que en el Opus Dei tenemos plena libertad para opinar, para actuar o para dejar de actuar en la política; y todos ustedes conocen a mucha gente del Opus Dei que piensan y actúan políticamente de modo muy distinto a como pienso y actúo yo.»

«En cuanto a la Iglesia, creo que ningún católico tiene derecho a comprometerla. En resumen: yo asumo la plena y exclusiva responsabilidad de mi actuación política y no quisiera que esta responsabilidad alguien tratara de endosarla a otra persona o institución.»

Al término del coloquio, Fernández Asís me pidió que le dijera si los objetivos del Plan se habían cumplido. Le respondí que en la reunión del Consejo de Ministros de la OCDE del año 60, se fijó como objetivo, al cabo de diez años, un aumento de un 50 por ciento, de la renta nacional de cada uno de los países miembros. Pues bien, al cerrarse el año 1965 —la mitad de la «década del desarrollo»— este objetivo España lo había dejado ya muy atrás.

Despacho con Franco: la Ley Orgánica del Estado y la sucesión

El despacho con el Jefe del Estado, del 9 de febrero, lo dediqué principalmente a dos temas:

«Está todavía por definir —le dije— un sistema político completo, en el que estén perfectamente establecidas las funciones que competen a las distintas instituciones y órganos del Estado. Hay que pasar de "la plenitud de poderes" del Jefe del Estado, a la institucionalización. Se han echado los cimientos, pero el edificio está todavía sin levantar. Hace falta señalar lo que podríamos llamar las reglas del juego que, en síntesis, se reducen a determinar "quién nombra a quién y quién responde ante quién".»

—«Sí, efectivamente —me dijo Franco—, quedan muchas cosas por definir.»

—«Pues creo, mi General, que debiera hacerse cuanto antes porque entiendo que el tiempo juega en contra.»

—«Ciertamente, el tiempo apremia —comentó—, pero lo voy a hacer muy pronto. Los Procuradores de las Corporaciones Locales —añadió Franco— no pueden ser los Alcaldes nombrados por el Ministro de la Gobernación. Pero aquí yo patino (*sic*) porque, de otra parte, me parece que para encontrar un buen Alcalde, hay que buscarlo entre las personalidades más destacadas de una ciudad y estas personas no suelen estar dispuestas a correr el albur de unas elecciones. Por ello, pienso que quizá bastaría con que el Procurador en Cortes de los Municipios no sea necesariamente el Alcalde, sino el miembro de la Corporación que elija el Ayuntamiento.»

—«Esta es una cuestión de detalle y yo quisiera, mi General, volver al tema central. Hace falta establecer un sistema político perfectamente articulado en que se definan las competencias y mutuas relaciones entre el Gobierno, las Cortes, el Consejo del Reino, etc. No basta el mecanismo sucesorio; es preciso saber cuáles serán las funciones del sucesor y las de los demás órganos del Estado. Si en el momento en que falte V.E. todo esto está por determinar, se impondrán las fuerzas ciegas del caos.»

No dejé de observarle un solo instante. Franco seguía con el mayor interés la conversación y con cara expresiva. Al llegar a este punto, vi que se le humedecían los ojos y comentó, preocupado: «Sí, sería el caos, sería el caos.»

Respecto de la designación de sucesor, le insté a que tomara una decisión para evitar especulaciones e intrigas.

—«Lo malo es —dijo Franco— que los monárquicos son pocos y están divididos. Tendrían que darse cuenta de la situación y facilitar las cosas.»

—«Es lamentable esta división —asentí—, pero es evidente que hay posturas inadmisibles, como la de Don Hugo.»

—«Es francés y no tiene ningún derecho —replicó Franco—. Pero también hay que descartar a Don Juan. Ya debió haber renunciado a favor de su hijo.»

—«Permítame, mi General, que le diga que, a mi juicio, cualquier decisión que hubiera tomado Don Juan en orden a renuncias o abdicaciones hubiera sido prematura.»

Y le conté lo que oí de labios de Don Nicolás Franco, en el Palacio de Cintra, en 1957. Al preguntarle un periodista si era cierto que Franco quería que Don Juan abdicara a favor del Príncipe Don Juan Carlos, el Embajador contestó: «Nunca he oído a mi hermano nada de esto; pero creo que, pudiendo tener dos ruedas de recambio, no querrá quedarse sólo con una.»

Ese mismo día 9, Don Alfonso de Borbón Dampierre fue a ver

al Jefe del Estado para mostrarle la conferencia que iba a pronunciar en el Club Pueblo y decirle que añadiría o quitaría del texto lo que Franco quisiera.

Entrevista Garrigues-Azcárate

En el Consejo de Ministros del 11 de febrero, Castiella dio cuenta de la entrevista que habían sostenido Antonio Garrigues, Embajador ante la Santa Sede, y Azcárate, miembro del PCE, residente en Praga, hijo de Pablo Azcárate y Flórez, Embajador del Gobierno republicano en Londres de 1936 a 1939.

Azcárate le dijo, en síntesis, a Garrigues: «Sólo hay dos fuerzas válidas: el catolicismo y el comunismo; entre ambas hay puntos de coincidencia, principalmente en la política social y laboral; el Concilio ha supuesto un gran paso para su aproximación; es hora de que el PCE sea reconocido en España. El PCE se opondrá al referéndum sobre la Ley Orgánica del Estado.»

Garrigues le contestó: «El PCE no puede pedir ser reconocido mientras en la URSS no se reconozcan otros partidos y no cese la persecución religiosa. Si ustedes hubieran ganado la guerra, ¿reconocerían a la Falange?»

«¡Peligrosísimo este acercamiento de católicos y comunistas!», exclamó Franco. «El Concilio ha servido —añadió— para debilitar a los católicos, no en el aspecto religioso, pero sí en el político.»

Otros asuntos del Consejo del 11 de febrero

El Ministro de Justicia, Antonio María Oriol, informó acerca de las diligencias practicadas por el juez que investigaba el asesinato del General portugués Humberto Delgado.

Tras un forcejeo entre los Ministros económicos, de una parte, y el de Trabajo y el Delegado Nacional de Sindicatos, de otra, se acordó marcar como pauta para los aumentos salariales el 8 %.

Solís hizo varias críticas a la Comisaría del Plan de Desarrollo, en vista de lo cual pedí que se me concediera un turno para «aclaraciones». Puntualicé que la vigilancia de la ejecución de las medidas de política económica adoptadas por el Gobierno incumbía a la Comisión Permanente de Secretarios Generales Técnicos, que se venía reuniendo quincenalmente. También tuve que recordar que el volumen del Plan de Desarrollo se distribuyó a todos los Procuradores, como anejo del Boletín de las Cortes donde se publicó el proyecto de ley de aprobación del Plan, y que no sólo tuvo el plazo reglamentario de presentación de enmiendas sino que se prorrogó.

Fuenmayor propugna un Estatuto de Libertad Religiosa

Apenas transcurridos dos meses de la aprobación de la Declaración Conciliar sobre Libertad Religiosa, el catedrático de Derecho Civil, Académico de la Real Academia de Jurisprudencia y Legislación, y sacerdote del Opus Dei, Amadeo de Fuenmayor, pronunció, el 16 de febrero de 1966, en el Instituto Central de Cultura Religiosa Superior de Madrid, una conferencia que tuvo amplia resonancia en la prensa nacional y extranjera (1), en la cual propugnó la promulgación de un Estatuto sobre Libertad Religiosa que sustituyera el anterior régimen de tolerancia y reconociera este derecho, inherente a la dignidad de la persona, a todos los hombres y confesiones religiosas. Habría de transcurrir casi un año y medio hasta que las Cortes aprobaran la Ley de Libertad Religiosa de 28 de junio de 1967.

Discrepancia con el Ministro de Trabajo

El 17 de febrero, tuve despacho en El Pardo con el Jefe del Estado. Le expuse mi preocupación y mi disconformidad con el Ministro de Trabajo, que se oponía a aplicar como pauta de aumento salarial el 8 %.

«Ayer, le dije, el Gobierno francés, reunido bajo la presidencia de Pompidou, ha aprobado el plan económico-social elaborado por Debré, en el que se fija un aumento salarial del 2,11 %. Aquí el Ministerio de Trabajo al dictar laudos laborales rebasa los márgenes señalados por el Gobierno.»

Le comenté la Declaración Sindical, que incurría en contradic-

(1) Vid., por ejemplo, *Ya* y *ABC* del 17 de febrero de 1966 e *Informations Catholiques Internationales,* París, 15 de marzo de 1966.

ciones y tenía toda la traza de una carta a los Reyes Magos. También se advertían importantes omisiones, como toda referencia al gran número de puestos de trabajo que se habían creado.

El Ministro de Trabajo fuera de combate

El 24 de febrero, Franco le dijo a Carrero durante su despacho habitual de los jueves: «Yo estaba dispuesto a aceptar la dimisión del Ministro de Trabajo y le provoqué para que la presentara pero no lo hizo. No me gusta su política» (1).

«Del enemigo el consejo»

El 24, por la tarde, en mi despacho con el Jefe del Estado, saqué a colación el relato que hizo Castiella, en el anterior Consejo de Ministros, de la entrevista de Garrigues con Azcárate y la afirmación de éste de que el Partido Comunista se opondría al referéndum, y le dije a Franco: «del enemigo el consejo»: que se ultime cuanto antes la Ley Orgánica del Estado y se someta a referéndum.

¿Por qué cayó Alfonso XIII?

El 27 de febrero, Fernández de la Mora publicó un interesante artículo en la tercera de *ABC* bajo el título «Introducción a un reinado» en el que enjuiciaba con objetividad la época de Alfonso XIII, frente al juicio apasionado que de él hizo «su enemigo la II República».

(1) Uno de los hechos que motivaron sin duda el disgusto de Franco con Jesús Romeo es la carta que le dirigió el Presidente del Consejo de Estado, Joaquín Bau, con fecha 30 de enero, uno de cuyos párrafos decía: «Es lamentable y desleal que mientras el Consejo de Estado está finalizando estos días el Dictamen, justo y objetivo, sobre el Texto Articulado de la Ley de Bases de la Seguridad Social, como sabe el Sr. Romeo, a quien, por cierto, se han tolerado (con el mejor deseo) indelicadas intervenciones personales suyas cerca de Consejeros y Letrados, es lamentable, repito, que un miembro del propio Gobierno, que es quien ha de resolver, coaccione y actúe así públicamente.» (Se refería a un discurso de dicho Ministro a los trabajadores publicado en la prensa.) La carta figura como anejo documental.

Analizaba luego Fernández de la Mora las causas de la caída del monarca y afirmaba que «la más aleccionadora fue la indefensión» (...) «Los escritores se habían dedicado tenazmente a disolver los cimientos espirituales del régimen. La Universidad enseñaba republicanismo.»

Y estos hechos le llevaban a la siguiente consideración:

«Los políticos, mientras gobiernan, tienden a creer que la batalla de las ideas pertenece al mismo género sociológico que los campeonatos de ajedrez o el bizantinismo académico. Grave error, muchas veces repetido desde Luis XVI hasta nuestros mismos días. El mando a distancia de la Historia es la educación nacional y, a la larga, el destino del Estado lo deciden los pensadores.»

Se constituye la Conferencia Episcopal

El 28 de febrero se constituyó la Conferencia Episcopal Española y fue elegido Presidente el Cardenal Quiroga Palacios. Al día siguiente, fueron elegidos Vicepresidente y Secretario, Don Casimiro Morcillo, Arzobispo de Madrid y Don José Guerra Campos, Obispo Auxiliar de Santiago.

Con motivo de la constitución de la Conferencia Episcopal, me permití sugerir al Arzobispo de Valencia, Don Marcelino Olaechea, que el Episcopado español dirigiera una carta al Jefe del Estado para instarle a que llevara a cabo la plena institucionalización de la vida política, tomando pie en aquel pasaje de la Carta Colectiva de 1937 donde se afirma «que la guerra no se ha emprendido para levantar un Estado autócrata sobre una nación humillada, sino para que resurja el espíritu nacional con la pujanza y la libertad cristiana de los viejos tiempos».

Esa carta no fue necesaria, pues lo esencial de su contenido se lo había expuesto el Arzobispo de Madrid, Mons. Casimiro Morcillo a Franco en la audiencia que le concedió el 28 de mayo de 1965 (1). De otra parte, existía la fundada esperanza de que la Ley Orgánica del Estado sería sometida a referéndum, en 1966.

(1) Vid. el primer volumen de mis Memorias, pág. 521.

Entrevista con el Príncipe

El dos de marzo estuve con el Príncipe, en el palacio de la Zarzuela. Me contó la visita del General García Valiño al Conde de Barcelona, en la que aquél dijo que varios Ministros estaban en favor de la designación del Príncipe como sucesor a título de Rey. García Valiño se ofreció apoyar la causa de Don Juan.

Me comentó también Don Juan Carlos la dimisión de Jesús Pabón como representante oficioso del Conde de Barcelona y que en torno a «Villa Giralda» no faltan intrigas y tropiezos (1).

Me dijo que los legitimistas a ultranza querían que fuera a Estoril el cinco de marzo, para estar presente en el acto político que se preparaba con ocasión del XXV aniversario del fallecimiento de Alfonso XIII. En dicho acto, Pemán, Presidente del Consejo Privado, daría lectura a un documento en el que se declaraba que el Conde de Barcelona era «el heredero indiscutible de la Corona de España» y luego, durante dos días, se celebrarían reuniones del Consejo Privado.

El Príncipe no acude a Estoril

El Príncipe prefirió no asistir al acto político. Luego dudó entre ir por la tarde a Estoril, cuando el acto hubiera concluido o «ponerse enfermo». La Princesa fue partidaria de que no fuera, en vista de lo cual Don Juan Carlos dio como pretexto una indisposición y se limitó a cursar a su padre el siguiente telegrama: «En el homenaje y recuerdo a los veinticinco años muerte del abuelo, quiero enviarte un abrazo muy fuerte con todo cariño, lealtad y respeto» (2).

Don Juan, en vista de que no llegaba su hijo, le llamó por teléfono al palacio de la Zarzuela y le dijo que un Príncipe no tiene derecho a ponerse enfermo: «El día de mi boda en Roma —le

(1) El Embajador en Lisboa, Ibáñez Martín, en carta dirigida a Franco, de 9 de febrero, le informaba de la discrepancia surgida entre los miembros del Consejo Privado a raíz de las Hojas publicadas en relación con unas declaraciones de Franco, que trajo como consecuencia la dimisión de Jesús Pabón.

(2) En el capítulo XI de *La larga marcha hacia la Monarquía* puede verse el relato detallado del acto de Estoril del 5 de marzo y la repercusión en los medios monárquicos y en la prensa extranjera de la ausencia del Príncipe.

recordó— atendí a los invitados durante todo el día con 40 grados de fiebre.»

El Conde de Barcelona apuntó a Pedro Sáinz Rodríguez la conveniencia de replantear la estrategia de la causa monárquica, pero éste se lo desaconsejó: «El Príncipe debía seguir en España al lado de Franco o ¿es que, acaso V. M. tiene fuerza para derribar a Franco? Esto es tan ridículo como pensar que yo puedo ganar a Manolo Santana en un partido de tenis», apostilló Sáinz Rodríguez, hombre gordo y nada deportista, pese a la metáfora.

Despacho con Franco: el Sindicato vertical

El día 3 de marzo, por la tarde, acudí al Palacio de El Pardo a despachar con el Jefe del Estado. El objeto principal del despacho fue leerle una nota que había redactado acerca del Estado y del Partido, en la que sostenía que la sociedad debe estar directamente representada en el Estado y que el espacio político no se llena con entidades artificiales como el Partido único.

También le expuse la necesidad de modificar a fondo el Fuero del Trabajo, que contenía expresiones y conceptos absolutamente obsoletos. Franco, que nunca había sido ferviente partidario del «nacional sindicalismo», se percató de la necesidad de modificar y poner al día el Fuero del Trabajo y le dijo a Carrero que se hiciera una revisión de su texto para incorporarla a una disposición adicional de la Ley Orgánica del Estado.

La actitud reservada de Franco en relación con los sindicatos quedó patentizada por el hecho, que ya relaté en el volumen primero, de haber suprimido a última hora, de los Principios Fundamentales el relativo a la Organización Sindical que figuraba en el proyecto de la Secretaría General del Movimiento.

Cerco a Gibraltar

El 9 de marzo de 1966, Lord Merrivale expuso ante la Cámara de los Lores la difícil situación económica de Gibraltar a consecuencia de las medidas adoptadas por el Gobierno español al amparo del Consenso de 16 de octubre de 1964 del Comité de los Veinticuatro de la ONU. Terminó su discurso diciendo:

«Debemos darnos cuenta de la severa presión de este bloqueo

y del hecho de permanecer recluidos en una superficie de dos millas y cuarto cuadradas» (1).

El encierro en el convento de Capuchinos de Sarriá

El miércoles 9 de marzo unos cientos de estudiantes y otras personas iniciaron un encierro en el convento de los Capuchinos de Sarriá (Barcelona). En el Consejo de Ministros del viernes siguiente, a lo largo del extenso informe con que solía obsequiarnos el Ministro de la Gobernación, excesivamente minucioso y en el que los temas importantes se mezclaban con asuntos menores, dio cuenta del encierro que duraba más de dos días.

Franco, que parecía no prestar atención, como casi todos los miembros del Gobierno, al interminable informe de Don Camilo, interrumpió en el acto al Ministro y ordenó: «¡que se les desaloje inmediatamente!». El General Alonso Vega se levantó de la mesa del Consejo y se dirigió al despacho de Ayudantes para llamar al Gobernador de Barcelona y ejecutar la orden.

Franco y los especuladores

El 10 de marzo, despaché con el Jefe del Estado y le di cuenta del informe elaborado por la Comisión Permanente de Secretarios Generales Técnicos, que yo presidía, en el cual se alertaba sobre las tensiones inflacionistas. Franco atribuyó las alzas de precios a los especuladores: «a los especuladores no hay que dejarlos quietos —dijo—: son como los ratones en un saco, que, si no se les sacude, se comen el saco».

Le hice ver que siempre hay especuladores y, sin embargo, hemos conocido etapas con estabilidad de precios. Así como «la ocasión hace al ladrón», la inflación permite que el especulador haga su agosto.

(1) Los datos más significativos aducidos por Lord Merrivale eran éstos: el comercio de tabaco había descendido un 80 %; los ingresos de los restaurantes habían bajado un 50 %; la venta de gasolina, un 40 %; el número de automóviles que cruzaron la frontera había bajado de 105.187 en 1964 a 7.182 en 1965; en 1964 cruzaron la frontera 1.526 autobuses y en 1965, ninguno; se habían suprimido cuatro vuelos semanales entre Londres y Gibraltar.

Le dije que la situación económica era delicada (en los dos últimos meses las reservas habían disminuido en 130 millones de dólares) y que convenía sopesar los pros y contras de las diversas alternativas que se presentaban y tomar las decisiones oportunas sin precipitarse ni dormirse.

Le hablé de la conveniencia de las inversiones y créditos exteriores: la plena utilización de los recursos económicos exige disponer de la propia capacidad de crédito, siempre y cuando el rendimiento de la inversión sea superior al interés del préstamo.

Le manifesté mi discrepancia con la postura de la Comisión Delegada de Asuntos Económicos de aprobar todos los convenios colectivos que presentaba el Ministro de Trabajo: «hemos caído en la casuística —dije—; viendo los convenios uno por uno, siempre parece que existen razones para autorizar alzas salariales superiores al 8 % y con este goteo constante nos salimos de los márgenes compatibles con la estabilidad».

La Ley de Prensa y sus 14 Reglamentos

El 15 de marzo se reunió el Pleno de las Cortes. El asunto principal del orden del día fue la Ley de Prensa e Imprenta, dictaminada por la Comisión correspondiente. Fraga pronunció un buen discurso en defensa de la Ley, que fue aprobada con sólo tres votos en contra y se promulgó el 18 del mismo mes.

Carrero me contó que, una vez aprobada la Ley de Prensa, Fraga pidió el relevo a Franco, pero éste le dijo: «Usted es el padre de la criatura y ahora no puede dejarla abandonada.»

El 17 de marzo, Fraga almorzó con Alberto y Javier Martín Artajo y hablaron de la situación política y también, como era lógico, de la Editorial Católica y manifestaron cierto recelo respecto de Federico Silva por su actitud en relación con dicha empresa.

Después del «puente» de San José, el Consejo de Ministros del 25 de marzo aprobó, de conformidad con el dictamen del Consejo de Estado, los catorce reglamentos que desarrollaban la Ley de Prensa.

En esa reunión del Consejo se aprobaron, a propuesta mía, los criterios de selectividad del II Plan de Desarrollo.

Carta de Bau a Franco

Tras el paréntesis de la Semana Santa, el 10 de abril, el Presidente del Consejo de Estado, Joaquín Bau, dirigió una carta a Franco, de la que me envió copia, cuyo párrafo más significativo es el siguiente:

«Os expreso Excelencia con el más profundo respeto, la urgencia de someter a Referéndum la Ley Orgánica del Estado. El imperio de la hora presente que está resultando seriamente confusa, tiene sus exigencias. Con la promulgación de dicha Ley se sale al paso de toda clase de maniobras cortando de una vez peligrosas especulaciones» (1).

Ley de la Seguridad Social

El Consejo de Ministros del viernes, 15 de abril, aprobó el texto articulado de la Ley de la Seguridad Social que, si bien supuso un avance en la cobertura de los riesgos de la enfermedad y del infortunio, al correr del tiempo y por su carácter estatal, daría lugar a una Organización mastodóntica, ineficiente y extraordinariamente gravosa.

Hablo con el Ministro de Justicia de la libertad religiosa

El miércoles, 20 de abril, almorcé con el Ministro de Justicia, Antonio María Oriol. Hablamos de la reforma del artículo 6 del Fuero de los Españoles para adaptarlo a la Declaración conciliar sobre libertad religiosa; el nuevo texto debería aprobarse con la Ley Orgánica del Estado pues, por ser el Fuero una Ley Fundamental, su modificación había de hacerse por otra ley del mismo rango y mediante referéndum.

Me contó Oriol que Franco le había dicho que quería sacar la

(1) Una fotocopia de dicha carta figura en el anejo documental.

Ley Orgánica del Estado, pero según Oriol, «no le dejan o no sabe por dónde tirar».

Incidentes en la visita del Príncipe a la exposición del Sector del Automóvil

El Príncipe Don Juan Carlos realizó, en la última decena del mes de abril, una visita al Sector del Automóvil, instalado en la Feria de Muestras de Barcelona. El día anterior a su llegada, unos desconocidos arrojaron piedras contra la fachada del *Diario de Barcelona,* de tendencia monárquica, y, posteriormente, se recibió en dicho periódico una llamada anónima que decía: «Menos reyes... Les avisamos. Otra vez le pondremos una bomba.»

Durante la visita del Príncipe a la Feria se produjeron algunos incidentes desagradables: unos individuos le insultaron de palabra, otros le lanzaron un huevo que no le rozó y fue a estrellarse contra una pared y se repartieron octavillas con el epígrafe «Ni Don Juan ni Don Juan Carlos».

Nunca faltan los que pretenden manchar el honroso título de «espejo de cortesía» con que Cervantes distinguió a Barcelona. Los autores de tales hechos fueron detenidos y conducidos a la Jefatura Superior de Policía. Eran seguidores de Don Javier de Borbón-Parma y de su hijo Don Carlos-Hugo. Por deseo expreso del Príncipe se puso en libertad a todos los detenidos.

Polémica epistolar con Solís

En la Comisión Delegada de Asuntos Económicos del viernes 22 de abril se acordó presentar la candidatura de España para la Olimpiada de 1972.

Ese mismo día, el periódico *Pueblo*, de la Organización Sindical, publicó un artículo editorial en el que se insinuaba una pretendida influencia del diario *El Alcázar* sobre el Gobierno en razón de que su director, José Luis Cebrián, era miembro del Opus Dei. Ello me movió a dirigir el lunes siguiente, día 25, una carta a Solís en la que le aseguraba, una vez más que «la Obra respeta la plena libertad política, por lo que carece de fundamento la gratuita suposición de *Pueblo*, que no dudo deplorarás por el flaco servicio que presta al Gobierno».

«Tampoco puedo admitir —dije— que se me atribuya veladamente cierta influencia sobre *El Alcázar*. No tengo relación de ningún género con dicho periódico ya que no soy ni he sido nunca accionista de la empresa que lo edita, ni miembro de su consejo de redacción, ni de ninguno de sus órganos de dirección o de control, ni siquiera me cuento entre sus colaboradores ni suscriptores.»

Solís respondió a mi carta con la suya del 27 de abril. Seguía partiendo de un supuesto falso: que *El Alcázar* pertenecía al Opus Dei. Y afirmaba: «*El Alcázar* es un periódico esencialmente vuestro y no acierto a comprender cómo siendo tú miembro del Gobierno no aconsejas a tal diario que respete cosas que tan sólidamente están implicadas en los Principios y en la Organización del Movimiento Nacional.»

Y más adelante, decía: «No acierto a comprender que me hagas responsable de cuanto escribe *Pueblo* —¡que yo no dirijo, caramba!— y en cambio te declaras sin influencia alguna sobre *El Alcázar*» (...) «Te envío una breve selección de recortes de *El Alcázar* con ataques al Sindicalismo.»

En mi contestación de la misma fecha —27 de abril—, le dije: «Dejando de lado tu afirmación de que no te haces responsable de cuanto escribe *Pueblo* —en este caso se trata de un artículo editorial—, siendo el periódico de la Organización Sindical de la que eres Delegado Nacional —yo sí respondo de la actuación de los organismos y personas que tengo a mi cargo—, he de asegurarte una vez más que no tengo influencia alguna sobre *El Alcázar*, como te explicaba en mi carta anterior.»

«Pero ya que, por lo visto, mis argumentos no te bastan, por si concedes más autoridad a los recortes de periódicos —por cierto, la mitad de los que me envías no eran de *El Alcázar* sino de *Informaciones*—me permito acompañarte otros recortes de *El Alcázar* —en número superior al doble de los tuyos—, en los que se critica el Plan de Desarrollo. A los hechos, pues, me remito.»

Este intercambio epistolar se cerró con una carta de Solís, del 5 de mayo, en la que afirmaba:

«Desde luego, y pruebas varias tienes de ello, tengo por costumbre defender a aquellos que me están subordinados, y hacerme responsable de sus actos realizados dentro de las normas de sus cargos. Lo que no puedo responder, al detalle, es de todo lo que se escribe en los 50 diarios del Movimiento, para lo que existen Mandos con facultad delegada, y en cambio sí puedo corregir cualquier desviación.»

De esas afirmaciones se desprende —aparte del aparato propagandístico de la Prensa del Movimiento— su absoluta dependencia del Ministro Secretario General ejercida a través de «Mandos con facultad delegada» y de la potestad ministerial para «corregir cualquier desviación».

Despacho con Franco, 28 de abril: la Prensa del Movimiento

En mi despacho con el Jefe del Estado, del 28 de abril, le di cuenta del cruce de correspondencia que había mantenido con Solís.

«V. E. —le dije— conoce a los hombres y sabe que yo, con mis defectos y errores, soy persona seria y hablo con la verdad por delante; lo que más me repugna es la trapisonda y el enredo. La prensa oficial, que depende de Solís, es constante en sus ataques a la política económica del Gobierno y esto hace daño a nuestra economía y retrae las inversiones. Ya dijo Keynes que en las inversiones influye el vuelo de una golondrina.»

Le entregué un dossier de recortes de *Arriba* y *Pueblo* y añadí: «V. E. ha hecho reiteradas advertencias, en las reuniones del Gobierno, acerca de la Prensa del Movimiento. Solís dice acatarlas, pero sus palabras no coinciden con sus obras. Admiro la paciencia de V. E. y procuraré imitarla.»

Franco comenta la situación internacional

En el Consejo de Ministros del 29 de abril, Franco comentó la situación internacional. A su juicio, De Gaulle creía que los Estados Unidos irían a la guerra contra China y aspiraba a que la Europa Occidental y la URSS quedaran al margen de esa contienda.

«Estados Unidos —afirmó Franco— es una nación que tiene dos cabezas: el Departamento de Estado, que quiere la paz a toda costa, y el Pentágono, que quiere ir a la guerra, pues entiende que, si se espera, puede ser demasiado tarde. Aunque España se encuentra en el último extremo de Europa, los problemas de Europa nos afectan. Hay un acuerdo tácito entre Francia, Inglaterra, Italia, Bélgica y Holanda de no dejar que Alemania levante cabeza como potencia militar. Los Estados Unidos son los únicos que respaldan a la República Federal Alemana para que recobre su poder.»

Enérgica actitud frente a Don Carlos-Hugo

En esa reunión del Consejo de Ministros, se trató de la próxima celebración de los actos carlistas de Montejurra. El Ministro de la Gobernación informó que se esperaba la asistencia de Don Carlos-Hugo de Borbón-Parma y de la Princesa Irene de Holanda.

«Si va Don Carlos-Hugo —ordenó Franco— se le pone en la frontera y si va ella se les echa a los dos de España. Don Carlos-Hugo es francés y no tiene derecho a desarrollar aquí actividades políticas.»

El secuestro de Mons. Ussía y otros sucesos

En el curso del Consejo, llegó a El Pardo la noticia de que el consejero eclesiástico de la Embajada de España cerca de la Santa Sede, Mons. Ussía, había sido secuestrado. Es asunto que preocupó al Gobierno. Pocos días después, unos anarquistas españoles reivindicaron el secuestro y exigieron la liberación de presos políticos a cambio de la de Mons. Ussía.

El primero de mayo, hubo incidentes en San Sebastián y se celebró en el estadio Santiago Bernabeu la «Demostración Sindical», presidida por Franco.

El lunes, 2 de mayo, se produjeron serios disturbios en la Ciudad Universitaria que se prolongaron en los días sucesivos.

El Almirante Salvador Moreno

El 2 de mayo falleció el Almirante Salvador Moreno, que había sido por dos veces Ministro de Marina (1939-46 y 1951-57). Le conocí en 1950, durante su etapa de Capitán General de El Ferrol, cuando yo era Catedrático de la Universidad de Santiago. Era un hombre de trato sencillo y ameno y me distinguió siempre con una sincera amistad. Se ganó la Gran Cruz Laureada de San Fernando por haber logrado, con su sola presencia, sofocar la rebelión de la marinería del crucero *Almirante Cervera,* que se hallaba en el puerto de El Ferrol. Era amigo personal y paisano de Franco. Tuvo una destacada actuación militar durante la guerra civil.

El Gobierno, dividido

El 3 de mayo, despaché con el Jefe del Estado y le encontré más dialogante que otras veces. Me quejé de la reincidencia de la prensa de la Organización Sindical en sus ataques a la política económica y le mostré un artículo demagógico, distribuido por el Servicio *Agencia de recortes* de *La Voz Social*, justamente cuando era necesario combatir las tensiones inflacionistas puestas de manifiesto la semana anterior en un informe del Banco de España.

Franco trató de disculpar a Solís y dijo: «Se habrá dado cuenta cuando ya estaría impreso.»

Le mostré una carta de Solís del día anterior en la que me decía que «dio orden de recoger el quincenario del que se habían repartido sólo unos números», pero a mí me constaba que se había mandado gratis por correo. «Esto demuestra —le dije— la división en el seno del Gobierno y la indisciplina en la Organización Sindical».

—«Sobre todo, esto último» —apostilló Franco.

—«También lo primero —repliqué—. Basta ver los titulares de *Pueblo* en que me enfrentan con el Ministro de Trabajo.»

—«A usted esto le favorece» —dijo Franco.

—«No aspiro a la publicidad de El Cordobés, ni me guío por el dicho de que "lo importante es que hablen de uno, aunque sea bien" (Franco se rió); pienso en el Gobierno y creo que la desunión es mala. En tanto seamos Ministros, hemos de estar unidos como una piña. El Gobierno ya dio en su día (el 17 de diciembre) una nota a la prensa sobre la política económica y a ella debiéramos atenernos todos los Ministros.»

Franco reconoció que «se hace demagogia».

—«Demagogia desde el poder» —añadí.

—«Es intolerable» —afirmó Franco.

—«Ha llegado el momento de tomar decisiones; si no, la anarquía de la prensa oficial irá a más.»

—«Hay que evitar que el director del periódico se vaya con esa bandera. Los periódicos escriben —continuó Franco—, lo que les dicen sus amos.»

—«Pero en este caso, el amo no sabe mandarles. Hay una crisis de disciplina.»

—«El Ejército y las Fuerzas Armadas conservan la disciplina.»

—«¡Gracias a Dios! —exclamé y luego le cité la frase, que me sabía de memoria, de un clásico de la lengua castellana, el Padre Márquez, que dice—: "Las costumbres de la república no se cambian porque se muden las músicas, sino porque mejore el trato de la gente principal con la que la menuda desea hacer consonancia." Si los Ministros no dan ejemplo de unión, ¡qué harán sus subordinados! Una cosa es permitir la crítica ajena y sacar provecho de ella y otra, muy distinta, criticarnos unos Ministros a otros.»

—«Es una vileza» —concluyó Franco.

Carta al director de *La Croix*

El 3 de mayo, dirigí una carta de protesta al director del periódico *La Croix* por una crónica de Christian Rudel sobre la política española. En mi carta le decía:

«Uno de los muchos puntos que deseo aclarar es la pretendida identificación entre los hombres del Plan de Desarrollo y el Opus Dei, que no puede fundarse en ningún dato positivo porque es de todo punto falsa. Quizá por eso M. Rudel se limita a "recogerla" de interlocutores y a exponerla como vaga "creencia". ¿Es que tiene más valor para *La Croix* un indeterminado rumor que las declaraciones formales del Opus Dei y de algunos de sus miembros, como las mías propias, expuestas sin ir más lejos a M. Rudel en nuestra entrevista del pasado mes de octubre? En aquella ocasión le informé con el mayor gusto y exactitud de cuantos pormenores sobre la vida española estaba interesado.»

«Ustedes saben perfectamente —y así lo dicen— que el Opus Dei, por su origen, fines y estructura, se ha proclamado siempre ajeno a las actuaciones políticas de sus miembros, y ello en forma categórica que no ofrece resquicio a la duda. Esta libertad política de los miembros del Opus Dei no pasa inadvertida a un observador sereno y objetivo de la realidad española. Porque el Opus Dei no se solidariza en absoluto, por ejemplo, con mi actuación dentro del Gobierno, ni con la actuación de otros miembros del Opus Dei que no participan de mis puntos de vista políticos.»

Y más adelante añadía:

«Lo más doloroso para mí es que un periódico como *La Croix* que exhibe en su cabecera el Crucifijo como patente de veracidad, acoja en sus páginas ese conjunto de alusiones veladas y rumores indiscriminados, en lugar de exigir a sus colaboradores una información objetiva y completa para ofrecer a sus lectores datos exactos, nombres y hechos concretos.»

El redactor jefe de *La Croix*, Antoine Wenger, en carta fechada en París el 13 de mayo, me contestó: «Reconozco de buen grado que él (M. Rudel) no ha hecho con suficiente claridad la obligada distinción entre la actividad política de los miembros del Opus Dei y la naturaleza exclusivamente espiritual de la Institución.» (...) «Estoy desolado por el daño que estos artículos hayan podido causarle y espero que la respuesta de *La Croix* le habrá satisfecho.»

Prosiguen los contactos de la Organización Sindical con la CNT

El viernes, 6 de mayo, estaba convocada la Comisión Delegada de Asuntos Económicos, pero en vista de la situación laboral, se convirtió en sesión plenaria del Consejo de Ministros. Se suscitó la cuestión de «los contactos de alto nivel doctrinal» que venían celebrándose en el Instituto de Estudios Sindicales con antiguos dirigentes de la CNT, a raíz de una nota, de fecha 3 de mayo, enviada a la Agencia Cifra por la Organización Sindical y publicada el día 4, que informaba de la existencia de esos «contactos».

Solís puntualizó que no eran representantes de la CNT sino que actuaban a título personal y elogió su actitud de aproximación a los Sindicatos oficiales. Varios Ministros, entre ellos Carrero y Alonso Vega, expresaron su desacuerdo con esas reuniones que, a su juicio, suponían un balón de oxígeno para una CNT, en trance de extinción. Tampoco les pareció de recibo que se justificaran esos contactos con elogios a los cenetistas.

Solís respondió que con esas negociaciones se trataba de dividir al adversario y de incorporarles a la Organización Sindical uno a uno y por los cauces abiertos; y, de camino, pidió que ningún Ministro o alto cargo recibiera a grupos de trabajadores que no estuvieran integrados en la Organización Sindical.

Carta de Lord St. Oswald

Con fecha 6 de mayo de 1966, me escribió Lord St. Oswald para invitarme a pasar unos días del verano en su finca «Las Columnas» situada a 8 km. de Algeciras. Me decía que irían también Reggie Maugdling y Lord Carrington, ex Ministro de Asuntos Exteriores y actual Leader de la Oposición conservadora en la Cámara de los Lores, y que le gustaría que coincidiéramos allí.

También me informaba de que «dentro de pocos días comenzarán las conversaciones acerca de Gibraltar. Nos interesa mucho a todos que se produzca un sensible y amistoso avance. En estos momentos me siento optimista. He sido invitado por Mr. Walter Padley que llevará las conversaciones por parte británica cuando los Ministros desaparezcan de la escena».

Me hubiera agradado hacer honor a la invitación de Lord St. Oswald, pero en el verano del 66, la Ley Orgánica del Estado entró en la recta final y había que seguirla paso a paso.

Acto carlista en Montejurra

El domingo, 8 de mayo, tuvo lugar la concentración de unos veinticinco mil carlistas en Montejurra, en la que se produjeron serios incidentes. La Secretaría General del Movimiento actuó de «aprendiz de brujo».

En la Zarzuela

El lunes, 9 de mayo, estuve hora y cuarto con el Príncipe Don Juan Carlos, en el palacio de la Zarzuela. Estaba contento porque veía a Franco cada quince días. Me comentó el secuestro, el jueves anterior, por el Ministro de Información, del número de la revista *Semana* dedicado al carlismo.

El artículo 6 del Fuero de los Españoles y el proyecto de Ley de Libertad Religiosa

El Ministro de Justicia, Antonio María Oriol, envió por carta a Mons. Alonso Muñoyerro, el proyecto de modificación del artículo 6.º del Fuero de los Españoles que habría de servir como base de negociación con la Santa Sede, para que lo pusiera en conocimiento del Cardenal Quiroga Palacios, Presidente de la Conferencia Episcopal. Al mismo tiempo, le decía que estaba examinando sus observaciones al Anteproyecto de Estatuto Civil de la Libertad Religiosa en España.

Castiella desaconseja una visita a Ifni

Con fecha 10 de mayo, me escribió Castiella que aplaudía con todo calor la idea de que Carrero, López Bravo, Sánchez Arjona y yo realizáramos una visita al Sahara. «Por el contrario —decía— la presencia conjunta de cuatro Ministros en Ifni, y mucho más en estos momentos, inmediatas como están nuestras próximas conversaciones en Londres, desde el punto de vista de nuestra política exterior, sería contraproducente. Equivaldría a poner un auténtico par de banderillas a Marruecos y constituiría una inútil llamada de atención a campañas en el extranjero que provocarían en el ámbito internacional reacciones desfavorables, que es precisamente lo que más puede convenir a nuestros adversarios.»

Manifestación de sacerdotes en Barcelona

El miércoles 11, fue liberado Mons. Ussía. En esa misma fecha tuvo lugar, al mediodía, en Barcelona, una manifestación de ochenta sacerdotes que se encerraron en la Catedral y luego se dirigieron, Via Layetana arriba, hasta la Jefatura Superior de Policía, donde entregaron una carta, con citas de la *Pacem in terris*, de protesta por el trato infligido a un estudiante de la Escuela de Ingenieros Industriales.

El Gobernador, Antonio Ibáñez Freire, en la misma fecha, me envió copia de aquella carta y me hacía el siguiente comentario: «El hecho no puede ser más lamentable. Mientras la Policía ha venido dando, día tras día, ejemplo de serenidad y templanza al disolver los repetidos intentos de manifestaciones estudiantiles, sin que hasta la fecha haya tenido que ser asistido nadie en la Casa de Socorro, quienes, por su condición sacerdotal, debían estimular al mantenimiento del orden, incitan a la subversión y alientan a quienes lo alteran, manifestándose públicamente, ante la indignación de los transeúntes.»

Al día siguiente, me escribió de nuevo el Gobernador de Barcelona para informarme de la entrevista que, para hablarle de la manifestación de sacerdotes, acababa de sostener con el Arzobispo, Dr. Modrego, quien «afirmó que toda esta actividad desarrollada por este grupo de sacerdotes de su Diócesis tiene un carácter eminentemente político» y que «todas estas actividades están instigadas por el comunismo y que incluso existen infiltraciones, aun cuando cree no tenerlas entre los sacerdotes de su Diócesis pero que, sin embargo, siguen las consignas marcadas por dicho partido, aun cuando con ingenuidad sacerdotal».

Pensé que pronto sería relevado Ibáñez Freire del Gobierno Civil porque a Franco no le gustaba que alguien le indispusiera con la Iglesia.

Brindis a destiempo del Presidente de Nicaragua

El 12 de mayo llegó a Madrid en viaje oficial el Presidente de Nicaragua, Dr. Schick. Como de costumbre, el Jefe del Estado le ofreció una cena de gala en el Palacio Real. Después de tomar el postre, Franco leyó su brindis y esperó en vano que el Presidente nicaragüense le contestara. Transcurrieron unos minutos de «suspense». Franco se levantó de la mesa y todos los invitados salimos del comedor y pasamos al salón Gasparini a tomar café.

Allí sólo había un tresillo para sentarse, donde se acomodaron los dos Jefes de Estado y los Ministros de Asuntos Exteriores. Los sesenta o setenta invitados restantes tomábamos el café y algunos a la vez fumaban un cigarro, de pie, haciendo equilibrios para no derramar la taza sobre los que tenían más próximos. En esta incómoda postura, vimos con asombro que el Dr. Schick se levantaba del tresillo y leía un extenso brindis. Lo que había ocurrido era que se le habían olvidado los papeles a su ayudante y tuvo que ir a por ellos a su Embajada.

Las conversaciones de Bruselas

En carta de 13 de mayo, dirigida a todos los miembros del Gobierno, Castiella nos decía:

«Actualmente, nuestros esfuerzos se orientan a que, considerando finalizada la fase de conversaciones exploratorias, el Consejo de Ministros de la Comunidad conceda a la Comisión un Mandato que nos permita iniciar auténticas negociaciones, con el fin de empezar a definir el contenido de un eventual acuerdo asociativo, aunque sin prejuzgar por el momento ni su denominación ni las fórmulas institucionales o jurídicas en que deba basarse.»

«Para ello, es necesario conseguir la aquiescencia de cada uno de los Estados Miembros (...) Puesto que Francia y Alemania, en principio, se muestran favorables a nuestras pretensiones, la actividad en este plano se debe orientar, fundamentalmente, a vencer las resistencias que puedan ofrecer Italia, Bélgica y Holanda. Para ello, es sumamente importante el explotar al máximo y dentro de un plan coordinado, todos los resortes con que pueda contar la Administración española frente a los tres últimos países.»

«No se trata de recurrir a medidas de retorsión, sólo concebibles en situaciones extremas (...) Convendría, en resumen, que adquiriesen plena conciencia de que *la medida en que atiendan a nuestros deseos de aproximación a la Comunidad puede repercutir directamente en la forma como se resuelva cualquier cuestión planteada ante la Administración española y que afecte a sus intereses.*»

Viaje al Sahara y a Ifni

Del domingo 15 al viernes 20 de mayo, visitamos el Sahara Carrero Blanco, López Bravo, Sánchez Arjona y yo. En el aeropuerto de El Aaiún nos recibieron los notables de la población nativa. Eran hombres altos, de tez tostada y noble aspecto; se les llamaba «los hombres azules del desierto»; su faz era muy distinta de la de los marroquíes; llevaban túnica blanca, turbante y un manto.

Nada más descender del avión, se acercaron a nosotros unas niñas saharauis que nos ofrendaron, en unos cuencos de coco, leche de camella y dátiles. El calor tórrido y las moscas no invitaban precisamente a degustar las ofrendas: hicimos como que las probábamos.

Del aeropuerto nos trasladamos a la ciudad, que no tenía mal aspecto, por lo menos la calle principal, donde se nos tributó un buen recibimiento aunque no podría asegurar hasta qué punto era espontáneo.

El lunes 16, se celebró una Parada Militar, la entrega a los saharauis de las llaves de nuevas viviendas y la visita a dos Grupos Escolares, un Instituto de Enseñanza Media y una Residencia de Estudiantes. Por la tarde visitamos el pantalán del puerto. Se cerró la jornada con una «cena típica» en el Salón Oriental a base de pinchos de carne de camello y otros guisos, no muy apetecibles, de la cocina local.

Al día siguiente, visitamos la zona minera de Bucrá. Los yacimientos de fosfatos, que se explotaban a cielo abierto, eran realmente impresionantes. En estos desplazamientos por el Sahara y a iniciativa de López Bravo conseguimos que Carrero, como nosotros, se quitara la chaqueta. Es la única vez que le vi en mangas de camisa.

El miércoles visitamos Smara, la ciudad santa de los musulmanes, que tenía algún interés arqueológico. De allí fuimos a Villa Cisneros. Viajábamos en jeeps por unas pistas que había que defender de las arenas movedizas. Allí vimos unas pequeñas granjas experimentales donde se cultivaban productos hortícolas. También hubo entrega de viviendas rodeadas de patios cerrados al estilo árabe; visita al puerto, captación de aguas y centros oficiales. Por la noche, otra vez «cena típica». Pernoctamos en Villa Cisneros.

El lugar más distante al que llegamos fue La Güera, al sur del Sahara, una pequeña población de pescadores. Visitamos la nueva carretera a Port-Etienne y unas pequeñas industrias pesqueras. Por la tarde regresamos a Villa Cisneros.

El viernes 20, salimos para El Aaiún y desde allí, en avión, hicimos una breve parada en Ifni donde visitamos el puerto y los centros oficiales y docentes. Allí concluyó nuestro viaje al África Occidental española.

No fue pequeña la labor realizada en este territorio en favor de los nativos, en materia de sanidad, viviendas, enseñanza, etc., y en obras de infraestructura: pozos, carreteras de asfalto en el desierto, aeropuertos, pantalán para el atraque de grandes buques y el ofrecimiento de que toda la riqueza allí alumbrada, especialmente fosfatos, se invertiría en el Sahara.

Bajas por enfermedad

El 24 de mayo, el Ministro del Aire, Teniente General Lacalle sufrió un infarto de miocardio, lo que le obligó a estar en reposo absoluto durante un largo período. También ese día operaron al Ministro de Marina, Nieto Antúnez, de la vesícula biliar.

El Pleno de las Cortes aprobó la Ley sobre el régimen especial agrario de la Seguridad Social, que se promulgó el 31 de mayo.

Propuesta de creación de la provincia de Gibraltar

Fraga, al alimón con Castiella, propuso la creación de la provincia de Gibraltar con parte del territorio de las provincias de

Cádiz y de Málaga. No compartí su punto de vista, pues podría dar la impresión de que fabricábamos el estuche sin tener aún la joya: hasta que la Roca no volviese a la soberanía española, de poco nos valdría tener una «provincia de Gibraltar»; aparte de la reacción que lógicamente habría de producirse en Cádiz y Málaga al ver mermado su territorio provincial.

Cena con el Príncipe

El 27 de mayo se celebró una cena, en casa de Joaquín Garrigues Walker, a la que asistió el Príncipe Don Juan Carlos. Entre los comensales se encontraban Abelardo Algora, Presidente de la Asociación Católica Nacional de Propagandistas; Hermenegildo Altozano, ex Gobernador de Sevilla; Alberto Ballarín, Consejero nacional; Antonio Barrera de Irimo, Presidente de Telefónica; Pedro Durán, Presidente de Catalana de Gas; Carlos Fernández Novoa, Catedrático de la Universidad de Navarra; Manuel Ortínez, Director General del Instituto Español de Moneda Extranjera; Jaime Urquijo, Secretario General de Energía e Industrias Aragonesas, y Antonio Villar Massó, abogado.

El Príncipe quiso conocer la opinión de los asistentes acerca del problema sucesorio, de la actitud de la Dinastía respecto de Franco y de la configuración de la España posfranquista.

Abelardo Algora, Jaime Urquijo y Antonio Villar Massó se manifestaron en favor de la celebración de un referéndum previo a la restauración de la Monarquía, en tanto que los demás asistentes, salvo Joaquín Garrigues que no se definió, se inclinaron en favor de la restauración «de hecho» y el aplazamiento del referéndum hasta que la Monarquía hubiera podido demostrar su carácter democrático.

En cuanto a la posición de la Dinastía, la mayoría se inclinó por el buen entendimiento y colaboración con Franco, pero sin comprometer su actuación futura. Pedro Durán Farrell y Manuel Ortínez opinaron que se tenía que pactar con la oposición al Régimen, incluso con la oposición en el exilio. Antonio Villar Massó, por el contrario, afirmó que los dirigentes exiliados ya no representaban ninguna fuerza real.

En cuanto a la configuración de la España posfranquista todos coincidieron en que debería ser un Estado democrático, homologable con los de Europa occidental.

La conversación que resultó muy animada se prolongó hasta

más allá de las dos de la madrugada. Todos los asistentes se expresaron en forma espontánea y a título personal.

Según referencia de los asistentes, el Príncipe estuvo prudente, sin comprometerse en ningún momento; habló con respeto de la figura del Jefe del Estado, afirmó que el balance del Régimen de Franco era positivo y se le vio muy seguro de que sería el futuro Rey de España.

Marruecos reivindica el Sahara

Castiella me envió copia de una carta reservada de Alfonso Merry del Val, Embajador de España en Washington, de fecha 31 de mayo de 1966, en la que informaba acerca de las gestiones que la Embajada marroquí realizaba en el Departamento de Estado a propósito del Sahara español y de los fosfatos de Bucrá. Uno de los párrafos de dicha carta dice:

«La tesis que los marroquíes han presentado al Departamento es que la frustración que sienten al no haber conseguido un acuerdo con nosotros, unida a la preocupación por las implicaciones que pueden derivarse para su economía de la futura explotación de nuestros fosfatos, es lo que les lleva a plantear la reivindicación del Sahara, dentro de cauces diplomáticos y con vistas a la próxima sesión de las Naciones Unidas, en donde anuncian desplegarán una vigorosa campaña.»

Y en otro párrafo añade:

«El parecer del Departamento es que el interés de Marruecos por nuestro Sahara se basa en razones económicas y no políticas y estima que si nosotros pudiéramos encontrar alguna fórmula de colaboración económica con ellos en este terreno, los marroquíes, con una situación económica difícil, según el reciente informe del Banco Mundial, calmarían su activismo respecto al Sahara.»

Franco y el Partido

El martes, 31 de mayo, despaché con el Jefe del Estado y le expuse, una vez más, mi opinión contraria al Partido único. «Es un montaje artificial —le dije— y de sus filas han salido muchos de los actuales adversarios del Régimen. Los únicos abucheos que ha tenido V. E. —llegué a decirle— han surgido de entre los militantes uniformados en determinadas concentraciones políticas. Esos militantes se consideran con un derecho carismático que les permite enfrentarse al Jefe del Estado.» (Me refería al incidente ocurrido en el Valle de los Caídos el día del funeral por José Antonio Primo de Rivera, el 20 de noviembre de 1960, en que un falangista gritó: «Franco, eres un traidor.»)

Franco respondió que así como la Iglesia necesitaba tener un clero, también el Estado necesitaba unos hombres entregados a su servicio. Le repliqué que no existía tal analogía, le recordé que el Partido único ha sido condenado en diversas Encíclicas y en los recientes documentos del Concilio y que, si no se admite el pluralismo político, no cabe afirmar que el Movimiento no es un partido único.

López Bravo, la Ley Orgánica y Muñoz Grandes

López Bravo aprovechó el viaje que hizo con Franco a Puertollano, el 6 de junio, para hablarle de la conveniencia de ultimar la Ley Orgánica del Estado y que entrara en «rodaje» cuanto antes mediante el nombramiento de un Presidente del Gobierno, como hizo De Gaulle con Pompidou.

Franco le respondió que el trabajo no le dejaba un respiro para ocuparse de la Ley Orgánica y también le dijo que las cosas no debían hacerse súbitamente, sino de forma gradual. Por último, le confesó que existía el problema Muñoz Grandes —de quien siempre receló—. López Bravo sugirió que se le circunscribiera a sus funciones militares de Jefe del Alto Estado Mayor y se le cesara en la Vicepresidencia del Gobierno.

En el Consejo de Ministros del 10 de junio, el de la Gobernación presentó un proyecto sobre elecciones municipales que daba mayor representatividad a los concejales del tercio familiar.

Bau denuncia maniobras de la Secretaría General

Joaquín Bau dirigió una carta al Jefe del Estado, fechada el 10 de junio, en la cual, después de darle cuenta de un acto político celebrado en Tortosa, le decía:

«La opinión, las ansias y la bondad se encuentran en actos semejantes, fundamentalmente espontáneos, no en osadas acrobacias ni en sueltos periodísticos con aires de rebotica, ni en salones con resabios de vejez y resentimientos, ni mucho menos en Secretarías Generales —como la del Movimiento— en donde acarician la idea de Regencia que, de hecho, no sería otra cosa que la alcahueta de otra República y después, de la revolución.»

«Dichos señores pueden llevar oculta en su manto doctrinal la lanza que clavarían, en el momento oportuno, en el corazón mismo de la Patria, por partidismo y ambición. Mi contacto con el pueblo catalán capaz e inteligente, me aumenta la convicción de lo urgente que resulta culminar sin demora el proceso institucional, sin dar más tiempo a los "mangoneadores" sin escrúpulos, que se están encontrando en todas las latitudes.» La carta figura como anejo.

Se constituye una ponencia para ultimar la Ley Orgánica del Estado

El lunes 13, Franco llamó a Carrero y le leyó el texto, revisado por él, del proyecto de Ley Orgánica del Estado cuya redacción originaria era de Fernández de la Mora y mía. Carrero consiguió quitar un artículo según el cual el Secretario General del Movimiento sería nombrado a propuesta del Consejo Nacional.

Franco le ordenó distribuir el texto a una ponencia integrada por el Presidente de las Cortes, Iturmendi, el Vicepresidente del Gobierno, Muñoz Grandes, y los Ministros Carrero Blanco, Oriol, Fraga y Solís, y convocarles para el día siguiente, a las seis de la tarde, en El Pardo, para una primera reunión.

¡Por fin se ponía en marcha el proyecto de Ley Orgánica del Estado! En esta reunión del día 14, se elaboró un calendario de trabajo que permitiera ultimar la ley a lo largo del verano.

Pintoresca escena en el Palacio Real

El miércoles, día 15, llegó a Madrid el Rey Feisal de Arabia Saudita y fue recibido, en Barajas, por el Jefe del Estado. Por la noche hubo, en su honor, cena de gala en el Palacio Real.

Con gran asombro de todos los asistentes, vimos entrar a dos hombres corpulentos, ataviados al estilo árabe, que portaban sendos arcones y se colocaban detrás del Rey Feisal. Inmediatamente abrieron los arcones, sacaron unos utensilios, montaron una pequeña mesa y sobre ella un hornillo en el que condimentaron la comida del Rey, que sólo tomaba lo que le preparaba su cocinero. Fue un espectáculo insólito: no sé si se debía a motivos coránicos o a que estaba enfermo y seguía un severo régimen.

El Consejo de Ministros de la CEE encarga a la Comisión un informe sobre España

Castiella me envió copia de un informe reservado, de fecha 15 de junio, del Encargado de Negocios en Luxemburgo, Mariano Baselga, en el que daba cuenta de que: «En la reunión previa de los Ministros de Asuntos Exteriores (sin la Comisión), celebrada el 13 y 14 de junio, fue el Ministro alemán Señor Schroeder quien presentó el "caso español" invocando el tiempo excesivamente largo que llevaba pendiente y solicitando un pronto examen.»

La proposición alemana constaba de tres puntos en los que se pedía que la Comisión enviara al Consejo (y ello antes de finales de julio) un dictamen sobre el estado actual de las conversaciones exploratorias con España, los problemas planteados a España por la situación presente, y una propuesta de la o las soluciones que estime más adecuadas.»

«Fue el Ministro francés Señor Couve de Murville quien inmediatamente apoyó la propuesta alemana pronunciando la frase: "cette affaire a trop trainée." El Ministro italiano Señor Fanfani aceptó igualmente la idea» (...) «Seguidamente los Ministros Señores Luns, Harmel y Werner dieron su asentimiento.»

Más adelante, añadía: «Con posterioridad, el Consejo de Ministros se reunió con la Comisión. Al comunicarle la decisión tomada, el miembro de ésta, Señor Rey, tomó la palabra, al aceptar el encargo, para mostrar su satisfacción. Procedió entonces a hacer el elogio del Embajador Señor Ullastres cuyas dotes personales encomió añadiendo que su personalidad y condición de ex Ministro del Gobierno español le había permitido, en el curso de sus viajes a las distintas capitales europeas, tener contactos de alto nivel con los diferentes Gobiernos.»

(El texto del informe reservado de Mariano Baselga se incluye entre los anejos.)

Despacho con Franco: «el peligro ahora no es el comunismo»

En mi despacho con el Jefe del Estado, del jueves 16 de junio, le hablé del interés político de su próximo viaje a Cataluña. El catalán se distingue por el *seny* (sensatez) pero también por las *rauxes* (arrebatos). «Los barceloneses —le dije— nos sentimos orgullosos de nuestra ciudad que actualmente atraviesa una etapa de esplendor. El principal problema es el de los accesos a la población. Estoy seguro de que el viaje será un éxito.»

Le informé de que Castiella pensaba proponerme para presidir la misión oficial española que asistiría a la toma de posesión del Presidente de Colombia, Carlos Lleras Restrepo, y que, en tal caso, quizá sería oportuno que visitara otros países de Iberoamérica. Le pareció una excelente idea.

Me quejé de que la Organización Sindical, cuyo Delegado Nacional es Ministro, hubiera publicado un informe de la Vicesecretaría de Ordenación Económica sin oír a la Comisaría del Plan y sin esperar a que la OCYPE publicara la Memoria sobre la ejecución del Plan de Desarrollo: era un alegato de 300 páginas contra la política económica del Gobierno.

Comentamos las negociaciones de la Organización Sindical con dirigentes de la CNT; había que saber qué se les ha ofrecido a éstos y quién engaña a quién.

«El peligro ahora —dijo Franco— no es el comunismo; es la masonería aliada con el socialismo.»

Me pareció una observación perspicaz: el descrédito del comunismo era cada vez mayor y su lugar lo iba ocupando la socialdemocracia, un socialismo de rostro humano y laicista.

Crisis en Acción Católica

Tras unas Jornadas de la Acción Católica, que tuvieron lugar en el Valle de los Caídos, y en las que se aprobaron unas conclusiones que fueron leídas por su Presidente, Santiago Corral, y que la Conferencia Episcopal desautorizó, se produjo una seria crisis en la Acción Católica que, prácticamente, quedó disuelta.

Viaje de Franco a Cataluña

El martes, 21 de junio, Franco inició su viaje a Cataluña: se detuvo primeramente en Zaragoza, que le tributó un gran recibimiento. Llegó al Principado por Tortosa, que también se volcó en aclamaciones; allí, inauguró el monumento a los caídos en la batalla del Ebro. Al día siguiente, hizo su entrada en Barcelona siguiendo un largo recorrido, en coche descubierto, acompañado por el Alcalde Porcioles, desde la Puerta de la Paz, Vía Layetana, Paseo de Gracia y Diagonal, hasta el Palacio de Pedralbes. En la caravana de coches que seguían al del Jefe del Estado, yo iba en el del Almirante Carrero y puedo dar testimonio de las ovaciones de la multitud.

El jueves inauguró el edificio de los Juzgados y visitó el castillo y parque de atracciones de Montjuic: allí le presenté a mis padres y les dijo: «Estoy muy satisfecho de cómo trabaja su hijo.»

Artículo de Pemán

El 24 de junio publicó *ABC* un artículo de Pemán, muy intencionado y bien escrito, como todos los suyos, bajo el título «En el día de San Juan» en el cual, después de aludir al «esfuerzo moral de restitución de la honra» que se le debe a Don Juan de Borbón, añadía: «Nada me parecería más tonto que» (...) «una especie de profesional monarquismo 'juanista' que confiara todo a la llegada mesiánica de una persona concreta sobre el descampado desértico de nuestras instituciones. Ni Don Juan, ni San Juan Bautista que viniera en persona, sabría encontrarle los botones y palancas para echar a andar esta máquina institucional con mucha más nomenclatura —Cortes, municipios, sindicatos, asociaciones— que autenticidades. ¿Cómo se nombra el Gobierno y su Jefe? ¿Cómo convive con las Cortes que han de limitar representativa y económicamente a la Corona? ¿Cómo se logra un "Ejecutivo" con la agilidad y técnica que requiere una sociedad industrializada?»

Y luego comentaba: «Es inevitable que al Movimiento de fachada totalitaria y monopolista le pase, un poco, como a Don Juan de Borbón. ¿Con qué lucha éste? Con su propia imagen sobre la que pesa un prejuicio de cortesanía, protocolo, camarilla o partidos. Pues el Movimiento uniformado tiene que luchar con un prejuicio uniformista de gestos, modos y palabras que se parecen demasiado a las expresiones totalitarias que se creyeron redentoras hace veinte años» (...) «Frente a ese tipo de partido absorbente murieron demasiados europeos en cinco años de guerra mundial.»

Era la primera fiesta onomástica del Conde de Barcelona sin censura de prensa.

Antimonarquismo del Círculo Doctrinal «José Antonio»

En esa misma fecha, *Arriba* publicó una réplica a un artículo de Ramón Sierra en *ABC*, del Círculo Doctrinal «José Antonio» suscrita por su Vicepresidente primero, Pastor Nieto García, en la que se recogía una antología sesgada de textos de José Antonio Primo de Rivera con juicios adversos a la Monarquía y favorables a la República del 14 de abril.

Carta del Embajador Cortina a Castiella: comentario de Baumgartner acerca de la economía española

En carta de 24 de junio, de Pedro Cortina a Castiella, de la cual éste me envió copia, relataba la conversación que sostuvo con Baumgartner, antiguo Gobernador del Banco de Francia y ex ministro de Finanzas. Son significativos los siguientes párrafos:

«Me habló con admiración de la labor que habíamos realizado estos últimos diez años y me dijo que estamos en la buena vía. Me añadió que habíamos tenido un gran acierto en que nuestro Plan de Desarrollo fuera programático y que, igual que el suyo, sólo fuera vinculante para el Gobierno. Me indicó también que nuestra economía, como la suya, tropezaba con el estrangulamiento de la excesiva población agrícola» (...) «Hizo un juicio muy severo de Italia diciendo que era el país más inseguro, más inestable y menos de fiar políticamente de todos los Seis.»

El Comité de los Veinticuatro y el Sahara

Castiella me dio traslado de una nota informativa, de 25 de junio, del Director General de Asuntos de África, Gabriel Mañueco de Lecea, que había asistido en Argel a la reunión del Comité de los Veinticuatro, en la cual daba cuenta que el Director General de Política Exterior argelino, refiriéndose al Sahara le dijo:

«Respetamos la situación actual y la posible evolución hacia la autodeterminación de la población sahariana, que esperamos y deseamos, pero en caso de que, por las presiones internacionales que se ejercen sobre España en favor de una negociación sobre los problemas de soberanía con Marruecos (*sic*) entonces no tendríamos más remedio que intervenir pidiendo la internacionalización del problema por medio de la reunión de una conferencia "de la table ronde" a la que asistirían los países afectados.»

Mañueco le contestó que «nuestra posición era muy rotunda y firme en lo que respecta a nuestra soberanía en el Sahara, que no lo considerábamos materia de negociación y que el futuro del territorio estaría determinado de modo primordial por la voluntad de sus habitantes. En cuanto a las presiones internacionales a que aludía, le hizo ver que de ellos dependía en parte el que no se produjesen».

«El Director General de Política Exterior argelino pasó después a resaltar las posibilidades de colaboración en el terreno económico entre Argelia y España a través del Sahara, afirmando que uno de los posibles sectores en que podría desarrollarse era en la construcción de un ferrocarril que diera salida a los minerales de Gara Yebilet. Aludió asimismo a eventuales colaboraciones económicas en las explotaciones mineras de la zona y, en concreto, a los fosfatos.»

Bau alerta a Carrero

Con fecha 27 de junio, el Presidente del Consejo de Estado, Joaquín Bau, dirigió una carta a Carrero para alertarle de que se estaba «manejando toda una masa partidista y manejándola precisamente con fondos del propio Estado, para impresionar el ánimo del Caudillo». «Estamos ante una farsa —sigue diciendo Bau— que, aparentemente, se presenta como fuerza viva que quiere imponer una institucionalización del Partido ya pasado (aunque usen la palabra "Movimiento").» Señala Bau que el fin que persiguen los falangistas es «torcer la línea del futuro político marcada por el Caudillo».

Consejo de Ministros en Pedralbes

El martes 28 se celebró el Consejo de Ministros en el Palacio de Pedralbes. Se acordó remitir a las Cortes la memoria elaborada por la Comisaría del Plan sobre la ejecución de éste durante el ejercicio de 1965.

Esta reunión del Consejo de Ministros coincidió con una interpelacion en la Cámara de los Comunes al Ministro de Desarrollo en Ultramar, Mr. Greenwood, en la que se le preguntó la cuantía de la ayuda económica a Gibraltar. Respondió que su importe era de un millón de libras esterlinas.

Tras la festividad de San Pedro, el 30 de junio se reunió por segunda vez, bajo la presidencia de Franco, la Comisión que estudiaba el proyecto de Ley Orgánica del Estado.

Declaración de la Conferencia Episcopal con referencia a las instituciones políticas españolas

El 29 de junio, la Comisión Permanente de la Conferencia Episcopal publicó una importante y extensa Declaración sobre «La Iglesia y el orden temporal a la luz del Concilio», la cual señala, en su primera parte, los principios fundamentales sobre la Iglesia y el orden temporal; entre ellos, los siguientes:

«La Iglesia propone lo trascendente, y a su luz inspira y anima la búsqueda de las variables soluciones del orden temporal; no se reduce a ser una de esas soluciones.»

«La gestión directa y la instauración concreta del orden temporal es oficio que compete a los seglares, en cuanto ciudadanos de la sociedad civil, bajo su propia responsabilidad.»

«Por intensa y laudable que sea la adhesión de cada uno a su propia opinión, nadie le atribuya valor tan absoluto que la identifique con la doctrina del Evangelio y de la Iglesia, ni pretenda excluir otras opiniones legítimas con una especie de monopolio de la verdad.»

«Entre la sana floración de aspiraciones al ejercicio de la libertad responsable que caracteriza en buena parte la edad contemporánea, despuntan también algunos brotes de anarquía espiritual, que apelan con ligereza al Evangelio y a la Ley natural.»

En la segunda parte de su Declaración, la Conferencia Episcopal afirma:

«No ha dejado el Episcopado español de decir una palabra en momentos trascendentales para la comunidad política de España. Prueba son de ello, por citar solamente los documentos de carácter colegial, las pastorales de 20 de diciembre de 1931 y de 2 de junio de 1933 y la carta colectiva a los obispos de todo el mundo de 1 de julio de 1937, documentos cuyas orientaciones quedaron confirmadas por la encíclica *Dilectissima nobis*, de Pío XI, de 3 de junio de 1933; la *Divini Redemptoris*, de 19 de marzo de 1937, y el radiomensaje de Pío XII al pueblo español, de 16 de abril de 1939.»

«La ordenación de la comunidad tenderá a favorecer la participación libre de los ciudadanos» (...) «Para que sea eficaz la cooperación de los ciudadanos se requiere un orden jurídico en el que se establezca una división conveniente de las funciones y de las instituciones de la autoridad pública, juntamente con una segura protección de los derechos de las personas, familias y asociaciones; y al mismo tiempo que se promueva los deberes que vinculan a todos los ciudadanos (cfr. GS n.º 75).»

«Merecen especial atención las asociaciones familiares, sociales o culturales y los cuerpos e instituciones intermedias. Contribuyen a evitar que los ciudadanos se atomicen o se pierdan en la masa. Los gobernantes no deben impedirlas; procuren, más bien, promoverlas de manera ordenada (cfr. GS n.º 75).»

«Sobre la participación política, que influye en la ordenación general de la comunidad, el Concilio no aboga por ningún sistema determinado. La norma fundamental es que todos los ciudadanos y sus corrientes de opinión tengan cauce para contribuir legítimamente al bien común. La autoridad ha de velar por que el contraste de los pareceres o la tensión de los grupos no conduzcan al fraccionamiento o a la lucha.»

«En cuanto a la ordenación general de las instituciones políticas y sociales de España, su perfeccionamiento exige también depuración en hábitos y criterios, una concepción dinámica del bien común y una infatigable tensión ascendente hacia el ideal que el Concilio nuevamente nos ha indicado.»

«Supuesta la voluntad operante de acercar las formas institucionales vigentes, lo más que sea posible, a dicho ideal, la Iglesia no tiene por qué emitir ningún juicio sobre la estructura de las mismas.»

«La Iglesia tendría que dar su juicio moral sobre las instituciones político-sociales sólo en el caso de que, por la índole misma de su estructura o por el modo general de su actuación, lo exigiesen manifiestamente los derechos fundamentales de la persona y de la familia o la salvación de las almas, es decir, la necesidad de salvaguardar y promover los bienes del orden sobrenatural (cfr. GS n.º 42 y 76; AA n.º 24).» «No creemos que éste sea el caso en España.»

«Pensando en el futuro, los dos motivos de orden moral y sobrenatural que acabamos de citar nos obligarían a rechazar de antemano, bien un sistema de arbitrariedad opresora (cfr. GS n.º 75), bien un sistema fundado en el ateísmo o en el agnosticismo religioso, en contra de la profesión de fe de la mayoría de los españoles.»

La Declaración terminaba con el siguiente párrafo:

«Que el Señor ilumine y asista a los hombres beneméritos, de modo especial al Jefe del Estado, en cuyas manos está principalmente la obra de conservar la paz y de ordenar, según Dios y según los legítimos deseos de todos, la comunidad temporal de los españoles.»

Efectos de las medidas anti-inflacionistas

El 30 de junio presenté a los medios de información la Memoria sobre la ejecución del Plan de Desarrollo en el bienio 1964-65. Señalé el resultado favorable de las medidas adoptadas para frenar las tendencias desestabilizadoras de la economía española. Así, los precios se mantuvieron prácticamente estables entre abril de 1965 y marzo del 66.

«Respecto a la evolución reciente de la balanza de pagos, no puede hablarse con tanto optimismo porque aquí confluyen los accidentes coyunturales con problemas de fondo o estructura, de resolución mucho más lenta y costosa. A pesar de ello, el impacto de las medidas ha sido también evidente: el ritmo de aumento de las importaciones en los seis primeros meses de 1966 ha venido descendiendo de forma acusada en tanto que las exportaciones han experimentado un alza casi espectacular (un 33 % respecto de iguales meses del año 1965).»

Con Franco en Berga y Manresa

Durante su estancia en Cataluña, Franco visitó varias poblaciones del Principado. Yo le acompañé, con otros Ministros, en su desplazamiento a Berga el 1 de julio. Almorzamos en el pabellón polideportivo, con centenares de personas. Durante el almuerzo llegó la noticia del triunfo de Manolo Santana en Wimbledon. Por la tarde Franco fue a Manresa y se asomó al balcón del Ayuntamiento para pronunciar un breve discurso. Un gran gentío, que se apiñaba en las calles del recorrido y en la plaza, le aclamó con entusiasmo.

La Semana Naval de Barcelona

El día 3, el Jefe del Estado presidió la jura de la bandera y entrega de despachos a los nuevos Oficiales de la Marina y otros actos, con motivo de la Semana Naval, en la que participó el Príncipe Don Juan Carlos, a bordo del crucero *Canarias*.

Entrevista con el Príncipe

Durante su estancia en Barcelona me entrevisté en privado, en el domicilio de Porcioles, en la calle de Rosellón, con Don Juan Carlos. Le dije que se estaba ultimando la Ley Orgánica del Estado y que varios Ministros —especialmente Carrero, Alonso Vega, Oriol, Silva y yo— instábamos a Franco la pronta designación de sucesor.

Franco en Montserrat

El día 5 Franco fue a Montserrat. El Abad Brassó estaba en Roma. Cuando un monje excusó la ausencia del Abad, Franco le dijo: «No se preocupe: he venido a venerar a la Moreneta, no a ver al Abad.» A la vuelta visitó Martorell donde entregó las viviendas construidas para los damnificados por las riadas.

Final de la estancia en Cataluña

El día 6 inauguró la Ciudad Sanitaria de la Seguridad Social y el Instituto de Biología de la Fundación Puigvert, en el Hospital de la Santa Cruz y San Pablo. Por la noche se celebró, en su honor, una cena de gala en el Salón de Ciento.

Porcioles, en su brindis, aludió hábilmente a la favorable acogida que tendría la culminación del proceso institucional.

El último día de su gira catalana, tras numerosas audiencias en el Palacio de Pedralbes, el Jefe del Estado ofreció un almuerzo de despedida a las autoridades barcelonesas al que asistimos también el General Alonso Vega, Solís y yo.

Fueron diecisiete las jornadas de Franco en Cataluña durante las cuales no se produjo el más mínimo incidente y tuvo siempre la mejor acogida.

Melilla

Castiella me envió copia de la carta de 13 de julio del Embajador en Rabat, Eduardo Ibáñez y García de Velasco, relativa a Melilla de la que, por su interés, transcribo los párrafos más significativos.

«Nuestra plaza melillense —escribe Ibáñez— es, en realidad, la única puerta viable de un mundo densamente poblado y al que sirve de exclusivo centro de atracción y del que constituye su capital económica y geográfica: el mundo del Rif. Puede ser, con habilidad e inteligencia, el centro que drene y canalice toda la vida económica de la región con tal de que se preste a ello y no constituya, al contrario, un auténtico tapón para la misma.»

«Nuestro interés debiera consistir en que, manteniéndose bien claras las soberanías, Melilla sirviera al Rif sirviéndose a sí misma, atrayendo a su influencia económica a toda la región Oriental que si no, de manera artificial, ha de orientarse hacia el puerto argelino de Nemours o hacia el lejano Casablanca.»

«De ahí que Melilla deba organizar su porvenir en función del "hinterland" al que sirve de cabeza» (...) «Melilla debe vivir mirando hacia Marruecos. Su futuro está precisamente ahí, en su vecindad. No puede ser un Goa sino que debe llegar a ser un Hong Kong.»

La carta del Embajador en Rabat termina diciendo: «O se quiere a una Melilla artificial, lánguida, erizada, inviable y cerrada sobre sí misma o se ponen los medios para que, por nuestra parte, la comunidad española que en ella vive tenga confianza en el futuro y no se cree un falso complejo de «pied noir».

Carta de Torcuato Luca de Tena, Director de *ABC*

Con fecha 12 de julio, Torcuato Luca de Tena me escribió una carta acerca de «los comentarios y juicios que la Prensa del Movimiento viene dedicando a la persona de S. A. R. el Conde de Barcelona».

«Siendo el *Arriba* el órgano del Movimiento —dice la carta— y, entendiendo el Movimiento tal y como se define en la Ley de 17 de mayo de 1958, es decir, como la "comunión de los españoles en los ideales que dieron vida a la Cruzada", resulta verdaderamente asombroso que el órgano central de este Movimiento, cuya función es unificar, adopte sobre cuestión tan grave para el futuro de España, actitudes específicamente partidistas. Y mucho más grave todavía, que esta campaña, que no tengo ningún inconveniente en calificar de sistemática —basta consultar los últimos veinticinco años de la colección del *Arriba*— se haya realizado durante todo este tiempo y se siga realizando por una empresa abastecida en todo o en parte por los Presupuestos de la Secretaría General del Movimiento que, a su vez, son cubiertos por el Presupuesto General del Estado, gracias a la contribución de todos los españoles, tanto de los que pensamos bien, como de los que piensan mal del Conde de Barcelona.»

Torcuato Luca de Tena termina diciéndome: «Considero que tu benevolente amistad y tu preocupación, bien conocida de todos los españoles por el futuro de España, sabrán justificar con indulgencia mi exposición de unos hechos que, en cualquier caso, son evidentemente graves, porque acumulan dificultades suplementarias y de incalculable resonancia en el proceso de Sucesión.»

«Es mejor que los catalanes vengan a Madrid» (Franco)

En el Consejo de Ministros del 15 de julio se nombró, a propuesta del General Alonso Vega, nuevo Gobernador de Barcelona a Tomás Garicano Goñi en sustitución de Antonio Ibáñez Freire. Supe por Don Camilo que ofreció antes el cargo a Luis Rodríguez Miguel, Antonio Tena Artigas, José García Hernández y Juan Sánchez Cortés y ninguno de ellos lo aceptó. Pensó también en Santiago Udina Martorell, Subsecretario de Obras Públicas, pero al proponérselo a Franco éste le dijo: «Es mejor que los catalanes vengan a Madrid.»

Conversación con el Presidente y el Secretario de la Conferencia Episcopal

El 17 de julio tuve una interesante conversación con el Presidente y el Secretario de la Conferencia Episcopal, Cardenal Quiroga Palacios y Mons. Guerra Campos. Me dijeron que la Declaración de la Conferencia Episcopal del mes de junio rechazaba todo intento de convertir la Acción Católica en un partido demócrata-cristiano, y que a los jóvenes de Acción Católica les repugnaba la idea de un partido enfeudado a la Iglesia.

Señalaron la tensión existente entre los movimientos internacionales de apostolado seglar, tipo Pax Romana, y las Conferencias Episcopales. «El presidente de cada uno de estos movimientos —me dijeron los Prelados— tiene acceso directo al Papa e influye más que un Cardenal.» La tensión tenderá a agravarse cuando, en 1967, celebren un congreso mundial en Roma.

El derecho de presentación de candidatos al Episcopado

El 19 de julio, el Cardenal Quiroga Palacios se dirigió por carta al Ministro de Justicia, Antonio María de Oriol, para tratar de «la posible renuncia de la presentación de candidatos para el Episcopado por parte del Gobierno español». Escribió el Cardenal:

«Creo que el Señor va disponiendo las cosas para que pueda llegarse a la renuncia pura y simple de tal derecho, sin contrapartidas que le quitarían un poco su mérito y su belleza. En la Asamblea Plenaria de la Conferencia Episcopal Española, que acaba de celebrarse, se acordó hacer saber al Santo Padre la disposición de todos los Obispos españoles de aceptar cordial y gozosamente la renuncia, —a tenor del número 76 de la Constitución Pastoral "Gaudium et Spes"—, a cualquier clase de privilegios que la Santa Sede pudiera sugerir.»

«Así las cosas, se me ocurre pensar, —no soy diplomático— que podrían darse dos documentos paralelos y sin que en el uno se hiciese mención del otro: la renuncia sin condiciones al derecho de presentación y la renuncia por parte de la Iglesia Española a alguno o algunos de los privilegios de que actualmente disfruta legítimamente.»

(El texto de la carta se incluye entre los anejos.)

La posición del Gobierno sobre este asunto se resumía en la siguiente nota:

1. El Estado español está dispuesto a renunciar al privilegio de presentación para el nombramiento de los Arzobispos y Obispos.

2. La renuncia habría de realizarse mediante el «conveniente tratado con la Santa Sede» a que se refiere el n.º 20 del Decreto conciliar «Christus Dominus» en cuya negociación se procuraría, en justa reciprocidad, la renuncia por parte de la Iglesia a alguno de aquellos privilegios que al presente no se hallen en consonancia con las circunstancias del mundo, *verbi gratia*, el privilegio del fuero reconocido en el artículo 16 del vigente Concordato.

3. Una vez hecha la renuncia al privilegio de presentación, el derecho de nombrar y crear los Obispos quedaría reconocido por el Estado español como «propia, peculiar y exclusivo de la autoridad eclesiástica competente» (Christus Dominus n.º 20).

4. Sin embargo, no es ajeno al bien común temporal el procedimiento que la Iglesia establezca para la necesaria selección de los candidatos al Episcopado. (...) «Por lo que respecta al orden público civil, bastaría con que, antes de publicar la Santa Sede los nombramientos de los Obispos, los notificara reservadamente al Gobierno para el caso excepcional en que éste tuviera que oponer alguna dificultad de carácter político general.»

Conformidad de la Conferencia Episcopal al anteproyecto de ley de libertad religiosa

Por carta de 20 de julio de 1966 el Arzobispo de Madrid-Alcalá, Don Casimiro Morcillo, comunicó al Ministro de Justicia que la Comisión designada por la Conferencia Episcopal para examinar el texto del anteproyecto de ley de libertad religiosa lo había encontrado conforme, en sus líneas generales y fundamentales, con la Declaración conciliar sobre el mismo tema. (La carta puede verse en el anejo documental.)

Ley de Haciendas Locales

En el Pleno de las Cortes del 19 de julio se aprobó la Ley de Haciendas Locales con 66 votos en contra de Alcaldes y Presidentes de Diputación, que estimaron insuficiente la financiación de sus Corporaciones, más todos los que, por no significarse, se quedaron fuera del hemiciclo y dejaron de votar.

Despacho con el Jefe del Estado: Tomás Galán y Lucas Beltrán

Comencé por agradecerle la Gran Cruz de Isabel la Católica, que me había concedido el 18 de julio. Le di cuenta luego de mi conversación del día 17 con el Cardenal Quiroga y con Mons. Guerra Campos.

También le informé que el Ministro de Industria, López Bravo, tenía interés en nombrar Director General de su Departamento a Tomás Galán Argüello, Secretario General de la Comisaría del Plan de Desarrollo y que yo había accedido a cederle este valioso colaborador para el que solicité la Gran Cruz del Mérito Civil por su eficaz labor en las tareas de la programación económica. Franco aceptó mi propuesta y dio su conformidad al paso de Galán al Ministerio de Industria.

Para cubrir su vacante, le propuse a Lucas Beltrán Flórez, catedrático de Economía Política de la Universidad Complutense, y me autorizó a llevar la propuesta de nombramiento al siguiente Consejo de Ministros.

Le di cuenta de que uno de los profesores de la Escuela de Administración Pública de Alcalá de Henares —Manuel Ruiz Cubiles— había sido contratado por un año por la Columbia University de Nueva York, lo cual era prueba del prestigio de que gozaba la Escuela de Alcalá en los Estados Unidos.

Respecto de los trabajos de la Comisaría, le dije que ya habíamos elaborado las Directrices del II Plan de Desarrollo y que las cursaríamos a la Organización Sindical y al Consejo de Economía Nacional para que emitieran su informe.

Le anticipé que me opondría a la pretensión de Solís y de Romeo Gorría de revisar al alza las cifras de la Seguridad Social, toda vez que el Gobierno se había comprometido a no modificarlas ese año.

Artículo en *The Financial Times*

El 21 de julio, publicó este periódico londinense un artículo mío sobre la marcha del Plan de Desarrollo en el que exponía los principales objetivos alcanzados en 1965: incremento de la renta nacional en un 8 %, creación de 300.000 nuevos puestos de trabajo, reducción en un 25 % de la emigración, mayor afluencia de capital extranjero (55,5 %). Subrayé el carácter de economía concertada entre el sector privado y la Administración que caracterizaba nuestra programación económica.

Polémico artículo de Luis M.ª Ansón

Ese mismo día, publicó Luis M.ª Ansón en la tercera de *ABC* un resonante artículo bajo el título «La monarquía de todos»; el Ministerio de Información ordenó el secuestro del periódico. Entresaco de él los siguientes párrafos:

«Desde 1945 el Régimen español —poco propicio a la permeabilidad— ha experimentado una evolución de noventa grados. ¿Cómo se puede pretender entonces que dentro de veinte años la Monarquía sea igual que el Régimen, hoy? El inmovilismo, sobre todo después del ejemplo del Concilio, es imposible, la evolución se impone y la Monarquía española, será, en líneas generales, como sean las otras Monarquías europeas, con sus inconvenientes, pero con todas sus inmensas ventajas de paz, continuidad, progreso económico y libertad.»

«Por eso, en España los caminos políticos conducen a la Monarquía de Don Juan, que es la Monarquía a la europea, la Monarquía democrática en el mejor sentido del concepto, la Monarquía de todos. En unos meses, desde Serrano Súñer a Tierno Galván, las principales figuras políticas españolas de numerosas tendencias han hecho declaraciones públicas en favor de Don Juan.»

«En la cena que, con motivo de la onomástica del Jefe de la

Casa Real Española, se celebró el 23 de junio pasado en Madrid, se encontraban presentes no sólo los sectores tradicionalmente conservadores y monárquicos desde Arauz de Robles y su grupo de carlistas a Joaquín Satrústegui y sus liberales, sino también —y esto es lo más significativo— los representantes de ideologías en otro tiempo hostiles a la Monarquía.»

«En la mesa donde yo cenaba estaba Miguel Ortega, hijo de Ortega y Gasset, miembro del Consejo Privado de Don Juan, y, viéndole, yo pensaba: "Lo importante de esta noche no es la presencia de los grupos conservadores, de los grupos que el 18 de julio sustentaron el Régimen actual, y cuyos nombres sería demasiado largo enumerar ahora. Lo importante es que se encuentran en un acto en honor de Don Juan los que derribaron a su padre, los que dijeron 'delenda est Monarchia', y hoy, con un patriotismo admirable y una honestidad intelectual ejemplar, dicen: 'la Monarquía debe ser construida'.»

«Así se podrá cumplir el deseo clarividente del Jefe del Estado cuando al impedir a Don Juan incorporarse al frente durante la guerra afirmó que no debía pertenecer a los vencedores ni a los vencidos para poder ser un día el Rey de todos los españoles. Pensaba yo esto y pensaba también en la postura ejemplarísima de Don Juan Carlos cuando un periodista indiscreto le habló de sus posibilidades al Trono y el Príncipe hizo esta declaración perfecta, recogida en la revista *Time* de 21 de enero de 1966: "Nunca, nunca aceptaré la Corona mientras mi padre esté vivo".»

«La Monarquía de Don Juan, pues, que es la del sentido común, significa la sucesión al Régimen sin alteraciones de la paz y el orden.»

Réplica de Emilio Romero

Este artículo fue contestado por el Director de *Pueblo*, Emilio Romero, quien escribió:

«¡Ay, Luis María Ansón, eres como un caballo en una cacharrería! Tu artículo de esta mañana en *ABC* tiene a partes iguales, intrepidez e inocencia ... Nuestro país da, corrientemente, muchos tipos como tú que, cuando se mueven por idealismo romántico alocado —que es tu caso— no dejan de ser admirables, pero son funestos (...).»

«El conflicto de los españoles —tras la culminación de nuestras desavenencias— fue tan feroz, que hemos necesitado una larga cura de autoridad para que se aleccionara nuestro comportamiento político y como drenaje hacia la calcificación de todos los resentimientos. El proceso es largo porque las generaciones supervivientes de aquella catástrofe están todavía ahí, y en España no alcanzaremos un óptimo de convivencia hasta que los recuerdos no estén enterrados y el desarrollo económico no alcance una realidad conservadora de algo, en cada familia.»

«Ya sé que esto es pesado para las vocaciones políticas de penetración. Pero es un precio que hemos tenido que pagar por muchos años de insensateces» (...) «Los monárquicos de solera, no los otros, se pasan el día ensalzando a la institución pero luego se miran hacia sus cosas y dicen: que dure esto, y se pasan el día explorando la salud de Franco preguntando la cara que tiene a todos los que le ven. ¡Es natural!»

Reflexiones de Vicente Mortes

Vicente Mortes, ese mismo día me puso unas letras en las que decía que había leído el artículo de Ansón y quería transmitirme algunas reflexiones que le había suscitado.

«No entro a discutir la sinceridad con que se están acogiendo bajo el manto de la Monarquía toda una serie de personas y grupos políticos en abierta oposición al Régimen. Lo que es evidente es que lo están haciendo y en consecuencia la Monarquía —la única razonablemente aceptable— se está convirtiendo en un banderín de enganche para un futuro sin la menor ligadura con el presente.»

«Tú sabes que yo he llegado a ser monárquico, en mi edad madura, por pura reflexión: por mi origen no tengo el menor sentimiento que pueda atarme a la Corona. (...) Sentado esto, resulta que esta maravillosa posibilidad —por lo menos para mí— de que España siga adelante en el camino iniciado por Franco, la estamos dejando en manos de una colección de insensatos. (...) Y nos la estamos dejando arrebatar ingenuamente —sigo pensando bien— porque nuestros órganos de expresión —los del Movimiento— no pierden ocasión para desprestigiar a la Institución y a las personas reales. (...) ¿Es que la República puede garantizar nada a alguien que piense seriamente dos minutos?»

Polémica de *Arriba* con *ABC*

La reacción del periódico *Arriba* fue más dura que la de *Pueblo*. Bajo el título «La Monarquía de todos los enemigos» publicó, en su número del 22 de julio, un editorial en el que, a las personas citadas en el artículo de Ansón las tacha de «tullidos políticos», «habituales del disfraz» y «aspirantes a validos». *ABC* replicó con otro editorial el día 23 que concluía con estos dos párrafos:

«Las personas a quienes *Arriba* tacha de "enemigos", "tullidos políticos", "habituales del disfraz", y "aspirantes a validos" hubieran podido ser tachados de discrepantes. Pero ¿puede, en justicia, llamárseles "enemigos"? No, no, no. En la España del presente, y en la España del futuro, les imaginamos discrepantes, pero no "enemigos". Salvo que por enemigos se entiendan los que no participan en la tarea de excluir, sino de aunar: de ampliar la base y no de reducirla. España es más ancha que Castilla, y el Movimiento —tal como está definido por la Ley—, más generoso e inteligentemente abierto de lo que algunos redactores de los órganos oficiales del propio Movimiento parecen empeñados en imponer.»

«Mas no hemos perdido la esperanza. Por las comunes responsabilidades y por nuestro común destino, continuamos fieles al propósito de mantener la cohesión y la unidad de las fuerzas vitales que levantaron para la gran Historia de España la fecha del 18 de julio de 1936.»

Arauz de Robles tercia en la liza

El 23 de julio, el tradicionalista José M.ª Arauz de Robles publicó en la tercera de *ABC* un artículo titulado «¿Monarquía de los partidos o de todos los españoles?» en el que discrepaba de las tesis de Luis M.ª Ansón principalmente porque «La Monarquía no podría volver en ningún caso a España, donde quebraron antes que en ningún otro país los sistemas de democracia inorgánica, para intentar un imposible retroceso; y a eso equivaldría ofrecerle un conglomerado de partidos como base de su restauración».

«Jamás el Tradicionalismo, patrimonio político de nuestro pueblo y jirones del cual fueron utilizados por otros, se prestaría a ser un partido monárquico más, y mucho menos aspiraría a ser el partido único de la Monarquía. Por el contrario, siempre proclamó la necesidad de su autodisolución una vez instaurada ésta.»

Se intensifica el estudio de la Ley Orgánica del Estado

El 23 de julio prosiguieron, mañana y tarde, las reuniones, presididas por Franco en El Pardo, de la ponencia que revisaba el proyecto de Ley Orgánica del Estado. El martes, 26 de julio, volvió a reunirse, también mañana y tarde la ponencia. El 13 de agosto, se reunió de nuevo en el Pazo de Meirás. La elaboración de la Ley Orgánica del Estado entraba en la recta final.

Tomás Garicano, Gobernador de Barcelona

El 29 de julio tomó posesión de su cargo el nuevo Gobernador Civil de Barcelona, Tomás Garicano Goñi, en sustitución de Antonio Ibáñez Freire, que fue nombrado Subsecretario del Ministerio de Trabajo por Jesús Romeo. Tomás Garicano, General del Cuerpo Jurídico del Aire, había sido Gobernador de Guipúzcoa, y era hombre templado y bondadoso que no creó conflictos en Barcelona. Tenía especial amistad con Santiago de Cruylles quien, gracias al padrinazgo de Garicano, fue elegido Consejero Nacional por Barcelona.

Actuación en el Campo de Gibraltar

El 4 de agosto, aniversario de la pérdida de Gibraltar, *La Vanguardia* publicó unas declaraciones mías sobre las actuaciones emprendidas para la elevación de las condiciones de vida de Algeciras y demás poblaciones del Campo de Gibraltar: importantes obras en el puerto, el ferrocarril y las carreteras, construcción de viviendas y centros de enseñanza e instalaciones industriales, entre las que destacaba la refinería que entraría en servicio, al año siguiente, en San Roque.

Viaje a Iberoamérica

El 5 de agosto llegué a Bogotá acompañado por el Comisario adjunto, Vicente Mortes y su esposa, el Director General de Información, Carlos Robles Piquer, el Director del Instituto de Cultura Hispánica, Gregorio Marañón Moya, el Director de la Escuela de Administración Pública de Alcalá, Andrés de la Oliva de Castro y el Economista del Estado, Manolo Azpilicueta. Iba en calidad de Embajador extraordinario para el acto de investidura del nuevo Presidente de la República colombiana, Carlos Lleras Restrepo.

Conversación con Mons. Samoré

La misión de la Santa Sede la presidió Mons. Samoré, antiguo Nuncio en Bogotá, a quien yo había acompañado años atrás en un viaje por España, junto con Mons. Casaroli. Mons. Samoré era un alto dignatario de la Sagrada Congregación de Asuntos Eclesiásticos Extraordinarios, que al año siguiente fue nombrado Cardenal.

El día 6, víspera de la toma de posesión del nuevo Presidente, tuve con él una amplia entrevista en la que me dio a leer el discurso que pronunciaría, en nombre de todas las misiones diplomáticas. No me agradó la frase en la cual, se refería genéricamente a «las gestas de los pueblos de Occidente» y así se lo expresé, diciéndole que, de este modo, difuminaba la epopeya española y le recordé que el Presidente saliente Guillermo León Valencia tuvo la gallardía de dar un «Viva España» ante el General De Gaulle. En vista de ello, Mons. Samoré sustituyó los anteriores términos por «las gestas de los descubridores».

Hablamos luego de las relaciones de España con la Santa Sede. Le informé acerca de la revisión del artículo 6.º del Fuero de los Españoles, lo que supondría pasar de un régimen de tolerancia a un régimen de libertad religiosa.

Mons. Samoré me expresó el «especialísimo interés» que tenía la Santa Sede en la renuncia del Jefe del Estado Español al derecho de presentación de candidatos al Episcopado, toda vez que sólo lo conservaban España, Argentina, Uruguay, Francia (en Alsacia-Lorena), Haití y Mónaco. Luego, Colombia y Perú tenían el derecho de «comendación», que no era propiamente un derecho de presentación. Dijo que sería decisivo para obtener la renuncia de los demás países, que España renunciara; «sería un magnífico regalo».

Le expuse mi opinión de que sería más fácil lograr esa renuncia si, paralelamente, la Santa Sede renunciara a otros privilegios, como el del fuero eclesiástico y otros reconocidos en el Concordato, y si los nombramientos de nuevos Obispos no estuvieran politizados. En cuanto a esto último, Mons. Samoré dijo que las cosas cambiarían cuando cambiaran las personas y que, próximamente, el Nuncio en Madrid Mons. Riberi sería sustituido. «Existe una reacción inevitable —comentó— que lleva a hacer las cosas de otro modo a como las hacía el predecesor. La Nunciatura de Bogotá la construí yo y ahora no la conocía: incluso se entra por otra calle.»

La transmisión de poderes presidenciales en Colombia

El domingo día 7, por la tarde, se efectuó la transmisión de poderes en el Capitolio Nacional. El «coup de théatre» de la ceremonia corrió a cargo de la senadora María Eugenia Rojas de Moreno Díaz (hija del antiguo Presidente, General Rojas Pinilla) líder del «rojismo» que subió al pódium y leyó una terrible soflama acusando al nuevo Presidente de tener «la manos manchadas con la sangre de trescientos mil colombianos».

Entretanto, el Presidente electo, aguantaba el chaparrón con la cabeza baja y el mentón hundido en el pecho. Cuando María Eugenia Rojas terminó su catilinaria, los senadores y los representantes de la Alianza Nacional Popular abandonaron el salón «para no ser cómplices de la investidura».

Actividades en Bogotá

El nuevo Presidente de Colombia me concedió, el martes, día 9, una audiencia en el Palacio de San Carlos, al término de la cual el Gobierno colombiano hizo público un comunicado oficial en el que se daba cuenta también de las entrevistas sostenidas por mí con varios Ministros.

El acto de mayor resonancia fue la conferencia en el Hotel Tequendama sobre «La evolución de la economía española en los últimos años» y se proyectó el documental *Objetivo 67.* La conferencia fue precedida por una introducción por parte del Ministro de Fomento, Dr. Antonio Álvarez Restrepo. Entre los asistentes se encontraban cinco Ministros, el Secretario Ejecutivo de la ALALC, Alberto Solá y el Director de CEPAL, Juan Antonio Mayabre. Celebré también una rueda de prensa.

En su informe al Ministerio de Asuntos Exteriores, el Embajador Ruiz Morales, terminaba diciendo:

«Como síntesis y resumen de las actividades de la Misión Española que asistió a la transmisión del Mando Presidencial, merece destacarse que entre las cuarenta y seis Misiones Extraordinarias que se han encontrado en Bogotá con ocasión de tan señalado acontecimiento político, ninguna ha tenido una actuación tan destacada y brillante, ni su presencia ha sido objeto de tantas atenciones e interés, no solamente en los medios oficiales, sino en los medios de información y de la opinión pública» (...) «Ninguna otra Misión ha llevado a cabo tan intensa actividad, tanto en el campo específicamente político (visitas al Presidente Lleras, visitas de los Ministros colombianos, etc.) como en el campo económico y comercial, como en el terreno de lo cultural. Pero el fruto cosechado ha rendido con creces el esfuerzo realizado.»

El martes día 9 seguí viaje hacia Lima con Mortes, Azpilicueta y sus respectivas esposas. Los restantes miembros de la Misión regresaron a España.

En el Perú: almuerzo con el Presidente Belaúnde

Llegamos a Lima por la noche. El Presidente del Perú, Fernando Belaúnde Terri, me ofreció el miércoles un almuerzo en el Palacio del Gobierno, con asistencia del Ministro de Hacienda, Sandro Mariategui y del de Fomento y Obras Públicas, Sixto Gutiérrez Chamorro, Fernando Belaúnde estuvo extraordinariamente amable y me causó una excelente impresión.

Después del almuerzo, pasamos a uno de los salones de Palacio, donde tuve un amplio cambio de impresiones con el Presidente y los Ministros de Hacienda y Comercio. En esa conversación, Belaúnde mostró interés en obtener la colaboración del mayor número posible de técnicos españoles ya que, con frase gráfica, señaló que los extranjeros enviados por los Organismos internacionales, cuando llegan a superar la barrera del idioma y de la cultura que los separa de los peruanos, o se han muerto o han sido trasladados.

Por otra parte, quedaron ultimadas las operaciones de venta de camiones Pegaso y barcos por un importe de 30 millones de dólares.

Chile

El jueves 11, al mediodía, llegamos al aeropuerto de Santiago de Chile, donde me recibió el Ministro de Hacienda, Sergio Medina. Por la tarde, celebré una rueda de prensa, en la Embajada de España, en la que puse de relieve que «no puede existir un sólido desarrollo económico si no va acompañado de un progreso social valiente y de vanguardia».

El viernes tuve audiencia con el Presidente Frei, demócrata cristiano, al que sucedería Allende. Años después, Eduardo Frei me comentaría el error que, a su juicio, cometió dando entrada en el juego político al marxismo que, una vez en el poder, rompió la baraja.

Por la tarde, di una conferencia en la Sociedad de Fomento Fabril que luego fue publicada en el Boletín de la Sociedad Chilena de Planificación y Desarrollo. Al día siguiente, pronuncié otra conferencia, seguida de coloquio, en la Facultad de Derecho.

Reuniones de trabajo con varios Ministros

Mis contactos oficiales quedaron reflejados en la declaración hecha pública por el Ministerio chileno de Relaciones Exteriores en la que se decía:

«Durante su permanencia en Santiago el Ministro D. Laureano López Rodó fue recibido en audiencia especial por el Presidente de la República, Excmo. Señor don Eduardo Frei, y participó en reuniones de trabajo con los Ministros de Hacienda, de Economía y de Trabajo, señores Medina, Santa María y Thayer, con el Ministro Secretario General de Gobierno, señor Troncoso, y con los directivos de la Planificación Nacional.»

«El Ministro López Rodó destacó la asistencia que España podría prestar a Chile para establecer Centros de Formación Profesional, cursos de formación de la mujer y cursos de artesanía, como asimismo para el perfeccionamiento de funcionarios y dirigentes de empresas en institutos españoles especializados, a cuyo efecto ofreció luego catorce becas, y finalmente, mediante el envío a Chile de expertos en seguridad social y capacitación profesional.» (...) «Para aprovecharlos debidamente, se firmará un convenio de asistencia técnica entre Chile y España.»

Paraguay

El domingo, por la tarde, llegué a Asunción. En el aeropuerto me esperaba el Gobierno en pleno. Cené en privado con el Embajador, Ernesto Giménez Caballero, quien me informó que al día siguiente, lunes, a las siete, me recibiría en audiencia el Presidente de la República. Pensé que sería a las siete de la tarde pero en seguida me aclaró el Embajador que se trataba de las siete de la mañana. Yo estaba francamente cansado después del viaje y los actos protocolarios, pero Giménez Caballero, inclemente, quiso proyectarme un largo documental del que era guionista, titulado «Paraguay, corazón de América». No tuve más remedio que ver la película.

El programa de la fiesta de la Asunción, aniversario de la fundación de la ciudad, fue agotador y pintoresco. A las seis de la mañana acudió a la Embajada a cumplimentarme, el Canciller, Sapena Pastor. A las siete, me entrevisté con el Presidente Stroessner; a las nueve acudí a la inauguración de una refinería de petróleo; a las once, a la misa de pontifical en la catedral de la Asunción, seguida de procesión por las calles y, por último, a un desfile militar.

Celebré cuatro reuniones de trabajo con los Ministros que integraban el Consejo Nacional de Coordinación Económica, que nos ocuparon un total de dieciséis horas, fruto de las cuales fue la redacción del «Acta de Asunción» sobre cooperación técnica y económica entre España y Paraguay, firmada por el Ministro de Hacienda paraguayo y por mí, en la que se estipuló la instalación, por parte española, de diversas plantas industriales, por un valor de quince millones de dólares, así como la asistencia técnica en diversos campos.

Un avión del Gobierno me llevó a las cataratas de Iguazú, en la frontera con el Brasil, uno de los más grandiosos espectáculos de la Naturaleza que he contemplado, con una cascada de 70 metros de altura: el Salto Grande de Santa María.

Argentina

El jueves, emprendí viaje a Buenos Aires. El viernes 19, me dirigí a la Casa Rosada donde me recibió el Presidente, General Juan Carlos Onganía, en presencia del Ministro de Relaciones Exteriores, Nicanor Costa Méndez, a quien el Embajador José María Alfaro llamaba familiarmente Canoro. El General Onganía me pareció hombre de mediano talento y de escasas dotes políticas. Salió a relucir el asunto de Gibraltar y de las Malvinas y pidió a su ayudante que le trajera un mapa para ver dónde estaba el Peñón.

Salvador de Madariaga y el Gobierno de los Generales

Pocos días antes —el 5 de agosto— se había publicado en el diario *La Prensa*, una extensa «Carta abierta al General-Presidente» de Salvador de Madariaga, en la cual afirmaba: «No creo incompatible con el verdadero liberalismo, el gobierno desde arriba; puesto que la crisis consiste precisamente en que el gobierno desde abajo ha fracasado... La Argentina podría ahora, a favor de un régimen que gobierna desde arriba, efectuar todos estos cambios que la sacarían del ciclo cerrado en que sufre hace ya más de una generación.» (Véase el anejo correspondiente).

Reuniones y conferencias

En la tarde del viernes 19 celebré una larga reunión de trabajo, en el Ministerio de Economía, con los Ministros y Secretarios de Estado de Economía, Agricultura, Comercio, Energía y Transportes.

Ese mismo día pronuncié una conferencia en la Unión Industrial Argentina. Mario Amadeo, recién nombrado Embajador en Brasil, en carta a Alfredo Sánchez Bella, de 27 de agosto, comentaba: «La disertación de Rodó fue extraordinariamente brillante por el fondo y por la forma y causó gran impresión. En cuanto al público, fue excepcionalmente numeroso. Por otra parte, la asistencia fue muy calificada y estaban, entre ella, los principales economistas argentinos.»

En la mañana del sábado, el conocido periodista Bernardo Neustadt me hizo, ante las cámaras de televisión, una incisiva entrevista en la que propugné la liberalización económica y la consiguiente eliminación de controles y trabas en el comercio exterior, pues, de lo contrario —dije—, la industria nacional se convertirá en «un museo de chatarra». La entrevista causó gran impacto toda vez que mi postura era diametralmente opuesta al intervencionismo que practicaba el Gobierno argentino y fue retransmitida dos veces a petición de los telespectadores.

El domingo, fui con el Ministro de Agricultura a la ciudad de Tandil para conocer la estancia Acelain que perteneció al escritor e hispanista Enrique Larreta, autor de *La gloria de Don Ramiro*. Allí pude observar las nuevas técnicas aplicadas en el sector agropecuario.

Uruguay

En el aeropuerto de Montevideo fui recibido por el Ministro de Hacienda, Dardo Ortiz. El martes, visité al Ministro de Relaciones Exteriores, Luis Vidal Zaglio, y celebré luego una reunión de trabajo con la Comisión de Inversiones y Desarrollo Económico (CIDE) a la que asistieron los Ministros de Hacienda, Agricultura, Instrucción Pública, y Obras Públicas.

Por la tarde visité al Presidente del Consejo Nacional de Gobierno. (Entonces la Jefatura del Estado en Uruguay era colegiada.) Luego, el Ministro de Instrucción Pública me acompañó al Museo Romántico donde pude contemplar cuadros, fotografías y cartas —me entregaron fotocopia de tres de ellas— de mi ilustre pariente lejano el escritor uruguayo José Enrique Rodó, autor de *Ariel* y visité el parque que lleva su nombre y donde tiene un monumento.

En la mañana del día 24 fui recibido por el Comité Ejecutivo de la ALALC (Asociación Latino Americana de Libre Comercio) reunido en sesión extraordinaria para tratar de las posibilidades de colaboración entre España y los países miembros de dicha Organización.

Brasil

La noche del miércoles, día 24, llegué a Río de Janeiro, última etapa de mi viaje por Iberoamérica.

Al día siguiente fui recibido por el Presidente de la República, Mariscal Humberto Castelo Branco en el Palacio de Laranjeiras, quien me concedió la Gran Cruz de la Orden de Río Branco.

Una ciudad surgida de la nada

El viernes día 26 salí hacia Brasilia, la nueva capital inaugurada en 1960 por el Presidente Juscelino Kubitschek. La ciudad está construida en un páramo, y no en el corazón de la selva como pudiera pensarse. Su clima es ventoso y seco, hasta el punto de que hubo que desviar el río São Bartolomeu y construir un lago artificial, que la semicircunda, para superar la excesiva sequedad ambiental.

En esta primera visita, Brasilia me pareció alucinante e inhóspita, que igual podría estar en Marte. Es obra del urbanista Lucio Costa y del arquitecto Oscar Niemeyer, ambos brasileños. La ideología marxista de Niemeyer se refleja en la concepción de una ciudad donde no cuenta la persona humana. Las zonas destinadas a viviendas consistían en «supercuadras» (grandes manzanas), signo de masificación.

La ciudad estaba proyectada para dos millones y medio de habitantes, pero en 1966 sólo tenía unos ciento cincuenta mil. Era digna de ser visitada pero poco grata para vivir en ella. Surgió artificialmente —como Canberra— y sus primeros vecinos eran gentes de aluvión, sin vínculos de parentesco ni de amistad. Con el tiempo habrá aumentado y arraigado la población y se habrán creado relaciones de vecindad.

El Palacio presidencial —Palacio da Alvorada— es magnífico. El centro urbano es la Plaza de los Tres Poderes, de forma triangular. Los edificios del Poder Ejecutivo (Presidencia) y del Poder Judicial (Tribunal Supremo) están en la base del triángulo; el del Poder Legislativo está en el vértice superior, en un nivel más elevado.

Este último edificio es simbólico; está compuesto de dos cuerpos cilíndricos, uno rematado por una cúpula —el del Senado—

y el otro con una cubierta cóncava —el del Congreso—, para indicar que está abierto a todas la corrientes, para la polémica, mientras que aquél está al abrigo del exterior, para la reflexión serena. Entre los dos cuerpos se levanta un alto edificio de despachos y oficinas para los servicios administrativos comunes.

De la Plaza de los Tres Poderes arrancan dos autopistas laterales donde están situadas las edificaciones simétricas y paralelas de los Ministerios.

En 1966 eran muy pocas las Embajadas que se habían instalado en Brasilia: España no la tenía todavía. Los Embajadores iban en avión a presentar sus cartas credenciales y regresaban en seguida a Río de Janeiro. Los Ministros seguían residiendo en la antigua capital carioca.

El sábado, a última hora de la tarde, regresé a Río de Janeiro para descansar allí el domingo y recorrer la espléndida bahía de Guanabara. La extraordinaria belleza de la ciudad y su emplazamiento privilegiado, tienen como contrapunto la pobreza de gran parte de sus habitantes que viven en «favelas», en condiciones infrahumanas. Me dijeron que en Río de Janeiro había entonces 800.000 favelas.

En Brasil, en amplios sectores de su población, se da una mezcla de religiosidad y superstición. Hay muchos hechiceros o «macumbeiros», como allí les llaman: es raro el político que no tiene su «macumbeiro».

El lunes fui a São Paulo, el más importante emporio industrial de Iberoamérica. Me entrevisté con el Secretario de Hacienda del Estado de São Paulo y con el Alcalde de la ciudad. La Cámara de Comercio hispano-brasileña me ofreció un almuerzo, al término del cual impuse la encomienda de la Orden de Isabel la Católica al Presidente de la entidad, Don Javier Faus Esteve, la personalidad más destacada de la numerosa colonia catalana residente allí.

De regreso a España

En la madrugada del 1 de septiembre aterricé en Barajas después de haber visitado en 27 días, siete países iberoamericanos. Un viaje agotador pero, a mi juicio, provechoso.

Calvo Serer no está de acuerdo

El 4 de septiembre publicó Calvo Serer en el diario *Madrid* un artículo en el que manifestaba su oposición al proyecto de Ley Orgánica del Estado. Cuando se iba a dar un paso adelante en la larga marcha hacia la Monarquía, nunca han faltado monárquicos que trataron de estorbarlo.

Despacho con Franco, en Ayete

El 7 de septiembre despaché con el Jefe del Estado en el Palacio de Ayete, de San Sebastián. Mostró interés por mi reciente viaje a Iberoamérica y le comenté los hechos más significativos. La situación de Colombia —le dije— es preocupante; el nuevo Presidente Lleras Restrepo solicitó poderes extraordinarios para combatir la subversión, pero no está claro que emprenda una acción enérgica para eliminar sus causas, especialmente las grandes desigualdades sociales. La economía de esos países padece el cáncer de la inflación, que ha alcanzado unos niveles desorbitados.

Saqué a relucir el artículo que publicó Salvador de Madariaga en forma de «carta abierta al General-Presidente» que le hizo cierta gracia a Franco. Le expuse mi impresión de que el Presidente de Argentina, General Onganía, no conocía el *Who is Who* de la vida civil y que quizá no duraría mucho al frente de su nación. Le cité la frase del Ministro de Relaciones Extranjeras argentino, Nicanor Costa Méndez, quien me dijo: «La España con que soñábamos los hispanoamericanos es ya una realidad.»

Le informé del proyecto de nueva Constitución que se estaba elaborando en el Brasil y la impresión que había recogido allí de que el futuro Presidente sería el General Arturo Costa e Silva, entonces Ministro del Ejército. Le hice notar que el Ministro de Planeamiento brasileño era el que elaboraba el Presupuesto y no el Ministro de Hacienda.

Rueda de prensa en San Sebastián

Ese mismo día, 7 de septiembre, tuvo lugar la cena que tradicionalmente ofrecía el Ministro de Información y Turismo a la prensa con motivo de las reuniones del Gobierno en San Sebastián. En la sobremesa, me preguntaron los periodistas por la situación de nuestra economía y mi viaje a Iberoamérica. Respecto de lo primero subrayé que, en lo que iba de año, el ritmo de incremento de las importaciones disminuía, mientras que aumentaba el de las exportaciones (1). Añadí que el coste de vida, desde el comienzo del año, sólo había aumentado en un 2,7 por 100; prácticamente se había estabilizado

En cuanto a Iberoamérica, señalé, como problema económico más grave de aquellos países, la fortísima inflación. Dije asimismo que había podido comprobar el deseo de conocer la experiencia española en materia de programación económica, y ello, por dos principales razones: porque España es el país de habla castellana más avanzado en estas técnicas y, como me dijo el Presidente de una de aquellas repúblicas, ellos necesitan «una política económica traducida al español» y porque el nivel de nuestra economía está más próximo al suyo que el de los países industrializados. Indiqué que había recibido propuestas para la constitución de empresas mixtas, con intercambio de capitales, de forma que, sin salida de divisas, se realizaran inversiones españolas en dichos países y de éstos en España.

Todos los países visitados forman parte de la ALALC (Asociación Latino Americana de Libre Comercio) (2). La participación de España en los intercambios comerciales de la ALALC era muy reducida: habíamos vendido por valor de 65,2 millones de dólares y les habíamos comprado por valor de 216,4 millones.

Para fomentar las exportaciones españolas a Iberoamérica, solicité de los respectivos Gobiernos la remoción de obstáculos y la instrumentación de medidas para facilitar el acceso de los productos españoles a aquellos mercados, que complementaran los mecanismos normales de crédito a la exportación.

Se obtuvo, en algunos países, líneas de crédito oficial para las empresas que adquirieran bienes de equipo españoles que les per-

(1) Las exportaciones aumentaron en un 37 por 100, y las importaciones, en un 35 por 100 respecto del año anterior.

(2) En el año 1965 el volumen total de importaciones de la ALALC fue de 7.200 millones de dólares, y el de exportaciones, de 9.215 millones.

mitieran financiar el equipo complementario y la obra civil a realizar en el país respectivo, y la prestación de aval, por la banca oficial, para garantizar a los vendedores españoles el pago de los sucesivos vencimientos de las ventas a plazos.

Durante aquel viaje, quedaron ultimadas seis operaciones concretas, por valor de 52 millones de dólares. Asimismo, en el curso de las conversaciones oficiales surgieron, con buenas perspectivas, otras veintiocho posibles operaciones.

Proyecto de Constitución del Embajador Garrigues de 1966

Antonio Garrigues, de vacaciones en España, trajo un proyecto de Constitución que entregó a Franco, a Muñoz Grandes y a algunos Ministros. El proyecto estaba fechado en Roma, en septiembre de 1966. Se titulaba «Ley de institucionalización del Estado Español» (1). Según me ha dicho el propio Garrigues, colaboraron en su redacción Castiella y Fraga.

El artículo 2.º modificaba con signo regencialista la Ley de Sucesión en la siguiente forma:

1.º Si, formulada la propuesta a que se refiere el párrafo segundo del artículo 8, no se obtuviere en las Cortes el quórum exigido por el artículo 15, el Presidente del Consejo del Reino convocará en el plazo de tres días, a los miembros del Gobierno y del

(1) Consta de siete artículos. El artículo 1 dispone:
«El orden institucional del Estado español queda constituido:

1.º Por la presente Ley Fundamental.
2.º Por los PRINCIPIOS FUNDAMENTALES DEL ESTADO, que consagran, esencialmente inalterados, los Principios del Movimiento Nacional proclamados, con carácter permanente, por la Ley de 17 de mayo de 1958.
3.º Por las siguientes Leyes Fundamentales, que reestructuran la materias objeto de las leyes enumeradas en el artículo 10 de la Ley de Sucesión en la Jefatura del Estado de 26 de julio de 1947:

a) FUERO DE LOS ESPAÑOLES (nueva redacción).
b) FUERO DEL TRABAJO (nueva redacción).
c) LEY DE PARTICIPACIÓN Y REPRESENTACIÓN POLÍTICA.
d) LEY DE ORGANIZACIÓN DEL ESTADO.

«El texto de los Principios Fundamentales del Estado y el de las leyes comprendidas en los anteriores apartado *a*), *b*), *c*), y *d*) se incorporan, como anejos, a la presente Ley.»
(En el anejo documental puede verse un amplio extracto de dichos textos).

Consejo del Reino para que propongan a las Cortes como Regente un segundo candidato, y sucesivamente los necesarios, hasta alcanzar el quórum requerido.

2.° Quedará derogado el siguiente párrafo del artículo 8: «Al formular esta propuesta podrán señalar plazo y condición a la duración de la Regencia, y las Cortes deberán resolver sobre cada uno de estos extremos.»

Los artículos 3 a 7 tenían el carácter de disposiciones transitorias y establecían que «El Jefe del Estado, Generalísimo de los Ejércitos, Don Francisco Franco Bahamonde, libremente y en el momento en que lo estime oportuno, pondrá en vigor todas o parte de las Leyes Fundamentales a que se refieren los números 2.° y 3.° del artículo 1 de la presente Ley» (art. 3) (1).

El proyecto de Constitución de Garrigues no pudo ser tenido en cuenta porque estaba prácticamente ultimada la revisión de la Ley Orgánica del Estado por la ponencia presidida por Franco que se había vuelto a reunir el 13 de agosto en el Pazo de Meirás.

El Embajador Garrigues fue recibido en audiencia por el Jefe del Estado en el Palacio de Ayete en el mes de septiembre. Según versión directa del propio Embajador, éste hizo una amplia introducción «pedante» sobre su proyecto de Leyes Fundamentales que Franco escuchó pacientemente.

Martín Villa, Director General con López Bravo

Rodolfo Martín Villa, que ocupaba el cargo de Delegado Provincial de Sindicatos en Barcelona, fue nombrado por el Ministro de Industria, López Bravo, Director General de Industrias Textiles y, en tal calidad, fue Consejero del Banco de Crédito Industrial, hasta noviembre de 1969, en que Enrique García Ramal le nombró Secretario General de la Organización Sindical y fue elegido Consejero del Reino por el grupo sindical de las Cortes. Al cesar como Secretario General de la Organización Sindical, en octubre de 1973, fue designado Presidente del Banco de Crédito Industrial.

(1) «Ocurrida la muerte o declarada la incapacidad del Jefe del Estado sin que hubiere hecho uso, ni en todo ni en parte, de la facultad a que se refiere el artículo 3, entrarán "ipso facto" en vigor los Principios Fundamentales del Estado, el Fuero de los Españoles, el Fuero del Trabajo (en su nueva redacción, se entiende) y la Ley Fundamental de Participación y Representación Política» (art. 5). La puesta en vigor de la Ley Fundamental de Organización del Estado se realizaría tras la celebración de elecciones municipales y provinciales y a Procuradores en Cortes.

Prólogo a un libro de Pierre Massé

En septiembre, se publicó la traducción al castellano del libro del Comisario del Plan francés, Pierre Massé, titulado *El plan o el antiazar,* con un prólogo mío. Las principales ideas contenidas en el prólogo son éstas:

«El Plan juega el papel de reductor de incertidumbres ante el sector privado de la economía, al definir el programa de inversiones públicas y las distintas políticas específicas (fiscal, monetaria y crediticia, laboral, comercial, etc.)»

«Los planificadores no deben dar a las previsiones que son aleatorias una apariencia de certeza, que sería contraria a la naturaleza de las cosas. Hacer un mito de las previsiones del Plan equivaldría a provocar —ante sus fallos inevitables— el derrumbamiento de lo único que debe prevalecer a toda costa: el sentido de compromiso y de concierto entre las fuerzas que impulsan el desarrollo.»

Y más adelante advertía: «No cabe adoptar la improvisación como sistema; ni, menos aún, la planificación rígida y a ultranza. La programación ha de ser flexible, porque el futuro depara —y lo depara con seguridad ciertamente previsible— una serie de factores imprevisibles que exigen una tarea incesante de readaptación y reajuste.»

Anteproyecto de Directrices de política económica y social del II Plan

A la reunión de la Comisión de Asuntos Económicos, del 9 de septiembre, presenté el anteproyecto de Directrices de política de desarrollo económico y social para el cuatrienio 1968-71 y propuse que fueran sometidas a informe del Consejo de Economía Nacional, del Banco de España, de la Facultad de Ciencias Políticas y Económicas, de la Organización Sindical, del Instituto de Estudios Agro-Sociales y otros Organismos, cuyos informes serían publicados y se tendrían en cuenta para la redacción definitiva de las referidas Directrices. Así lo acordó la Comisión Delegada.

A grandes rasgos, esas directrices consistían en considerar sectores prioritarios la enseñanza y la agricultura. Tras el gran salto que supuso el I Plan de Desarrollo, al incrementar en más de un cincuenta por ciento los alumnos de enseñanza media y superior, el II Plan, en curso de elaboración, se proponía triplicar las inversiones docentes.

En cuanto a la agricultura, se acometería la ordenación rural de dos millones de hectáreas, la asignación de fondos para el acceso de los campesinos a la propiedad de la tierra, la expansión ganadera, la corrección a gran escala de los desequilibrios hidráulicos entre las diversas cuencas y el incremento de los regadíos, así como la mejora del medio rural para llevar al campo unas condiciones de vida dignas.

Otras directrices propuestas para el II Plan eran el mantenimiento del pleno empleo, incrementar la participación de los salarios en la renta nacional y facilitar la promoción social de los trabajadores. Respecto de la política de desarrollo regional, se procuraría elevar la renta de las zonas deprimidas.

Congreso de Rotterdam

El 19 de septiembre asistí en Rotterdam al Congreso Internacional de Organización Científica (CIOS), convocado por el Nederlands Instituut vooer Efficiency, que versó sobre «La programación y gestión de las inversiones públicas de cara a su creciente demanda: problemas de hoy y de mañana».

En ese Congreso pronuncié una conferencia acerca de «Las obras de infraestructura y el desarrollo económico», en la que, en síntesis, afirmé que, cuando una economía atraviesa la fase del despegue, surgen fuertes estrangulamientos en las infraestructuras, que plantean graves problemas típicos de las economías llamadas intermedias. En estas economías se hace difícil la obtención de la financiación necesaria para las obras de infraestructura. Por ello resulta necesario recurrir al crédito exterior lo que, además, resulta factible cuando el país en cuestión atraviesa un período de prosperidad y desarrollo económico acelerado como era el caso de España.

Otra carta del Presidente del Consejo de Estado a Franco

Con fecha de 23 de septiembre, el Presidente del Consejo de Estado, Joaquín Bau, envió una carta a Franco en la que le urgía a promulgar la Ley Orgánica, y le manifestaba su preocupación por las próximas elecciones sindicales toda vez que, a su juicio, los elementos de la CNT podrían obtener gran parte de los compromisarios. Ello le llevaba a considerar que «debiera subsanarse el excesivo y desproporcionado predominio del grupo sindical de las Cortes».

Observaciones de algunos Ministros al proyecto de Ley Orgánica del Estado

El 24 de septiembre Carrero distribuyó a todos los Ministros el texto, revisado por la ponencia, de la Ley Orgánica del Estado, y les instaba a que formularan observaciones por escrito a dicho texto.

Entre las observaciones que se presentaron destacan las del Ministro de Justicia, Antonio María de Oriol, contenidas en un escrito de diez folios y centradas en el título relativo al Movimiento Nacional. Denunciaba Oriol que «se confunde la ordenación política que se pretende con la organización de un partido único». Y añadía: «Aunque oficialmente no se utilice la denominación de partido, es corriente el uso de tal palabra al referirse, por el común de las gentes, a la Secretaría General o a la propia Organización del Movimiento. La propia Secretaría General contribuye a mantener este equívoco» (y citaba un suelto de *Arriba* del 30 de julio de 1966).

«Esta es una nueva manifestación —afirmaba el Ministro de Justicia— de una actitud reiterada, aunque a veces se pretende disimular, marcadamente excluyente y exclusivista...» «La formulación en el artículo 22 de unos fines que se atribuyen con carácter privativo a una organización, a una entidad, dan a ésta, quiérase o no, la nota característica de partido único.»

Concepción del Estado

El objeto central de mi despacho con Franco, del 27 de septiembre, fue la Ley Orgánica del Estado.

Existían en el seno del Gobierno dos tendencias contrapuestas: los que pretendían, al revuelo de ese capote, constitucionalizar el Partido único y los que propugnábamos establecer nítidamente las líneas maestras de la arquitectura del Estado, sin aditamentos fuera de lugar.

El primer grupo estaba capitaneado por Solís, secundado principalmente por Muñoz Grandes, Nieto Antúnez y Díaz Ambrona. El segundo lo componíamos, siguiendo el orden protocolario, Carrero, Oriol, Alonso Vega, Silva Muñoz, Lora Tamayo, López Bravo, Fraga y yo.

Los restantes Ministros adoptaron una actitud menos beligerante pero estaba claro que la mayoría del Gobierno no éramos partidarios de mezclar la Secretaría General del Movimiento con la organización del Estado, pues ello, en el fondo, hubiera supuesto volver a los ya rechazados planteamientos de Arrese.

Sin embargo, la suerte aún no estaba echada y los defensores del partido no dejaban de influir en el ánimo de Franco. Por ello me pareció conveniente, en aquellas circunstancias, aclarar conceptos. En síntesis le dije:

Como es bien sabido, el Estado es la organización política soberana de una comunidad nacional. La soberanía puede estar disminuida o condicionada en el orden internacional, pero jamás en el orden interno: un Estado nunca puede someterse a la tutela de una organización interna del país, porque entonces habría dejado de ser Estado al faltarle la nota esencial de la soberanía.

Frente al Estado no cabe admitir una Organización con funciones políticas, que, en algunos casos, duplican e interfieren las funciones estatales y que, en otros, llegan a mediatizar e incluso a anular funciones indeclinables del Estado. De aquí que no pueda atribuirse al aparato del Movimiento ni la programación de la acción del Gobierno, que es de la competencia del Consejo de Ministros, ni tampoco la aprobación de proyectos de Ley que afecten a la estructura de las instituciones políticas, materia ésta propia de la competencia del Pleno de las Cortes.

Menos aún puede atribuirse al Consejo Nacional del Movimiento la «función representativa de la comunidad política de los españoles» —como pretende la Secretaría General del Movimiento— lo cual estaría en oposición también con la Ley de Cortes que, en su exposición de motivos, concibe a éstas como conjunto de «representaciones de los elementos constitutivos de la Comunidad Nacional».

Semejante intento de transferir «la función representativa de la comunidad política de los españoles» al Consejo Nacional del Movimiento supondría una evidente regresión, ya que la representación de la comunidad política española no puede circunscribirse a un grupo destacado de militantes de FET y las JONS.

Por último, no cabe conferir al Consejo Nacional la facultad de declarar la nulidad de las Leyes. Ello implicaría el contrasentido de que la parte sería superior al todo, ya que el acuerdo de un grupo restringido de Procuradores (los Consejeros Nacionales) podría anular lo que hubiera aprobado el Pleno de las Cortes.

Franco me escuchó con gran atención y advertí que le causaron impacto los anteriores razonamientos. Probablemente influyeron en que la redacción definitiva de la Ley Orgánica del Estado omitiera toda referencia a la Secretaría General del Movimiento.

La coyuntura económica

En relación con la coyuntura económica, le expuse al Jefe del Estado, en sus líneas generales, el informe de la Comisión de Secretarios Generales Técnicos: había cedido el excesivo crecimiento de la demanda global, pero a costa del sector privado que tuvo que frenar el proceso inversor. Este descenso de las inversiones era inquietante, como también lo era el fuerte crecimiento del gasto público, especialmente de los gastos corrientes que habían aumentado un 36 %, frente a un aumento de las inversiones públicas del 16 %. Le añadí que no quería ser pesimista pero que, si no se ponían los medios para contener los precios y para fomentar el ahorro, se podría producir un desequilibrio en la economía española.

Fraga y Oriol comparten mis puntos de vista sobre la Ley Orgánica del Estado

El mismo día 27 de septiembre, por la tarde, tuve una larga conversación con Fraga y con Oriol en torno a las mismas consideraciones que había expuesto a Franco acerca de la Ley Orgánica del Estado. Tanto el uno como el otro se mostraron conformes con mis planteamientos.

Informe de la OCDE

El informe sobre la economía española de la OCDE, fechado en julio de 1966 y publicado por la Comisaría del Plan de Desarrollo, decía en su último párrafo:

«Desde la reestructuración general de la política económica de 1959, la economía española ha realizado considerables progresos. La capacidad productiva y el nivel de vida han mejorado notablemente, y la situación general de la balanza de pagos es radicalmente diferente a la de los años 50.»

«Sin embargo, tales realizaciones se verían seriamente amenazadas en el caso de que no se lograse detener las tendencias inflacionistas. Si se aplican enérgica y rápidamente medidas correctoras, especialmente si se decide frenar el aumento de los gastos públicos, los beneficios que se derivarían de esta acción compensarían con creces las dificultades transitorias que pudiera provocar un freno en la tasa de expansión.»

Esta recomendación de la OCDE venía a respaldar los informes de la Comisaría del Plan de Desarrollo que denunciaban tensiones inflacionistas y la necesidad de combatirlas.

Medidas correctoras de la coyuntura económica

En el Consejo de Ministros, del 30 de septiembre, di cuenta del Informe de la OCDE y presenté el de la coyuntura económica que quincenalmente elaboraba la Comisión permanente de Secretarios Generales Técnicos. En este informe, se ponía de relieve el peligroso aumento del gasto público (1) y se proponía la adopción de una serie de medidas correctoras.

De acuerdo con la propuesta, se aprobó un Decreto-Ley en virtud del cual la Administración reduciría, en el último trimestre de 1966, sus gastos corrientes en seis mil millones de pesetas (2) y

(1) En el mismo sentido se había expresado el Banco de España, en su informe del 8 de junio.

(2) Equivalentes a 135.400 millones de pesetas de 1991.

suprimiría organismos y servicios innecesarios. El Decreto-Ley concedía, además, nuevos estímulos a la agricultura, a la exportación y al ahorro.

En unas declaraciones a *La Vanguardia*, publicadas el 4 de octubre, comenté el alcance y significado de dicho Decreto-Ley. «Luchando contra el excesivo consumo —dije— y favoreciendo el ahorro se hace posible la inversión, único medio de garantizar el pleno empleo y la elevación del nivel de vida de los trabajadores.»

«De otra parte, la estabilidad de los precios es esencial para mantener el poder adquisitivo del salario. Para la defensa de los precios es fundamental tener los mercados plenamente abastecidos pues la escasez haría inútil cualquier medida de contención de precios.»

«Al haberse rebasado el ritmo de crecimiento previsto en el Plan, que era el máximo alcanzable con los recursos disponibles sin incurrir en peligrosas tensiones desequilibradoras, se generó un exceso de demanda en 1965. El Decreto-Ley constituía una prueba de la decidida voluntad del Gobierno de mantener el proceso de desarrollo dentro de las previsiones del Plan.»

Se ultima la Ley Orgánica del Estado

En los días 29 y 30 de septiembre y 3 y 10 de octubre, se reunió, presidida por Franco, la ponencia ministerial que estudiaba la Ley Orgánica del Estado para analizar y, en su caso, incorporar las modificaciones sugeridas por los demás Ministros.

Un punto que había sido polémico en el seno de la ponencia fue el regional. Iturmendi, secundado por Oriol, propugnaba el reconocimiento de la región. Pero la mayoría de sus miembros se opusieron y se omitió la referencia expresa a la región; sin embargo, se dejó la puerta entreabierta, en el artículo 45, que, después de hablar del municipio y de la provincia, añadía: «También podrán establecerse divisiones distintas de las provincias» (1).

Hasta tal punto algunos Ministros eran contrarios a la región que, por ejemplo, no se mencionaba a Galicia, en su Consejo Económico Sindical, sino que se le denominaba «Consejo Económico Sindical del Noroeste». Fue García Ramal, Ministro de Relaciones Sindicales, quien, en 1970, empleó, por primera vez, el nombre histórico geográfico, en el Consejo Económico Sindical de Cataluña,

(1) Vid. Guaita: *La división territorial en la Ley Orgánica del Estado*, en «Documentación Administrativa», núm. 125, septiembre-octubre, 1968.

que inauguró el Príncipe Don Juan Carlos el 12 de enero de ese año.

Terminada la labor de la Ponencia, se distribuyó el texto revisado de la Ley Orgánica a todos los Ministros para someterlo a la deliberación del Gobierno. La Secretaría General del Movimiento seguía siendo el reducto de algunas gentes con mentalidad de partido único, que consideraban al Estado como mero instrumento del Partido.

El forcejeo para asegurar la supremacía de la Organización del Movimiento sobre el Gobierno fue muy intenso y culminó en los debates sostenidos en varios Consejos de Ministros. Muñoz Grandes, Solís y Nieto Antúnez, principalmente, pretendían que la Ley Orgánica del Estado constitucionalizara el aparato del Partido. Otros, en cambio, entendíamos que la Ley Orgánica del Estado debía regular solamente las estructuras de éste y no los Organismos del Movimiento.

Se discutió, por ejemplo, si la Cámara Alta debía denominarse simplemente «Consejo Nacional» o «Consejo Nacional *del Movimiento*» y si debía haber un «Secretario General del Consejo Nacional» o un «*Ministro* Secretario General *del Movimiento*». Al fin, la mayoría del Gobierno, y el propio Franco, decidió consignar en la Ley Orgánica del Estado las denominaciones escuetas de «Consejo Nacional» y «Secretario General».

Memorial de Silva Muñoz a Pablo VI

Federico Silva envió al Papa Pablo VI, el 29 de septiembre de 1966, por mediación de Mons. Benelli, un escrito de seis folios a un solo espacio en el cual, después de recordar la audiencia que le concedió dos años atrás, hacía su propia presentación en los siguientes términos:

«Ingresé en la Congregación Mariana regida por los PP. Jesuitas el mismo año que iniciaba mi carrera universitaria; tiempos duros de una postguerra civil llena de penurias y sufrimientos coincidentes con los de una humanidad doliente por la guerra mundial. Después, durante 20 años, he pertenecido y hasta dirigido la ACN de P., fundada por el Cardenal Herrera Oria.»

A continuación exponía Silva al Papa que los *mismos sacerdotes* que aleccionaban a la juventud «en los principios del nacionalismo, del exterminio de los protestantes y de una ortodoxia casi inquisitorial» son «los que en los últimos años han actuado sobre los seminaristas, jóvenes sacerdotes y universitarios con los extremismos opuestos» (...) «Afirmo con singular conocimiento de causa que» (...) «son nacionalistas desilusionados que, al no haber podido hacer realidad un Estado teocrático-totalitario e igualitario en lo económico, buscan pendularmente el polo opuesto» (...) «mostrándose partidarios de un Estado agnóstico y socializante.»

Denunciaba Silva la actitud de aquellos sacerdotes «que se creen obligados a pronunciarse sobre casi todos los aspectos de la sociedad que les rodea y como ni son, ni pueden ser, omniscientes cometen muchísimos yerros aún en los supuestos, no infrecuentes, de no caer en intromisiones inaceptables en el mundo político concreto, muy agudizadas en algunas regiones de España por parte de ciertos clérigos herederos de una tradición teocrática hoy bastante fosilizada».

Más adelante escribía Silva: «No voy a encarecer la necesidad de mantener la unidad religiosa de España, ni como católico ni como político. Fue V.S. en su memorable discurso al Colegio Español de Roma en marzo de 1965 quien la calificó de "florón de España".»

«Si se quebrara el principio de Unidad Religiosa, si el proselitismo de los acatólicos llegara a hacer mella en la sociedad española (...) no sólo la Iglesia Católica habría perdido uno de sus países incondicionales, a lo que atribuyo menos importancia, con tener mucha, que al hecho indudable y cierto de la descristianización de una sociedad que, con todos sus defectos, sinceramente lo es, así como a la pérdida de ese gran arsenal de vocaciones que es nuestro país cara a Hispanoamérica.»

Finalmente decía Silva en su memorial, «Me permito llamar la atención de V.S. sobre un hecho aún más grave, no sólo el de infiltración comunista detectada en algunos de estos clérigos ante cuya hipocresía no caben razones ni argumentos, sino el, para mí, más grave problema que hoy tiene planteado la Iglesia en España, en relación con el mundo marxista; a mi juicio, la creencia en el materialismo histórico se proyecta por el marximo en forma de haz sobre el mundo de la ciencia, de la técnica y también, al mundo religioso».

(El texto íntegro del memorial de Silva puede verse en el anejo correspondiente).

Telegrama del Conde de Barcelona para felicitar a Franco

Con ocasión del XXX aniversario de la designación de Franco como Jefe del Estado, el Conde de Barcelona le dirigió un telegrama concebido en los siguientes términos:

«Al cumplirse treinta años del día en que Vuecencia fue elevado al mando de nuestro pueblo, como un español más me uno a cuantos en esta fecha le manifiestan su congratulación y su cariño. Lo que hay en mi persona que más singularmente me vincula a los dolores o alegrías de nuestra Patria me impulsa a elevar a Vuecencia el testimonio de mi gratitud por cuanto hizo y sufrió por ella y de mi segura esperanza de que su obra quedará en la Historia como ejemplo de un esfuerzo excepcional culminado con clarividencia en pacífica y evolutiva continuidad. Juan, Conde de Barcelona.

Villa Giralda - Estoril, 1 de octubre de 1966.»

Cierre del puesto aduanero de La Línea

El 6 de octubre se cerró el puesto aduanero de La Línea de la Concepción, en estricta aplicación de las cláusulas del Tratado de Utrecht. Como era de suponer, la medida provocó una fuerte reacción británica. Unos días después, un grupo de emigrantes españoles, que retornaban de Australia, fueron agredidos violentamente por unos gibraltareños.

Mons. Escrivá de Balaguer, hijo adoptivo de Barcelona

El 7 de octubre de 1966, el Alcalde José María de Porcioles, hizo entrega a Mons. Escrivá de Balaguer, del título de Hijo Adoptivo de la ciudad de Barcelona, en un acto íntimo, al que concurrieron los miembros de la Corporación municipal, en el salón de la Virgen del Pilar de la Casa de la Ciudad.

En una breve alocución, el Alcalde agradeció la labor realizada en Barcelona por el Opus Dei, a través de instituciones que son «consecuencia de un abnegado y profundo sentido de apostolado» y «reflejo de una preocupación social de gran trascendencia»: el IESE, los colegios Xaloc, Viaró y Pineda, la Escuela Llar, los Colegios Mayores Dársena y Monterols, y otras muchas labores apostólicas dirigidas por miembros de la Obra en Barcelona.

Mons. Escrivá de Balaguer, tras agradecer el nombramiento de Hijo Adoptivo de la ciudad, se refirió a su ascendencia catalana, testimoniada por sus apellidos, y expresó sus sentimientos de cariño hacia la capital de Cataluña.

«Buenas pruebas he dado yo de este cariño, que ahora es enteramente filial, hacia Barcelona. Cuando, pasado el tiempo, se escriba la historia del Opus Dei, habrá en sus páginas —¡cuántos acontecimientos llegan ahora a mi memoria!— hechos que vieron la luz en esta Ciudad Condal, entre vosotros y a la sombra de la Virgen Santísima de la Merced.»

A la emoción y la alegría que, como catalán y como miembro del Opus Dei, produjo en mí —y en muchas otras personas— este acto, se añadía el recuerdo de aquellos primeros pasos de la labor de la Obra en Barcelona, en los que arreciaron las dificultades y la incomprensión. En aquellos años, el Fundador del Opus Dei solía exhortarnos con unas palabras del Evangelio: «la verdad os hará libres» que, al recibir el nombramiento de Hijo Adoptivo, volvían a sus labios con la misma convicción de entonces.

«Poco a poco se va cumpliendo —dijo— lo que tanto deseaba yo en aquellos años cuarenta, cuando iba a postrarme a los pies de la Virgen en la Basílica de la Merced y no pocas veces ante la imagen de Nuestra Señora de Montserrat, en su Santa Montaña; cuando hablaba entonces con mis hijos de esta amadísima ciudad, y les recordaba aquellas palabras de San Juan: *veritas liberabit vos*, la verdad os hará libres.»

«No dudaba tampoco entonces, con confianza inmensa, en la intercesión de Nuestra Señora ante Dios, y en la noble condición de las gentes de esta tierra mía, que, porque saben amar la libertad, tienen siempre los brazos abiertos para quien habla palabras sinceras. Más tarde —permitidme que os lo cuente— quisieron mis hijos que aquellas palabras del Evangelio quedaran esculpidas en el Oratorio de la que fue primera obra corporativa del Opus Dei en Barcelona: el Colegio Mayor Monterols.»

Mons. Escrivá de Balaguer, terminó diciendo:

«Querría ahora dirigirme a vosotros en 'la nostra llengua', que amo, que leo con deleite, que deseo hablar con perfección, y que suena en el fondo de mi alma con el deje de una vieja sardana, señorial y popular a la vez. Pero temo que la boca me traicione y que se apague esa música y se quiebre mi voz. Por eso, permitidme acabar así: que la 'Mare de Déu', pido con todo mi corazón, continúe bendiciendo y protegiendo nuestra ciudad, a sus autoridades, al muy noble pueblo catalán y a toda España.»

Comentarios en la intimidad

Luego, en la intimidad, comentó: «Me dolería que alguien tomara el nombramiento de Hijo Adoptivo de Barcelona como una revancha. No soy revanchista ni hemos de serlo nunca.» En cierto modo, para los que habíamos vivido los comienzos de la labor del Opus Dei en Barcelona, había en aquel nombramiento algo más que un gesto de agradecimiento por parte de la ciudad. Él, sin embargo, no quería dar pie a que alguien lo considerara como una reparación obligada por todo lo que aquella incomprensión de algunos en Barcelona le había hecho sufrir años atrás.

Pienso que, en esta ocasión, la visión «histórica» de Porcioles hizo un gran favor a Barcelona, pues estoy convencido de que la figura del Fundador del Opus Dei se agigantará con el paso de los años (1).

Al hablar conmigo, se interesó por mis padres y hermanos. Y recuerdo que me dijo: ¡Que hagas tu trabajo por Dios, por la Patria, por los demás, procurando la elevación moral y material de tus conciudadanos, tal como le expusiste al Papa en la audiencia que te concedió en diciembre de 1964! La Obra no puede ser, por su misma naturaleza, un partido: ni en lo político, ni en lo social, ni en lo científico. ¡Bendita libertad la nuestra! Ama la libertad, que es un don de Dios. Nunca he preguntado a un miembro de la Obra qué piensa en política; no me interesa. Todos somos libérrimos en esas cuestiones temporales. Os pregunto si sois mortificados, si sois almas de oración, si sois apostólicos. De modo que ¡libertad, libertad, libertad! Con un denominador común: la fe y la moral de Jesucristo, y nada más. Y no se comportan como cristianos los que no toleran que otro piense de manera diversa a la suya.

(1) Desde su fallecimiento, en olor de santidad, el 26 de junio de 1975, se han escrito en España y en otros países, varias biografías de esta figura cimera, entre las que merecen ser citadas: Salvador Bernal: *Mons. Josemaría Escrivá de Balaguer*; Andrés Vázquez de Prada: *El Fundador del Opus Dei*; Francois Gondrand: *Au pas de Dieu*; Peter Berglar: *Opus Dei. Leben und Werk des Gründers Josemaría Escrivá de Balaguer*; Hugo de Azevedo: *Uma luz no mundo*; Ana Sastre: *Tiempo de caminar*.

Informe del Consejo de Economía Nacional

El 7 de octubre se reunió la Comisión Delegada de Asuntos Económicos. El Presidente del Consejo de Economía Nacional, Gual Villalbí, me remitió el Informe de dicho Consejo acerca del anteproyecto de Directrices de la política de desarrollo económico y social elaboradas por la Comisaría con vistas al II Plan.

El informe era favorable y elogiaba las directrices en su conjunto y también en cada uno de sus capítulos. «Como nota de única oposición —decía Gual en su carta de 7 de octubre— es la que ya le anuncié a Vd. cuando nos vimos en la recepción de Palacio, sobre las afirmaciones de acentuar las liberalizaciones en el comercio exterior y hacer rebajas progresivas de Arancel.»

En esta frase afloraba la atávica mentalidad proteccionista de Gual Villalbí que respondía al sentir de un cierto sector de la industria catalana, partidario de una política de aranceles altos para quedar al abrigo de la competencia exterior: todo lo contrario de la política liberalizadora y de integración en la economía europea que animaba el Plan de Desarrollo.

No hay que olvidar que Gual Villalbí nunca creyó en el Mercado Común: en diversas conferencias e intervenciones públicas pronosticó su fracaso, por no considerarlo viable, al igual que otros pasados intentos de unión aduanera.

Reapertura del Teatro Real

El jueves, 13 de octubre, se reabrió el Teatro Real, tras largos años de obras que estuvieron mucho tiempo paralizadas. El Ministro de Educación, Lora Tamayo y, de un modo más directo, el Subsecretario, Legaz Lacambra, fueron los impulsores de la finalización de las obras. A la sesión de gala de reapertura del Real como Sala de conciertos, asistieron el Jefe del Estado y su esposa, la Reina Federica de Grecia y los Príncipes Don Juan Carlos y Doña Sofía. Legaz y su esposa Carmiña López Niño ocuparon también un asiento en el palco presidencial.

Intervención de Castiella en la reunión del Gobierno

En el Consejo de Ministros del día siguiente informó Castiella acerca de Gibraltar: la reacción británica por la supresión del puesto aduanero de La Línea y la violación del espacio aéreo español por aviones militares del Reino Unido. Informó también sobre la política africana y, en particular, sobre Ifni y Sahara.

Informe del Banco de España

El Ministro de Hacienda, Espinosa San Martín, me remitió el informe del Consejo General del Banco de España, de 18 de octubre, sobre el anteproyecto de Directrices de política de desarrollo económico y social que habían de inspirar el II Plan.

El Informe comenzaba por afirmar que «La característica más notable de la evolución de la economía española en los casi tres años de vigencia del primer Plan de Desarrollo ha sido, sin duda, el rápido ritmo de crecimiento logrado; uno de los más elevados —el segundo, para ser más exactos— dentro de los países de la OCDE. Bajo la égida del Plan se ha conseguido, en efecto, un progreso realmente extraordinario y la renta "per cápita" ha alcanzado el nivel de los 600 dólares, lo que coloca a la economía española al frente de los países en grado intermedio de desarrollo».

Hacía luego referencia al desequilibrio financiero que se había producido, a los desequilibrios sectoriales (en especial al retraso de la agricultura y la excesiva aceleración del sector de la vivienda), a la rigidez de la política presupuestaria, al predominio de la política monetaria y a otros desajustes observados en la ejecución del I Plan.

Respecto de las Directrices para el II Plan, se centraba en la necesidad de asegurar el mantenimiento del equilibrio general de la economía. Insistía luego en la conveniencia de acentuar la nota de selectividad, que el Anteproyecto de Directrices fijaba como «uno de los criterios que han de operar para la preparación del II Plan».

En la redacción definitiva de las Directrices se tuvieron muy en cuenta las observaciones formuladas por el Banco de España.

Despacho en El Pardo

El miércoles, 19 de octubre, por la tarde, despaché con el Jefe del Estado, en El Pardo. Le di cuenta de los Informes del Consejo de Economía Nacional y del Consejo General del Banco de España sobre el anteproyecto de Directrices de política económica y social. Le hablé de la marcha de los trabajos de elaboración del II Plan y de la necesidad de urgir a los Ministros interesados a que dictaran las disposiciones complementarias del Decreto-Ley aprobado en el Consejo del 30 de septiembre, principalmente para el fomento del ahorro y los estímulos a la agricultura y a las exportaciones.

Le referí la entrevista que recientemente había celebrado con el profesor Keller, quien, durante cuatro años, fue Presidente del «Council of Economic Advisers» de la Casa Blanca, el cual me dijo que el déficit de la balanza de pagos no debía preocupar si se contaba con una solvente política económica a largo plazo, como era el caso de España, que al actuar sobre las estructuras del sistema productivo asegurase, en un futuro no lejano, el equilibrio de las transacciones con el exterior, pues una política de este tipo contaría siempre con la confianza y el apoyo de los Organismos internacionales.

Le referí mi entrevista, del anterior día 10 de octubre, con el Cardenal Quiroga Palacios, en la que éste mostró su preocupación por la provisión de las 18 diócesis vacantes pues, según las personas en quienes recayeran los nombramientos podría cambiar el signo de la Conferencia Episcopal. Parecía que los candidatos del Nuncio salían siempre de un mismo sector del clero.

Crónica de *The New York Times*

The New York Times, del 20 de octubre, en su edición internacional, publicó una crónica de su corresponsal en Madrid, Tad Szulc, titulada «Para un español, prosperidad es un automóvil y el embotellamiento del tráfico», en la que decía:

«El "boom" ha sido estadísticamente evidente en el constante aumento de las cifras de producción, ventas y movimiento bancario, pero hay que meterse por las calles de las grandes ciudades y de las pequeñas ciudades provincianas para ver y sentir lo que la nueva prosperidad significa para España.»

«En Madrid, la capital, y en Altea, un pueblo de la costa en la provincia de Alicante, típica representación de la encauzada afluencia turística, los embotellamientos de tráfico se han convertido en un hecho corriente en la vida diaria.»

«El SEAT 600, de construcción española, que se está vendiendo a los particulares por 1.200$, y que es el que conduce la secretaria para ir a su trabajo o el capataz para ir a su fábrica, ha llegado a ser el símbolo de la clase media en la revolución económico-social del país. La demanda de estos automóviles es tan grande que el plazo de espera llega a ser, por termino medio, de 18 meses.»

«El paisaje español ha cambiado también un poco este año pues nuevos edificios de viviendas y oficinas continúan levantándose a lo largo y a lo ancho de la Península ibérica.»

Así nos veían los americanos en 1966.

Se aprueban las Directrices del II Plan

El 21 de octubre se reunió la Comisión Delegada de Asuntos Económicos y aprobó la redacción definitiva de las Directrices del II Plan. El periódico SP —más que periódico era un panfleto— me obsequió con un ataque feroz.

Artículo de Pemán acerca de las leyes constituyentes

En vísperas del envío de la Ley Orgánica del Estado a las Cortes, publicó Pemán, en *Gaceta Ilustrada*, un artículo, agudo y chispeante, como solían ser los suyos, en el que se preguntaba «qué posibilidades de aclimatación democrática tiene este conjunto total de locos sublimes, de listos inesperados, de tramposos sutiles, de héroes, de santos y de pícaros que llamamos España. Porque, antes de tener una constitución política, tenemos inevitablemente una constitución somática: somos nerviosos, o linfáticos, o sanguíneos; y esto sí que convendría puntualizarlo para saber qué traje nos irá mejor. Y tanto más cuando se trata de saber lo que seremos —tras el escarmiento revolucionario— después de treinta años de dirigismo y autoridad».

Más adelante decía: «¿Estamos en condiciones de sustituir la policía por las leyes constituyentes? El general Franco, director de la orquesta, y que sabe que el coronamiento histórico de su obra será dejar a España prudentemente institucionalizada, tiene razones para no ser en esa tarea pesimista o receloso. No creo que haya habido mando autoritario y personal en la era moderna con menos incomodidades de "complots", violencias y oposiciones. Ha tenido un pueblo disciplinado para el aplauso y el asentimiento.»

Y luego concluía: «Lo del "buen vasallo si tiene buen señor" se ha cumplido. Ahora se trata de saber si seguirá el español siendo "buen vasallo", teniendo, no "buen señor", sino buen gobierno y buenas leyes fundamentales.»

Muñoz Grandes

Carrero, el 27 de octubre, en su habitual despacho de los jueves por la mañana en El Pardo, comentó a Franco que había quienes pensaban en Muñoz Grandes para futuro Regente. Franco dijo: «Muñoz Grandes está descontento; querría una salida airosa pero no puedo dársela para que no se convierta en bandera.»

En el orden del día del Consejo de Ministros del 28 de octubre figuraba el proyecto de Ley Orgánica del Estado. Antes de comenzar la reunión, el General Muñoz Grandes entró en el despacho de Franco. El entonces Vicepresidente del Gobierno pidió al Jefe del Estado que la Ley Orgánica no modificara la Ley de Sucesión y que se retirara del orden del día la propuesta de su remisión a las Cortes.

Franco le contestó con su habitual laconismo: «Mi decisión está tomada y quiero proponer al Gobierno la aprobación del proyecto de la Ley Orgánica del Estado.» Efectivamente, en dicho Consejo del 28 de octubre, se acordó su remisión a las Cortes.

Un pormenor no carente de interés es que el juramento de guardar secreto de las deliberaciones del Consejo de Ministros se estableció en el artículo 19 de la Ley Orgánica del Estado de 10 de enero de 1967. A los Ministros que lo fueron con anterioridad no se les exigía este juramento de guardar secreto.

Ataques sindicales a la Comisaría del Plan de Desarrollo

En este mismo Consejo de Ministros del 28 de octubre se suscitó una polémica entre Solís y yo. El día anterior había publicado *Arriba* un artículo de José Ramón Alonso, Jefe de los Servicios Sindicales de Prensa, titulado «Un Plan sin pueblo», en el que atacaba duramente a la Comisaría del Plan de Desarrollo, tachándola de «expresar la pura voluntad tecnocrática de una oficina del Gobierno» y de caer en «un Despotismo Ilustrado, que fácilmente se convierte en despotismo a secas sobre la sociedad entera». De otra parte, reivindicaba para los Sindicatos la fijación de las prioridades y las tendencias de la programación económica.

Leí ante el Consejo de Ministros los párrafos más significativos de dicho artículo y subrayé la circunstancia de que el dispositivo de la Comisaría lo había creado el Gobierno tres años antes de que yo fuera nombrado Ministro y que, en su organización, los Sindicatos participaban más que en ningún otro país del mundo occidental. Pregunté a Solís si podría citar un solo ejemplo en contra de mi afirmación. Silencio.

«A mi juicio —añadí— el Estado puede llamar a colaborar a los Sindicatos; lo que no puede hacer es abdicar de su soberanía y entregarles la política económica.»

El Plan de Desarrollo no se elaboraba por un organismo burocratizado de técnicos, sino en abierto diálogo con los representantes de los Sindicatos y de acuerdo con las directrices de la Comisión Delegada de Asuntos Económicos y del Gobierno. Para la preparación del II Plan de Desarrollo no sólo se había ampliado el número de representantes, nombrados por la Organización Sindical, en las distintas Comisiones sectoriales, sino que se había pedido informe a la propia Organización Sindical sobre el Anteproyecto de Directrices.

«He traído este artículo —dije— porque, desgraciadamente, no es un hecho aislado. Deliberadamente no he querido traer otros artículos más ofensivos y de peor gusto. Tampoco es la primera vez que llamo la atención sobre este asunto. Me preocupa que la Prensa del Movimiento se convierta no ya en "tierra de nadie", sino en tierra conquistada, al menos parcialmente, por los adversarios. Por mi parte doy un amplio voto de confianza al Ministro Secretario General del Movimiento para que resuelva este problema, pero quisiera rogarle que actúe con presteza para que no se haga crónico.»

Franco y la mayoría de los Ministros asintieron a mis razones. Para quitarle hierro a mi diatriba contra los periódicos del Movimiento, le pasé a Solís durante la reunión del Consejo, una hoja del bloc de notas que cada Ministro tenía sobre la mesa, en la que le decía: «Conste que me harías feliz si, en un próximo Consejo, pudiera echarle unos piropos a la Prensa del Movimiento.»

En la misma hoja, que me devolvió malhumorado, puso él las siguientes letras: «Yo ahora también tendré que dar un puntazo a otra prensa. Lo lamento.»

¡Cómo si yo tuviera algo que ver con esa «otra prensa»! (Seguramente se refería al *Madrid*.)

Consejo de Ministros

28-X-66

Que creo que me
haría feliz si en un
próximo Consejo pudiera
estudiarse una prensa … la
Prensa del Movimiento —
Y, ahora tam-
bién tendré que
dar un puntapié
a otra prensa —
Los barcitos

Este cruce de papeles era práctica habitual —y creo que sigue siéndolo—en las reuniones del Consejo de Ministros.

Comentarios de la prensa extranjera a raíz del envío a las Cortes del proyecto de Ley Orgánica del Estado

The New York Times, en crónica del 14 de noviembre, calificó la Ley Orgánica del Estado de «acontecimiento trascendental de la democratización en España». El semanario norteamericano *Time*, del 18 de noviembre, comentó: «Las Leyes se habían hecho hasta ahora para dar a Franco los medios de gobernar; ésta le dará la posibilidad de iniciar la fase de retirada.» El *New York Herald Tribune*, del 22 de noviembre, escribió: «probablemente se trata de uno de los pasos más importantes dado por Franco en muchos años».

No sólo la prensa norteamericana sino también la europea se hizo eco de la noticia. Me limitaré a traer a colación algunos comentarios de los principales periódicos italianos. El *Corriere della Sera*, del 22 de noviembre, en lugar destacado de su primera página, escribió: «al cabo de 30 años, España tendrá una Constitución». «Victoria completa de las fuerzas monárquicas-tradicionales.» «Nace una especie de gaullismo con Corona.» *Il Tempo*, del 22 de noviembre, en crónica inserta en su primera página, afirmó que la Ley «deberá dar paso a una gradual liberalización del Régimen».

Opiniones de Emilio Romero y de José Miguel Ortí Bordás

El Director de *Pueblo* escribió «Franco ha orientado a los españoles por el sendero de la Monarquía, alejando, incluso en la Ley Orgánica del Estado, la proximidad de la Regencia, que lucía más espléndidamente en la ley de Sucesión de 1947» (1).

Ortí Bordás, por su parte, comentó: «Nos encontramos ante lo que los sociólogos, con buen acierto y sobrada expresividad, han calificado de "la profecía que se cumple a sí misma", es decir, ante la evidencia de que *el desarrollo económico conduce indefectiblemente a la planificación política*. Pues bien, en ella estamos los

(1) *Pueblo*, 9 de abril de 1967.

españoles desde el 14 de diciembre. Primero fue la Ley Orgánica del Estado; ahora se trata de las correspondientes leyes complementarias» (1).

Carta de Mons. Escrivá de Balaguer a Solís

En el otoño del 66 arreciaron los ataques de la Prensa del Movimiento contra el Opus Dei al que se llegó a calificar de secta secreta, grupo de presión, masonería blanca y otras lindezas por el estilo. Ello motivó que el Fundador de la Obra, Mons. Escrivá de Balaguer escribiera, desde Roma, el 28 de octubre, una carta al Ministro Secretario General del Movimiento y Delegado Nacional de Sindicatos. Habida cuenta que se publicó fragmentariamente en *Le Monde* del 20 de noviembre, en *El régimen de Franco* de Stanley G. Paine (2) y en *España, Perspectiva 1974* (3) me ha parecido oportuno transcribir su texto íntegro:

«Muy estimado amigo»:

«Hasta aquí me llega el rumor de la campaña que, contra el Opus Dei, hace tan injustamente la prensa de la Falange, dependiente de V. E.»

«Una vez más repito que los socios de la Obra —cada uno de ellos— son personalmente libérrimos, como si no pertenecieran al Opus Dei, en todas las cosas temporales y en las teológicas que no son de fe, que la Iglesia deja a la libre disputa de los hombres. Por tanto, no tiene sentido sacar a relucir la pertenencia de una determinada persona a la Obra, cuando se trate de cuestiones políticas, profesionales, sociales, etc.; como no sería razonable, hablando de las actividades públicas de V. E., traer a cuento a su mujer o a sus hijos, a su familia.»

«Con ese modo de proceder equivocado se comportan las publicaciones que reciben inspiración de su Ministerio: y así no logran más que ofender a Dios, confundiendo lo espiritual con lo terreno, cuando es evidente que los Directores del Opus Dei nada pueden hacer para cohibir la legítima y completa libertad personal de los socios, que nunca ocultan —de otra parte—que cada uno de ellos se hace plenamente responsable de sus propios actos y, en consecuencia, que la pluralidad de opiniones entre los miembros de la Obra es y será siempre una manifestación más de su libertad y

(1) *Arriba*, 18 de marzo de 1967.
(2) Alianza, Madrid, 1987, pág. 544.
(3) Madrid, 1974, págs. 70-71.

una prueba más de su buen espíritu, que les lleva a respetar los pareceres de los demás.»

«Al atacar o defender el pensamiento o la actuación pública de otro ciudadano, tengan la rectitud —que es de justicia— de no hacer referencia, desde ningún punto de vista, al Opus Dei: esta *familia espiritual* no interviene ni puede intervenir nunca en opciones políticas o terrenas en ningún campo, porque sus fines son *exclusivamente* espirituales.»

«Espero que habrá comprendido mi sorpresa, tanto ante el anuncio de esa campaña difamadora como al verla realizándose: estoy seguro de que se dará cuenta del desatino que cometen y de las responsabilidades que en conciencia adquieren ante el juicio de Dios, por el desacierto que supone denigrar a una institución que no influye —ni puede influir— en el uso que, como ciudadanos, hacen de su libertad personal sin rehuir la personal responsabilidad, los miembros que la forman, repartidos en los cinco continentes.»

«Le ruego que ponga un final a esa campaña contra el Opus Dei, puesto que el Opus Dei no es responsable de nada. Si no, pensaré que no me ha entendido; y quedará claro que V. E. no es capaz de comprender ni de respetar la libertad, *qua libertate Christus nos liberavit*, la libertad cristiana de los demás ciudadanos.»

«Peleen ustedes en buena hora, aunque yo no soy amigo de las peleas, pero no mezclen injustamente en esas luchas lo que está por encima de las pasiones humanas.»

«Aprovecho esta ocasión para abrazarle y bendecirle, con los suyos.»

in Domino

Firmado: Josem. Escrivá de B.

La carta fue entregada en mano a Solís por César Ortiz Echagüe, arquitecto, quien le dijo que le dolía doblemente, como español y como miembro del Opus Dei, ver atacada la Obra por los periódicos dependientes de un Ministro.

Como no tenía vuelta de hoja, Solís no pudo contestar a la carta de Mons. Escrivá de Balaguer.

Crispación de algunos falangistas

La conmemoración, el 29 de octubre, del 33 aniversario de la fundación de la Falange no estuvo exenta de incidentes. A la salida del acto del Teatro de la Comedia, al mediodía, se volvió a cantar en la calle el *Cara al sol* y luego un grupo de falangistas entonó la canción cuyo estribillo era «No queremos reyes idiotas» y dio gritos de «Falange, sí; Movimiento, no». A las nueve y media de la noche, algunos falangistas se concentraron en la plaza de Callao profiriendo los mismos gritos.

En Barcelona, la conmemoración tuvo lugar en el Palacio de la Música Catalana donde pronunció un discurso el antiguo Gobernador, Antonio Correa Veglison, que fue interrumpido varias veces por voces que decían: «la Falange carece de Mandos y de Jefe Nacional». A la salida, un grupo de unos 200 rodearon el coche del Gobernador gritando «Falange, sí, Movimiento, no».

También hubo incidentes en Salamanca, Oviedo y otras ciudades. No faltaron tampoco los ataques al Opus Dei; fue particularmente virulento el discurso de Ismael Herraiz, en Toledo.

Cuenta el General Franco Salgado-Araujo, que le dijo al Jefe del Estado que en los actos celebrados con motivo del discurso fundacional de Falange, se atacó mucho al Opus Dei, a lo que Franco respondió:

«Los (miembros del Opus Dei) que tienen actividades políticas se desenvuelven sin mezclar para nada en ellas la mencionada asociación religiosa.»

Despacho en El Pardo: el ambiente confuso que se respiraba en Cataluña

El 3 de noviembre tuve despacho con el Jefe del Estado. Le pareció bien que yo hiciera un viaje de una semana por el valle del Po, con objeto de conocer las experiencias de desarrollo regional y atender a los deseos manifestados por importantes firmas italianas, con sede en Milán, que tenían proyectos de inversión en España.

Le informé de la marcha del polo de desarrollo industrial de Zaragoza, de las obras de infraestructura en los polígonos de Cogullada y Malpica, del nuevo puente sobre el Gállego y de las nuevas industrias ya en funcionamiento.

Como indicador del ambiente que se respiraba en Cataluña, le leí algunos párrafos de una carta, de 24 de octubre, de Casimiro Molins:

«Las referencias oficiales a la conclusión del proceso institucional han sido repetidas.» En 10 de julio del pasado año 1965, el nuevo Gobierno, en su declaración oficial, decía: «...es tarea primordial de la hora presente dar cima al proceso institucional...».

«A estas promesas, sólo sigue luego el más cerrado silencio oficial, el más estricto "top secret", como si la opinión pública hubiera de quedarse totalmente al margen de una misteriosa alquimia, manipulada por unos pocos expertos, y de la que ha de surgir la panacea buena para todos.»

«No es extraño, por lo mismo, que, frente y gracias a este mutismo de quienes pueden —y deben— hablar y explicar, la prensa, en volandas de su libertad recién estrenada, se lance a las más desenfrenadas especulaciones sobre este tema.»

«A mí, no me cabe duda de que esta situación confusionaria y esta demasiado duradera incertidumbre, hiere de mil maneras nuestro quehacer económico e incluso va deteriorando las posibilidades de una convivencia política estable.»

Franco escuchó atentamente la lectura de estos párrafos y se sonrió diciéndome que, como ya sabía, la decisión de enviar la Ley Orgánica a las Cortes estaba tomada.

El 4 de noviembre, al despachar el Presidente de las Cortes, Antonio Iturmendi con el Jefe del Estado, quedó fijada la fecha del 22 del mismo mes para la celebración de la sesión extraordinaria del Pleno para recabar su aprobación a la Ley Orgánica del Estado.

Escrito del Inspector Nacional de la Vieja Guardia

El 7 de noviembre, el Inspector Nacional de la Vieja Guardia, Pablo Arredondo, al tener noticia de la inminente promulgación de nuevas Leyes Fundamentales, dirigió un escrito al Jefe del Estado en el que afirmaba que la Falange «se considera insolayablemente obligada a hacer constar cuáles son, a su juicio, los principios —políticos, jurídicos, históricos y doctrinales— que deben constituir la textura básica de las Leyes Fundamentales». El escrito contenía una serie de declaraciones tales como:

—«El Movimiento constituye el armazón político del Régimen y deberá otorgarse prioridad a su institucionalización.»

—«El Movimiento, como cauce de participación en la política, debe ser independiente del Gobierno y formar parte del orden constitucional del Estado.»

—«Nuestra máxima inquietud se centra en el problema clave de la Sucesión.»

—«La transmisión de la Jefatura del Estado, en caso de muerte o incapacidad del titular, deberá ser automática y a favor de quien ejerza la Vicepresidencia o Subjefatura». Los períodos previstos de ejercicio de la suprema magistratura no deberán ser inferiores a un decenio.»

El Inspector Nacional dio cuenta posteriormente de este escrito, el 1 de diciembre, a la Comisión Permanente de la Junta Nacional de la Vieja Guardia y fue aprobado por todos los asistentes.

Indulto total por responsabilidades políticas

El Consejo de Ministros, en su reunión del 11 de noviembre, acordó conceder el indulto total por las responsabilidades políticas derivadas de la guerra civil. El lunes día 14, el Ministro de Justicia, Antonio Oriol, en unas declaraciones a la prensa pudo afirmar que en España ya no había presos políticos.

Elecciones municipales y convocatoria de las Cortes

El domingo, día 13, se celebraron elecciones municipales en toda España, salvo en Madrid y Barcelona que se regían por su respectiva Ley especial o Carta municipal. El domingo 20 tuvieron lugar las elecciones municipales en Madrid: salió la candidatura apadrinada por la Secretaría General frente a la encabezada por Satrústegui.

El lunes 14 se publicó la convocatoria del Pleno de las Cortes para el día 22. El sábado 19 se reunió el Consejo del Reino para tomar conocimiento del proyecto de Ley Orgánica del Estado.

Viaje al Norte de Italia

El 14 de noviembre inicié mi viaje al Norte de Italia donde radica la mayor concentración industrial del país. Me acompañaron el Subcomisario José María López de Letona y el Vicesecretario General, Antonio Leyva. Visité, con el Embajador Sánchez Bella y mis acompañantes, el polo de desarrollo de Padua y las instalaciones de Montecatini-Edison en Porto Marghera y Metanópolis. Pronuncié una conferencia en la Cámara de Comercio, Industria y Agricultura de Milán y otra en Turín, invitado por la «Associazione Metallurgici Mecanici Affini» (AMMA). El «Notiziario Economico» de la AMMA publicó el siguiente suelto en primera página:

«Como es sabido, el mayor representante del Gobierno en el campo de la política del Plan de Desarrollo Económico de España, ha participado, en nuestra sede, en una reunión de industriales de Turín ante los que ha expuesto detalladamente la situación económica de su país y las grandes líneas directrices del Plan de desarrollo, ilustrando las amplias perspectivas que se abren a los países extranjeros y en particular a Italia para incrementar los intercambios comerciales con España así como las notables facilidades que se conceden al capital extranjero para las inversiones productivas. El texto íntegro del discurso se publica como separata del presente número del *Notiziario.*»

La cuestión del Sahara en la ONU

El 18 de noviembre de 1966, un nutrido grupo de notables saharauis solicitó de las Naciones Unidas que aquel territorio permaneciera bajo la soberanía española. En la XXI Asamblea General de la ONU, celebrada ese año, España votó en contra de la resolución que pedía la autodeterminación del Sahara por estimarla viciada a causa de ciertas interpolaciones inspiradas por Marruecos.

Intervención en la reunión ministerial de la OCDE

Durante los días 24 y 25 de noviembre asistí, junto con Castiella, a la reunión a nivel ministerial de la OCDE, presidida por el Ministro sueco de Comercio e Industria, Gunnar Lange.

Abrió las sesiones el Secretario General, Kristensen, quien expuso la evolución del objetivo del desarrollo para el decenio 1960-70. En los primeros cinco años —afirmó— el crecimiento ha sido muy satisfactorio con una tasa media de incremento del 4,5 %. España es el país de la Organización que ha crecido más rápidamente, con la excepción del Japón.

No obstante, este crecimiento sustancial de las economías de los países de la OCDE no ha podido realizarse sin las consiguientes tensiones inflacionistas y uno de los problemas básicos con que se enfrenta la política económica es conseguir alcanzar este desarrollo dentro de un clima de máxima estabilidad.

En mi intervención subrayé que nuestra economía, que había observado los principios de liberalización de la OCDE, tenía que hacer frente a un desequilibrio de la balanza de pagos, debido no sólo a la expansión interior, sino también, a las dificultades que encontraba para colocar sus exportaciones, como consecuencia de las áreas preferenciales existentes. A este respecto, señalé la necesidad de que la OCDE, al estudiar la posibilidad de desarrollo, dentro del marco de la UNCTAD, tuviese especialmente en cuenta la situación de los países miembros que, como España, tienen un grado de desarrollo inferior al de los países más industrializados. (El Delegado de la República Federal Alemana, Sr. Kaiser, en nombre de los países industriales manifestó que se tomaba debida nota y se tendría en cuenta la sugerencia española.)

Tras aportar el dato de que la participación de España en la producción total de los veintiún países miembros de la OCDE se sitúa en octavo lugar, dije:

«El incremento de las importaciones españolas requiere una fuerte expansión de las exportaciones, muy difícil de alcanzar si se mantiene el "statu quo" de las actuales relaciones comerciales de España con los países de la Organización, y exige también una entrada complementaria de ahorro exterior» (...) «Por ello España ve con preocupación cualquier medida tendente a restringir las salidas de capitales de los grandes países inversionistas y el aumento progresivo del tipo de interés. La liberalización de los movimientos de capital constituyó uno de los pilares de la antigua OECE y nuestra Organización debe continuar considerando tal política como uno de los ejes de marcha más firmes.»

Castiella y yo celebramos una reunión con el Secretario General de la OCDE, Kristensen, quien mostró su satisfacción por la atención que prestaba nuestro Gobierno a las recomendaciones de la Organización y dijo que, a su juicio, las perspectivas que ofrecía la economía española eran favorables.

Conversaciones con el Comisario del Plan francés, François Ortolí

Durante mi estancia en París sostuve dos interesantes entrevistas: con el nuevo Comisario del Plan, Ortolí, y con el Primer Ministro, Pompidou.

Visité al Comisario francés acompañado por el Jefe del Gabinete de Estudios, Javier Irastorza. François Ortolí era bastante más joven —rondaba los 40 años— y más brillante que su antecesor Pierre Massé. Ocuparía luego importantes cargos políticos en Francia y en el Mercado Común, llegando a ostentar la Presidencia de la Comisión de la CEE.

Le hablé a Ortolí de la conveniencia de la coordinación entre los planes francés y español. El II Plan español, le dije, podría ser más eficaz si estudiáramos conjuntamente aspectos tales como el aprovechamiento de la energía y sus redes de distribución, sobre todo del gas, el transporte por carretera, en especial de las rutas que enlazan con las españolas.

Ortolí dijo que compartía mis puntos de vista. Indicó que la principal preocupación del Comisario francés era la programación a largo plazo, que implica la reflexión sobre los fenómenos socioeconómicos y culturales que definirán la civilización dentro de veinte años. A este respecto, atribuía un papel clave al estudio de los equipamentos colectivos, los problemas técnico-sociológicos del urbanismo y la evolución de la industria (para precisar qué tipo de industria será el adecuado a largo plazo).

Insistí en las relaciones entre la programación de ambos países. Existen unas corrientes recíprocas desiguales de mano de obra y de capital que podrían considerarse con visión de conjunto.

Finalmente, solicité a Ortolí la venida a España de economistas del Comisariado francés con el fin de asesorar a la Comisaría española en los trabajos preparatorios del II Plan y la visita a París de algunos economistas de nuestro Gabinete de estudios para analizar los aspectos relativos a la planificación financiera.

La entrevista con Ortolí fue una auténtica sesión de trabajo de hora y media.

Entrevista con Pompidou

Acompañado del Embajador, Pedro Cortina, visité, en el hotel Matignon, al Primer ministro, Georges Pompidou. La entrevista duró treinta y cinco minutos. Pompidou era un hombre corpulento, de 55 años, y aspecto campestre, acogedor, franco y sencillo en el trato. Fue el brazo derecho de De Gaulle y gozaba de su plena confianza. Me causó muy buena impresión pero no imaginé, en aquella primera entrevista, que llegaría a ser, tres años después, Presidente de la República.

Tras los saludos de rigor, le expuse la conveniencia de coordinar el Plan de Desarrollo español con el francés porque, en el estado actual de interdependencia de las economías, no se concibe una programación del crecimiento económico de un país sin tener en cuenta el del país vecino. Seguidamente entré en el examen de la balanza comercial hispano-francesa que era deficitaria para España y señalé la conveniencia de incrementar las inversiones francesas en nuestro país, que entonces sólo representaban el 6 % del total de las inversiones extranjeras en España y que iban por detrás de las inversiones de los Estados Unidos, Suiza, Alemania e Italia. Por último, recabé el apoyo de Francia en nuestras negociaciones con el Mercado Común.

Pompidou, en cuanto a la posible coordinación entre los planes de desarrollo francés y español, declaró que celebraría que se llegara a resultados positivos. Respecto de las inversiones francesas en España manifestó que había dicho, en el «diner-débat» celebrado dos días antes a iniciativa de *Les Echos*, que su Gobierno estaba dispuesto a dar facilidades crediticias a las empresas que realizaran inversiones en el extranjero lo cual estimularía las inversiones francesas en España. Finalmente, Pompidou puntualizó que la posición de Francia era clara respecto a su incondicional apoyo a nuestras negociaciones con el Mercado Común.

Salí muy bien impresionado de este primer encuentro con Georges Pompidou a quien vería de nuevo, en 1973, cuando era ya Presidente de la República, al acompañar a los Príncipes de España en su visita oficial a París, como Ministro de Asuntos Exteriores.

Las Cortes aprueban la Ley Orgánica del Estado

El martes día 27 de noviembre, a las cinco de la tarde, se reunió en sesión extraordinaria el Pleno de las Cortes, presidido por el Jefe del Estado. Franco presentó, en medio de gran expectación, el proyecto de Ley Orgánica del Estado ante la Cámara. Los párrafos más significativos de su discurso fueron los siguientes:

«La nueva Ley Orgánica del Estado viene a completar nuestro ciclo institucional, sin dejar por ello de seguir abierto a ulteriores y posibles perfeccionamientos o ajustes, si se acusaran como necesarios. Porque nosotros no pensamos que la Constitución sea una herencia pura y simple del pasado, el producto determinista de la historia, el resultado de los hechos o doctrinas que aceptaron nuestros antepasados, aunque mantengamos viva la tradición en lo que tiene de realizaciones históricas de unos principios vivos. Tampoco aceptamos una visión racionalista que quiere ofrecernos un modelo universal y abstracto de instituciones válido para todos los países, independientemente de su estructura social y de su modo de ser cultural.»

«Frente a ambas posiciones, que se enfrentaron trágicamente en España de 1808 a 1936, nosotros hemos de continuar nuestra prudente experiencia del pasado y que tiene en cuenta el porvenir, que sólo podemos prever en parte. Por eso no hemos acometido decisiones improvisadas de conjunto, ni tampoco hemos dejado de ir poniendo piedra sobre piedra en un edificio institucional que no se agota con la vida de los hombres. Hemos seguido una evolución prudente, sin olvidar que la vida de los pueblos se mide por siglos. Al dar este paso decisivo, que en cierto modo es poner la clave del arco, no cerramos la puerta a ulteriores modificaciones y complementos que, eso sí, habrán de hacerse por el camino establecido y con las debidas garantías en evitación de improvisaciones peligrosas.»

«Se procede a una amplia democratización del proceso político en la renovada composición de las Cortes, del Consejo Nacional y del Consejo del Reino y de sus renovadas facultades. Se perfecciona el ya muy avanzado Estado de Derecho en las disposiciones relativas al ejercicio de altos Cuerpos consultivos y de control y por el establecimiento de un amplísimo recurso de contrafuero.»

«Se establece una sistemática equilibrada de los órganos primarios del Estado y de sus relaciones recíprocas, se perfeccionan y clarifican los mecanismos sucesorios; se establece un justo poder ejecutivo, encabezado por un Presidente del Gobierno, en quien se centra la dirección política y administrativa del país.»

«Las Cortes asumen la plenitud de la función legislativa y de control y, a través de un Consejo del Reino que ellas mismas integran en gran mayoría, intervienen en los más altos nombramientos. Las Fuerzas Armadas asumen la garantía de la seguridad y el orden, así como de la unidad e independencia de la Patria. Se prevén las adecuadas medidas de salvaguarda para emergencias graves. La Administración Local recibe adecuada consideración, como corresponde a las entidades naturales y estructuras básicas de la comunidad» (1).

Terminado el discurso el Presidente de las Cortes, Iturmendi, leyó el texto del proyecto. Franco volvió a intervenir para pedir el consenso de la Cámara y anunciar su propósito de someter la ley a referéndum, que fue convocado para el 14 de diciembre.

Comentarios de prensa

El *ABC* del 23 de noviembre se abría con este titular: «Franco ratifica la Monarquía como régimen indiscutible del futuro» (2).

La prensa extranjera comentó favorablemente la Ley Orgánica del Estado. *Le Monde*, del 17 de noviembre, la calificó de «liberalización moderada» que permitiría poner por obra una estructura de Gobierno prudente, y subrayó que el Consejo Nacional del Movimiento se convertiría en una especie de Cámara Alta, denominada simplemente Consejo Nacional, y que la Organización Sindical se independizaría de la Secretaría General del Movimiento, lo que favorecería la evolución del sindicalismo estatal hacia una organización más auténticamente representativa. Por último, el periódico francés consideraba la Ley Orgánica como una primera etapa de un proceso que conduciría a una monarquía constitucional.

Al día siguiente, el mismo rotativo subrayaba que en los medios no monárquicos se criticaba la Ley Orgánica, y señalaba que el

(1) El texto íntegro del discurso puede verse en el Boletín Oficial de las Cortes Españolas, n.º 939 de 22-XI-1966, págs. 2.153-2.163.

(2) Señalaba *ABC* como puntos capitales de la Ley, los siguientes: 1. Mecanismo instaurador de una Monarquía hereditaria; 2. La Regencia, fórmula subsidiaria; 3. Separación de la Jefatura del Estado y de la Presidencia del Gobierno; 4. El Presidente del Gobierno ejercerá la Jefatura Nacional del Movimiento; 5. Nuevas y reforzadas misiones del Consejo del Reino; 6. Más representación popular en la Cortes y en el Consejo del Reino; 7. Recurso de contrafuero; 8. Autonomía de la Organización Sindical y desaparición de los Sindicatos Verticales; 9. Las Fuerzas Armadas, garantía del orden institucional.

otro proyecto presentado por Solís insistía en dos puntos: la creación de una Regencia y la institucionalización del Movimiento, pero ni uno ni otro punto figuraban en la Ley Orgánica del Estado; en cambio, «todo lo que es monarquía aparecía reforzado», según escribía Emilio Romero en *Pueblo*.

Con la aprobación de la Ley Orgánica por las Cortes se abrió la campaña del referéndum cuyo peso principal recayó sobre Fraga en su calidad de Ministro de Información, quien el 24 de noviembre fue el primero en intervenir ante las cámaras de televisión.

La Ley Orgánica del Estado, vista por Franco

En el Consejo de Ministros del 29 de noviembre el Vicepresidente del Gobierno felicitó, en nombre de todos, a Franco por su mensaje a las Cortes y la aprobación por éstas de la Ley Orgánica del Estado. Franco sonrió y dijo: «Es lo menos malo que podíamos hacer.»

El 30 de noviembre, tuvo entrada en la Presidencia un escrito de un grupo de la oposición, en el que se solicitaba que se le concedieran espacios en la televisión y dinero para una campaña de propaganda en favor del «no» en el referéndum de la Ley Orgánica del Estado. Este escrito fue apoyado por varios periódicos, entre ellos *Informaciones*. Creo que hubiera sido políticamente hábil acceder a lo solicitado en vez de denegarlo. No obstante, *Arriba* ofreció sus páginas a los «abajo firmantes» para que expusieran sus razones.

Se celebraron también diversos actos de propaganda en favor del «no». Así, el 24 de noviembre, en el Hogar del Trabajo de la calle Campanar, el abogado Jaime Cortezo Velázquez-Duro, ante un numeroso auditorio, hizo un análisis crítico de la Ley Orgánica del Estado y pidió que en el referéndum se votara en contra.

Apreciaciones de Franco sobre el Príncipe

El 5 de diciembre el Príncipe Don Juan Carlos tuvo una entrevista de dos horas —de once a una— con Franco, en el palacio de El Pardo. A continuación, el General Franco Salgado-Araujo, Jefe de la Secretaría militar del Jefe del Estado, le preguntó a éste: «¿Qué opina el hijo de su padre? ¿Te ha hablado alguna vez de esto?»

Franco le dijo:

«Don Juan Carlos es lo suficientemente discreto e inteligente para no hablarme de este asunto, y yo no voy a preguntárselo, pues ello sería prematuro. Tener prevista la sucesión para ser rey de España y la persona de mi confianza que pueda desempeñar ese altísimo cargo es una cosa lógica y natural, pues a nuestra edad puede ocurrir algo inevitable o que se mermen mis facultades dejándome imposibilitado de tomar a tiempo una decisión» (...)

«Tengo la seguridad de que poco a poco el país sentirá afecto hacia los Príncipes Don Juan Carlos y Doña Sofía, cuyas conductas son irreprochables, modélicas en todo, llevando una vida de absoluta sencillez y austeridad, y procurando estar siempre en contacto con las necesidades del pueblo español. Esto lo hacen los Príncipes por absoluta iniciativa propia, sin que yo me meta en el asunto, pues creo que ellos deben tener libertad en su modo de actuar» (...)

«La república no puede ser en España una solución, porque nos trajo dos veces la anarquía, y lo mismo volvería a ocurrir ahora. Esto no debemos olvidarlo y de ahí la Ley Fundamental que acaban de aprobar las Cortes y que dentro de unos días será sometida a referéndum. Queda descartado el régimen republicano como sistema de gobierno para nuestra Patria» (1).

Palabras de Franco sobre los catalanes

El 7 de diciembre despaché con el Jefe del Estado con objeto de someter a su consideración el texto del discurso que yo pronunciaría, el día 12, en el Palacio de las Naciones de Barcelona, acerca de la Ley Orgánica. Al terminar su lectura, Franco exclamó: ¡Muy bueno, muy bueno!

Luego se extendió en comentarios elogiosos sobre los catalanes: recordó a los que se incorporaron al Tercio el año 20; su espíritu emprendedor; las amenazas de muerte y asesinatos de empresarios por los anarco-sindicalistas; las luchas entre el sindicato libre y el sindicato único; los somatenes.

Me contó que, ante el caos reinante, iba a dar el golpe de Estado el año 23 el Capitán General de la I Región, que se batió con Sánchez Guerra, pero se le adelantó el Capitán General de Cataluña, Miguel Primo de Rivera, quien contó con la simpatía de un buen número de catalanes.

A Franco le gustaba revivir y referir episodios de su juventud.

(1) Franco Salgado-Araujo: *Mis conversaciones privadas con Franco*, Barcelona, 1976, págs. 488-489.

Discurso en el Palacio de las Naciones de Barcelona

Todos los Ministros, salvo el de Asuntos Exteriores, participamos en la campaña en favor de la Ley Orgánica del Estado. Yo actué en Barcelona, el 12 de diciembre, en el Palacio de las Naciones de Montjuic.

Los párrafos más significativos de mi discurso fueron éstos:

«Cualesquiera que sean las diferencias que existan entre nosotros, reflejo de esa legítima diversidad de opiniones, a todos nos aúna, al enjuiciar la Ley sometida a referéndum, el anhelo común de un futuro mejor para nuestro pueblo.» «Les hores de la Historia —dijo Cambó— no tenen totes seixanta minuts: hi ha hores que tenen un segle i hi ha segles que quasi pasen sense rastre.»

«La Ley Orgánica del Estado, que completa nuestro ordenamiento político y perfecciona las anteriores Leyes Fundamentales, nace una vez sosegados los ánimos y extinguidos los odios que un día nos dividieron encarnizadamente. La España de hoy es muy otra que la que se desplomó en 1936. No sólo porque es más rica, sino porque es mucho más culta y más solidaria».

«A mi juicio, los rasgos más esenciales de la Ley Orgánica, que la hacen especialmente adecuada, son: *estabilidad y representación.*»

«Las Cortes además de adquirir la plenitud de los poderes legislativos, acrecientan, sus facultades fiscalizadoras mediante las interpelaciones, la práctica de informaciones y el conocimiento, a través del Tribunal de Cuentas, de los términos en que hayan sido cumplidas las Leyes de carácter fiscal.»

«Otro aspecto esencial de la nueva Ley es la representación. La Ley Orgánica supone una profunda transformación de las Cortes. Las tres cuartas partes de los Procuradores deberán su escaño al voto y los demás, salvo los 25 de libre designación del Jefe del Estado, tendrán una representatividad corporativa (1).» «Por añadidura, el mayor carácter representativo de las Cortes no excluye la consulta popular directa en las decisiones más trascendentales.»

(1) Cambó hizo el siguiente reproche a los diputados izquierdistas salidos de la «Lliga» que adoptaron como bandera el considerar «grave ultraje la representación corporativa»: «Olvidaban tan sólo estos pequeños detalles: la representación corporativa, aspiración constante del catalanismo histórico, la habían propuesto Carner y Suñol en 1904, y la elección de segundo grado por la cual se elegía al Senado francés había hecho fracasar todos los intentos dictatoriales de la Tercera República.» (*Memorias*, Alianza Editorial, Madrid, 1987 pág. 148.)

«El desarrollo de la Ley habrá de exigir una revisión constructiva de múltiples aspectos de nuestra vida política encaminada hacia una activa participación del pueblo en el gobierno del país. La Ley Orgánica del Estado no representa pues, el término de un proceso, sino más bien la apertura de una nueva etapa de mayor colaboración ciudadana en las funciones públicas que ha de llevar consigo periódicas convocatorias al cuerpo electoral.»

«Una etapa importante de la elaboración de la Ley Orgánica del Estado tuvo lugar en el Palacio de Pedralbes, durante la última estancia del Gobierno en Barcelona. En aquella ocasión, en el Salón de Ciento, nuestro Alcalde, intérprete del común sentir, le dijo al Jefe del Estado: Señor, cuando llaméis al pueblo a consulta, oiréis de nuevo el clamor unánime de una Ciudad sentimental y nostálgica, pero realista y emprendedora, que confía y espera, y que quiere nuevamente estar presente en estas horas solemnes de la Patria.»

«Ha llegado por fin la ocasión anhelada.»

«¡Catalanes y españoles todos!: No os pregunto lo que vais a votar; os pido, sí, que preguntéis a vuestra conciencia y votéis con libertad.»

Me pareció lo más correcto subrayar la libertad de voto pues el resultado del referéndum tendría tanto más valor cuanto más libre y espontánea fuera la votación.

En relación con mi discurso, Nemesio Fernández Cuesta me escribió: «El texto de tus palabras me ha parecido muy bueno y convincente. Excelente tanto de forma como de fondo (...) Resumiendo: muy bien, unas palabras serias, constructivas, informativas y con "seny".»

Mensaje televisado de Franco sobre la Ley Orgánica del Estado

Después del acto de Montjuic fui a cenar con Tomás Garicano, su mujer y sus hijos en el Gobierno Civil. Allí vimos a través de la pequeña pantalla el mensaje de Franco acerca del referéndum.

Merecen ser destacados los siguientes párrafos de ese mensaje:

«El pueblo español aspira a soluciones prácticas y reales de la democracia. Es general la aspiración al progreso de su nivel de vida, a una más justa distribución de la renta, a disfrutar de la máxima libertad compatible con el orden, y nadie discute ya que vivir en la miseria es la anulación de toda clase de libertades.»

«Todas las empresas en que España está empeñada tienen por

base la paz y la continuidad política: lo mismo nuestro resurgimiento espiritual que nuestras transformaciones sociales.»

«Creo necesario que os responsabilicéis con su refrendo (de la Ley Orgánica del Estado) recogiendo y reteniendo en vuestras manos la seguridad de vuestro futuro, y que para modificarla o alterarla en el porvenir haya que acudir nuevamente a vuestro refrendo. Yo no puedo ir más alla, entregando a los españoles la garantía de su porvenir.»

«Todos me conocéis. Los más viejos, desde los tiempos de África, cuando luchábamos por la pacificación de Marruecos; los ya maduros, cuando en medio de los desastres de la segunda República, pusisteis en mi persona la esperanza de la capitanía para la defensa de la paz civil amenazada» (...), (1) «todos sabéis de sobra cómo he venido cumpliendo siempre mi palabra.»

«Desde muy joven echaron sobre mis hombros responsabilidades superiores a mi edad y a mi empleo. Hubiera deseado disfrutar de la vida como tantos españoles, pero el servicio de la patria embargó mis horas y mi vida. Llevo treinta años gobernando la nave del Estado, librando a la Nación de los temporales del mundo actual; pero pese a todo, aquí permanezco, al pie del cañón, con el mismo espíritu de servicio de mis años mozos, empleando lo que me quede de vida útil en vuestro servicio. ¿Es mucho exigir el que yo os pida, a mi vez, vuestro respaldo a las leyes que en vuestro exclusivo beneficio y en el de la Nación van a someterse a referéndum?»

El referéndum

La nota más destacada del referéndum fue el gran número de personas que fueron a votar: diecinueve millones y medio, es decir, el 86 % del censo electoral. Los Príncipes Don Juan Carlos y Doña Sofía votaron también. Las largas colas en los colegios electorales son un testimonio irrefutable.

Todo ello me reafirma en la convicción de que fue un error del Gobierno no haber facilitado campañas en favor del «no» o de la abstención pues con toda seguridad el resultado del referéndum hubiera sido positivo, quizás con menos síes pero con mayor autenticidad.

(1) Estas palabras recuerdan las de De Gaulle cuando dijo: «Yo, sin derecho hereditario, sin plebiscito, sin elección, por la llamada imperativa pero callada de Francia, fui llevado a hacerme cargo de su defensa, de su unidad y de su destino.» (*Memoires d'espoir-Le renouveau.* Librairie Plon, 1970, pág. 283.)

La prensa extranjera, en general, comentó favorablemente el referéndum. *Il Tempo*, por ejemplo, destacó la normalidad con que los españoles acudieron a las urnas y afirmó que la propaganda y demás procedimientos previos hicieron al referéndum «ni menos correcto ni menos democrático que en la Francia de De Gaulle».

Al día siguiente del referéndum, el Gobierno acudió al Palacio de El Pardo a felicitar al Jefe del Estado por el éxito conseguido. Franco estaba visiblemente satisfecho y nos ofreció una copa de champán, cosa nunca vista en El Pardo.

Larga gestación de la Ley Orgánica del Estado

Se dio la circunstancia de que el referéndum tuvo lugar exactamente diez años después —fecha a fecha— de mi nombramiento de Secretario General Técnico de la Presidencia del Gobierno. Ello da idea de las resistencias que hubo que vencer para sacar adelante la Ley Orgánica del Estado. Ciertamente, como ha escrito Jean Monnet, «todas las revoluciones pacíficas requieren tiempo» (1).

La primera redacción de la Ley Orgánica del Estado se la había entregado yo a Carrero en 1957. Tengo en mi archivo las sucesivas redacciones del proyecto y notas acerca de las principales incidencias y pugnas surgidas durante su gestación que fueron especialmente vivas en la etapa final, en el año 66.

El simple cotejo de mi proyecto inicial con el texto definitivo de la Ley, pone de manifiesto que se mantuvieron las líneas fundamentales de aquél, lo que me obligó a desplegar una gran actividad y realizar numerosas gestiones cerca del Presidente de las Cortes, Iturmendi, gran valedor del proyecto, y de los Ministros que lo apoyaban, en especial Carrero Blanco, Oriol Urquijo, Alonso Vega, López Bravo, Lora Tamayo, Silva Muñoz y Fraga (2), redactar notas y contra notas y, sobre todo, abordar una y otra vez el tema en los despachos con Franco que siempre se mostró receptivo a mis argumentos. También tomé parte activa en los debates del Consejo de Ministros sobre la Ley Orgánica del Estado, en sus reuniones de noviembre de 1966.

(1) *Memoires*, I, Fayard, París 1976, pág. 647.

(2) En cuanto a Fraga, no hay que olvidar que fue autor, en 1963, de un proyecto constitucional, incluido en el primer volumen de mis *Memorias*, en cuya fundamentación afirmaba textualmente: «Se mantiene la opción monárquica pero en términos de que baste modificar un solo artículo si se quiere pasar a un presidencialismo.» Posteriormente, ante la evidencia de que Franco había optado por la Monarquía, colaboró eficazmente en la redacción final de la Ley Orgánica del Estado.

La principal oposición a la Ley Orgánica del Estado tuvo como abanderado al General Muñoz Grandes que incluso pidió a Franco la retirada del proyecto y como arietes al Almirante Nieto Antúnez y a José Solís Ruiz, secundados por Romeo Gorría y por Díaz-Ambrona, todos ellos partidarios del «Regencialismo» o de un régimen presidencialista. Solís, presionado sin duda por algunos falangistas antimonárquicos, había expresado más de una vez el temor de que, «al menor descuido, se nos colaría la Monarquía por un rendija».

Como ya dije en el anterior volumen de mis *Memorias*, existieron varios proyectos alternativos al de la Ley Orgánica del Estado. Franco comentó en cierta ocasión que tenía una maleta llena de proyectos. La multiplicidad de iniciativas fue un factor retardatario del proceso institucional hasta que, después del nombramiento del Gobierno de julio de 1965, Franco se inclinó definitivamente por el proyecto de Ley Orgánica del Estado elaborado en la Presidencia del Gobierno y patrocinado por el Almirante Carrero Blanco.

Una vez proclamado oficialmente el resultado del referéndum del 14 de diciembre, la Ley Orgánica del Estado fue promulgada el 10 de enero de 1967.

Carta de Don Juan de Borbón a Franco

A la semana de la promulgación de la Ley Orgánica del Estado, el Conde de Barcelona envió una carta de felicitación a Franco concebida en los siguientes términos:

«Mi querido General:

Al ser promulgada la Ley Orgánica del Estado, no quiero que falte mi personal y muy sincera felicitación a V.E. por cuanto creo que vale y pesa el significativo «Sí» de los españoles.

No vamos a pensar, porque sería humanamente imposible, que ese «Sí» apruebe o confirme analíticamente cada detalle, artículo o disposición de un conjunto legal tan extenso. Ese «Sí» tan unánime es un voto de gratitud y confianza, concretamente dirigido a la persona de V.E. como artífice de una gran obra de paz y progreso que España espera será terminada en pacífica continuidad.

Por eso no quiero que en ese clamor general falte mi voz, que se añade a la de tantos españoles. (...) España ha vuelto a ser en vuestras manos fiel a su ser histórico, y los españoles confiamos que la dejará en vías donde nunca se quiebre esa fidelidad.

Crea, mi General, en la sinceridad de cuanto le digo, y sabe soy siempre su afmo. amigo,

Juan.»

(El texto íntegro de la carta figura como anejo.)

Juicio sobre la Ley Orgánica del Estado

Vista con la perspectiva actual, la Ley Orgánica del Estado adolece de ciertas deficiencias y de un planteamiento poco acorde con los modelos de los países occidentales. Pero, para juzgarla, es preciso situarse en el contexto político de 1966 y cotejarla con la legislación vigente antes de su promulgación.

Respecto del ordenamiento constitucional anterior a la Ley Orgánica del Estado, ésta supuso un avance considerable, no sólo porque vino a colmar muchas lagunas, sino principalmente por su carácter revisionista de las Leyes anteriores. Son particularmente significativas las Disposiciones adicionales que modificaron un artículo del Fuero de los Españoles, cinco Declaraciones del Fuero del Trabajo, diez artículos de la Ley de Cortes y siete artículos de la Ley de Sucesión.

Las principales modificaciones consistieron en:

- Reconocer y garantizar la libertad religiosa (art. 6 del Fuero de los Españoles), lo que hizo posible la Ley de libertad religiosa de 1967, dictada previa conformidad de la Santa Sede.
- Suprimir de la exposición de motivos del Fuero del Trabajo la referencia al «Imperio», al «Estado Nacional-Sindicalista, instrumento totalitario», y a la «Revolución pendiente».
- Suprimir de la Declaración II,3 del Fuero del Trabajo la asistencia obligatoria a las ceremonias que las Jerarquías nacionales del Movimiento ordenen.
- Sustituir en la Declaración VIII,3 la expresión según la cual «el Jefe de la Empresa será responsable de ella ante el Estado» por esta otra: «La dirección de la empresa será responsable de la contribución de ésta al bien común de la economía nacional.»
- Sustituir la redacción del párrafo 2 de la Declaración XI, que decía: «Los actos individuales o colectivos que *de algún modo turben la normalidad de la producción* o atenten contra ella serán considerados como *delitos de lesa patria*», por la siguiente: «Los actos *ilegales*, individuales o colectivos, que perturben *de manera grave* la producción o atenten contra ella, serán sancionados con arreglo a las leyes.» Esta modificación permitió despenalizar la huelga laboral.
- Suprimir la Declaración XIII,1 según la cual «La Organización Nacional-Sindicalista del Estado se inspirará en los principios de Unidad, Totalidad y Jerarquía».

— Suprimir toda referencia a los «sindicatos *verticales*» («bajo la dirección del Estado», «Instrumento al servicio del Estado»), que figuraban en los párrafos 3, 5 y 6 de la Declaración XIII.
— Suprimir el párrafo 4 de la Declaración XIII según el cual «Las jerarquías del sindicato recaerán necesariamente en militantes de FET y de las JONS».
— Admitir asociaciones respectivas de empresarios, técnicos y trabajadores para la defensa de sus intereses peculiares, en la nueva redacción del párrafo 3 de la Declaración XIII.

La modificación de la Ley de Cortes tuvo por objeto:

— Limitar a ciento cincuenta los Procuradores representantes de la Organización Sindical (antes eran un tercio del total de Procuradores).
— Elección, entre los concejales y diputados provinciales (que, a su vez, tenían carácter electivo), de los representantes de los Municipios y de las Diputaciones (anteriormente eran Procuradores natos los Alcaldes de las capitales de provincia y los Presidentes de las Diputaciones, todos ellos de nombramiento gubernativo).
— Entrada de 55 Consejeros nacionales elegidos por las provincias (incluidas Fernando Poo, Río Muni y el Sahara) y Ceuta y Melilla, que unían a su condición la de Procuradores en Cortes.
— Introducción de 108 Procuradores en Cortes de representación familiar, elegidos por los cabezas de familia y por las mujeres casadas.
— Elevar a 30 el número de Procuradores en Cortes representantes de Colegios profesionales y Cámaras, elegidos por los miembros de las respectivas Corporaciones, que inicialmente eran sólo 7 Procuradores.
— Reducir a 25 el número de Procuradores de libre designación del Jefe del Estado, que anteriormente eran 50.
— Nombramiento del Presidente de las Cortes entre los Procuradores que figuraban en una terna que el Consejo del Reino presentaría al Jefe del Estado (antes era de libre designación del Jefe del Estado).
— Elección por el Pleno de los dos Vicepresidentes y los cuatro Secretarios de las Cortes (antes eran nombrados por el Jefe del Estado).
— Establecimiento de la obligación de oír a una Comisión *ad hoc* de las Cortes para apreciar si existían razones de urgencia que justificaran hacer uso del Decreto-Ley.

Las modificaciones introducidas en la Ley de Sucesión supusieron:

— Incorporar al Consejo del Reino diez Consejeros, elegidos por los distintos grupos de Procuradores en Cortes (antes eran sólo cuatro, mientras que los Consejeros natos eran seis y el Presidente).
— Relegar la figura del Regente a un papel supletorio, dejando de estar equiparado a la figura del Rey.
— Establecer el recurso de contrafuero para garantizar la constitucionalidad dc las leyes (1).

Como es fácil advertir no fue un simple revoco de la fachada, como algunos afirman con ligereza, lo que hizo la Ley Orgánica del Estado: se modificaron las estructuras políticas, como puede comprobar cualquiera que se tome la molestia de compulsar los textos legales antes vigentes, con el texto de la nueva Ley Fundamental.

Si se tienen en cuenta las resistencias de los más duros y las impaciencias de los maximalistas que agudizaban los recelos de Franco ante las innovaciones, no es poco lo conseguido con la Ley Orgánica del Estado. Como dije en mi discurso del Palacio de las Naciones, dicha ley era un punto de partida, un decisivo paso en la necesaria evolución política. Con aguda visión, Efrén Borrajo Dacruz me dijo, reciente aprobada la Ley Orgánica; «Ahora sólo falta que institucionalices la alternancia en el Poder.»

La Ley Orgánica del Estado dio lugar a numeroso estudios jurídicos y políticos (2).

(1) El recurso de contrafuero tuvo plena efectividad. El Consejo del Reino resolvió favorablemente el recurso de contrafuero interpuesto por la Comisión Permanente de las Cortes, atendiendo el derecho de petición ejercitado por Francisco Elías de Tejada, y basado en la libertad de expresión consagrada en el artículo 12 del Fuero de los Españoles, contra el Reglamento de Régimen Disciplinario de los Funcionarios de la Administración Civil del Estado. La resolución del recurso de contrafuero se publicó en el BOE de 6-VII-70.

(2) CARRO MARTÍNEZ, Antonio: «Relaciones entre los altos órganos del Estado en la Ley Orgánica del Estado», en *Revista de Estudios Políticos*, núm. 152, 1967; CORDERO TORRES, José María: «La Administración consultiva del Estado en la Ley Orgánica del Estado», en *Revista de Estudios Políticos*, núm. 152, 1967; ESCOBAR Y KIRPATRICK, José Ignacio: «El Jefe del Estado en la Ley Orgánica», en *Revista de Estudios Políticos*, núm. 152, 1967; GUAITA, Aurelio: «El Gobierno y su Presidente en la Ley Orgánica del Estado», en el volumen «Curso de información administrativa», Zaragoza, 1968; HERRERO TEJEDOR, Fernando: «El Estado de Derecho en las Leyes Fundamentales españolas», en *Revista de Estudios Políticos*, núm. 152, 1967.

Entran en las Cortes los hombres de la transición

Con la introducción del grupo parlamentario de representación familiar y de consejeros nacionales electivos, fueron elegidos Procuradores en Cortes un buen número de «aperturistas», entre ellos, Fernando Abril Martorell, Tomás Allende y García-Baxter, Alberto Ballarín Marcial, Pío Cabanillas Gallas, Rafael Cabello de Alba y Gracia, Gabriel Cisneros Laborda, Antonio Carro Martínez, Juan Manuel Fanjul Sedeño, Enrique Fontana Codina, Alfonso García Valdecasas, Álvaro de Lapuerta Quintero, José Luis López Henares, Rodolfo Martín Villa, Enrique de la Mata Gorostizaga, Cruz Martínez Esteruelas, José Luis Meilán Gil, Virgilio Oñate Gil, Marcelino Oreja Elósegui, Alfonso Osorio García, David Pérez Puga, Andrés Reguera Guajardo, Antonio Rosón García, Juan Antonio Samaranch Torelló, Adolfo Suárez González, Fernando Suárez González, Juan Luis de la Vallina Velarde y Joaquín Viola Sauret, que, diez años después, se contarían entre los principales valedores de la ley para la Reforma Política de 1976 aprobada por la última legislatura de las Cortes remozadas por la Ley Orgánica del Estado.

Se asegura la sucesión sin vacío de Poder

Vale la pena recordar también que el artículo 11 de dicha Ley, al disponer que, en caso de enfermedad del Jefe del Estado asumiría sus funciones el heredero de la Corona, hizo posible que el Príncipe Don Juan Carlos asumiera la Jefatura del Estado el 30 de octubre de 1975, tres semanas antes de morir Franco y tuviera, por consiguiente, en sus manos todos los poderes en el momento de la sucesión lo que disipó cualquier intento tanto golpista como revolucionario. La Ley Orgánica hizo viable la transición sin el menor trauma.

No creo que exista un prototipo de Constitución ideal pero, parafraseando la sentencia clásica, entiendo que la Ley Orgánica del Estado no es la mejor que podía redactarse, sino la mejor entre las que podían ser promulgadas en aquellas circunstancias.

Testigos de excepción

Alberto Ballarín Marcial, Notario de Madrid, ha escrito en carta de 13 de agosto de 1990:

«Yo también me siento orgulloso por pertenecer a una generación que ha hecho por España:

«*a*) primero, *el desarrollo,* bajo tu impulso y dirección ... Y es verdad que llamaste a muchos a colaborar, entre ellos a mí mismo, que tuve ocasión de formular todo tipo de observaciones. No sólo eso; me recibiste varias veces en tu despacho para hablar de la política asociacionista y aperturista que yo propugnaba entonces y abanderaba en el Consejo Nacional.»

«*b*) segundo, *la trasición a la democracia,* sin guerra civil ni traumas importantes, para lo cual fue decisiva la elevación del nivel de vida de los españoles y —yo añadiría— el talante aperturista y democrático (con prudencia) de algunos hombres del franquismo como Fraga, tú mismo, Martín Villa, Adolfo Suárez y, en segundo plano, quienes, como yo, veníamos luchando por este tipo de evolución. Solís era aperturista a su manera.»

Andrés Ribera Rovira, en su discurso de contestación al mío de ingreso en la Real Academia de Ciencias Económicas y Financieras de Barcelona, citó la siguiente frase de Agustín de Semir, Secretario del Congreso de Derechos Humanos y profesor de la Facultad de Derecho de la Universidad barcelonesa: «Nunca España podrá agradecer a Laureano López Rodó su esfuerzo por transformar un régimen derivado de una victoria militar, en un Estado de Derecho (1).»

Como ha reconocido también Javier Tusell «sólo se llegó a un definitivo marco constitucional con la Ley Orgánica de 1967 (2)».

Fernando Badía, por su parte, ha escrito que a partir de la promulgación de la Ley Orgánica del Estado es cuando el problema de la sucesión del General Franco comenzó a plantearse seriamente por la clase dirigente franquista. Así, ante las presiones de este sector, Franco tomó dos decisiones importantes. La primera de ellas fue la de nombrar el 22 de julio de 1969 a Juan Carlos de Borbón su sucesor, que se convertiría en Rey cuando se cumplieran las llamadas previsiones sucesorias establecidas en la Ley de Sucesión de 1947 y ratificadas posteriormente por la Transitoria Primera

(1) Publicaciones de la Real Academia de Ciencias Económicas y Financieras, Barcelona 1979, pág. 171.

(2) *La dictadura de Franco,* Alianza Editorial, Madrid 1988, pág. 283.

de la Ley Orgánica del Estado. Semejante medida se completó años después, en junio de 1973, con la designación del Almirante Carrero Blanco como Presidente del Gobierno, cargo que hasta entonces había asumido el propio Franco (1).

«Una y otra medida —afirman J. de Esteban y J. López Guerrero— son fundamentales para entender el desarrollo posterior de una evolución que desembocará en la aprobación de la Constitución de 1978 (2).»

La bandera

La bandera española fue definida por vez primera con rango constitucional en la Ley Orgánica del Estado de 1967 cuyo artículo 5.º declara: «La bandera nacional es la compuesta por tres franjas horizontales: roja, gualda y roja; la gualda de doble anchura que las rojas.» En términos similares, el artículo 4.1 de la Constitución de 1978 dice: «La bandera de España está formada por tres franjas horizontales, roja, amarilla y roja, siendo la amarilla de doble anchura que cada una de las rojas.» La única diferencia está en la sustitución de la palabra heráldica «gualda» por su sinónima «amarilla» en el lenguaje vulgar.

Ni la Ley Orgánica del Estado ni la Constitución definen el escudo de España, por lo que no tiene sentido hablar de «bandera constitucional» para contraponerla a la anterior porque son iguales. Es más, el texto original de la Constitución, escrito por un pendolista, sancionado por el Rey y refrendado por los Presidentes de las Cortes Generales, del Congreso y del Senado y seguido de las firmas de los Diputados y Senadores, está encabezado por el anterior escudo de España, y también lo está el texto de la Constitución publicado en el Boletín Oficial del Estado, por lo que, en puridad, dicho escudo es el «escudo constitucional» y no el modificado tres años después de promulgada la Constitución, sin apoyo en ningún precepto de ésta (3).

(1) Cfr. Fernando Badia, Juan: «La transición política», en el volumen II de *Política y Sociedad,* Estudios en homenaje a Francisco Murillo Ferrol, Madrid, 1987, pág. 860.

(2) *La crisis del Estado franquista,* Ed. Labor, Barcelona, 1977, pág. 13.

(3) El cambio del escudo se hizo por la Ley de 5 de octubre de 1981.

Constitución Española

Don Juan Carlos I, Rey de España.

A todos los que la presente vieren y entendieren.

Sabed: que las Cortes han aprobado y el Pueblo español ratificado la siguiente Constitución.

Disposición final

Esta Constitución entrará en vigor el mismo día de la publicación de su texto oficial en el boletín oficial del Estado. Se publicará también en las demás lenguas de España.

Por tanto,

Mando a todos los españoles, particulares y Autoridades, que guarden y hagan guardar esta Constitución como norma fundamental del Estado.

Palacio de las Cortes, a veintisiete de diciembre de mil novecientos setenta y ocho.

Juan Carlos R

Juan Carlos.

Antonio Hernández Gil

El Presidente de las Cortes: Antonio Hernández Gil.

Fernando Álvarez de Miranda

El Presidente del Congreso de los Diputados: Fernando Alvarez de Miranda y Torres.

Antonio Fontán Pérez

El Presidente del Senado: Antonio Fontán Pérez.

Francisco López Baeza Diputado por Murcia	Gregorio López Bravo y de Castro Diputado por Madrid
Antonio López Casero y García Diputado por Ciudad Real	José Luis López Henares Senador por Palencia
Juan López Martos Senador por Granada	José López Pacios Senador por Ciudad Real
Antonio López Pina Senador por Murcia	Gregorio López Raimundo Diputado por Barcelona
Laureano López Rodó Diputado por Barcelona	Felipe Lorda Alaiz Diputado por Lérida
Rodrigo Lozano de la Fuente Senador por Cuenca	Baldomero Lozano Pérez Diputado por León
Guillermo Luca de Tena y Brunet Senador de designación Real	Carlos de Luxan Meléndez Diputado por Guadalajara
César Llorens Barges Diputado por Las Palmas	Ernest Lluch Martin Diputado por Gerona

Despacho con Franco: necesidad de la evolución política y de combatir la inflación

El 21 de diciembre tuve despacho con el Jefe del Estado. Antes de entrar en los temas económicos, le comenté el significado que, a mi juicio, tenía el referéndum. Los españoles han votado por la paz y por el futuro. Por la paz, porque el bienestar es palpable: los disfruta la gran mayoría de la población y los que no los disfrutan todavía, lo tienen a la vista y confían en alcanzarlo pronto. Han apostado también por el futuro, porque se ha alumbrado la esperanza de una evolución política que conduzca a la convivencia pacífica de todos los españoles. El mayor obstáculo que se presenta son los excluyentes, los que no admiten la participación de todos los españoles en la vida pública.

Abordé luego las cuestiones económicas. Le di cuenta de los indicadores de la coyuntura que acusaban un incremento del coste de la vida y de los precios al por mayor. Le manifesté, una vez más, mi preocupación por el desbordamiento del consumo y la contracción de la inversión.

También mostré mi disconformidad con el excesivo aumento del gasto público y por su defectuosa estructura ya que los gastos corrientes representaban los dos tercios del total y los gastos de inversión el tercio restante.

Para encarecer a Franco la necesidad de afrontar con decisión y energía la coyuntura económica, llegué a decirle que, si en los próximos tres meses se produjera una situación de paro, estancamiento e inflación se vería comprometido el éxito alcanzado con la Ley Orgánica.

Le di cuenta de mi entrevista en París durante la reunión de la OCDE con el profesor Rostow y su opinión de que no entraría ningún país en el Mercado Común mientras no entrara Gran Bretaña.

Carta de Bau a Franco, instándole a nombrar un Presidente del Gobierno

Con fecha 22 de diciembre, el Presidente del Consejo de Estado, Joaquín Bau Nolla, escribió a Franco una carta en la que le decía:

«Me considero en el deber, en esta nueva ocasión, de dirigirme a V.E. cual centinela alerta que, porque Dios así lo quiso, ha vivido tantas épocas políticas aleccionadoras pudiendo adivinar, hoy, las maniobras de un cierto sector de la Secretaría General, que con piel de cordero y capa de leales, están preparándose el reparto impúdico de una supuesta y gloriosa herencia.»

«Unos pocos dirigentes ambiciosos de la política que aún sueñan con monopolios de Partido y República disimulada con Regencia, se preparan con la Ley Orgánica en la mano y en la próxima Legislatura al asalto de las Cortes, que les sirva de trampolín para alcanzar el Poder, que es lo que importa. El propio Director de Estudios Políticos, Sr. Fueyo, decía en *Pueblo* tenían que ir "a por los 300 Procuradores", usando un slogan de triste recordación. Sin recato se reúnen y organizan con espíritu exclusivista, ya que detentan los principales resortes de la mencionada Secretaría General.»

«Excelencia: una sola cosa puede acabar, sosegada y silenciosamente con todo cuanto se maquina para el definitivo "paso" que podrían dar dichos señores en determinadas circunstancias, apoyándose en la propia nueva Ley, y esa única cosa es nombrar V.E., sin pérdida de tiempo, un Presidente del Gobierno.»

(El texto íntegro de esta carta figura en el anejo documental).

Intercambio epistolar entre el Conde de Barcelona y Franco

El 22 de diciembre, Don Juan de Borbón escribió a Franco para darle cuenta del compromiso matrimonial de la Infanta Pilar con Luis Gómez-Acebo, hijo de los Marqueses de Deleitosa. Franco le contestó, el día 28, para felicitar al Conde de Barcelona por «el compromiso matrimonial de la Infanta Pilar con Luis Gómez-Acebo, excelente muchacho con cuya madre y abuela, la condesa de la Vega de Sella, nos ha unido una vieja amistad».

(Ambas cartas figuran en el anejo documental.)

Proyecto de Decreto-Ley de amnistía total

El jueves, 22 de diciembre, se reunió en El Pardo el Consejo de Ministros. El de Justicia, Antonio María de Oriol, presentó un proyecto de Decreto-Ley de amnistía total, que no prosperó, pese a que lo defendimos varios miembros del Gobierno, a causa de algunos Ministros que se opusieron a que pudieran beneficiarse de la amnistía los militares que no se acogieron a anteriores indultos y los declarados en rebeldía. Me produjo viva contrariedad y un gran disgusto que no se aprobara este proyecto de Decreto-Ley (1).

Ese mismo día 22 de diciembre, a propuesta de Castiella, se puso en marcha la Conferencia Constitucional para Guinea Ecuatorial. Fue una decisión prematura que desembocaría en la dictadura de Macías.

Almuerzo con Fraga: el nombramiento de Presidente del Gobierno

Al día siguiente, almorcé con Fraga en el restaurante José Luis. Su opinión era que, al entrar en vigor la Ley Orgánica del Estado,

(1) El texto del proyecto de Decreto-ley decía así: «Abundando en la trayectoria reiteradamente seguida de que desaparezcan todos los motivos que pudieran oponerse a la pacífica convivencia de los españoles sobre bases justas y a la realización completa del firme propósito de vida en común que el Movimiento Nacional ha supuesto desde su iniciación, con objeto de eliminar todo recelo y de dotar de plena seguridad a quienes, por una u otras causas, no se han incorporado aún a la comunidad nacional, a propuesta del Consejo de Ministros en su reunión del día... y en uso de la autorización que me confiere el artículo 13 de la Ley de Cortes,

DISPONGO:

Artículo 1. Se declaran prescritos *todos los delitos* cometidos con anterioridad al 1 de abril de 1939.

Esta prescripción, por ministerio de la ley, no requiere ser judicialmente declarada y surtirá efecto respecto de *toda clase de delitos comunes, políticos o militares,* cualesquiera que sean sus autores, su gravedad o sus consecuencias, con independencia de su calificación y penas presuntas así como de las reglas que los Códigos vigentes establecen sobre cómputo, interrupción y reanudación de los plazos de prescripción del delito.

Artículo 2. Extinguida por prescripción la acción para promover su investigación y castigo, no se incoará, a partir de la publicación de este Decreto-ley, ningún proceso por delitos anteriores a la fecha señalada, se procederá inmediatamente al sobreseimiento y archivo de los procedimientos en que no haya recaído aún sentencia firme, sin que puedan abrirse los archivados por rebeldía de los procesados y quedarán sin efecto todas las medidas procesales derivadas de la misma.

Artículo 3. Los Ministros de Justicia, Ejército, Marina y Aire, dictarán las disposiciones complementarias que se requieran para la aplicación inmediata del presente Decreto-Ley.

Artículo 4. Del presente Decreto-ley, que entrará en vigor al día siguiente de su publicación en el Boletín Oficial del Estado, se dará cuenta inmediata a las Cortes Españolas.

Así lo dispongo por el presente Decreto-ley dado en Madrid a...»

había que nombrar Presidente del Gobierno con un mandato que finalizara al comenzar la nueva Legislatura y constituirse el nuevo Consejo del Reino. Se lo había dicho en más de una ocasión a Franco y él, por su parte, pensaba dirigirle una carta, el mismo día de entrada en vigor de la Ley, para poner a su disposición el cargo de Ministro de Información. Creía que el Presidente del Gobierno sería Muñoz Grandes. Esta era también la opinión de *The New York Times,* del día 14.

Las razones que aducía Fraga eran: Muñoz Grandes ya es Vicepresidente, es militar, tiene popularidad y entiende los temas de África (que estaban entonces sobre el tapete). A estas razones, añadía Fraga, que sería la manera honrosa de prescindir de él porque, cumplida su misión al frente de un Gobierno provisional, podría venir, en julio de 1967, un hombre civil como Presidente.

Le hice notar a Fraga que no estaba claro que el mandato del Presidente del Gobierno pudiera ser sólo de unos meses: la Ley Orgánica señalaba cinco años y para darle el cese antes de transcurrir este plazo haría falta el acuerdo del Consejo del Reino, acuerdo difícil de conseguir. Le expuse también la dificultad de los muchos años y la poca salud que tenía el Capitán General para tomar las riendas del Gobierno en una etapa que exigía un gran dinamismo.

A una insinuación mía, Fraga dijo que él estaría dispuesto a ser Presidente del Gobierno, con la condición de cesar al constituirse las nuevas Cortes e incluso sin esta condición. Estimaba que había quedado superado todo «camisa-viejismo» y que debían abrirse los cauces de representación que la Ley Orgánica del Estado establecía. Esto mismo opinaba yo.

El 24 de diciembre, comenté con Carrero la opinión de Fraga de que el futuro Presidente del Gobierno sería Muñoz Grandes. A Carrero no le agradó esta posibilidad y me dijo que lo mejor sería que Franco conservara la Presidencia en tanto siguiera con buena salud. Le expuse el peligro de que, si no entraba en juego el mecanismo de la Ley para la designación de Presidente del Gobierno, se mantendría en vigor el Decreto-Ley en virtud del cual se nombró a Muñoz Grandes Vicepresidente con derecho a ocupar automáticamente la Presidencia en caso de producirse la vacante. Este argumento hizo mella en Carrero.

Mensaje de Franco en Nochebuena

Franco, en su mensaje de Fin de Año, que fue retransmitido el día 24, en vez del 30 como era habitual, agradeció «el gesto colectivo con el que habéis refrendado la Ley Orgánica del Estado, abriendo así una nueva y ancha vía para el futuro de España».

«Se ha abierto una nueva etapa»: «En política —dijo más adelante— no caben inmovilismos, y podéis estar seguros de que nuestro propósito ahora, como no lo fue nunca, no es dormir sobre los laureles. La propia ley impone, como consecuencia de su contenido, una gran dinámica política: la revisión de nuestras estructuras representativas; la constitución de las Cámaras y Altos Cuerpos colegiados, y la aprobación por las Cortes de nuevas leyes complementarias» (...) «Yo espero la colaboración de todos para que lleguemos a las últimas consecuencias del paso que hemos dado.»

Nota acerca del nombramiento de Presidente del Gobierno

El 27 de diciembre, remití al Ministro de la Gobernación, Alonso Vega, por si tenía a bien comentarla con Franco, una nota acerca de la aplicación de la Ley Orgánica del Estado. La nota tenía por objeto demostrar que el Consejo del Reino, desde la entrada en vigor de dicha ley, podría proponer al Jefe del Estado una terna para la designación de un Presidente del Gobierno sin necesidad de esperar a la nueva composición de las Cortes que, por virtud de la disposición transitoria 2.ª, se aplazaba hasta la siguiente legislatura. Prueba de ello es —decía en mi nota— «que las actuales Cortes siguen legislando y que a ellas se encomienda la elaboración y aprobación de las leyes que han de desarrollar la citada Ley Orgánica y que al actual Consejo del Reino se le confía, dentro del breve plazo de cuatro meses a contar de la promulgación de la misma, el dictaminar sobre lo textos refundidos de las Leyes Fundamentales que han de publicarse».

De otra parte, la Ley Orgánica del Estado, al establecer distintos períodos de tiempo para los mandatos de los Procuradores en Cortes (4 años) y para el Presidente del Gobierno (5 años), subraya la independencia de ambos mandatos, por lo que no debe ligarse el nombramiento del primer Presidente del Gobierno a la nueva legislatura ni su cese, caso de ser nombrado, a la constitución de las próximas Cortes. Por último, decía mi nota, sería poco congruente que la designación de Presidente del Gobierno se realizara al margen del procedimiento establecido por la Ley Orgánica del Estado.

Una vez más intenté acelerar el nombramiento de Presidente del Gobierno.

Declaraciones de Don Alfonso de Borbón Dampierre a *Le Figaro*

Bajo el título «El tercer hombre en la carrera por la Corona de España» publicó *Le Figaro*, el 27 de diciembre de 1966, unas declaraciones de Don Alfonso de Borbón Dampierre a Jacques Guillemé-Brulon. A la pregunta ¿quién es hoy el Príncipe de sangre real mejor situado para ocupar el trono de España?, Don Alfonso rehuyó la respuesta con las siguientes palabras: «Permítame que no conteste a una pregunta a la que sólo el pueblo español podrá responder en el futuro.»

A continuación, el periodista francés le hizo esta otra: «¿Se considera V.A. un eventual Pretendiente a la Corona?» la respuesta fue: «No; yo no me considero Pretendiente eventual pues, entre otras razones, esta fórmula no encaja en el contexto político de nuestra época. No obstante, yo no tengo derecho a olvidar que me conciernen las condiciones establecidas por la Ley de Sucesión. En consecuencia, considero un deber estar a la disposición de mi país si éste algún día hiciera un llamamiento a mi persona.»

Despachos de Iturmendi y de Carrero con Franco

El miércoles, 28 de diciembre de 1966, el Presidente de las Cortes, Iturmendi, llevó al Jefe del Estado, para su sanción, las leyes aprobadas en el Pleno del día anterior.

Iturmendi le advirtió que la Ley Orgánica del Estado tendría que desarrollarse mediante leyes aprobadas por las Cortes y no por disposiciones de rango inferior y le mostró su preocupación por el desarrollo de la representación sindical, puesto que la Ley Orgánica sólo señalaba el número de procuradores sindicales, sin indicar la forma de su designación.

Ese mismo día 28, Carrero, al despachar con Franco, le entregó una lista de posibles candidatos a Consejeros nacionales de libre designación. Franco no se clareó acerca de lo que pensaba hacer. El despacho de Carrero fue breve porque la mayor parte de la mañana la consumió Iturmendi.

El jueves 29 se reunieron durante dos horas Solís y Areilza para tomar posiciones ante la nueva situación creada por la Ley Orgánica del Estado.

Declaraciones a *Le Monde*

En su número del 26 de diciembre publicó *Le Monde* en primera página unas declaraciones mías. A la pregunta acerca de cuál había sido la influencia del Plan de Desarrollo sobre la mentalidad del español medio, respondí que, a mi juicio, había sido intensa y positiva. La enseñanza había recibido un gran impulso y la asimilación del progreso tecnológico había sido también considerable. La elevación del nivel económico y cultural abría la posibilidad del disfrute de mayor libertad. «La miseria —dije— anula toda libertad».

Se me preguntó también qué influencia podía tener sobre la economía española la actitud del Mercado Común y contesté que, en la medida en que la incorporación de España a la economía europea fuera más estrecha, mayores serían las ventajas derivadas de la especialización y de la producción a gran escala, mayor sería la importancia de los sectores exportadores y más rápido el crecimiento. La orientación de la economía, iniciada en 1959 y que ha multiplicado por cinco las exportaciones de España hacia los «Seis» (300 millones de dólares en 1959 contra 1.500 millones en 1965), tiene como lógico desenlace —afirmé— la integración de nuestro sistema económico en el de la Comunidad.

Acerca de las distintas fórmulas de cooperación económica que pudieran establecerse entre España y el Mercado Común, subrayé que «el informe redactado por la Comisión de la CEE sobre sus conversaciones con España reconocía que el objetivo deseable, tanto para mi país como para la Comunidad Europea, era una integración progresiva. El informe proponía que el Consejo de Ministros de la Comunidad diera su autorización para estudiar y negociar con España sobre estas posibilidades».

Manifesté también que los empresarios españoles deseaban una integración lo más completa posible con Europa y querían que se hiciera gradualmente y en los plazos convenientes, para adaptar sus industrias a las nuevas circunstancias que supondría la integración, a saber: una mayor competitividad y más amplios mercados. No queremos quedar al margen de Europa —dije— no sólo por razones económicas, sino también por razones históricas y culturales (1).

Al ser interrogado acerca de la impresión obtenida después de mi entrevista con el Primer Ministro Georges Pompidou, contesté que la conversación con él había reforzado mi convicción de que existen amplias perspectivas de colaboración entre los planes de desarrollo francés y español y que iba por buen camino la intensificación de realizaciones tales como la construcción de una central nuclear hispano-francesa, la creación en París de una Cámara agrícola franco-española, las inversiones de capitales franceses en nuestras empresas, etc.

Punto de inflexión

El año 1966 marca el apogeo de la época de Franco. El bienestar alcanzaba por vez primera a la gran mayoría de la población. El desarrollo económico hacía posible la evolución política que la Ley Orgánica del Estado propiciaba. Era preciso llevar a cabo la acomodación de las instituciones políticas a la nueva sociedad de la segunda mitad de los años sesenta.

Por desgracia, como en seguida veremos, en 1967 se produjo una involución política. La Ley Orgánica del Movimiento y de su Consejo Nacional, impuesta por los partidarios de posturas monolíticas, supuso un paso atrás en el proceso evolutivo y un encastillamiento en posturas inviables.

(1) En términos semejantes me expresé en unas declaraciones a la revista *El Mercado Común Europeo* que se publicaron en su número del mes de diciembre. También en diciembre se publicó un artículo mío sobre *Il piano spagnolo di sviluppo economico*, en el volumen *Spagna un cammino*, de Ediciones Volpe, Roma, 1966, págs. 115 a 132.

AÑO 1967:

VICTORIA PÍRRICA DE LOS INVOLUCIONISTAS

El año 1967 comenzó en domingo. Ese día 1 de enero publicó *La Vanguardia* en primera página unas declaraciones mías en las cuales afirmaba, respecto de nuestra economía, que el año 1967 «no será un año fácil porque ya nuestro nivel de desarrollo va poniendo sobre el tapete defectos estructurales importantes. La orientación de las producciones agrarias e industriales con vistas al consumo interior y a la exportación, se hace cada vez más necesaria. Las dimensiones financieras y técnicas de las empresas tienen que seguir poniéndose a punto. Los problemas de servicios públicos que tienen planteados las grandes ciudades requieren gran atención».

Expuse la necesidad de «intensificar el ahorro y contener el exceso de la demanda de consumo; en especial debe moderarse el gasto público consuntivo» (...) «Un ritmo de crecimiento superior al programado ha promovido tensiones alcistas en los precios y un déficit en la balanza de pagos.»

Abordé también cuestiones políticas: «el denominador común de las aspiraciones de nuestro pueblo es: estabilidad política y mayor representación». La Ley Orgánica del Estado «encierra un compromiso de honor que ha llevado a prescindir de una parte de personales apreciaciones para aceptar las de los demás: ha sido la mejor demostración del sentido de convivencia. Ahora lo que hace falta es cumplir lealmente este compromiso de honor: respetar las reglas del juego de nuestra vida política, sin exclusivismos ni intentos de sabotaje».

«La Ley Orgánica del Estado tiene su 'tempo'» (...) «Hay posturas que en sí mismas no serían ilegítimas, pero que vienen a serlo por extemporáneas» (...) «Creo que el futuro quedará asegurado en la medida en que se llene de contenido auténtico el sistema político definido por la Ley.»

Promulgación de la Ley Orgánica del Estado

El 7 de enero, el Presidente del Tribunal Supremo, Don José Castán, en su calidad de Presidente de la Junta Central del Censo Electoral, proclamó los resultados definitivos del referéndum del 14 de diciembre anterior. Cumplido este requisito, la Ley Orgánica del Estado fue promulgada el 10 de enero de 1967. Con este motivo, el Conde de Barcelona envió una efusiva carta de felicitación a Franco, fechada el día 17 de dicho mes, que figura en el capítulo anterior.

Invitación de François Ortolí

En los primeros días de enero recibí una carta, de fecha 30 de diciembre de 1966, del nuevo Comisario General del Plan francés, Ortolí, cursada también a los responsables de la programación económica de Bélgica, Italia, Noruega, Países Bajos, Reino Unido y Suecia, en la que invitaba a una reunión no a nivel ministerial, ni de teóricos de la Economía, —decía Ortolí— sino de personas que trabajaran en los organismos de planificación de los principales países de Europa, para conocer mejor los procedimientos y técnicas empleados por unos y otros e intercambiar experiencias.

En mi respuesta, de 16 de enero, le expresé mi agradecimiento por su iniciativa y le di los nombres del Comisario Adjunto (Mortes), del Secretario General de la Comisaría (Beltrán Florez) y del Jefe del Gabinete de Estudios (Irastorza) para que participaran en dicha reunión.

Nota acerca de la cuestión sucesoria

El 9 de enero, entregué a Carrero una amplia nota, de 24 párrafos numerados, acerca de los aspectos políticos de la cuestión sucesoria y más concretamente, la «cuestión de hecho» de la viabilidad de las diversas soluciones previsibles.

Antes de entrar en la enumeración de los hechos, hice esta advertencia:

Respeto al orden dinástico

«Es evidente que Don Juan, como Jefe de la Casa Real española, no puede reconocer, sin contradecir el principio dinástico, el factor electivo que introduce la Ley de Sucesión, y mantiene la Ley Orgánica del Estado, al disponer que el sucesor en la Jefatura del Estado, a título de Rey podrá ser simplemente una "persona de estirpe regia".»

«Si la principal razón de ser de la Monarquía estriba en dejar fuera de discusión el orden regular de sucesión en la Jefatura del Estado, ligándolo a la sucesión hereditaria de la dinastía y, siendo la Monarquía la forma de Gobierno del Estado español reconocida en las Leyes Fundamentales, es lógico que el Jefe de la dinastía se oponga a que no se respete el orden dinástico y se comience por admitir varios posibles sucesores a la Corona de España. Otros muchos argumentos histórico-jurídicos podrían aducirse, pero no es este el objeto de la presente nota (1).»

Riesgos de un plebiscito

A continuación traté de ser realista y me expresé en los siguientes términos:

«La Monarquía ha sido introducida paulatinamente en el nuevo ordenamiento constitucional español (leyes de 1947, 1958 y 1967), arropándola siempre con otras declaraciones legislativas. Parece más que probable que, si se hubiera sometido a referéndum el dilema "República o Monarquía", difícilmente habría triunfado ésta.»

«Un miembro del Consejo Privado comentaba que el referén-

(1) Los párrafos más significativos de la nota son los que aquí se transcriben. (El texto completo puede verse en el anejo documental.)

dum de 1966 le ahorraba a la Monarquía los riesgos de un plebiscito que, en otro caso, hubiera sido inexcusable, dado que tanto Alfonso XIII como Don Juan habían dicho siempre que no ocuparían el trono si el pueblo no les llamaba.»

«En interés de la propia Monarquía, parece conveniente aceptar la Ley Orgánica del Estado aunque se discrepe parcialmente de sus preceptos, pues, pese a sus imperfecciones sucesorias, constituye el dique más firme frente a las corrientes republicanas. En un caso extremo, las Fuerzas Armadas podrán respaldar la legalidad vigente. No respetar esta solución de compromiso exigiría un golpe de Estado, lo cual no parece viable ni aconsejable.»

Si Franco no propusiera a las Cortes la designación de su sucesor, las cosas se complicarían

Franco ha expresado al Presidente de las Cortes y a otras personas de su confianza, el propósito de presentar personalmente a las Cortes la propuesta de designación de su sucesor. De no realizarlo Franco, las cosas se complicarían extraordinariamente. Las posibilidades de restauración de la Monarquía se verían seriamente comprometidas. Está muy generalizada la opinión de que «la Monarquía o la trae Franco o no la trae nadie».

«Los partidarios de la causa monárquica no han conseguido restaurar la Monarquía en la persona del Jefe de la Dinastía, ni parece que cuenten con fuerza efectiva para conseguirlo. No se vislumbra un nuevo Martínez Campos ni el Régimen actual es débil como lo fue la Primera República, ni entonces la Restauración se hizo después de más de treinta y cinco años de caer la Monarquía.»

Por ser hijo de su padre

«Existen datos más que suficientes para asegurar que Franco descarta a Don Juan y piensa en el Príncipe. No parece que, a estas alturas, vaya a modificar su actitud. Prescindiendo de la valoración histórica e incluso moral de este hecho, parece indudable que tiene gran relevancia.»

«Para que el Príncipe pueda ser designado sucesor es preciso que cuente con el consentimiento de Don Juan, pues en otro caso se alzaría contra su padre, lo cual no ha de hacer ni lo quiere: sabe perfectamente que, si algún papel le corresponde jugar en la historia de España, se debe exclusivamente al hecho de ser hijo de su padre, y que, en cuanto no se comportara como hijo, perdería todo título.»

«Jesús Pabón, siendo Delegado político del Conde de Barcelona, dijo que Don Juan, llegado el momento, renunciaría en favor del Príncipe. Esto mismo aseguran otras muchas personas allegadas a Estoril.»

¿«Amadeístas»?, ¿«balduinistas»?

«Existe, sin embargo, un sector monárquico que no admite más posibilidad de restauración de la Monarquía que en la persona de Don Juan, y califica de "amadeísta" cualquier otra solución, tanto por arrancar de un principio electivo como por el carácter efímero que le auguran.»

«Otros monárquicos, quizá los más, estiman exagerada la postura anterior. La "cuestión sucesoria" se circunscribe a un ámbito bastante reducido: nadie piensa en la casa de Saboya ni en otras dinastías extranjeras. Don Carlos-Hugo de Borbón-Parma está excluido por la Ley de Sucesión por ser francés, y Franco lo tiene absolutamente descartado y no le concede la nacionalidad española pese a las presiones de un amplio sector del carlismo. La duda se plantea entre un hijo y dos nietos del último Monarca. Más que un caso "amadeísta", sería un nuevo caso a lo Cánovas, que trajo a Alfonso XII en vez de Isabel II.»

«En cuanto al riesgo de que la Monarquía sea efímera, posiblemente ello dependerá más del acierto con que se gobierne en los primeros años del reinado y del bienestar que disfrute el país, que de ser el Rey un hijo o un nieto del Alfonso XIII.»

«A veces se moteja de "balduinistas" a quienes defienden en primer término a Don Juan y subsidiariamente, si esta solución no fuera viable, al Príncipe. Pero habría que considerar si no ha sido el "balduinismo" lo que ha salvado la Monarquía en Bélgica.»

Recomendación a Juan Antonio Samaranch

En enero de 1967, recién tomada posesión de su cargo de Delegado Nacional de Deportes, estuvo en mi despacho Juan Antonio Samaranch a ofrecerse en su nuevo puesto. Al cabo de los años, concretamente el 20 de junio de 1988, me recordó cuál fue la única recomendación que le hice en aquella ocasión: «¡Cuídame al Príncipe Don Juan Carlos!: haz que presida demostraciones deportivas y que se cree una buena imagen.»

El propio Samaranch lo ha evocado, en unas declaraciones a

Rafael Nadal (1). Al preguntarle éste «¿Siempre ha sido juancarlista?»; respondió «Sí, sí. Tuve contactos con el Príncipe desde el principio. Cuando estaba en la Delegación Nacional de Deportes, una persona que ha sido muy importante en la historia de España, López Rodó, me decía: "Sobre todo cuida al Príncipe"».

Cena ofrecida por el Banco Urquijo

El 12 de enero fui huésped del Banco Urquijo y en la sobremesa de la cena pronuncié unas palabras, entre las que cabe destacar: «El español se interesaba menos que otros pueblos por el progreso económico, y vivía, desde hacía unos siglos, un poco al margen de los grandes procesos económicos mundiales.»

«En los últimos años esta situación ha cambiado. El español actual es dinámico y emprendedor; el empresario está deseoso de conocer las últimas técnicas industriales y los últimos avances en la administración de los negocios para aplicarlos en su empresa; el trabajador aspira a perfeccionar su formación profesional, a entrar en una escuela de capacitación; si es necesario, no le arredra ir a Alemania, a Bélgica, a Francia o Suiza, para lograr una mejor remuneración, y siempre con la intención de mejorar su capacidad de trabajo y de volver a nuestro país.»

«El crecimiento de la economía nacional no ha sido solamente cuantitativo: se ha hecho más abierta y más competitiva; el volumen del comercio internacional ha crecido relativamente más que la renta nacional; las empresas han racionalizado su producción; la productividad de la mano de obra se ha incrementado; el campo ha acelerado su mecanización; los servicios sociales han mejorado.»

«No quisiera con todo describir la economía española como un paraíso en el cual todos los aspectos fueran favorables. La tensión de los precios ha sido una preocupación constante durante los años del Plan de Desarrollo.»

«Otra preocupación —relacionada con la anterior— ha sido la balanza de pagos. Esta tuvo superávit en cada uno de los años 1960 a 1964. En 1965 hubo un déficit de 150 millones. Y en 1966 el déficit ha alcanzado los 200 millones de dólares.»

(1) *El País*, 25 de septiembre de 1988.

Contactos políticos de Solís

El 12 de enero de 1967 Don Camilo Alonso Vega informó a Franco de la entrevista de Solís con el Conde de Barcelona y de la reunión de Solís con Girón. Franco ya lo sabía.

Franco frena a Castiella

En el Consejo de Ministros del 13 de enero, Castiella planteó, una vez más, el tema de Gibraltar y recabó de los Ministros militares la adopción de medidas drásticas para estrechar el bloqueo de la Plaza. Llegó a sugerir, entre otras medidas, la instalación de una barrera de globos cautivos que impidieran a los aviones británicos violar el espacio aéreo español.

Los Ministros militares, especialmente el de Marina y el del Aire, no consideraron oportuna la medida por estimar que podría originar algún accidente aéreo con víctimas, con la consiguiente repercusión en la opinión pública mundial y llevarnos a un conflicto con el Reino Unido.

Castiella reaccionó acaloradamente ante la negativa de los Ministros militares e invocó la Ley Orgánica del Estado que encomendaba a las Fuerzas Armadas la defensa de la integridad del territorio nacional.

Franco le atajó inmediatamente diciéndole «Tenga usted en cuenta, Castiella, que a los militares nadie nos ganará en patriotismo; todos tenemos clavada en el alma la espina de Gibraltar, pero el único español que no tiene derecho a apasionarse por este tema es el Ministro de Asuntos Exteriores. Está usted obcecado.»

Desde aquel día, Castiella me pareció un Ministro *in partibus*.

Llevé al Consejo el proyecto de Directrices del II Plan de Desarrollo, que fue aprobado con algunas modificaciones propuestas por los Ministros de Hacienda, Espinosa San Martín, de Comercio, García Moncó y de Trabajo, Romeo Gorría.

A Fraga los dedos se le hacen huéspedes

En el mismo Consejo de Ministros, Fraga planteó el tema de *La Actualidad Española* y de SARPE y atribuyó al Opus Dei la propiedad tanto de la revista como de la empresa editora. Salí al paso de su falsa afirmación diciendo que por pertenecer a la Obra algún accionista o directivo de una empresa, en uso de sus derechos ciudadanos, no por ello tal empresa pasa a ser del Opus Dei. Las sociedades anónimas son de todos sus accionistas y están regidas por el Consejo de Administración elegido por la Junta General.

Hay personas que quieren enturbiar lo que está claro. En la Obra hay la misma libertad y la misma diversidad que hay entre los católicos. Un católico no tiene porqué solidarizarse con los demás católicos en cuestiones políticas, económicas, etc. En la Obra, cada cual piensa y actúa políticamente como quiere. Somos ciudadanos corrientes y molientes.

Tres días después, el 16 de enero de 1967, Fraga dictó una Orden ministerial en la que dispuso que «por la Inspección General de este Departamento se gire inspección a la Sociedad Anónima de Revistas, Periódicos y Ediciones (SARPE), editora de las publicaciones *La Actualidad Española, Actualidad Económica, Telva, Mundo Cristiano* y *Tría,* para comprobar «si se han respetado las condiciones de las autorizaciones otorgadas por la Dirección General de Prensa» y para «el examen de la contabilidad y de las tiradas de las publicaciones de la referida empresa». (Las dos primeras habían sido autorizadas por la Dirección General de Prensa en la etapa de Arias Salgado y las tres últimas, siendo Ministro el propio Fraga).

Rueda de prensa sobre las Directrices del II Plan de Desarrollo

El martes, 17 de enero, por la tarde convoqué a los representantes de los medios de comunicación españoles y extranjeros para darles cuenta de las Directrices del II Plan de Desarrollo, aprobadas en el Consejo de Ministros del viernes anterior.

Acudieron medio centenar de periodistas que llenaban por completo el salón de reuniones de la Presidencia del Gobierno. Les entregué un folleto impreso de quince páginas que contenía dichas Directrices y, tras una exposición mía sobre su contenido, se abrió un coloquio en el que hicieron uso de la palabra varios de los asistentes.

Los principales puntos que destaqué fueron: el principio de libertad de decisión e iniciativa del sector privado, el mercado como mecanismo rector de la actividad económica, la estabilidad como condición primaria para el desarrollo, la reforma de las estructuras empresariales para adecuarlas a las exigencias de una paulatina integración en la economía comunitaria y el principio de selectividad para impulsar los sectores neurálgicos o estratégicos.

Despacho con Franco; le insto a que nombre sucesor

El jueves, 19 de enero, tuve despacho en El Pardo con el Jefe del Estado. Le leí una carta del Gobernador Civil de Barcelona, Tomás Garicano, de fecha 2 de enero, en la que apuntaba el peligro de que la favorable acogida que había tenido en el mundo empresarial y en la opinión pública en general, la Ley Orgánica del Estado, se viera contrariada si no se dieran en seguida los pasos necesarios para su plena efectividad. «La gente quiere que se haga algo y pronto» —escribía Garicano—. «El país espera mucho, quizá demasiado; no creo que la Ley sea la panacea que resuelva todos los problemas, pero sería tremendo defraudarle.»

Tomando pie de esta carta, expuse, una vez más, a Franco la necesidad de la pronta designación del Sucesor y del nombramiento de Presidente del Gobierno.

Los demás temas tratados en aquel despacho fueron de carácter secundario: avance de la evolución de la economía en el año anterior, líneas generales de la política económica a seguir en el 67, etc.

Pemán, el agente de seguros y la sucesión de Franco

Fueron muchas las personas que pidieron a Franco que dejara resuelto el problema de la sucesión. Pemán lo hizo en una audiencia en El Pardo, que luego me relató.

Para crear un clima distendido le contó a Franco la siguiente anécdota. Un agente de seguros visitó a un cliente y le ofreció una serie de modalidades de póliza diciéndole: si suscribe la póliza A, cuando usted se muera, su viuda cobrará una pensión vitalicia de tantas pesetas; con la póliza B, cuando usted se muera, además de su viuda, cobrarán también sus hijos menores de edad una pensión equivalente; con la póliza C, si es su mujer la que muere antes que usted, la pensión de sus hijos menores sería el doble... Al llegar a este punto, el cliente le interrumpió y le dijo al agente de seguros: Óigame, ¿no podría poner los ejemplos con su familia de usted?

Franco se rió y Pemán, pidiendo excusas, le planteó el tema sucesorio.

Peticiones quiméricas

En la Comisión Delegada del 20 de enero de 1967 expuse el cuadro macroeconómico. Escribí en el dorso de un cartelón con grandes caracteres la siguiente ecuación: producción interior más importaciones, igual a consumo más inversión, más gasto público, más exportaciones.

Me quejé del «sindicalismo de catetos» puesto de manifiesto en el acto sindical que había tenido lugar la víspera. Demostré que, si se aprobara el salario mínimo que la Organización Sindical proponía, el volumen salarial rebasaría el producto nacional. ¿Qué sería de los que no habían alcanzado la edad laboral y de los jubilados?

Solís me pasó una nota en la que me decía: «Laureano, te llevo en mi coche. Tengo que hablar contigo.»

Solís quiere que hablemos

Al terminar la Comisión Delegada me fui con él. Me advirtió del rumor que circulaba sobre la existencia de una lista de Gobernadores que se preparaba en la Presidencia del Gobierno, para asegurar unas Cortes «juanistas». Yo le dije «¡Pero si a los Gobernadores los nombras tú!»

Le advertí del rumor sobre entrevistas suyas con Don Juan y Areilza en Marbella el 29 de diciembre último. Las confirmó y trató de darme explicaciones.

Me pidió mi opinión sobre si debía contestar la carta que había recibido de Mons. Escrivá de Balaguer en la que protestaba por la campaña de la prensa del Movimiento contra el Opus Dei. Le dije que lo mejor hubiera sido no dar motivo a que el Fundador de la Obra le escribiera.

Le hablé del Opus Dei y su carácter sobrenatural. Para algunos, la gimnasia es como lavarse la cara: les mantiene en forma física. Para otros, la gimnasia espiritual nos es necesaria. Pero no todos los que hacen gimnasia tienen las mismas ideas políticas.

Solís me expuso el temor de que nos inclináramos a favorecer a los miembros de la Obra. Le repliqué que no podíamos hacer acepción de personas ni faltar a la justicia: hay otros procedimientos más divertidos para condenarse. Me reconoció que él tenía colaboradores directos pertenecientes a la Obra. Le comenté: «es natural; es difícil que no los haya en cualquier actividad honesta.»

Me propuso que tuviéramos un cambio de impresiones cada diez o doce días. Yo le dije que quería no sólo palabras, sino también hechos.

Nueva conversación con Solís

El 26 de enero tuve una nueva conversación con Solís. Le dije que no es honesto hacerse un pedestal político abusando de la ignorancia de las masas. Para hablar de asuntos económicos hay que conocer el tema. Los planes de operaciones militares no pueden tener como punto de partida las opciones señaladas por una asamblea de reclutas.

Solís asintió a mis argumentos y se mostró amistoso.

Almuerzo de trabajo

El 26 de enero almorcé en el Banco de Vizcaya con su Consejero Delegado, Manuel Gortázar, con Carlos Mendoza y José M.ª de Areilza. Hablamos ampliamente de la situación política tras la promulgación de la Ley Orgánica del Estado y les expuse mi punto de vista acerca de la cuestión sucesoria tal como lo había reflejado en mi nota a Carrero del 9 de enero.

Conversación con el Marqués de Deleitosa

El 30 de enero vino a mi despacho el Marqués de Deleitosa y me contó que, paseando en Lausana con su futuro consuegro, el Conde de Barcelona, éste le comentó que, en 1946, creyó que los Aliados impondrían por la fuerza un cambio de Régimen en España, al modo de la expedición de «los cien mil hijos de San Luis» en el siglo pasado, pero reconoció que las circunstancias eran muy otras después de los veinte años transcurridos y que «estaba dispuesto a hacer lo que, al término de la Segunda Guerra Mundial, le hubiera costado mucho». Estas palabras las interpretaba Deleitosa en el sentido de que Don Juan estaba muy hecho a la idea de renunciar a sus derechos dinásticos en favor de su hijo.

El Conde de Barcelona le comentó también al Marqués que estaba muy satisfecho por la carta de Franco del 28 de diciembre en la que le felicitaba efusivamente por el compromiso matrimonial de la Infanta Pilar con Luis Gómez Acebo y le expresaba la amistad que les unía —a él y a Doña Carmen— con la familia del novio por vía materna.

El Marqués de Deleitosa me dijo que pensaba invitar a la boda a un representante del Gobierno y que Franco, con la conformidad del Conde de Barcelona, iba a conceder a la Infanta, con motivo de su boda, el título de Duquesa de Badajoz, de la Casa Real Española, como así lo hizo por Decreto de la Jefatura del Estado de 17 de abril de 1967.

Despacho con Franco: le entrego un informe sobre la economía

El 2 de febrero despaché en el Palacio de El Pardo con el Jefe del Estado y le di cuenta de mi conversación con el Marqués de Deleitosa, que Franco escuchó con interés, sin hacer ningún comentario. (El día anterior Carrero me contó que el Generalísimo le había dicho a Don Juan Carlos: «No se preocupe: yo le resolveré la situación de su padre», y le preguntó al Almirante cuándo cumplía años el Príncipe. El 5 de enero, contestó Carrero).

También referí a Franco mi conversación con Solís del 20 de enero a propósito del Opus Dei.

Entrando en temas económicos, le entregué y le glosé un informe de la Comisaría del Plan acerca de la economía española, de 16 folios, acompañado de un anejo de 5 folios, en el que, para salvar mi responsabilidad, se especificaban las Directrices de política económica del I Plan que no habían sido cumplidas o lo habían sido solamente de forma parcial.

En el informe hice constar que «si bien es importante poner en marcha todas las fuerzas impulsoras de un proceso de desarrollo, mucho más lo es asegurar su continuidad. No debe olvidarse que el crecimiento, por muy acelerado que sea o tal vez por ello mismo, puede estar alimentando gérmenes de autodestrucción que es preciso eliminar. No basta con haber crecido hasta el presente, sino que debe procurarse que no se socaven las bases del crecimiento de los próximos años» (1).

Hice hincapié en la necesidad de que todos los Departamentos Ministeriales dieran cumplimiento, a unas directrices de política económica que eran vinculantes para la Administración y que, de no cumplirse, crearían una incertidumbre en el sector privado ante una política errática e incongruente del Gobierno.

Creo que a Franco le impresionaron la documentación que le entregué y los argumentos que le expuse.

(1) A continuación, el informe decía: «El desarrollo puede pararse»:

a) Si decrece el ritmo de las inversiones productivas a causa del aumento excesivo de las especulativas y de los gastos consuntivos.

b) Si recursos que podrían servir para la creación de modernas instalaciones productivas se destinan a apuntalar y prolongar la agonía de instalaciones no viables.

c) Si no se aborda con energía la urgente reforma de las estructuras anacrónicas y no se revisa y reduce progresivamente la protección de que gozan.

d) Si no se obtiene la necesaria cuota adicional de ahorro exterior que permita realizar las inversiones precisas para mantener un elevado ritmo de crecimiento.

e) Si no se acelera la adaptación de las producciones agrarias a la evolución de la demanda interna y exterior.

f) Si se producen alteraciones en la normalidad laboral (huelgas o disminuciones sensibles del rendimiento en el trabajo).

g) Si se acentúa la reducción de los beneficios empresariales y el alza de los costes de producción, lo que desalienta el ahorro y trastoca la estabilidad y competitividad de nuestra economía. En los tres años últimos, la recaudación fiscal se ha elevado en un 70 %, mientras que el Producto Nacional Bruto ha aumentado un 53 %.

h) Si el déficit creciente de la balanza comercial priva de los medios de pago indispensables para hacer frente a las necesarias importaciones que exigen la renovación y ampliación de los equipos productivos y la introducción de la moderna tecnología.

La paciente labor de Ullastres en Bruselas

Fernando Castiella me pasó copia de una carta del Embajador Ullastres, Jefe de la Misión de España cerca de las Comunidades Europeas, fechada el 1 de febrero, en la que daba cuenta de las gestiones realizadas para impulsar el estudio que estaba llevando a cabo el Comité de Representantes para elevar al Consejo de la CEE un proyecto de Mandato que permitiera negociar un Acuerdo Comercial Preferencial.

En esa extensa carta, de cinco folios, Ullastres, con visión de largo alcance, hacía hincapié en que el futuro Acuerdo «tendría que ayudarnos a resolver sustancialmente, junto con el problema de nuestra Balanza Comercial con la CEE, el de la orientación de nuestras producciones en el futuro, orientación que sería el criterio conductor de su reestructuración».

A consecuencia de la carta de Ullastres a la que acabo de referirme, encargué, a las distintas Comisiones del Plan, que concretaran qué es lo que cada sector podría ofrecer, como contrapartida del trato preferencial que la CEE concediera a nuestras exportaciones, para preparar por parte española algo semejante al contenido del Mandato que se estaba preparando por parte de la CEE para sus negociadores.

Intercambio epistolar con el Secretario General de la OCDE

Con fecha de 3 de febrero de 1967 (que no llegó a mi poder hasta el día 17), me escribió Thorkil Kristensen, Secretario General de la OCDE, para darme cuenta de los puntos de vista de los expertos de dicha Organización encargados de seguir de cerca la evolución de la economía española.

En síntesis, señalaba que, en relación con la coyuntura de los últimos meses de 1965 y primeros del 66, se habían operado cambios positivos, atribuibles, en gran parte, a las medidas anti-inflacionistas adoptadas por el Gobierno. Las medidas crediticias y las buenas cosechas habían contribuido a reducir el déficit exterior y a frenar el alza de precios. Sin embargo, estimaba conveniente seguir combatiendo el exceso de demanda a base de contener el consumo privado sin reducir las inversiones productivas.

Aunque las importaciones comenzaban a aumentar, mientras el crecimiento del déficit de la balanza corriente fuera moderado y reflejara un sano crecimiento de las inversiones productivas, este déficit no resultaba en modo alguno inquietante —decía Kristensen— en un país como España que atravesaba una etapa de transición y disponía de importantes reservas de divisas.

Le contesté el 23 de febrero enumerándole las medidas adoptadas por el Gobierno a comienzos de dicho mes (1).

Proyecto fallido de Ley Electoral

El Ministro de la Gobernación, General Alonso Vega, me remitió, con carta del 6 de febrero, un Anteproyecto de nueva Ley Electoral que sería de aplicación general a las elecciones directas. En cuanto a la representación familiar en Cortes, en el texto se ofrecían alternativamente dos fórmulas: la primera, para la proclamación de candidatos seguía el sistema tradicional de requerir las firmas de varios proponentes cualquiera que fuera su condición; la segunda, en cambio, exigía que los candidatos fueran propuestos por los cabezas de familia.

Don Camilo me rogaba que le enviara sin demora mi opinión para poder presentar un primer texto a Franco, quien había manifestado, en uno de los últimos Consejos, su intención de nombrar una Ponencia ministerial para el estudio del Proyecto de Ley Electoral. Mis observaciones estuvieron presididas por el criterio de facilitar la libre presentación de candidatos.

El proyecto no llegó a feliz término; al morir Franco aún no se había promulgado una nueva Ley Electoral. Una proposición de ley presentada por mí, en nombre del Grupo Parlamentario Regionalista, no fue admitida a trámite por acuerdo del Gobierno Arias de 18 de junio de 1976.

(1) — Reducir los gastos corrientes del sector público en favor de las inversiones productivas, manteniendo el nivel del gasto público total.
— Estimular las inversiones productivas y desalentar las especulativas y el consumo, mediante medidas fiscales, incluso elevando algunos impuestos.
— Elevar tarifas de servicios públicos para cubrir los costes de explotación.
— Vigilar la expansión del crédito.
— Facilitar todo lo posible las exportaciones.
— Orientar las producciones agrarias de acuerdo con la evolución de la demanda.
— Y acompasar las elevaciones salariales a las mejoras de la productividad.

Silva sugiere nombres para la crisis

El 9 de febrero de 1967, Silva me sugirió los siguientes cambios en el Gobierno: Asuntos Exteriores, Pedro Cortina; Justicia, Alfonso Osorio; Gobernación, General Medrano; Educación y Ciencia, Leopoldo Calvo Sotelo; Información y Turismo, Santiago Cruylles o Gonzalo Fernández de la Mora; Hacienda, Laureano López Rodó; Agricultura, Tomás Allende; Plan de Desarrollo, Alberto Monreal; Trabajo, Efrén Borrajo Da Cruz; Delegado Nacional de Sindicatos, Luis Nozal; Secretario del Consejo Nacional del Movimiento, Alejandro Rodríguez de Valcárcel.

Proyecto de Ley de Libertad Religiosa

El Ministro de Justicia, Antonio María Oriol, presentó, en el Consejo de Ministros del 10 de febrero, un Anteproyecto de Ley de Libertad Religiosa para desarrollar el artículo 6 del Fuero de los Españoles que había sido modificado por la Ley Orgánica del Estado en el sentido señalado por la Declaración del Concilio sobre libertad religiosa. Hubo un primer cambio de impresiones acerca del Anteproyecto. Carrero y Silva fueron quienes pusieron mayores reparos. No se llegó a adoptar ningún acuerdo.

Conversación con el Príncipe Don Juan Carlos

El martes, 14 de febrero, tuve una amplia entrevista con el Príncipe en el Palacio de La Zarzuela. Me contó que, a primeros de enero, había estado en Estoril donde le aconsejaron que no regresara a España y llamara a la Princesa Sofía para que se reuniera con él en Portugal. Don Juan Carlos manifestó su decisión de seguir en España. También me dijo el Príncipe que su padre no sería obstáculo para su designación como sucesor de Franco a título de Rey. Le vi muy seguro de sí mismo y bastante esperanzado en la evolución política propiciada por la nueva Ley Fundamental del Reino.

Adenauer en Madrid; entrevista con Franco

Invitado por el Presidente del Ateneo de Madrid, José M.ª de Cossío, llegó a España, el 14 de febrero, Konrad Adenauer, ex Canciller alemán, uno de los artífices de la nueva Europa, quien pronunció una memorable conferencia, el jueves día 16 por la tarde, ante un numerosísimo público, con los Príncipes Don Juan Carlos y Doña Sofía en primera fila.

La conferencia versó acerca de la futura unidad política de Europa. «Nuestra meta —estoy plenamente convencido de ello, dijo Adenauer— no puede seguir siendo una Europa de los Seis. España ha de agregarse a ella. No sólo por su situación geográfica sino también por su contribución insustituible a la cultura europea, España tiene que ser también una parte esencial de la futura Europa unida.»

El mismo día, por la mañana, se había entrevistado con Franco en el Palacio de El Pardo en presencia del Ministro de Información. La entrevista duró hora y media. «Fue una buena conversación —ha escrito Fraga—. Se entendieron muy bien en el anticomunismo (1).» El Jefe del Estado le impuso la Gran Cruz de Isabel la Católica.

La visita de Adenauer tuvo gran resonancia internacional.

Despacho con Franco sobre cuestiones económicas

El 16 de febrero, víspera de la reunión de la Comisión Delegada de Asuntos Económicos, despaché en El Pardo con el Jefe del Estado y le di cuenta de la propuesta de señalamiento de sectores prioritarios a efectos de la obtención de créditos en los distintos Bancos Oficiales (Banco de Crédito Industrial, Banco de Crédito Agrícola, Banco de Crédito a la Construcción, etc.) que presentaría a la Comisión Delegada.

Le insistí en la necesidad de reducir los gastos públicos consuntivos y aplicar las demás recomendaciones de los expertos de la OCDE contenidas en la carta de su Secretario General, Kristensen.

(1) *Memoria breve de una vida pública*, Barcelona 1980, pág. 192.

Deseos de apertura

El sábado 18 de febrero fui a Peralejo, cerca de El Escorial, donde tenía una casa Federico Silva, en la que solía pasar los fines de semana, para hablar con él de la situación política. Convinimos en la necesidad de abrir cauce a la oposición y de instaurar un sistema pluralista.

Se remite a las Cortes el proyecto de Ley de Libertad Religiosa

En el Consejo de Ministros del 24 de febrero de 1967, se acordó el envío a las Cortes del proyecto de Ley de Libertad Religiosa presentado por el Ministro de Justicia, Antonio María Oriol. Este proyecto era más abierto que el presentado por Castiella al Consejo de Ministros en septiembre de 1964 (1) ya que en éste sólo se permitía la *libre práctica en privado* de todas las creencias religiosas y *se prohibía el proselitismo a las confesiones acatólicas*, mientras que en el nuevo Proyecto de Ley se garantizaba «*la profesión y práctica privada y pública* de cualquier religión» (art. 1.º) y se reconocía el *derecho de los individuos y de las asociaciones confesionales a no ser impedidos en la enseñanza, de palabra y por escrito, de su fe* (art. 9.º).

La comparación entre ambos textos —el de Castiella y el de Oriol— pone de manifiesto el error de quienes han escrito que la ley de libertad religiosa de 1967 no era sino el proyecto Castiella de 1964 en «forma muy recortada» (2).

(1) Véase Anejo n.º 56 del primer volumen de mis *Memorias*, págs. 748 a 754.

(2) Antonio Marquina en *Manual de historia de la Iglesia*, Edit. Herder, Barcelona 1987, tomo X, parte I, secc. I, capítulo VI, pág. 371. También he de puntualizar, frente a lo afirmado por Marquina según el cual «en los momentos álgidos de la discusión en los Consejos de Ministros de la ley Castiella sobre libertad religiosa, todos los Ministros "tecnócratas" como un solo hombre se pondrán al lado de Carrero Blanco para dinamitarla», que cuando se discutió este proyecto en el Consejo de Ministros, yo no formaba parte del Gobierno, y que en su escrito de 1964, el Almirante Carrero hizo constar de modo terminante que sólo expresaba su «propia opinión en conciencia» (véase el primer volumen de mis *Memorias*, páginas 476-7).

Intentos de involución: el proyecto de Ley Orgánica del Movimiento

El sábado 25 de febrero, Carrero despachó con Franco el proyecto de Ley de representación familiar en las Cortes y el proyecto de Ley Orgánica del Movimiento.

El lunes 27 se repartió a los Ministros y se convocó a la Ponencia constituida al efecto y al de la Gobernación, Don Camilo Alonso Vega, para el sábado 4 de marzo.

El 1 de marzo me reuní con el Ministro de Justicia, Antonio María Oriol, para analizar el proyecto de Ley Orgánica del Movimiento. Era inadmisible. Preparamos unas notas que él llevaría a la reunión del 4 de marzo, en las que nos oponíamos al replanteamiento de cuestiones ya resueltas en los debates del Consejo de Ministros cuando se elaboró la Ley Orgánica del Estado y señalábamos las contradicciones con ésta de la mayor parte de los artículos del proyecto de Ley del Movimiento.

El 4 de marzo de 1967 se reunió la Ponencia que estudiaba las Leyes complementarias de la Ley Orgánica del Estado. En la reunión se discutió intensamente el proyecto de Ley de representación familiar. Franco dejó caer una de sus sentencias: «La política es maniobra», dijo.

Nuevo despacho con el Jefe del Estado sobre la situación económica

El jueves 2 de marzo despaché con Franco a las cinco y media de la tarde. Le hablé de la presión de los Gobernadores y del Ministerio de Trabajo para que los empresarios aceptaran las reivindicaciones salariales. El aumento salarial —dije— ha de correr parejo con el incremento de la productividad; de lo contrario se genera inflación y se desincentivan las inversiones.

Le comenté el informe de la Cámara de Comercio de Barcelona sobre los Seguros Sociales, que denunciaba el excesivo aumento del coste de la Seguridad Social: lo que invierte el INI en diez años lo consume en un año la Seguridad Social. Le dije a Franco que lo peor es no darse cuenta del signo de los acontecimientos; hay que ver su trayectoria y prever dónde nos llevaría ésta si no se rectifica a tiempo.

Me quejé de la campaña del periódico *Arriba*, dependiente de la Secretaría General del Movimiento, en favor de la nacionalización de la industria eléctrica.

Por último, le di cuenta del delicado estado de salud del ex ministro Gual Villalbí que había sido intervenido en la clínica del doctor Puigvert.

Optimismo del Embajador español en París

Castiella me remitió una carta de Pedro Cortina, de 1 de marzo, en la que éste daba cuenta de su entrevista con el Ministro francés de Agricultura, Pisani, cuyas declaraciones habían causado alarma en los agricultores españoles.

Pisani puntualizó al Embajador lo que había dicho a los electores de su región: que hasta entonces Francia era el extremo geográfico del Mercado Común y que, con la entrada de España, pasaría a ser una región de tránsito de forma que se reactivaría toda su economía. Pero, como al mismo tiempo España aportaría a la Comunidad productos que son concurrentes de los de la aludida región, sería deseable que este exceso de productos mediterráneos tuviera un más amplio mercado, lo que se produciría con la entrada de la Gran Bretaña en el Mercado Común. Pero esta explicación económica del tema —agregó Pisani— no tiene nada que ver con ninguna toma de posición política que no se le pasó por la cabeza adoptar.

«Una vez más he comprobado —concluía Cortina— que en todos los sectores ministeriales estamos a la hora española y que las antipatías de antaño se han sustituido por las simpatías de hogaño.»

Balance de situación de las negociaciones con el Mercado Común

El Embajador Ullastres me remitió una nota, fechada el 3 de marzo, en la que concretaba la situación de las relaciones con la CEE. En síntesis, la nota decía:

1.º Las discusiones en Bruselas tendentes a dar a la Comisión de la CEE un Mandato para negociar con España, progresaban en forma constante y satisfactoria.

2.° El primer paso lo dio el Informe de dicha Comisión sobre sus conversaciones exploratorias con España, elevado a los Ministros a fines del pasado mes de noviembre, al reconocer como plenamente justificado el deseo español de integrar nuestra economía con la comunitaria a través de una unión aduanera y proponer que la CEE nos diera una respuesta positiva al respecto.

3.° Los Ministros, el 7 de febrero pasado, dieron un nuevo paso adelante, al descartar definitivamente un simple Acuerdo Comercial y al orientar las negociaciones hacia un Acuerdo preferencial y al incluir, como objeto de las discusiones, los productos agrícolas y entrar a fondo en las preferencias que la Comunidad podría concedernos para los productos industriales españoles.

4.° Lo que entonces se estaba elaborando en Bruselas eran las primeras instrucciones a la Comisión sobre la oferta que la CEE podría presentarnos. El Mandato correspondiente sería normalmente aprobado por los Ministros en el curso de los próximos dos o tres meses. Dicho primer Mandato no tendría carácter limitativo.

5.° Por parte española no se había adquirido ningún compromiso. Se trataba de negociar un objetivo final que disipara las incertidumbres de futuro que pesaban sobre nuestra economía, y el período transitorio que necesitaríamos para alcanzarlo.

Conveniencia de sustituir al Ministro de Trabajo

La actitud de Jesús Romeo Gorría, similar a la de José Solís Ruiz, a favor de un desmesurado aumento de los salarios, sin percatarse del espejismo que ello suponía pues agravaba la inflación con notable pérdida del poder adquisitivo de los trabajadores, me hizo pensar en la conveniencia de buscar alguna persona más realista para desempeñar la Cartera de Trabajo. El domingo, 5 de marzo, anoté en mi agenda: pedir el *curriculum vitae* de Efrén Borrajo Dacruz (antiguo alumno mío en la Universidad de Santiago de Compostela y actual Catedrático de Derecho del Trabajo) para posible Ministro de dicho Departamento. Es hombre de gran talento y caballero a carta cabal.

Carta de Don Juan a Franco sobre el posible traslado de los restos de Alfonso XIII a El Escorial

Fechada en Estoril el 6 de marzo de 1967, el Conde de Barcelona dirigió la siguiente carta a Franco:

«A S. E. el Generalísimo Don Francisco Franco, Jefe del Estado, Madrid

»Mi querido General:

»Los solemnes funerales celebrados en la fecha del aniversario de mi augusto padre en El Escorial, han hecho brotar de nuevo, a todo lo largo del ámbito nacional, peticiones y sugerencias para que los restos mortales de Alfonso XIII descansen definitivamente en el Panteón de Reyes, de acuerdo con lo que se contiene en la cláusula de su testamento. La prensa española se ha hecho eco de ese deseo de la opinión pública.

»Recordando el generoso ofrecimiento que Vuestra Excelencia me hizo hace ya tiempo, y que dificultades de todo género me impidieron aceptar entonces, pienso que acaso ha llegado el momento de realizar ese traslado de Roma a El Escorial, y me pongo a su disposición para que, si lo considera oportuno y conveniente, se puedan convenir los detalles y fecha de la ceremonia.

»Por supuesto que V. E. ha de juzgar sobre la procedencia de llevar a cabo ahora ese acto de reparación histórica que tan entrañablemente me afecta. El criterio de V. E., inspirado como siempre, en el mejor servicio de España, lo compartiré en cualquier caso, pues ese mismo espíritu de subordinación al interés nacional, procuro que me guíe y oriente en todos mis actos, siguiedo con ello las normas y consejos que recibí del Rey, mi padre (q.e.p.d.).

»Le saluda con el afecto de siempre,

Juan»

Política de mano dura

El 9 de marzo, Fraga ordenó la expulsión del corresponsal del periódico francés *Le Figaro*, Guillemé Brûlon. El Embajador de España en París, Pedro Cortina, en carta al Ministro Castiella, de 14 de marzo, refería que José María de Areilza le comentó al diplomático Antonio Fournier Bermejo, que la expulsión había sido un disparate porque nos habíamos enajenado un periódico conservador como *Le Figaro*.

Efectivamente, dos días después apareció en este diario un artículo en el que tachaba a Fraga de totalitario.

Se remite a las Cortes el proyecto de Ley de Representación familiar

En el Consejo de Ministros del 10 de marzo, se aprobó el envío a las Cortes del proyecto de Ley de Representación Familiar que regulaba la elección de los 108 Procuradores representantes de la familia, introducidos por la Ley Orgánica del Estado al modificar la composición de la Cámara legislativa.

Este proyecto fue mal recibido por el Delegado Nacional de Asociaciones del Movimiento, Jorge Jordana de Pozas Fuentes quien, en su condición de Presidente de la Unión Nacional de Asociaciones Familiares, dirigió un oficio al Ministro Subsecretario de la Presidencia, Carrero Blanco, en el que expresaba su sorpresa «por el hecho de que a la hora de articular la representación pública se haga olvido completo de las Federaciones de Asociaciones Familiares» al propio tiempo que su «disgusto por la confusión entre los distintos cauces de representación orgánica que se establecen en el artículo 7 de dicho proyecto al otorgar la facultad de presentación de candidatos a las Diputaciones provinciales».

Estaba visto que todo lo que no pasara por la Secretaría General del Movimiento, y de sus organizaciones, era sistemáticamente objetado.

Protesta de Joaquín Bau a Iturmendi

Solís hizo una gestión cerca del Presidente de las Cortes, Iturmendi, para incluir a tres falangistas en la Ponencia que había de emitir informe sobre las enmiendas que se presentaran al proyecto de Ley de Representación Familiar. Ello motivó la protesta del Presidente de la Comisión de Leyes Fundamentales, Joaquín Bau, quien dirigió una carta, de fecha 14 de marzo, a Iturmendi, en la que le señalaba «la necesidad de añadir otros dos nombres a los tres, señalados por ti, dignos falangistas y honorables compañeros nuestros en Cortes y de cuyos tres Procuradores, según me expresaste, ya habías hablado o acordado, con anterioridad a la conversación conmigo, con Pepe Solís».

«Permíteme, querido Antonio, insista en que se nombre también a D. José María Porcioles, conforme te dije, y como los componentes han de ser números nones, se puede añadir a José María Oriol. De otra forma, hazte cargo no puedo estar yo de acuerdo, aunque lo haya estado Solís, pero no es a él sino a mí, contigo, a quien corresponde y a quien, en su caso, se me podía pedir responsabilidad» (...) «Hablo así por cuanto señalabas precisamente de la inconstancia y falta de seriedad política de Solís, salvando, naturalmente, sus condiciones y simpatía personales.»

«Precisamente estos días, un subordinado del Secretario General, escandalosa y públicamente ha atacado el Proyecto de Ley de Representación Familiar aprobado por el Gobierno y que justamente es el que vamos a examinar y al que me estoy refiriendo.»

El texto íntegro de esta carta se incluye en el anejo documental.

Expongo a Franco mis puntos de vista sobre el proyecto de Ley Orgánica del Movimiento

Buena parte de mi despacho con el Jefe del Estado del 16 de marzo lo dediqué a este asunto.

El proyecto de Ley Orgánica del Movimiento ha producido decepción —le dije—. Mientras la Ley Orgánica del Estado obtuvo el consenso mayoritario, la del Movimiento sería la manzana de la discordia. La Ley Orgánica del Estado —seguí diciendo— estuvo muy elaborada, tras muchas horas de reflexión y numerosas reuniones ministeriales. En cambio, la Ley Orgánica del Movimiento no estaba en sazón y podría suponer un retroceso respecto de aquélla.

Había que respetar el común denominador de las fuerzas políticas; en cuanto se fuera más allá y se rebasara, ya no se podría sumar voluntades. No hay por qué imponer —seguí diciendo— uniformismos anacrónicos: los Ministros que van de uniforme parecen maniquíes del Conde Ciano frente a los demás Ministros que vamos con camisa blanca y traje de calle. Respeto el uniforme de la Guardia Civil, pero no tendría sentido obligar a los Gobernadores a ponerse el tricornio.

Las leyes han de redactarse con visión de futuro, pensando en las nuevas generaciones: la juventud no ha conocido la guerra y, ante las posturas inmovilistas, no se irrita, sonríe. Es necesario escrutar el signo de los tiempos con la vista puesta, cuando menos, en el horizonte de 1980.

Tras estas consideraciones generales, entré en algunos aspectos concretos, por ejemplo, el de la afiliación. Para participar en la vida política basta con ser español que, como dijo José Antonio Primo de Rivera, es una de las pocas cosas serias que se puede ser en el mundo.

También le dije que estimaba improcedente la equiparación que el proyecto de ley hacía entre los Ayuntamientos y los Consejos Locales del Movimiento puesto que éstos, en algunas provincias, ni siquiera existían y, cuando los había, nadie conocía a sus miembros ni se sabía quién los designaba.

Parece que ciertos sectores de la Secretaría General del Movimiento se rigen por un principio absurdo: «pudiendo hacer las cosas mal, ¿por qué vamos a hacerlas bien?». Es mejor —seguí diciéndole a Franco— no precipitarse: no se trata de apagar un incendio. Conviene tomarse el tiempo necesario para que el proyecto madure.

Cualquier interpolación que el proyecto de Ley del Movimiento introduzca en la terminología acuñada en la Ley Orgánica del Estado, la estimo peligrosa. Si ésta emplea la denominación de «Consejo Nacional», simplemente, no debe figurar en el nuevo proyecto como «Consejo Nacional del Movimiento». Por la misma regla se le podría llamar «Consejo Nacional de la Falange», «Consejo Nacional de la Comunión Tradicionalista», «Consejo Nacional de la Corona», etc, etc. Las interpolaciones podrían llevarnos muy lejos.

Por último, me quejé del «pucherazo» de la Jefatura Provincial del Movimiento en las elecciones para la Diputación de Barcelona. Así no se va a ninguna parte.

En otro orden de cosas, le dije a Franco que el ex Alcalde de Barcelona y Embajador en París, Miguel Mateu y Pla, había tenido un amago de infarto.

Le entregué un cuadro sinóptico de frases de la Encíclica *Populorum Progressio* y de sus concordancias con el Fuero del Trabajo (en su nueva redacción), con la Ley de Principios Fundamentales y con la Ley del Plan de Desarrollo. El cuadro sinóptico le sirvió para una de las frases que pronunció, pocos días después, en Sevilla.

Se envía a las Cortes el proyecto de Ley Orgánica del Movimiento y de su Consejo Nacional

Solís, asediado por los de la Vieja Guardia, adoptó una postura monolítica, que no iba con su carácter abierto, y se empecinó en incrustar en la Ley Orgánica del Consejo Nacional, el aparato de la Secretaría General del Movimiento, con sus Consejos Provinciales y Locales y demás Organizaciones y Servicios.

Después de tres sesiones de la Ponencia ministerial celebradas los días 4, 8 y 11 de marzo, el Consejo de Ministros, en su reunión del día 17, tras largo debate en el que se pusieron de manifiesto las opuestas tendencias entre los que defendíamos el pluralismo político y los que adoptaban posturas monolíticas, acordó la remisión a las Cortes del proyecto de Ley Orgánica del Movimiento y de su Consejo Nacional. El propio Fraga reconoce que dicha ley «produce una indudable frustración general» (1).

El diario *Pueblo*, de 30 de marzo, al comentar dicha reunión ministerial decía: «La información que tenemos sobre los debates en el Consejo de Ministros respecto al proyecto de Ley Orgánica del Movimiento y del Consejo Nacional, es que, inicialmente, no pensaban lo mismo todos los Ministros sobre el proyecto sometido a aprobación. La deliberación parece que fue muy viva, y si se nos autoriza a emplear el término "dramático" para reforzar esa viveza, la discusión en ocasiones llegó a ser dramática.»

El proyecto de ley fue publicado en el Boletín Oficial de las Cortes de 22 de marzo y se abrió un plazo de quince días para la presentación de enmiendas. Este plazo fue objeto de dos prórrogas de cinco días cada una. La discusión del proyecto se atribuyó a la Comisión de Leyes Fundamentales y Presidencia del Gobierno.

Silva y yo tratamos de evitar la monopolización del Grupo de Procuradores familiares

El 25 de marzo me reuní con Federico Silva para tratar del proceso parlamentario de la Ley de Representación Familiar. Nos preocupaba la presión de la Secretaría General del Movimiento para

(1) *Op. cit.* pág. 196.

conseguir que también los Procuradores familiares hubieran de pasar por el control del Partido. Silva quedó en ponerse en contacto con los Obispos Mons. Marcelino Olaechea y Mons. Casimiro Morcillo y con Fernando Martín-Sánchez Juliá, para que salieran al paso de este intento de monopolización del nuevo grupo de Procuradores. Yo hablé con el Catedrático de Derecho Civil, Pascual Marín, y con el Presidente de la Diputación de Asturias, José López Muñiz para que, en sus enmiendas y ulteriores intervenciones en los debates parlamentarios, procuraran rectificar la línea propugnada por la Secretaría General del Movimiento.

Órdenes contradictorias de la Secretaría General del Movimiento y del Ministerio de la Gobernación a los Procuradores en Cortes

Las discrepancias en el seno del Gobierno acerca de la Ley de Representación Familiar y la Ley Orgánica del Movimiento trascendieron a los Procuradores en Cortes a raíz de un telegrama cifrado que el Delegado Nacional de Provincias, José Luis Taboada, dirigió a los Gobernadores Civiles-Jefes Provinciales del Movimiento, el 30 de marzo, cuyo texto es el siguiente:

«De orden Ministro advertirás a Consejeros Nacionales y Procuradores Cortes, afiliados y de confianza política residentes esa provincia, no deberán suscribir ni presentar enmiendas Leyes Representación Familiar y Orgánica Movimiento sin previa consulta esta Secretaría General. Saludos. Taboada.»

Para avalar a su Delegado Nacional de Provincias, el Ministro Solís cursó, al día siguiente, a todas las Jefaturas Provinciales del Movimiento, otro telegrama en el que decía:

«Esa Jefatura debe atenerse enteramente a instrucciones contenidas telegrama cifrado Delegación Nacional Provincias fecha 30 corriente quedando desautorizada cualquier otra orientación no sujeta a las instrucciones indicadas. Saludos. Ministro Secretario General del Movimiento.»

Para salir al paso de la intromisión de la Secretaría General del Movimiento en el derecho de los Procuradores a presentar enmiendas, el Ministro de la Gobernación dirigió a los Gobernadores Civiles (que eran también Jefes Provinciales del Movimiento) el siguiente telegrama:

«Recuerdo a V. E., conforme con el apartado 2, artículo 2.º de la vigente Ley de Cortes, todos los Procuradores en Cortes representan al pueblo español, deben servir a la nación y al bien común y no estar ligados por mandato imperativo alguno. Por ello, y siendo V. E. el encargado de velar por el estricto cumplimiento de las Leyes, deberá evitar cualquier actuación que pudiera coartar lo más mínimo el derecho reconocido a los Procuradores por el artículo 36 del Reglamento de las Cortes, según el cual, cualquier Procurador podrá presentar enmiendas a la totalidad o al articulado de los proyectos de Ley. Le saluda atentamente. Alonso Vega.»

A consecuencia del telegrama del Ministro de la Gobernación, el Delegado Nacional de Provincias envió a todos los Jefes Provinciales una carta «personal y reservada» de fecha 5 de abril, en la que rectificaba a medias la suya anterior:

«Mi querido amigo y camarada»:

«Como ampliación a nuestro telegrama cifrado del 30 del pasado y al enviado por el Ministro Secretario con fecha 31 del mismo mes (...) te pongo estas líneas con el fin de que indiques a los Consejeros Nacionales y Procuradores en Cortes de confianza política, que pueden cursar las enmiendas que estimen pertinentes a los Proyectos de Ley de Representación Familiar en las Cortes y Orgánica del Movimiento y de su Consejo Nacional, haciéndote entrega de las mismas, ya que tu las enviarás, por correo urgente, a esta Secretaría General, con el fin de encauzarlas dentro de una unidad de criterio (...).»

Se incluyen en el anejo documental, los textos del telegrama cifrado y de la carta del Delegado Nacional de Provincias y de los telegramas del General Alonso Vega y de Solís.

Carta de la Secretaría de Estado a la XXVI Semana Social de España

Recién enviados a las Cortes los proyectos de Ley de Representación Familiar y Ley Orgánica del Movimiento, la Secretaría de Estado de Su Santidad dirigió una extensa Carta a la Semana Social que se celebró en Málaga en los primeros días de abril y cuyo texto íntegro publicó el *Ya* el día cuatro. En línea con la Constitución «Gaudium et Spes» del Concilio Vaticano II, la Carta proclamaba «el derecho que los miembros de toda comunidad nacional tienen de intervenir en su propia vida política y de disponer de los medios con que tomar parte activa en ella».

Se afirmaba también que entre el Poder y sus órganos de gobierno, por una parte, la nación y sus mandatarios por la otra, ha de buscarse un equilibrio, dando a los primeros la autoridad imprescindible y a los segundos la saludable libertad de estudio y de crítica de las propuestas gubernativas.

«Un diálogo se impone también entre los órganos del Estado y los cuerpos intermedios: uniones familiares, asociaciones profesionales, sindicatos obreros, agrupaciones culturales y cualesquiera otras formas asociativas o comunitarias que la vida haga surgir en el seno del pueblo al amparo de la ley.» Tales grupos han de tener la posibilidad de ilustrar los proyectos y decisiones del Poder.

«Todo régimen ha de afrontar por fuerza el contraste y diversidad de juicios. Si quiere disponer de una opinión pública sincera y verdadera ha de admitir el consiguiente y necesario pluralismo en materias contingentes.»

La alusión de dicha Carta a las asociaciones familiares no pasó inadvertida.

Enmiendas al Proyecto de Ley Orgánica del Movimiento y de su Consejo Nacional

Fueron 103 los Procuradores en Cortes, primeros firmantes de un total de 221 escritos de enmiendas. José Manuel Mateu de Ros fue quien mayor número de escritos presentó: 22, exactamente. Fraga coincide conmigo en que las enmiendas a los proyectos de desarrollo de la Ley Orgánica del Estado eran «un verdadero desastre; totalmente inmovilistas y restrictivas, en su gran mayoría» (1)

Los «ultras»

La mayor parte de las enmiendas formuladas por los Procuradores en Cortes pertenecientes al aparato del Partido trataban de endurecer aún más el proyecto de Ley. Proponían, por ejemplo, que sólo los afiliados al Movimiento pudieran elegir a los Consejeros Nacionales representantes de las provincias (2) o que sólo fueran elegibles los afiliados al Movimiento. (3) Otras enmiendas pro-

(1) *Op. cit.* pág. 196.

(2) En este sentido, las enmiendas de Antonio Hernández Navarro, Aníbal Arenas Díaz-Hellin, Luis Álvarez Molina, Pablo Arredondo y Díez de Oñate y Pastor Nieto García.

(3) Así, Javier Martínez de Bedoya, Ramón Muñoz y G. Bernaldo de Quirós, Purificación Sedeño Fuentes, Antonio Rico de Eguibar y Ulpiano Jambrina Bonafonte.

ponían que dichos Consejeros Nacionales fueran elegidos por compromisarios designados por los Consejos Locales del Movimiento (1). Las de los Procuradores sindicales pretendían la inclusión de compromisarios de la Organización Sindical para elegir a los Consejeros Nacionales representantes de las provincias (2). También se presentaron enmiendas para incluir un precepto según el cual «La Organización Sindical queda vinculada al Movimiento» (3).

Había incluso enmiendas que contenían curiosas definiciones del Movimiento Nacional. Así, la presentada por Pablo Arredondo y Díaz de Oñate, decía que el Movimiento era «la estructura jurídico-pública en la que habrán de integrarse los españoles y las diversas entidades que se propongan desarrollar actividades políticas»; o la de Pastor Nieto García, según la cual, el Movimiento era «la Institución que configura el marco jurídico-público en que los españoles pueden desarrollar su actividad informando el orden político».

Los aperturistas

Por el contrario, los Procuradores independientes opusieron serios reparos al proyecto de ley, que venían a constituir, en la práctica, verdaderas enmiendas a la totalidad.

Merecen destacarse las presentadas por el Rector de la Universidad de Salamanca, Alfonso Balcells Gorina (4), por Alberto Ballarín Marcial (5), por Joaquín Buxó-Dulce de Abaigar, Marqués de Castellflorite, por Rafael Cabello de Alba, por el Subcomisario del Plan de Desarrollo, Agustín Cotorruelo Sendagorta, por Enrique García-Ramal Cellalbo, por el Presidente de la Diputación de Asturias, José López Muñiz, por Torcuato Luca de Tena, por Lucas María de Oriol y Urquijo, por Florentino Pérez Embid, por Manuel Rivas Guadilla, por Luis Sáez de Miera, por Luis Sánchez Agesta

(1) Así, las enmiendas de Vicente Lerma Andreu, Teresa Loring Cortés y José Redondo Gómez.

(2) En tal sentido las enmiendas de Julio García Valdés, Juan José Leturio Gastelurrutia y Manuel Hernández de Alba.

(3) Las de José M.ª Mendoza Guinea y de Pablo Arredondo y Díez de Oñate.

(4) Suscrita, además, por varios Rectores y por Fernando Martín-Sánchez Juliá y Mons. Casimiro Morcillo González.

(5) Suscrita, entre otros, por Javier Martín Artajo, Luis Sánchez Agesta y Fermín Zelada de Andrés Moreno.

y por el Subsecretario de Obras Públicas, Santiago Udina Martorell (1).

La primera objeción que formulaban estos enmendantes se refería al contenido y, en consecuencia, a la denominación del proyecto de Ley. El proyecto debía limitarse a regular el Consejo Nacional pero no la Organización del Movimiento y debía simplemente denominarse Ley Orgánica del Consejo Nacional (2).

Otra línea argumental de esos enmendantes era rechazar cualquier forma de Partido Único. Así en las «razones y fundamentos» de la enmienda suscrita en primer lugar por Santiago Udina Martorell, se contenían frases como las que siguen: «Postular una estructura orgánica del Movimiento es lo más contrario que cabe a la letra y al espíritu de la Ley Orgánica del Estado.» «Es tanto como montar un régimen político a semejanza de otros, donde el Partido es sumamente minoritario, pero no es cumplimiento de la Ley Orgánica del Estado que postula un orden político abierto a la totalidad de los ciudadanos.» «La clara evolución del Régimen culminada en la Ley Orgánica del Estado, inicia con este proyecto una clara regresión al principio originario e inactual de Partido Único.»

En el mismo sentido, la enmienda cuyo primer firmante era Lucas María de Oriol y Urquijo, afirmaba que el proyecto de ley «involucra el Movimiento Nacional con las Organizaciones que ha creado FET y de las JONS» (...) y «refleja la preocupación por mantener el requisito de la afiliación que, unida a lo característico de afiliación a una Organización única, da a FET y de las JONS o Movimiento una apariencia de Comisaría política ajena a lo que se necesita de acuerdo con la Ley Orgánica del Estado».

También se rechazaba que el «Secretario General del Consejo Nacional» establecido en la Ley Orgánica del Estado, se convirtiera en el «Ministro Secretario General del Movimiento». «El proyecto mantiene —se lee en la citada enmienda de Lucas María de Oriol— la estructura dependiente de una jerarquía unipersonal, la del Ministro Secretario General del Movimiento.» «Al mantener esta estructura, contradice la prevista en la Ley Orgánica del Estado dependiente de una jerarquía colegiada, el Consejo Nacional.»

En idéntica dirección, Florentino Pérez Embid, en su enmienda afirmaba: «Configurar al Secretario General del Movimiento como Ministro del Gobierno significa consagrar una situación confusa

(1) Avalada por los obispos Mons. Marcelino Olaechea de Loyzaga y Mons. Casimiro Morcillo González, y por Fernando Martín-Sánchez Juliá y Fermín Zelada de Andrés Moreno.

(2) En este sentido se expresaban Mariano Fernández-Daza y Fernández-Córdoba, Florentino Pérez Embid, Luis Sánchez Agesta y Manuel Rivas Guadilla, en sus respectivas enmiendas.

e inconveniente que, por otro lado, no está recogida en la Ley Orgánica del Estado» (...) «Además, el otorgar carácter de Ministro del Gobierno al Secretario General del Movimiento implica una "administrativización" del Movimiento, una reincidencia en el confusionismo entre Administración del Estado y Movimiento Nacional.»

En cuanto a la elección de los Consejeros Nacionales representantes de las provincias, frente a las posturas cerradas y excluyentes, los Procuradores aperturistas propugnaron la elección por sufragio directo de todos los españoles mayores de edad residentes en la respectiva provincia (1).

Otra cuestión en la que hacían hincapié fue el reconocimiento explícito del derecho de todos los españoles, sin discriminación alguna, de participar en la vida política tanto individualmente como a través de asociaciones. Pérez Embid, en su enmienda afirmaba: «El referido proyecto de ley vulnera, a juicio de los firmantes, lo dispuesto en el artículo 16 del Fuero de los Españoles, que textualmente dice: Los españoles podrán reunirse y asociarse libremente para fines lícitos y de acuerdo con lo establecido por las leyes» (...) «Una Ley Orgánica del Movimiento que al mismo tiempo no reconozca y haga compatible sus Organizaciones con el derecho de libre asociación para un fin perfectamente lícito, como es el de expresar "el contraste de pareceres sobre la acción política" (apartado e) del artículo 21 de la Ley Orgánica del Estado), vulnera el mencionado artículo 16 del Fuero de los Españoles.»

Del mismo modo, Alberto Ballarín Marcial, en su enmienda núm. 175 propugnaba «un pluralismo asociativo» como lo exige el momento actual. «En este preciso momento histórico —decía— debe resolverse la cuestión del pluralismo de pareceres políticos al mismo tiempo que se abre el pluralismo religioso.»

Las dos alineaciones enfrentadas de los Procuradores enmendantes quedaron claramente definidas. No fueron ciertamente aperturistas los hombres de la Secretaría General del Movimiento que suscribieron las enmiendas cerradas y excluyentes a que he hecho referencia, ni cabe tachar de inmovilistas a los firmantes de las enmiendas de signo evolutivo y superador de viejas estructuras que han quedado reseñadas. Lo escrito, escrito está.

La batalla se presentaba dura y de su resultado dependía que se vieran confirmadas o, por el contrario, frustradas, las esperanzas suscitadas por la Ley Orgánica del Estado. Incluso Francisco

(1) En este sentido, las enmiendas cuyos primeros firmantes fueron Pascual Marín Pérez, Ignacio García López, Jesús Sáenz de Miera, Rafael Cabello de Alba, Francisco Ángel Abella Martín, Lucas María de Oriol y Urquijo, Rafael Díaz-Llanos Lecuona, Alberto Ballarín Marcial, Luis Sánchez Agesta, Santiago Udina Martorell, Torcuato Luca de Tena, Agustín Cotorruelo Sendagorta, Mariano Fernández-Daza y Fernández-Córdoba y Enrique García-Ramal Cellalbo.

Labadie Otermin, afirmaba, en su enmienda, que tales esperanzas «no quedan plenamente atendidas y reflejadas en el texto del proyecto ya que no se acomete, en ninguno de sus artículos, el desarrollo del principio de concurrencia de criterios a que expresamente se refiere el artículo 4 de la Ley Orgánica y a cuyo espíritu, por otra parte, se refería, sin duda, el propio Jefe del Estado en el mensaje con que lo presentó a las Cortes».

Carrero no es partidario de que se nombre Presidente del Gobierno

El 30 de marzo de 1967, al despachar con Carrero, Franco le preguntó:

«¿Tengo obligación, en virtud de la Ley Orgánica del Estado, de nombrar Presidente de Gobierno?»

Carrero contesto: «No la tiene, mi General. Es más, si este tema se sometiera a referéndum, todos pedirían que V. E. siguiera siendo el Presidente del Gobierno. ¿Quién puede hacerlo mejor?»

—«Pero puedo sentirme cansado» —añadió Franco.

—«Y, ¿si el Consejo del Reino le propone en la terna al General Muñoz Grandes y a dos desconocidos?» —replicó el Almirante.

Este argumento hizo desistir al Jefe del Estado de su intención de nombrar Presidente del Gobierno.

Postura de González-Vicén respecto del Movimiento

A propósito de la Ley Orgánica del Movimiento, el periódico *Es Así* del Círculo Doctrinal «José Antonio» publicó, en su n.º 3, un artículo de Luis González-Vicén en el que expone su opinión y cuyas frases más significativas son, a mi juicio, éstas:

«El Movimiento es la parte militante del pueblo español, vinculado a Organizaciones y disciplinas. Es función suya vigilar que la política de los Gobiernos que se sucedan tienda cada vez más... a la sustitución del Capitalismo por el Sindicalismo..., a que se nacionalicen o sindicalicen los servicios públicos que se hallan detentados por manos privadas y constituyen una flagrante injusticia personal y social.»

«El Movimiento debe tener bajo su amparo a los Sindicatos,

ejerciendo su tutela en tanto se llegue a la implantación del Sindicalismo y luchando para que el período de sustitución del capitalismo sea lo más breve posible.»

«El Estado Nacionalsindicalista es *una forma política de convivencia... y una forma social anticapitalista.*»

El artículo de González-Vicén terminaba con la formulación de unas «Bases fundamentales de ordenación del Movimiento» entre las que destaca la relativa al Consejo Nacional, cuyo texto es el siguiente:

«Que el Consejo Nacional posea las funciones que le corresponden como Cámara Alta o de Control de la labor política —no administrativa— del Gobierno; de defensa y tribunal de amparo de los derechos de los españoles; de control de las elecciones en sus diversos grados; de intervención y regulación de la sucesión; de consulta y determinación en los grandes problemas nacionales e internacionales; de discusión, confección y votación de las Leyes Fundamentales antes de ser sometidas a referéndum.»

Polémica periodística en torno al Proyecto de Ley Orgánica del Movimiento y de su Consejo Nacional

El anuncio del proyecto de Ley Orgánica del Movimiento y de su Consejo Nacional levantó un gran revuelo en la prensa. En líneas generales, se formaron dos grupos de opinión en torno al nuevo proyecto de Ley. Mientras los diarios del Movimiento, lo aplaudían, los periódicos independientes —*ABC, Ya, Madrid, El Correo Catalán, La Gaceta del Norte, El Diario Vasco,* etc.— lo criticaron abiertamente (1).

(1) El diario *Ya* publicó el 23 de marzo un editorial —reproducido por el *ABC* del 26— en el que mostraba su discrepancia con un proyecto de Ley «que no puede ser comparado —dice textualmente— con la Ley Orgánica del Estado, en lo que ésta tiene de apertura al futuro y de saludable propósito evolutivo del sistema hacia soluciones más acordes con la inevitable exigencia de la realidad política española». *El Correo Catalán* de 24 de marzo publicó un editorial sobre el mismo asunto, en el que decía: «De una primera lectura se desprende, a nuestro juicio, un enfoque más restrictivo del concepto de Movimiento definido en la Ley Orgánica del Estado que los españoles votaron el 14 de diciembre, con esperanza de apertura y evolución.» *La Gaceta del Norte* del 28 de marzo refiriéndose al proyecto de ley, escribía: «adolece de cuadros demasiado cerrados y de un aparato ortopédico tan complejo que, a nuestro juicio, puede retraer interesantes colaboraciones, convenientes y aún necesarias, en la vida pública nacional». *El Diario Vasco* del 29 de marzo abundó en «la presunción de que... se prolongue, al amparo de la proyectada ley el monopolio del Movimiento por el sector falangista (...) y de aquí la pregunta que se ha formulado: ¿Se quiere un Movimiento inmóvil?».

El diario *Madrid* del 1 de abril, bajo el título *Un proyecto que ha causado extrañeza,* decía: «El Movimiento Nacional en la Ley Orgánica del Estado es una "comunión de principios". En consecuencia, es incompatible con una Ley en la que se desarrolle una Organización que no está incoada en la Ley Fundamental. El Consejo nacional, en cambio, si lo está. La Ley Orgánica del Estado esboza su organización y ordena taxativamente, en su artículo 28, que "una Ley Orgánica establecerá las normas que regulen el Consejo Nacional". En ningún momento de la Ley se habla de una Ley Orgánica del Movimiento.»

Respecto de este comentario periodístico, me escribió Solís, en carta de 3 de abril: «Creo que este artículo ha llegado a un límite intolerable por su forma y contenido.» (Ver la carta en el anejo documental.)

Mientras tanto, el diario *Pueblo* del 9 de abril, saliendo al paso de lo que denominaba una campaña de *ABC,* escribió: «Podría reducirse a una sola suspicacia y a un solo deseo la campaña de *ABC.* La suspicacia se refiere a que todo puede seguir como está en Alcalá, 44 (sede de la Secretaría General del Movimiento); y el deseo es que esta ley se abra al pluralismo político. Manejar a estas alturas que Alcalá 44 es una imagen de partido único o de monopolio político no se lo cree ni *ABC.* (...) «Respecto al pluralismo político, parece que está a la vista.»

Igualmente, el diario *Arriba* del 25 de abril, se preguntaba: «¿Cuál es la razón de la campaña contra el proyecto de Ley Orgánica del Movimiento? ¿Provocar el vacío que ahora llenan las Organizaciones? Eso si que sería institucionalizar el inmovilismo. Esta parece ser la música de las objeciones; la letra es la confusión.»

La Familia Real y la sucesión de Franco

El 10 de abril de 1967, el Marqués de Deleitosa estuvo de nuevo en mi despacho, y me contó que el Conde de Barcelona le dijo que su posible renuncia habría que meditarla. Deleitosa le hizo ver que la alternativa era «su hijo o nadie». Y que convendría que Don Juan diera su «afectuoso beneplácito» a la designación de su hijo como sucesor de Franco. El Conde de Barcelona, le contestó que él nunca sería obstáculo para esa eventual designación.

—¿Hay inconveniente en que se lo diga a Franco? —preguntó Deleitosa.

—Yo no oculto mis actos —respondió Don Juan.

La impresión de Deleitosa es que Don Juan quería que se lo

pidiera Franco. También me comentó que la Reina Victoria y los demás miembros de la Familia Real, estaban en favor de que el futuro Rey fuera Don Juan Carlos. «Mi hijo es muy bueno —le dijo la Reina Victoria a Deleitosa— pero ha de sacrificarse por los intereses del país.»

Sugerencia de Carrero acerca de Muñoz Grandes

El jueves, 13 de abril de 1967, Franco le preguntó a Carrero sobre Muñoz Grandes. El Almirante se reservó una respuesta a bote pronto y le dijo al Jefe del Estado que prefería formulársela por escrito después de haberla meditado. Unos días después, Carrero me comentó que pensaba aconsejarle a Franco que cesara a Muñoz Grandes de Vicepresidente del Gobierno, «para conservarle como posible Regente».

Hablo con Franco de la Encíclica *Populorum Progressio*

En mi despacho con el Jefe del Estado, del 13 de abril, le comenté la Encíclica de Pablo VI del día 26 del anterior mes de marzo. Esta Encíclica —le dije, teniendo a la vista alguno de sus párrafos— se caracteriza por su lenguaje diáfano y su visión exacta de los problemas más acuciantes de nuestro tiempo. En ella se exponen a escala humana, nacional y mundial las principales facetas de esa gran tarea y ambición de todos los pueblos que es su desarrollo socio-económico.

El desarrollo ha de tener como fin primordial el hombre. En este vértice se apoya el documento del Papa. Para quienes trabajamos en la Comisaría del Plan, las palabras de Pablo VI representan un acicate en orden a conseguir que los medios y los recursos de que dispone España se empleen, cada vez con más eficacia, al servicio de la libertad y de la dignidad de la persona.

Son particularmente acuciantes las palabras finales de la Encíclica: «Si el desarrollo es el nuevo nombre de la paz, ¿quién no querrá trabajar con todas sus fuerzas para lograrlo?»

Hice también referencia a la Carta de la Secretaría de Estado a la Semana Social de Málaga, cuyos puntos de vista merecían, a mi juicio, ser tenidos en cuenta en los debates de las Cortes sobre las leyes complementarias de la Ley Orgánica del Estado.

En otro orden de cosas me referí a la campaña de la Prensa del Movimiento contra el Opus Dei. Es un asunto que me preocupa —le dije— porque hiere a Mons. Escrivá de Balaguer y disgusta a todos los miembros de la Obra, especialmente a quienes hemos servido a España en diversos puestos del Estado. Por el hecho de que algunos miembros del Opus Dei, en uso de su legítima libertad, no comulguen con mis mismas ideas, no justifica, en modo alguno, esa campaña que, de otra parte, no beneficia a nadie.

Contrariamente a lo que algunos afirman, *Actualidad Económica* ni es de la Obra —no puede serlo—, ni su Director pertenece al Opus Dei; es una revista que más bien se ha distinguido por sus críticas al Plan de Desarrollo.

El pertenecer a la Obra no nos garantiza el acierto en nuestras personales opiniones o criterios profesionales, políticos, económicos, etc. Yo puedo estar equivocado en muchas cosas; pero esto es asunto mío, no de la Obra, que no interviene para nada en esos campos.

Los gastos de la Defensa y el Plan de Desarrollo

El General Muñoz Grandes, Vicepresidente del Gobierno y Jefe del Alto Estado Mayor me había pedido, en carta de 28 de marzo, la inclusión en el Programa de Inversiones Públicas del II Plan de Desarrollo, en curso de elaboración, que se tuvieran en cuenta «las necesidades financieras para el armamento y dotación de las Fuerzas Armadas».

Por ser asunto concerniente a la Defensa Nacional quise someterlo a la consideración del Jefe del Estado, lo que no tuve la oportunidad de hacer hasta después de las vacaciones de Semana Santa, el 13 de abril. Franco se mostró de acuerdo con mi propuesta de no incluir los gastos militares en el Plan de Desarrollo por tratarse de una decisión política y no serles aplicables los criterios económicos de selección de inversiones.

En consecuencia, escribí a Muñoz Grandes el 3 de mayo y le dije que las necesidades financieras de las Fuerzas Armadas representan un gasto básico y esencial que debe ser incluido en los Presupuestos Generales del Estado de los dos próximos bienios, y que el Programa de inversiones del II Plan de Desarrollo se hará partiendo de los recursos disponibles una vez atendidos los gastos militares.

Consulta-informe sobre la futura Ley Sindical

El 13 de abril, Solís me remitió una carta en la que decía: «para preparar las bases del futuro ordenamiento sindical, se va a realizar un sondeo de opiniones dominantes entre los representantes y dirigentes sindicales, a través de los órganos colegiados de que forman parte» (estaba todavía vigente la Ley Sindical de 1940). A la carta acompañaba un ejemplar de la «consulta-informe» que constaba de 17 puntos. Merecen destacarse los siguientes:

El punto 2.°, al glosar la nueva redacción dada a la Declaración XIII del Fuero del Trabajo por la Ley Orgánica del Estado, sacaba la conclusión de que «*no hay ni puede haber* más que una Organización Sindical» y que «en cada rama de actividad habrá *un solo Sindicato*»

«Es necesario garantizar al máximo la inserción del Sindicalismo en la vida política del país y en los grandes centros de decisión, a todos los niveles; y de otra, el que ello no suponga nunca un entorpecimiento o una merma de su independencia (...)» (punto 3.°).

«La nueva Ley Sindical ha de reforzar la incorporación efectiva a la Organización Sindical, de cuantos españoles participan en el trabajo y la producción. Para cubrir esta finalidad, conviene pronunciarse sobre las formas de llevar a efecto tal incorporación, tanto para los trabajadores autónomos como para el personal, no funcionario público, al servicio del Estado o las Corporaciones locales, las Entidades y Organismos Autónomos de cualquier clase y las Empresas públicas» (punto 7.°).

«Conviene pronunciarse sobre la procedencia de que dicha Ley contenga normas que aseguren, en un plazo perentorio, la integración definitiva de todas las Asociaciones o Entidades que realicen funciones de representación profesional o económica en la Organización Sindical» (punto 14.°). (Clara alusión a los Colegios profesionales y a las Cámaras de Comercio, Industria y Navegación.)

«La Organización Sindical debe tener potestad para dictar cuantas normas sean precisas en su ámbito de acción. A este respecto es preciso establecer criterio sobre los medios adecuados para asegurar la eficacia obligatoria de tales normas» (punto 16.°).

Estaba claro que, al revuelo del capote de la nueva Ley, se pretendía acrecentar el poder político y económico de la Organización Sindical y acentuar su carácter monopolístico.

Sugerencias de Carrero para la remodelación del Gobierno

El martes 18 de abril de 1967, el Almirante Carrero Blanco, le habló a Federico Silva de la conveniencia de que se nombrara Vicepresidente del Gobierno a Gregorio López Bravo y de que cesaran, por motivos diversos, Fernando Castiella (Asuntos Exteriores), Cirilo Cánovas (Agricultura), Camilo Alonso Vega (Gobernación), Jesús Romeo (Trabajo), José María Sánchez Arjona (Vivienda) y Faustino García Moncó (Comercio) y le pidió un nombre para Delegado Nacional de Sindicatos. Silva le dio el de Luis Nozal López, Inspector General de Trabajo, que había sido Delegado de Trabajo en Vizcaya.

Me dirijo a los empresarios

Con motivo del X aniversario de la Asociación para el Progreso de la Dirección que presidía Enrique García-Ramal, se celebró, el 18 de abril, un almuerzo en el Hotel Palace al que asistí como invitado de honor y me correspondió pronunciar unas palabras. En esencia dije:

«Cuando se cuenta con un potencial de recursos sin explotar, es relativamente sencillo poner en marcha la expansión con sólo liberar al sistema económico de los obstáculos primarios estructurales e institucionales que lo traban. Pero, superada esta primera fase de "despegue", resulta mucho más difícil mantener una tendencia firme de expansión. Por ello, los incrementos de productividad jugarán un papel clave en el desarrollo.»

«La responsabilidad que en este terreno incumbe a la dirección de la empresa es muy grande, pues los aumentos de rendimiento que pueden conseguirse, a igualdad de inversión, con la simple mejora de la organización empresarial en todos sus aspectos, pueden ser espectaculares.»

«Los Planes de Desarrollo, al encuadrar las medidas de política económica dentro de un marco general, tienden a evitar improvisaciones de la Administración y a facilitar la coherencia de las decisiones empresariales. El empresario espera del Plan y de la política económica en él contenida, una ejecutoria rigurosa y clara.»

«La Administración, y la sociedad en general, esperan que el progreso de las empresas descanse más en su propio esfuerzo que en una protección del Estado.»

«El camino hacia el pleno desarrollo es más empinado a medida que se alcanzan cotas más altas. La programación socioeconómica ha de ser obra de todos. Los empresarios han asumido el papel más difícil del desarrollo: les corresponde no sólo colaborar en las tareas programadoras, sino realizar algo mucho más arduo que redactar un plan: llevarlo a la práctica. El número y dinamismo de dirigentes de empresa de un país marca el potencial de su desarrollo.»

Don Javier de Borbón Parma pide a Franco que los Príncipes Carlos Hugo e Irene puedan asistir al acto de Montejurra

El 22 de abril, don Javier de Borbón Parma dirigió una carta a Franco en la que le felicitaba por la Ley Orgánica del Estado a la par que le manifestaba el deseo de que sus hijos «los Príncipes Carlos e Irene» asistieran al Acto de Montejurra por entender que «la presencia de los Príncipes facilitaría la interior satisfacción de los carlistas para su rodamiento dentro de la Ley Orgánica en un clima de mayor paz» (...) «el Príncipe podría leer un breve mensaje mío» (El texto integro de la carta figura como anejo).

La contestación del Jefe del Estado, fue tajante y lacónica: «Recibida su consulta. Estimo no conviene asistencia Príncipes a acto Montejurra. Muy atentamente le saluda, Generalísimo Franco».

Viaje de Franco a Sevilla y Huelva: toma posición frente a los partidos políticos

El sábado 22 de abril, el Jefe del Estado inició su visita a esas dos ciudades en las que se había centrado la política de desarrollo regional de Andalucía.

El martes, día 25, visitó las obras del polo de promoción industrial de Huelva con su nuevo puerto, aguas abajo de la confluencia de los ríos Odiel y Tinto, el gran polígono para la instalación de factorías, el nuevo puente y demás obras de infraestructura.

Al día siguiente, inauguró en Sevilla la exposición instalada por

Pilar Díaz Plaja, que recogía los aspectos más significativos del Polo de Desarrollo. Al recibir allí al Generalísimo, pronuncié unas palabras. «Los nuevos tiempos —dije—, junto a grandes problemas, se presentan también, y como nunca, llenos de grandes y legítimas ilusiones. Al hombre se le abren hoy insospechados horizontes de expansión. Expansión de los bienes materiales y los de la cultura, que todos conocen ya bajo el nombre de desarrollo económico y social. El desarrollo acepta la limitación de los recursos, pero no la cerrazón de las fatalidades. Un Plan de Desarrollo bien concebido es un desafío a esas viejas fatalidades que se llaman miseria e ignorancia.»

El jueves, último día de su estancia en Sevilla, Franco recibió en los Reales Alcázares, a las primeras autoridades y a las principales Corporaciones. El Gobernador Civil, José Utrera Molina, pronunció un vibrante discurso al que contestó el Jefe del Estado con unas palabras centradas en dos temas: la política social y los partidos.

Respecto del primero dijo: «No tenemos más que mirar hacia atrás, contemplar la política social que España ha venido experimentando, observando cuándo fue promulgado el Fuero del Trabajo, continuar por la legislación que, en el orden social, se ha producido y compararla y contemplarla ante la última y grandiosa encíclica de nuestro Pontífice Pablo VI *Populorum progressio*, y se nos presentará de una manera clara y terminante, la identidad de objetivos y la proximidad de los conceptos.»

En cuanto al segundo tema, afirmó: «Si, a disculpa del contraste de pareceres, lo que se busca son los partidos políticos, sepan en absoluto que eso jamás vendrá» (...) «Quiero decirlo de una manera clara y concluyente para cortar esa campaña de grupos de presión que están siempre queriendo volver a las andadas.» (La alusión a la postura de la mayoría de los periódicos ante el proyecto de Ley Orgánica del Movimiento no podía ser más explícita.)

Boda de la Infanta Pilar

Ese mismo día se celebró en Estoril la boda de la Infanta Pilar, hija de los Condes de Barcelona, con Luis Gómez-Acebo, hijo de los Marqueses de Deleitosa, con gran afluencia de monárquicos. En la recepción que, con este motivo, ofreció Don Juan de Borbón, dirigió unas palabras a los españoles allí presentes, en términos conciliadores.

Nota de protesta de Castiella a la Nunciatura

A consecuencia de los incidentes que se produjeron en Mondragón, por la rotura violenta de la lápida conmemorativa de los Caídos, el 7 de mayo se leyó en las iglesias de Guipúzcoa una declaración en castellano y en vascuence que, a juicio del Gobernador, incitaba a la agitación política. En vista de ello, el Ministro de Asuntos Exteriores, Castiella, dirigió una nota de protesta al Nuncio en la que expresaba su decepción «por la consumación de un ataque a la autoridad civil difundido sin agotar las vías legales con el previo recurso a la superior autoridad y faltando, en consecuencia, al espíritu de diálogo tan recomendado por el Concilio».

La respuesta de la Nunciatura apoyó la actitud del Arcipreste de Mondragón quien pidió que no se repusiera la lápida rota o que se colocara otra «lápida de reconciliación». «Tan paciente y honrado proceder —dice la Nunciatura— ha sido sancionado (con una multa), y con gran publicidad.» Al no haber sido levantada la sanción es por lo que se decidió leer en las iglesias el polémico comunicado.

Debate sobre el proyecto de Ley de Libertad Religiosa

El martes, 2 de mayo, comenzó, bajo la presidencia de Joaquín Bau, la discusión del proyecto de «Ley reguladora del ejercicio de la libertad religiosa», la primera de las leyes previstas en la Orgánica del Estado (1).

Intervino en primer lugar el Arzobispo Mons. Marcelino Olaechea, para decir que la Conferencia Episcopal no tenía reparos que oponer al proyecto de ley pues respondía al espíritu y a la letra de la Declaración conciliar sobre Libertad Religiosa. A continuación fueron objeto de debate las dos enmiendas a la totalidad presentadas por Joaquín Manglano, Barón de Cárcer, y por Albistur (2). Rebatieron los argumentos de los enmendantes, los Procuradores Emilio Lamo de Espinosa, Luis Sánchez Agesta y, principalmente,

(1) El Secretario de la Comisión era el Marqués de Valdeiglesias, y los miembros de la Ponencia, Luis Arellano Dihinx, Fernando Herrero Tejedor, Fernando Martín-Sánchez Juliá, Roberto Reyes Morales y Fermín Zelada de Andrés Moreno.

(2) Se sumaron a estas enmiendas el Procurador por Burgos, José M.ª Codón y el canónigo navarro Don Fermín Yzurziaga.

Fernando Herrero Tejedor, éste en nombre de la Ponencia. Sometidas a votación, fueron rechazadas las enmiendas a la totalidad.

Luego comenzó la discusión de las numerosas enmiendas al articulado. La mayoría de ellas eran de signo restrictivo y fueron defendidas, a veces acaloradamente, por Blas Piñar, Joaquín Manglano, Barón de Cárcer, Lucas Oriol, Miguel Fagoaga, José Ignacio Escobar, Marqués de Valdeiglesias y Luis Valero Bermejo, entre otros. El Barón de Cárcer llegó a afirmar que debería modificarse el título de la Ley y llamarlo «Ley de restricciones al Catolicismo».

Hubo, en cambio, otras enmiendas e intervenciones —las menos— de signo liberal, particularmente las de Agustín Cotorruelo (1), Torcuato Fernández Miranda, Cruz Martínez Esteruelas y Alberto Ballarín.

El peso de la defensa de la Ley de Libertad Religiosa recayó principalmente en Fernando Herrero Tejedor y en el Subsecretario del Ministerio de Justicia, Alfredo López Martínez. En sus sabrosas crónicas parlamentarias, en *ABC*, Torcuato Luca de Tena —que era Procurador en Cortes— hizo constar que Alfredo López subrayó muy bien que no se trataba sólo de defenderse de los posibles riesgos de la libertad religiosa, sino de defender a la libertad religiosa misma (2).

En otra crónica del 9 de mayo, Torcuato Luca de Tena comentó que «muchos de quienes encabezan —digámoslo de algún modo— la oposición a este proyecto de ley darían ciento y raya a los más severos teólogos en materia de Teología; a los Padres conciliares en el conocimiento de los textos del Concilio y —si mucho se me apura— a los mismos Santos Pontífices en la interpretación de sus Encíclicas. Si algunos de sus discursos fueran radiados (no televisados), costaría trabajo convencer a los oyentes de que eran seglares quienes los pronunciaban; tal es el fervor, la unción y el ardor puestos al servicio de una erudición eclesiástica poco común».

Los debates finalizaron el jueves, 11 de mayo. La tenaz oposición de los ultramontanos consiguió que el texto aprobado por las Cortes fuera más restrictivo que el del Gobierno. Sin embargo, constituyó un avance y no pequeño.

En su última crónica parlamentaria acerca de la Ley de Libertad Religiosa, Torcuato Luca de Tena extraía la siguiente lección

(1) En la crónica parlamentaria de Cándido Pérez, publicada en *Arriba* del 4 de mayo, página 13, se puede leer: «El señor Cotorruelo pertenece a la Comisión y es Subcomisario del Plan de Desarrollo. El señor Cotorruelo ha intervenido varias veces» (...) «Lo que ha hecho —y con muy precisas y exactas palabras— es declararse adversario de dogmatismos y, de paso, opuesto a los argumentos de Blas Piñar y de Jesús Fueyo y de Luis Valero Bermejo.»

(2) *ABC* de 4 de mayo de 1967, pág. 34.

política: «El salto, sin duda brusco, pero impuesto por la realidad del momento, desde la ancestralidad a la modernidad en materia religiosa, exigía la presencia de unos hombres como éstos, del mismo modo que el paso de la ancestralidad a la modernidad —en materia política— exigirá la actuación de otros que sepan igualmente precisar y ceder, matizar, mas no cerrar el paso al paso inexorable de los tiempos.»

Se reitera la invitación a Pablo VI para venir a España

El 8 de mayo de 1967, el Embajador Garrigues dirigió una carta al Papa Pablo VI, en vísperas de su viaje a Fátima, lugar tan próximo a España, en la que le reiteraba la invitación varias veces hecha por el Gobierno para que visitara nuestro país. El 3 de junio, contestó el Cardenal Cicognani al Embajador diciéndole que al Papa le había complacido mucho la invitación y que al volar sobre tierra española fue consciente del entusiasmo de la gente. En cuanto a venir a España no decía ni palabra.

Conversación con Fraga

El jueves, 11 de mayo me entrevisté con Fraga para pasar revista a la situación política, a las leyes en tramitación (la Ley Orgánica del Movimiento, la Ley de Representación Familiar, la Ley Orgánica del Consejo del Reino, etc.) y al estado en que se hallaban los trabajos de elaboración del II Plan de Desarrollo, que ofrecía dos hipótesis alternativas: un ritmo de crecimiento del Producto Nacional Bruto del 5 o del 6 %. Nos entendimos bien.

Nuevo veto de De Gaulle al ingreso del Reino Unido en el Mercado Común

El 11 de mayo de 1967, el Premier británico, Wilson, solicitó de nuevo la apertura de negociaciones con la Comunidad Económica Europea, pero tropezó otra vez con el veto del General De Gaulle quien, en una conferencia de prensa celebrada el 16 del mismo mes, afirmó que Inglaterra, siendo una isla, unida a su Commonwealth y a los Estados Unidos, no podía ingresar en el Mercado Común.

Miguel Mateu prepara una entrevista de Franco con De Gaulle

El 12 de mayo de 1967, el Embajador Miguel Mateu Pla dirigió una carta a Franco en la que le decía que había tomado contacto con el Prefecto de los Pirineos Orientales, Jacques Fresné, a quien sugirió la idea de una entrevista de los dos Jefes de Estado, español y francés, y que el Prefecto, unos días después, le contestó que, si el Generalísimo estaba interesado en celebrarla, podrían reunirse en el mes de junio cuando De Gaulle fuera al Midi, en el Castillo de Perelada (propiedad de Miguel Mateu). Felipe Polo, Secretario del Jefe del Estado, siguiendo instrucciones de Franco, contestó al Embajador que no comprendía su carta; que las relaciones con De Gaulle eran muy buenas y, aunque siempre le sería grato al Generalísimo entrevistarse con él, un encuentro de esta naturaleza escapa a las gestiones particulares y son cosa de los respectivos Ministros de Asuntos Exteriores.

La Ley de Representación familiar en las Cortes

El mismo día que se iniciaban los debates, el 16 de mayo, el *ABC* recogía una selección de editoriales publicados anteriormente sobre el proyecto de Ley en cuestión. En uno de ellos salía al paso de unas declaraciones de Jorge Jordana de Pozas, Presidente de la Unión Nacional de Asociaciones Familiares del Movimiento y a su vez Delegado Nacional de Asociaciones, quien había manifestado su discrepancia con el sistema de presentación de candidatos del proyecto de Ley, ya que no mencionaba las Asociaciones Familiares del Movimiento y sus Federaciones provinciales, cuando —según él—debían ser uno de los cauces de promoción de candidatos.

El editorial de *ABC*, que disentía de esta opinión, señalaba que las Asociaciones Familiares estaban muy directamente sometidas a la Secretaría General del Movimiento: sus estatutos debían ser aprobados por la Delegación Nacional de Asociaciones; los Jefes provinciales del Movimiento podían suspender sus acuerdos, y el Ministro Secretario General podía disolverlas. Ante esa realidad, se preguntaba *ABC*, «¿No resultaría ser éste un cauce demasiado estricto, excesivamente administrativo para hacer fluir por él todo el anchísimo torrente de pareceres, de opiniones distintas, aunque concurrentes, que la Ley Orgánica quiere llevar a las Cortes en nombre de la representación familiar?»

El momento más tenso de los debates (1) llegó con la discusión del artículo séptimo (2), sin lugar a dudas el más controvertido, al que se presentaron un total de 100 enmiendas. La principal de ellas fue la de Torcuato Fernández Miranda, Delegado Nacional de Cultura del Movimiento.

El primero en intervenir en los debates fue el Arzobispo Mons. Olaechea. Pidió que el Gobierno promulgase en su día la Ley de Asociaciones Familiares que abarcase, por provincias, a todos los cabezas de familia y mujeres casadas, encuadrados o no en el Movimiento, de forma que los futuros candidatos ostentasen una verdadera representación.

En la discusión de los distintos apartados del artículo, Torcuato Fernández Miranda señaló que la familia debía crear un nuevo cauce representativo de la democracia orgánica. «Debemos hacer de esta representación familiar —dijo— una representación auténtica. Y para ello es indispensable que exista un vínculo de confianza entre representantes y representados; si no, se produciría un vacío que podría dar paso a los partidos políticos.» Propugnó que los candidatos fueran presentados por las Asociaciones Familiares del Movimiento.

Raimundo Fernández Cuesta, Fermín Sanz Orrio, Luis Sánchez

(1) La ponencia que dictaminó la Ley estaba integrada por Tomás Allende y García-Baxter, Agustín de Asís Garrote, Gonzalo Marcos Chacón, José María Oriol y Urquijo y José María Porcioles Colomer. Presidía Joaquín Bau Nolla y el Marqués de Valdeiglesias era el Secretario de la Comisión.

(2) Este artículo decía:

1. Serán proclamados candidatos a Procuradores en Cortes de representación familiar los cabezas de familia y mujeres casadas que (...), además de encontrarse en las condiciones establecidas en el artículo anterior, reúnan algunas de las siguientes: *a*) Ser o haber sido Procurador en Cortes. *b*) Ser propuesto, por lo menos, por cinco Procuradores en Cortes, que sólo podrán proponer a dos candidatos. *c*) Ser propuesto por cabezas de familia y mujeres casadas incluidos en el censo electoral de la respectiva provincia, en número no inferior al 0,5 % del total del censo.

2. La identidad de los firmantes se acreditará ante la Junta Provincial del Censo, por certificación de la Junta de Gobierno de la Federación Provincial de Asociaciones Familiares, por documento notarial o por el Presidente de la Junta Municipal del Censo.

Agesta y Jorge Jordana de Pozas, entre otros, apoyaron la tesis de Fernández Miranda (1).

Raimundo Fernández Cuesta rectificó su propuesta, adhiriéndose a la postura de la Ponencia de no incluir en el artículo séptimo que los candidatos tuvieran que ser propuestos por las Asociaciones Familiares. En la misma línea se manifestaron Pío Cabanillas, Emilio Lamo de Espinosa y Sánchez Agesta. Se impuso, finalmente, el buen sentido y se mantuvo el texto del proyecto del Gobierno, bastando con ser propuesto por el 0,5 % del censo electoral.

El proyecto de Ley quedó definitivamente aprobado el sábado 27 de mayo.

Plan de desarrollo del Campo de Gibraltar

El 19 de mayo se reunió, presidida por el Comisario Adjunto, Vicente Mortes, la Comisión de Dirección para el Desarrollo Económico y Social del Campo de Gibraltar, constituida por representantes de los diversos Ministerios.

En vista del informe de dicha Comisión de Dirección, que presenté en el Consejo de Ministros del 26 de mayo, se acordó declarar de urgencia la tramitación de todos los expedientes de obras del Campo de Gibraltar.

Las actuaciones emprendidas tenían por objeto crear empleos para los obreros españoles que trabajaban en el Peñón y elevar el nivel de vida de la comarca.

En ese mismo Consejo y, saliendo al paso del exceso de celo del Ministro de Asuntos Exteriores, Castiella, lo que producía crispación en el Gobierno británico, Franco comentó: «¿Para qué ponerle el pie a los fuertes?»

Solís, obstruccionista

Con motivo de su visita, el martes 23 de mayo, a la exposición del Ministerio de la Vivienda en la Feria del Campo, anotó Fraga

(1) También se manifestaron partidarios de las Asociaciones Familiares como cauce para la presentación de candidatos, Bárcena, Reus Cid, Villegas Girón, Rafael Salgado Torres, etc., así como algunos miembros de la Ponencia —Marcos Chacón y Agustín de Asís Garrote—, todos ellos Procuradores en Cortes por la Organización Sindical o por otros organismos del Movimiento.

en su diario: «Veo a Solís muy decidido a hacer obstrucción al grupo económico.» (1)

Candidatos de Silva para diversas Carteras ministeriales

Federico Silva se entrevistó con Luis Carrero Blanco el 29 de mayo de 1967. Lc propuso a Pedro Cortina como Ministro de Asuntos Exteriores, a Alfonso Osorio para Justicia, al General Medrano o al General Zapatero para Ejército, a Gonzalo Fernández de la Mora para Educación, a Blas Piñar para Información y Turismo, a Efrén Borrajo Dacruz para Trabajo, a Leopoldo Calvo Sotelo para Industria y a Gregorio López Bravo para Comercio. La conveniencia de una remodelación del Gobierno se hacía cada vez más patente.

Blas Piñar dispuesto a dimitir de Consejero Nacional

El 31 de mayo, en su despacho con el Jefe del Estado, Federico Silva le leyó una nota, de 3 folios, de Blas Piñar en la que éste protestaba por los ataques de que fue objeto por parte de *Pueblo*, *Arriba*, *La Prensa* y otros periódicos del Movimiento a propósito de sus intervenciones en los debates acerca de la Ley de Libertad Religiosa.

La nota terminaba diciendo: «No puedo admitir, ni un día más, ni la actitud del Ministro del Ejército ni la campaña constante e insidiosa de *Pueblo*, *Arriba* y *La Prensa*. Por disciplina he callado hasta la fecha; pero ante las calumnias de estos dos últimos diarios, que siendo órganos del Movimiento, se complacen en las injurias a un Consejero Nacional, estoy dispuesto a dimitir.» (...)

«A lo menos que tengo derecho es al respeto de la prensa del Movimiento. *La Prensa* de Barcelona debe rectificar inmediatamente su gravísimo y calumnioso editorial y su autor debe ser sancionado. Si así no se hace; si no soy grato, estoy dispuesto a presentar mi dimisión de Consejero. Mi lealtad se hallará por encima de tantas miserias y de tantos golpes bajos.»

(1) Fraga, *op. cit.* pág. 201.

La situación en la Universidad

También dio lectura Silva, en ese despacho en El Pardo, a una nota de 8 folios titulada *La cuestión universitaria*. En ella se dice: «En los últimos cinco años el proceso de disolución del principio de autoridad en la Universidad es creciente. Si se recuenta el número de incidentes producidos entre 1961 y 1966, se observa que el ritmo es acelerado y que aumenta la intensidad y la extensión de los disturbios. Hace aproximadamente un lustro no había estudiantes pro-chinos. Hoy, en algunos cursos, son cerca del 10 % de los alumnos y agrupa a los más audaces.»

«La violencia de los dirigentes izquierdistas es cada vez mayor y, apelando a la solidaridad estudiantil, están consiguiendo o el apoyo tácito o la neutralidad de la gran masa de los alumnos.»

«Cuando los incidentes universitarios se generalizan y se coordinan con otros de carácter obrero dejan de ser anécdotas del estamento juvenil o mal humor de la minoría intelectual para convertirse en torpedos dirigidos a la línea de flotación de los Estados.»

En dicha nota se proponían medidas inmediatas y otras a largo plazo tales como «imponer a los catedráticos la asistencia a clase y la calidad pedagógica; establecer el sistema de exámenes orales ante tribunal que obligue a los alumnos a estudiar; creación de Universidades libres a fin de descongestionar las estatales y de estimularlas con la competencia; implantación del principio de contratación temporal de los catedráticos para evitar su adocenamiento intelectual; creación de nuevas Universidades estatales, desconcentración de las Facultades; limitación del número de alumnos mediante exámenes de selección previa, etc.

Los debates acerca de la Ley Orgánica del Movimiento y de su Consejo Nacional

La Ponencia (1) encargada de emitir informe acerca de las enmiendas presentadas, lo entregó el 16 de mayo y en él proponía

(1) La ponencia estuvo constituida por José María Aguirre Gonzalo, Licinio de la Fuente y de la Fuente, Jesús Fueyo Álvarez, José Ignacio Escobar Kirpatrick, Marqués de Valdeiglesias, Vicente Mortes Alfonso, Juan Sánchez-Cortés Dávila y José Luis Zamanillo González-Camino.

un texto del proyecto de ley que en poco difería del proyecto inicial. El Marqués de Valdeiglesias salvó su voto con respecto a la inclusión en la ley de los Consejos Provinciales y Locales, así como al sistema de elección de los Consejeros representantes de las Provincias.

La Comisión de Leyes Fundamentales y Presidencia del Gobierno, a la que fueron adscritos Juan Sánchez-Cortés y Dávila, Pedro González Bueno, Santiago Pardo Canalis, Antonio Pedrosa Latas, Emilio Romero y Carlos Pinilla Turiño, fue convocada para dar comienzo, el 31 de mayo, a los debates de dicho proyecto de Ley.

Posturas enfrentadas

El ambiente estuvo muy caldeado. Desde el primer día se manifestaron dos posturas antagónicas: la monolítica y la aperturista. Las principales intervenciones en favor de la apertura fueron las del General Jorge Vigón, ex Ministro de Obras Públicas, la del entonces Subsecretario con Silva de este Departamento, Santiago Udina Martorell, la del Alcalde de Barcelona, José María de Porcioles, la de los catedráticos Luis Sánchez Agesta, Agustín Cotorruelo Sendagorta y Florentino Pérez Embid y la del tradicionalista Lucas María de Oriol y Urquijo. Vale la pena recoger una síntesis de los debates.

Vigón

El General Jorge Vigón dijo: «Se trata de una evidente alteración de lo ordenado en la Ley Orgánica del Estado.» «El proyecto de ley que estamos considerando infringe, cuando menos, tres Leyes Fundamentales; la de Principios del Movimiento, el Fuero de los Españoles y la Ley Orgánica del Estado.» «Parece un poco fuerte que cuando se trata de dar vida al Consejo Nacional, que tendrá la misión de promover el recurso de contrafuero, la disposición legal que se propone crearlo, constituya ella misma un clarísimo, flagrante y evidente contrafuero.» En virtud de estas y otras muchas razones, Jorge Vigón Suero-Díaz solicitó que el proyecto fuera devuelto al Gobierno.

Sánchez Agesta

Sánchez Agesta afirmó: «El 14 de diciembre los españoles votaron masivamente la Ley Orgánica del Estado; es preciso responder con exactitud a la significación de aquella manifestación popular, y al texto de la Ley Orgánica del Estado.» (...) «Lo importante es que tengamos presente aquí lo que en líneas generales marcó en aquella ocasión el Jefe del Estado: democratización progresiva, Estado de Derecho, fidelidad al espíritu cristiano, y no convertir al Movimiento en algo inmovilista y retrógrado.»Y terminó diciendo: «Debemos limitarnos aquí a estructurar el Consejo Nacional.»

Discurso premonitorio de Pérez Embid

Florentino Pérez Embid pronunció el 31 de mayo, un importante discurso ante la Comisión de las Cortes que tuvo amplio eco en la prensa:

«Ya comprenderéis —dijo— que no me hago ilusiones acerca de cuál es el destino que en esta Comisión, tal como está constituida, espera a la enmienda que en este momento voy a defender. Pero me mueven a ello dos estímulos de primera calidad moral y política: primero, mi propio patriotismo, y segundo, el deseo de dar testimonio de un criterio que estoy seguro no ser yo el único español en defender.

Estamos ante un proyecto de ley eminentemente político. Y estamos —no hay que olvidarlo— en 1967. Desde los años 30 ha pasado mucha agua por bajo los puentes de Europa, y hoy en ningún país de Europa, ni del mundo libre, puede la política encerrarse en las fórmulas totalitarias del partido único ni de nada que se le parezca.

Los dos escollos que, a mi juicio, tiene que salvar la presente ley son la política sin ideas y el partido único. Son ambas dos vías muertas, entre las cuales nuestro país necesita encontrar una fórmula de porvenir. Tal fórmula es la construcción sincera de un Estado de Derecho, de base representativa, que encauce la realidad española de hoy y de mañana sin artilugios artificiales ni aparatos ortopédicos. A mi juicio, este proyecto de ley no lo hace.

La Ley Orgánica del Estado representó una apertura institucional hacia el futuro y por eso obtuvo un amplio margen de adhesiones en el pueblo español. De ahí que apartarse de su texto, deformarlo o retorcerlo sea una labor partidista, que lleva por sí misma al enfrentamiento y la división. El Estado nacional no puede estar montado sobre un solo partido, ni los españoles consentirían que un solo partido se apodere del Estado.

En resumen, mi enmienda propone que esta Ley se limite a regular lo que la Ley Orgánica del Estado dispone: la forma de elección de los Consejeros de cada provincia y el funcionamiento del Pleno y de la Comisión Permanente del Consejo Nacional.

La Ley Orgánica del Estado (artículo cuarto) define al Movimiento como "abierto a la totalidad de los españoles", mientras que ahora este proyecto convierte esa frase en "abierto a todos los españoles, previa aceptación expresa de fidelidad a sus Principios en la forma que reglamentariamente se determine". El cambio no es meramente gramatical. La interpolación es un procedimiento viejo, que los historiadores conocemos bien. Es tanto como decir: todos, pero menos. Remitir eso a lo que detalle un reglamento acerca del cual no tenemos por el momento dato alguno equivale de hecho a un permiso en blanco para restablecer la discriminación política, la clasificación antigua entre "militantes", "adheridos" y gentes extramuros, lo cual es algo del todo incongruente con la vida política del porvenir.

Estáis ante el riesgo de obtener una victoria pírrica. Lo cual, a la larga, es mucho peor para los propios seudotriunfadores, y por supuesto para el pueblo entero, que una noble toma de conciencia de la realidad y una decisión consecuente. Suceda lo que suceda en nuestro país, la España de mañana prescindirá automáticamente de un texto legal que no responda a las líneas maestras de la realidad nacional y a las convicciones profundas de la conciencia colectiva. Cualquier falta de respeto a la verdadera realidad española será el talón de Aquiles de la propia Ley. Porque la vitalidad y la permanencia del Derecho sólo puede lograrse ganando el respeto de las gentes, o lo que es lo mismo, abriendo con sinceridad las instituciones para que se asienten sobre una base popular participada, que legitime el Poder, la vida política, el Estado, y les haga presentables en el mundo actual y en el mundo de mañana.»

Intervención de Lucas Oriol

Lucas Oriol comenzó diciendo: «El proyecto que nos reúne aquí se refiere al Consejo Nacional; pero el Consejo Nacional no ha sido oído.» Más adelante dijo: «Es necesario revisar a fondo el montaje de la llamada Organización del Movimiento» (...) «Pretender mantener una Organización que da lugar al Estado de acaparamiento cuando empieza a perfilarse el Estado de promoción y de contraste de pareceres sería dar marcha atrás» (...) «El proyecto "da a entender que es necesario proteger a la Ley Orgánica del Estado contra sus propios planteamientos".»

Contesta la Ponencia

Contestó, en nombre de la Ponencia, Jesús Fueyo. Su intervención mereció a Torcuato Luca de Tena, en su Crónica Parlamentaria, el siguiente comentario: «El discurso de Jesús Fueyo no sólo fue ágil, mordaz, inteligente, irónico, despectivo, a veces acre y a veces insolente; fue, sobre todo, muy hábil. Yo no lo entendí. Y no porque no fueran muy de mi agrado vocablos como los siguientes: "axiología", "platonismo político", "excogitación", "puritanismo metafísco", "partidocrático", "expresión diabolizada", "monocracia", "macrosindéresis" o "la normatividad ex-ante", rigurosamente extraídos todos ellos de su vocabulario de ayer. No. La razón por la que no le entendí es muy otra: porque no quiso que se le entendiera. Fue voluntariamente oscuro sin dejar por eso de ser brillante. ¿Cabe mayor habilidad?» (1)

Adolfo Muñoz Alonso

En la sesión del 1 de junio hizo uso de la palabra Adolfo Muñoz Alonso y criticó a «los partidos de la asepsia política». Torcuato Luca de Tena glosó esa intervención en su Crónica parlamentaria, diciendo: «La palma de los excesos intolerables corrió a cargo de Adolfo Muñoz Alonso. Hubo exceso cuando empleó el término "pornofonía", para distinguirlo de "pornografía", al referirse a los discursos de quienes no pensaban como él; hubo exceso, y de los grandes, cuando exclamó: "Y si esto le molesta a algún Ministro del Gobierno más le valiera tener categoría de 'ex' desde antes de haber nacido"; hubo, en fin, exceso cuando dijo la siguiente frase: "No emplearemos 'todavía' la dialéctica de los puños y las pistolas." El presidente, señor Bau, le interrumpió automáticamente» (2).

Fermín Zelada

Fermín Zelada comenzó por ratificar, como «hombre del Movimiento», su situación, ya que pertenecía a la organización desde

(1) *ABC*, 1 de junio de 1967.
(2) *ABC*, de 2 de junio de 1967.

el 19 de abril de 1937. Dijo que «el pueblo español debe un homenaje al Movimiento por los treinta años de paz, sin los cuales no estaríamos aquí discutiendo estos temas». Continuó diciendo que las palabras, no las ideas, han sentido la erosión del tiempo, por lo que, «han de ser adecuadas a la época». «Por eso —concluyó— yo hubiera preferido que el Gobierno enviara a las Cortes un proyecto de Ley del Consejo Nacional.»

Luis Arellano

Luis Arellano, tras recordar que él era diputado tradicionalista por Navarra cuando se fundó Falange Española y que fue miembro de la primera Junta Política después de la Unificación, en 1937, afirmó que no le habían convencido las razones expuestas el día anterior por Jesús Fueyo y que estaba en contra del proyecto de ley. Sus últimas palabras fueron: «Votaré en contra y pido a Dios que el equivocado sea yo.»

Agustín Cotorruelo

Agustín Cotorruelo expresó su admiración por la figura de José Antonio Primo de Rivera. «Ahora bien, —añadió— el Movimiento, después de la Ley Orgánica del Estado, se ha modificado por lo que el proyecto debe ceñirse a regular el Consejo Nacional y ésta debe ser su denominación.»

Mariano Navarro Rubio

Mariano Navarro Rubio se situó en la misma línea de pensamiento afirmando que la Ley Orgánica del Estado estaba muy bien pensada y muy bien matizada y cuando hablaba de Consejo Nacional y no de Consejo Nacional del Movimiento, por algo sería. Dicha Ley encuadró el Consejo Nacional dentro del marco institucional del Estado. El proyecto de Ley del Movimiento —argumentó Navarro Rubio— producía un cambio de ángulo visual que desenfocaba la visión de todo el sistema institucional.

Reacción de los periódicos del Movimiento

Como botón de muestra de su actitud beligerante, citaré un artículo de Lavedan publicado en *La Prensa* de Barcelona del 2 de junio, bajo el título «Se ha levantado la veda» al que pertenece el siguiente párrafo: «Sí, ¡se ha levantado la veda! Anteayer. Y en el viejo Palacio del Congreso de Diputados de la Villa y Corte. Ello ha permitido que los cazadores furtivos políticos que, desde cotos privilegiados sin guarda, disparaban contra la "pieza" del Movimiento refugiados en una cómoda o vergonzante clandestinidad, ahora, amparados por la ley y por la libertad democrática que ésta concede, salgan a "sol descubierto" y disparen contra aquél, con balín o con cartuchos de perdigones, se llamen los "cazadores", Procuradores en Cortes o periodistas y comentaristas.»

Despacho con Franco

La mayor parte de mi despacho con el Jefe del Estado del 1 de junio versó acerca de asuntos económicos. Le presenté la Memoria sobre la ejecución del I Plan de Desarrollo correspondiente al año 1966 y los resultados de la Encuesta sobre la población activa (1).

Le di cuenta a Franco del borrador del informe anual de la OCDE sobre la economía española que nos había sido facilitado para formular observaciones antes de su redacción definitiva y ulterior publicación. Una vez más le insistí en la necesidad de reducir el gasto público con objeto de frenar la inflación y liberar recursos para inversiones productivas.

Le comenté el prólogo de Santiago Carrillo al libro *Un futuro para España* del que podían sacarse provechosas conclusiones.

Por último le informé del estado de salud de Gual Villalbí a quien se le había diagnosticado que padecía leucemia.

(1) La encuesta arrojaba un total de 12.200.000 trabajadores, de los cuales, el 34 % pertenecía al sector primario (agricultura, ganadería y pesca). Aunque el peso de este sector había disminuido en relación con el año 1960, en el cual representaba el 41 % de la población activa, estábamos todavía muy lejos del reducido porcentaje que ofrecían los países industrializados. El gran número de población campesina se traducía, como es lógico, para este sector en una renta per cápita muy baja.

La escena del sofá

En el Consejo de Ministros del 2 de junio, Solís informó acerca de los debates sobre Ley Orgánica del Movimiento y cargó las tintas al referirse a las intervenciones de los Procuradores en Cortes que defendían las enmiendas más opuestas a dicha ley. Al terminar su informe, Solís hizo señas a Silva para que saliera del salón del Consejo pues quería hablar con él de la intervención parlamentaria del Subsecretario de Obras Públicas, Santiago Udina. Estuvieron un buen rato conversando. Cuando Silva se reintegró a la reunión me pasó una nota que decía: «¡Ha salido corriendo a hacerme la escena del sofá!»

En el mismo Consejo de Ministros, Castiella dio cuenta de las nuevas conversaciones acerca de Gibraltar que iban a iniciarse tres días después. ¡Sublime obsesión!

Prosiguen los debates de la Ley del Movimiento a ritmo acelerado

En la sesión del viernes, José Manuel Mateu de Ros afirmó: «Si al Movimiento no se le da una regulación adecuada, se producirá en el país un vacío lamentable; un vacío que sería llenado por los partidos políticos de hecho, ya que no de derecho.»

Lucas Oriol pidió que no se introdujera la denominación de «Ministro Secretario General del Movimiento» sino que se aceptara la de «Secretario General del Consejo Nacional» que es la acuñada por la Ley Orgánica del Estado.

Santiago Udina invocó el contrafuero por entender que el proyecto vulneraba el concepto de Movimiento «abierto a todos los españoles», contenido en aquella Ley Fundamental.

Rivas Guadilla, por su parte, manifestó que echaba de menos las indispensables normas que efectivamente abrieran el Movimiento a todos los españoles.

Sin embargo, la mayoría hegemónica de la Secretaría General del Movimiento hizo que el artículo 1.º fuera aprobado por la Comisión. Comentando este hecho, José M.ª Ruiz Gallardón escribió en *ABC* (1): «El Movimiento Nacional va a tener su Organización. O, por mejor decir, sus organizaciones. Y éstas van a ser, no lo duden ustedes ni un momento, las actuales, con muy ligeras, muy tenues variantes. Al tiempo. Quienes votamos "Sí" el 14 de diciembre de 1966 y no pertenecemos a esas organizaciones, quienes ilusionadamente y sin ninguna ingenuidad vimos y seguimos viendo en la Ley Orgánica del Estado una nueva y acertada Constitución, progresiva y realista, de la nación española, vamos a tener que contar con ese hecho indiscutible; poco, muy poco va a cambiar en el futuro la estructura y funcionamiento del Movimiento en su versión actuante.»

En el debate en torno al artículo segundo, Emilio Romero propuso que la referencia que hacía dicho precepto a la fidelidad a los Principios del Movimiento fuera sustituida por fidelidad «al orden constitucional vigente». Intervinieron luego varios Procuradores que, en síntesis, presentaron dos fórmulas contrapuestas: la de Raimundo Fernández Cuesta que postulaba para pertenecer al Movimiento y a sus entidades y organizaciones el requisito de la «previa aceptación expresa de sus Principios y demás Leyes Fundamentales»; y la de Luis Sánchez Agesta quien, partiendo de la distinción entre el Movimiento —que debía estar abierto a todos los españoles— y sus entidades y organizaciones, propugnó que sólo se exigiera dicha aceptación para participar en éstas. «Si no encontramos una tercera fórmula entre un Movimiento continuista y otro radicalmente renovador —afirmó Sánchez Agesta— no es que pueda hablarse de partido político, pero si de algo que se le asemeja.»

Apoyaron la fórmula de Sánchez Agesta, Agustín Cotorruelo y Santiago Udina, en tanto que la fórmula de Fernández Cuesta fue apoyada por los hombres de la Secretaría General del Movimiento: Carlos Pinilla, Antonio Pedrosa Latas, Antonio Hernández Navarro, Agustín de Asís Garrote, Cruz Martínez Esteruelas, Eduardo Villegas Girón y Emilio Lamo de Espinosa. Nuevamente se impuso la técnica del rodillo y triunfó esta última fórmula.

Viaje de Franco a Castellón y Tarragona. — La «guerra de los seis días»

El 3 de junio, Franco embarcó en el *Azor*, acompañado de los Ministros de Marina y de Industria, Nieto Antúnez y López Bravo,

(1) *ABC*, del 3 de junio 1967, pág. 67.

respectivamente, y se dirigió a Castellón, donde visitó varias instalaciones industriales. Yo me uní allí a la comitiva y seguí luego viaje por carretera a Tarragona. Franco y Nieto Antúnez embarcaron de nuevo en el *Azor*. Durante la travesía marítima se produjo, el 5 de junio, el inicio de la guerra en el Oriente Medio. En vista de ello, la visita a Tarragona —donde no se hablaba de otra cosa en los medios políticos— se abrevió y Franco decidió regresar de inmediato a Madrid.

El Ejército israelí al mando de Moshe Dayan, realizó un rápido avance y conquistó todo el territorio egipcio situado al Este del Canal de Suez y la Cisjordania. Se reunió varias veces el Consejo de Seguridad de la ONU y acordó pedir el «alto el fuego», que Jordania aceptó el 7 de junio y Egipto el 8. El día, 10, las Fuerzas Armadas de ambos países tuvieron que capitular ante Israel. Al día siguiente, el Presidente egipcio, Gamal Abdel Nasser, reconocido por los países del Norte de África y el Próximo Oriente como el gran líder de la nación árabe, presentó su dimisión que luego fue retirada.

Para vengarse del triunfo israelí, los países árabes suspendieron la entrega de petróleo a las naciones que habían apoyado a Israel, principalmente Estados Unidos y Gran Bretaña. Estados Unidos solicitó a España que asumiera la representación de sus intereses en Egipto, papel que correspondió desempeñar al Embajador en El Cairo, Ángel Sagaz.

El viernes 9 de junio de celebró una reunión extraordinaria del Consejo de Ministros dedicada principalmente al análisis de las consecuencias del conflicto árabe-israelí y, en particular, al problema de nuestras reservas de petróleo. Franco se mostró escéptico acerca de la posibilidad de un arreglo pacífico entre los árabes y los judíos: «son como el agua y el aceite —dijo—: no hay manera de mezclarlos.»

Balcells a favor del pluralismo político

En la sesión del martes 6 de junio, intervino el Rector de la Universidad de Salamanca, Alfonso Balcells para defender su enmienda en la que propugnaba, en síntesis, con una redacción muy cauta, que «el Movimiento se constituya en organismo coordinador de los grupos de opinión que en su seno puedan formarse».

«Los riesgos que puede provocar en la moral ciudadana del país, tanto un exceso de uniformismos como un monopolio por determinadas fuerzas de los resortes políticos (aunque este monopolio fuese sólo aparente), son tres: primero, el indiferentismo político, el adormecimiento cívico, la apatía por la cosa pública que invade a grandes sectores de nuestra juventud; segundo, la exasperación que empuja a algunos a buscar los inadmisibles cauces de la vía subterránea, cuando no ilegal, para exteriorizar sus actuaciones públicas; tercero, la politización extremada en sectores que debían quedar exentos, por su misma naturaleza, de toda manifestación de este orden, como, por desgracia, acontece en la Universidad y en no pocos seminarios y parroquias del país.»

«Es preciso —añadió— aunar la diversidad en la unidad.» «Francisco Cambó, en un admirable opúsculo titulado "Por la concordia", escribió; "la política del todo o nada debe ser proscrita"». Yo, señores, busco una solución equilibrada que sirva de cauce jurídico a la diversidad de pareceres, a un pluralismo que no sólo existe, sino que es bueno que exista: que está aquí, que es insoslayable y que es positivo.

Licinio de la Fuente, por la Ponencia

Le replicó, en nombre de la Ponencia, Licinio de la Fuente quien dijo: «La enmienda del señor Balcells pretende que el Movimiento se conciba como una federación de asociaciones políticas. El proyecto de ley ha elaborado una fórmula que no llega hasta aquí, pero que supone una armonía entre los principios de unidad y pluralidad» (...) «El problema de las asociaciones políticas —concluyó— corresponde regularlo al Consejo Nacional en su día.»

Tras otras varias intervenciones de menor interés, la enmienda de Balcells fue rechazada.

La Organización Sindical por doquier

Por presión de Solís y sus Sindicatos, la Comisión aprobó introducir en la Ley del Movimiento un nuevo párrafo que hiciese referencia expresa a la Organización Sindical; «El Consejo Nacional, para conseguir que el desarrollo y transformación de las estructuras económicas y sociales se acomode a las exigencias de la justicia social, estimulará la acción de la Organización Sindical, definida en la declaración 13 del Fuero del Trabajo.»

La redacción de este párrafo era poco afortunada; podía interpretarse en sentido peyorativo para la Organización Sindical como si su acción fuera lánguida y necesitara ser estimulada. Pero Solís tenía la obsesión de hacer figurar la Organización Sindical en todas las leyes, viniera o no a cuento (1).

Sesión maratoniana

El martes, 6 de junio, en la sesión de tarde, se aprobaron seis artículos de la Ley del Movimiento (2). Los debates versaron principalmente acerca de los símbolos del Movimiento, el Jefe Nacional y las atribuciones del Consejo Nacional.

Al comentar esta sesión, Torcuato Luca de Tena escribió: «los señores Procuradores que intervienen en los debates están agrupados en dos posiciones: los partidarios del *statu quo* y los que abogan por una mayor o menor apertura política. Ni los primeros son conservadores a ultranza del 100 por 100 de lo establecido, ni los segundos unos insensatos que pretenden remontar contra corriente el curso de la Historia.»

Comento a Franco los debates de la Ley del Movimiento

En el despacho que tuve con el Jefe del Estado, el 7 de junio, me referí a los debates acerca de la Ley Orgánica del Movimiento. No es modo de elaborar las leyes —dije— el improvisar fórmulas, con pasión y apresuramiento. Puse, una vez más, de relieve que en la Organización del FET y de las JONS había una hegemonía de «los profesionales del falangismo» que veían con malos ojos a quienes no procedían de sus filas. «Vuestra Excelencia —dije textualmente— es el Jefe del Estado español. España es más ancha

(1) En la ley del II Plan de Desarrollo, hizo que se la citara expresamente en seis de sus veinte artículos y en una disposición final.

(2) Intervinieron Fagoaga, Valero Bermejo, Fernández Cuesta, Pilar Primo de Riva, Roberto Reyes, Asís Garrote, Mendoza Guinea, Pastor Nieto y Lamo de Espinosa, entre otros Procuradores.

que el Partido. Hay quienes, inconscientemente quizá, quieren hacer de V.E. el Jefe de los afiliados a un partido, no de todos los españoles.»

Pemán comenta la Ley del Movimiento

En el curso de los debates sobre la Ley Orgánica del Movimiento se publicaron varios artículos en uno y otro sentido, entre los que destaca el de José M.ª Pemán en el *Diario de Barcelona* reproducido por *ABC* el 9 de junio en el que dice:

«Treinta años es la edad, se repite constantemente, del Movimiento. Esa cifra puramente temporal y cronológica, aplicada a la vida de un país, de una sociedad, de unos seres humanos, tiene inevitablemente un rótulo que la califica: "evolución" (...) "Ahora que está sobre el tapete, con acelerador de urgencia, la que llaman Ley Orgánica del Movimiento, o del Consejo Nacional, es el instante de calibrar exquisitamente los términos de esa evolución.»

«Unos, tomando pie de la definición que del Movimiento da la Ley Orgánica del Estado, que parece que es nuestra Constitución, afirman que el Movimiento es ahora la concurrencia de todos los españoles que admiten los principios fundamentales del 18 de julio. Esa definición constitucional implica la consideración del Movimiento como un gran acaecimiento histórico; como la guerra de la Independencia, como la Reconquista, como la guerra de Cuba. Los que así piensan no creen que deba petrificarse suceso tan nacional y genérico, en una morfología jerárquica y exclusiva. No hubo socios de la Independencia, ni afiliados a la Reconquista. Consideradas así las cosas, creen que sólo se debe legislar sobre el Consejo Nacional, como una especie de alta Cámara o Senado, que represente esa concurrencia de españoles y cuide de que no se pierda la esencia de los principios fundamentales.»

«Otros, en cambio, consideran que la Ley del Movimiento debe ser la canonización de su estructura jerárquica actual, con sus niveles nacionales, provinciales, locales y su desdoblamiento de la Administración del Estado en otra Administración paralela, donde vuelve a repetirse todo: lo municipal, lo provincial, la educación, el deporte, la Prensa, la información, el servicio exterior. Dos columnas de estructuras gemelas con dos presupuestos paralelos» (...).

«Unas organizaciones que, hace poco, han vuelto a ser definidas como "minoría inasequible al desaliento". ¿Minoría? ¿No habíamos quedado en que era concurrencia de todos los españoles que aceptan los principios fundamentales?»

«Se está construyendo futuro: democracia, entendimiento con Europa: apertura. ¿Se puede contestar a esto reeditando la definición militante, poética, minoritaria, de la Falange de 1934? (1).»

Prosiguen los debates

En la sesión del miércoles 7 de junio, se sometieron a debate cuatro artículos. El que dio lugar a más amplia discusión y a fijar la posición política de los Procuradores, fue el relativo a la elección de los Consejeros Nacionales representantes de las provincias. Se enfrentaron tres posturas: la de quienes propugnaban la elección por sufragio directo de todos los españoles mayores de edad (2); la elección directa y exclusiva de los afiliados al Movimiento (3) y la elección por compromisarios (4). Los partidarios de esta última propuesta no estaban de acuerdo entre sí: unos proponían la inclusión de compromisarios de la Organización Sindical, otros pedían la inclusión de los Consejeros provinciales del Movimiento y otros pretendían excluir los compromisarios de los Ayuntamientos y Diputaciones.

Luis Sánchez Agesta rompió una lanza en favor de que todos los españoles tuvieran participación en la elección de los Consejeros provinciales, pero por la vía de los Consejos provinciales y locales haciendo a éstos auténticamente representativos. ¿Cómo lograrlo? —se preguntó Sánchez Agesta— y su respuesta fue: abriendo la puerta a todos los españoles para que puedan inscribirse en ellos con el solo requisito de su adhesión a los Principios Fundamentales. Jaime Capmany en su crónica publicada en *Arriba* calificó de paradoja que «Luis Sánchez Agesta, profesor de Derecho Político, democristiano y aperturista se mostrara partidario de los Consejos Locales del Movimiento».

Al día siguiente, sometida a votación la redacción de la Ponencia, según la cual la elección de los Consejeros provinciales se haría mediante compromisarios elegidos de entre sus miembros por

(1) *ABC*, 9 de junio 1967, pág. 32.

(2) Santiago Udina, Agustín Cotorruelo, Mariano Fernández-Daza, Marqués de la Encomienda, Diego Sevilla Andrés, Manuel Rivas Guadilla, Emilio Romero, Javier Martínez de Bedoya y Lucas Oriol.

(3) Luis Álvarez Molino, Pilar Sedeño.

(4) Francisco Dadin, Antonio Reus Cid, Antonio Hernández Navarro, Pablo Arredondo.

los Consejos provinciales y locales, fue aprobada, con los votos en contra de Mariano Navarro Rubio, Fermín Zelada, Agustín Cotorruelo y Vicente Rodríguez Casado (1). El resultado de la votación no sorprendió a nadie pues la gran mayoría de los miembros de la Comisión estaban bajo la dependencia o vinculados, más o menos directamente, a la Secretaría General del Movimiento de donde procedía el proyecto de ley.

Las incompatibilidades

Otra cuestión serviría también para fijar la postura política de algunos Procuradores: la de las incompatibilidades para ser candidato a Consejero Nacional en representación de las provincias.

Rafael Díaz Llanos, secundado por Carlos Mendoza Gimeno y Francisco Megolla Rodríguez defendió un régimen de incompatibilidades que excluyera a quienes ostentaran cargos de carácter central o provincial que tuvieran influencia política. Vicente Mortes, en nombre de la Ponencia, propuso que se estableciera el mismo régimen de incompatibilidades que se había aprobado para la Ley de Representación Familiar.

El Subsecretario de Información y Turismo, Pío Cabanillas, le replicó diciendo: «no veo por qué hay que aplicar el sistema de incompatibilidades de la Ley de Representación Familiar, a esta Ley del Movimiento que responde a una naturaleza distinta. Ello significaría prescindir de los hombres útiles de cada provincia». En el mismo sentido, el Delegado Nacional de Cultura del Movimiento, Torcuato Fernández Miranda, sostuvo que las incompatibilidades habían de referirse a aquellos cargos que tienen una autoridad inmediata y directa y que podrían manipular las elecciones. (De este modo, naturalmente, un Subsecretario o un Delegado Nacional del Movimiento, como era el caso de dichos Procuradores, podrían ser candidatos a Consejero Nacional).

Triunfó la tesis de Pío Cabanillas y de Torcuato Fernández Mi-

(1) No votaron en contra Agustín de Asís Garrote, Gonzalo Marcos Chacón, Roberto Reyes y Emilio Romero, entre otros, a pesar de que habían defendido en sus intervenciones parlamentarias posturas opuestas al sistema de elección mediante compromisarios designados por los Consejos Provinciales y Locales del Movimiento. «¿Qué consignas recibieron —se preguntó Torcuato Luca de Tena en su crónica— y de quién las recibieron, caso de haberlas recibido?» y concluía: «Me lamento de que haya habido inspiración para que silenciaran sus votos los que habían iluminado la sala con sus palabras.» (*ABC*, de 10 de junio de 1967, pág. 65).

randa ciñendo la incompatibilidad a los titulares de «cargos *provinciales* de libre designación». Quedaron, por tanto, al margen de la incompatibilidad los cargos de ámbito nacional.

La recta final

El lunes día 12 de junio se reanudaron los debates y en poco más de una hora se aprobaron siete artículos de la Ley del Movimiento. Al día siguiente, en la reunión de la mañana, se aprobaron nueve artículos más y otros tres por la tarde. La única controversia de interés fue la relativa a si el Secretario General del Consejo Nacional debía ser, por razón de este cargo, Ministro del Gobierno. Se opusieron a que fuera Ministro, Lucas Oriol, Santiago Udina y Luis Sánchez Agesta; éste adujo el argumento de que el Consejo Nacional podría ser burlado a través de la relación del Secretario General como Ministro con el Presidente del Gobierno, que es quien nombra los Ministros y puede separarlos.

Le contestó Jesús Fueyo alegando que el Secretario General no es un Ministro sin cartera sino «el eje de circulación entre las posiciones políticas del Gobierno y las de política de principios y de crítica del Consejo Nacional».

«El señor Fueyo —terció Lucas Oriol— maneja el enmascaramiento de las ideas de un modo magistral.»

Como era de esperar, se aprobó el texto según el cual «el Secretario General del Movimiento será Ministro del Gobierno».

El rodillo

El miércoles 14 de junio terminaron los debates sobre la Ley del Movimiento. Una intervención de José María Oriol elevó la temperatura de la Sala: «Expresó su discrepancia con cuanto se había aprobado hasta aquel momento.» En vista de ello, Raimundo Fernández Cuesta dijo: «Siento en el alma que este proyecto vaya a terminar con estas gotas de amargura que ha dejado caer sobre él el señor Oriol.» Juan Sánchez Cortés, por el contrario, calificó de «nobilísima» la intervención de José María Oriol. El General Jorge Vigón, ex Ministro de Obras Públicas, retiró su enmienda a la disposición final primera diciendo: «Yo, que no tengo ninguna ambición, he resuelto no presentar esta enmienda y pedir a Dios que, quienquiera que haya de aplicar esta ley, tenga aquella generosidad y honestidad que piden siempre los exiliados del Poder y los abandonados de la fortuna.» Buen epitafio para una ley que nació muerta. Fue la victoria pírrica de los monolíticos, obedientes a la disciplina del Partido.

Hassan II desea entrevistarse con Franco

El 12 de junio de 1967 Franco recibió a Dris M'Hammedi, Director del Gabinete Real marroquí, portador de una carta de Hassan II en la que el monarca alauita expresaba su deseo de entrevistarse con el Jefe del Estado español. Si Franco quisiera ir a Marruecos sería recibido con todo el cariño que merece su figura; si no, el Rey Hassan podría acudir a Málaga o donde fuera conveniente.

Franco respondió expresando su afecto al pueblo marroquí. «Las diferencias son cosas del pasado y no cosa nuestra. Hemos de respetar la voluntad de nuestros pueblos; por eso las renuncias a la soberanía no están en la mano de los gobernantes. Me agradaría mucho ver al Rey, pero no para tratar de asuntos que no están maduros; es mejor que trabajen nuestros respectivos colaboradores.»

Reunión para tratar de las conversaciones con la CEE

El 13 de junio tuvimos una reunión en el Palacio de Santa Cruz, presidida por Castiella, dedicada al Mercado Común. Se examinaron los distintos aspectos de la cuestión, la posición de «Los Seis», las ofertas que España podía presentar a la Comunidad, las repercusiones que la paulatina integración en el Mercado Común tendría sobre nuestra economía, etc. Todos los Ministros Económicos en sentido amplio (participó también en la reunión el de Información y Turismo) coincidimos en la conveniencia de proseguir las conversaciones encaminadas a llegar a un acuerdo comercial preferencial con la CEE como primer paso hacia una futura adhesión al Tratado de Roma, puesto que las ventajas políticas y económicas eran superiores a los efectos negativos de los necesarios reajustes y reconversiones de nuestro sistema productivo que ello comportaría.

Consejo de Ministros fuertemente polémico

Los temas económicos fueron los que más absorbieron la atención del Gobierno y frecuentemente dieron lugar a intensos debates que ocupaban la mayor parte del tiempo de las reuniones ministeriales. Prototipo de estos Consejos de carácter predominantemente económico fue el de 16 de junio de 1967 (1). Voy a relatarlo con cierto detenimiento, pues refleja la viveza de las discusiones que no rara vez se producían entre los Ministros.

Presenté en aquella ocasión un Informe sobre la situación económica, de 70 folios, que había sido previamente distribuido a todos los miembros del Gobierno. El Informe constaba de una introducción, de un balance de situación al 31 de mayo de 1967 (2), y presentaba las alternativas que tal situación ofrecía, concluyendo con una propuesta de medidas concretas.

Centré el diagnóstico en la poca confianza de los empresarios en el futuro de la economía y en la política económica del Gobierno. Subrayé el empeoramiento de la situación desde el pasado verano, en lo referente a alzas de precios, pérdida de divisas y debilitamiento de la inversión industrial. Señalé que, de mantenerse esta tendencia, podríamos, en breve plazo, vernos obligados a modificar la paridad de la peseta.

Hice ver que la inflación, las alzas salariales y el aumento de costes de producción, producían un deterioro de la posición competitiva de la economía española, lo cual estimularía las importaciones, frenaría las exportaciones y desalentaría al turismo. También hice hincapié en que el desbordamiento del consumo y el debilitamiento de la inversión socavaba las bases del crecimiento

(1) Conservo un amplio guión de mi exposición inicial (tres folios) y abundantes notas tomadas a lo largo de la discusión (25 hojas del bloc con el membrete del Consejo de Ministros).

(2) En el Informe se analizaba la evolución de los precios, el sector exterior, el sistema financiero, los sectores productivos, las retribuciones de los funcionarios, el empleo, la emigración, los salarios y la seguridad social, y terminaba con un resumen, en 10 puntos, de la situación económica. A continuación, se exponían unos comentarios a las medidas coyunturales adoptadas entre noviembre de 1964 y febrero de 1967.

económico. Indiqué, asimismo, que las medidas monetarias por sí solas eran insuficientes.

Señalé que se habían producido desviaciones importantes respecto de las previsiones del Plan de Desarrollo. Se cumplía lo menos difícil del Plan, especialmente el Programa de Inversiones Públicas, pero, en cambio, se demoraba lo arduo: la reforma de las estructuras.

Concluí de todo ello que sólo había dos únicas soluciones alternativas: una nueva estabilización o la estricta sujeción de la evolución económica a los objetivos señalados por el Gobierno. No había una tercera solución, porque seguir igual no resolvería nada. Di lectura a la propuesta de medidas contenidas en el Informe y terminé pidiendo al Gobierno que se pronunciara sobre el camino a seguir.

Tras mi exposición, el Ministro de Trabajo, Jesús Romeo, dio lectura a una nota que llevaba preparada en la que se hacía una dura crítica del Informe de la Comisaría del Plan de Desarrollo. Lamenté que no se hubiera distribuido la nota al igual que lo había sido el Informe de la Comisaría. Respetando sus puntos de vista, no pude compartirlos y fui refutando uno por uno los argumentos del Ministerio de Trabajo; concretamente, negué que hubiera disminuido la participación de los trabajadores en la renta nacional, pues la realidad demostraba lo contrario. También negué que se hubieran congelado las Empresas públicas, pues se les asignaban 15.000 millones de pesetas en el Programa de Inversiones.

En cuanto a la invocación que hacía Jesús Romeo de la necesidad de garantizar por encima de todo la paz social, hube de decir que «a la paz no se llega por la claudicación». Me lamenté de que las medidas decididas por el Gobierno sobre la política salarial no se hubieran aplicado todavía. Y señalé que la nota del Ministerio de Trabajo había omitido el hecho evidente de la desaceleración de las inversiones. El choque con el Ministro Jesús Romeo resultó bastante fuerte.

Intervino Solís, Ministro Secretario General del Movimiento y Delegado Nacional de Sindicatos. También hube de refutar sus afirmaciones, por ejemplo, la de que sólo se había realizado el 50 % del Programa de Inversiones Públicas, siendo así que se había cumplido en más del 90 %; igualmente, la afirmación de que el aumento de los salarios agrícolas no había influido en los precios, lo cual obviamente no era cierto, y otra afirmación según la cual el aumento de los salarios fue menor que el de la productividad más el alza del coste de la vida, cuando en el período 1963-66 los salarios habían aumentado un 62,4 %, en tanto que la productividad había aumentado un 22,8 % y el coste de la vida un 21,9 %.

Afirmó también Solís que no se hablaba en el Informe de la Comisaría de la evasión de capitales. Esto era inexacto puesto que en la página 12, que leí, se decía textualmente: «Se está produciendo una evasión de capitales.» Me opuse a su tesis de que la contención de salarios había que dejarla para lo último, pues no se podía olvidar que la masa salarial representaba un volumen de 520.000 millones de pesetas frente a 40.000 millones, los dividendos. Insistí en la necesidad de aplicar todas las medidas empezando por taponar las mayores brechas.

Intervinieron también los Ministros de Hacienda, Espinosa San Martín, y de Comercio, García Moncó. El primero para sostener que el aumento de los sueldos de los funcionarios en 1966 no era excesivo, a lo que yo respondí que el salto se produciría en el año 1968 a consecuencia, principalmente, del incremento de la dotación de las clases pasivas.

El Ministro de Comercio hizo varias puntualizaciones: dijo que ni estaba justificado el optimismo ni el pesimismo: la Balanza de Pagos, en los cinco primeros meses de 1967, no estaba peor que el año anterior; en el mes de mayo habían bajado los precios alimenticios en un 1,3 %; los ingresos por turismo se habían incrementado y existía una potencialidad de desarrollo muy importante.

A su juicio, el principal problema de fondo era, como se decía en el Informe de la Comisaría del Plan, la reestructuración de nuestro sistema productivo y la verdadera alternativa que se nos presentaba era actuar o no actuar: si no se hacía, llegaríamos a un nuevo Plan de Estabilización. Insistió en que la política agraria había de llevarse con gran energía; que debíamos centrarnos en unos pocos problemas y volcar los recursos en ellos, y que era preciso que las medidas coyunturales no fueran contrarias a la política a largo plazo.

El Ministro de Información y Turismo, Manuel Fraga, ofreció las cifras de turismo que mostraban una tendencia favorable. Dijo que debía evitarse dictar medidas que provocaran la huida de capitales y que se hacía necesaria «la reforma de la maquinaria existente». Al término de su intervención, Fraga echó un capote a Jesús Romeo.

El Capitán General Muñoz Grandes expuso las necesidades de la Defensa nacional y su temor a que no contara con los recursos económicos que requería.

Franco cerró el debate dando una nota de esperanza. Recordó que «partiendo de la nada, hemos estado viviendo» y afirmó que lo más preocupante era la balanza comercial y de pagos. Dijo que desde la liberalización de la economía, la balanza comercial iba agravándose, que se hacían importaciones innecesarias; que al término de la guerra no teníamos nada que exportar y que ahora estábamos en condiciones de expansionar nuestras exportaciones. Insistió en dar preferencia a la nivelación de la balanza de pagos. Esta preocupación era una constante en su enfoque de la economía.

Como resultado del debate, el Consejo de Ministros aprobó el cuadro macroeconómico y las líneas generales de la política a seguir, que se indicaban en mi Informe.

Solís me pasó una nota de su puño y letra que decía: «Laureano, enhorabuena». Pero al día siguiente, el Secretario General de la Organización Sindical, Arturo Espinosa Poveda, encargó al Director de *Pueblo* una campaña contra el Plan de Desarrollo.

Oportuna carta del Embajador Cortina

Una extensa carta, de 7 folios, del Embajador en París, Pedro Cortina, al Ministro Castiella, de fecha 19 de junio de 1967, describía la crítica situación de la economía francesa —estancamiento de la producción industrial y de las exportaciones, aumento del paro, alza de precios, déficit presupuestario, etc.— debida, a su juicio, al retraso con que el Gobierno, por motivos electorales, había reaccionado ante los problemas económicos.

Unido esto a los temidos efectos de la supresión de los aranceles entre los Seis en julio de 1968, provocaba un profundo malestar en los medios empresariales: pensaban que todas las ventajas que hasta entonces había obtenido Francia de la Comunidad podían cambiar de signo al enfrentarse la industria francesa, sin protección alguna, con la de los otros países de la CEE. La carta terminaba con el siguiente párrafo:

«En el momento en que, por fin, parece que se va a dar un mandato a la Comisión de la CEE para iniciar las negociaciones con España, no está de más tomar nota del ejemplo ajeno, en la medida que pueda sernos útil, al tener que encararnos con los problemas económicos que han de derivarse de nuestra integración internacional, especialmente el que ha de suponer para nuestras empresas una competitividad cada vez mayor.»

Despacho con Franco del 22 de junio: sugiero que nombre Vicepresidente económico a López Bravo

El Jefe del Estado me leyó la carta de Cortina a que acabo de referirme, sobre la situación económica francesa. Le dije: «Yo sé que V.E. está preocupado por nuestra economía y sabe no aparentarlo. Esto me tranquiliza.» La situación económica —seguí diciendo— exige actuar. La mejoría estacional de la balanza de pagos en la temporada turística no debe ocultarnos la realidad.

En octubre volverá a haber pérdida de divisas si no se adoptan antes las decisiones oportunas. La situación puede complicarse en el otoño con el recrudecimiento estacional de las alzas de los precios y las presiones salariales. El Gobierno no puede dormir la siesta durante el verano que es justamente el tiempo de que podemos disponer para hacer variar el sesgo de la situación económica.

Me temo que las medidas acordadas en el último Consejo de Ministros queden en agua de borrajas. Nadie pudo rebatir el Informe que presenté, pero en la semana que ha transcurrido no se ha hecho nada: los Ministros de Agricultura y de Comercio no han adoptado ninguna medida. El escrito que leyó el Ministro de Trabajo no se ha distribuido todavía a los demás Ministros. Sigue la división del Gobierno: Solís, en unas declaraciones sobre el FORPPA ha dicho que el Ministerio de Hacienda esquilma a los agricultores. El Informe sindical sobre la evolución socioeconómica no refleja la realidad. Se está practicando un sindicalismo decimonónico de reivindicaciones salariales nominales, sin tener en cuenta su repercusión en los precios y los condicionamientos del interés general de la economía.

El Ministro de Hacienda se opone al escalonamiento de las mejoras de las pensiones de las clases pasivas. Se nos echa encima el inicio de las negociaciones con la CEE y el Ministro de Asuntos Exteriores prácticamente se desentiende del tema.

En definitiva, nos encontramos ante un cantonalismo de los Ministerios. Por ello me permito sugerir a V.E. la conveniencia de nombrar un Vicepresidente económico del Gobierno, que podría ser López Bravo, hombre de gran talento, enérgico y eficaz. Yo, por mi parte, colaboraría con todas mis fuerzas para que fuera efectiva, bajo su batuta, la coordinación entre los Ministros económicos, incluidos los de Trabajo, Obras Públicas, Información y Turismo y Vivienda.

«La Ley del Movimiento puede derogarse sin necesidad de referéndum» (Franco)

Por último, manifesté a Franco la viva contrariedad que me había producido la promulgación de la «Ley Orgánica del Movimiento y de su Consejo Nacional», claramente involutiva. La nueva ley, afirmé, dice lo contrario que la Ley Orgánica del Estado y supone un retroceso en la evolución política al encastillarse en posiciones que creíamos superadas al acudir a las urnas el 14 de diciembre anterior.

«No se preocupe usted, Rodó —me dijo Franco—: la Ley del Movimiento es una ley ordinaria que puede modificarse o derogarse por otra posterior, mientras que la Ley Orgánica del Estado es Ley Fundamental que sólo puede ser modificada mediante referéndum».

Se solicita la prórroga de la legislatura

El Consejo de Ministros, en su reunión del 23 de junio, acordó solicitar al Jefe del Estado que, previo el preceptivo dictamen del Consejo del Reino, tuviera a bien prorrogar la legislatura de las Cortes, que finalizaba el día 6 del siguiente mes de julio, hasta el 15 de noviembre.

El motivo de la prórroga era que la Ley de Representación Familiar en las Cortes estaba pendiente de aprobación por el Pleno convocado para el 26 de junio y, dada la conveniencia de que las elecciones no se celebraran en verano, éstas serían convocadas en octubre, por lo cual, teniendo en cuenta lo plazos del proceso electoral, la nueva legislatura no podría constituirse antes de noviembre.

El Consejo del Reino se reunió el 28 de junio y emitió dictamen favorable a la prórroga, cuyo texto se incluye en el anejo documental. Cumplido este trámite, el Jefe del Estado prorrogó la legislatura hasta el 15 de noviembre.

En ese Consejo de Ministros del 23 de junio se produjo una viva discusión entre el Ministro de la Gobernación, Alonso Vega, y el de Información, Fraga Iribarne, a propósito de unos escritos de Arrabal aparecidos en la revista *Índice*. Don Camilo le dijo a

Fraga, «No le comprendo a usted, que lleva con energía su Departamento, pero es tan débil frente a estas desvergüenzas». Fraga le replicó: «Mi deber es emplear la energía como mejor sirva a los intereses del Estado.» Franco no hizo comentario alguno.

Se aprueban las Leyes de Libertad Religiosa, de Representación Familiar y Orgánica del Movimiento

El Pleno de las Cortes del 26 de junio revistió especial importancia. El Ministro de Justicia, Antonio María Oriol, defendió la Ley de Libertad Religiosa que venía a desarrollar el artículo 6 del Fuero de los Españoles en la nueva redacción que le dio la Ley Orgánica del Estado, de conformidad con la Declaración conciliar y con el expreso beneplácito de la Santa Sede.

El Almirante Carrero Blanco pronunció discurso en defensa de la Ley de Representación Familiar que abrió las puertas de las Cortes a ciento ocho nuevos Procuradores de carácter electivo.

Solís asumió la defensa de la Ley Orgánica del Movimiento y de su Consejo Nacional que, apartándose de la letra y del espíritu de la Ley Orgánica del Estado, mantenía el aparato del Partido, si bien introducía, por imperativo de esta última ley, cincuenta Consejeros Nacionales electivos. Pero la elección de estos Consejeros Nacionales por cada provincia tenía que hacerse (porque prevaleció, según vimos, el criterio cerrado de la Secretaría General del Movimiento) mediante compromisarios elegidos, entre sus miembros, por los Consejos Provinciales y Locales.

El comentario de Emilio Romero, en *Pueblo* a este Pleno fue:

«Cada uno es como es, y los discursos han respondido exactamente a lo que cabía esperar de sus autores. Don Antonio María Oriol, con el tema que le había tocado en suerte —la libertad religiosa—, tenía que pronunciar un sermón de seglar, brillante y ortodoxo, a veces preconciliar, seguramente para aplacar a los integristas mientras se sofocaba el Ministro Castiella; y otras, se ponía en su sitio, en el tiempo del Vaticano II, aunque con precauciones.»

«Don Luis Carrero Blanco, que es, además de ilustre marino, historiador, y uno de esos políticos de quienes un día se escribirán libros completos, mientras que anda por la política de puntillas, con inimitable discreción y fabulosa eficacia, construyó una pieza en la que arrancó de algunos siglos atrás para buscar la representación popular que enlace con las ideas del mundo moderno» (...) «Un discurso con energía de fuego de cañonero, cuya andanada de impacto más serio para estos instantes fue aquella en la que afirmó que nuestra guerra de Liberación había sido como un borrón y cuenta nueva respecto al futuro de los españoles.»

«Don José Solís, con hábil estrategia de situación, no había preparado un discurso polémico o beligerante» (...) «Solís es, corrientemente, un orador popular, y ayer fue un tribuno gubernamental» (1).

Mesa Redonda de Copenhague

Del 2 al 6 de julio participé en la Mesa Redonda organizada por el Instituto Internacional de Ciencias Administrativas en la capital danesa. El tema central fue «Los problemas administrativos de la coordinación en materia de desarrollo económico y social». Era cuestión de mayor actualidad en la Administración española. Muchas de las ideas expuestas en esa reunión me resultaron muy provechosas.

Cambio de Nuncio en Madrid

El 4 de julio, el Jefe del Estado impuso la birreta cardenalicia al Nuncio Mons. Riberi, en la capilla del Palacio Real. A continuación le ofreció un almuerzo en el Palacio de El Pardo. Era tradicional que los Nuncios en Madrid, al dejar su puesto, fueran creados Cardenales.

En el Consejo de Ministros del 7 de julio de 1967, Castiella dio cuenta de la petición del «placet» al nuevo Nuncio, Mons. Dadaglio, que hasta entonces lo había sido en Venezuela, Castiella comentó: «Hemos tenido suerte; es un buen Nuncio.» Franco, cauteloso, como era habitual en él, apostilló: «Los Nuncios, en los países de Hispanoamérica, están acostumbrados a hacer política. Deberíamos pedir más información sobre Mons. Dadaglio.»

Fraga echó su cuarto a espadas y dijo: «En todo caso, sólo se puede negar el "placet" por motivos graves, que no se dan en el

(1) *Pueblo,* 27 de junio, *Crónica de una Sesión.*

propuesto.» En definitiva, se acordó concederlo. Silva me pasó una nota que decía: «Nuncio bueno. Buenas relaciones con todos los buenos. Amigo de Antoniutti.»

La CEE aprueba el Mandato para negociar con España

Las laboriosas gestiones del Embajador Ullastres cerca de las Comunidades Europeas dieron su primer fruto. El 11 de julio, el Consejo de Ministros de la CEE aprobó el Mandato a la Comisión para negociar un Acuerdo Comercial preferencial con España. Aún habrían de transcurrir casi tres años hasta la firma del Acuerdo. «La paciencia todo lo alcanza», como escribió Teresa de Ávila.

Amplio despacho con Franco sobre la situación económica

El 13 de julio despaché en El Pardo con el Jefe del Estado. A propósito del Informe del Gobernador del Banco de España, acerca de nuestra economía, le dije a Franco: «Tenemos demasiados médicos y ningún cirujano; es preciso operar a tiempo; debiéramos aprovechar la bonanza del verano para hacerlo.»

Me lamenté de que hubiera transcurrido un mes desde que presenté el Informe de la Comisaría del Plan de Desarrollo y no se hubiera hecho casi nada. Sólo los Ministerios de Hacienda y de Industria habían presentado propuestas concretas; no así, el Ministerio de Comercio y el de Trabajo.

Existía una evidente desproporción entre los problemas y los remedios parciales aplicados. Sólo se habían cortado las importaciones en cuatro partidas arancelarias que representaban 16 millones de dólares. En cambio, se había rechazado la propuesta del Ministerio de Industria de exigir un depósito previo del 25 % a la importación de bienes de consumo, y no se habían llevado a cabo las propuestas del Ministerio de Hacienda (1).

(1) Las propuestas consistían en: *a*) aumentar ciertos impuestos sobre consumos que no fueran de primera necesidad. *b*) rebajar los precios de los productos excedentarios (ganado porcino y otros). *c*) moderar los aumentos salariales y *d*) mejorar y simplificar los canales de distribución de los artículos alimenticios.

Insistí al Jefe del Estado en la necesidad de una mayor coordinación de la política económica, especialmente con vistas a la negociación que iba a iniciarse en base al Mandato aprobado, dos días antes, por el Consejo de Ministros de la CEE.

Franco volvió a sacar a relucir el déficit de la balanza de pagos. Era la cuestión que más le preocupaba. Le hice ver la influencia decisiva de los precios interiores sobre la balanza: si hay inflación se penalizan las exportaciones y se incentivan las importaciones. Para mejorar la balanza hay que combatir la inflación.

A propósito de la Mesa Redonda celebrada en Copenhague que, como ya he indicado, versó sobre la coordinación en materia de desarrollo económico y social, expuse al Jefe del Estado las soluciones adoptadas en los diversos países, que se resumen en cuatro: la coordinación a cargo de la Presidencia del Gobierno, o del Ministro de Hacienda o de un Superministerio (llámese Ministerio de Economía, o Ministerio del Plan, o Ministerio de Coordinación) o de una Comisión interministerial. Esta última es la solución más defectuosa porque diluye la responsabilidad de los Ministros, retrasa la ejecución de las medidas y es sensible a la presión de los intereses contrapuesto (Agricultura defiende la elevación de los precios de los productos del campo, en tanto que Comercio defiende a los consumidores y, por tanto, la contención de los precios de los alimentos).

A mi juicio, le dije de nuevo, la mejor solución, en nuestro caso, sería el nombramiento de un Vicepresidente económico.

Comisiones Delegadas de Política Científica y de Asuntos Económicos

El viernes, 14 de julio, se reunieron sucesivamente en El Pardo ambas Comisiones Delegadas del Gobierno. La de Política Científica trató principalmente de la situación universitaria y de las necesidades de medios de financiación de la enseñanza y de la investigación con vistas al II Plan de Desarrollo. El Ministro de Educación y Ciencia, Lora Tamayo, no estaba bien de salud, se le veía cansado y agobiado por los problemas de su competencia.

La Comisión Delegada de Asuntos Económicos trató de la puesta en práctica de las medidas acordadas en el Consejo de Ministros del 15 de junio. No se hizo más que dar vueltas sobre el mismo tema. Es muy cierto el dicho según el cual «cuando no se quiere resolver un asunto, se nombra una comisión».

Cese de Muñoz Grandes

En vísperas del 18 de julio, como casi todos los años, circularon insistentes rumores de cambios de Gobierno. Tampoco esta vez se produciría la crisis, salvo el cese de Muñoz Grandes como Vicepresidente. La decisión la tomó Franco en su despacho con el Almirante Carrero del 20 de julio pero indicó que no se publicara en el Boletín Oficial del Estado hasta ocho días después, cuando él estuviera en el Pazo de Meirás y la clase política veraneando, para que el impacto de la noticia resultara lo más amortiguado posible. No obstante, Franco se lo comunicó al interesado diciéndole: «Ya sé que estás descontento... No te obligo más.»

El cese de Muñoz Grandes dio lugar a inútiles cabildeos. Se reunieron a almorzar Nieto Antúnez, Solís, y Fraga: «Todos creíamos, cuenta éste, que sería el momento de aplicar a fondo la Ley Orgánica, nombrando un Presidente del Gobierno. Nieto Antúnez, está dispuesto a ser el primero para evitar otras posibilidades, que todos consideramos menos adecuadas» (1). Pero Franco desde el primer momento había decidido nombrar a Carrero. Dejó enfriar los ánimos y dos meses más tarde nombraría al nuevo Vicepresidente que guardó *in pectore*.

Despacho del 20 de julio: Franco me autoriza para ir a Méjico

En mí último despacho con Franco, antes de su salida para Galicia, le di cuenta de un informe sobre la distribución de las rentas de capital y de trabajo; de una encuesta sobre la evolución de los salarios en el primer trimestre de 1967, y de los indicadores de la coyuntura económica.

Me lamenté de que no se hubiera celebrado en el Ministerio de Asuntos Exteriores la reunión prevista para fijar la posición negociadora de España frente al Mercado Común e insistí, una vez

(1) Fraga, *op. cit.* pág. 205.

más, en la necesidad de que alguien llevara la batuta en esas negociaciones; le cité el caso de Dinamarca donde existía un «Ministro de Economía y de las Relaciones con la Comunidad Económica Europea».

Recabé su aquiescencia para aceptar la invitación que me había formulado la Confederación Patronal de la República Mexicana para tomar parte en un Seminario Internacional sobre «Estabilidad Monetaria y Desarrollo Económico» que tendría lugar en la capital de Méjico del 7 al 12 de agosto y en el que participarían destacadas personalidades entre ellas el ex Ministro de Finanzas francés Valéry Giscard d'Estaing. Aunque no teníamos relaciones diplomáticas con Méjico, a Franco le pareció bien que acudiera a dicha reunión.

Ley Orgánica del Consejo del Reino

El Pleno de las Cortes del 22 de julio aprobó la Ley Orgánica del Consejo del Reino tras el discurso de José Castán Tobeñas, Presidente del Tribunal Supremo, en defensa del proyecto.

En su nueva composición, estaba integrado por siete Consejeros natos y diez electivos. Para evitar que el Delegado Nacional de Sindicatos fuera elegido Consejero del Reino por la Organización Sindical y conservara su puesto de Ministro, la nueva ley estableció que el cargo de Consejero del Reino era incompatible con el de miembro del Gobierno. A consecuencia de este precepto el Consejero representante de los Sindicatos fue Arturo Espinosa Poveda.

Es interesante recoger aquí un párrafo de la alocución que pronunció el Rey Don Juan Carlos I, el 2 de marzo de 1976, presidiendo una reunión del Consejo del Reino:

«La esencia y fundamento de la Monarquía está en constituir una instancia en poder supremo capaz de estar por encima de los conflictos y tensiones, incluso legítimos, de la sociedad y que sea balanza y equilibrio en el establecimiento en la justicia como moderador y como impulsor; pero, en última instancia nunca es la voluntad personal del Rey, sino la voluntad institucional de la Corona la que ejerce la suprema autoridad. *Por eso el Rey necesita de instituciones como esta del Consejo del Reino* que, a través del asesoramiento, del consejo y el refrendo, hacen que la voluntad del Rey sea una voluntad institucionalizada como centro decisorio del Estado.»

Pese a esta neta afirmación del Monarca, las Cortes constituyentes no admitieron el establecimiento de un Consejo de la Corona.

Reunión en La Farga

Durante la última semana de julio nos reunimos en la residencia de la ENHER en La Farga, junto a Bohi, en el Pirineo Catalán, el equipo de la Comisaría y representantes de los principales Ministerios — una veintena de personas— para ultimar el Programa de Inversiones Públicas del II Plan de Desarrollo, a razón de dos sesiones de trabajo por día.

Estando allí reunidos y siguiendo las instrucciones de Carrero, se publicó en el Boletín Oficial el cese de Muñoz Grandes como Vicepresidente del Gobierno. Excuso decir que fue la comidilla del día en La Farga: ¡qué callado te lo tenías!, me dijeron.

Charlando con Antonio Tena Artigas, Secretario General Técnico de Educación y Ciencia, que era uno de los asistentes a la reunión de La Farga, me comentó la reciente aprobación de la Ley de Libertad Religiosa y dijo: hasta ese momento no entendí por qué se había nombrado Ministro de Justicia a Antonio María Oriol; ahora comprendo que fue una «gallegada» de Franco: nadie podía tachar de heterodoxo al Ministro que defendió esa ley en las Cortes.

«Que se hable mucho de diversos Príncipes»

José María Valiente, tradicionalista, pidió al Jefe del Estado, en escrito de 28 de julio de 1967, que nombrara Consejeros Nacionales a José Luis Zamanillo, Miguel Fagoaga, Ramón Merino, Ignacio Toca, José María Sentís, Ignacio Romero Osborne y a él, ponderando la colaboración que podrían prestar, juntamente con los falangistas, al Movimiento. Respecto de la eventual designación del sucesor en la Jefatura del Estado, entendía Valiente que convenía demorarla y, entretanto, «que se hable mucho de diversos Príncipes».

Celebración oficial del 50 aniversario de la muerte de Prat de la Riba

Por iniciativa del Presidente de la Diputación de Barcelona, José María de Muller y de Abadal, el día 1 de agosto se celebró, por la mañana, en la capilla de San Jorge del Palacio de la Generalidad, un funeral por el alma de Enric Prat de la Riba, que había sido el artífice y Presidente de la Mancomunidad de Cataluña, con asistencia de su hija mayor, Montserrat. Por la tarde tuvo lugar una sesión académica, en el Salón de Tapices de la Biblioteca Central, en la que José María de Muller pronunció un generoso discurso para exaltar la figura del insigne catalanista. A ambos actos asistió el Secretario del «Institut d'Estudis Catalans», Aramón. Esta conmemoración contribuyó a desbloquear la cuestión catalana y a que dejara de ser tabú el reconocimiento de la valía de los prohombres de Cataluña.

Nota al General Alonso Vega acerca del nombramiento de un nuevo Vicepresidente del Gobierno

Teniendo en cuenta la propensión de Franco a diferir la puesta en práctica de las decisiones ya tomadas, sugerí al Ministro de la Gobernación, Alonso Vega, que le urgiera a nombrar nuevo Vicepresidente. A Don Camilo le pareció muy oportuna la idea y me pidió una nota que resumiera las razones jurídicas a favor de ese pronto nombramiento para leérsela a Franco. El tenor de la nota era el que sigue:

«El cese del General Muñoz Grandes como Vicepresidente del Gobierno ha producido diversas reacciones en el país. Tal vez la que aparece como más destacada es la preocupación que se manifiesta en casi todos los ambientes, por el hecho de que haya desaparecido, como pieza del Gobierno, la figura del Vicepresidente a quien incumbe, según la Ley Orgánica del Estado, la suplencia automática del Presidente del Gobierno.»

«Se comenta que así como el nombramiento de Vicepresidente, en 1962, significó la garantía de continuidad ante un eventual accidente que pudiera sufrir el Caudillo, al quedar ahora el cargo vacante, el Gobierno quedaría acéfalo, si tales circunstancias se produjeran antes de que entraran en juego las disposiciones de la Ley Orgánica del Estado que regulan el nombramiento de Presidente del Gobierno.»

«Al haberse prorrogado la actual legislatura de las Cortes hasta el 15 de noviembre, es de suponer que el Consejo del Reino no podrá quedar constituido, con arreglo a su nueva composición, hasta fines de año y, en consecuencia, no podrá proponer al Jefe del Estado la terna para el nombramiento de Presidente de Gobierno antes del año siguiente.»

«Mantener la situación actual —se dice— durante medio año, significa correr un riesgo que, por el solo hecho de existir, puede crear una inquietud, tanto interior como exterior, que en nada beneficie.»

Estancia en Méjico

El domingo día 6 de agosto, llegué a la capital azteca, acompañado del Jefe del Gabinete de Estudios de la Comisaría del Plan de Desarrollo, Javier Irastorza Revuelta. Además del Presidente de la Confederación Patronal Mexicana, Roberto Guajardo y otros destacados empresarios, me esperaban numerosos periodistas con los que celebré una rueda de prensa. Los principales diarios: *Excelsior, Novedades, El Universal, El Sol, El Heraldo* y hasta *El Nacional* (portavoz del Gobierno) publicaron mis declaraciones, no sólo acerca de asuntos económicos, sino también políticos, en sus primeras páginas (1).

Un matrimonio al borde del divorcio

El lunes, día 7 dio comienzo en Méjico el Seminario Internacional sobre Estabilidad Monetaria y Desarrollo Económico, con asis-

(1) En *Novedades*, el periodista Issa Núñez afirmó: «el señor López Rodó no titubea al hablar de política». En efecto, dije que el futuro político de España estaba resuelto. El Jefe del Estado propondría a las Cortes la persona llamada a sucederle como Rey. La situación política era estable. En *El Sol*, el columnista Bernardo Ponce celebró mi presencia en Méjico y se declaró testigo de la favorable evolución de la economía española desde la época de los racionamientos hasta la del desarrollo.

tencia de más de doscientas personalidades de la economía mundial (1). Mi primera intervención versó sobre «La política anti-inflacionista y la política de desarrollo español». Expuse, en particular, la concepción, instrumentación y efectos del Plan de Estabilización de 1959. Dije que la estabilidad era la base indispensable para un desarrollo sostenido. Pero, afirmé, el desarrollo y la estabilidad constituyen un matrimonio muy difícil que se encuentra casi siempre al borde del divorcio.

A continuación habló Valéry Giscard d'Estaing acerca de «Los principios de una política de crecimiento sin inflación». Afirmó que el economista debe saber planificar y prever, para lo cual ha de contar con una red adecuada de información y comunicación económico-social.

En el coloquio subsiguiente, Álvaro Alsogaray enumeró sus discrepancias y concordancias con lo expuesto por mí y por Giscard d'Estaing. A su juicio, mientras él y yo nos habíamos referido a hechos concretos, Giscard d'Estaing se había movido en un plano totalmente teórico y sus conceptos no eran aplicables a los países de América Latina.

Luego surgió un diálogo entre Giscard d'Estaing y yo a propósito de los «semáforos de alerta» o «faros centelleantes» introducidos en el V Plan de Desarrollo francés (comercio exterior, tasa de crecimiento, precios y empleo).

Por la noche, la Cámara Nacional de Comercio ofreció una cena a los participantes en el Seminario. Durante la cena, por cierto, me mostraron un álbum que contenía las fotografías de la visita de Franco al pabellón de Méjico en la Feria de Sevilla y me expresaron el favorable impacto que había causado en los empresarios mejicanos esta deferencia del Jefe del Estado español.

En todos los agasajos me correspondió a mi contestar a los brindis de las autoridades mejicanas por ser el único conferenciante de habla española. Se daba, pues, la curiosa circunstancia de que el Ministro de un Gobierno no reconocido oficialmente por Méjico era quien hablaba en nombre de todos los invitados.

(1) Los invitados a pronunciar conferencias fuimos Álvaro Alsogaray, ex Ministro de Economía de la Argentina; Valéry Giscard d'Estaing, ex Ministro francés de Finanzas; Lyle E. Gramley, Economista principal de la Junta de Gobernadores del Sistema de la Reserva Federal de los Estados Unidos; Aníbal Pinto, Subdirector de la División de Desarrollo Económico de la CEPAL; Roberto Ramírez, Presidente del Banco Central de Honduras, Frank Tamagna, Decano del Departamento de Economía de la American University, y yo.

Curiosa situación diplomática

La actitud mejicana respecto a España resultaba cada vez más esperpéntica. Méjico seguía reconociendo al Gobierno republicano en el exilio, que no ejercía jurisdicción alguna en territorio español. Cuando Jiménez Asúa, supuesto Presidente de la República, fue a Méjico sólo le recibió su mujer y no el Presidente Díaz Ordaz a quien correspondería protocolariamente esperarle en el aeropuerto; no fue ni siquiera un Secretario de Embajada de tercera clase. El «Embajador» de la inexistente República española, Martínez Feduchi, presentó la dimisión y no se la admitieron.

El Representante oficioso del Gobierno de Franco, Javier Martínez Mata, al dejar este puesto después de cuatro años de «diplomacia submarina», fue objeto de un homenaje en el que estuvieron presentes varias autoridades nominales del llamado Gobierno republicano español, entre ellas, Méndez, Subsecretario de Gobernación, Camacho, Subsecretario del Aire, Antonio Sacristán, Subsecretario de Hacienda, el Prof. Recasens Siches, el Fiscal del Tribunal Supremo, Granados, etc. Varios militares del Ejército republicano, pidieron verme y les recibí en el Hotel donde me hospedaba. Tomamos café y charlamos un buen rato. Uno de ellos se enorgullecía de haber combatido en Marruecos a las órdenes de Franco: me dio su tarjeta para que se la mostrara al Generalísimo y le preguntara si se acordaba de él.

Por mi parte, fui invitado por el Ministro de Hacienda mejicano, Antonio Ortiz Mena, a un espléndido almuerzo en su lujosa casa; también me invitó a almorzar el Presidente del Banco de Comercio, con asistencia del Ministro de Industria y Comercio, y me entrevisté con el Gobernador del Banco de Méjico.

El martes, Giscard d'Estaing pronunció su segunda y última conferencia en el Seminario Internacional y trató de «Las causas presupuestarias, monetarias y económicas de la inflación», haciendo hincapié en que la política de liberalización es el único medio para conseguir una sana economía. A continuación Frank Tamagna, definió, en su intervención, el papel de los bancos centrales de cada país en el proceso de desarrollo.

El día 11 pronuncié mi segunda conferencia que versó sobre «La política de desarrollo regional», encaminada a combatir los desequilibrios económicos entre las distintas zonas del país y a ensamblarla dentro de la política económica general (1).

(1) Todas las intervenciones de este Seminario Internacional fueron publicadas

Antes de dejar Méjico fui entrevistado simultáneamente por tres canales de la Televisión. Aludí al escaso volumen de los intercambios comerciales entre Méjico y España y la posibilidad y conveniencia de que esos intercambios se incrementaran, ya que, se quiera o no, ambos países están «irremisiblemente condenados a entenderse».

República Dominicana

El domingo 13 de agosto volamos Javier Irastorza y yo hacia Santo Domingo. El avión de la Pan American hizo varias escalas, la última en Puerto Príncipe. Al llegar al aeropuerto de destino, nos encontramos con que se había perdido el equipaje. Es una situación desagradable y un tanto ridícula quedarse sólo con lo puesto. Había ido a parar a Houston y desde allí lo facturaron a Barajas.

Al día siguiente, me entrevisté con el Presidente Balaguer, hombre de trato sencillo que había sabido coger las riendas del país. En la República Dominicana se contuvo la expansión del castrismo y era un buen ejemplo para los países hispánicos que se enfrentaban al dilema Estados Unidos o Fidel Castro. Luego me reuní con los Ministros Económicos de su Gobierno en sesión conjunta presidida por el propio Balaguer.

El Gobierno dominicano pidió asistencia técnica española en el campo de la formación profesional acelerada y de la enseñanza náutico-pesquera, en proyectos de ingeniería civil y en materia de programación económica.

Despacho y Consejo de Ministros en el Pazo de Meirás

A mi regreso de Santo Domingo no hice más que cambiar de avión en Barajas para seguir viaje a Galicia. El 17 de agosto tuve despacho con Franco en el Pazo de Meirás. Le resumí mis impresiones del viaje a Méjico y a la República Dominicana; le mostré

---

en un volumen, de más de 400 páginas, bajo el título *Estabilidad Monetaria y Desarrollo Económico*, México, 1968.

la tarjeta de visita que me había dado un militar español exiliado que decía haber estado a sus órdenes. Franco no lo recordaba. Comenté las graves desigualdades sociales en Méjico donde había aún entonces un 32 por ciento de analfabetos según las estadísticas oficiales. En cuanto a su economía, aquel país atravesaba una etapa de estabilidad.

Ese mismo día se reunieron las Comisiones Delegadas de Política Científica y de Asuntos Económicos. El Ministro de Educación, Lora Tamayo, se enfrentaba a la crisis del Rectorado de la Universidad de Madrid. Enrique Gutiérrez Ríos fue sustituido por Isidoro Martín Martínez.

En el Consejo de Ministros del día siguiente, di cuenta de mi viaje privado a Méjico y de mi viaje oficial a la República Dominicana. Quedé en enviar a todos los miembros del Gobierno una nota-resumen de los debates de la reunión internacional sobre estabilidad y desarrollo en la que había tomado parte.

Comenté la ficción política en que vivía Méjico respecto del Estado español y respecto de la Iglesia que tampoco estaba reconocida en Méjico y su Constitución prohibía la enseñanza a los religiosos. Sin embargo, al despedirse el Delegado Apostólico, le dio un almuerzo el Ministros de Asuntos Exteriores.

Estados Unidos fomentaba en Méjico la política antiespañola. Un botón de muestra era el Programa Inter-americano de Lingüística.

El Consejo de Ministros acordó la convocatoria de elecciones para la renovación de las Cortes, y aprobó un Decreto propuesto por la Presidencia y por Hacienda, en virtud del cual se suprimieron veintitrés Organismos con objeto de reducir el gasto público.

Solís se ofrece al Almirante Carrero

Solís, aprovechando las horas muertas durante la estancia de los Ministros en La Coruña, realizó un intento de aproximación a Carrero. Le dijo al Almirante que, si era nombrado Presidente del Gobierno, podía contar con él.

Comentario de Franco sobre Muñoz Grandes

El 19 de agosto el Ministro de Educación, Lora Tamayo, despachó con Franco y éste le comentó que Muñoz Grandes era un tapón; que había estado torpe y que nombraría otro Vicepresidente del Gobierno.

Lora Tamayo le dijo que, a su juicio, mejor sería nombrar ya un Presidente.

Franco le contestó: «¿Tan mal lo hago?»

Lora insistió: «V.E. ha de estar por encima del desgaste que supondrán los problemas de octubre al reanudarse el curso académico.»

«Algo habrá que hacer», concluyó Franco.

Cuenta Fraga que el 1 de septiembre visitó a Muñoz Grandes, quien después de cesar como Vicepresidente del Gobierno, solamente era Jefe del Alto Estado Mayor, y le encontró indeciso, sin saber qué hacer. (1)

El 27 de agosto Franco, dando por terminadas sus vacaciones en Galicia, embarcó en el *Azor* rumbo a San Sebastián.

El Conde de Barcelona y la sucesión de Franco

El 30 de agosto de 1967, Don Juan de Borbón arribó a Motril a bordo del yate *Giralda* y pernoctó en la finca «Los Arrayanes». Al día siguiente fue en coche a Estepona donde almorzó con un grupo de amigos en casa del Duque del Infantado. Según referencias del Duque de Bailén, el Conde de Barcelona, en esa ocasión, mostró aprecio por Franco pero no por el Régimen. Si el Régimen no me admite como Rey legítimo de los españoles —dijo—, por las insidias y negras historias que ha fomentado contra mi persona, entonces no hay duda de que mi hijo, el Príncipe Juan Carlos, ocupará en su día el Trono de España y lo aceptará con todas las consecuencias.

(1) *Op. cit.* pág. 207.

Almuerzo con Solís

El miércoles, 6 de septiembre, almorcé con Solís. Se mostró partidario de que se nombrara Presidente del Gobierno y varios Vicepresidentes y lamentó que Carrero estuviera empeñado en que Franco siguiera asumiendo la Presidencia. Debería haber —dijo Solís— un Ministro del Interior que fuera a la vez Ministro Secretario General del Movimiento y del que dependiera un Ministro para Asuntos Sindicales.

Me contó que Franco le había dicho más de una vez que si se daban demasiadas atribuciones a los Sindicatos podrían volverse en contra; Solís le contestó que todo dependía de que se les supiera mandar. Me explicó que la Ley Sindical que tenía en proyecto estaba concebida a base de Presidentes de Consejos Sindicales electivos y de un Presidente Nacional de la Organización Sindical nombrado por el Jefe del Estado entre una terna propuesta por los Sindicatos y vinculado al Consejo Nacional. Dicho Presidente Nacional nombraría libremente a los Mandos ejecutivos del Sindicalismo. El proyecto me pareció impresentable.

Hablamos luego del Consejo Nacional. Me reconoció que la elección de los Consejeros Nacionales «electivos» dependería en un 75 % de la Secretaría General del Movimiento. No se contentaba con el 51 %.

Me pidió que convenciera a Tomás Allende, Subcomisario del Plan de Desarrollo, de no presentarse como candidato a Consejero Nacional por Guadalajara para ceder el puesto a José García Hernández. También me pidió que no se presentara Matías Valdecantos, gerente del Polo de Promoción Industrial de Huelva. Este último quiso presentarse y, como era de suponer, no salió elegido.

Le pregunté si me incluiría en la propuesta de los cuarenta Consejeros Nacionales de libre designación del Jefe del Estado y me dijo que, si bien había llevado siempre la propuesta de los Consejeros de libre designación, se temía que en esa ocasión, después de haberse promulgado la Ley Orgánica del Estado, Franco tuviera hecha la lista con personas de todas las tendencias, incluyendo a monárquicos. Hasta tal punto temía que la lista estuviera cerrada que, según me dijo, llamó al *Azor* para pedir que no se publicara antes de que él llegara a San Sebastián «para salvar la cara».

Solís me comentó que, a su juicio, la continuidad, en gran medida, dependía del buen entendimiento entre los miembros del Gobierno. «Bastaría con que nos entendiéramos Carrero, Nieto Antúnez, Fraga, López Bravo, tú y yo», afirmó. En cuanto a Silva dijo:

«tiene el peligro de emborracharse con su éxito en Obras Públicas y puede estrellarse».

Le cité una frase de Muñoz Grandes: «El problema de España consiste en que Solís no puede ver al Opus Dei y Don Camilo Alonso Vega no puede ver a la Falange» y tomando pie en ella traté, una vez más, de aclararle ideas sobre la Obra, que nada tiene que ver con la política y no puede, por tanto, ser parangonada con la Falange ni con ningún partido.

Abordó, por último, Solís la cuestión sucesoria. «Es una pena, dijo, haberse encastillado en el dilema República-Monarquía y haberse inclinado por ésta descartando una «tercera solución». Creí que se refería a la Regencia pero la rechazó «por ser un sucedáneo de la Monarquía, que sería reemplazada por un Rey en cuanto hubiera un Príncipe que reuniera condiciones». (No fue más explícito acerca de cuál podría ser la tercera solución aunque parecía referirse al caso de Méjico: un Presidencialismo apoyado en una oligarquía). Franco, concluyó Solís, teme que la República conduciría al anticlericalismo, a la masonería, etc.

Fue una conversación cordial —Solís era un hombre de gran simpatía— pese a que nuestros puntos de vista no fueran coincidentes.

Despacho con Franco en Ayete

El 12 de septiembre despaché con el Jefe del Estado en el Palacio de Ayete. Le expuse las razones a favor de mi nombramiento como Consejero Nacional del grupo de los 40 de libre designación del Jefe del Estado que, de acuerdo con la Ley Orgánica, conservarían esta condición hasta cumplir la edad de 75 años y cuyas vacantes se cubrirían por cooptación. «Soy catalán y tengo 46 años: mi nombramiento cubriría un doble objetivo, geográfico y generacional —le dije—. Pienso que debería haber, por lo menos, tres o cuatro catalanes en la lista. No creo que mis discrepancias con Solís —añadí— me inhabiliten para ser Consejero Nacional. El Consejo ha de estar abierto a todas las tendencias.» Franco asintió.

Le di cuenta de la marcha de los trabajos preparatorios del II Plan de Desarrollo: el día anterior me había reunido con los Presidentes de las Comisiones sectoriales y sus respectivas monografías estarían ultimadas en el mes siguiente.

Le informé de la reunión que tuve con el Ministro de Trabajo para fijar el salario mínimo, cuya propuesta se llevaría al próximo Consejo de Ministros.

El General Alonso Vega pide a Franco que nombre nuevo Vicepresidente del Gobierno

Al día siguiente, 13 de septiembre, Don Camilo Alonso Vega despachó con Franco de siete a nueve de la tarde. Le recordó el accidente de caza que pudo haberle costado la vida; y le insistió en la necesidad de que nombrara un Vicepresidente del Gobierno, puesto que estaba vacante desde el cese de Muñoz Grandes y en la conveniencia de que fuera nombrado Carrero.

Franco le dijo lacónicamente: «Lo haremos.»

Enfoque de la cuestión de Gibraltar

En el Consejo de Ministros del 15 de septiembre de 1967, se trató del tema de Gibraltar ante la próxima intervención de Castiella en la Asamblea General de Naciones Unidas. Franco indicó que no se debía humillar a Inglaterra, que es la que nos lo tiene que dar; que debía presentarse la cuestión haciendo ver que la descolonización de Gibraltar no sería una derrota para Inglaterra, sino una victoria.

La política salarial en el marco de la política económica

En esa reunión ministerial, el asunto más debatido fue el del salario mínimo que mereció una extensa exposición por mi parte. Me interesa reproducirla para dejar constancia de la lucha antiinflacionista que hube de mantener una vez más.

Mi posición fue la siguiente:

Todos perseguimos el mismo fin: la política social. No hay dos bandos (los sociales y los económicos), entre otras cosas porque lo económico y lo social son dos caras de la misma moneda.

Lo primero es fijar los criterios de la política salarial y luego discutir las cifras. No voy a hacer ninguna propuesta pero sí unas consideraciones.

Todos estamos de acuerdo en que el salario mínimo ha de revisarse todos los años para defender su poder adquisitivo y para aumentar la participación del factor trabajo en la renta nacional.

La revisión anual obliga a mucho, ha de realizarse de forma que haga posible la de los años sucesivos. Crea un precedente porque, en materia de reivindicaciones salariales, no cabe la marcha atrás. Hay que hacer previsiones sobre el salario mínimo en los próximos cuatro años. No podemos obrar bajo el influjo de la rentabilidad política inmediata.

Hay que estudiar el ritmo posible de aumento anual. De agosto de 1966 a agosto de 1967 el coste de la vida ha aumentado en un 6,59 % y se nos propone un aumento del salario mínimo del 14,53 %, cuando el acuerdo del Gobierno había sido establecer un ritmo anual de crecimiento de los salarios del 8 %.

A continuación resumí las características de la situación económica: *a*) Desequilibrios de precios y de la balanza de pagos *b*) Desbordamiento del gasto consuntivo y *c*) Atonía y debilitamiento de las inversiones productivas.

Estos síntomas son característicos de la situación que suele calificarse de «economía recalentada», vecina de la inflación.

En la vecindad de la inflación no hay relaciones estables entre consumo e inversión. Se alteran por un factor psicológico. Se adoptan actitudes de precaución. Surge un consumo desbordado, unas inversiones especulativas, una evasión de capitales, etc.

En estas condiciones una subida excesiva del salario mínimo produciría mayor número de expedientes de crisis y paro. ¿Cuántas empresas no podrían soportar la subida?

Insistí en la necesidad de cortar a tiempo todo brote inflacionista. Nada hay más antisocial que la inflación. La inflación mantiene anquilosadas las estructuras sociales y económicas; erosiona el poder adquisitivo del salario; fomenta la especulación, permite la supervivencia de estructuras productivas defectuosas.

Hay que defender también la posición competitiva de la economía española. Entramos en una zona peligrosa si el aumento anual del nivel de precios en España excede en un 1 % al de los países vecinos (en Alemania, ha sido el 3,4 %; en Francia, el 3 %; en Italia, el 2,3 %; en Holanda el 1,6 %, y en Bélgica, el 4,3 %).

Otra consideración a tener en cuenta es la inevitable correlación entre los salarios y los sueldos de los funcionarios. Un aumento descompasado de éstos nos llevaría a una excesiva expansión del gasto público.

Por último, indiqué que debía tenerse en cuenta el factor estacional para fijar la fecha de la revisión del salario mínimo y propuse el primero de abril como fecha más conveniente.

Conversación con Mons. Escrivá de Balaguer

Terminada mi estancia en San Sebastián tras la celebración del Consejo de Ministros, me dirigí a Bilbao donde se encontraba el Fundador del Opus Dei. Le visité el sábado 16 de septiembre en Islabe, Centro de retiros y convivencias, próximo al aeropuerto de Sondica. Recuerdo algunas de las reflexiones que me hizo con estas o parecidas palabras:

Procura servir al país con arreglo a tu libre criterio, con visión sobrenatural, para agradar a Dios y para aumentar el bienestar de los hombres. No olvides que, para llegar a un fin, hay cien caminos, todos buenos; no se puede imponer uno solo. Escucha a los demás. La prudencia lleva a ser flexible, rectificar, sin incurrir en nada innoble. El lema «Antes se rompe que se dobla», no es buen procedimiento en política, donde no hay dogmas y casi todo es opinable. Yo pienso distinto que tú, afortunadamente, pero respeto tu libertad y reconozco que puedo estar equivocado. Aunque otros te ataquen, no te sientas jamás enemigo de nadie. Aunque, objetivamente, la conducta de una persona no sea correcta, salva siempre la intención: ha podido obrar de buena fe.

Quedé muy contento y reconfortado espiritualmente después de esta conversación con Mons. Escrivá de Balaguer que me dio, como siempre, muestras de su inmenso cariño y sentido sobrenatural.

Se barajan nombres para Procuradores en Cortes de libre designación

El 18 de septiembre de 1967, se ofreció a Don Marcelo González Martín el nombramiento de Procurador en Cortes de libre designación y declinó la propuesta alegando la situación de su Archidiócesis barcelonesa. Le sustituiría Don José Guerra Campos después de haber consultado a la Nunciatura.

Suanzes no aceptó ser Procurador en Cortes de libre designación; quería, en cambio, ser Consejero del Reino. Le reemplazó el General Barroso en la lista de Procuradores nombrados directamente por Franco.

Los cuarenta de Ayete

El 19 de septiembre se publicó la lista de los cuarenta Consejeros Nacionales cuasi vitalicios, en la que figurábamos ocho Ministros: Luis Carrero Blanco, Manuel Fraga Iribarne, Gregorio López Bravo, Pedro Nieto Antúnez, Antonio María Oriol Urquijo, Federico Silva Muñoz, José Solís Ruiz y yo (1). Los restantes Ministros quedaron decepcionados al no haber recibido la misma muestra de confianza por parte de Franco.

Carrero, Vicepresidente del Gobierno

El 21 de septiembre de 1967, el Almirante Carrero Blanco fue nombrado Vicepresidente del Gobierno. Franco se lo comunicó, el día anterior, como sin darle importancia, yendo con él en coche desde el Palacio de Ayete a una inauguración en San Sebastián. Carrero tenía once años menos que Franco.

El Príncipe Don Juan Carlos se encontraba en Barcelona, en el domicilio de Samaranch de la Avenida General Goded, 24, el 21 de septiembre de 1967, para presenciar un partido de la Copa Davis. Raimundo Saporta llamó a Samaranch para comunicarle el nombramiento del Almirante. El Príncipe se llevó una gran alegría y pidió a Samaranch que le dejara solo pues quería hablar inmediatamente por teléfono con Carrero para felicitarle.

El Decreto de nombramiento se publicó en el Boletín Oficial

(1) Los nombres de «los cuarenta de Ayete» son los siguientes: José Luis de Arrese y Magra; Agustín de Asís Garrote; Agustín Aznar Gerner; Joaquín Bau Nolla; Mariano Calviño de Sabucedo y Gras; Luis Carrero Blanco; Antonio Correa Véglison; Sancho Dávila y Fernández de Celis; José Antonio Elola-Olaso Idiacaiz; Raimundo Fernández-Cuesta y Merelo; Torcuato Fernández-Miranda y Hevia; Manuel Fraga Iribarne; Jesús-Florentino Fueyo Álvarez; José María Gibernau Bertrán; José Antonio Girón de Velasco; Fenando Herrero Tejedor; Antonio Iturmendi Bañales; Gregorio López Bravo de Castro; Laureano López Rodó; Teresa Loring Cortés; Torcuato Luca de Tena Brunet; Gregorio Marañón Moya; Miguel Mateu Pla; Agustín Muñoz Grandes; Pedro Nieto Antúnez; Antonio María Oriol Urquijo; Blas Piñar López; Pilar Primo de Ribera y Sáenz de Heredia; Miguel Primo de Rivera y Urquijo; Antonio Riestra del Moral; Alejandro Rodríguez de Valcárcel y Nebreda; Tomás Romojaro Sánchez; Diego Salas Pombo; Julio Salvador y Díaz Benjumea; Juan Sánchez-Cortés y Dávila; Federico Silva Muñoz; José Solís Ruiz; Jesús Suevos Fernández; Luis Valero Bermejo, y José Luis Zamanillo González-Camino.

del Estado del día siguiente, con este texto: «Vengo en nombrar Vicepresidente del Gobierno a Don Luis Carrero Blanco, quien, sin perjuicio de sus funciones como Ministro Subsecretario de la Presidencia, desempeñará las que expresamente le delege el Presidente del Gobierno, a quien sustituirá en caso de vacante, ausencia o enfermedad.»

Quedaba de este modo, asegurada la asunción automática de la Presidencia del Gobierno por el Almirante Carrero Blanco, en caso de producirse la vacante por fallecimiento del Jefe del Estado.

El mismo día de la publicación del nombramiento en el Boletín Oficial tuvo lugar el acto de juramento en el Palacio de El Pardo, con asistencia de los Ministros del Gobierno. El más contrariado por el nombramiento fue Nieto Antúnez quien dijo que Carrero nunca podría ser Presidente del Gobierno porque había nacido para segundo y nada más.

El nombramiento del Almirante Carrero Blanco tuvo amplio eco en la prensa extranjera (1).

Candidatos a Procuradores en Cortes de representación familiar

El 22 de septiembre se publicó la lista de candidatos a este grupo de Procuradores en Cortes: eran 343 para cubrir ciento ocho escaños: 2 por cada provincia, incluyendo Fernando Poo, Río Muni, Sahara y uno por Ceuta y otro por Melilla.

Por Barcelona se presentaron once, entre ellos, Juan Antonio Samaranch Torelló, Eduardo Tarragona Corbella, Federico Gallo Lacárcel, Claudio Colomer Marqués y Alfonso Balcells Gorina. No se presentó, en cambio, Santiago Udina Martorell quien me expuso la principal razón de su desistimiento en carta de la misma fecha: «Me consta —decía— que en la Secretaría General del Movimiento mi candidatura no caía bien y que mi presentación no sólo no podía contar con ninguna simpatía de sus Organizaciones, sino que había de provocar su oposición.» La carta figura en el anejo documental.

Por Madrid se presentaron trece candidatos, entre los que destacan los nombres de Juan Manuel Fanjul Sedeño, Jaime de Foxá

(1) *Le Monde* comentaba que «Es muy discreto y —se dice— serio como un británico», añadía que «los falangistas le acusan de haber abierto el camino de la restauración Borbónica».

Torroba, Enrique Villoria Martínez, Manuel Cantarero del Castillo, Jesús García Valcárcel, Josefina Véglison Jornet y José Moreno Torres, Conde de Santa Marta de Babío.

Entre los candidatos por otras provincias merecen citarse algunos que alcanzaron luego destacados cargos: Adolfo Suárez González, junto con José Antonio Vaca de Osma y otros seis candidatos, se presentaron por Ávila. Leopoldo Calvo-Sotelo, Antonio Carro Martínez y Antonio Rosón Pérez fueron candidatos por Lugo.

Por Guipuzcoa se presentaron cuatro candidatos, entre ellos Juan Manuel de Araluce Villar que luego sería Presidente de la Diputación asesinado por ETA. Luis Olarra Ugartemendía fue uno de los catorce candidatos por Vizcaya.

Alejandro Rojas Marcos se presentó por Sevilla con otros siete candidatos. Enrique Fontana Codina, Fernando Bau Carpi y otros tres candidatos se presentaron por Tarragona. Enrique Fontana Codina sería luego Consejero del Reino en representación de los Procuradores familiares y, posteriormente, Ministro de Comercio.

Alfonso Osorio García se presentó por Santander con otros ocho candidatos. Enrique de la Mata Gorostizaga fue candidato por Teruel entre un total de cuatro.

Ocho candidatos a Procuradores en Cortes representantes de la familia en las elecciones de 1967 fueron luego miembros de distintos Gobiernos de la Monarquía: Adolfo Suárez Gónzalez, Leopolvo Calvo Sotelo, Antonio Carro Martínez, Enrique de la Mata Gorostizaga, Tomás Allende García-Baxter, Fernando Suárez González, Alfonso Osorio García y Andrés Reguera Guajardo. A ellos habría que añadir el nombre de Rodolfo Martín Villa, candidato a Consejero Nacional por la provincia de León, que también fue Ministro de la Corona.

Diálogo entre Don Juan de Borbón y su hijo

El 24 de septiembre de 1967, le dijo el Conde de Barcelona a su hijo: «¿Qué harías si Franco te pregunta de sopetón si aceptas ser su sucesor? Piénsalo bien.»

El Príncipe Don Juan Carlos contestó: «Yo quisiera asegurar con mi aceptación la continuidad de la Dinastía en el Trono para que no pueda haber sorpresas en la sucesión.»

«El PCE no puede ser reconocido mientras en la URSS no se reconozcan otros partidos.» (Garrigues a Azcárate, II-1966)

«Un Estatuto de Libertad Religiosa debe sustituir al régimen de mera tolerancia» (Amadeo de Fuenmayor, 16-II-1966)

«Estados Unidos es una nación que tiene dos cabezas: el Departamento de Estado y el Pentágono.» (Franco, 29-IV-1966)

El Almirante Salvador Moreno se ganó la Laureada por sofocar a pecho descubierto la rebelión de la marinería del crucero *Almirante Cervera*.

Franco recorre las calles de Barcelona, en coche descubierto, desde la Puerta de la Paz hasta el Palacio de Pedralbes. (22-VI-1966)

«El Movimiento uniformado tiene que luchar con un prejuicio uniformista de gustos, modos y palabras que se parecen demasiado a las expresiones totalitarias» (Pemán, 24-VI-1966)

«Motivos de orden moral y sobrenatural nos obligarían a rechazar bien un sistema de arbitrariedad opresora, bien un sistema fundado en el agnosticismo religioso.» (Conferencia Episcopal, 29-VI-1966)

El 29 de julio tomó posesión de su cargo el Gobernador Civil y Jefe Provincial del Movimiento, Tomás Garicano, hombre templado y bondadoso que no creó conflictos en Barcelona.

«Las cosas cambian cuando cambian las personas. Existe una reacción inevitable que lleva a hacer las cosas de otro modo a como las hacía el predecesor.» (Mons. Samoré al autor, 6-VIII-1966)

«No creo incompatible con el verdadero liberalismo, el gobierno desde arriba; puesto que la crisis consiste precisamente en que el gobierno desde abajo ha fracasado.» (Madariaga, 5-VIII-1966)

Rodolfo Martín Villa, Delegado de Sindicatos en Barcelona fue nombrado director general del Ministerio de Industria. (IX-1966)

Franco y su esposa presiden la inauguración del Teatro Real recién restaurado. (12-X-1966)

«Muñoz Grandes está descontento, querría una salida airosa, pero no puedo dársela para que no se convierta en bandera.» (Franco, 27-X-1966)

Franco presenta a las Cortes el proyecto de Ley Orgánica del Estado. (27-XI-1966)

«La Ley Orgánica del Estado es lo menos malo que podíamos hacer.» (Franco en el Consejo de Ministros de 29-XI-1966)

«Os pido que preguntéis a vuestra conciencia y votéis con libertad.» (El autor en el mitin del Palacio de las Naciones, 12-XII-1966)

«Sobre todo, cuida al Príncipe; haz que presida demostraciones deportivas.» (El autor a Samaranch, I-1967) El Príncipe en los Juegos Mediterráneos de Túnez.

«El Conde de Barcelona estaba dispuesto a hacer lo que, en 1945, le hubiera costado mucho.» (Marqués de Deleitosa al autor, 3-I-1967)

«El futuro acuerdo tendría que ayudarnos a resolver junto con el problema de la balanza comercial con la CEE, la reestructuración de nuestro sistema productivo.» (Ullastres, 1-II-1967)

Adenauer se entrevista con Franco. (16-II-1967)

«No puedo estar de acuerdo, aunque lo haya estado Solís, en el nombramiento de tres Procuradores falangistas para la Comisión de las Cortes que yo presido.» (Bau a Iturmendi, 14- III-1967)

Silva y yo tratamos de evitar la monopolización del grupo de Procuradores representantes de la familia. (25-III-1967)

El Ministro de la Gobernación, Alonso Vega, desautoriza instrucciones del Ministro Secretario General del Movimiento, Solís Ruiz, a los Procuradores en Cortes. (31-III-1967)

Boda de la Infanta Pilar con Luis Gomez-Acebo (27-IV-67)

La presidencia de la Comisión de las Cortes y la Ponencia que debatieron la Ley de Libertad Religiosa. (3-V-1967)

Miembros de la Comisión de las Cortes que debatió la Ley de Libertad Religiosa. (3-V-1967)

«¿No podría poner los ejemplos con su familia de usted?» (Pemán al plantearle a Franco el tema sucesorio, 19-I-1967)

«No convertir al Movimiento en algo inmovilista y retrógrado.» (Sánchez Agesta, 31-V-1967)

«La España de mañana prescindirá automáticamente de un texto legal que no responda a las líneas maestras de la realidad nacional.» (Pérez Embid, 31-V-1967)

«El pueblo español debe un homenaje al Movimiento por los treinta años de paz.» (Fermín Zalada, 1-VII-1967)

El Ejército israelí, al mando de Moshe Dayan, en seis días conquistó todo el territorio egipcio situado al Este del Canal de Suez y la Cisjordania. (VI-1967)

Alfonso Balcells citó a Cambó: «La política del todo o nada debe ser proscrita.» (6-VI-1967)

Los Procuradores que intervienen en los debates están agrupados en dos posiciones: los partidarios del *statu quo* y los que abogan por la apertura política.» (Torcuato Luca de Tena, 6-VI-1967)

Nota acerca de la designación de Sucesor del Jefe del Estado

El 26 de septiembre redacté una nota destinada al Almirante Carrero Blanco para demostrar que, con arreglo a la Ley de Sucesión, la designación de sucesor podía hacerse sin que el candidato hubiera cumplido treinta años. En la misma nota, encaminada a conseguir la pronta designación del Príncipe Don Juan Carlos, señalaba que, aunque la Ley de Sucesión no puntualizaba la forma en que el Jefe del Estado había de proponer a las Cortes su sucesor, sería aconsejable que dicha propuesta se realizara mediante un mensaje que dirigiese el Jefe del Estado personalmente a las Cortes, y recabara luego el consentimiento de los Procuradores. Y añadía:

«Teniendo que abrir el próximo noviembre la nueva legislatura, quizá podría ser ésta la ocasión oportuna para proponer la persona que estime deba ser llamada a sucederle. De otra parte, la persona que deba suceder al Jefe del Estado ha de estar sin duda en la mente de éste. No cabe suponer que el transcurso del tiempo permita descubrir nuevos nombres.»

«Del artículo 11 de la Ley Orgánica del Estado se desprende también la conveniencia de que esté designado el sucesor, pues ello aseguraría la suplencia automática del Jefe del Estado en caso de enfermedad, sin tener que recurrir al Consejo de Regencia que, por ser órgano colegiado, resulta siempre de actuación más compleja. Por último, la designación del sucesor cortaría de raíz las especulaciones y posibles intrigas al eliminar todo pleito sucesorio.»

En la Feria de Muestras de Zaragoza: poner la vista en el Mercado Común

El 30 de septiembre pronuncié un discurso en Zaragoza con motivo de la apertura de su XXVII Feria de Muestras. Las ideas principales que expuse pueden resumirse así:

«Cuando se analiza la situación en que aún se desenvuelven gran parte de los sectores económicos, la primera nota que resalta es su bajo nivel de productividad frente al de otras economías más avanzadas de la Europa Occidental.»

«Estamos, pues, obligados a dedicar los mayores esfuerzos a elevar la productividad para avanzar gradualmente en el proceso de integración de nuestra economía en Europa y en el mundo. No podemos pretender aislarnos del exterior; hemos de colocar nuestros productos en los mercados internacionales.»

«Ello requiere un planteamiento de la actividad empresarial mucho más exigente. Los condicionamientos técnicos imponen nuevas dimensiones de producción, la sustitución del equipo anticuado y una constante vigilancia de los costes que permita ampliar los mercados. Todas estas exigencias obligarán a intensificar aquellas líneas de producción cuya situación competitiva sea más favorable y a crear otras nuevas, en un intenso proceso de reestructuración y reconversión.»

En relación con las negociaciones iniciadas en Bruselas tras la aprobación del Mandato por el Consejo de la Comunidad para las conversaciones con España, dije:

«Conviene que todos los sectores del país, el público y el privado, los empresarios y los trabajadores, cuenten desde ahora con este nuevo dato: que dentro de un período todavía incierto en su duración, España se vinculará al Mercado Común, formado por los seis países que hoy lo integran y seguramente por algunos más, que en el curso de nuestro proceso de vinculación irán incorporándose, para agrupar así a la mayoría de nuestros principales clientes y suministradores.»

«Las negociaciones serán largas, pues así lo exige el ritmo a que discurre la vida de toda agrupación internacional que conjuga intereses no siempre homogéneos. Ello nos dará tiempo para poder alcanzar condiciones más competitivas en calidad y precio, lo que, en todo caso, reportará grandes beneficios a nuestra economía cualquiera que fuese el curso de los acontecimientos.»

Las concesiones recíprocas a que pueda llegarse deberán conducir a un incremento efectivo de nuestras exportaciones. Un entendimiento entre España y el Mercado Común deberá aminorar el hasta ahora progresivo déficit comercial español con los Seis. Para ello, habremos de obtener unos estímulos iniciales lo suficientemente poderosos que permitan incrementar nuestras exportaciones a la Comunidad en mayor medida que nuestras importaciones.»

«Finalmente, en nuestra negociación con el Mercado Común trataremos, asimismo, de obtener cláusulas de salvaguardia aplicables, tanto a consecuencia de la evolución de la balanza de pagos como de consideraciones económicas generales o sectoriales, de modo que nuestra economía quede a cubierto de riesgos imposibles de prever en el momento de la firma del Acuerdo.»

El Plan de Desarrollo y las Corporaciones Locales

La revista de investigación y alta cultura *Miscellanea Barcinonensa* publicó un artículo mío sobre «El Programa de inversiones de carácter local en el marco del I Plan de Desarrollo español», en el que señalaba: «Las Corporaciones locales son la pieza de engarce entre el desarrollo global de la nación y el desarrollo regional.»

«Una de las notas singulares del primer programa del desarrollo en España ha sido el acusado sentido de autocrítica. Era necesario llevar a cabo un balance del estado de situación económico-social del país.» «Ese balance en cuanto concierne a la Administración Local —en verdad, no muy halagüeño— se hizo en forma concisa pero suficientemente detallada del que resultó patente que el problema prioritario de nuestra Administración Local era y sigue siendo la incapacidad de su sistema de financiación para hacer frente a las necesidades del "medio" existente y del que puede preverse para un futuro en permanente transformación.»

«El total de las inversiones públicas locales representó en 1966 el 16 % de la inversión pública total, y esas inversiones, en buena parte, han debido emplearse en la sustitución de bienes cuyo estado de conservación se hallaba por debajo de los límites tolerables.»

Elección de Procuradores representantes de las Diputaciones y de los Municipios

El lunes, 2 de octubre, las Diputaciones eligieron a sus respectivos Procuradores en Cortes. Como era de esperar fueron elegidos los Presidentes de la Corporación provincial, salvo en Córdoba donde se eligió al diputado José Antonio Muñoz García.

También los Ayuntamientos eligieron en su mayoría Procuradores en Cortes a sus respectivos Alcaldes, salvo el de La Coruña que eligió a un concejal de Negreira, José Abeijón Sánchez, y el de Pontevedra que eligió al concejal Manuel Alfredo Paz Sánchez. Más frecuente fue el caso de no elegir al Alcalde de la capital de la provincia, sino al de otro municipio. Así ocurrió en 17 provincias.

Fraga, Secretario del Consejo de Ministros

Las funciones de Secretario del Consejo de Ministros que venía desempeñando el Almirante Carrero Blanco, al ser éste nombrado Vicepresidente del Gobierno, habían de encomendarse a otro Ministro. Carrero, en su despacho con el Jefe del Estado del 5 de octubre, me propuso a mí, pero Franco se inclinó por Fraga. Posiblemente influiría en la decisión el recelo a una acumulación de funciones en el Palacete de Castellana, 3.

Sin olvidar que era habitual en Franco practicar la táctica de una de cal y otra de arena, hay que reconocer que no dejaba de tener su lógica el que fuera una misma persona la encargada de elaborar y facilitar a la prensa la reseña de lo tratado en los Consejos de Ministros —función que era de la competencia del Ministro de Información— y quien redactara el acta de las reuniones del Gobierno.

En la fotocopia que figura en la página 229 puede verse la propuesta inicial mecanografiada y la rectificación de puño y letra del Almirante.

PRESIDENCIA DEL GOBIERNO

Excmos. e Ilmos. Sres.:

El ejercicio de las obligaciones que me corresponden como Vicepresidente del Gobierno, aconseja delegar las funciones de Secretario del Consejo de Ministros que el artículo 3º de la Ley de Régimen Jurídico de la Administración del Estado, asigna al Ministro Subsecretario de la Presidencia.

Por ello, haciendo uso de las atribuciones que me confiere el artículo 22 de la expresada Ley de Régimen Jurídico y en la forma que determina el artículo 32 de la misma, he tenido a bien:

Ministro de Información y Turismo

Delegar en el ~~Comisario del Plan de Desarrollo Económico y Social y Ministro sin Cartera~~, las funciones de Secretario del Consejo de Ministros y de las Comisiones Delegadas del Gobierno.

Lo digo a VV.EE. y a VV.II.

Madrid, 5 de octubre de 1967

Congreso municipalista de Barcelona

Del 6 al 12 de octubre se celebró en Barcelona el IV Congreso Hispano-Luso-Americano y Filipino de Municipios.

Me correspondió pronunciar el discurso inaugural. «La convivencia en la libertad —dije— tiene que basarse en un gran respeto para los puntos de vista ajenos, en una comprensión auténtica para todos los hombres que tienen la suprema dignidad de ser libres y responsables de su propio destino.»

Luego añadí: «En un mundo cada vez más tecnificado hemos de encontrar el camino para que las estructuras de convivencia sean instrumento al servicio del hombre y de sus valores.» «Unamuno, en expresión feliz, hablaba de la ciudad como ese horizonte emotivo que es ya un paisaje del alma. Si hubiera de expresar con un solo trazo qué es lo que distingue al Municipio dentro del complejo mundo administrativo no dudaría en afirmar que su carácter entrañable, hogareño, su proximidad al hombre.»

Más adelante, dije: «El aumento físico de las ciudades, su creciente demanda de toda suerte de servicios, llevan una aceleración tal que condena a la ineficacia cualquier actitud que no sea la de anticiparse a esas transformaciones socioeconómicas.»

Entre las numerosas personalidades asistentes al Congreso municipalista se encontraba el Profesor Caetano.

Nota de Carrero a Franco instándole a que conservara la Presidencia del Gobierno

Con fecha de 9 de octubre de 1967, redactó el Almirante Carrero Blanco una nota de seis folios, para entregarla al Jefe del Estado, en la cual, basándose en la interpretación de las leyes entonces vigentes, concluía diciendo:

«Por consiguiente, el estricto cumplimiento de los preceptos de la Ley Orgánica del Estado obliga a que, mientras el Caudillo viva, la Presidencia del Gobierno continúe vinculada a la Jefatura del Estado, puesto que está vigente el artículo 16 de la Ley de 30 de enero de 1938, y a que el Caudillo ejerza personalmente la Jefatura Nacional del Movimiento.»

«Ahora bien; como el Caudillo tiene también la suprema potestad de dictar normas jurídicas de carácter general, es evidente que puede, en el momento en que lo estime oportuno, hacer uso de dicha facultad para suspender o derogar la vigencia del artículo 16 de la Ley de 30 de enero de 1938 y, una vez desvinculada la Presidencia del Gobierno de la Jefatura del Estado, designar un Presidente del Gobierno, bien por sí mismo, haciendo uso de su potestad legislativa, bien mediante las normas de propuesta en terna por el Consejo del Reino establecidas en el artículo 14 de la Ley Orgánica del Estado.»

«Existiendo un Presidente del Gobierno, el Caudillo podría, de estimarlo oportuno, hacer uso de su potestad legislativa para suspender la vigencia del párrafo tercero de la Disposición Transitoria primera de la Ley Orgánica del Estado y delegar en el Presidente del Gobierno la Jefatura Nacional del Movimiento.»

«Esta es, a nuestro juicio, la situación jurídica que plantea la Ley Orgánica del Estado y tenemos la firme convicción de que, salvo quizás una exigüa minoría de aficionados a las novedades, nada lamentaría más el pueblo español que el Caudillo pusiera en otras manos, distintas de las suyas, la Presidencia del Gobierno y la Jefatura Nacional del Movimiento. Un referéndum sobre esta cuestión sería aún más terminante que el del 14 de diciembre de 1966.»

Mi punto de vista en este aspecto, discrepaba del de Carrero. A mi juicio, no debía demorarse el nombramiento de Presidente del Gobierno.

(El texto íntegro del informe del Almirante figura en el anejo documental.)

He aquí una prueba de la absoluta falta de ambición política del Almirante Carrero Blanco que jamás deseó ser Presidente del Gobierno. Si, en 1973, llegó a serlo fue «malgré lui». Algunos han calificado de «desgana», en sentido peyorativo, esta actitud de Carrero. Yo, por el contrario, pienso que es la mejor alabanza de un político pues los cargos públicos no hay que codiciarlos, sino servirlos.

Despacho con Franco: informe de la OCDE

El 11 de octubre despaché con el Jefe del Estado en el Palacio de El Pardo. Le agradecí la designación de Consejero Nacional. Le di cuenta del informe de la OCDE sobre la economía española, cuya traducción al castellano estaba en la imprenta y le leí las conclusiones de dicho informe, subrayándole que, a causa de un crecimiento excesivo del consumo, la balanza de pagos se había saldado en 1966 con un déficit de 133 millones de dólares y que el índice de precios había aumentado, por término medio, en el último quinquenio, en casi un 6,5 por ciento anual, frente a un 4,5 por ciento en el conjunto de países europeos de la OCDE, con lo cual, la posición competitiva de España había sufrido un empeoramiento.

Le insistí, una vez más, en la necesidad de combatir la inflación que, de no atajarse, comprometería nuestro proceso de desarrollo. Y le indiqué que el Gabinete de Estudios de la Comisaría del Plan preveía un descenso del Producto Nacional Bruto en el siguiente año 1968.

Elecciones de Procuradores en Cortes de representación familiar

El martes, 12 de octubre, se celebraron, por vez primera, elecciones a Procuradores en Cortes de sufragio cuasi-universal, puesto que el censo electoral constaba de unos doce millones de personas (los cabezas de familia y las mujeres casadas, mayores de edad).

El porcentaje de votantes fue el 64 %. La mayor abstención se registró en Vizcaya, Guipúzcoa y Navarra. Se eligieron 108 Procuradores (dos por provincia, incluyendo las de Fernando Poo, Río Muni y Sahara, uno por Ceuta y otro por Melilla). Entre los que salieron elegidos merecen ser citados Adolfo Suárez González por Ávila, Juan Antonio Samaranch Torelló por Barcelona, Virgilio Oñate Gil por Castellón, Rafael Cabello de Alba y Gracia por Córdoba, Tomás Allende y García-Baxter por Guadalajara, Fernando Suárez González por León, Joaquín Viola Sauret por Lérida (1), Álvaro de Lapuerta Quintero por Logroño, Antonio Carro Martínez y Antonio Rosón Pérez por Lugo, Juan Manuel Fanjul Sedeño por Madrid, Alfonso Osorio García por Santander, Andrés Reguera Guajardo por Segovia, Enrique Fontana Codina por Tarragona y Enrique de la Mata Gorostizaga por Teruel.

Varios de los elegidos figuraban en candidaturas opuestas a las «oficialistas». El éxito más clamoroso fue el de Juan Manuel Fanjul Sedeño, destacado monárquico, que obtuvo el acta por Madrid con considerable diferencia de votos respecto a los demás candidatos por esta provincia. En cambio, Leopoldo Calvo-Sotelo, entonces

(1) Posteriormente fue Alcalde de Barcelona y murió víctima del terrorismo, junto con su esposa.

Presidente de la Renfe, no obtuvo el escaño por Lugo. Pero en la siguiente legislatura fue Procurador en Cortes por el Sindicato Nacional de Industrias Químicas.

Entre los representantes de los municipios y provincias había personas de convicciones monárquicas y mentalidad abierta, como Juan María de Araluce Villar, Pedro de Arístegui Bengoa, Félix Huarte Goñi, José López-Muñiz y González-Madroño, José María de Muller y de Abadal, José María de Porcioles Colomer, Ángel Porto Anido, Antonio del Valle Menéndez, Javier Ybarra Bergé y Fernando Ybarra y López-Dóriga.

Por último, entre «los 40 de Ayete», había también partidarios de la Monarquía y de la necesaria evolución política, tales como Torcuato Férnandez-Miranda y Hevia, Manuel Fraga Iribarne, Fernando Herrero Tejedor, Antonio Iturmendi Bañales, Gregorio López Bravo de Castro, Torcuato Luca de Tena y Brunet, Gregorio Marañón Moya, Antonio María Oriol Urquijo, Miguel Primo de Rivera y Urquijo, Alejandro Rodríguez de Valcárcel y Nebreda, Federico Silva Muñoz, y yo. A los que cabría añadir a Tomás Garicano Goñi, entre los designados por el Presidente del Consejo Nacional.

Elecciones a Consejeros Nacionales

El 20 de octubre tuvo lugar la elección de los Consejeros Nacionales por cada provincia. Entre los que salieron elegidos figuran Miguel Vizcaíno Márquez, Emilio Romero Gómez, Carlos Trías Bertrán, Fernando Hernández Gil, José Miguel Ortí Bordás, Francisco Ruiz-Jarabo Baquero, Luis Rodríguez Miguel, José García Hernández, Alberto Ballarín Marcial, Rodolfo Martín Villa, José Utrera Molina, Cruz Martínez Esteruelas, Licinio de la Fuente y de la Fuente, Adolfo Muñoz Alonso, Carlos Pinilla Turiño y Santiago Pardo Canalís, algunos de los cuales llegarían a ser Ministros de la Corona.

Nuevo despacho con Franco sobre la situación de la economía

El 24 de octubre volví a tener despacho con el Jefe del Estado para alertarle sobre el deterioro creciente de la situación económica. Le presenté el informe trimestral de la coyuntura que acusaba fuertes presiones en los precios. Le dije que, para combatir la inflación, no bastaban las medidas monetarias sino que se precisaba una más enérgica política fiscal y salarial. Le puse también en relieve la desaceleración de la producción industria, debida principalmente a la elevación de costes y a la compresión de beneficios, unidas a la defectuosa estructura financiera de las empresas.

Le comenté la crítica a la política industrial que hizo el Consejo de Trabajadores de la Organización Sindical, reproduciendo conceptos del informe que el Ministro de Trabajo, Jesús Romeo, había presentado unos meses antes al Gobierno y que había dado lugar a un desagradable incidente con Gregorio López Bravo. Califiqué de inadmisible ese enfrentamiento entre Ministros. Con un Gobierno unido —dije— todo tiene solución; con un Gobierno dividido, no. Y denuncié la progresiva invasión de competencias estatales por los Sindicatos.

Impresiones de Silva sobre su viaje a Italia

Invitado por el Gobierno italiano, el Ministro de Obras Públicas, Federico Silva, hizo en octubre un viaje oficial a aquel país. Fue recibido por Giulio Andreotti y se interesó especialmente por las autopistas italianas. En Roma tuvo ocasión de entrevistarse con varios Cardenales y personajes de la Curia vaticana.

A la vuelta me contó sus impresiones. En una larga conversación con Mons. Benelli, Silva le dijo «usted manda en la Iglesia y yo en España; tengo 170 Procuradores en Cortes que me siguen. Hemos de entendernos. Joaquín Ruiz Giménez carece de fuerza política». Mons. Benelli se mostró opuesto a que el Arzobispo de Madrid, Don Casimiro Morcillo, formara parte del Consejo del Reino.

Había que pensar en un nuevo Embajador de España cerca de la Santa Sede. Silva proponía a Pedro Rodríguez Ponga.

La política eclesiástica fue siempre un asunto que interesó a Federico Silva. Se lamentó conmigo de no poder dirigir esta política desde el Ministerio de Obras Públicas y mostró su disposición a ocupar la cartera de Asuntos Exteriores.

Conversación con el Nuncio Mons. Dadaglio

El 26 de octubre, tuve una larga entrevista con el nuevo Nuncio, que había llegado a Madrid el anterior día 14. Me pareció muy interesado por las cosas de España. Expresó el conocido punto de vista del Vaticano acerca de la renuncia del derecho de presentación del Jefe del Estado para el nombramiento de Obispos que de antiguo se había concedido a los Reyes de España y que había sido confirmado en el Concordato de 1953. Le dije que tal renuncia comportaría la revisión del texto concordado y que ello suscitaría el replanteamiento del privilegio del fuero eclesiástico y otros asuntos.

En lo referente a la provisión de diócesis, contó la siguiente anécdota: cuentan que le presentaron a un Papa tres candidatos: un hombre santo, un hombre sabio y un hombre prudente. Respecto del primero, el Papa dijo: «oret pro nobis» (que rece por nosotros); respecto al segundo, «doceat nos» (que nos enseñe); y respecto del tercero, «regnat nos» (que nos gobierne) y eligió a este último.

Hablando del Concilio, comentó el Nuncio que, mientras en Trento hubo que levantar murallas para defenderse de los ataques del Protestantismo, el Vaticano II había querido abrirse al mundo y penetrar en él.

Hablamos también de la Ley Orgánica del Estado y le expuse mi criterio en favor de la evolución política gradual, sin ruptura y sin que se produjera un vacío de poder.

En cuanto a la actuación de los católicos en la vida pública recalqué la plena libertad con que ha de actuar cada uno, sin ninguna traba y que sólo la Jerarquía eclesiástica podría señalar una acción común cuando juzgara que las circunstancias lo exigieran.

Consejo de Ministros: conflictos universitarios

El Consejo de Ministros del 27 de octubre se ocupó principalmente de la situación en la Universidad pues el día anterior se habían producido graves disturbios en el campus de la Ciudad Universitaria. El Ministro de la Gobernación adoptó medidas para evitar que miembros de Comisiones Obreras se introdujeran en el campus para aumentar la agitación.

Comentamos el fastuoso acto de la coronación como Emperador del Sha Mohammed Reza Pahleví que había tenido lugar el día anterior en Irán y al que asistió el Príncipe Don Juan Carlos en representación de España. Mal fin esperaba su imperio.

Strauss se entrevista con Franco

El bávaro Franz Josef Strauss, a la sazón Ministro de Finanzas de la República Federal Alemana, fue recibido por el Jefe del Estado en el Palacio de El Pardo el martes 31 de octubre. Contaba entonces 52 años y era Presidente del Partido de la Unión Social Cristiana. Fue siempre buen amigo de España y prestó su apoyo al Plan de Desarrollo.

Último Pleno de la legislatura

El 2 de noviembre —día de Difuntos— se celebró la última sesión plenaria de la VIII legislatura de las Cortes. *Morituri te salutant.*

Cambio de impresiones con el Embajador Aznar

En una conversación con Manuel Aznar el 3 de noviembre, el comentario giró en torno a la situación política. Su principal preocupación eran las relaciones con la Iglesia. «Interesa cultivar al nuevo Nuncio —dijo—: es muy sensible al cariño.» También le preocupaba la división en el seno del Gobierno y entre las diferentes fuerzas políticas. A su juicio «debería existir un dispositivo para aunar esfuerzos en lo fundamental y marchar unidos en una misma dirección». Hablando de la conveniencia de un cambio de Gobierno no se recató en decir que le gustaría ser Ministro de Asuntos Exteriores, de Información y Turismo o Embajador ante la Santa Sede.

Porcioles desiste de su candidatura a Consejero del Reino

Un buen grupo de Procuradores en Cortes representantes de las Diputaciones y Ayuntamientos, promovieron la candidatura del

Alcalde de Barcelona, José María de Porcioles para cubrir uno de los cuatro puestos de Consejero del Reino que debían ser elegidos por las Corporaciones Locales. Porcioles se lo comunicó a Solís en carta del 3 de noviembre, a Iturmendi en carta del día 4 y habló del asunto con el General Alonso Vega.

En vista de que no contaba con el apoyo de la Secretaría General del Movimiento, dirigió un telegrama a los Procuradores que le habían propuesto en el que les decía: «Agradezco profundamente esas pruebas de confianza pero creo que las conveniencias del país exigen la mayor unidad de actuación por lo que estimo que, en lo posible, debe irse a una única candidatura y que ésta debe ser, por lo menos la actitud del representante de Barcelona...»

Fue prudente al no enfrentarse a la candidatura de la Secretaría General del Movimiento que tenía todas las bazas en la mano.

La salud de Pablo VI y la posición de Mons. Benelli

El Embajador Garrigues, en carta de 9 de noviembre de 1967, dirigida al Ministro Castiella, le informó del estado de salud de Pablo VI, a consecuencia del cual era de prever que, por un período de tiempo bastante largo, el Papa se vería obligado a una notable reducción de su actividad. Con ello, los poderes de Mons. Benelli y su posición dominante se acentuarían considerablemente.

Garrigues se preguntaba: «¿Tiene Benelli la experiencia y la madurez necesarias para asumir esa posición tan relevante? Acto seguido daba su respuesta: «Yo creo sinceramente que no.»

El Gobierno aprueba las Directrices del II Plan

El Consejo de Ministros del 10 de noviembre se dedicó principalmente a la situación económica y aprobó los Objetivos del II Plan de Desarrollo, en curso de elaboración.

Elección de la Mesa de las Cortes

El jueves 16 de noviembre se celebró la sesión preparatoria de la IX legislatura. Prestaron juramento y tomaron posesión los nuevos Procuradores en Cortes y se constituyó la Mesa, integrada por dos Vicepresidentes y cuatro Secretarios que, de acuerdo con la modificación introducida por la Ley Orgánica del Estado, tenían que ser elegidos por el Pleno.

Se presentaron varias candidaturas para Vicepresidente: las de Dionisio Martín Sanz, el Conde de Mayalde, Luis Coronel de Palma y el Marqués de la Valdavia. Salieron los dos primeros, que estaban patrocinados por la Secretaría General del Movimiento, lo que produjo gran enojo al Ministro de la Gobernación, General Alonso Vega.

Para los cuatro puestos de Secretario, fueron elegidos Tomás Romojaro Sánchez, Francisco de Lapiedra de Federico, Sancho Dávila Fernández y José Luis Zamanillo y González-Camino. Un quinto candidato —Ezequiel Puig y Maestro-Amado— quedó fuera, con una diferencia de cinco votos respecto del anterior.

Discurso de Franco al inaugurar la nueva legislatura de las Cortes

El viernes 17 de noviembre se celebró la solemne sesión de apertura de la IX legislatura de las Cortes. El Jefe del Estado pronunció un discurso, del que entresaco los siguientes párrafos:

Sistema constitucional abierto y flexible

«La Ley Orgánica del Estado, que marca esta nueva etapa legislativa, es como un gran pórtico abierto al futuro de una España en paz. No es un muro que impida sucesivas metas de perfeccionamiento. Es como un gran canal que servirá de cauce a las caudalosas corrientes de opinión, haciéndolas desembocar en un constructivo proceso de perfeccionamiento.»

«Siempre las normas constitucionales españolas que se integran en las Leyes Fundamentales han sido calificadas de abiertas, lo que ciertamente implica su progresiva evolución, pero no puede implicar en ningún caso su irresponsable destrucción. En esa evolución cabe prever que las diversas corrientes de opinión suscitadas por la vida real, por las ideas políticas, por los problemas sociales y económicos, encontrarán creciente campo en el que debatir serenamente sus respectivos pareceres.»

Estado de Derecho

«Autoridad política y progreso social, son los precisos pilares de la organización de nuestro Estado. Hemos de demostrar cada día al mundo que puede avanzarse por el camino de la justicia social, de la igualdad de oportunidades, de la nivelación de las clases, sin una sola concesión a la demagogia y al desorden; sin consentir que las llamaradas de odio abrasen el bosque nacional; sin tolerar que los españoles se vuelvan unos contra otros, convertidos en hermanos enemigos.»

«Hemos de demostrar también, con la misma nitidez, con la misma contundencia incontestable de los hechos, que un moderno Estado con autoridad no es un Estado arbitrario, ni un Estado brutal, ni un Estado policíaco, ni un Estado dictatorial. Un moderno Estado con autoridad puede ser, y España lo es, un Estado de Derecho, en el que los ciudadanos sientan garantizados sus derechos civiles, protegida su vida, su hacienda, su familia, su trabajo, su deseo de vivir como les acomode, dentro del respeto al bien común y al de cada uno de sus compatriotas.»

«Un Estado con autoridad plena sobre los intereses individuales y de grupo, de los que no depende su existencia y da a cada uno lo que es suyo, está en cada momento en condiciones de decir "no" tanto a las irresponsables reclamaciones de la demagogia como a las solicitaciones de los grupos de presión de los poderosos. Todo esto es posible gracias a un poder ejecutivo, que ha sido y seguirá siendo vigoroso y eficaz, y a un poder judicial de una integridad c independencia absolutas, que castiga o absuelve al particular o al Estado, a la corporación o al individuo, sin otro norte ni otra mira que la recta aplicación de la ley.»

«En todos los ejemplos históricos conocidos, el orden y la paz preceden a la construcción jurídica; primero es la normalidad y luego la norma. Un Estado de Derecho presupone que antes hay un Estado.»

Gibraltar

Abordó luego el asunto del Peñón, en los siguientes términos:

«Permitidme que termine con una breve, pero indispensable referencia, a un problema que está en la mente y en el corazón de todos vosotros y de todos los españoles: Gibraltar. Yo os digo simplemente esto: Gibraltar es español, y es tarea de todo gobernante y todo ciudadano de este país el procurar su restitución a la integridad de la Patria. Así lo haremos; pero con la renovada satisfacción de que esto, que siempre fue indudable para los españoles, es hoy un axioma reconocido por la opinión internacional, a través de sus más autorizados intérpretes, la Organización de las Naciones Unidas y sus órganos especializados.»

«En cuanto a la cuestión en sí, es problema en el que nos asiste toda la razón y en el que el tiempo trabaja a nuestro favor. Al compás que éste pasa, la fortaleza va perdiendo progresivamente su importancia militar. Lo que un día representó Gibraltar, lo llena hoy nuestra geografía. Estamos convencidos de que la amistad y el entendimiento con España es de mucho más valor y trascendencia para la Gran Bretaña que el mantenimiento de la posesión arqueológica de unos reductos y murallas que, sin dar honor al poseedor, hieren los sentimientos más íntimos del pueblo español. Antes o después se impondrá la razón y acabará resolviéndose lo que tiene que ser. Yo quisiera desterrar de esta negociación ese concepto equivocado de una pugna entre naciones en que pudieran existir vencedores y vencidos, sustituyéndolo por el de un hecho obligado de nuestro tiempo, cuya resolución irá en beneficio de las dos naciones y en servicio del occidente europeo.»

Economía

Respecto de la política económica, dijo Franco en su discurso:

«La conciencia nacional, con su fina sensibilidad se viene percatando de que, en buena parte, la prosperidad política y la justicia social estriban en el futuro del desarrollo y la consecución de sus fines fundamentales.»

Pero también hizo esta advertencia:

«¿Qué diremos de ciertos progresismos fáciles, que consisten en desear todo lo más lujoso, reclamar todo lo más caro, apuntarse en todo al último grito, censurar por supuesto lo de casa, pero sin concretar quién ha de pagar la cuenta?» (...) «Se hace preciso mantener una regularidad en la marcha. Avanzar demasiado deprisa supondría correr el riesgo de estrellarse con lo cual quedarían amenazadas nuestras conquistas sociales.» Era una clara alusión al desbordamiento del consumo que rebasaba el ritmo previsto en el Plan de Desarrollo.

Devaluación de la libra esterlina

El sábado 18 de noviembre, el Gobierno británico decidió devaluar la libra esterlina para hacer frente al déficit crónico de su balanza de pagos (1).

Siendo la libra esterlina una moneda de reserva, su devaluación había de afectar a los países de su área y a España que tenía una balanza comercial crecientemente deficitaria con Inglaterra (2), déficit que se agravaría con la nueva paridad de la divisa británica; serían más baratas las compras que hiciéramos a aquel país mientras que a los ingleses les saldrían más caros nuestros productos. No cabe olvidar que el Reino Unido era el cuarto de nuestros clientes y también el cuarto de nuestros proveedores.

La conmoción monetaria desencadenada por la devaluación de la libra esterlina, arrastró consigo la devaluación de la moneda de más de la cuarta parte de los países europeos de la OCDE (cinco entre diecinueve): el Reino Unido, Dinamarca, Irlanda, Finlandia y España a los que se sumó también Israel, Nueva Zelanda, Chipre, Malawi y Gambia. Año y medio más tarde devaluaría Francia.

Devaluación de la peseta

Tan pronto se tuvo noticia de la devaluación de la libra, nos reunimos el mismo día 18 de noviembre los Ministros económicos, el Gobernador del Banco de España y nuestros más inmediatos colaboradores para examinar la situación creada y estudiar las propuestas que el Ministro de Comercio habría de llevar al Gobierno, previa consulta al Fondo Monetario Internacional, a cuyo Consejo de Gobernadores pertenecía como representante de España.

Tras una amplia deliberación y teniendo en cuenta no sólo las razones de orden internacional sino también la situación de nuestra economía, caracterizada por un excesivo crecimiento del consumo, el alza de precios y el déficit en la balanza de pagos, se decidió unánimemente solicitar al Jefe del Estado una reunión extraordinaria del Consejo de Ministros para el día siguiente, el do-

(1) El déficit medio anual entre 1957 y 1966 inclusive había sido de 150 millones de libras pero en 1964 había llegado a 800 millones de libras.

(2) En 1966 el déficit había alcanzado la cifra de 200 millones de dólares.

mingo, 19, con objeto de proponer el cambio de la paridad de la peseta antes de que se abrieran el lunes los mercados bursátiles.

Franco ordenó convocar la reunión para el domingo por la tarde. Varios miembros del Gobierno se hallaban fuera de Madrid: el Vicepresidente, Almirante Carrero Blanco, estaba en Sevilla; el de Información, Fraga, asistía a una cacería cerca de Quintanar de la Orden. Algunos Ministros llegaron después de comenzar el Consejo: Fraga se presentó en El Pardo con traje de caza y botas.

Se examinaron los pros y los contras de la devaluación de la peseta. Indudablemente, la devaluación es una medida impopular porque supone una disminución del poder real de compra, pero esta disminución es necesaria para contener el desbordamiento del consumo. Sus principales ventajas son favorecer las exportaciones y el turismo y desalentar las importaciones, con lo cual se pretendía reequilibrar la balanza de pagos, que desde 1965 había comenzado a ser levemente deficitaria, tras los continuos superávits alcanzados a partir del Plan de Estabilización de 1959.

Por estas y otras razones que expuso el Ministro de Comercio, García Moncó, y tras un breve debate, todos los miembros del Gobierno dieron su conformidad a la devaluación. Franco escuchó con atención los argumentos que se expusieron y no puso objeción alguna al cambio de la paridad de la peseta. Con la previa consulta al Fondo Monetario Internacional, el Gobierno acordó fijar la nueva paridad en 70 pesetas al dólar USA, frente al anterior tipo de cambio de 60 pesetas.

Resaca de la devaluación

La Organización Sindical puso el grito en el cielo. No dejaba de ser paradójico que quienes habían contribuido, en gran parte, a la inflación presionando para obtener aumentos salariales muy superiores al incremento de la productividad, lo que dio lugar a la pérdida de competitividad y al déficit de la balanza de pagos, fueran los que más atacaran la devaluación.

Ya ha quedado expuesto a lo largo de estas páginas las reiteradas llamadas de atención de la Comisaría del Plan de Desarrollo sobre las desviaciones que venían produciéndose respecto de los ritmos previstos en el Plan para el crecimiento del consumo público y privado y sobre las alzas de precios provocadas por el exceso de demanda, así como la inflación de los costes de producción que se traducía en una pérdida de competitividad.

Presenté, una y otra vez, en las reuniones de la Comisión Delegada de Asuntos Económicos y en los Consejos de Ministros, razonados informes en este sentido y apelé al Jefe del Estado, al despachar con él, para que se adoptaran las medidas correctoras y fueran cumplidas a rajatabla por todos los miembros del Gobierno.

Pero, desgraciadamente, el Ministro de Trabajo, Romeo Gorría, y el Ministro Delegado Nacional de Sindicatos, Solís Ruiz, prestaron oídos de mercader a estas serias advertencias y se dejaron arrastrar por una aparente «política social» cuyas principales víctimas fueron los trabajadores y pensionistas, cuyo poder adquisitivo se vio fuertemente erosionado por la inflación que ellos mismos, sin buscarlo, provocaron en buena medida.

Informes del Banco de España

No sólo la Comisaría del Plan de Desarrollo llamó, en reiteradas ocasiones, la atención del Gobierno acerca de las peligrosas tensiones inflacionistas que acusaba la economía española a partir de 1966; también el Banco de España produjo una serie de informes que fueron igualmente desatendidos por el Gobierno y, en especial, por los Ministros «sociales». Así, el Consejo Ejecutor del Banco de España, en su informe, de 7 de junio de 1967, manifestó que «se cree en el deber de poner en conocimiento del Gobierno: la persistencia e intensificación de las presiones inflacionistas sobre nuestra Balanza de Pagos, a cuyo efecto se acompaña un cuadro sobre la pérdida de nuestras reservas».

Comentario de Porcioles acerca de la devaluación

Porcioles me escribió el 7 de diciembre una carta en la que advertía:

«Se da el contrasentido y el absurdo de que quienes, aún de buena fe, lanzaron sobre la economía los alegres "polvos" de su actuar, quieren transferir ahora los "lodos" resultantes de su propio obrar, sobre aquellos que intentaron poner orden y frenar más de una inconsciente actuación.»

Contraste entre la situación económica de 1959 y la de 1967

Saltan a la vista las diferencias entre la devaluación de 1959 y la de 1967, no sólo por su cuantía ya que en 1959 el tipo de cambio respecto del dolar pasó de 42 a 60 pesetas, sino, principalmente, por las condiciones sustancialmente diferentes en que se encontraba nuestra economía en una y otra fecha.

En 1959 el grado de apertura de nuestra economía hacia el exterior era muy reducido por lo que existían grandes dificultades de abastecimiento de materias primas y bienes de equipo; de otra parte, las reservas de divisas eran nulas y las alzas de precios, mucho más fuertes. En 1967, en cambio, el comercio exterior estaba liberalizado en un alto porcentaje, contábamos con reservas superiores a los 1.000 millones de dólares y las tensiones de precios eran mucho menores que en 1959.

Se había producido ya el despegue de nuestra economía: en el cuatrienio 1964-1967 el Producto Nacional Bruto había experimentado un crecimiento del 30 por ciento en términos reales, ritmo el más elevado de los países de Occidente. Esta expansión había permitido crear un millón de puestos de trabajo en la industria y los servicios, y el saldo emigratorio a los países europeos se había invertido, ya que los retornos de trabajadores en 1967 sobrepasaron en más de 40.000 a las salidas, manteniéndose, sin embargo, en España una situación de pleno empleo. Al mismo tiempo había progresado notablemente la integración de nuestra economía en la mundial, habiendo aumentado de volumen los intercambios con el exterior, durante dicho cuatrienio, en un 82 %.

El importante incremento de las producciones básicas y de las manufacturas industriales constituía también una muestra de la profunda transformación que se había operado en la economía española. Fruto de todo ello era la mejora del nivel de vida con la consiguiente difusión de la enseñanza, de los bienes de consumo duradero y de los servicios sociales más significativos que se reflejaban en los indicadores de bienestar tales como el parque de automóviles, los teléfonos, los televisores y demás electrodomésticos.

La devaluación y el Plan de Desarrollo

El alza de precios que dio lugar a la devaluación se debió a que nuestro crecimiento no había sido tan ordenado como debiera y como estaba previsto en el I Plan. Pero ¿qué habría ocurrido sin la existencia de éste? Mi opinión personal es que el crecimiento habría sido, probablemente, más desordenado todavía, el alza de precios más rápida y la devaluación habría tenido lugar algunos años antes.

El alza de precios y la devaluación no pueden imputarse al Plan de Desarrollo porque, desgraciadamente, no eran fenómenos nuevos en España. El coste de la vida había aumentado, desde 1939 a 1959, en un 464 % y los precios al por mayor en un 714 %. Lo que era nuevo en 1967 es el hecho de que el alza de precios y la devaluación no fueran acompañadas, como antes de 1959, por un desarrollo débil sino por un desarrollo intenso. En el período de 20 años que media entre 1939 y 1959 hubo, por tanto, una inflación notoriamente superior y un desarrollo notablemente inferior. Por el contrario, en los años del I Plan la inflación había sido muy inferior y el desarrollo notablemente superior.

Política realista frente a política de prestigio

Ante las alzas de precios en el interior y el déficit de la balanza de pagos, que se hubiera agravado con la devaluación de la libra esterlina y de otras divisas extranjeras, no cabía cruzarse de brazos y adoptar una «política de prestigio» manteniendo a ultranza el tipo de cambio oficial de la peseta. Se imponía una política realista que ajustara la paridad de nuestra moneda a su verdadero valor, acompañada de las indispensables medidas complementarias, sin las cuales la devaluación no hubiera sido eficaz.

De otra parte, aplicar medidas restrictivas sin modificar el tipo de cambio de la peseta hubiera sido estar a las duras y no a las maduras.

Todos los Gobiernos con sentido de responsabilidad practican una política realista, sin que se les caigan los anillos por devaluar su moneda cuando las circunstancias lo demandan. La devaluación en sí, no es un mal ni es siempre buena la revaluación. Es bien conocida la resistencia de la República Federal Alemana a revaluar el marco, lo que demuestra que la revaluación no es necesariamente un timbre de gloria, ni la devaluación un baldón (aunque a veces se la encubre con el nombre de depreciación o con la frase «dejar caer la moneda hasta que alcance su posición de equilibrio») (1).

A diferencia de las críticas internas, cargadas de intencionalidad política, los más solventes Organismos económicos internacionales, estimaron acertada la devaluación de la peseta. El Secretario General de la OCDE, Kristensen, afirmó textualmente, que había sido «una medida sagaz, oportuna y conveniente». Prueba de ello es que la economía española fue recuperándose y, cuando yo dejé la Comisaría del Plan de Desarrollo, al ser nombrado Ministro de Asuntos Exteriores en junio de 1973, el dólar se cotizaba a 58 pesetas.

Medidas complementarias del cambio de paridad de la peseta: supresión de Subsecretarías y Direcciones Generales

En el Consejo de Ministros del viernes siguiente, 24 de noviembre, se adoptaron una serie de medidas para restablecer el equilibrio de nuestra economía, canalizando los recursos que absorbía un consumo excesivo hacia las inversiones auténticamente productivas. Al contener el crecimiento del consumo, el sector público debía comenzar por dar ejemplo y por ello se acordó la supresión de cinco Subsecretarías y treinta y cuatro Direcciones Generales, reducir drásticamente el número de coches oficiales y bloquear durante un año los sueldos de los funcionarios y las clases pasivas.

Respecto del sector privado se acordó el mantenimiento, durante un año, de las rentas de la propiedad y de las empresas y los salarios al nivel alcanzado en la fecha de la devaluación y la elevación de los tipos del impuesto sobre el lujo.

Asimismo, se adoptaron medidas comerciales y arancelarias para eliminar los efectos desfavorables sobre los precios, en especial los que inciden sensiblemente en el coste de la vida, y se acordó la elevación de los tipos de interés de las instituciones crediticias.

En cambio, se mantuvo en su integridad el Programa de Inversiones Públicas incluido en el proyecto del II Plan de Desarrollo

(1) El 31 de diciembre de 1982, recién constituido el Gobierno socialista, la cotización de nuestra moneda era de 125 pesetas el dólar.

y se estimuló la inversión privada aumentando las posibilidades de autofinanciación de las empresas. En definitiva, el Gobierno trató de contener el consumo público y privado, relanzar la inversión y asegurar el pleno empleo. Estas medidas fueron objeto del Decreto-Ley de 27 de noviembre de 1967.

Reunión de la Permanente del Congreso Sindical

El 25 de noviembre tuvo lugar una reunión extraordinaria de la Comisión Permanente del Congreso Sindical en la que no se desaprovechó la ocasión de lanzar duras críticas al Ministro de Comercio, García Moncó y, en general, a la política económica del Gobierno. Una buena dosis de demagogia.

Nuevo veto de De Gaulle a Inglaterra

El lunes, 27 de noviembre, en una conferencia de prensa, el Presidente de Francia, General De Gaulle lanzó de nuevo un rotundo no al inicio de negociaciones del Reino Unido con el Mercado Común. Los «Seis» seguirían siendo los «Seis» por bastante tiempo debido a las exigencias británicas, de una parte, y a la intransigencia francesa, de otra.

Reuniones ministeriales presididas por el Almirante Carrero

Para una mejor coordinación de la política económica y para el seguimiento de la aplicación de las medidas de austeridad acordadas por el Gobierno, el Vicepresidente Carrero Blanco inició el miércoles 29 de noviembre la celebración de reuniones semanales de los Ministros Económicos presididas por él, en el Palacete de Castellana, 3 a las que asistía también Fraga como Secretario del Consejo de Ministros.

Mejor hubiera sido nombrar a López Bravo Vicepresidente económico del Gobierno, como lo había sugerido yo anteriormente a Franco. López Bravo tenía mejores dotes que Carrero para coordinar a los Ministros económicos y dirigir una política enérgica.

Conato de dimisión de Fraga

El día 29 de noviembre Fraga, al despachar con Franco, le expresó su deseo de dejar el Gobierno y le sugirió como posibles sustitutos a Pío Cabanillas y a Alfredo Sánchez Bella (1). Uno y otro, al correr del tiempo, llegarían a ser Ministros de Información y Turismo con Franco: Sánchez Bella, en 1969 y Pío Cabanillas, en 1974.

Parece ser que Franco le dio seguridades de que proseguiría la evolución política y Fraga siguió en su puesto.

Reunión ministerial de la OCDE

Los días 30 de noviembre y 1 de diciembre tuvo lugar en París la reunión anual, a nivel de Ministros, de la OCDE. Estuvieron representados 22 países (19 europeos y Estados Unidos, Canadá y Japón) y, en calidad de observadores la CEE, la EFTA, el Banco Mundial, el Fondo Monetario Internacional, el GATT y Australia, Nueva Zelanda y Finlandia.

La reunión se celebró bajo el impacto de la reciente devaluación de la libra esterlina y otras cuatro monedas europeas entre ellas, la peseta.

Kristensen

Intervino en primer término el Secretario General de la Organización, Kristensen, quien alabó las medidas de austeridad adoptadas por Inglaterra y los países que habían devaluado para restablecer el equilibrio de su balanza de pagos. Criticó la especulación que venía realizándose con el oro y afirmó que, si algún día debiera modificarse la cotización oficial del oro, habría de hacerse tras un estudio cuidadoso por las autoridades competentes y no a consecuencia de la presión de los especuladores que sólo buscan su provecho personal.

(1) Vid. Fraga, *op. cit*, pág. 214.

Crosland

Intervino a continuación el Ministro británico de Comercio, Charles Crosland, para explicar por qué había sido necesaria la devaluación de la libra. Sus palabras fueron escuchadas con particular interés. La razón principal fue el empeoramiento prolongado de los intercambios del Reino Unido con el exterior: los productos británicos no eran suficientemente competitivos. A esto se unió la crisis de Suez, la guerra de Israel y la especulación contra la libra esterlina.

Debré

Por Francia intervino Michel Debré, Ministro de Economía y Finanzas. Expuso la situación de la economía francesa, caracterizada por un debilitamiento de la expansión. Señaló que el funcionamiento del sistema financiero internacional dañaba el desarrollo económico y que era necesaria una acción concertada de los países de la OCDE para sanear dicho sistema financiero. Una moneda de reserva, como el dólar —dijo—, no puede estar sometida a un déficit crónico de la balanza de pagos del país más poderoso del mundo.

Pieracini

El Ministro italiano Pieracini expresó su solidaridad con la Gran Bretaña y la necesidad de ayudar a este país a nivelar su balanza de pagos, aunque Italia resultaba perjudicada por la devaluación de la libra, especialmente en su turismo y en la exportación de frutas y productos hortícolas y textiles.

Schiller

Por la República Federal Alemana intervino el Ministro de Economía y Finanzas, Karl Schiller quien señaló que el superávit de la balanza comercial alemana estaba compensado por la salida de capitales a medio plazo, lo que hacía que su balanza de pagos estuviera equilibrada. Reconoció que parte del déficit de los Estados Unidos y de los superávits de los «Seis» se fabrican en casa: «Todos tenemos algo de culpa», dijo.

Schöllhorn

El Ministro sueco, Schöllhorn, analizó la situación de recesión con alza de precios existente en varios países de Europa y reconoció que lo conseguido para enderezar la situación fue a costa del desarrollo y del empleo, e hizo hincapié en la necesidad de evitar todo peligro de un nuevo recalentamiento de la economía.

Luns

El Ministro holandés, Luns, reconoció que las medidas enérgicas que habían acompañado a la devaluación de la libra eran necesarias y pidió a los demás países que se abstuvieran de tomar medidas que contrarrestaran los efectos de dicha devaluación. Concedió gran importancia a la ampliación de la CEE, de la que se mostró decidido partidario.

Resumen de mi intervención en la OCDE

En mi intervención expuse que nuestro intenso crecimiento económico se había visto acompañado de tensiones manifestadas principalmente en alzas de precios y déficits, en los dos años anteriores, de la balanza de pagos. En esta situación, la devaluación de la libra esterlina seguida por la de otras divisas, amenazaba con afectar adversamente el poder competitivo de los productos españoles. A la vista de lo anterior, el Gobierno español reajustó el tipo de cambio de la peseta. A continuación expuse las medidas complementarias adoptadas mediante el Decreto-Ley de 27 de noviembre, que he relatado más arriba.

Luego sostuve una entrevista con el Secretario General de la OCDE, Kristensen, quien afirmó, como ya he señalado antes, que la devaluación de la peseta había sido «una medida sagaz, oportuna y conveniente».

Sugerencias al Vicepresidente del Gobierno

En uno de mis despachos habituales con el Vicepresidente del Gobierno, Almirante Carrero, y a la vista de la situación política de comienzos de diciembre de 1967 le expuse una serie de consideraciones: hay que emprender una acción política vigorosa. El Consejo de Ministros no es un Consejo de Administración, sino el órgano político por excelencia; no puede limitarse al trabajo burocrático; ha de dirigir la acción política. El Gobierno no puede ser hermético: ha de hablar al país: exponer los motivos de sus decisiones políticas (la fijación de la nueva paridad de la peseta, la política de precios y salarios, etc.). Si el Gobierno no habla, sólo se oyen las voces críticas que erosionan la confianza. Los Ministros deberían acudir a la TV y tener todo tipo de intervenciones públicas; que no se diga de ellos que «callan muy bien».

A Carrero le parecieron bien mis sugerencias; me autorizó a salir a la palestra y dijo que él también lo haría en el momento oportuno.

Mesa Redonda de «Business International»

El 11 de diciembre comparecí ante representantes de varias empresas multinacionales que asistieron a la Mesa Redonda organizada por dicha Entidad. En mi intervención traté de contestar principalmente a esta pregunta que iba de boca en boca: la nueva paridad de la peseta y sus medidas complementarias, ¿en qué medida afectarían al proyecto del II Plan de Desarrollo?

Mi respuesta fue que la devaluación no significaba un cambio radical en la política económica; se seguiría considerando a la empresa privada como el apoyo más firme del sistema económico y proseguiría la apertura al exterior de nuestra economía. Precisamente una de las finalidades de la devaluación —dije— fue hacer posible la continuación de esta apertura sin poner en riesgo el equilibrio de la balanza de pagos. Añadí que proseguiría, asimismo, la política de atracción de capitales extranjeros.

Sin embargo —precisé— el II Plan de Desarrollo no será una simple nueva edición revisada del I. El II Plan será, ante todo, selectivo, estimulando las inversiones en sectores estratégicos como son la enseñanza, los transportes y la ganadería. Además, incluirá una programación financiera, con objeto de evitar que los flujos monetarios se generen con mayor intensidad que la producción real, con la inflación consiguiente.

Ese mismo día 11 de diciembre se publicó el segundo Libro Blanco sobre Gibraltar, fruto del tesón de Castiella.

Despacho con Franco: comentarios en torno a la devaluación

El 13 de diciembre tuve despacho con el Jefe del Estado en el Palacio de El Pardo.

Mis comentarios giraron, como es lógico, en torno a la devaluación y a sus medidas complementarias.

Se han tenido que adoptar medidas drásticas —le dije— por no haber adoptado a tiempo, con firmeza, medidas correctoras. No se respetó el tope del 8 % para los incrementos salariales y ha habido que decretar la congelación de salarios durante un año. No se tomaron en serio las cosas serias.

Le recordé cuanto le había expuesto en mi despacho del 21 de junio anterior y el informe sobre la situación económica que entonces le entregué con sus correspondientes anejos, así como lo que le expresé en mi despacho del 13 de julio.

La nueva paridad de la peseta —añadí— no ha sido otra cosa sino poner el reloj en hora. Le presenté un gráfico que mostraba el paralelismo entre el nivel de precios y la paridad de la peseta. La devaluación se ha hecho —agregué— curándonos en salud, cuando las reservas de divisas superaban los 1.000 millones de dólares, a diferencia de la devaluación que hubo que hacer en 1959 en una situación extrema, cuando nuestras reservas estaban bajo cero. Esta vez, además, junto a la moderación del consumo, comenzando por reducir en 12.000 millones de pesetas los gastos públicos consuntivos, se han adoptado medidas positivas de estímulo a la inversión productiva a la vez que se desalienta la especulativa.

Los efectos de la devaluación no han tardado en dejarse sentir: en sólo veinticinco días, nuestras reservas de divisas se han incrementado en 35 millones de dólares. Y aludí a las favorables perspectivas que se ofrecían: reactivación de las exportaciones, atracción del ahorro exterior, fomento del ahorro interno, etc.

Me quejé de la campaña de la Prensa del Movimiento y de la Agencia Pyresa, que dependen de un Ministro del Gobierno. «Hay cosas, mi General, —le dije— que no se entienden o, mejor dicho, que se entienden demasiado. ¡La de cosas que he tenido que callarme, por sentido de responsabilidad! Algún día, si tengo tiempo y humor, escribiré un Libro Blanco: me sobra material.»

Por último, le expuse las razones que aconsejaban prorrogar por Decreto-Ley la vigencia del I Plan de Desarrollo, con objeto de reajustar el proyecto del II Plan a las nuevas circunstancias.

Franco asintió a cuanto le dije.

Se exilia el Rey Constantino

El 13 de diciembre, a consecuencia del fracaso de un intento para derribar la Junta Militar, presidida por el Coronel Papadopoulos, el Rey Constantino de Grecia abandonó el país y se instaló provisionalmente en Roma. En España tuvo gran repercusión la noticia y no faltaron quienes, con tal ocasión, trataron de llevar al agua a su molino antimonárquico.

El Embajador ante la Sante Sede, Antonio Garrigues, visitó al Rey exiliado en Roma para ponerse a su disposición. Luego me comentó el Embajador, cuando vino a Madrid a pasar las Navidades, que le parecía una ligereza la salida de Grecia del Rey Constantino y que, si no regresaba pronto, no volvería nunca; además entendía que su actitud hacía daño a la Monarquía española.

Reunión del Ministro de Hacienda con los banqueros

En la mañana del 14 de diciembre, el Ministro de Hacienda, Espinosa San Martín, reunió a los representantes de los nueve grandes Bancos para salir al paso de las campañas en favor de la nacionalización de la Banca y pedir su colaboración

Los banqueros le expusieron su opinión de que la falta de confianza reflejada en la baja de la Bolsa, se debía, en gran parte, a que estas campañas nacionalizadoras de la Prensa del Movimiento quedaban sin réplica autorizada y solicitaron que el Gobierno hiciera una declaración formal al respecto.

El Gobierno desmiente los rumores sobre nacionalización de la Banca y el sector eléctrico

En el Consejo de Ministros del 15 de diciembre se acordó desmentir, de forma muy concreta y tajante, los rumores sobre nacionalización de los sectores bancario y eléctrico provocados por varios periódicos de la Prensa del Movimiento. Carlos Mendoza, Presidente de la Compañía Sevillana de Electricidad y Procurador en Cortes, en carta que me dirigió al día siguiente decía: «Los inversores españoles y con mayor motivo los extranjeros, no podían comprender que los periódicos del Movimiento, sobre cuyos Principios está basada la política española, propugnaran la nacionalización de estos dos sectores, sin una tácita aquiescencia de algunos Ministros. Esta declaración del Gobierno espero ayude a restablecer la confianza.»

«Ustedes que están en el mundo»

El 15 de diciembre de 1967, Franco llamó a Carrero, Oriol, Solís y Fraga, para consultarles las ternas de Presidentes del Tribunal Supremo, del Consejo de Economía Nacional y del Tribunal de Cuentas y empezó diciéndoles: «Ustedes que están en el mundo, pueden darme nombres: yo llevo tantos años entre muros que conozco a poca gente.»

Al día siguiente hubo una cacería en El Pardo, a la que asistió el Príncipe Don Juan Carlos.

Resolución de Naciones Unidas acerca de Gibraltar

El 16 de diciembre de 1967, la IV Comisión de la ONU deploró la celebración del referéndum en Gibraltar el anterior mes de septiembre y pidió de nuevo que el Reino Unido descolonizara la Plaza. Fue un buen éxito diplomático de Castiella.

Discurso de Carrero en la Casa Sindical

El martes, 19 de diciembre, el Vicepresidente del Gobierno, Almirante Carrero Blanco, compareció en la Casa Sindical de Madrid para hablar sobre la situación económica. Fue una actitud gallarda la suya. No quiso que cargaran con el mochuelo el Ministro de Hacienda o el de Comercio.

Después de señalar los índices de crecimiento alcanzados desde los cuatro años anteriores, hizo esta advertencia: «Hay que adoptar la máxima velocidad, pero la máxima velocidad *posible,* aquélla que dé seguridad en la marcha. Hemos de ser conscientes de que no podemos consumir más de lo que producimos y de lo que estemos en condiciones de importar.»

Causas y efectos de la devaluación

«Las alzas de precios, los desequilibrios de la balanza comercial y de pagos y el debilitamiento de las inversiones, eran los síntomas más destacados de la economía española en los últimos meses. Se imponía, por tanto, una acción correctora que superara estos desequilibrios fundamentales. De aquí la razón de la nueva paridad de la peseta y de las medidas complementarias recientemente adoptadas, y las que en breve plazo seguirán, como consecuencia de un claro y franco diálogo entre la Administración y los hombres de la producción.»

«Con la nueva paridad de la peseta, al restablecer la posición relativa de nuestros precios interiores con los del exterior, se ha iniciado un cambio de signo en nuestra balanza de pagos.»

Reforma de las estructuras productivas

«La reestructuración de nuestras actividades productivas es necesaria y posible en un proceso de expansión. Cierto que la reestructuración exige sacrificios momentáneos: reajuste de plantillas, fusión de empresas y renuncia a algunas producciones de las que sabemos, a ciencia cierta, que nunca serían competitivas, en favor de aquellas otras para las cuales estamos mejor dotados y tenemos más posibilidades de competir en calidad y precio.»

«Si queremos que se mantenga el poder adquisitivo del salario, hemos de evitar, por todos los medios, que aparezca la inflación, el peor enemigo del trabajador; y ello exige que los salarios no crezcan más allá de lo que permitan las mejoras de la productividad.»

Despacho con Franco

El 20 de diciembre acudí a despachar con el Jefe del Estado. Le hablé de la necesidad de aprovechar el año de tregua que nos brindaban las medidas de austeridad decretadas el 29 de noviembre —fue una pena que se hubiera desaprovechado el verano anterior— para abordar los problemas de fondo de la economía: reestructuración del sistema productivo, mejora de los canales de comercialización, reforma fiscal, nueva ley de convenios colectivos, fomento de la ganadería, etc.

Le presenté unos gráficos sobre la evolución de la productividad y de los salarios y le leí una nota sobre el poder adquisitivo de éstos.

Por último, le comenté la favorable acogida del discurso de Carrero en la Casa Sindical por las agencias informativas extranjeras, así como la reacción positiva de la Bolsa.

Asisto a un coloquio del Círculo de Economía

El 16 de diciembre se celebró el X aniversario del Círculo de Economía de Barcelona y asistí al coloquio que tuvo lugar con tal motivo. Intervinieron en el acto Andrés Ribera Rovira, Pedro Durán Farrell, Carlos Ferrer Salat y Antonio Garrigues Walker, en torno al tema «La problemática económica de Cataluña».

Después de las intervenciones de los conferenciantes hubo un animado coloquio que cerré con unos comentarios míos a los asuntos tratados. La alusión que hizo Pedro Durán a Comisiones Obreras dio lugar a duros ataques de *Solidaridad Nacional*, de la cadena de Prensa del Movimiento, en tres días consecutivos (el 20, 21 y 22 de diciembre); el último se titulaba: «Cuando el capitalista bordea el Código Penal.» Pura demagogia.

Pregunta escrita al Gobierno sobre la devaluación

El Procurador en Cortes, Ezequiel Puig y Maestro-Amado, dirigió una pregunta al Gobierno acerca de los motivos que habían dado lugar al cambio de paridad de la peseta. Se le dio cumplida respuesta que fue publicada en el Boletín Oficial de las Cortes del 26 de diciembre.

Franco comenta con Carrero el asunto de la sucesión

Carrero, después de despachar en El Pardo, el 28 de diciembre, me contó que el Príncipe Don Juan Carlos había conversado durante una hora y media con Franco y le dijo que su padre estaba dispuesto a renunciar en favor de él, y que Franco le comunicó que pensaba hacer pronto la designación de sucesor, pero que quería la renuncia no sólo del Conde de Barcelona sino también la de Don Javier de Borbón Parma.

Carrero le comentó a Franco que estas son «cuestiones de familia» y que el Jefe del Estado podía designar a cualquier persona de estirpe regia que reuniera las condiciones establecidas en la Ley de Sucesión. Temía el Almirante que una prematura renuncia de Don Juan de Borbón pudiera dificultar la aprobación por las Cortes de la designación del Príncipe Don Juan Carlos. A juicio de Carrero, la renuncia debería hacerse pública simultáneamente o al día siguiente de la sesión del Pleno.

Ese mismo día Carrero me encargó que estudiara el «status» del heredero de la Corona. Le insistí en que, a mi juicio, era preciso contar con Don Juan de Borbón: la Ley de Sucesión habla de «estirpe regia» y la estirpe se recibe del padre. Así se evitaría dejar cabos sueltos, origen de posibles disidencias.

Prórroga del I Plan de Desarrollo

Una vez diseñado el II Plan, a consecuencia de la devaluación de la libra esterlina y la consiguiente conmoción del sistema monetario internacional, se hicieron necesarias ciertas correcciones del

Plan en estudio. Mientras estas se aprobaban y para garantizar la continuidad del proceso planificador, se aprobó el Decreto-Ley de 28 de diciembre de 1967, que prorrogaba la ley del I Plan de Desarrollo hasta la aprobación del II y se incorporó al proyecto de Presupuestos Generales del Estado, el Programa de Inversiones Públicas del II Plan previstas para el año 1968.

Conversación con Fraga

El 28 de diciembre tuve un amplio cambio de impresiones con Fraga. Lo que me dijo, en síntesis, fue lo siguiente; «Es imprescindible un cambio de Gobierno. En cinco años y medio que llevo en el Gobierno nunca ha habido una situación como esta. A primeros de diciembre le aconsejé a Franco que cambiara el Gobierno, pero se mostró dispuesto a seguir con el actual equipo. Quizá quiera terminar de gastar a los Ministros actuales en una etapa antipática para que el nuevo Gobierno se encuentre con la situación despejada.»

«El primer trimestre del año 68 —siguió diciendo Fraga— se presenta mal. Temo el desbordamiento de los salarios, empujado por los Sindicatos. ¿Qué cosas concretas cabría hacer para reforzar la confianza del país? Carrero se juega mucho en la etapa inmediata. No basta con las reuniones de los miércoles en la Presidencia; es preciso que llame a despachar a los Ministros encargados de la ejecución de las medidas económicas adoptadas. La intervención de Carrero ante las Cortes habría que prepararla con tiempo. Debería ir precedida de un debate, en la Comisión correspondiente, sobre el nuevo Presupuesto o sobre el II Plan de Desarrollo.»

Pasó luego revista a los distintos Ministerios y apuntó nombres para los posibles cambios. «Los fallos principales —dijo— están en Hacienda y en Agricultura. El problema de la Universidad es más grave de lo que piensa Lora. El Ministro de Educación no debiera ser catedrático. Un buen Ministro sería Aparicio Bernal. Habría que poner personas gratas al Vaticano en Justicia y en Sindicatos. Sería un error poner al frente de la Organización Sindical a quien no contara con el apoyo de la Jerarquía. Ahora que hay un buen Nuncio —añadió— y que la Jerarquía ha roto con Comisiones Obreras negándoles que se reúnan en las parroquias, etc., es el momento de hacer una Ley Sindical negociada con la Iglesia. Hay que tener en cuenta el peso y el creciente prestigio de la Iglesia en el mundo, como lo demuestra la visita del Presidente Johnson al Papa.»

Respecto de Solís afirmó: «Ha administrado muy mal la Ley Orgánica del Movimiento. En la última reunión del Consejo Nacional se acusó el descontento. La suma de sus virtudes y de sus defectos desborda todos los cálculos. Habría que encontrar una solución al problema Solís.»

Barajando otros nombre dijo que Antonio Barrera de Irimo serviría para Hacienda, Comercio o Educación. También podría ir a Comercio Alfredo Sánchez Bella. Habría que buscar gente joven, conocida y no gastada. En cuanto a él me dijo que preferiría, por este orden, ser Ministro de Asuntos Exteriores, Secretario General del Movimiento o quedarse en Información y Turismo. Se consideraba quemado para Educación.

Reconocía lo difícil que sería conseguir que Franco se decidiera a hacer la crisis. Si el nombramiento de los Presidentes del Tribunal Supremo, del Consejo de Economía Nacional y del Tribunal de Cuentas le creaba un problema a Franco, mayor problema le suponía, a sus años, un cambio de Gobierno.

Por mi parte, afirmé que el 67 había sido un año difícil. Las esperanzas que había despertado la Ley Orgánica del Estado se habían visto frustradas. Más grave que los problemas económicos, que podrían superarse, era el error cometido con la Ley Orgánica del Movimiento al introducir los artículos que se habían eliminado de la Ley Orgánica del Estado y, sobre todo, el error de Solís de ir al copo de todas las elecciones que se han celebrado. Estos errores se pagan a largo plazo; sus efectos son más duraderos y más difíciles de corregir. La Ley Orgánica del Movimiento no podrá mantenerse después de Franco.

Fue una conversación muy grata.

AÑO 1968:

ENFRENTAMIENTOS EN EL SENO DEL GOBIERNO

El Príncipe cumple treinta años

El 5 enero de 1968, el Príncipe Don Juan Carlos cumplió treinta años, edad establecida por la Ley de Sucesión para poder jurar como Rey o como heredero de la Corona. De otra parte, Franco había cumplido, el mes anterior, setenta y cinco años. Parecía, pues, llegada la hora de dar definitiva respuesta al gran interrogante: después de Franco, ¿qué?

¿Magistratura vitalicia?

Las Leyes Fundamentales entonces vigentes dejaban abierta la puerta a todo tipo de soluciones. Por de pronto —y en contra de la opinión generalmente admitida— ningún texto legal atribuía a Franco con carácter vitalicio la Jefatura del Estado. Ni la Ley de Sucesión de 1947, ni la Ley Orgánica del Estado de 1967 le concedían expresamente tal carácter. Y el propio Franco fue ambiguo en este punto: si algunas veces habló de seguir al frente del Estado «mientras Dios me dé vida» (mensajes de Fin de Año 1969, 1970, 1971), en otras matizaba la idea con frases como la siguiente: «lo que Dios me conceda de *vida útil*» (expresión que empleó por dos veces en la alocución dirigida al país la antevíspera del referéndum de la Ley Orgánica del Estado), o «... el tiempo que Dios quiera pueda seguir *sirviendo con eficacia*» (mensaje de Fin de Año 1972). Es más, en alguna ocasión manifestó a Carrero su intención de retirarse en vida (así me lo confió el Almirante). El paso de los años no dejaba de hacerle mella y él se preocupaba por su avanzada edad. Había que ir dejando las cosas arregladas. Así, las disposiciones relativas a su patrimonio privado fueron objeto del testamento que otorgó ante el Notario Don Fernando Fernández Savater el 20 de febrero de 1968.

¿Cuándo se nombraría al sucesor?

En cuanto a la designación de sucesor en la Jefatura del Estado, según la ley de Sucesión, podía proponerla Franco a las Cortes «en cualquier momento» (artículo 6) o bien «ocurrida la muerte o declarada la incapacidad del Jefe del Estado sin que hubiese designado sucesor», la propuesta a las Cortes tendría que formularla conjuntamente el Gobierno y el Consejo del Reino, por mayoría de dos tercios (artículo 8).

La persona de estirpe regia

Por último, respecto a quién podría ser el sucesor de Franco, el citado artículo 8 hablaba de «la persona de estirpe regia» que posea las condiciones exigidas por dicha ley («ser varón y español, haber cumplido la edad de 30 años, profesar la religión católica, poseer las cualidades necesarias para el desempeño de su alta misión y jurar las Leyes Fundamentales»: artículo 9). Ahora bien, ¿sobre qué persona de estirpe regia debía recaer la designación?

El Conde de Barcelona

La mayor parte de los monárquicos se inclinaba en favor de la sucesión en la persona de Don Juan de Borbón, hijo y heredero de Alfonso XIII. Tenían abundantes razones en su favor: la abdicación de Alfonso XIII en Don Juan; el compromiso del propio Franco de restablecer la Monarquía; el apoyo de bastantes Generales y de personalidades políticas que participaron en el Alzamiento del 18 de julio. El escrito de los Procuradores en Cortes de junio de 1943 y la carta de los Generales de 8 de septiembre del mismo año marcan una clara posición en este sentido.

La Secretaría General del Movimiento fue el principal reducto político de los antimonárquicos y desde allí recibieron aliento y ayuda la mayor parte de los grupos y tendencias que representaban una alternativa respecto de la sucesión en favor del Conde de Barcelona. Probablemente Franco vio en esas actitudes una «operación de castigo», especialmente en los momentos de mayor dificultad de entendimiento con Don Juan de Borbón.

El Príncipe Don Juan Carlos

Conforme pasaba el tiempo, la cuestión sucesoria se iba complicando: a partir de 1961, cuando Don Juan Carlos se instaló en la Zarzuela, palacete especialmente reconstruido al efecto, surgió la disyuntiva entre él y su padre. A los partidarios de la sucesión en favor de Don Juan Carlos los legitimistas a ultranza los motejaron de «balduinistas».

La lucha por la sucesión fue *in crescendo* a medida que Franco entraba en edad avanzada, y alcanzó su período culminante tras la presencia del Príncipe Don Juan Carlos en la tribuna del desfile el 15 de mayo de 1964 y, sobre todo, tras la promulgación de la Ley Orgánica del Estado de 10 de enero de 1967.

Cambios de postura

No es fácil encasillar a las principales personalidades de la vida política en esas distintas posturas. El tema sucesorio fue siempre extraordinariamente fluido. Personas como Serrano Suñer que eran inicialmente refractarias a la Monarquía, se pasaron luego a la causa del Conde de Barcelona. Sainz Rodríguez, primer Ministro de Educación de Franco, fue posteriormente uno de los más inmediatos consejeros de Don Juan. Colaboradores de Franco, como Areilza, que fue Alcalde de Bilbao, Director General de Industria y Embajador en Buenos Aires, en Washington y en París, y que hizo gestiones en Lausana para impedir que Don Juan publicara el manifiesto de 19 de marzo de 1945, acabó siendo Jefe del Secretariado Político del Conde de Barcelona y luego Ministro de Asuntos Exteriores del primer Gobierno de Don Juan Carlos I. Jorge Vigón, juanista de Acción Española, autor de escritos y conferencias en que criticó al Régimen —yo asistí a una de esas Conferencias en Santiago de Compostela—aceptó luego la cartera de Obras Públicas.

Estos trasvases del franquismo al juanismo, y viceversa, se observan también entre otras tendencias. Un grupo importante de tradicionalistas se adhirió al Conde de Barcelona en 1958. Hombres de la CEDA, como José María Valiente Soriano, se convirtieron en adalides del tradicionalismo de Don Javier de Borbón-Parma y posteriormente aceptaron al Príncipe Don Juan Carlos.

Los Pretendientes carlistas

Las personas fieles al pensamiento tradicional no quisieron aceptar nunca una Monarquía liberal y parlamentaria: de ahí su oposición radical al Conde de Barcelona y su defensa de los Pretendientes carlistas, primeramente Don Javier de Borbón-Parma y luego su hijo Don Carlos-Hugo (1). Parece evidente el apoyo, no pregonado, de la Secretaría General de Movimiento a los actos carlistas de Montejurra durante una serie de años.

Pero Franco estaba, desde un principio, decidido a buscar la

(1) Más tarde Don Carlos-Hugo se declaró socialista y algunos de sus seguidores llegaron a acuerdos con grupos comunistas, aunque sin futuro político alguno.

sucesión en la descendencia de Alfonso XIII, sin titubeos por su parte respecto a los Pretendientes Carlistas, sobre todo teniendo en cuenta que las dos ramas dinásticas habían terminado confluyendo en una misma persona, habiéndose extinguido la descendencia masculina de la rama carlista. Franco fue tajante en no admitir como posible sucesor a un Príncipe francés, ni a Don Javier de Borbón-Parma ni a su hijo Don Carlos-Hugo.

Don Alfonso de Borbón Dampierre

Otra opción que se ofrecía era la del nieto mayor de Alfonso XIII. La Secretaría General de Movimiento prestó alas a las aspiraciones de Don Alfonso de Borbón Dampierre, a través principalmente de Pedro Nieto Antúnez, Alejandro Rodríguez de Valcárcel y Mariano Calviño, al tiempo que ponía en sordina las actividades de Don Juan Carlos y procuraba restarle popularidad. Solís daba instrucciones a los Gobernadores con motivo de los viajes a provincias de Don Juan Carlos y de Don Alfonso de Borbón Dampierre, segándole la hierba al primero y procurando enaltecer al segundo.

Regentes hipotéticos

El regencialismo fue otra alternativa de la solución monárquica. El nombramiento del General Muñoz Grandes como Vicepresidente del Gobierno en 1962, pocos meses después del accidente de caza sufrido por Franco, hizo concebir esperanzas de convertir su figura en el sucesor del Generalísimo en calidad de Regente. Varios Ministros, entre ellos Romeo Gorría, frecuentaban el despacho del Alto Estado Mayor en la calle Vitrubio atribuyendo a Muñoz Grandes un poder y, sobre todo, unas perspectivas de futuro que realmente no tenía. Su cese como Vicepresidente del Gobierno en julio de 1967 y su posterior fallecimiento en julio de 1970, desvanecieron los anhelos regencialistas, aunque no faltaron quienes trataran de reencarnarlos en la persona del Almirante Nieto Antúnez, que desde 1962 era Ministro de Marina y pertenecía al círculo de relaciones íntimas de Franco.

La fórmula regencialista fue objeto de polémicas periodísticas y tenía cierto eco en el sector antimonárquico de Falange, sin que nadie, en concreto, levantara abiertamente bandera en favor de un Regente ni reclutara adeptos para un movimiento popular regencialista. Eran palabras dejadas caer al oído de Franco, sugerencias que se le hacían en despachos y audiencias, de las que no hay más testigos que los interesados y las paredes del palacio de El Pardo. Pero puede conjeturarse que el Almirante Nieto Antúnez y Solís fueron quienes principalmente aconsejaron a Franco en este sentido.

Hubo también «regencialistas», como Don Ángel Herrera Oria y otros «indiferentes ante las formas de Gobierno», que patrocinaban el nombramiento de un General, el que sea, que sucediera a Franco como Regente y convocara unas elecciones para que el pueblo decidiera en favor de la República o de la Monarquía. Así se expresó el Cardenal cuando le visité con Alberto Martín Artajo en el Instituto Social León XIII, donde guardaba cama.

Cabildeos en torno a un posible cambio de Gobierno

Silva me contó que, en un almuerzo con Fraga el 8 de enero de este 1968, le puso como condición a todo entendimiento entre ambos que no se contara para nada con Martín Artajo ni con Solís.

El día siguiente almorcé con Fraga y con Silva. Expuse mi opinión de que debíamos actuar en dos frentes para ponerlos de acuerdo en el tema sucesorio: Carrero y Solís. Me brindé a hablar con Carrero. Sugerí a Fraga que hablara con Solís pero no quiso hacerlo. Se ofreció, en cambio, a hablar con Nieto Antúnez; quedó en llamarle ese mismo día. Ante un posible cambio de Gobierno, Fraga brindó tres nombres: Javier Martín Artajo, Licinio de la Fuente y Pío Cabanillas. (Licinio de la Fuente entró en el Gobierno de 1969, coincidiendo con la salida de Fraga, y Pío Cabanillas, en el de 1974).

Despacho con el Jefe del Estado sobre asuntos económicos

El despacho con Franco en El Pardo del 11 de enero estuvo dedicado principalmente a cuestiones económicas. Le mostré los indicadores de la coyuntura, las cifras de las importaciones y las exportaciones por grupos de mercancías —la balanza comercial era una de sus más constantes preocupaciones— y las mejores perspectivas que ofrecía la economía española a juicio de cualificadas Organizaciones internacionales y personalidades extranjeras.

Le comenté las medidas restrictivas impuestas por el Gobierno de los Estados Unidos que la Embajada americana, en nota verbal, trató de disculpar atribuyéndolas a la reciente devaluación de la libra. En mi opinión, le dije, debemos mantenernos firmes ante las pretensiones del enviado especial del Presidente Johnson —que había llegado el día anterior a Madrid— de conseguir la cooperación de España a las medidas norteamericanas, toda vez que perjudicaban a nuestras exportaciones a aquel país y frenaban sus inversiones en el nuestro.

Gual Villalbí

Informé a Franco del grave estado de Don Pedro Gual Villalbí que se encontraba en coma y todo hacía prever un inminente desenlace. Me indicó, que en cuanto se produjera el fallecimiento, acudiera a Barcelona y ostentara su representación en el entierro.

El ex Ministro catalán murió al día siguiente, 12 de enero, a los 82 años de edad. Era un hombre de bien y persona muy querida en Cataluña como Presidente del Fomento del Trabajo Nacional y Director de la Escuela de Altos Estudios Mercantiles.

El Gobierno delibera sobre la situación universitaria

En el Consejo de Ministros del 12 de enero se acordó no ceder ante las propuestas norteamericanas de cooperación a sus medidas restrictivas.

También se discutió el problema universitario y no hubo unanimidad de pareceres acerca de la política a seguir. El Ministro de Educación y Ciencia, Lora Tamayo, era partidario de una postura conciliadora. El de la Gobernación, Alonso Vega, por el contrario, quería adoptar medidas enérgicas para mantener el orden en el campus de la Complutense.

Nuevo Presidente del Supremo

En ese mismo día el Jefe del Estado nombró Presidente del Tribunal Supremo, para cubrir la vacante producida por el fallecimiento del insigne civilista Profesor Castán Tobeñas, al Magistrado y Presidente de Sala del Supremo, Francisco Ruiz Jarabo, Consejero Nacional por Cuenca, que había sido Director General y Subsecretario de Trabajo con Girón. El nombramiento se hizo, según lo dispuesto en la Ley Orgánica del Estado, a partir de la terna en la que figuraba Antonio Hernández Gil. El nuevo Presidente no fue el que hubiera preferido el Ministro de Justicia, Antonio María Oriol.

Cena con Don Juan Carlos

El día 13 cené en Barcelona con el Príncipe Don Juan Carlos, en casa de mi hermana M.ª Dolores y de mi cuñado Casimiro, en Pedralbes. Fui con mi cuñado a recogerle en el Club Naútico. Antes de la cena tuve una larga conversación a solas con el Príncipe, en el ático, en torno a la cuestión sucesoria y la situación política general. Le di cuenta de las gestiones que venía realizando y le expresé mi fundada esperanza de que recaería en él la designación de futuro Rey.

Acudieron a la cena Fernando de Liñán, el Gobernador Civil, Tomás Garicano y su mujer. Se sentó también a la mesa mi sobrino Javier Molins, estudiante de Económicas. Don Juan Carlos estuvo muy cordial y se le veía feliz ante el próximo alumbramiento de la Princesa Sofía. Fue una velada muy agradable. Ya muy avanzada la noche vino Enrique Martorell, de nuestra promoción de la Facultad de Derecho barcelonesa, a acompañar al Príncipe al Náutico, donde se hospedaba.

Silva sugiere nombres de «ministrables»

El 15 de enero, Silva habló con Nieto Antúnez sobre el posible cambio de Gobierno. Nieto Antúnez le dijo: «Al final, la lista la hará López Rodó.» Coincidieron en la conveniencia de que se nombrara un Presidente del Gobierno. Entre los «ministrables» barajaron los nombres de Luis Sánchez Agesta, Francisco Guijarro, Federico Rodríguez, Francisco Sánchez Apellániz y Rafael Cabello de Alba. Sólo este último llegaría a ser Ministro en 1974.

Por la tarde, Silva despachó con Franco y le dijo: «Si V.E. quisiera pedirme nombres para posibles Ministros, le agradecería que me los pidiera directamente.» Y Franco le contestó: «Así lo he hecho y lo haré siempre.» Silva se lamentó ante el Jefe del Estado de «los enredos de los enredadores» refiriéndose a Solís. Franco comentó: «Bueno es Solís.»

Almuerzo de Silva con Solís

El 22 de enero de 1968, Silva almorzó con Solís. Según Silva, Solís le dijo: «Haré todo lo posible por echar del Gobierno a los del Opus Dei.» Silva le dijo que el viernes siguiente llevaría nombres a Franco con vistas a la crisis que creía próxima. Solís le advirtió que era fundamental que hablara a Carrero y le dijera que «o se separaba de López Rodó o acabaremos con él». Solís le dijo también: «Esto se termina, yo me termino.» Temía Silva que el cambio afectara sólo a los Ministros de Hacienda y de Comercio (Espinosa y García Moncó). Se quejó Solís del nuevo grupo de Procuradores en Cortes representantes de la familia que, según él, «está despendolado».

Despacho con Franco

Mi despacho con el Jefe del Estado del 25 de enero fue bastante prolongado y le planteé cuestiones diversas. Me permití sugerirle el nombre de Agustín Cotorruelo Sendagorta, catedrático de Política Económica, Técnico Comercial del Estado y número 1 del escalafón de Economistas del Estado, para cubrir la vacante de Presidente del Consejo de Economía Nacional, producida por el fallecimiento de Gual Villalbí. El nombramiento para este cargo recayó en el ex Ministro y Abogado del Estado, Fermín Sanz Orrio.

Una vez más hice hincapié en la necesidad de combatir la inflación diciéndole a Franco que la política inflacionista era propia de Gobiernos efímeros que provocan una euforia artificial porque les tiene sin cuidado lo que inevitablemente ocurrirá después: destrucción del ahorro, colapso de las inversiones y desempleo.

Le expuse mi opinión acerca de las negociaciones con los Estados Unidos con vistas a paliar los efectos de las medidas restrictivas del Presidente Johnson para enderezar la balanza de pagos norteamericana y la posibilidad de utilizar como baza negociadora nuestras importantes compras de petróleo y alimentos a Norteamérica.

Le informé de la evolución del coste de la vida en diciembre último y de la ejecución del Programa de Inversiones Públicas en 1967. Mostré mi disconformidad con la poca racionalidad que suponía la construcción en ocho meses por el Ministerio de Trabajo de la Universidad Laboral de Cheste que había costado 450 millones, en competencia con el Centro de Formación Profesional San Vicente Ferrer, de la Organización Sindical. Una manifestación más de la duplicidad de funciones de la Administración del Estado y los Sindicatos.

El derecho de presentación de Obispos

El sábado 27, almorcé en la Nunciatura. Me dijo Mons. Dadaglio que iban a salir los nombramientos de tres o cuatro Obispos: ya estaban hechas las seisenas (1). Se mostró partidario de ponerse de acuerdo con el Gobierno sobre las restantes vacantes y luego publicar los nombramientos escalonadamente. Todo ello sobre la base de que el Jefe del Estado renunciara al derecho de presentación, sustituyéndolo por un preaviso de 15 días (respecto de esto último insistió en el carácter «informal» de nuestra conversación).

(1) El artículo 8 del Concordato con la Santa Sede de 27 de agosto de 1953 estableció que para el nombramiento de los Arzobispos, Obispos residenciales y de los Coadjutores con derecho de sucesión, continuarían rigiendo las normas del Acuerdo de 7 de julio de 1941 según el cual el Nuncio Apostólico, de modo confidencial, tomaba contacto con el Gobierno español y, una vez conseguido un principio de acuerdo, enviaba a la Santa Sede una lista de nombres de personas idóneas, al menos en número de seis (la llamada «seisena»). El Santo Padre elegía tres de entre aquellos nombres y los comunicaba al Gobierno español y, entonces, el Jefe del Estado, en el término de 30 días, presentaba oficialmente uno de los tres (el «derecho de presentación»).

Obsérvese que este derecho de presentación no alcanzaba al nombramiento de Obispos Auxiliares que fue la vía más frecuentemente utilizada, durante la etapa de Mons. Dadaglio, para el acceso al Episcopado.

Nace el Príncipe Don Felipe

El 30 de enero se produjo un acontecimiento importante que contribuyó a acelerar el lento proceso sucesorio: nació el primer hijo varón de Don Juan Carlos y Doña Sofía, el Príncipe Don Felipe.

Tan pronto tuve noticia del nacimiento, envié un ramo de flores a la Princesa y acudí con Pedro Plans Sanz de Bremond al Sanatorio de Loreto, situado en la Avenida de la Reina Victoria, para felicitar al Príncipe Don Juan Carlos. Allí encontramos al General Martínez Campos, Duque de la Torre y al Padre Zulueta, dominico. En total, nos reunimos sólo cuatro personas. Muy pocos querían entonces significarse como monárquicos y, menos todavía, como partidarios de Don Juan Carlos.

Don Juan Carlos agradeció nuestra visita y nos ofreció una copa de champán. Me dijo el Príncipe que había comunicado en seguida la noticia a sus padres y a Franco.

Unos días después me llegó la siguiente carta de la Princesa Sofía.

LA ZARZUELA

14 de Febrero, 1968

Agradezco muchísimo las preciosas flores que he recibido, con motivo del nacimiento de mi hijo Felipe.

Con todo afecto,

Sofía

EXCMO SEÑOR DON LAUREANO LOPEZ RODO

Todo parecía indicar que entrábamos ya en la recta final de la cuestión sucesoria, pero aún habría de transcurrir un año y medio, pleno de intrigas e incertidumbres, antes de que la designación del sucesor de Franco se efectuase.

Hablo con el Almirante de la cuestión sucesoria

El viernes 2 de febrero tuve una larga conversación con el Vicepresidente del Gobierno y, aunque hablaba a un convencido, quise subrayarle el valor de la Dinastía: pertenece al patrimonio histórico de España y sería un error arrumbarla, algo parecido a dinamitar el acueducto de Segovia. Los americanos tendrán mucho dinero, mucho petróleo, mucho armamento nuclear, pero no tienen un acueducto romano, ni una estirpe regia que entronque con San Fernando, Jaime el Conquistador y los Reyes Católicos.

Le dije que nos encontrábamos ante el dilema de una sucesión con institución de heredero o bien una sucesión *ab intestato*: ésta podría dar lugar a un pleito sucesorio que nos llevaría a un callejón sin salida. La Ley de Sucesión habla de la estirpe regia. Hemos de ser conscientes —dije— del valor de una estirpe que forjó la unidad de la Nación española. La elección de la Dinastía se ha hecho por decantación histórica, a través de un proceso multisecular. Conviene que la Dinastía vuelva a jugar en la Historia de España su papel de poder independiente.

Le recordé también una anécdota de Franco cuando algunos Ministros, por los años cuarenta, le sugirieron que se proclamase Rey: «Esto no puede ser —dijo Franco—: la Monarquía requiere *antigüedad.*» (Me contó esta anécdota Ibáñez Martín.)

Invoqué incluso argumentos jurídicos: la Ley de Sucesión exige «estirpe regia». No hay más estirpe regia en España que la Casa de Borbón, con sus luces y sombras, cuyo Jefe es el Conde de Barcelona. Es preciso, pues, contar con él y negociar una fórmula que evite el enfrentamiento del hijo con su padre o que plantée una escisión dinástica.

Carrero, aún reconociendo el valor de mis argumentos, se mostró inflexible en excluir a Don Juan; la continuidad dinástica, dijo, se ha roto muchas veces. En particular, la Casa de Borbón nos fue impuesta, tras una larga guerra de sucesión, por el Tratado de Utrecht en el que no participamos los españoles. La nueva Monarquía —añadió— ratificada dos veces en referéndum, está más legitimada que la Monarquía restaurada a consecuencia del golpe del General Pavía y del pronunciamiento del General Martínez Campos.

Para tratar de convencerme de que el Conde de Barcelona no podía ser el futuro Rey, echó mano de su extenso informe de 5 de mayo de 1947 (1), cuya copia conservaba en la caja fuerte que tenía detrás de su mesa de trabajo, en el que relataba a Franco, con todo detalle, sus entrevistas con Don Juan de Borbón del 31 de marzo y del 2 de abril de aquel año, para darle a conocer el proyecto de Ley de Sucesión.

A medida que iba leyendo Carrero su informe, subía de punto su disgusto por «la camarilla que rodeaba a Don Juan». En cuanto al sucesor de Franco, dijo que no admitía ninguna legitimidad anterior al 18 de julio.

Vi que no estaba el horno para bollos y que era inútil pretender que Carrero sirviera de intermediario para una nueva entrevista de Franco con Don Juan. Sin embargo, en días sucesivos seguí argumentándole en favor de un entendimiento con el Conde de Barcelona.

Variaciones sobre el mismo tema

En otras ocasiones conseguí que Carrero descartase la hipótesis de instaurar una Monarquía *«ex novo»*. Le dije que me parecía inviable y que atacaba la esencia de la Institución. En sus declaraciones a *Pueblo* que se publicaron el 7 de febrero de 1968, conseguí que cambiara el texto originario de su contestación a la pregunta «¿Cuáles son los límites para una preocupación monárquica activa?», y que en su lugar reprodujera una frase de Franco del discurso ante las Cortes cuando promulgó los Principios del Movimiento, frase que yo mismo había redactado el año 58 al alimón con Gonzalo Fernández de la Mora.

La respuesta del Almirante a Emilio Romero fue:

«No entiendo bien la pregunta. Una preocupación ¿para quién? Si usted se refiere a la preocupación que puede tener cada cual en este orden, le diré que yo soy monárquico... de la Monarquía nacida de la Guerra de Liberación. El Caudillo declaró de modo terminante en el histórico mensaje a las Cortes que precedió la promulgación de los Principios Fundamentales del Movimiento Nacional: «El Movimiento no es ni ha sido nunca indiferente ante las formas de Gobierno. Nuestro Régimen es incompatible con los torpes ensayos republicanos que la experiencia demostró, trágica

(1) Ver *La larga marcha hacia la Monarquía*, Edit. Noguer, 6.ª edición, Barcelona, 1978, págs. 76 a 88, donde se publica el texto íntegro de dicho informe.

e inequívocamente, ser funestos para la Nación. La forma política del Estado nacional, proclamada por la Ley de Sucesión y refrendada unánimemente por todos los españoles, es la Monarquía tradicional, católica, social y representativa.»

En otra conversación acerca del mismo asunto, me dijo el Almirante que, en el lapso de tiempo que mediara entre la sesión del Pleno de las Cortes en la que se designe sucesor al Príncipe y la sesión en la que preste juramento, la Familia Real debería decidir lo que estimara oportuno para «guardar las formas y los usos dinásticos» o, en caso de inhibirse, que aceptara Don Juan Carlos la designación sin más.

Conversación con Don Juan Carlos

El 6 de febrero de 1968, tuve una larga entrevista con el Príncipe. Me contó que el primer día de ese mes vio a Franco y le consultó el nombre que pensaba poner a su hijo. Don Juan Carlos apuntó el de Fernando y el de Felipe. Franco dijo: «Fernando no, porque Fernando VII está demasiado cerca. Me gusta más el de Felipe.» Concretaron detalles de la venida a España de la Reina Victoria Eugenia para asistir al bautizo. Franco le dijo al Príncipe que enviaría a Barajas a recibirla al Jefe de la Casa Civil, Conde de Casa Loja, porque «no puedo comprometer al Estado». A esto el Príncipe replicó: «Yo creía, mi General, que ya lo había comprometido en favor de la Monarquía.» Franco, finalmente, decidió que fuera el Ministro del Aire, en su nombre, a recibir a la Reina.

Me contó Don Juan Carlos que la Reina Victoria no quiso que Don Juan la acompañara en el avión para evitar que el viaje se politizara: «Ya que voy a España, quiero ir yo sola.» También me dijo que su abuela se hospedaría en el Palacio de Liria, de los Duques de Alba, que pensaba visitar el Hospital de la Cruz Roja que ella fundó y que no quería recepciones.

El Príncipe le rogó a Franco que tuviera algún detalle de buena voluntad con la Reina Victoria. «Si usted quiere, mi General, la traigo directamente de Barajas a El Pardo.» A lo que Franco contestó: «Iré yo al Palacio de la Zarzuela inmediatamente después de su llegada.»

Luego Don Juan Carlos le sugirió que tuviera una conversación con su padre. Franco contestó secamente: «Ya se lo tengo todo dicho.»

El día anterior, el Príncipe había recibido a Carrero, quien le insistió en que no dijera nada sobre la designación de sucesor porque podría fracasar todo. «Una vez aprobada por las Cortes la designación, se le comunicará al Conde de Barcelona. Vuestra Alteza podría hacerse de nuevas ausentándose adrede de Madrid antes de la reunión de las Cortes.»

Le expuse al Príncipe mi opinión de que había que contar con la Dinastía, salvar las formas y evitar el hecho consumado. Un modo de que Don Juan tomara la iniciativa, podría ser que, de palabra o por escrito, le dijera a Franco más o menos lo que consigné en una nota, inspirada en el texto de la renuncia de Don Alfonso XIII, que le leí (1). Don Juan Carlos apuntó la posibilidad de decírselo a su abuela para que ésta se lo dijera a su padre. Quedó en seguir dándole vueltas a ese delicado asunto.

Le conté que Ibáñez Martín me había referido que Areilza hizo todo lo posible para que Don Juan no viniera al bautizo de su nieto.

También le mostré al Príncipe un borrador de lo que podría ser el comunicado de la eventual entrevista que pudiera celebrar el Conde de Barcelona con el Jefe del Estado con ocasión del bautizo del Príncipe Don Felipe y también, el borrador de un posible Manifiesto del Conde de Barcelona ofreciendo, de forma condicionada, la renuncia en favor de su hijo.

Llega la Reina Victoria Eugenia

El miércoles día 7 de febrero llegó la Reina Victoria a Barajas, acompañada del Duque de Alba, Jefe de su Casa. Don Juan, que había llegado el día anterior en coche a Madrid, fue a recibir a su madre al aeropuerto. La Reina, antes de abrazarle, le hizo la reverencia protocolaria al Jefe de la Casa Real. Acudió mucha gente a Barajas, que gritaba. ¡Viva el Rey! Allí estuvo el Ministro del Aire, Lacalle Larraga, en representación del Jefe del Estado y, ade-

(1) La nota decía así:

«Con ocasión del nacimiento del primer hijo varón del Príncipe Don Juan Carlos, me creo en el deber de reiterar la permanente voluntad de la Dinastía de servir a España y a la Institución monárquica, subordinando toda consideración personal al bien supremo de la Patria. De ello dio claro ejemplo mi augusto padre Don Alfonso XIII, en su histórico documento de 15 de enero de 1941.»

«Con este mismo espíritu y en el caso de que el Príncipe Don Juan Carlos fuera designado heredero de la Corona de acuerdo con las Leyes Fundamentales del Reino, ofrezco a mi Patria la renuncia, simultánea al acto de su designación, de mis derechos dinásticos en favor del citado Príncipe, mi hijo, quien asumiría desde ese mismo acto las obligaciones y responsabilidades que actualmente me incumben como Jefe de la Casa Real española.»

más, lo Ministros de Asuntos Exteriores, Castiella, de Justicia, Oriol, de Hacienda, Espinosa San Martín y de Educación, Lora Tamayo.

Franco y Doña Carmen acudieron a tomar el té con la Reina al Palacio de la Zarzuela. Doña Victoria Eugenia estuvo muy simpática. Doña María, silenciosa. Don Juan, simpático pero forzado. Los Príncipes, muy bien. Por la noche los Condes de Barcelona cenaron con la Reina Victoria en el Palacio de Liria de los Duques de Alba.

El jueves día 8, se celebró el bautizo en el Palacio de la Zarzuela. Administró el sacramento el Arzobispo de Madrid, Don Casimiro Morcillo y fueron padrinos la Reina Victoria y el Conde de Barcelona. Asistieron a la ceremonia, el Jefe del Estado y su esposa.

Doña Victoria Eugenia tuvo un breve diálogo con Franco. Le dijo: «Creo que ya he hecho bastante en favor de mi hijo. Pero aceptaré la decisión de usted, mi General, con tal de que la designación de sucesor recaiga en un miembro de la dinastía de Alfonso XIII.»

El domingo día 11, la Reina regresó a Suiza.

Un año después, al referir Franco a Don Camilo Alonso Vega su conversación con la Reina Victoria Eugenia, dijo que ésta se inclinaba en favor de su nieto Don Juan Carlos. La misma versión dio ante el Consejo de Ministros del 21 de julio de 1969 al anunciar su decisión de proponer a las Cortes la designación del Príncipe como sucesor a título de Rey.

El Conde de Barcelona durante su estancia en España recibió, en casa del Duque de Alburquerque, a numerosas personas que fueron a testimoniarle su adhesión, entre ellas, varios militares, políticos y periodistas.

También fue objeto de muestras de afecto en los lugares que visitó: Madrid, El Escorial y Guadalupe. No faltó quien le atribuyera maliciosamente esta frase: «Tengo la calle y el Ejército; dentro de veinte años, quizá, partidos políticos.»

A Franco no le agradaron las actividades del Conde de Barcelona durante su estancia en España y le dijo a Carrero, en su despacho habitual de los jueves, que era preciso consolidar la posición del Príncipe Don Juan Carlos.

Agradecimiento de Don Juan a Franco

A su regreso a Estoril, el Conde de Barcelona dirigió al Jefe del Estado la siguiente carta, fechada el 16 de marzo:

«A S. E. el Generalísimo Don Francisco Franco Bahamonde.

Mi querido General:

Tengo el gusto de ofrecer a V. E. las fotografías que nos hizo mi mujer la víspera del bautizo de mi nieto Felipe. Son un grato recuerdo de una reunión familiar e íntima a la que Doña Carmen y V. E. tan cariñosamente se sumaron. La presencia de V. E., glorioso soldado de España y gran servidor de la Patria, le daba a esta reunión el sentido nacional que pueden tener los acontecimientos que constituyen la historia de nuestra Dinastía.

Quiero, además, hacer presente a V. E. el profundo agradecimiento de todos nosotros, y muy especialmente el mío y el de mi madre la Reina Victoria Eugenia, por la forma en que se desarrollaron su visita y breve estancia en Madrid.

Con un cordial saludo a Doña Carmen, reciba V. E. el testimonio de mi estimación y afecto,

Firmado: Juan

Estoril, 16 de marzo de 1968»

Se inician las conversaciones con el Mercado Común

El 7 de febrero se iniciaron en Bruselas las conversaciones entre España y el Mercado Común, que habían de constituir el mayor ejercicio de prudencia y de paciencia del Embajador Ullastres. Gracias a su inteligencia y tesón se consiguió, dos años y medio después, la firma de un Tratado Comercial Preferencial muy ventajoso para España que se tradujo en un saldo positivo de nuestra balanza comercial con la Comunidad Económica Europea.

Una frase de Franco y otra de Fraga

En el Consejo de Ministros del 9 de febrero de 1968, Franco, refiriéndose a la campaña de prensa anti-americana dijo: «Vendrá una queja de los Estados Unidos porque creen que los periódicos los escribo yo. Si yo fuese americano, me quejaría de la prensa española. Y esos ataques de la prensa se producen cuando nos espera una negociación que ha de ser muy dura... y muy sonriente.»

En ese mismo Consejo hubo un enfrentamiento de Carrero con Fraga sobre las cuestiones africanas; éste llegó a decir al Almirante en son de reproche: «la moral del hombre de Estado no es la de las monjas de clausura». Las relaciones entre uno y otro iban agriándose cada vez más.

Despacho en El Pardo: asuntos económicos y universitarios

En mi despacho, normalmente quincenal, con el Jefe del Estado, de 22 de febrero, le presenté el cuadro macroeconómico que habría de servir de base al II Plan de Desarrollo. Le expliqué que no se trataba de un mero ejercicio académico ni, mucho menos, de un vaticinio sobre la evolución de las grandes magnitudes económicas, sino que debería tomarse como pauta para asegurar el mantenimiento de los equilibrios fundamentales del sistema y que sería revisable al término del año 1968 para reajustarlo a la realidad futura que encierra siempre factores imponderables. Le expuse también los principales problemas que, a mi juicio, tenía que afrontar la economía española: la modernización industrial y la puesta a punto del sistema financiero.

Abordé la cuestión de las medidas restrictivas norteamericanas y la necesidad de coordinar las conversaciones militares del Alto Estado Mayor y las de Asuntos Exteriores con los Estados Unidos sobre la renovación de los Acuerdos que expiraban ese año 68, con las negociaciones económicas, en particular las relativas a dichas restricciones.

Respecto del problema universitario, le expuse mi opinión de que habíamos padecido el «mal de piedra»: se habían construido muchos edificios para albergar el creciente número de alumnos, pero se había descuidado la organización interna de la vida universitaria que probablemente requeriría el nombramiento de un gerente en cada Facultad, de varios vicedecanos con misiones específicas, la exigencia de plena dedicación al profesorado y la implantación de un régimen de tutoría de modo que los catedráticos no se limitaran a «dar clase» sino que estuvieran a disposición de los alumnos un determinado número de horas para orientarles y ayudarles en sus estudios.

Los intermediarios y los ratones

El Consejo de Ministros de 23 de febrero de 1968, se ocupó principalmente de la cuestión del alza de precios, atribuyéndola en gran medida a los defectuosos circuitos comerciales y a la multiplicación de los intermediarios. Franco repitió una frase que ya le había oído el año anterior: «A los intermediarios no hay que dejarlos quietos; hay que sacudirlos como a los ratones dentro de un saco porque, si no, acaban comiéndose el saco.»

Entrevista con el Príncipe

El 29 de febrero fui a la Zarzuela y estuve con Don Juan Carlos cerca de dos horas. Me contó con todo detalle su conversación con Franco del primero de mes, a que antes hice referencia. Al final de la entrevista entró en el despacho la Princesa Sofía con Don Felipe en brazos para mostrármelo. Le di la enhorabuena.

El Consejo de Regencia

El 1 de marzo fueron nombrados miembros del Consejo de Regencia, en virtud de lo dispuesto en la Ley de Sucesión, modificada en este punto por la Ley Orgánica del Estado, el Teniente General en activo de mayor antigüedad, Rafael García Valiño (que al año siguiente en las Cortes votaría en contra de la designación de Don Juan Carlos como sucesor a título de Rey), y el nuevo Presidente del Tribunal Supremo, Francisco Ruiz Jarabo.

Franco lamenta las reticencias de los tradicionalistas respecto del Príncipe

El 6 de marzo de 1968, José María Valiente fue recibido en audiencia por Franco, después de haber cesado como Presidente de la Comunión Tradicionalista por discrepancias con Don Carlos-Hugo de Borbón-Parma. Valiente le dijo al Jefe del Estado: «Los tradicionalistas le darán guerra de día, pero no le atacarán de noche. Lo que V. E. decida sobre la sucesión, hágalo en vida; los tradicionalistas auténticos lo aceptarán.»

Franco dijo en son de queja: «¿Por qué no aceptan a Don Juan Carlos? Vale mucho; lo he formado yo.» A lo que Valiente contestó: «Dígalo V. E. en forma autorizada y los tradicionalistas lo acatarán.»

Carta de Fernández de la Mora a Areilza

El semanario *Triunfo* publicó un artículo de Joaquín Bardavío sobre el Consejo Privado del Conde de Barcelona en el que se exponía que Don Juan había formado un organismo consultivo y otro ejecutivo. El primero era su Consejo Privado, compuesto por noventa y dos miembros, que se reunía una vez al año. El segundo era el Secretariado Político que dirigía Areilza. Algunos interpretaron el artículo como un intento de solidarizar a los Consejeros con la orientación del Secretariado Político. Ello motivó una carta de Fernández de la Mora, miembro del Consejo Privado, a Areilza, de fecha 6 de marzo, en la que le decía:

«Mi posición acerca de tu modo de presentar a la Monarquía y a la Dinastía no es de colaboración activa ni pasiva —según la expresión del articulista— sino de discrepancia. Para mí la Monarquía no es una forma de oposición, sino la continuidad». (Ver el texto íntegro de la carta en el anejo documental).

El Consejo Privado acabó convirtiéndose en un elenco de nombres prestigiosos pero carente de efectividad. El Secretariado Político, en cambio, asumió, de hecho, la dirección de la Causa del Conde de Barcelona. El jueves 29 de febrero, en una comida organizada por Juan Ignacio Luca de Tena, Marqués de Luca de Tena, en el Nuevo Club, a la que asistió Areilza y varios de sus colaboradores, se puso de manifiesto la imposibilidad de imponerle a Franco el nombramiento de sucesor en favor del Conde de Barcelona y que se corría el riesgo de quemar también al Príncipe Don Juan Carlos.

Se remite a las Cortes el proyecto de ley que autorizaba la independencia de Guinea

En el Consejo de Ministros del 8 de marzo de 1968 se llegó a un acuerdo de principio acerca de la cuestión de Guinea Ecuatorial que aún habría de ocupar la atención de otras reuniones del Gobierno y que venía siendo objeto de discrepancias entre Carrero Blanco, de una parte, y Castiella y Fraga, de otra. Merece la pena hacer un poco de historia.

Las «provincias» de Fernando Poo y Río Muni dependían de la Presidencia del Gobierno que procuró dilatar lo más posible la emancipación de esos territorios con objeto de permitir que alcanzaran el suficiente grado de desarrollo no sólo económico, sino también cultural y político con la capacitación de cuadros dirigentes que pudieran asumir responsablemente el gobierno de aquellas «provincias», una vez alcanzada la independencia. En la IX legislatura de las Cortes, iniciada en 1967, había diez Procuradores guineanos de los que cabía esperar podrían salir los futuros dirigentes de Guinea Ecuatorial.

El Ministro de Asuntos Exteriores, por el contrario, urgido por las Naciones Unidas y con la esperanza de que la pronta concesión de la independencia a Guinea Ecuatorial facilitaría la devolución de Gibraltar, quería quemar etapas en el proceso descolonizador. La Ley de Bases sobre el Régimen Autónomo de Guinea, aprobado por referéndum guineano de 15 de diciembre de 1963 no contentó a Castiella que siguió presionando en favor de una política independentista hasta lograr que, el 30 de octubre de 1967, se convocara una Conferencia Constitucional ante la cual leyó una declaración en la que se reafirmaba el propósito de conceder en 1968 la independencia a Guinea.

Yo no era partidario de adquirir un compromiso a fecha fija.

En el curso de la Conferencia Constitucional, Alfredo Jones Niger, Consejero Nacional por Fernando Poo, hombre de confianza de Carrero, solicitó que esta isla no quedara vinculada a la Guinea continental (Río Muni) y, en carta dirigida por él y por Enrique Gori Molubela, Presidente de la Diputación Provincial de Fernando Poo, a Franco el 29 de noviembre de 1967, expresaron el deseo de que Fernando Poo siguiera siendo español. Pero se impuso la tesis de Castiella, que quería soltar Guinea, como una patata caliente, y en el Consejo de Ministros del 8 de marzo se acordó remitir a las Cortes el proyecto de la que, pocos meses después, sería

Ley de 27 de julio de 1968, que autorizó al Gobierno para conceder la independencia a Guinea Ecuatorial como unidad política que abarcaba las dos antiguas provincias, la insular y la continental.

Castiella se equivocó en una operación que pondría a los guineanos en manos del que fue su primer Presidente, el paranoico Macías.

El INI pasa a depender del Ministerio de Industria

Otro acuerdo importante del Consejo de Ministros del 8 de marzo de 1968 fue el de transferir al Ministerio de Industria el INI que hasta entonces dependía de la Presidencia del Gobierno. A mi juicio, la medida estaba plenamente justificada pues se traspasaba al Ministerio competente por razón de la materia.

Reunión de Procuradores familiares

El día 10 de marzo, aun siendo festivo, por ser domingo, tuvo lugar en las Cortes una reunión de Procuradores representantes de la familia. En dicha reunión intervinieron algunos Procuradores, que denotaban estar perfectamente organizados. Llevaron la voz cantante Manuel Mendoza, Presidente del Sindicato de Ganadería, y Luis Peralta, Delegado de Hacienda de Málaga, del grupo de Juan Sánchez Cortés. Pintaron la coyuntura económica en forma sensacionalista con notoria exageración. Trataron de conseguir que el grupo de Procuradores de representación familiar suscribiera un escrito solicitando la convocatoria de un Pleno extraordinario para debatir la situación de la economía.

Les salieron al paso Tomás Allende y Alfonso Osorio. El primero estuvo especialmente afortunado y denotó gran habilidad dialéctica, consiguiendo que no se firmara escrito alguno. Aparte de su exposición serena de la situación económica, recordó a los Procuradores que el Vicepresidente del Gobierno ya había anunciado que intervendría en el primer Pleno de las Cortes para abordar la cuestión.

Despacho con Franco acerca de la evolución de la coyuntura

El 14 de marzo, en mi despacho con el Jefe del Estado, le comenté la elevación del nivel de vida y la mejora de la dieta alimenticia en los últimos años. Un ejemplo significativo era que el consumo de carne en 1964 fue de 19.319 toneladas y pasó en 1967 a 112.272 toneladas.

Le seguí informando de la marcha de los trabajos de elaboración del II Plan de Desarrollo y de la mejoría de las perspectivas económicas: no sólo habían disminuido los expedientes de crisis sino que había aumentado el número de altas de puesta en marcha de nuevas industrias y la constitución de nuevas sociedades mercantiles.

Franco sondea a los tradicionalistas

El lunes 18 de marzo de 1968, José Luis Melis Saera, tradicionalista, se entrevistó con el Conde de Barcelona. Este le dijo que acataba la Ley Orgánica del Estado y el arbitraje de Franco sobre la persona que deba sucederle. El miércoles día 20, el Ministro de Justicia, Antonio María de Oriol, se lo comunicó al Jefe del Estado al despachar con él en El Pardo. Ese mismo día Franco recibió al catedrático tradicionalista Elías de Tejada, quien aceptó también el arbitraje y le sorprendió que Franco le dijera: «¿Y el padre?», refiriéndose al Conde de Barcelona.

Diálogo de Franco con Silva

Silva, en su despacho en El Pardo del 20 de marzo, leyó una carta del Gobernador de Gerona sobre la Prensa del Movimiento y comentó: «Son unos anarquistas en una casa sin amo: destacan lo negativo.»

Franco le dijo: «Esto no puede seguir así.»

Preocupación en las Cortes por la situación de la Universidad

El 20 de marzo, en los pasillos de las Cortes se hablaba insistentemente de la Universidad. Algunos Procuradores se mostraron indignados por la decisión del Decano de Derecho, Leonardo Prieto Castro, de que se abstuvieran de ir a la Facultad algunos estudiantes miembros de Defensa Universitaria, —organización de extrema derecha—, entre los que se encontraban los hijos del Gobernador Civil de Madrid y los de Blas Piñar y de Luis Gómez de Aranda, Consejeros Nacionales del Movimiento. Se recordó también la reciente reunión «pro-Vietnam» con proyección de películas, grandes fotografías de Ho Chi Min, etc.

En vista de ello, circuló una propuesta, a la que se adhirieron prácticamente todos los Procuradores Consejeros Nacionales, para pedir al Gobierno que los Ministros de la Gobernación y de Educación y Ciencia comparecieran ante el Consejo Nacional, para debatir a fondo el problema universitario.

La realidad es que la situación universitaria debía ser reconducida. Pero la solución no consistía en ordenar que se callaran los más alborotadores, sino en atacar cuanto antes el problema en su origen.

Se pide una Comisión de Encuesta de las Cortes sobre la Universidad

Como era previsible, el tema universitario saltó sobre la mesa de la reunión de la Comisión Permanente de las Cortes que tuvo lugar el 21 de marzo. Rafael Díaz Llanos planteó, con toda crudeza, la serie de hechos que venían acaeciendo en la Facultad de Derecho, insistió en la quiebra del principio de autoridad en la vida universitaria y reiteró su petición de que se constituyera una Comisión de encuesta, por parte de las Cortes, para estudiar a fondo el problema.

El asunto de la Universidad ya se había tratado en la reunión de la Comisión Permanente de las Cortes de la semana anterior y se había pedido al Ministro de Agricultura, Adolfo Díaz Ambrona, que trasladase al Gobierno la inquietud de los Procuradores.

Díaz Ambrona dijo que había dado cuenta de ello al Consejo de Ministros, el cual compartía esta inquietud.

Solís completó la información de Díaz Llanos, diciendo que la noche anterior, a su regreso de El Pardo, sobre las 21,30 h. vio unos carteles pegados a los árboles en los que se hacía pública la grotesca «sentencia» del «Tribunal popular», por la que se condenaba a muerte a los seis estudiantes de Defensa Universitaria.

Díaz Llanos dio lectura a un comunicado de la agencia Pyresa, en el que se recogían los acuerdos de la Junta de la Facultad de Derecho. Según esa versión periodística, los miembros de la Junta habían acordado por unanimidad solidarizarse con la actuación del Decano al ordenar que se abstuvieran de asistir a clase —provisionalmente— los seis alumnos de Defensa Universitaria.

Tal versión fue desautorizada por Antonio Carro, miembro de la Permanente de las Cortes y Profesor de aquella Facultad que había asistido a la Junta. Según él, lo acordado fue levantar la prohibición de asistencia a clase de los seis alumnos citados y tomar una serie de medidas para garantizar el orden en la Facultad. Pero, como se opusieran a ambas decisiones los profesores Ruiz Giménez y Aguilar Navarro, «especialmente por su repercusión en la calle», el Decano, para conseguir la unanimidad, les ofreció que participaran en la redacción del comunicado, y ésta es la causa de que saliera la versión que publicaron los diarios.

Esta información de Carro vino a excitar los ánimos de los presentes. Díaz Llanos dijo que le confirmaba en su deseo de que una Comisión de encuesta de las Cortes investigara tanta contradicción. Se acordó que los Ministros miembros de la Comisión Permanente de las Cortes volvieran a trasladar al Gobierno esta preocupación.

Punto de vista de Mortes

Ese mismo jueves, día 21, Vicente Mortes, Comisario Adjunto del Plan de Desarrollo, me entregó una nota manuscrita de la que entresaco los siguientes párrafos:

«Tal como están las cosas, me parece que se impone una actitud de serenidad y de firmeza. Serenidad para no dejarse llevar por las apariencias. El problema de fondo de la Universidad, no se puede resolver sólo con mano dura. El hecho es que los profesores y los estudiantes no están con la actual manera de conducir la política nacional.» (...) «¿No será que las actitudes excesivamente cerradas del pasado año, después de las esperanzas que abrió la Ley Orgánica del Estado, han arrinconado a los jóvenes?»

La nota termina con una imagen muy propia de él, como ingeniero de caminos:

«Las inundaciones no se evitan poniendo presas en las desembocaduras de los ríos. Hay que regularlas aguas arriba y encauzarlas. Ahora se trata de mantener el orden, pero sin perder de vista dónde está el origen del desbordamiento.»

Mis propuestas al Gobierno

El Consejo de Ministros del 22 de marzo de 1968, se ocupó principalmente del problema universitario. Expuse mi punto de vista en el sentido de que era preciso distinguir: primero, la cuestión de orden público, que es una fiebre crónica que había que atajar no con medidas generales sino afinando la puntería (hice ver el peligro del empleo de la violencia); segundo, los problemas de fondo: había que ir a la raíz y propuse que se celebrara una reunión especial del Consejo de Ministros dedicada exclusivamente a este asunto; tercero, el cauce para debatir la cuestión universitaria debía ser el nombramiento de una Comisión de encuesta por las Cortes; cuarto, cuidar el tratamiento del tema ante la opinión pública teniendo en cuenta que cierto sector se quejaba de falta de autoridad al ver que el Gobierno no controlaba la situación.

Carta del Decano de la Facultad de Derecho

Ese mismo día del Consejo de Ministros tuvo lugar un grave incidente protagonizado por un comandante de la Policía Armada y los agentes a sus órdenes, del que fue víctima el Decano de la Facultad de Derecho de la Complutense, Leonardo Prieto Castro, quien me lo relató en carta confidencial —y jugosa— del 23 de marzo.

En ella describía «el lamentable espectáculo de un Decano con la cara y el cuerpo teñidos de azul-verde, tratando de eludir a saltos el potente chorro, empapado del agua coloreada que se emplea con significación infamante, para identificaciones de conductas presuntivamente delictivas, es decir, el espectáculo de un hombre cubierto de ridículo y de vilipendio».

En otro lugar de la carta precisaba que «el único sujeto mangueado y además dentro del porche de su edificio, fue el Decano que se hallaba solo porque a él se dirigió el violento chorro de un modo unipersonal, exclusivo y directo, ya que no había nadie junto a él».

Exponía también las razones que le impulsaban a dimitir como Decano pues, según sus noticias, se celebró el sábado 23 —fecha de su carta— una reunión en el Ministerio de Educación para tratar de lo ocurrido «sin citación ni audiencia de la víctima mangueada, empapada, entintada (y posteriormente resfriada)» (1).

Villar Palasí rehúsa el Decanato de Derecho

Por encargo de Carrero, llamé a José Luis Villar Palasí para ver si aceptaría el nombramiento de Decano de la Facultad de Derecho. Acudió a mi despacho el 25 de marzo. La respuesta fue negativa y me dio abundantes razones. La subversión en la Universidad —dijo— se inició en 1951 con Ruiz Giménez en el Ministerio de Educación: asambleas estudiantiles, parlamentarismo universitario, etc., que convirtieron al alumno en soberano. Este problema no puede resolverse de la noche a la mañana: se necesita tiempo, por lo menos un año. Por parte de la autoridad se han cometido abusos y torpezas: la entrada de la Fuerza Pública en las Facultades ha sido lamentable. Yo mismo —dijo Villar Palasí— tengo un vergajazo en las espaldas. Además, un hijo mío estudia primero de Derecho y podría ser víctima de los ácratas o de los de Defensa Universitaria si yo fuera Decano. Con el actual equipo del Ministerio de Educación —siguió diciendo— no hay nada que hacer: son los últimos en enterarse de lo que ocurre en la Universidad.

Proyecto de ordenación y funcionamiento del Consejo Nacional

El 25 de marzo se ultimó la redacción de un «Proyecto de Bases de Ordenación y funcionamiento del Consejo Nacional del Movimiento», que constaba de XIV bases en las que se postulaban unas atribuciones desorbitadas y se pretendía que fuera aprobado como Ley Fundamental (ver anejo).

(1) No obstante, el Rector llevó a la reunión un informe escrito de Prieto Castro.

Polémica sobre las Universidades privadas

El 26 de marzo, la discusión de la Ley de Presupuestos en la Comisión Parlamentaria se caldeó bastante y terminó a la mañana siguiente después de una agitada sesión nocturna con algunas intervenciones demagógicas contra la ayuda estatal a las Universidades privadas que protagonizó el Director del Colegio Mayor Covarrubias, Fernando Suárez González.

A este incidente vinieron a sumarse otras intervenciones del mismo carácter como las de Agatángelo Soler solicitando que se suprimiera la dotación presupuestaria a la Reina Victoria Eugenia y la relativa a los gastos originados por la estancia del Príncipe Don Juan Carlos en el Palacio de la Zarzuela.

Este ambiente tenso culminó en el abucheo de que fue objeto el Presidente de la Comisión por querer levantar la sesión a las 5 de la madrugada, viéndose obligado a prolongarla hasta las 8 de la mañana del 27.

«A los estudiantes se les trata como niños y se les castiga como hombres» (Franco)

El miércoles 27 de marzo tuve un extenso despacho con el Jefe del Estado. Le di cuenta de la carta de mi Decano de la Facultad de Derecho y le expuse mi punto de vista acerca de la situación universitaria.

«A los estudiantes —me dijo Franco— se les trata como niños y se les castiga como hombres.»

Le insistí en que, a mi juicio, no se puede arreglar la Universidad desprestigiando a los catedráticos. Las generalizaciones, por injustas, ofenden. Hay que saber congraciarse con el profesorado. El problema de la Universidad no se puede resolver de la noche a la mañana. Hay que abrir esperanzas a la juventud; crear las cátedras necesarias para que la relación profesor-alumno no rebase un módulo razonable y proveerlas escalonadamente a lo largo de cinco o diez años.

Le conté que Carrero me había encargado que llamara a José Luis Villar Palasí para ver si estaría dispuesto a hacerse cargo del Decanato de Derecho. Pero, según José Luis Villar, con el equipo del Ministerio no había nada que hacer: los últimos en enterarse de los sucesos eran el Rector de la Universidad, Isidoro Martín, y el Director General de Enseñanza Universitaria; el propio Rector había mandado a su hijo a estudiar a Inglaterra.

En la Universidad se refleja —añadí— la división del Gobierno como la hubo en 1956: si se produjera una víctima, se echarían las culpas unos a otros los Ministros de la Gobernación, de Educación y Secretario General del Movimiento. Hay sectores políticos interesados en que se ponga de manifiesto que el Gobierno está desunido.

Franco me escuchó con la mayor atención y me permití sugerirle el nombre de Villar Palasí para la Cartera de Educación: había sido Secretario General Técnico de Información y Turismo, y dos veces Subsecretario (de Información y de Comercio), es Letrado del Consejo de Estado y Catedrático de la Universidad Complutense. Conocía bien la Facultad de Derecho porque su asignatura se da en los Cursos 3.º y 4.º de la Carrera y tenía un hijo que estudiaba primer curso.

Le comenté el lamentable incidente de la víspera, en las Cortes, a propósito de la ayuda estatal a las Universidades privadas, en una borrascosa sesión nocturna. Aparte de que la consignación presupuestaria era mínima —sólo 30 millones de pesetas— le recordé que estaba establecido por ley subvencionar, en todos sus grados, la enseñanza privada y que no había motivo para discriminar a la enseñanza universitaria.

Le expuse también, con carácter general, las ventajas de las medidas de fomento que estimulan la iniciativa privada y tienen un efecto multiplicador. Un ejemplo concreto de la acción de fomento son las viviendas subvencionadas que, con el estímulo de la ayuda estatal, permiten construir un mayor número de viviendas fomentando la inversión privada en el sector de la construcción, que si tuviera que costearlas íntegramente la Administración u otro Ente Público.

Una vez más hice hincapié en la necesidad de resolver los problemas tirando por elevación. La designación del Sucesor en la Jefatura del Estado despejaría el horizonte.

«Vuestra Excelencia —le dije— ha empeñado su palabra y ha obtenido el respaldo de los españoles por dos veces en referéndum para instaurar la Monarquía, sorteando múltiples obstáculos. Ha ido dando pasos prudentemente. Ha destacado al Príncipe Don Juan Carlos instalándole en el Palacio de la Zarzuela, acudiendo al bautizo de sus hijos, colocándole a su derecha en la tribuna de los desfiles militares. Esta trayectoria quieren quebrarla una minoría de extremistas de uno y otro bando. La Secretaría General del Movimiento poco hace por secundar esta política; muchos de sus Mandos la torpedean.»

Franco trató de disculparles diciendo: «Para gobernar hay que contar con los defectos de las personas.»

«Con los defectos sí —repliqué—, con las deslealtades, no. Si se equipara a los leales con los desleales, se crea un incentivo en favor de la deslealtad. Es muy cómodo participar del poder con lealtad fingida.»

«La situación actual —añadí— da margen a toda clase de especulaciones. No quiero pensar lo que sería el pleito sucesorio si no quedaba resuelto en vida del Jefe del Estado. La solución no debía aplazarse indefinidamente.»

Franco me dijo: «Haré la designación, pero hay que encontrar el momento psicológico.»

Silva y la Organización Sindical

Silva despachó con el Jefe del Estado el 28 de marzo. Se quejó de la política de hechos consumados que practicaba la Organización Sindical, y le manifestó que, a su juicio, el proyecto de Ley Sindical vulneraba el Fuero del Trabajo.

Franco le contestó: «Nos querrán colar de costadillo algo contra la Ley Orgánica del Estado. Pero no daremos un paso en falso.»

Silva le expuso sus temores de que la Organización Sindical quisiera apoderarse de las Comunidades de Regantes. A lo que Franco respondió: «Es evidente que nos hallamos ante una infiltración comunista en los Sindicatos, pero estamos a tiempo.»

Dimisión del Ministro de Educación

El 28 de marzo, Lora Tamayo, más hombre de Ciencia que de Gobierno, presentó, por carta su dimisión al Jefe del Estado con carácter irrevocable. Franco telefoneó en seguida a Carrero para decirle que Lora había dimitido y le había sugerido el nombre de Antonio Tena Artigas, Secretario General Técnico del Ministerio, para sucederle.

Carrero le contestó que, a su juicio, Tena estaba quemado como todos los del equipo ministerial y le apuntó el nombre de Gonzalo Fernández de la Mora.

«Le criticarían —respondió Franco—, por haber pertenecido al Consejo Privado del Conde de Barcelona.»

Se barajó el nombre de Torcuato Fernández Miranda pero se descartó porque había sido Director General con Ruiz Giménez. Se habló también de Luciano de la Calzada. Carrero dio la batalla en favor de José Luis Villar Palasí que yo le había recomendado. Franco al fin se decidió por Villar y le dijo al Almirante: «Pues llámele usted en seguida.»

Se mantiene en sigilo la dimisión de Lora Tamayo

Antes de empezar el Consejo del 29 de marzo, entró Carrero al despacho de Franco y le sugirió que diera la excusa de que Lora Tamayo estaba enfermo para no levantar la liebre de su dimisión.

Aunque el Consejo se había convocado para tratar exclusivamente de Guinea, el Ministro de la Gobernación suscitó el tema de la Universidad a propósito de un escrito de la Junta de Gobierno de la Complutense cuyos miembros habían dimitido.

Franco dijo: «Si no resolvemos el problema de la Universidad, nos desbordarán las guarniciones.» Luego añadió:

«Estando Lora Tamayo enfermo y la Universidad cerrada por vacaciones, hay tiempo para pensar.»

Otra frase de Franco fue: «A veces la administración de Justicia es un mecanismo lento, de resultados imprevisibles y que puede llevarnos a que procesen al Ministro de la Gobernación.»

En esa misma reunión del Consejo, Silva me pasó una nota que decía: «Me ha dicho mi comensal (Rodríguez de Valcarcel) que su Jefe (Solís) dedica las dos terceras partes de su despacho a la agresión personal a ti desde hace mucho tiempo.»

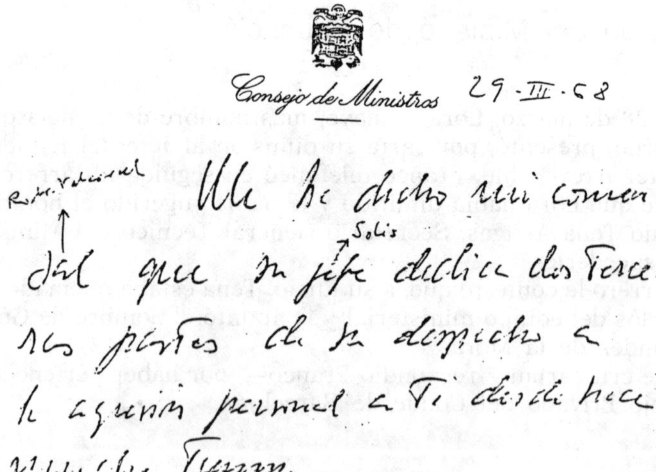

Le ruego a Villar Palasí que acepte la cartera de Educación

Carrero me encargó que viera yo a José Luis Villar Palasí y le tanteara para saber si querría ser Ministro de Educación. Me costó convencerle para que aceptara el cargo, pues realmente el panorama universitario no era halagüeño. Acabó por decidirse y fue nombrado el 16 de abril.

Conseguí que Federico Silva le cediera a Alberto Monreal, entonces Secretario General Técnico de Obras Públicas que había colaborado conmigo en la Comisaría del Plan de Desarrollo, para reforzar el nuevo equipo de Educación y Villar Palasí le nombró Subsecretario.

Nota-propuesta de Silva

El 3 de abril de 1968, Federico Silva me entregó una nota redacatada en los siguientes términos:

«No sé si me expliqué suficientemente por teléfono, por las *dificultades de entendernos.*

1.° Temo que habrá un «chivo expiatorio» del equipo económico. De haberlo creo que debe ir por delante Hacienda, aunque temo que sea Comercio.

2.° Luis Coronel, Alfonso Osorio y Juan Antonio Ollero son nombres intercambiables para esa hipótesis, de manera que, en síntesis, si Luis o Alfonso no van a Información, puede, perfectamente ir Alfonso a Comercio o Hacienda, o Luis Coronel u Ollero a Hacienda. Pero en todo caso creo que mañana jueves, para tu reunión de las *10 de la mañana* (con Carrero), debes tener *esto muy en cuenta.*

3.° Si ves resquicio no vaciles en abrir brecha en Agricultura. Adolfo (Díaz-Ambrona) está moviendo los hilos de las interpelaciones contra el Trasvase y aunque de *nada le servirá* es molesto. Sigo pensando en Martínez Bohorquez, Director General de Colonización, y *aun deplorando lo sucedido últimamente* que no se repetirá, a ningún nivel, *en Oñate.*

4.° Después de lo de esta mañana, éxito completo «alea jacta est», a «Don Fernando» (Castiella). Está sin control de sus nervios, tenso y enardecido. Es inadmisible su alabanza de los exiliados, cuyo supuesto patriotismo lo mide en función del «caso Gibraltar» con burla para la Historia y para los propios Procuradores.

5.º En resumen:

Luis Coronel	Información o Hacienda
Osorio	Información, Comercio o Hacienda
Ollero	Hacienda, Trabajo o Vivienda

«3-IV-1968»

(Ver fotocopia de la nota en el anejo documental)

Carrero informa a las Cortes sobre la situación económica

El 3 de abril, en la sesión del Pleno de la Cámara pronunció un discurso el Vicepresidente del Gobierno, Almirante Carrero Blanco, para atender al ruego formulado por los Procuradores Juan Manuel Fanjul, José Antonio Perelló y Eduardo Tarragona interesando una declaración verbal, ante el Pleno de las Cortes, respecto al estado de nuestra economía.

El Vicepresidente centró su exposición en las siguientes razones:

«En 1965, nuestra balanza de pagos, que había arrojado superávit en los seis años anteriores, cambió de signo, iniciándose el descenso de nuestras reservas de divisas. Las medidas correctoras adoptadas por el Gobierno, si bien habían mejorado la tendencia, no habían logrado aún la plenitud de sus efectos, cuando la devaluación de la libra esterlina vino a agravar la situación y resultó ya inexcusable poner fin al desequilibrio del sector exterior de nuestra economía, porque, de no hacerlo, nos hubiéramos podido ver privados de los indispensables medios de pago internacionales.»

«El momento escogido para fijar la nueva paridad de la peseta no pudo ser más oportuno porque, de no haberse actuado con la prontitud con que se hizo, hubiéramos padecido una fuerte sangría de divisas. En realidad, esta sangría se había iniciado en forma alarmante el viernes 17 de noviembre, víspera de la devaluación de la esterlina, y fue cortada en seco por la inmediata fijación del nuevo tipo de cambio de la peseta.»

«La pronta y satisfactoria evolución del sector exterior ante la operación devaluatoria es una buena prueba de la capacidad de reacción de nuestra economía, en contraste con la de otros países que no han conseguido resultados semejantes.»

Subrayó también el Vicepresidente del Gobierno en su discurso, la radical diferencia entre las medidas estabilizadoras de 1959 y las medidas correctoras de 1967, con las siguientes palabras:

«Las medidas adoptadas entonces fueron típicamente deflacionarias: fijación de un techo a la expansión del crédito bancario, la elevación de los impuestos que gravan el consumo, el establecimiento de un depósito previo a las importaciones y la subida de las tarifas de los servicios públicos (correos, telégrafos, teléfonos, transporte ferroviario, etc.). Así, aquel año 1959, el Producto Nacional Bruto retrocedió en un 5,6 por 100 respecto del año anterior.»

«Las medidas complementarias a la devaluación de 1967, en cambio, moderan tan solo el crecimiento del consumo en tanto que persiguen una fuerte reactivación de las inversiones. En la enumeración de estas medidas no figuran restricciones crediticias, ni ninguna otra de signo contractivo de las utilizadas en el Plan de Estabilización. Contrariamente a lo ocurrido en 1959, el Producto Nacional Bruto ha crecido el 3,8 por 100 en 1967 respecto de 1966, tasa de crecimiento, que, si ciertamente es inferior a la de los años anteriores, está por encima de la media de los países que constituyen la OCDE, que fue del 3,3 por 100.»

Fue una intervención, la del Almirante Carrero Blanco muy mesurada y convincente.

El 4 de abril a las cinco de la tarde tuve despacho en El Pardo con el Jefe del Estado y le ofrecí unas primeras reacciones al discurso del Almirante Carrero ante el Pleno de las Cortes, casi todas ellas favorables.

«Tour d'horizon» con el Vicepresidente del Gobierno

El 15 de abril de 1968 hablé con Carrero durante dos horas (desde las 10,15 a las 12,15). Le hice un planteamiento general de la situación política. Le dije que, a mi juicio, él no estaba en condiciones de hacer frente a la responsabilidad que le incumbía como Vicepresidente del Gobierno porque las dos organizaciones políticas existentes escapaban a su control (la Organización del Movimiento y la Organización Sindical). O se ponían en buenas manos ambas Organizaciones o sería mejor marcharse.

El Gobierno —añadí— está dividido: se pierden energías defendiéndose de unos y otros. Existe en el país una falta de confianza. Desde la promulgación de la Ley Orgánica del Estado la gente esperaba un cambio. Un relevo aislado del Ministro de Educación defraudaría a la opinión pública, representaría una claudicación ante la subversión universitaria y no resolvería el problema que afecta no sólo a Educación, sino también a Gobernación y a la Secretaría General del Movimiento.

Además, hay otros Ministros fuera de combate: el de la Vivienda, Sánchez Arjona, y el del Ejército, Menéndez Tolosa, están enfermos; el de Agricultura, Díaz-Ambrona, y el de Comercio, García Moncó, están permanentemente en desacuerdo sobre los precios agrícolas y las importaciones de alimentos.

La unión en la misma persona de los cargos de Ministro Secretario General del Movimiento y Delegado Nacional de Sindicatos —seguí diciendo— representa un exceso de acumulación de poder en una sola mano.

Solís está desgastado después de más de once años en el Gobierno. No colabora con los demás Ministros. Tiene frecuentes choques con Don Camilo Alonso Vega porque la Secretaría General del Movimiento se interfiere en materias de la competencia del Ministerio de la Gobernación.

El Reglamento del Consejo Nacional y la organización definitiva del Movimiento son motivo de grandes fricciones internas (Pedro Lamata, Pilar Primo de Rivera, Raimundo Fernández Cuesta, etc., no están de acuerdo con Solís). El Secretario General del Movimiento es el órgano ejecutivo del Consejo Nacional y no éste un marco decorativo de aquél.

El proyecto de Ley Sindical ha sido rechazado de plano por el Ministro de Trabajo (Romeo), por el Ministro de Obras Públicas (Silva) y por el Industria (López Bravo) que hacen cuestión de gabinete la retirada de dicho proyecto. Sin embargo, urge una Ley Sindical y una Ley de Convenios Colectivos: el verano se echa encima.

El Ministro Secretario General del Movimiento ha de estar plenamente subordinado e identificado con la Presidencia del Gobierno. Sin esta identificación —le dije al Almirante— no podrías responder de la situación en un momento crítico. En vez de tener la asistencia necesaria te podrías encontrar con un golpe de Estado surgido de la Secretaría General del Movimiento, al amparo de la legalidad. Presiento que se está incubando y siempre habría un figurón que lo protagonizara.

Hicimos luego un repaso de nombres de «ministrables». Carrero incorporó a la lista, a Garicano (Gobernación), Miguel Primo de Rivera (Secretaría General del Movimiento), Tomás Allende (Organización Sindical), Joaquín Bau (Justicia), Licinio de la Fuente (Agricultura) y tomó nota de la Presidencia del Banco de Crédito Local como posible salida para Solís.

A las 12,15 se fue al Palacio de El Pardo a despachar con el Jefe del Estado. Le acompañé hasta el coche. A las 13,15 me llamó desde allí para pedirme el teléfono de José Luis Villar Palasí.

Rápida conversación con Villar Palasí

Enseguida me puse en contacto con José Luis Villar para verle cuanto antes. Nos reunimos a las cuatro de la tarde. Le anticipé la decisión de Franco de hacerle Ministro y le insistí en que aceptara la Cartera de Educación y le recomendé que, cuando acudiera a la cita del Vicepresidente del Gobierno, le aconsejara un cambio más amplio. Le sugerí que al hablar con Carrero le hiciera un planteamiento político general para que el Almirante valorara sus condiciones políticas y no sólo científicas.

Sesión de tarde con el Almirante

A las 17,15 vi, de nuevo, a Carrero. Me dijo que Franco sólo iba a nombrar, por el momento, al Ministro de Educación; en junio haría el resto de la crisis y, de esta forma, si Villar Palasí no diera resultado, podría cambiarlo. Franco quería que, antes de la remodelación del Gobierno, se aprobara el II Plan de Desarrollo.

Luego cogió el Almirante una cuartilla y empezó a apuntar nombres: Ministro de Asuntos Exteriores: Sánchez Bella o Pedro Cortina (no aceptó mi sugerencia de poner a Fraga); Ministro del Ejército: Castañón; Ministro del Aire: Salas Larrazábal; Ministro del Movimiento: Miguel Primo de Rivera o Alejandro Rodríguez de Valcárcel; Ministro de la Gobernación: el General Medrano o Tomás Garicano; Ministro de la Organización Sindical: Tomás Allende o Rodolfo Martín Villa; Ministro de la Vivienda: Vicente Mortes o Manuel Fraga; Ministro de Trabajo: Efrén Borrajo Dacruz; Ministro de Información y Turismo: Alfredo Sánchez Bella o Blas Piñar (Silva no, dijo, por ser Consejero de la Editorial Católica); Ministro de Agricultura: Tomás Allende o Licinio de la Fuente.

No me pareció del todo satisfactoria esta lista; algunos de los propuestos por Carrero no eran, a mi juicio, los más indicados.

El Almirante recibe a Villar Palasí y a López Bravo

A las 19,15 llegó Villar a entrevistarse con Carrero. Este telefoneó a Franco para comunicarle la aceptación del candidato.

A las 19,45 Carrero recibió a López Bravo y le contó el planteamiento de la crisis.

Al terminar su entrevista con el Almirante, López Bravo entró en mi despacho. Examinamos la posibilidad de ampliar el cambio. A López Bravo le intranquilizaba el interregno de dos meses hasta la crisis definitiva: «Solís tiene siete vidas como los gatos», comentó.

Hablo con los Ministros de Justicia y de Trabajo

El 16 de abril, le dije al Ministro de Justicia, Antonio María Oriol, que convendría oponerse a que la Sociedad de Autores quedara integrada en los Sindicatos y que habría que revisar las funciones jurisdiccionales que detentaba la Organización Sindical.

Ese mismo día le dije al Ministro de Trabajo, Jesús Romeo, que no consintiera que la Seguridad Social pasara a depender de la Organización Sindical. Si la razón invocada para el traspaso era que la Seguridad Social estaba nacionalizada, —le argumenté— por la misma razón tendrían que pasar a la Organización Sindical, la RENFE y las empresas del INI. Jesús Romeo se mostró opuesto al proyecto de Ley Sindical que despojaba al Ministerio de Trabajo de buena parte de sus competencias para transferirlas a la Organización Sindical.

Despacho con Franco: subida de la Bolsa

El día 16 de abril, por la tarde, tuve despacho con el Jefe del Estado. Le puse de relieve el efecto tonificante del discurso de Carrero ante el Pleno de las Cortes acerca de la situación económica. La reacción de la Bolsa fue significativa: al día siguiente del discurso, el índice general subió medio punto y el viernes un punto, alcanzando el 5 de abril la cota máxima del año.

Jura y toma de posesión del nuevo Ministro de Educación

El 17 de abril, a la una de la tarde, Villar Palasí juró el cargo en El Pardo y, a las 6 de la tarde, se celebró en el Ministerio de Educación y Ciencia, el acto de toma de posesión del nuevo titular de la Cartera. En su discurso, Villar Palasí lanzó este mensaje: «distensión sin claudicación».

El Consejo de Ministros del día 19 aprobó los principales nombramientos de su equipo ministerial —Alberto Monreal, Subsecretario; Ricardo Díez Hochleitner, Secretario General Técnico; Florentino Pérez Embid, Director General de Bellas Artes...— y el de José Botella Llusiá como Rector de la Complutense.

El martes 23 de abril, Botella Llusiá tomó posesión del Rectorado de la Complutense y en su discurso anunció la convocatoria de un Claustro General de la Universidad.

Conversación con Federico Silva

El domingo 21 de abril, me reuní con Silva en su finca de Peralejo, cerca de El Escorial. Decidimos negarnos a aceptar como base de deliberación el proyecto de Ley Sindical distribuido por Solís a los demás Ministros y formular una enmienda a la totalidad.

Silva quedó en hablar de este asunto con García Moncó, con Romeo y con Villar Palasí. Acordamos proponer al Vicepresidente del Gobierno la constitución de una ponencia para redactar un nuevo proyecto de Ley Sindical.

Comentarios de Franco a propósito de la Ley Sindical

El día 25 despaché con Franco en El Pardo. Le di cuenta de que se había terminado la elaboración, por la Comisaría, del proyecto de II Plan de Desarrollo, cuyas principales características le expuse. Le informé del alto porcentaje de ejecución del programa de inversiones públicas del I Plan. Le comenté la evolución favorable de la coyuntura económica y la tendencia alcista de la Bolsa.

Abordé, por último, la cuestión que más me preocupaba: el proyecto de Ley Sindical y le señalé la conveniencia de nombrar una ponencia que elaborara un nuevo proyecto que no estuviera en pugna con la Constitución conciliar *Gaudium et Spes* sobre la Iglesia en el mundo actual, puesto que las Leyes Fundamentales nos obligaban a inspirar nuestra legislación en la doctrina de la Iglesia que, de otra parte, es la imperante, en materia sindical, en los países occidentales y la sustentada por la Organización Internacional del Trabajo (OIT), a la que España pertenece. Me extendí en una serie de consideraciones para concluir en la necesidad de reconocer el derecho de asociación de los trabajadores y de los empresarios.

Franco me hizo estos dos breves comentarios: «¡En buen lío nos hemos metido!»; «deberíamos elaborar una ley que se limitara a establecer unas bases generales y flexibles».

Alineaciones enfrentadas en torno a la Ley Sindical

En la Comisión Delegada de Asuntos Económicos del 26 de abril, se inició la discusión del proyecto de Ley Sindical de Solís. Le apoyaron principalmente Fraga, Nieto Antúnez, Díaz Ambrona y Sánchez Arjona. Nos opusimos Silva, Oriol, Espinosa, Romeo y yo. Las espadas quedaron en alto. El debate proseguiría en el Consejo de Ministros del 10 de mayo.

Alarde republicano de la revista *SP*

Torcuato Luca de Tena, Director de *ABC* y Procurador en Cortes me escribió, con fecha 26 de abril, una carta cargada de razón, en la que decía:

«No tengo por costumbre denunciar a mis colegas ni tengo tiempo para protestar ante los Ministros del Gobierno cuando la calumnia o la injusticia salpica las páginas de ciertos órganos de información.»

«Pero en determinadas ocasiones las violaciones impresas de nuestras Leyes Fundamentales resultan intolerables, y no puedo por menos de comunicar mi alarma a los miembros del Gobierno que me honran con su amistad.»

«Así por ejemplo, la portada de la revista *SP*, fechada —rara coincidencia— el último 14 de abril y orlada por una bandera tricolor: roja, amarilla y morada. Esta coincidencia del cromatismo con la cronología me parece sencillamente delictiva, máxime cuando se produce en las páginas de una publicación que no se distingue, precisamente, por su respeto a nuestro orden constitucional.»

Montejurra, 1968

Este año se concentraron en Montejurra unas 30.000 personas. Asistieron la Princesa Irene, esposa de Don Carlos-Hugo, y María Teresa de Borbón-Parma. Pronunciaron discursos Aurelio Goñi Donézar y Santiago Coello Cuadrado en los que se manifestaron contrarios al Decreto de Unificación de la Falange con la Comunión Tradicionalista, y a la Monarquía palaciega, y en favor de la intervención de los trabajadores en las empresas. Se distribuyeron planfletos del MOT (Movimiento Obrero Tradicionalista). Se leyó un mensaje de Don Javier de Borbón-Parma en el que propugnaba sindicatos libres y autonomía regional. La Princesa Irene dijo: «Nuestra promesa es sacrificarnos por España y por nuestro pueblo. Siempre nos tendréis con vosotros.»

Cierre de la verja de Gibraltar

En el Consejo de Ministros del 3 de mayo se produjo una viva discusión entre el General Alonso Vega y Fraga a propósito de la política de espectáculos públicos. Carrero y Oriol, principalmente, apoyaron al Ministro de la Gobernación en su postura contra la excesiva permisividad del Ministerio de Información y Turismo.

En esa misma reunión ministerial se acordó cerrar el puesto fronterizo de La Línea de la Concepción como respuesta a la aprobación de la «Constitución de Gibraltar»: una vuelta más al torniquete en torno a la Plaza. La medida se llevó a efecto al día siguiente. Con ello la economía gibraltareña experimentó un serio quebranto y la Gran Bretaña se vio obligada a destinar abundantes fondos presupuestarios para socorrerla.

Diálogo del Jefe del Estado con el Príncipe

Don Juan Carlos se entrevistó con Franco el 4 de mayo. Lo sustancial de la conversación fue lo que le dijo el Príncipe: «Yo le pongo, mi General, todas las cartas boca arriba y usted las tiene tapadas; juega con ventaja porque sabe que, si me nombra sucesor, aceptaré. Los legitimistas a ultranza se mostrarán disconformes pero ¡que esto no le haga retrasar lo que ha de hacer!».

El lunes 6 de mayo, a las 10 de la mañana, estuve en el Palacio de la Zarzuela con el Príncipe y me comentó su conversación con el Jefe del Estado del día 4 y sus temores acerca de la previsible reacción de ciertos sectores de Estoril cuando se produjera su designación.

El «mayo francés» visto por Lora Tamayo

El lunes 6, se reanudaron las clases en la Universidad Complutense. Ese mismo día estalló la rebelión estudiantil en París que, en creciente escalada, dio lugar al famoso «mayo francés»: el día 13 se inició la huelga general en Francia; hubo graves alteraciones del orden público y se creó una situación revolucionaria; el día 28 dimitió el Ministro de Educación, Alain Peyrefitte; De Gaulle tomó enérgicas medidas y convocó elecciones. Todo acabó con el gran triunfo electoral de De Gaulle, el 28 de junio.

A veinte años de distancia de aquellos hechos, Lora Tamayo publicó un artículo en *ABC*, el 7 de junio de 1988, del que transcribo los siguientes párrafos:

«En Francia, el mayo del sesenta y ocho llegó a promover una crisis de Estado que su sólida estructura política pudo superar» (1).

«No estaba España al margen de estos acontecimientos. En el órgano asociativo de los estudiantes se infiltraban elementos con

(1) «Un editorialista del *New York Times*, David Dinder, —sigue diciendo Lora Tamayo en su artículo— en diciembre de 1967 pasaba revista a la situación de las Universidades norteamericanas, entre las que la de California marcó en su campus el más alto grado de violencia. La República Federal Alemana acusó serias y continuadas incidencias en Bonn, Frankfurt, Munich, Berlín. También en Roma, como en Milán y Turín, donde los estudiantes se alzaban con la consigna "3M" (Marx, Mao, Marcuse); asimismo, en Bruselas, en Buenos Aires, hasta en Tokio. Puede decirse que desde los últimos años cincuenta, en ininterrumpido crecimiento hasta los primeros de los setenta, los episodios se repetían.»

inspiración y tendencia comunista» (...) «Una diversidad de siglas daba la medida de las distintas agrupaciones que se fueron creando y actuaron a lo largo de los años sucesivos con un confusionismo en el que, frente al sindicato oficial, se alzaban esas diversas uniones, incluso democristianas por una parte y anarquistas por otra» (...) La consigna única era la de «continua agresión», sostenida con reivindicaciones académicas, junto a protestas variadas, como «contra la guerra del Vietnam y el imperialismo americano».

«Volviendo al fenómeno francés, el teólogo Jean Danielou, antes de ser elevado al cardenalato, era Decano de la Facultad de Teología en el Instituto Católico de París en mayo del sesenta y ocho» (...) Para él «tres elementos se conjugan en el proceso que había determinado el fenómeno de mayo del sesenta y ocho: crisis de las instituciones universitarias desatendidas, un intento de subversión política y —lo más importante— un auténtico elemento de utopía».

Entrega al Jefe del Estado del II Plan de Desarrollo

El 8 de mayo, el Jefe del Estado nos recibió en audiencia a los altos cargos de la Comisaría del Plan de Desarrollo y a los Presidentes de sus Comisiones y le hicimos entrega del anteproyecto del II Plan y de los volúmenes correspondientes a los estudios sectoriales.

En respuesta a las palabras del Comisario Adjunto, Vicente Mortes, Franco dijo: «Solamente al observar quienes dirigen cada una de estas Comisiones, cuál ha sido su vida sacrificada siempre al mejor servicio de la Patria, nos muestra que son garantía de la bondad del Plan. Podrá no poderse realizar todo lo que vosotros aspiráis, pero, sin embargo, habrá siempre unas bases de partida, un conjunto de estudios eficaces para poder resolver los problemas de la Patria.»

El Embajador Ibañez Martín da cuenta de su entrevista con el Conde de Barcelona

El Embajador en Lisboa, José Ibáñez Martín, relató a Franco, en carta fechada el 9 de mayo de 1968, su entrevista con el Conde de Barcelona a quien le insistió en la necesidad de concertar con

El Pardo; sólo ser el sucesor de Franco puede hacerle acceder al Trono. Don Juan le contestó que nunca se había apartado de esta línea.

Opiniones divergentes de las Cámaras y la Organización Sindical acerca de la situación económica

El Alcalde de Barcelona, José M.ª de Porcioles, en carta fechada el 10 de mayo, me informó de lo acaecido en la Ciudad Condal:

«El día 2 de este mes, el Presidente de la Cámara Oficial de Comercio, Industria y Navegación, Don Andrés Ribera, hizo unas oportunas declaraciones a la prensa, sobre la situación económica con el tino y prudencia que le caracterizan. Destacó en ellas que se vislumbraban indicios de reactivación económica y que éstos pueden y deben fortalecerse.»

«Pero esa nota optimista y tan ponderada, fue pronto desvanecida por la Organización Sindical. A los dos días se reunió el Comité ejecutivo sindical para indicar que la situación económica sigue en la zona de recesión.»

«El corresponsal de *Ya* puso de relieve esta dual posición, indicando que era inexplicable que desde la Organización Sindical, representada en el Gobierno, se formulasen esos tristes presagios que constituyen una grave crítica para el Gobierno, con falta total del sentido de responsabilidad.»

«Abundando en esta misma cuestión, el editorial de *La Vanguardia* del día 5, «Barcelona "is different"», dice: «Mientras determinados organismos han coincidido en apreciar síntomas de reactivación —así la Cámara de Comercio de Barcelona— el Consejo Sindical registra tendencias y hechos de naturaleza muy opuesta.»

Consejo de Ministros: ley Sindical y problema vasco

En el Consejo de Ministros del 10 de mayo, se trató de nuevo la cuestión del proyecto de ley sindical. Solís leyó el primer borrador (¿quién se lo había facilitado?) de una declaración que preparaba la Conferencia Episcopal para exponer la doctrina social del Concilio Vaticano II y su aplicación al sindicalismo español. Expresó sus temores de que el documento no fuera favorable al proyectol de Ley Sindical y su esperanza de lograr dulcificarlo.

El Consejo trató también el problema vasco y acordó la supresión de los párrafos del preámbulo del Decreto-Ley de 23 de junio de 1937 (que abolió en plena guerra los Conciertos económicos de Vizcaya y Guipúzcoa) redactados en términos peyorativos para los vizcaínos y guipuzcoanos. La supresión de los párrafos de referencia se hizo por el Decreto-Ley de 6 de junio de 1968, en cuya exposición de motivos se reconoce que el Decreto-Ley del 37 contenía «expresiones que no se corresponden con el noble esfuerzo y laboriosidad que han caracterizado siempre a dichas provincias».

Una satisfacción moral que dejaba pendiente la cuestión vasca.

Segunda Universidad barcelonesa

En el Consejo de Ministros del 17 de mayo, Villar Palasí, informó en líneas generales de sus planes de reforma universitaria. Se acordó crear una segunda Universidad y un Instituto Politécnico Superior en Barcelona. Fue una de las primeras medidas propuestas por el nuevo Ministro de Educación.

La cuadratura del círculo

El 25 de mayo me escribió Silva mostrando su contrariedad por la disminución, en el Programa de Inversiones del II Plan de Desarrollo, de la cuantía de algunas partidas de su Departamento que había solicitado. Pero no se podía contentar a todos. Algunos pretendían que el PIP (Programa de Inversiones Públicas) resolviera el problema de la cuadratura del círculo. Siendo limitados los recursos disponibles, al establecer un orden de prioridades en las inversiones públicas, había que realizar una rigurosa selección de los proyectos, con criterios objetivos.

La redacción del PIP para el cuatrienio del Plan constituía un verdadero rompecabezas: había que tener en cuenta los criterios de selectividad elaborados por el Gabinete de Estudios y por la Comisión Consultiva, las peticiones de los principales Ministerios inversores (Educación, Obras Públicas, Vivienda, etc.), las de las Empresas encuadradas en el INI, las de las Comisiones Sectoriales y el techo fijado por el Ministerio de Hacienda. Las reuniones se hacían interminables y a veces se prolongaban hasta altas horas de la noche. En la Comisaría del Plan teníamos que armarnos de paciencia. Pero no faltó la nota de humor: Tomás Allende compuso el «Cantar del Mio PIP».

Secuestro y ulterior suspensión del *Madrid*

El día 30, el Ministerio de Información ordenó el secuestro del diario *Madrid* y, en el Consejo de Ministros del día siguiente, Fraga propuso que se le sancionara con la suspensión durante dos meses que luego se prorrogó dos meses más y con una multa de 250.000 pesetas. Hubo división de opiniones, pero prevaleció, como era habitual, la propuesta del Ministro competente. La sanción provocó, lógicamente, fuerte reacción en los medios periodísticos nacionales y extranjeros.

El motivo de la sanción fue un artículo titulado «No al general De Gaulle» aconsejando su retirada ante los sucesos del «mayo francés del 68». El Ministerio de Información estimó que el *Madrid* insinuaba la retirada de Franco lo que, a su juicio, vulneraba la ley de prensa que establecía, entre otras limitaciones a la libertad de expresión «el debido respeto a las Instituciones». Ya en diciembre del año anterior se presentó, a instancias de Solís, una querella contra el mismo periódico por un artículo sobre la falta de control de los fondos de la cuota sindical.

En ese mismo Consejo se acordó establecer un límite máximo de edad (70 años) para desempeñar cargos de libre designación de la Administración del Estado, Provincia y municipio, Organismo Autónomos, Empresas Nacionales, empresas concesionarias de servicios públicos y monopolios fiscales. Asimismo se estableció la incompatibilidad de los miembros del Consejo de Administración del INI para desempeñar cargos en las empresas en las que el INI participe (1). Fue una buena medida. También se acordó remitir a las Cortes el proyecto de Ley sobre incompatibilidades en la Banca que suscitó fuerte polémica.

(1) Decreto 1147/68 publicado en el Boletín Oficial del Estado de 7 de junio de 1968.

En la Feria de Muestras de Barcelona: factores dinámicos de nuestra economía

El 1 de junio inauguré, en representación del Jefe del Estado, la Feria de Muestras de Barcelona. En mi discurso puse de relieve los signos de recuperación que ofrecía la coyuntura económica, sin dejar de señalar que la situación no podía considerarse enteramente satisfactoria.

«Hay que afrontar los problemas económicos y sociales —dije— huyendo tanto de las actitudes triunfalistas como de las derrotistas. Unas y otras son una caricatura de los hechos y, como toda caricatura, nos hacen sonreír. Si se hiciera una recopilación de algunos vaticinios económicos que circulaban por España a fin de año, nos reiríamos muy a gusto. El antitriunfalismo, como todas las posturas negativas, adolece del mismo vicio de deformación de la verdad que aparentemente trata de corregir.»

Ofrecí una serie de datos sobre las inversiones que iban a realizarse en el segundo semestre del año, advirtiendo que, al estimar la inversión global, se había tenido en cuenta el impacto previsible de las medidas restrictivas norteamericanas, la intervención de cambios decretada por Francia, la llamada «crisis del oro» y otras perturbaciones económicas exteriores.

Expuse la conveniencia de la previsión frente a la improvisación, señalando que «las técnicas de programación y prospectiva permiten, con aceptables márgenes de exactitud, penetrar más allá del presente, y en base a esta previsión, acometer las transformaciones precisas» (1).

Señalé como principales factores dinámicos que garantizaban el crecimiento de nuestra economía:

— La notable elevación del nivel educativo y los progresos alcanzados en la formación profesional.

— La ampliación de los mercados interiores, al haberse elevado notablemente el poder de compra de los españoles.

(1) Un ejemplo concreto de cómo, fenómenos aparentemente aleatorios, pueden preverse con un grado de aproximación suficiente, lo ofrecía el turismo. Así, a mediados de 1963, cuando en el año anterior los turistas que habían venido a España fueron 8.700.000, se consignó en el I Plan de Desarrollo (en base a un estudio encomendado al Profesor Baade de la Universidad de Kiel) que podría preverse para 1967 una afluencia de 17 millones de turistas, previsión que la realidad había confirmado con un leve margen de incremento del 5 %, puesto que en 1967 vinieron 17.800.000 turistas.

— El considerable esfuerzo en el incremento de nuestra capacidad productiva, sobre todo en el sector industrial

— La notoria mejora de las infraestructuras básicas, especialmente en transportes y telecomunicaciones.

Esbocé las características del proyecto de II Plan de Desarrollo, los sectores que se consideraban estratégicos y la atención que se prestaba al desarrollo regional.

Advertí también «el peligro de adormecerse con la reactivación que se estaba produciendo en nuestra economía, dejando latentes y encubiertos los problemas de fondo, que es preciso afrontar con valentía» (...) «Adaptación, reconversión, es lo que está reclamando nuestro sistema productivo. El proteccionismo a ultranza es incompatible con los imperativos de nuestra hora y conduciría al anquilosamiento de las estructuras empresariales» (...) «No se me oculta que la reconversión es a veces dolorosa y costosa, pero en todo caso resulta insoslayable y cuanto antes nos decidamos a acometerla a fondo, tanto mejor.»

Y terminé con una cita que Cambó tomada de su libro *El pesimismo español*: «La eficacia del concurso de todas las circunstancias favorables para hacer la grandeza de un pueblo, se tuerce y se destruye si ese pueblo no tiene fe en sí mismo; porque si la fuerza de la fe sirve a veces para trocar en favorables las circunstancias más adversas, la falta de fe sirve siempre para convertir en adversas las circuntancias más favorables.»

El Príncipe, junto a Franco, en el Desfile

El domingo, 2 de junio, se celebró el Desfile de la Victoria. El Príncipe se colocó, como en años anteriores, a la derecha del Generalísimo en la tribuna presidencial. En la tribuna de enfrente, la Princesa Sofía acompañaba a Doña Carmen Polo de Franco.

Fraga, amigable componedor entre Solís y Romeo

El lunes, 3 de junio, Fraga cenó con Solís y con Romeo Gorría para tratar de ponerlos de acuerdo sobre el proyecto de Ley Sindical que los había enfrentado, pero no consiguió una avenencia. El

Ministro de Trabajo no podía consentir que le despojaran de sus atribuciones laborales.

«Hay más locos en Estados Unidos»

El 4 de junio fue asesinado en Los Ángeles el senador demócrata y candidato a la Presidencia, Bob Kennedy. Al día siguiente, cuando despaché con Franco, tomé pie en este crimen para urgirle la restauración de la Monarquía. Si en Estados Unidos, le dije, las elecciones presidenciales se ventilan a tiros, no quiero pensar lo que ocurriría en España si hubiera que elegir un Presidente de la República. No faltaría un loco que perpetrara un atentado.

«Hay más locos en Estados Unidos» fue su respuesta galaica.

Me lamenté de las tendencias opuestas que existían entre la clase política en torno a la sucesión: Rodríguez Valcárcel era partidario de que no se designara sucesor en vida de V.E.; Pío Cabanillas y Mariano Calviño no ocultaban sus preferencias por Don Alfonso de Borbón Dampierre.

También le referí la perplejidad del Alcalde de Santiago de Compostela, Francisco López Carballo, ante las llamadas telefónicas contradictorias del Ministerio de la Gobernación y de la Secretaría General del Movimiento con ocasión de los viajes del Príncipe Don Juan Carlos: el primero le pedía que diera el mayor realce a su visita y, después, el segundo le echaba un rapapolvo por el recibimiento que le había dispensado. Cuando se trataba de Don Alfonso de Borbón ocurría al revés.

—«La decisión está muy clara», dijo Franco.

—«Basta ver que estaba al lado de V.E. en la Tribuna del Desfile», apostillé.

Franco asintió.

Le di cuenta de mi visita a la Feria Internacional de Muestras de Barcelona y de la recuperación económica que allí se advertía.

—«Pero hay algunas empresas con dificultades, como "La Maquinista Terrestre y Marítima"», dijo Franco.

—«La excepción confirma la regla», fue mi respuesta.

«La tónica general es buena y mi pronóstico es que seguirá la bonanza hasta octubre, tanto en el aspecto económico como en el social. Y sería conveniente aprovechar esta coyuntura favorable para designar al sucesor, para el ejercicio de la máxima prerrogativa, personal e intransferible que le otorga, mi General, la Ley de Sucesión.»

Me excusé luego por «estas expansiones».

«Al revés, gracias», dijo Franco.

También salió a relucir la salud de Iturmendi: el día anterior había sufrido por tercera vez una lipotimia. Hablamos asimismo de la salud del Papa Pablo VI. Franco comentó: «Cuando un personaje está enfermo, manda su camarilla.»

Luego me leyó la carta de contestación del Papa a la suya de 29 de abril, acerca del derecho de presentación de obispos.

Silva trata de acelerar la crisis

El 5 de junio de 1968, Federico Silva durante la «reunión de los miércoles» en la Presidencia del Gobierno, me pasó una nota en la que al final decía: «Creo, querido Laureano, que o hay cambio o el otoño nos "aplastará".»

Ese mismo día, Silva llevó a Carrero diversos nombres de posibles «ministrables». Propuso que Fraga pasara al Ministerio de la Vivienda y que se nombrara Ministro de Agricultura a Virgilio Oñate y Ministro de Información y Turismo, a Gonzalo Fernández de la Mora.

Carrero sugiere a Franco la oportunidad de un cambio de Gobierno

El 6 de junio Carrero tuvo su habitual despacho de los jueves con Franco. Le dijo que, estando vacantes las Presidencias de dos Bancos oficiales y una Embajada, era una buena ocasión para hacer un cambio de Gobierno y poder ofrecer un puesto digno para algunos Ministros salientes. Le recordó que, en un anterior despacho, le había manifestado el propósito de hacer la crisis en junio y estábamos ya en ese mes. Franco no se inmutó: en expresión marinera del Almirante, «se abroqueló».

El 7 de junio Silva me escribió la siguiente carta: «Querido Laureano: Olvidé decirte que ante la perplejidad de Luis (Carrero), en relación con los asuntos informativos, Alfonso (Osorio) y Luis (Coronel de Palma) serían bien acogidos. Tu me dirás sus posibilidades y empujarás lo que puedas. Todo menos la obesidad (Sánchez Bella). Gracias» (La fotocopia figura como anejo).

Listas de «ministrables»

Fraga le expuso al Jefe del Estado su punto de vista sobre la conveniencia de un cambio de Gobierno.

El 11 de junio, Franco le pidió nombres para un futuro «relevo de la guardia». Cuando Fraga le entregó una lista, Franco hizo este comentario: «En su lista hay coincidencias con *otras.*»

Reunión del Gobierno

En el Consejo de Ministros del 14 de junio se trató nuevamente del asunto de Guinea y Castiella propuso un acuerdo de principio para concederle la independencia.

El Ministro de Educación reclamó y obtuvo la competencia sobre todas las Escuelas Especiales, incluida la Escuela Oficial de Periodismo, dependiente del Ministerio de Información y Turismo, que más adelante se convertiría en Facultad de Ciencias de la Información.

Éxito de Silva en las Cortes

El 18 de junio, en la sesión plenaria de las Cortes, Silva pronunció, con gran alarde de memoria, un brillante discurso sobre los planes de Obras Públicas que le mereció una calurosa ovación y un «¡olé tu mare!» de un espontáneo. Fue muy jaleado en la prensa, que le bautizó con el nombre de «Ministro Eficacia».

El 19 de junio, Silva durante la «reunión de los miércoles» en Castellana 3, me pasó una nota que dice: «Ahora o nunca. Por favor, es la última oportunidad. O gente potable o nos largamos. No nos equivoquemos: los inteligentes entre los leales. Repasaremos la lista a mi regreso de "los alrededores" (la Zarzuela). Los hombres leales, Alfonso (Osorio), Luis Coronel, Garicano, Gonzalo (Fernández de la Mora), Oñate. Fuera Fraga; a Vivienda por lo menos. No admitamos "caballos de Troya" o amigos pasteleros. Laureano, por favor, escucha mi dramático llamamiento: lánzate al ruedo mañana. Cierra el paso a los dudosos e híbridos ¡a por los leales! Gracias.»

Comento con Franco el proyecto de Ley de Convenios Colectivos

Mi despacho con el Jefe del Estado del 20 de junio tuvo carácter principalmente económico. Le hablé de la urgencia de elaborar el proyecto de una nueva Ley de Convenios Colectivos de Trabajo que debería enviarse a las Cortes en octubre y critiqué la postura de la Organización Sindical que pretendía que esa Ley le otorgara mayores atribuciones. El Ministerio de Trabajo, por su parte, no se decidía a presentar el proyecto de Ley.

Una vez más le insistí en la necesidad de acompasar los incrementos salariales a los aumentos de la productividad para no caer en la inflación. También abordé los temas, un tanto polémicos, del Reglamento del Consejo Nacional y del proyecto de Constitución de Guinea.

Viva discusión entre Carrero y Castiella

En el Consejo de Ministros de 21 de junio de 1968, se replanteó la cuestión de Guinea. Había terminado la llamada «Conferencia Constitucional» convocada el 30 de octubre del año anterior. Los guineanos revocaron el mandato y negaron su representación a sus delegados en la «Conferencia». Los representantes de Fernando Poo quedaron en minoría respecto de los Río Muni (12 frente a 19).

En la Conferencia se había abordado principalmente cuestiones formales, pero no las de fondo: estaba sin determinar el régimen arancelario (unión aduanera o zona de libre cambio), el establecimiento del Banco emisor y el control de la emisión de moneda, las condiciones para la retirada de la peseta y la determinación de su paridad respecto de la nueva moneda guineana, la formación de técnicos y funcionarios nativos que pudieran asumir la responsabilidad de la Administración del país, etc.

Las discusiones entre Carrero y Castiella fueron especialmente tensas. El Almirante increpó al Ministro de Asuntos Exteriores diciendo: «¿Vamos a liquidar de un plumazo 30 años de paz y bienestar en Guinea?». Los acontecimientos que siguieron a la independencia vendrían a darle la razón.

El Almirante vuelve a la carga para conseguir un cambio de Gobierno

El 27 de junio, en su despacho habitual de los jueves por la mañana, Carrero volvió a plantear a Franco la conveniencia de un cambio de Gobierno. Éste le respondió que «después del verano». Carrero insistió en que sería mejor antes pues se dispondría del mes de agosto para que los nuevos Ministros tomaran tierra, etc. Franco no acabó de decidirse.

Despacho con Franco: la Seguridad Social y los Convenios Colectivos

El 2 de julio, a las siete de la tarde, tuve un despacho con el Jefe del Estado. Le di cuenta de un informe sobre la distribución de la renta en 1968 que ofrecía una evolución favorable a los trabajadores puesto que las rentas salariales habían alcanzado el 58,5 % de la renta nacional, frente al 55,4 % del año anterior. Mostré mi preocupación por el mayor coste de la Seguridad Social que aumentaba los costes de producción y repercutiría necesariamente en los precios.

Comenté la repercusión de las convulsiones políticas en la vida económica: en un mes de anarquía se hundió la economía francesa. Sus reservas de divisas disminuyeron en 1.800 millones de dólares.

Volví a urgir la necesidad de disponer de una Ley de Convenios Colectivos y le previne acerca de la presión que ejercían algunos grupos, concretamente el Sindicato del Olivo, en la preparación de los decretos de desarrollo de la Ley del FORPPA (Fondo de Orientación y Regulación de los Precios y Productos Agrarios).

Hablamos, por último, de su inmediata visita al Polo de Promoción Industrial de Burgos y de la visita del Príncipe al Campo de Gibraltar.

Inauguración del ferrocarril Madrid-Burgos y visita al Polo de Promoción Industrial

El 4 de julio se inauguró el ferrocarril de Madrid a Burgos. Acompañaron al Jefe del Estado el Ministro de Obras Públicas, Federico Silva, y el Presidente de la RENFE, Leopoldo Calvo-Sotelo, futuro Presidente del Gobierno de la Corona, quien le entregó a Franco el primer billete del trayecto.

Yo también formé parte de la comitiva porque el Jefe del Estado iba a visitar el Polo de Promoción Industrial. La capital castellana le tributó un gran recibimiento. Al día siguiente le acompañé a recorrer el Polígono del Gamonal donde se habían instalado varias industrias. Luego, desde el balcón de la Casa del Cordón, pronuncié unas palabras ponderando la labor realizada por los burgaleses y alentándoles a proseguir el esfuerzo para la consolidación del auge económico de la cabeza de Castilla. A esa alocución pertenecen los siguientes párrafos:

«El auténtico empresario es hombre que arriesga, hombre que crea, hombre que asume responsabilidades. El pone, en gran medida, el sello a esta etapa dinámica de nuestra Nación.»

«Protagonistas del desarrollo son todos los que trabajan en la empresa: los dirigentes, los técnicos y los obreros, artífices todos de esa célula socioeconómica que es la comunidad empresarial.»

El 12 de julio, la Corporación municipal en Pleno me otorgó por unanimidad la Medalla de Oro de la Ciudad de Burgos, que me fue impuesta, cinco años después, el 5 de febrero de 1973.

Desde Burgos acudí a Santander para asistir a los actos de la Semana Naval. Allí me comentó Carrero, refiriéndose a su insistencia cerca de Franco para que designara sucesor: «Me da no sé qué darle un disgusto a este hombre.»

El Cardenal Pla y Deniel, opuesto al totalitarismo

El 5 de julio falleció el Cardenal Pla y Deniel, Arzobispo de Toledo, y Primado de España, a la edad de 92 años. Siendo Obispo de Salamanca cedió, en 1936, su Palacio Episcopal a Franco para residencia del nuevo Jefe del Estado. El 30 de septiembre de 1936 publicó una Pastoral bajo el título «La dos Ciudades», anterior a la Carta colectiva del episcopado español, en la que justificaba la licitud del Alzamiento Nacional.

Al terminar la guerra civil publicó otra pastoral titulada «El triunfo de la Ciudad de Dios y la resurrección de España» a la que Serrano Suñer opuso serias dificultades. Pla y Deniel defendió siempre los principios del Derecho Público cristiano contenidos en la Encíclica *Inmortale Dei* de León XIII.

El 28 de agosto de 1945 publicó una Pastoral que, después de recordar la licitud del Alzamiento Nacional, preconizaba una orientación cristiana en la constitución del Estado, opuesta al totalitarismo, que garantizara una auténtica representación de los ciudadanos en el Gobierno, terminando con un llamamiento al perdón, a la unión y a la convivencia de todos los españoles.

Fue creado Cardenal por Pío XII, en 1946. En repetidas ocasiones surgieron roces con algunas autoridades del Régimen que tanto había apoyado. Así, en el otoño de 1960 dirigió el Cardenal Pla y Deniel una carta a Solís en la que exponía la postura de la Iglesia frente a la Organización Sindical y pedía la desvinculación del sindicalismo de todo movimiento político.

A raíz del fallecimiento del Cardenal Pla y Deniel, las relaciones con la Iglesia fueron el principal objeto del despacho de Carrero con el Jefe del Estado. Franco le dijo: «Me preocupa la actitud del Papa».

El Príncipe se explaya

El Príncipe participó en la Semana Naval de Santander. El sábado 6 de julio, cené a solas con Don Juan Carlos en una tasca de Puente Arce, en las afueras de Santander, y estuvimos charlando desde las diez y media hasta cerca de las dos de la madrugada.

Me contó que el martes día 2 de julio había estado con Franco y le dijo que, como hijo, tenía que lamentar la prohibición de los actos del día 24 de junio en homenaje a su padre, pero reconocía que indudablemente el homenaje se hubiera politizado.

Franco, refiriéndose a los que rodeaban a Don Juan, le dijo al Príncipe: «Hay gentes que quieren abusar», a lo que respondió Don Juan Carlos: «A mí me están tentando para que me manifieste en disconformidad con mi padre, pero no voy a hacerlo.»

—«Hace muy bien Vuestra Alteza —dijo Franco—. Tenga paciencia y no pierda la calma.»

—«Mi posición es cada vez más difícil, porque no tengo una situación definida; designe usted, mi General, de una vez, sucesor.»

—«Lo haré; he de buscar el momento psicológico; he de ver cómo respiran las nuevas Cortes» (le dio a entender que desearía que la designación fuera por aclamación).

—«Pues, por lo menos, nombre un Presidente del Gobierno.»

—«Ya probé al General Jordana y no resultó; luego, a Muñoz Grandes y, tampoco. Ahora estoy probando a Carrero. He de ver quién es capaz de hacerse con las Cortes.»

—«Yo no tengo prisa», dijo el Príncipe.

—«Yo sí tengo prisa —replicó Franco—, porque cualquier día me puede ocurrir algo.»

Retrotrayéndose a dos meses atrás, Don Juan Carlos me contó también la conversación que tuvo con su padre en el mes de mayo. Le dijo a Don Juan: «En diciembre de 1966, desconfiabas de la Ley Orgánica del Estado y no quisiste que votara. Yo te aconsejé que tú lo hicieras en Badajoz. Luego el 14 de enero de 1967 pusiste un telegrama felicitando a Franco.

«Yo he seguido una línea que tú me trazaste —continuó el Príncipe—. El General Martínez Campos, Duque de la Torre, se oponía a que yo me instalara en la Zarzuela. El quería que yo fuera a estudiar a Salamanca y fuiste tú quien me puso allí. Con ello tomaste una opción. Estar en la Zarzuela era estar cerca de Franco. En estos años nada hice que te perjudique a ti o a la Institución. Ahora no puedo hacer el feo de ausentarme cinco meses de España. Tú has jugado a una carta; yo a otra, por tu mandato. Sigue tú con la tuya y yo con la mía. Si gana tu carta, me descubro, *chapeau*, pero no lo veo probable. Hemos de pensar en España y en la Institución.»

Don Juan Carlos opinaba que el retraso en la designación de sucesor favorecía las maniobras de Estoril. Me dijo que su primo Don Alfonso se le ha acercado a él, en plan de ayudarle. Don Juan Carlos le ha insistido en la necesidad de mantener la unidad de la Familia Real, pero no se fiaba de su primo: le temía.

El 6 de julio, en el almuerzo que se celebró en el porta-helicópteros *Dédalo*, el Príncipe estaba sentado a la izquierda de Franco y le pidió visitar el *Azor* cuando no estuviera él. Por la tarde, el General Castañón le dijo a Don Juan Carlos que, al día siguiente, domingo, estaba invitado a almorzar a bordo del *Azor*.

Tanto el Director de la Escuela Naval en el acto de la Jura, como Nieto Antúnez en el acto sindical del crucero *Canarias*, habían dedicado, unas palabras de afecto al Príncipe. Don Juan Carlos estaba escamado pensando que con estos «signos externos», Franco se cubría y se justificaba dilatando lo único importante: la designación de sucesor.

Agradecí a Don Juan Carlos la sinceridad con que me habló esa noche.

El 10 de julio, el Príncipe me puso este tarjetón:

LA ZARZUELA
10 de julio, 1968

Querido Laureano:

Millones de gracias por la cariñosa felicitación que he recibido en el día de mi Santo.

Un saludo con el mayor afecto, y un abrazo

Encantado de haberte visto en Santander.

Juan Carlos

EXCMO. SEÑOR DON LAUREANO LOPEZ RODO

Acto Sindical en el crucero *Canarias*

El domingo 7 de julio, a las seis de la tarde, se celebró un «Homenaje de la Organización Sindical a la Marina de Guerra», que tuvo lugar en la cubierta del crucero *Canarias*. Nieto Antúnez pronunció una arenga que terminó con un estridente «Arriba España» y el canto del «Cara al sol», con muchos civiles en actitud de brazo en alto. Don Camilo Alonso Vega, haciéndose eco del sentir de la mayoría de los Ministros y de la casi totalidad de los militares, manifestó a Franco su disgusto por la politización de aquel acto en un buque de la Armada española.

Franco se limitó a decir: «Hoy casi nadie levanta el brazo.»

El martes 9 de julio se clausuró la Semana con una demostración naval que presenció Franco a bordo del *Azor*.

Nota del Almirante Carrero en la que aconseja un inmediato cambio de Gobierno

El 11 de julio, Carrero, en su despacho de los jueves con el Jefe del Estado, leyó y entregó a Franco una nota fechada el día anterior en la que exponía, con su peculiar estilo, las razones que aconsejaban proceder a un cambio de Gobierno. Considero de interés transcribir su texto íntegro:

«La situación política en los momentos actuales, al comienzo del verano, con los precios estabilizados y aún con tendencia a la baja, cara a las vacaciones estivales, etc., se ofrece bajo el signo de la paz pública y la recuperación económica, a la vez que se observa en el clima político de Madrid, posiblemente por las mismas causas, un cierto desinterés por el tema de los cambios ministeriales... Se ofrecen, pues, dos o tres meses de sosiego político que juzgo muy conveniente sean aprovechados para prepararse a afrontar la solución de los importantes problemas que tenemos planteados y que indudablemente han de entrar en plena actividad a partir de octubre.»

«Es indispensable enviar a las Cortes, en septiembre, una Ley de Régimen salarial, o como quiera llamársela, que sustituya a la actual Ley de Convenios Colectivos; pero la redacción de esta Ley, por la cual ha de regularse la futura subida de jornales sin riesgo de inflación, requiere un claro entendimiento entre el Ministerio de Trabajo y la Organización Sindical que, hoy por hoy, no existe. El actual Ministro de Trabajo declara que él no puede presentar una Ley de este tipo al Gobierno porque sabe que cuenta con la oposición de los Sindicatos. La discrepancia entre el titular de Trabajo y el Delegado Nacional de Sindicatos hace inviable la redacción de esta Ley, que es básica y previa para hacer frente al problema de lo que se ha dado en llamar la "descongelación salarial".»

«Por otra parte, la adaptación de la producción al consumo, tanto en el campo agrícola como en el industrial, que es fundamental en una sana política económica, requiere continuar, con eficacia y a la mayor celeridad posible, la política ya iniciada de reestructuración del campo y de las industrias, así como acortar y abaratar los canales de comercialización y esto será siempre muy difícil, si no es imposible, sin que exista un perfecto entendimiento entre los Ministros económicos entre sí y entre éstos y la Organización Sindical.»

«En los momentos actuales existe desacuerdo entre el Ministro de Agricultura y los de Obras Públicas y Comercio; desacuerdo entre Comercio e Industria, cuya política se combate desde la Revista Oficial del Ministerio de Comercio, y desacuerdo total entre la Organización Sindical y los Ministerios Económicos en su conjunto. El órgano de Prensa de la Organización Sindical, e incluso los periódicos del Movimiento, se han destacado como órganos de oposición a la política económica del Gobierno. Mientras los dirigentes de la Organización Sindical aspiren a dirigir ellos la política económica, será físicamente imposible que el Gobierno pueda llevar a cabo una labor eficaz y constructiva.»

«La situación de la Prensa y en general de todos los órganos de información, incluyendo el libro, debe ser corregida a fondo. Está produciendo un positivo deterioro moral, religioso y político. Todos los escaparates de las librerías están, y las casetas de la Feria del Libro estuvieron, abarrotadas de obras marxistas y de las novelas de erotismo más desenfrenado. Por otra parte, el crecimiento de la inmoralidad de los espectáculos públicos ha sido tremendo en los últimos tiempos. El daño que se está haciendo a la moral pública es grave y hay que ponerle fin.»

«Si la legislación actual no permite corregir esta situación, habrá que dictar nueva legislación, pero así no se puede seguir. Primero, porque España es un país católico y segundo, porque el quebrantamiento de la moral del pueblo es la mejor manera de favorecer la acción subversiva que el comunismo fomenta. Ha sido comprobado en varios casos de agitadores universitarios, su previa ruina moral mediante drogas, etc., antes de iniciarles en el maoísmo. Mucho me temo que el actual titular de Información no sea capaz de corregir ya el estado de cosas señalado. Pese a todas sus buenas cualidades, considero que en este aspecto está agotado.»

«En orden a la política exterior, temo mucho a los hechos consumados que se nos puedan dar con respecto a la descolonización del Sahara y considero que la actividad del actual titular de Asuntos Exteriores, absorbida por la obsesión de la cuestión de Gibraltar, no puede ya rendir ninguna eficacia a los importantes problemas antes señalados.»

«Considero, por último, mi General, y ruego a Su Excelencia perdone mi intromisión en gracia de mi deseo de servirle lealmente, que los problemas que tenemos planteados, pese a la indudable dificultad de algunos de ellos. tienen todos solución, pero que para lograrla hace falta contar con un Gobierno fuerte y unido, y el actual ni es fuerte en muchos aspectos (alguno de sus miembros por razones de salud no puede, evidentemente, dar el rendimiento necesario) ni está unido.»

Terminada la lectura, Carrero le dejó la nota a Franco y, mientras le recogía la firma de los decretos, le comentó que Gonzalo Fernández de la Mora era hombre de gran valía.

Franco mostró su preocupación por la carta que había recibido del Embajador Garrigues en la que le daba cuenta de sus entrevistas con el Papa. Pablo VI le dijo, entre otras cosas, al Embajador que la opinión pública española veía con malos ojos a los Obispos por considerarlos hechura del Régimen.

Carrero dijo que al Papa lo han envenenado Ruiz Giménez y los de su cuerda.

«Y él se deja envenenar», comentó Franco.

Don Camilo se emplea a fondo en la cuestión sucesoria

El 11 de julio, el Ministro de la Gobernación, Camilo Alonso Vega, despachó con el Jefe del Estado y, respecto de la sucesión le dijo:

«Hay pocos monárquicos y están divididos. Don Hugo ha estado en el Ayuntamiento de Pamplona durante los sanfermines y hubo que prohibirle que se asomara al balcón. De otra parte, el 24 de junio se organizaron actos políticos en honor de Don Juan con motivo de su onomástica y también fueron prohibidos. Areilza se mueve. Tampoco faltan quienes empujan a Don Alfonso de Borbón-Dampierre. El modo de acabar con todas estas intrigas y pretensiones

—añadió Don Camilo— sería designar sucesor. Debes hacerlo cuanto antes. Acabas de estar en Sevilla, en Burgos y en Santander y has podido comprobar una vez más que el pueblo está contigo y aceptará lo que decidas. Fue muy expresivo el grito que resonó en el patio del Alcázar de Sevilla cuando la multitud te aclamaba: "¡Lo que tú digas!".»

«Yo soy monárquico —continuó— aunque nunca fui palaciego. Tampoco he mantenido relación especial con el Príncipe. Pero veo, por signos inequívocos, que es tu preferido. Nunca te he preguntado quién es tu candidato porque está más claro que la luz del día. Además, el Príncipe es discreto, está en su sitio, es inteligente, se entera de las cosas... Todo aconseja hacer la designación cuanto antes.»

Franco escuchó con atención a Don Camilo y se limitó a decirle: «La cosa no es tan fácil como parece; ha de ir madurando; hay que atraer a los tradicionalistas...»

Lugar del heredero de la Corona en el protocolo

El 12 de julio se publicó el Decreto de precedencias, no exento de intencionalidad política, por virtud del cual al heredero de la Corona le correspondería ocupar el lugar inmediatamente siguiente al del Jefe del Estado. Se quiso ver en el Decreto un reconocimiento implícito de Don Juan Carlos como heredero de la Corona.

Solís en seguida reaccionó. Según le dijo el Consejero Nacional Francisco Abella Martín, a Vicente Mortes, la Organización Sindical trataba de hacer una aproximación al Conde de Barcelona, en vista de que el Príncipe Don Juan Carlos era «el candidato de López Rodó».

Unos días después, Juan Ignacio Luca de Tena me confirmó que Solís se había manifestado partidario de Don Juan de Borbón.

El Gobierno delibera sobre el Reglamento del Consejo Nacional

En el Consejo de Ministros del 12 de julio se trató principalmente del proyecto de Reglamento del Consejo Nacional. En el proyecto se pretendía que Franco delegara total o parcialmente sus funciones de Presidente del Consejo Nacional en el Vicepresidente (o sea, en el Secretario General, léase Solís) y se disponía que «se entienden delegadas las funciones de los números, 7, 8, 9, 10, 11, 12 y 13 del artículo 16, incluida la aprobación de los Presupuestos».

Yo me opuse a este intento de acumulación de facultades por el Secretario General y argumenté que ello vulneraría la Ley Orgánica del Estado, según la cual, una vez cumplidas las «previsiones sucesorias», la Presidencia del Consejo Nacional «pasará al Jefe del Estado (el Rey) y por delegación de éste, al Presidente del Gobierno» (no al Secretario General de dicho Consejo). Por consiguiente, la delegación sólo podría tener lugar después de producirse la sucesión de Franco. El Secretario General siempre habría de estar supeditado al Presidente del Consejo Nacional, entonces a Franco y, al faltar éste, al Presidente del Gobierno.

Solís se revolvió contra esta interpretación que colocaba al Secretario General en segundo plano. Insistí en que la dirección política había de corresponder siempre al Gobierno y que la misión del Consejo Nacional, como la de todo Consejo, había de ser de asesoramiento.

Silva, de acuerdo conmigo, trató de conseguir el aplazamiento de la reunión del Consejo Nacional, pero faltó el apoyo de Carrero. Federico Silva me pasó en el curso del Consejo de Ministros una nota, que conservo, en la cual me decía: «Cedió Luis. Ya ves que me he quedado solo. Me aparece que antes del 18 deberíamos vernos con calma. ¿Qué te parece? Dime que día podríamos dedicar un almuerzo o una cena, pero *solos.*» Le contesté: «Si no surge algún compromiso imprevisto, quizá podría ir a Peralejo el domingo próximo.» Silva, a su vez, respondió, también por escrito: «No estoy en Peralejo. Está toda la familia en Málaga. Podríamos almorzar el domingo en casa. Estaremos solos, pero bien servidos.» Así lo hicimos.

Comentarios de Silva

El 14 de julio almorcé con Federico Silva en su piso de la calle O'Donnell. Tuvimos un amplio cambio de impresiones con vistas a un plan de actuación inmediato. Silva se brindaba para desempeñar la Cartera de Asuntos Exteriores por ser el más indicado para resolver las tensiones con el Vaticano. Me comentó: es lamentable que, para algunos, el halago, el látigo o la compra sean las únicas armas de la política.

Se aplaza el envío a las Cortes del proyecto del II Plan de Desarrollo

El 17 de julio despaché con el Jefe del Estado. Le leí las conclusiones del dictamen del Consejo de Economía Nacional sobre el proyecto del II Plan de Desarrollo y le expuse la opinión del Presidente de las Cortes, Iturmendi, de retrasar el envío de la Ley del II Plan hasta después del período de vacaciones del verano «para no meterlo en el pudridero». Estimé oportuna la sugerencia pues permitiría, de otra parte, una puesta al día del Plan a la vista de la evolución económica en el trimetre veraniego de un año particularmente incierto como era el de 1968. A Franco le pareció bien este compás de espera.

La situación internacional vista por los Servicios Estratégicos franceses

Alfredo Sánchez Bella, Embajador ante El Quirinal, envió al Almirante Carrero Blanco una extensa carta fechada el 19 de julio (véase anejo), con la que le remitía un estudio sobre la situación internacional del momento, realizado por los Servicios militares estratégicos franceses, y le hablaba también de una carta del Nuncio, Mons. Dadaglio, dirigida confidencial y personalmente al Papa.

Documento de la Conferencia Episcopal acerca del sindicalismo

El 21 de julio, la Asamblea Plenaria de la Conferencia Episcopal aprobó un documento muy crítico sobre el proyecto de Ley Sindical, titulado «Principios cristianos relativos al sindicalismo», en el que se afirmaba que el derecho de asociación pertenece a los derechos fundamentales de la persona humana y que en él va incluido el derecho a formar sindicatos.

El Pleno de la Conferencia Episcopal advertía —citando la Carta de Juan XXIII a la Semana Social del Canadá— que la libertad sindical se vería amenazada «si las organizaciones profesionales se convirtieran en engranaje administrativo o político del Estado o si, dotadas de privilegios abusivos, gozasen de un monopolio único».

Conversación de Silva con el Nuncio

El 23 de julio de 1968, Federico de Silva vio al Nuncio Mons. Dadaglio, quien afirmó que no podía tratar con Castiella porque utilizaba el engaño.

El Nuncio parece que le dejó traslucir a Silva que podría ser el hombre que liderara, el día de mañana, un partido demócrata cristiano. Para dejar clara su postura política, Silva le dijo: «Procedo de Acción Política, pero no me presto a montar la democracia cristiana en España.»

La *Humanae vitae*

El 25 de julio el Papa Pablo VI publicó la Encíclica *Humanae Vitae* en la que se aborda una de las cuestiones de mayor transcendencia tanto en el plano personal como en el social y político: la regulación de la natalidad.

Tras referirse a los trabajos de la Comisión de Estudio creada por Juan XXIII en 1963 para analizar las nuevas cuestiones referentes a la vida conyugal, en particular la regulación de la natalidad, señala la licitud de los medios terapéuticos y del recurso a los períodos infecundos, reafirma la doctrina de la Iglesia según la cual la «ley natural enseña que cualquier acto matrimonial ha de quedar abierto a la transmisión de la vida», y reprueba «los métodos de regulación artificial de la natalidad».

Apuntando a la repercusión política de esta doctrina, Pablo VI argumenta en su Encíclica que, de legitimarse el uso de las prácticas anticonceptivas, «¿quién impediría a los gobernantes favorecer y hasta imponer a sus pueblos, si lo considerasen necesario, el método anticonceptivo que ellos juzgaran más eficaz? De tal modo, los hombres, queriendo evitar las dificultades individuales, familiares o sociales que se encuentran en el cumplimiento de la ley divina, llegarían a dejar a merced de la intervención de las autoridades públicas el sector más personal y más reservado de la intimidad conyugal».

No es de extrañar la honda repercusión de la *Humanae Vitae*, uno de los más importantes documentos magisteriales del Pontificado de Pablo VI.

A propósito de esta Encíclica, recuerdo que Mons. Casaroli me contó que, en cierta ocasión, le preguntó a Pablo VI cuándo había sentido con más fuerza la asistencia del Espíritu Santo. El Papa le contestó, sin vacilar, que cuando, después de haberlo meditado mucho, se decidió a firmar la *Humanae Vitae*.

Consejo de Ministros: Solís critica el Documento de la Conferencia Episcopal

El viernes 26 de julio se celebró en El Pardo el último Consejo de Ministros antes de la dispersión veraniega. El asunto principal que ocupó la atención del Consejo fue el documento, antes citado, de la Conferencia Episcopal sobre el sindicalismo que fue duramente criticado por Solís.

Se aprueba la Ley de independencia de Guinea

El Ministro de Asuntos Exteriores, Fernando Castiella, defendió ante el Pleno de las Cortes la Ley por la que se autorizaba al Gobierno para conceder la independencia a Guinea Ecuatorial. El principal móvil de Castiella fue la vana esperanza de que la descolonización de Fernando Poo y Río Muni facilitaría la descolonización de Gibraltar. La Ley se promulgó el 27 de julio de 1968.

Fallece el Cardenal Herrera Oria

El 28 de julio falleció en Madrid el Cardenal Herrera Oria, Obispo de Málaga. Franco otorgó su representación para presidir los funerales en la catedral malagueña al Ministro de Obras Públicas, Federico Silva Muñoz, quien últimamente no se llevaba muy bien con el Cardenal y me comentó: «Si Don Ángel Herrera levantara la cabeza y me viera presidiendo su funeral, se moría otra vez del susto. Ironías del destino.»

Romeo Gorría se ve incapaz de luchar en tres frentes

Cenando con Fraga el 20 de agosto, el Ministro de Trabajo, Romeo Gorría dijo que le era imposible luchar en tres frentes: tenía en contra a la Organización Sindical, a los empresarios y a los Ministros Económicos.

Como diría el Almirante Carrero no se puede tener un pie en el muelle y otro en la lancha, porque uno se cae al agua. Romeo entró en el Gobierno de mi mano y se mostró dispuesto a seguir las directrices de la política económica del Plan de Desarrollo pero después anduvo coqueteando con Solís y con Muñoz Grandes. Su principal mentor político fue Alfredo Santos Blanco, Secretario General Técnico del Ministerio de Trabajo, que luego sería Ministro de Industria en el Gobierno de Arias Navarro de 1974.

Se aprueba la Constitución de Guinea Ecuatorial

El 11 de agosto se celebró en Guinea un referéndum que aprobó la Constitución. En la pugna entre el Almirante Carrero Blanco y Fernando Castiella, acabó triunfando la tesis de éste. Pero los acontecimientos posteriores demostraron que no le faltaba razón al Almirante: la concesión de la independencia fue precipitada y Guinea se sumió en el caos bajo la dictadura de Macías.

Escrito de Rodríguez de Valcárcel

El 12 de agosto Carrero despachó con Franco en el Pazo de Meirás y le dio cuenta de un escrito de Alejandro Rodríguez de Valcárcel en que, si bien afirmaba que pretendía situar el Movimiento en una vía media, entre el pluralismo político y el Partido único, estimaba necesaria la existencia de una Organización dotada de abundantes medios económicos que tuviera el monopolio del proselitismo político, de la promoción de sus miembros activos a los cargos públicos y de la crítica al Gobierno «para que no se confunda al Gobierno con el Régimen». (El escrito de Rodríguez de Valcárcel figura en el anejo documental).

La reacción de Franco ante ese documento fue lapidaria: «La tragedia del Movimiento consiste en el exclusivismo de sus hombres.»

Entrego a Franco un informe acerca de la situación de la economía

El 13 de agosto despaché en el Pazo de Meirás. Abordé principalmente asuntos económicos. Le leí y entregué un informe firmado por mí sobre la situación económica (ver anejo).

Recomendé prudencia para no incurrir en exceso de velocidad. «Soy partidario del desarrollo —le dije— pero no de un desarrollo a ultranza que quede en luces de bengala, sino de un desarrollo continuado.»

Insistí en la necesidad de calmar impaciencias y traté de demostrarle que, para garantizar la estabilidad, los aumentos salarialesl no pueden exceder a los de la productividad. Es preciso operar en frío y no bajo presión.

Le consulté la propuesta de una firma británica para construir un complejo urbanístico en el Campo de Gibraltar y torció el gesto.

¿Indicios de crisis?

También el 13 de agosto tuvo despacho con el Jefe del Estado el Ministro de Hacienda, Espinosa. Franco le dijo que dilatara la provisión de las Presidencias vacantes de los Bancos Oficiales. Esto podía ser un síntoma, de que, en la mente de Franco, iba abriéndose camino la idea de un cambio de Gobierno... que aún tardaría más de un año en producirse. Carrero, cargado de paciencia, comentó: «Qué lento en parir es este hombre.»

El brote de ETA

Un nuevo asesinato de ETA el 2 de agosto, dio lugar a la declaración, el día 5, del estado de excepción en Guipúzcoa.

El Consejo de Ministros del 14 de agosto se centró en el examen de la situación en el País Vasco. Ante el recrudecimiento de la acción de ETA, se acordó restablecer la Ley de bandidaje y terrorismo de 1960.

Este asunto preocupó mucho a Franco. Acababan de producirse los dos primeros asesinatos: el del guardia civil José Pardines Azcay y el del Jefe de la Brigada Social Melitón Manzanas. Al mes siguiente, estando en San Sebastián, le pidió su opinión al Gobernador de Guipúzcoa, Enrique Oltra Moltó quien le dijo que existía un problema político importante —que había que tratar políticamente—, del cual afloraba un grave problema de orden público que precisaba del indispensable tratamiento policial. Franco asintió a este planteamiento.

Pastoral del Obispo de San Sebastián

A primeros de agosto, se tuvo noticia confidencial de la exhortación pastoral que le habían preparado al Obispo de San Sebastián, Mons. Lorenzo Bereciartúa, para que fuera leída en las parroquias de su Diócesis, de dura crítica al Gobierno. El Obispo aseguró al Gobernador Civil, Enrique Oltra, que el Nuncio, Mons. Dadaglio, había aprobado la pastoral. El Nuncio tuvo que reconocerlo así al Ministro de Justicia.

La exhortación pastoral se dio previamente a la prensa extranjera. La víspera, la publicó en vascuence un periódico de Bayona, y el domingo se leyó en los templos. Al Gobierno le pareció poco oportuna, siendo tan recientes los dos asesinatos perpetrados por ETA.

Tras los cuatro o cinco días de estancia en La Coruña para despachar con el Jefe del Estado y asistir al Consejo del Pazo de Meirás, los Ministros nos dispersamos para disfrutar de un par de semanas de vacaciones.

Conversación del Conde de Barcelona con el Duque de Badajoz

El Conde de Barcelona, al pasar por Mallorca, estuvo con la Infanta Pilar y su marido, Luis Gómez-Acebo. Don Juan se hallaba en plena forma y con muy buen humor. Su yerno le preguntó qué tal eran las relaciones con su hijo Don Juan Carlos. El Conde de Barcelona respondió que, en el orden familiar eran buenas pero que, en el político discrepaban en en algún punto, principalmente porque el Príncipe creía que Franco designaría sucesor, mientras que él, en cambio, estaba convencido de que esto Franco no lo haría nunca.

Reflexiones en solitario

El 21 de agosto anoté en mi agenda:

«Las minorías intelectuales, empresariales y dirigentes ven al Régimen como un anacronismo y un estorbo. Las nuevas generaciones se rebelan contra la falta de libertades públicas y el no reconocimiento del pluralismo político.»

La situación política vista por mis más directos colaboradores

Creo interesante citar dos textos —uno de Mortes y otro de Cotorruelo—escritos en los primeros días de septiembre de 1968 para que se vea cuál era el sentir y la actitud política de los hombres que integrábamos el equipo de la Comisaría del Plan de Desarrollo ante la tensión que existía y que se agudizó a partir de los últimos años de la década de los sesenta, entre quienes no supieron despojarse de la mentalidad de partido único y quienes tratábamos de abrir cauces al pluralismo político.

VICENTE MORTES

El 8 de septiembre me entregó Vicente Mortes, Comisario Adjunto del Plan de Desarrollo, una nota en que sintetizaba la situación política y sus soluciones. Dice así:

Situación política

— «La situación política presente puede calificarse como de aburrimiento general.»
— «Si el Referéndum del 14 de diciembre de 1966 fue un momento estelar de esperanza, los acontecimientos políticos subsiguientes —no designación del Jefe del Gobierno, Leyes de representación familiar y del Movimiento, "arreglo" de las elecciones— llevaron al país a la decepción. La devaluación de Noviembre de 1967 y sus medidas complementarias, fueron un *acto* de Gobierno y por tanto surgió una cierta expectación. Después *no pasó nada*. Esta expectación se convirtió en *tedio*. Y así estamos.»
— «El Referéndum, en la mentalidad de muchos españoles está ya tan lejos como el 18 de julio de 1936.»
— «El aburrimiento convive con la inquietud: problemas vasco y catalán, relaciones con la Iglesia Católica, Universidad, Ley Sindical, Convenio con los Estados Unidos, esterilidad de la acción para recuperar Gibraltar, pérdida de Guinea, actitud inamistosa de «Los Seis» en las negociaciones con el Mercado Común... Y sobre todo, la edad del Caudillo. La gente achaca muchos de los problemas que sufre, la descoordinación de los Ministros, la incomprensible permanencia en los cargos de algunos de ellos, a inhibición del Caudillo, por razón de edad.»
— «El fracaso de los Ministerios políticos es evidente: política exterior, actitud conservadora de la Secretaría General, sin abrir cauces a la realidad política, pérdida de prestigio de Diputaciones y Ayuntamientos, multas de Gobernadores sin demasiada justificación, cierres y multas constantes a los periódicos. Oposición, casi general, de los profesores universitario y de los estudiantes...»

Soluciones

— «Cada vez son más difíciles.»
— «No basta un simple relevo de unos Ministros por otros.»
— «Hace falta demostrar al país iniciativa y decisión.»
— «Es preciso un Presidente de Gobierno.»

— «Una reorganización de competencias ministeriales.»
— «Una gran amplitud de miras al elegir a los nuevos Ministros. El Gobierno nuevo ha de representar lo más fielmente posible las tendencias políticas de España 1968.»
— «Nombres de prestigio y de experiencia; pero sobre todo con gran imaginación y sin miedo:

- Autoridad.
- Liberalización de la vida política.
- Desarrollo económico.
- Descentralización en las regiones, las provincias y los municipios.
- Política social, y por tanto fiscal, avanzada, sincera y enérgica.
- Europeísmo.»

— «El preciso crear ilusión en los españoles, sobre todo en las generaciones jóvenes.»
— «Cuanto más se retrasen estas decisiones, más difíciles serán de tomar, porque exigirán mayores sacrificios, e incluso pueden llegar tarde.»

Agustín Cotorruelo

También Agustín Cotorruelo, Subcomisario del Plan de Desarrollo —que luego fue Ministro de Comercio en el Gobierno de Carrero de 1973— me entregó un informe de veinte folios en el que senalaba que el principal problema político era el de buscar alguna fórmula para institucionalizar el pluralismo político

Existe «la convicción —decía— en casi todos los círculos intelectuales, europeístas, o simplemente equilibrados del país, de que, en las circunstancias que imperen con posterioridad al actual Jefe del Estado será imposible mantener una situación de monopolio político, salvo con el respaldo de una dictadura militar extremadamente precaria».

Más adelante advertía que «La institucionalización de las libertades públicas sufre de una insuficiencia radical si: a) no existe libertad de asociarse con fines políticos; b) las asociaciones políticas legalmente constituidas no pueden participar en la vida pública de forma que condicionen decisivamente la formación y la acción del Gobierno».

«El estar o no convencido de lo anterior marca un abismo entre los que creen en la libertad política y los que usan falsamente de su nombre; entre el mundo libre y el mundo comunista; entre la Europa del Mercado Común y la España actual.»

Aducía luego unas razones, frente a la tesis del Partido único:

a) «Es imposible la homogeneidad absoluta de toda la población de un país respecto al programa de acción que le presente una minoría por muy inteligente y bienintencionada que sea.»

b) «Aun suponiendo que, gracias al monopolio de los órganos de difusión y a la ilegalidad de cualquier otra organización política, se consiga una gran mayoría que acepte el programa, no es auténtica tal mayoría, al impedirse una defensa organizada de otras alternativas.»

c) «En todo caso, es indudable que una minoría no sometida a la prueba del contraste con otras opciones, prueba respaldada por una manifestación de la voluntad popular mediante elecciones con una oposición legalizada, tiende a desligarse y a separarse de los mandatos de la opinión, la cual acaba distanciándose, a veces dramáticamente, de la clase dirigente.»

Señalaba, más adelante, que en los países no pluralistas, «la primera y fundamental reivindicación, que no sólo la juventud sino amplias mayorías, demandan, se refiere al establecimiento de una serie de libertades cívicas de las que la más genuina es la libertad de asociación».

Advertía luego Cotorruelo que «dos son las grandes vías que se presentan para la participación de los miembros de la colectividad en la vida pública. Una, a través de los partidos políticos y otra a través de cauces institucionales encaminados principalmente a la defensa de los intereses económicos, profesionales, culturales, etc.».

«La experiencia actual del mundo nos demuestra que ambas vías son complementarias y que si falta alguna de ellas se resiente gravemente el funcionamiento del sistema. En España, durante los últimos treinta años se ha montado e intentado perfeccionar, de forma exclusiva, hasta la promulgación de la Ley Orgánica del Estado, un sistema de representación de intereses. A partir de la promulgación de esta ley se ha abierto un cauce a la actividad política por la vía representativa, que ha quedado totalmente bloqueado al no haberse permitido la constitución de asociaciones políticas que serían las que, en última instancia darían vida al pluralismo político.»

Franco en San Sebastián

El 9 de septiembre, siguiendo su habitual periplo veraniego, Franco llegó a bordo del *Azor* a San Sebastián. Tuvo un buen recibimiento. Inició con ello su estancia en el palacio de Ayete donde despachó en días sucesivos con los Ministros y presidió la Comisión Delegada de Asuntos Económicos y el pleno del Consejo de Ministros. A mí me correspondió despachar el día 11.

Memorial de Villar Palasí a Franco sobre la situación universitaria

El Ministro de Educación y Ciencia al despachar con el Jefe del Estado en Ayete el 16 de septiembre, le leyó y entregó un informe de nueve folios, fechado el 6 de septiembre, cuyos párrafos más significativos son los que siguen:

«El problema universitario ha de ser abordado prontamente y no cabe intentar resolverlo con medidas parciales o, aún más, considerando que todo se reduce a los tumultos. De otra parte es de subrayar que no se trata de una simple agitación juvenil que desaparezca cuando el estudiante deje de serlo o cuando por razones de edad madure su propio pensamiento, sino que, en sus raíces, responde a más profundos planteamientos que afectan a la propia estructura social contemporánea del mundo actual. La Universidad en parte, actúa como sismógrafo del futuro.»

«Necesariamente para conseguir la solución han de converger tres perspectivas. La primera hace relación a la imprescindible unidad de la acción gubernativa. La segunda, a la necesaria acción política, inexistente hoy en la Universidad, para contrarrestar la extremada politización de la misma que desde hace años se viene haciendo al margen o en contra del Régimen. La tercera, son las reformas universitarias estrictas.»

1) *La unidad de acción del Gobierno*

«En los pocos meses transcurridos desde abril de 1968 he podido comprobar numerosos defectos de coordinación o, en ocasiones, para decirlo con la mayor claridad, aunque con el debido respeto a mis compañeros, una total ausencia de coordinación.»

«Respecto al *Ministerio de la Gobernación* hay que apuntar dos hechos significativos. El primero se refiere a la consideración del problema universitario como una simple cuestión de orden público, sin tener en cuenta las especiales modulaciones que concurren en el mismo. Las frecuentes entradas de la Policía Armada, no para proceder a detenciones, sino simplemente para disolver reuniones de estudiantes en las Facultades, provocó casi siempre que resultasen golpeados los estudiantes que más escasa o ninguna participación habían tenido en la colocación de carteles y en otros actos subversivos.»

«Se hace necesario por ello primeramente *reservar la entrada a las fuerzas de Policía Armada a aquellos casos de auténtica gravedad,* cuando haya amenaza para la integridad física de las personas o de los edificios.»

«La necesidad de una mayor coordinación se hace más perentoria en lo que atañe a la *Secretaría General del Movimiento*. Tanto la Comisaría para el SEU como la Delegación Nacional de Asociaciones no han prestado la debida atención al problema o, cuando lo han hecho, ello se ha verificado con una absoluta falta de conexión con el Ministerio de Educación.»

«Por último, *el Ministerio de Información*. La política informativa ha de responder a líneas congruentes y coordinadas. La presentación reiterada y gráfica en Televisión de los sucesos estudiantiles en París, en Milán, en Uruguay o en Méjico, *es contraproducente*, por cuanto implica una exaltación de lo que el universitario considera el heroísmo rebelde de otros estudiantes.»

2) *Hace falta una política universitaria*

«El problema universitario estrictamente no es sólo una cuestión de orden público, sino también un agudo problema político.»

«El problema más delicado dentro de este apartado lo constituye el *tema de las Asociaciones estudiantiles*. Por lo pronto, la prensa ha confundido estas Asociaciones profesionales con partidos políticos, desenfocando la problemática y haciendo más difícil la posible solución en este aspecto. A más de ello, respecto a la mentalidad de estudiante universitario, hay que tener en cuenta un *principio fundamental* en concreto: el de que sus intereses y sus *ideologías les separan*, y es solamente la *acción* y la *llamada "represión"* lo que *les une* para la rebeldía.»

«Es bien significativo que *los grupos subversivos están en contra de las Asociaciones diversas de estudiantes*, porque se dan cuenta de que perderán la posibilidad de actuar sobre la masa estudiantil amorfa, que hasta ahora ha estado a merced de bulos y "slogans" irresponsables.»

«El proyecto de Decreto que figura en el orden del día para el próximo Consejo de Ministros autoriza la constitución de *Asociaciones estudiantiles sin fines políticos,* sino con finalidades culturales, deportivas, etc. Es de destacar que la estructura actual de las APE autorizadas desde 1965, han sido simplemente una ficción legal, utilizada hábilmente como cobertura por los líderes de la subversión. Así los elegidos en virtud del Decreto de 1965 jamás aparecen ante los estudiantes como Delegados de las APE, sino más bien como "el Delegado del SDEUM", "FUDE" "FLP" (FELIPE), etc., es decir, de cualquiera de las entidades clandestinas subversivas.»

«Aún más; en las elecciones de Delegados de Curso y de Facultades en 1967-68 la mayor parte fueron elegidos por escasísimo número de votos a su favor —ante una gran masa de abstenciones—, y es una ingenuidad inverosímil que se esté reconociendo como representantes estudiantiles a quienes no han obtenido una votación suficiente y auténtica. Es por esta razón por lo que el proyecto exige un mínimo del 25 por 100 de los votos del alumnado oficial para que pueda reconocerse a los Delegados de Curso y de Facultad.»

«En este delicado tema de las Asociaciones, la falta de coordinación política antes aludida se ha hecho más patente que nunca, pues la Prensa del Movimiento ha unido absurda y confusionariamente la idea de Asociaciones universitarias con los partidos políticos. Y hasta la Comisaría del SEU ha hablado de la necesidad de regresar a una Asociación única y de cuota obligatoria. *No alcanzo a comprender* cómo se ha producido tal confusión.»

«La acción política no puede limitarse a un simple cambio en el "Boletín Oficial" pues es muy fácil que todo siguiera igual pese a cualquier modificación de las normas, si sólo es formularia. En definitiva, hay que intentar seriamente con nuevos métodos abrir cauce a las aspiraciones de *los universitarios que en su mayor parte son recuperables y encauzables dentro del Régimen,* proponiéndoles objetivos a los que puedan dedicar sus preocupaciones. Pero ésta es tarea que *no puede realizar de modo aislado* el Ministerio de Educación.»

3) *La reforma universitaria*

«El último aspecto de la solución que se propone, se refiere concretamente a las reformas universitarias y *éste sí es ya un tema peculiar del Ministerio de Educación.*»

«Aparte de las líneas generales bien conocidas por S. E. y que están contenidas en el Decreto-ley de 6 junio, son de destacar *las reformas de estructuras* que tienden a resolver la cuestión de un alumnado masivo, conservando la peculiaridad de la enseñanza universitaria. Esta se caracteriza fundamentalmente porque tiene que ser una enseñanza dada en grupos gobernables por cada profesor. Al haber aumentado felizmente, gracias a la acción del Estado y a la política de becas, el número de estudiantes, se ha hecho imprescindible y urgentísimo *el aumento de los centros universitarios* si se quiere solucionar el problema de la cantidad sin mengua de la calidad de la enseñanza. Por otra parte también, en lo que hace a reforma de estructuras, es necesario configurar la naturaleza de la Universidad de modo diferente: de un lado la Universidad no es sólo una corporación de profesores y alumnos, sino más bien una fundación estatal en la que la sociedad ha de tener su debida participación, pues los problemas universitarios no son indiferentes ni a las Cortes, ni a los padres de familia, ni a las entidades locales, ni a la industria, etc.»

«Tal es el panorama de soluciones que leal y honestamente pienso podrían poner el problema universitario en vías de una solución acorde a nuestros tiempos, pero *para todo ello es imprescindible una total unidad de acción y criterio de Gobierno* al enfrentarse con un problema tan agudizado universalmente. Si tal unidad de acción y criterio no se obtuviese, por cualquier causa, con la imprescindible antelación y solidez, un Ministro determinado no tendría posibilidad de suplir dicha falta y no podría ser considerado como moralmente responsable de las consecuencias.»

«Madrid, 6 de septiembre de 1968.»

(El texto completo de este escrito figura en anejo documental.)

Despacho con Franco: relaciones Iglesia-Estado

El principal asunto que traté fue el de las relaciones Iglesia-Estado, acerca del cual le leí una nota en la que expresaba que «el objetivo esencial de nuestra política eclesiástica ha de ser el evitar una escalada que pudiera conducir a una situación tensa con la Iglesia». Y exponía una serie de consideraciones al respecto, en los párrafos que siguen:

«La Iglesia ha evolucionado a lo largo de los siglos sin cambiar en lo sustancial. Una de las características de su adaptación a las nuevas circunstancias históricas es que se ha movido con gran parsimonia y cautela. Evidentemente, esa evolución no ha tenido siempre el mismo ritmo sino que se manifiesta de un modo más intenso en las épocas de mayores mutaciones históricas. Tal es el caso del Concilio Vaticano II ante la nueva realidad del mundo moderno.»

«La efervescencia potsconciliar es pasajera, pero la doctrina del Concilio es permanente, entre otras razones, porque lo escrito, escrito está.»

«De ahí la necesidad de dejar que las aguas revueltas vuelvan a su cauce y, al propio tiempo, de estudiar a fondo la Constitución *Gaudium et Spes*, que conservará su vigencia mientras otro Concilio pudiera eventualmente modificarla, lo que no es previsible ocurra en lo que resta de siglo. No hay que olvidar, de otra parte, que dicha Constitución contiene formulaciones muy flexibles que no imponen soluciones únicas, sino que pueden y deben atemperarse a los distintos países y circunstancias.»

«En los tiempos actuales en que se ha acrecentado extraordinariamente el prestigio internacional de la Santa Sede, en que la doctrina social de la Iglesia, en particular desde Juan XXIII y su Encíclica *Mater et Magistra,* ha producido un gran impacto en el mundo, es imposible que una Nación católica se sustraiga al influjo del Magisterio eclesiástico. Las grandes líneas del Magisterio de la Iglesia sobre los derechos inherentes a la dignidad cristiana de la persona y la ordenación de la sociedad y del Estado, crean una conciencia colectiva que sería imprudente ignorar o contradecir.»

«De todo ello se deduce una primera conclusión, a saber: que el ordenamiento jurídico español ha de mantenerse en la trayectoria de inspirar sus textos legales en la genuina doctrina de la Iglesia.»

«Parece ahora conveniente confrontar los proyectos de ley actualmente en estudio con las más recientes formulaciones de la Iglesia sobre el hombre, la sociedad y el Estado, para incorporar cuanto sea atendible dada la idiosincrasia del pueblo español (...) en franco entendimiento con la propia Conferencia Episcopal.»

«El ordenamiento jurídico ha de ser una respuesta válida a la nueva realidad sociológica que surge de estas mutaciones históricas. El Derecho debe adaptarse a los cambios que se producen en la Sociedad que pretende regular. De lo contrario, sofocaría la vida misma que trata de encauzar.»

«Para realizar esta tarea de acomodación es importante discernir con claridad lo sustancial de lo accesorio, a fin de no convertir en dogmas políticos lo que sea opinable.»

Insistía, por último, la nota, en que «no hay que olvidar que con la Iglesia es siempre posible negociar. Sería un error cerrar las puertas al diálogo con la Jerarquía».

Otros asuntos

En ese mismo despacho en el palacio de Ayete del 11 de septiembre, expuse al Jefe del Estado la conveniencia de no descuidar, en las negociaciones con los Estados Unidos, la vertiente económica. (Las inversiones americanas, le dije, han descendido un 82 %.)

En cuanto al proyecto de Estatuto del Movimiento, había que poner los cinco sentidos en su redacción para que no fuera excluyente ni patrimonio de un sector determinado. «No deja de ser significativo —le dije— que tanto la composición del Gobierno como los Consejeros Nacionales y Procuradores en Cortes de libre designación de Su Excelencia, presentan una mayor amplitud y variedad de tendencias que los altos cargos de la Organización del Movimiento y de los Sindicatos, tanto a nivel nacional como, sobre todo, a nivel provincial y local, donde queda prácticamente reducido a un solo sector, lo cual le asemeja al de partido único, que siempre ha provocado malestar en la Iglesia y también en el Ejército.»

Le informé acerca de la evolución de la coyuntura. Todo hacía prever que entrábamos en un período de bonanza económica. Le hice notar el valor político del desarrollo económico, pues si se interrumpiera, se extendería el malestar estudiantil a más amplias capas sociales. Había que pensar en el mes de octubre y poner los medios para que se produjera la distensión en la Universidad.

Reuniones del Gobierno en Ayete

El 12 se reunió la Comisión Delegada y, al día siguiente, el Consejo de Ministros en el cual se dedicaron tres horas a las relaciones entre la Iglesia y el Estado con particular referencia al tema del sindicalismo y a la situación de un amplio sector del clero vasco favorecedor del separatismo.

Se acordó el envío a las Cortes del proyecto de ley del trasvase Tajo-Segura; se nombró a Jaime Piniés representante de España en la ONU, y se aprobó un Decreto sobre asociaciones estudiantiles, que reconocía a los estudiantes universitarios el derecho a «constituir asociaciones de fines específicos en orden a los ámbitos académico y profesional» (1).

Insisto al Almirante en la necesidad de la apertura política

Hablando con Carrero en San Sebastián le dije que debíamos saber distinguir lo perenne y lo transitorio. La Iglesia permanece. Si la Iglesia ha rechazado el partido único, no cabe mantenerlo «aunque se vista de seda». Le insistí en la necesidad de una efectiva apertura, no sólo a personas singulares, sino también a tendencias ideológicas que ofrecieran alternativas respecto de la tendencia entonces dominante.

Conversación con Fraga

El 15 de septiembre tuve una conversación con Fraga. Se lamentó de la actitud que él calificaba de «desgana» de Carrero que le llevaba a no dar instrucciones al Comisario de Guinea: sólo Fraga le enviaba telegramas.

Me contó que había aconsejado a Franco un cambio de Gobierno y pudo comprobar que éste cada vez oía a más gente y recibía más listas de posibles Ministros y se sorprendía tanto de los nombres que coincidían como de los que no coincidían. Fraga le dijo que tenían más interés las no coincidencias. En opinión de Fraga,

(1) «Será misión primordial e ineludible de las Asociaciones reguladas por este Decreto defender los bienes culturales y universitarios en régimen de libertad, autonomía, representatividad y auténtica participación de sus asociados, debiéndose circunscribir a la función específica de su razón de ser, con exclusión de fines ajenos y siempre dentro del respeto al ordenamiento jurídico de la Nación y al de la Universidad española» (art. 1.°); «La aprobación de los Estatutos de cada Asociación habrá de hacerse por el Ministerio de Educación y Ciencia» (art. 4.°); «Las autoridades académicas y, en su caso, las Direcciones Generales competentes del Departamento, podrán decretar la suspensión de las Asociaciones sometidas al régimen de este Decreto, por plazo no superior a tres meses, cuando no atemperen su funcionamiento a lo dispuesto en el mismo. Podrán, asimismo, suspender los actos o acuerdos de estas Asociaciones que no se acomoden a lo establecido en este Decreto. Contra cualquiera de estas resoluciones podrá interponerse el correspondiente recurso.» (art. 8.°).

Franco esperaría a que se celebraran las elecciones americanas y se aprobara el II Plan de Desarrollo antes de hacer la crisis.

Franco pregunta por los carlistas al Gobernador de Guipúzcoa

Durante su estancia en San Sebastián, Franco se interesó por el problema carlista en una conversación que mantuvo con el Gobernador Civil de Guipúzcoa, Enrique Oltra Moltó y que éste me ha relatado (1) de la siguiente forma:

«Habían terminado las audiencias que concedió aquella mañana, y estábamos solos en Ayete. En el curso de la conversación me preguntó cómo veía yo, desde aquella tierra, el problema carlista. Mi contestación en síntesis fue la de que, sin ser experto en el tema, creía que había diferencias entre unos y otros carlistas, aunque sólo fueran de matices. No eran (al menos a mí me lo parecía) iguales el carlismo catalán que el del Norte, ni el de Navarra era tampoco exactamente el guipuzcoano. Pero que, al menos en aquella provincia, había unas bases humanas de gentes muy buenas con unas "cabezas" al frente, de hecho, de las que no se podía afirmar lo mismo.»

«Siguiendo la conversación, "salió" el nombre de Don Carlos-Hugo (o Don Hugo, como quieras llamarlo), y recuerdo que el Caudillo me contestó en palabras que recuerdo perfectamente: "...es que para dar esa solución tendríamos que estar todos locos." Me sorprendió la "contundencia" de la contestación, y añadió, de manera concreta, que la solución futura estaba en la persona formada desde pequeño, que se la había preparado para ello, que había dado muestras de lealtad a los Principios Fundamentales, etc. Me hizo el retrato y el elogio concreto de Don Juan Carlos de Borbón que, entonces, aún no era Príncipe de España.» (...)

«Es más, me dijo algo que me da reparo decirlo y es que añadió estas palabras: "y para esa solución, le ruego su ayuda", expresión que me pareció, si vale la frase, de una humildad franciscana. Pero que para mí no tenía ni tiene otra interpretación que la siguiente: "Usted que está en una Provincia donde hay un número considerable de carlistas con mayoría de Don Hugo; haga lo posible para que éstos, en la medida en que esté a su alcance, acepten la solución que se va a dar y que es la lógica, conveniente y posible.»

(1) Carta de 26 de abril de 1989.

Carta del Ministro de Justicia

Al llegar a Madrid, el 20 de septiembre, me encontré con una carta de Antonio María Oriol a la que acompañaba copia de la nota que iba a llevar a Franco aquella misma tarde sobre el anteproyecto de Estatuto Orgánico del Movimiento (ver anejo).

Después de despachar en El Pardo me llamó por teléfono para contarme sus impresiones. «El Generalísimo —dijo Oriol— está escribiendo de su puño y letra una nota sobre las relaciones con la Iglesia; dice que hay que tener en cuenta la doctrina del Concilio en las leyes futuras y que ha de nombrar sucesor.»

Consejo de Ministros: amplio debate acerca de los Convenios con los Estados Unidos

El Consejo de Ministros del 24 de septiembre, revistió especial interés. Se debatió fundamentalmente la actitud a adoptar ante la inmediata expiración, dos días después, de la primera prórroga del Convenio con los Estados Unidos de 26 de septiembre de 1953 (1).

La primera prórroga por cinco años se produjo automáticamente en 1963. Al expirar esa prórroga en 1968, había que decidir si se comunicaba a los Estados Unidos al propósito de cancelar el Convenio, lo que abriría un período de consultas de seis meses, o si se aceptaba una nueva prórroga de cinco años. La cuestión no era baladí y había que sopesar los argumentos en pro y en contra de cada alternativa.

El asunto se llevó al Consejo de Ministros tras cuatro reuniones previas del Alto Estado Mayor que tuvieron lugar los días 16, 21, 22 y 23 de septiembre.

(1) Para la cabal comprensión del asunto debatido transcribo los párrafos 5 y 6 del artículo 3.º de dicho Convenio. Dicen así:

«El presente Convenio entrará en vigor al ser firmado y estará vigente por una *duración de diez años, automáticamente prorrogados por dos períodos sucesivos de cinco años cada uno, de no seguirse el procedimiento de cancelación* que a continuación se detalla.»

«A la terminación de los diez años iniciales o de cualquiera de las dos prórrogas de cinco años, *cualquiera de los dos Gobiernos puede informar al otro de su propósito de cancelar el Convenio*, iniciándose con ello un *período de consultas de seis meses*. En caso de no haber conformidad sobre la prórroga, *este Convenio caducará al año de concluir el período de consultas.*»

La postura de Dean Rusk expuesta a Castiella en Washington, fue que Berlín, la OTAN y España eran básicas para los Estados Unidos y para la defensa occidental y solicitaba la prórroga automática del Convenio.

Castiella, por su parte, sostenía que no podíamos seguir marginados de las decisiones defensivas y que el Convenio debía ser sustancialmente mejorado no sólo en su vertiente militar sino también en la económica. Una de las peticiones de Castiella era la eliminación de la base de Torrejón.

En cambio, el Alto Estado Mayor y los Ministros militares eran partidarios de la prórroga del Convenio alegando principalmente que España no podía perder tan poderoso aliado, que el neutralismo era puro desatino, que la cancelación del Convenio sería aplaudida por Nasser, Bumedian y Tito y que nuestras Fuerzas Armadas, las peor dotadas del Mediterráneo, no podían verse privadas del suministro de material militar americano.

El debate en el seno del Consejo de Ministros fue precedido de la lectura por Fraga, encargado de Asuntos Exteriores en ausencia de su titular, de un extenso memorial transmitido por Castiella desde Washington. Fraga consumió varios vasos de agua durante la interminable lectura del memorial. A continuación quiso el Jefe del Estado que cada Ministro diera su opinión sobre la prórroga o la denuncia del Convenio.

Se esgrimieron gran número de argumentos en uno y otro sentido, sin excluir la repercusión económica de la cancelación del Convenio. Tras larga deliberación, la mayoría de los miembros del Gobierno se inclinó por notificar al Gobierno de los Estados Unidos que, si no aceptaba antes de expirar la prórroga, las condiciones mínimas solicitadas por Asuntos Exteriores, nuestro Gobierno se proponía cancelar el Convenio, iniciándose con ello el período de consulta de seis meses previsto en su artículo tercero (1).

Fue, para mí, el Consejo de Ministros que me produjo mayor fatiga, no principalmente por su larga duración, sino por el peso de la responsabilidad que sentía al tener que dar mi parecer acerca de la decisión que estimara más conveniente para España en asunto de tanta trascendencia.

La decisión adoptada por el Gobierno español causó sorpresa en Washington (2) y gran disgusto en el Alto Estado Mayor espa-

(1) Coincidencia histórica: exactamente la misma postura adoptó el Gobierno socialista de Felipe González a finales de 1987.

(2) Los seis meses de consulta resultaron insuficientes para lograr un entendimiento; prosiguieron las conversaciones y el 20 de junio de 1969 se produjo un canje de notas, en Washington, en que se hacía constar que subsistía el desacuerdo sobre las bases y se iniciaba el plazo para su abandono por los americanos. Pero

ñol. El General Muñoz Grandes trató de conseguir que no se llevara a efecto. El 26 de septiembre llamó a Franco que se encontraba de caza en Cazorla, para que se reconsiderara el acuerdo del Gobierno, pero Fraga se movilizó y consiguió que se mantuviera lo acordado. Esta fue, sin duda, una de las causas y no la menor, del enfrentamiento del Almirante Carrero, partidario a ultranza de la prórroga del Convenio, con Castiella y con Fraga.

Carta reservada de Castiella sobre las negociaciones económicas con USA

Al día siguiente de la decisión del Gobierno español de no acceder a la prórroga automática de los Convenios con los Estados Unidos, me llegó una carta reservada de Castiella, fechada en Washington el 23 de septiembre, relativa a la vertiente económica de las negociaciones con los americanos. La carta terminaba así: «Aunque en el terreno económico no hemos conseguido un éxito cien por cien, sí hemos obtenido un paso positivo con la reclasificación de facto hecha pública (1) y con la apertura del camino para obte-

---

no se llegó a la ruptura: el 6 de agosto de 1970 López Bravo firmó un nuevo Acuerdo de Amistad y Cooperación en condiciones más favorables para España que el anterior Convenio.

(1) Con la expresión «reclasificación de facto» se refería Castiella a otros párrafos de la misma carta según los cuales, a pesar de haber reiterado Elorza nuestros deseos de reclasificación, se negaron a admitirla diciendo que sería un precedente gravísimo que podrían alegar otros países y que abriría una brecha seria en el problema económico del Presidente Johnson. En vista de ello, nos ofrecieron una carta de Mr. Rusk en la que nos darían seguridades de que las autorizaciones para invertir en España durante el año 1968 habían sido ya aprobadas, así como su buena disposición para continuar aprobando autorizaciones para los años 68 y 69.

«Esta carta, —concluyó Castiella— equivale a una reclasificación de facto.»

Efectivamente, Dean Rusk envió a Castiella una carta, el 25 de octubre de 1968, en la que decía:

«Nuestra encuesta prevé que las inversiones de empresas norteamericanas en plantas industriales y bienes de equipo en España, alcancen aproximadamente la cifra de 130 millones de dólares en 1968 y la de 125 millones de dólares en 1969, frente a 120 millones de dólares en 1967. El número y clase de empresas norteamericanas que tienen la intención de realizar estas inversiones es, al menos, tan amplio como el del último año.»

«Estas indicaciones sobre las intenciones de las empresas norteamericanas de invertir en España están respaldadas, además, por el hecho de que empresas norteamericanas ya han solicitado y recibido del Gobierno norteamericano autorizaciones *específicas* para realizar inversiones directas en España cuyo volumen excede del volumen total de inversiones directas realizado por Firmas norteamericanas en su país durante 1967.»

ner un Acuerdo Monetario "Swap", alcanzando un resultado francamente positivo.»

«Claro está que el cierre de todas estas ventajas queda supeditado a un resultado satisfactorio en la negociación general, que depende predominantemente de los problemas políticos y militares. Ahora bien, estimo que, aun en el caso de que no firmásemos la renovación de los Acuerdos Hispano-Norteamericanos el próximo día 26 y Mr. Rusk no fuese adelante con la carta sobre las inversiones, habríamos conseguido unos resultados que, en el curso de la negociación que se desarrollaría durante los próximos seis meses, no podría, en ningún caso, reducirse sino al contrario aumentar o mejorar en el forcejeo que habría de seguir.»

Asuntos varios

En mi despacho con Franco del lunes 23 de septiembre de 1968, surgió el asunto de la provisión de diócesis vacantes. Le sugerí la conveniencia de que se nombrara una Comisión Interministerial para elaborar las seisenas. Respecto de Don Maximino Romero de Lema, Obispo Auxiliar de Santiago de Compostela, dijo Franco: «es mejor que ocupe plaza en vez de que entre otro Obispo desafecto».

Le presenté el programa de su próxima visita al polo de desarrollo industrial de Zaragoza, al que dio su visto bueno.

Le hablé de un informe inglés a la Comisión de la OTAN en el que se sostenía la tesis de que Gibraltar era necesario para la defensa de Europa.

Carrero en desacuerdo con Castiella

El día 27 despaché con Carrero y se desahogó conmigo sobre el asunto del Convenio. Entendía que Castiella había pospuesto esta negociación primordial con los Estados Unidos a la negociación estéril con Inglaterra sobre Gibraltar. Le preocupaba que la reacción del Departamento de Estado en ese período de consultas fuera ofrecer menos de lo que antes ofrecía, para que escarmentáramos. Le parecía peligrosísimo desafiar a USA y centrar toda la acción diplomática en la ONU para recuperar Gibraltar. «La ONU es la carabina de Ambrosio —dijo— y USA es USA.»

Achacaba también la postura de Castiella a un mimetismo respecto de De Gaulle. Parangonaba, por último, el triunfo diplomático que supuso en 1953 la firma del Concordato con la Santa Sede y del Convenio con los Estados Unidos a la situación de 1968 en que estaban amenazadas de ruptura tanto las relaciones con el Vaticano como con los americanos.

Fue también objeto de comentario, en ese despacho mío con Carrero, el mensaje de Americo Thomaz y el nombramiento de Caetano que era la noticia del día. Con esta ocasión le insistí una vez más en la conveniencia de que Franco resolviera cuanto antes el tema de su sucesión. Carrero me comentó: «Desde hace un año le encuentro viejo a Franco.»

Aludiendo a un posible cambio de Gobierno le pregunté al Almirante: «¿El II Plan de Desarrollo va a ser mi testamento o mi programa?» Me animó a seguir adelante.

La sustitución de Salazar por Caetano y su moraleja

El mes de septiembre revistió especial importancia en Portugal: el día 7, la grave enfermedad que venía padeciendo Salazar, hizo necesaria una operación quirúrgica. El día 17 el Almirante Americo Thomaz reunió al Consejo de Estado y el 26 por la noche dirigió un mensaje a la nación anunciando la proclama que publicaría al día siguiente el *Diario do Governo* (1), en virtud de la cual relevaba de sus funciones a Salazar y nombraba, para sustituirle, a Caetano.

El Profesor Caetano tenía entonces 62 años. Era catedrático de la Universidad de Lisboa; había sido Comisario Nacional de la Mocidade portuguesa. Ocupando este cargo fue cuando le conocí en abril de 1944. Ese mismo año fue nombrado Ministro de Colonias; en 1950, Presidente de la Cámara Corporativa y en 1955 Ministro de la Presidencia, cargo que ostentó hasta el 14 de agosto de 1958. Desde 1959 a 1962 Caetano fue Rector de la Universidad de Lisboa.

En España, como es lógico, se siguieron muy de cerca y con

(1) Merecen ser transcritos los siguientes párrafos: «Continuando muy gravemente enfermo el Presidente del Consejo, doctor Antonio de Oliveira Salazar, y perdidas todas las esperanzas, aunque sobreviva, de que pueda volver a ejercer con plenitud las funciones de su alto cargo.»

«Teniendo en cuenta que los supremos intereses del país deben prevalecer sobre cualquier sentimiento, por grande y legítimo que parezca, circunstancia que obliga a la dolorosa decisión de sustituir en la Jefatura del Gobierno al doctor Antonio de Oliveira Salazar (...).»

particular interés los acontecimientos portugueses. La decisión del Presidente Americo Thomaz de nombrar al Profesor Caetano fue, en general, bien recibida e incluso se pensó que podría servir de ejemplo de una transición suave y gradual. Don Camilo Alonso Vega aprovechó la coasión para decirle a Franco: «Toma ejemplo de Portugal y deja claramente establecido quién habrá de sucederte.»

Cruce de correspondencia con el nuevo Presidente del Gobierno portugués

El 27 de septiembre de 1968, al hacerse público su nombramiento de Presidente del Gobierno, le envié a Caetano una carta manuscrita, en uno de cuyos párrafos le decía:

«No es fácil ni cómoda la época que vivimos. Pero es prometedora. Se está configurando una sociedad nueva más justa, más dinámica, más auténtica. Sigo creyendo en la juventud, que es siempre generosa. Su ímpetu ha de encauzarse, sin sofocarlo. Usted conoce bien a los jóvenes, desde las aulas y desde los campamentos de la Mocidade Portuguesa allá por los años cuarenta. Usted hará una política joven, una política cara al futuro.»

En su contestación, Caetano, me dijo: «Ya conoce usted la sinceridad de mi ya vieja amistad con usted y el cariño que profeso a su país. Estoy seguro de que podremos hacer mucho en favor del entendimiento de los dos Gobiernos y por la colaboración de nuestras patrias en la misión que nos compete de crear para el pueblo mejores condiciones de vida moral y material.»

Caetano no pudo vencer las resistencias de los inmovilistas

Creo sinceramente que Caetano intentó renovar la vida política portuguesa y acomodarla a las exigencias de los nuevos tiempos. Se rodeó de hombres jóvenes, de espíritu abierto: Rui Patricio, Dias Rosas, Rogerio Martins, Joao Salgueiro, etc. Pero las resistencias de los inmovilistas con que tropezó, el cáncer de la guerra en las Provincias de Ultramar y el quebrantamiento de su salud por el asma progresiva que padecía, frustraron sus propósitos de evolución (1).

Nueva Constitución griega, rechazada por el Rey Constantino. Comentario del Príncipe

El 29 de septiembre se aprobó en Grecia, por referéndum, la nueva Constitución propuesta por el Gobierno de coroneles de Papadopoulos que, si bien mantenía la Monarquía, privaba al Rey de la facultad de nombrar Presidente del Gobierno y recortaba las atribuciones del Parlamento. El Rey Constantino, exiliado desde el año anterior, denunció el referéndum y no aceptó la Constitución.

Don Juan Carlos me comentó que le repugnaría ser el Rey de los Coroneles: «Me llevarían al matadero a dos años vista», dijo. Fue un anticipo de su actitud ante el golpe del 23 F.

Instrucciones de Franco para negociar con los Estados Unidos

Ante el mal cariz que presentaban las negociaciones para la renovación de los acuerdos con los Estados Unidos y las divergencias existentes entre el Ministro de Asuntos Exteriores y el Alto Estado Mayor, Franco redactó unas instrucciones precisas, enumeradas en quince puntos, que se pueden ver en el anejo documental correspondiente.

(1) «La revolución de los claveles», de abril de 1974, puso fin a los cinco años y medio de gobierno de Caetano e implantó un nuevo régimen que, en una primera etapa, colocó a Portugal al borde del marxismo y del caos económico. Caetano fue deportado a Funchal (Madeira) y luego fue expulsado del territorio portugués y se exilió en el Brasil. No quiso regresar a sus país porque —decía— ya no era el Portugal de siempre. Falleció, lleno de amargura, en Río de Janeiro el 26 de octubre de 1980.

La Constitución de 1976 dejó al país en manos de unos cabecillas militares —el «Consejo de la Revolución»— consagrado en su Título VIII y proclamó, en su artículo segundo, que «La República portuguesa... tiene por objetivo el asegurar la transición hacia el socialismo mediante la creación de condiciones para el ejercicio democrático del poder por las clases trabajadoras». Luego, las aguas volvieron a su cauce, se reformó la Constitución el 8 de julio de 1989, se suprimió el «Consejo de la Revolución» y Portugal vive una etapa de normalidad política y recuperación económica.

Joaquín Bau urge a Franco el nombramiento de Presidente del Gobierno

El Presidente del Consejo de Estado, Joaquín Bau, en carta de 1 de octubre de 1968, dirigida a Franco, de la que me facilitó copia manuscrita, le dice:

«Apoyado en el deber, pero igualmente en la bondad con que siempre me honráis y si es preciso disculpáis, deseo haceros llegar una honda preocupación mía pero que indudablemente late en la superior conciencia nacional.»

«Me refiero a la urgencia de nombrar un Jefe de Gobierno para (...) dirigir y coordinar los distintos acuerdos y actividades de todos los Ministros.»

«No creo equivocarme si os digo que España entera aplaudiría la determinación y el nombramiento. Sólo quienes intentaran asaltar el poder y repartir impúdicamente una herencia, podrían lamentarlo.»

(La fotocopia del texto íntegro de esta carta figura como anejo.)

Despacho del Ministro de Justicia con el Jefe del Estado

El 2 de octubre Antonio María Oriol entregó a Franco un extenso documento que llevaba por título *La continuidad del Régimen.* Su línea argumental era la siguiente:

Comienza con la cita de los textos legales relativos a la Jefatura del Estado. A continuación enumera las distintas situaciones que podían presentarse cuando se produjera la vacante en la Jefatura del Estado: 1.ª, que no estuviera designado el sucesor, ni el Presidente del Gobierno (que era la situación entonces existente); 2.ª, que se hubiera nombrado Presidente del Gobierno, pero no estuviera designado el sucesor; 3.ª, que se hubiera designado sucesor, pero no existiera Presidente del Gobierno, sino sólo Vicepresidente, y 4.ª, que se hubiera designado sucesor y existiera Presidente del Gobierno.

Después de examinar las dificultades y riesgos que entrañaría cualquiera de las tres primeras hipótesis, se pronunciaba en favor de la cuarta «porque no presentaría ningún género de dificultades». Afortunadamente, la cuarta hipótesis se vio confirmada por los hechos, al morir Franco, en 1975, siendo Presidente del Gobierno Carlos Arias Navarro.

El último párrafo de la nota tenía por objeto desvanecer la preocupación que tenía Franco acerca de cuál sería la actitud de los carlistas si nombraba sucesor al Príncipe Don Juan Carlos. Este párrafo dice así:

«Esta solución permitiría, además, argumentar con eficacia con esos sectores, a los que antes me he referido ("algún sector procedente de la Comunión Tradicionalista") que se encuentran en alguna manera desviados, al prejuzgar a su modo la personalización, pero que cuando se utiliza el argumento de que hay que remitir esta cuestión a la decisión que adopte el Caudillo para aceptarla con absoluta lealtad y la consiguiente decisión de mantenerla sin discusiones ni distingos, lo aceptan.»

Despacho en El Pardo: hablamos de Caetano y del II Plan de Desarrollo

El 3 de octubre despaché con el Jefe del Estado en el Palacio de El Pardo. Comentamos los recientes acontecimientos de Portugal y le hablé de mi vieja amistad con el Profesor Caetano. Le considero —dije— verdadero amigo de España. Su experiencia como Presidente de la Cámara Corporativa le llevó a la conclusión de que el corporativismo es ingobernable porque trata de conciliar intereses irreductibles, brillando por su ausencia el interés general. Siendo Ministro de la Presidencia, entre 1955 y 1958, Caetano había dirigido la elaboración del «II Plano de Fomento» para el quinquenio 1959-64.

Sus discrepancias con Salazar le apartaron de la vida política en 1958. Su nombramiento como Presidente del Gobierno en 1968 abría una nueva etapa en la que, a mi juicio, sería más fácil un entendimiento hispano-portugués en el campo económico. La economía portuguesa se hallaba en una fase de estancamiento y no le vendría mal engancharse al tren del desarrollo español.

Le di cuenta a Franco del proyecto de ley por el que se aprobaría el II Plan de Desarrollo y las medidas para su ejecución, así como las observaciones formuladas por el Consejo de Economía Nacional y por algunos Ministerios. Me dio su conformidad a la inclusión del proyecto de ley en el orden del día del siguiente Consejo de Ministros.

Nota de López Bravo a Franco sobre los nombramientos de sucesor y de Presidente del Gobierno

En su despacho con el Jefe del Estado, el día 8 de octubre, el Ministro de Industria, Gregorio López Bravo le leyó y entregó, una nota de tres folios, fechada el día anterior, a la que pertenecen los párrafos que siguen:

1) *Introducción*

«Se ha agudizado la preocupación del pueblo español por nuestro futuro político (...) Ello, en cierto modo, es razonable, pues si faltase el Caudillo en las circunstancias actuales, todo lo que tendríamos sería un Vicepresidente del Gobierno.»

2) *La Jefatura del Estado*

«Es evidente que la garantía de continuidad del Régimen se reforzaría sustancialmente si el Caudillo, con su enorme autoridad, designase a la persona que habrá de sustituirle en la Jefatura del Estado.»

«Comprendemos lo delicado del tema, pero parece deseable, cuando menos, que los Ministros que cubren las misiones informativas, siguiesen una línea claramente definida creando un ambiente adecuado en la dirección que S. E. señalase. Lo que el país comprende peor es la falta de una política informativa en esta materia.»

3) *La Presidencia del Gobierno*

Ofrece menores dificultades y riesgos el cubrir la Presidencia del Gobierno, tomando una serie de precauciones.

Cautelas por parte del Jefe del Estado

Parecen básicas dos:

1. Que la designación de Presidente del Gobierno no aleje al Caudillo, en absoluto, de las tareas y responsabilidad del Gobier-

no. Es decir, debe seguir presidiendo de ordinario los Consejos de Ministros.

2. Que el Presidente del Gobierno esté seriamente comprometido a dimitir, a petición propia (Art. 15, b, de la Ley Orgánica del Estado), tan pronto como S. E. considerase que no era la persona adecuada para el cargo.

3) *Ventajas de que el Caudillo designe Presidente del Gobierno*

El Vicepresidente del Gobierno, tal como está concebido su cargo, tiene muchas posibilidades de desgastarse, entre otras razones, por sus visibles discrepancias respecto a la actuación de varios miembros del Gobierno.

Si el Vicepresidente fuese nombrado Presidente, podrían ocurrir dos cosas:

1. Que la designación y su labor, fuesen un éxito.
2. Que ambas, constituyesen un fracaso.

Si la designación no resultase acertada, deberá procederse a su sustitución, habiendo S. E. prestado a España el incalculable servicio de haber eliminado de la lista de posibles Presidentes del Gobierno a un candidato inadecuado.

En todo caso, las cualidades humanas del Vicepresidente y su absoluta subordinación y lealtad al Caudillo, justifican y facilitan la oportunidad de la experiencia.

7.X.68

(El texto íntegro de este documento figura como anejo documental.)

El Gobierno acuerda remitir a las Cortes el proyecto de ley del II Plan de Desarrollo

En el Consejo de Ministros del 9 de octubre, se trató ampliamente del II Plan de Desarrollo. Solís puso una serie de objeciones que refuté una por una. Tras un largo debate se aprobó por unanimidad el proyecto del II Plan de Desarrollo y se acordó su remisión a las Cortes. López Bravo me puso una nota que dice: «Laureano: ¡Perfecto! ¡Enhorabuena! Creo que hay que hacer una película sobre la industria. Puede ser espectacular.»

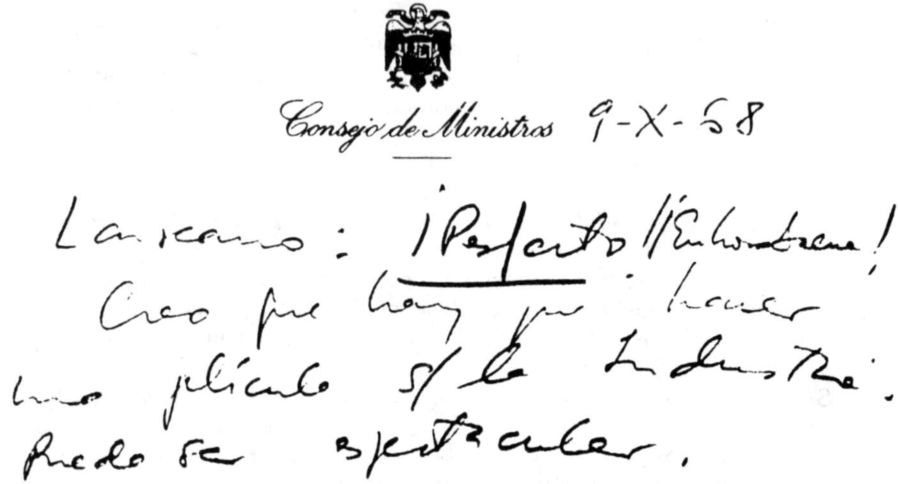
Consejo de Ministros 9-X-68

Laureano: ¡Perfecto! ¡Enhorabuena! Creo que hay que hacer una película s/ la Industria. Puede ser espectacular.

En el mismo Consejo de Ministros expuse mi opinión contraria a la de Fraga en relación con *El Alcázar*, que había sido suspendido el 27 de septiembre por la Dirección General de Prensa. La suspensión había originado vivas protestas en los medios periodísticos, salvo, claro está, en los de la cadena del Movimiento.

Con medidas de este tipo, dije, nos creamos mal ambiente, enconamos los ánimos y conseguimos que la opinión pública se nos ponga enfrente. Por ello, propuse que se accediera a la suspensión de la resolución de la Dirección General de Prensa solicitada por *El Alcázar* en el recurso de alzada ante el Ministro. Pero Fraga no dio su brazo a torcer. Su temperamento fogoso eclipsaba, a veces, sus muchas cualidades (1).

Reglamento del Consejo Nacional

El Boletín Oficial del 5 de octubre de 1968 publicó el Reglamento Orgánico del Consejo Nacional del Movimiento, aprobado por Decreto del 24 de septiembre anterior (2).

(1) Después de numerosas incidencias, el Tribunal Supremo, en 1970, dio la razón a la empresa «Prensa y Ediciones, S.A.» que había sido privada del periódico *El Alcázar*.

(2) Constaba de 58 artículos, 3 disposiciones finales y otras 3 transitorias.

El Presidente del Consejo de Estado, Joaquín Bau, por acuerdo de su Comisión Permanente de 10 de octubre, remitió al Ministro Secretario General del Movimiento una comunicación haciéndole notar que el Reglamento Orgánico del Consejo Nacional no había sido sometido al preceptivo dictamen del Consejo de Estado. Bau envió copia de dicha comunicación al Ministro de Justicia mediante carta de 14 de octubre en la que decía que había intentado hablar por teléfono con Solís pero éste se encontraba ausente y añadía: «La omisión es cosa muy seria que, incluso, podría invalidar cuanto se hiciera y a todos nos interesa que, con intención o por olvido, no se den pasos acrobáticos o erróneos.»

La comunicación del Consejo de Estado levantó polvareda en el Consejo Nacional, y su Comisión Permanente, en sesión del 31 de octubre, acordó estimar que el informe del Consejo de Estado no era preceptivo por no tratarse de un reglamento administrativo sino del Reglamento de la Cámara.

Esta argumentación fue demolida por el Consejo de Estado en su dictamen de 14 de noviembre de 1968, fundándose en que se trataba de un reglamento dictado en ejecución de una ley (en este caso la Ley Orgánica del Movimiento de 28 de junio de 1967). Concluía el dictamen diciendo «que es preceptivo el informe del Consejo de Estado sobre el Reglamento Orgánico del Consejo Nacional del Movimiento» (ver anejo).

Ese mismo día 5 de octubre, se circuló a los Ministros una primera versión del Proyecto de Estatuto Orgánico del Movimiento que, sin duda, requería que se le pasara la garlopa.

«Política de claridad»

Bajo este título, publiqué un artículo en el *ABC* del 9 de octubre. En síntesis decía que hay dos maneras de hacer la política: improvisando por sistema o estudiando primero a dónde se quiere ir y con qué medios se podrá llegar. La programación constituye, a mi juicio, una manera moderna, racional y justa de entender la política.

Hay una cosa —añadía— que no es lícita a los hombres ni a los gobernantes responsables: edificar sobre la fantasía que, si al comienzo deslumbra, acaba siempre decepcionando. Ya sabemos que la programación no puede preverlo todo. Pero precisamente por eso, no debemos añadir a las inevitables incertidumbres, la gran incógnita dimanante de una falta de definición clara de la política económica y social.

Expongo ante la televisión las líneas generales del II Plan

El 10 de octubre comparecí ante las cámaras de televisión y expuse algunos datos significativos: casi la mitad de las inversiones públicas previstas en el II Plan eran de carácter netamente social; las destinadas a enseñanza triplicaban las del Plan anterior; se construirían más de un millón de viviendas durante el cuatrienio; se procedería a la ordenación rural de dos millones de hectáreas, y se intensificarían las acciones de desarrollo regional.

Hice hincapié en que el desarrollo, para ser continuado, exige estabilidad y que para detectar los posibles desequilibrios, se habían establecido unas señales de alerta que permitirían adoptar con rapidez las necesarias medidas correctoras.

Terminé mi intervención televisiva con estas palabras: «jugar la carta de un plan de desarrollo es apostar por las cuentas claras, por una mentalidad abierta y por una política joven socialmente avanzada. Y ahora, naturalmente, la opinión pública y las Cortes tienen la palabra».

Independencia de Guinea Ecuatorial

Por Decreto de 9 de octubre de 1968 «se reconocen los resultados electorales proclamados por la Comisión Electoral de Guinea Ecuatorial y en su virtud se tiene a Francisco Macías Nguema como Presidente electo de la República de Guinea Ecuatorial» y «se declara independiente el territorio de Guinea Ecuatorial a partir de las 12 horas del día 12 de octubre del corriente año, en cuyo momento tendrá lugar la entrega de poderes al Presidente electo de la República de Guinea Ecuatorial». Fraga, en representación del Jefe del Estado, hizo la transmisión de poderes y surgió un nuevo país independiente de habla castellana.

El mismo día 12 de octubre se firmó por el Presidente de la República de Guinea Ecuatorial, Francisco Macías y el representante plenipotenciario del Gobierno español, Manuel Fraga, un Convenio, que se incorporó al Acta de independencia, por el que se establecía el régimen transitorio hasta la firma de los Acuerdos de cooperación (1). Dicho Convenio fue acompañado de un Protocolo relativo a las Guardias Territorial y Marítima que pasaron al servicio del Gobierno de Guinea Ecuatorial y a las Fuerzas españolas allí destacadas, las Unidades de la Armada que se encontraban en aquellas aguas, las Fuerzas Aéreas establecidas en aquellos Territorios y las Compañías de la Guardia Civil que prestaban sus servicios en Guinea y que quedaron segregadas de la Guardia Territorial Guineana.

Los acontecimientos posteriores bajo el gobierno tiránico y sanguinario de Macías —todos los que habían sido Procuradores en Cortes y cientos de personas fueron asesinados— la confiscación de los bienes de los españoles, la persecución religiosa, el colapso económico, y otras muchas calamidades, nos llevan a pensar que la concesión de la independencia fue una medida precipitada y que no se supieron adoptar las cautelas necesarias para que la emancipación guineana fuera ordenada y pacífica.

Alarma en Estoril

Conforme se iba abriendo camino la opción en favor del Príncipe Don Juan Carlos como sucesor de Franco, iba creciendo la alarma entre quienes rodeaban al Conde de Barcelona, lo que les llevó a aconsejarle que escribiera a su hijo una carta, de fecha 12 de octubre de 1968, a la que pertenecen los siguientes párrafos:

«Tú sabes de sobra que siempre he aplaudido en ti la posición disciplinada y digna que guardas para mí y para el Jefe del Estado y que no es sino expresión absolutamente sincera de tu lealtad y reflejo fiel de mi concepción de lo que debe ser tu estancia en España.»

«Nadie deberá nunca confundir ese respeto tuyo con un asentimiento a ninguna maniobra en su esencia, turbia, y para ti ofensiva.»

«El hecho de haber cumplido los treinta años no debe en manera alguna modificar en ti esa posición leal y disciplinada, pero sí debe darte una nueva entereza frente a los que quisieran desviar tu camino, y también como representante mío personal y legítimo, una nueva manera de dialogar e intervenir en torno al planteamiento del futuro español, para que, haciendo coincidir legitimidad y legalidad, quede el porvenir fuera de toda confusión o inseguridad vacilante.»

(1) Acuerdos de 24 de julio de 1971 de cooperación económica, de cooperación técnica, y de relaciones consulares.

«Yo he recibido a lo largo de los años, visitado por tantos españoles de toda clase y en contacto con la vida de Europa y del mundo, una ancha experiencia sobre el complejo y peligroso período histórico que vivimos. Tú has vivido una experiencia detallada y completísima de la vida actual de España, también llena de novedad y de riesgos. Esta cuidadosa atención a lo exterior y a lo interior tiene que ser, precisamente, la clave y síntesis del mañana.»

«Traicionaríamos nuestro deber si desaprovechásemos cuanto la Providencia nos ha concedido para que esa síntesis política tenga en nosotros la garantía viva y humana de una estrecha compenetración de padre e hijo, y faltaríamos a nuestra obligación si concediésemos nuestro beneplácito a cualquier fórmula contraria a la meditada doctrina que expreso en esta carta.»

(El texto íntegro de la carta figura como anejo.)

El Príncipe Don Juan Carlos decide permanecer en España

Los temores de quienes rodeaban al Conde de Barcelona iban tomando cuerpo y por ello le aconsejaron que Don Juan Carlos saliera de España y volviera a Estoril. El Príncipe se lo contó al General Castañón y añadió: «Si estoy en la Zarzuela es en virtud de lo acordado por mi padre con el Generalísimo. Si se me pide que me vaya de aquí, me iré, pero no para ir a Estoril, sino para incorporarme al destino que me corresponda en el Ejército, pues ésta es mi Carrera.»

Apreciaciones del Embajador Garrigues acerca del Nuncio Mons. Dadaglio

Antonio Garrigues y Díaz-Cañabate en un despacho fechado el 14 de octubre de 1968, da cuenta a Castiella de sus entrevistas con Mons. Dadaglio en Roma. «He tenido varias entrevistas con él» (...) «Este hombre goza de la confianza del Papa y de la Secretaría de Estado y va a jugar un papel importante en estos años próximos en la evolución de la Iglesia en España y en las transformaciones políticas y sociales de nuestro país.»

La oposición desde el Poder

El 15 de octubre, en mi despacho con el Jefe del Estado expresé mi sospecha de que la Organización Sindical se aprestaría a dar la batalla contra el II Plan de Desarrollo que el Gobierno había remitido a las Cortes. Es perfectamente legítimo —dije— que se discrepe de un proyecto de Gobierno en las Cortes, pero no me parece juego limpio que la oposición la realicen los burócratas y personas a sueldo de un Ministro.

El propio Emilio Romero en un artículo que publicó en *Pueblo,* el 25 de septiembre, decía: «Aquí queremos hacer lo más difícil: un Gobierno solitario y el Parlamento de uñas. Unos Sindicatos comprometidos con el Poder, porque están sentados en él y luego tirotearlo desde fuera a mansalva.»

Franco me dijo: «No se preocupe: el Plan de Desarrollo poco tiene que mejorarse: está muy bien hecho.»

Comentamos el éxito de la emisión de Deuda Universitaria y de cédulas para inversiones; éstas permitirían incrementar los fondos del Banco de Crédito Agrícola y, consiguientemente, los créditos para la mejora de las explotaciones agrarias.

Memorándum de Federico Silva a Franco

Ese mismo día 15, Federico Silva tuvo también despacho con el Jefe del Estado. Le leyó un memorándum de cinco folios, mecanografiado a un sólo espacio.

En el escrito pasaba revista al año transcurrido desde que fue nombrado Vicepresidente del Gobierno el Almirante Carrero Blanco. Comenzaba por señalar una serie de hechos positivos: la importancia de la presencia del Vicepresidente en la Casa Sindical en diciembre del 67 y, en las Cortes, en abril del 68; un cierto robustecimiento de la coordinación ministerial; una notable mejora de la situación económica, y una esperanza abierta en el ámbito universitario.

Junto a estos hechos favorables enumeraba «los problemas que nos acechan», el primero de los cuales era el de las relaciones con la Iglesia. Acerca de este asunto, Silva propugnaba en su escrito «una nueva política» que, a su juicio, exigía:

a) Un planteamiento de objetivos y un programa ejecutivo de los mismos.

b) Una política coordinada de Gobierno en el tratamiento de las diversas facetas de las relaciones Iglesia-Estado.

c) Una acción eficaz en Roma, hasta ahora ni siquiera ensayada.

d) Un diálogo permanente con la Jerarquía española.

e) Mantenimiento vigilante del «statu quo» derivado de las vigentes normas concordatarias para que no se pueda alegar incumplimiento, singularmente en lo que a nombramientos episcopales se refiere, ni puedan acceder al Episcopado personas «poco adictas al Régimen».

«Si este es, a nuestro leal saber y entender, el camino de la solución, hemos de reconocer que no estamos en él. Las tensiones religiosas están profundamente agudizadas, sus interferencias en el mundo "civil" están generando importantes problemas políticos y nacionales, la velocidad de crecimiento y proliferación del problema es innegable, mientras la atención que requiere o no se ha prestado despreciando el problema ante otro, como sucede en el ámbito internacional y Vaticano, o se ha prestado con tanta buena fe y mejor celo, como error de planteamiento y ejecución en los terrenos interiores y de orden público. Y todo ello exige una urgente rectificación. No es buen oficio el de augur, pero aún a riesgo de ello, el vaticinio no parece difícil: al cabo de un año, o se afronta el problema con prioridad, resueltamente y en toda su amplitud, o nos hallaremos, pese a nuestras intenciones, deseos y creencias, en plena ruptura con la Iglesia. Acaso no esté exenta de significación la ausencia del Nuncio el día 1 de octubre de la recepción del Palacio de Oriente.

En segundo término abordaba Silva la cuestión de «las elaboraciones legislativas que nos aguardan», centrando su atención en la Ley Sindical, a propósito de la cual decía:

«La Ley Sindical nueva se debate entre la necesidad de conservar y perfeccionar la parte instrumental de los Sindicatos, de manera que los hombres sinceramente vinculados y responsabilizados en el sindicalismo no desaparezcan y la sumisión a los principios del Movimiento sea efectiva; y de otra parte evitando el riesgo de enfrentamiento con la doctrina social de la Iglesia que, como Estado católico, hemos de cumplir. Creemos que la armonización de estos elementos es políticamente posible, pero con la misma convicción estimamos que esto no se conseguirá mientras se emplee la táctica de querer engañar a unos y otros, porque —preciso es reconocerlo—ninguno de los implicados en el tema es lerdo, ni parece dispuesto a dejarse engañar, con lo que el único que padece es el Gobierno expuesto a la intemperie de tan burdas maniobras. Tampoco será posible ese punto de coincidencia mientras el proyecto de la Ley Sindical sirva para crear el llamado "Poder sindical" que supondría la abdicación de los poderes del Estado y su desintegración.»

Luego se refería a los Estatutos del Movimiento en los siguientes términos: «Los Estatutos en proyecto originarían un partido único con sus afiliados y organización cerrada y excluyente. Y esto supondría:

a) Una organización política disparatada y de imposible explicación ante la conciencia pública.

b) Un sistema político ingobernable por la suplantación de los poderes del Estado por fuerzas ajenas al mismo.

c) Un claro contrafuero por infracción de la Ley Orgánica del Estado, lo que se puede demostrar con el pertinente estudio jurídico.

d) Una regresión sin posible disimulo en el proceso evolutivo de la política española realizado por el Caudillo tan prudente y acertadamente.

A continuación trataba de «la anarquía de los medios de información» y decía: «La Ley de Prensa sigue careciendo de los instrumentos precisos para hacer efectivas sus disposiciones. De otra parte, la falta de medida en el proceso "liberalizador" lleva a una descarada pornografía en el teatro, el cine y hasta la prensa diaria, de la que no se salva ni la prensa del Movimiento, como puede probarse, lo que abre la corrupción a las masas espectadoras o lectoras.»

El memorándum terminaba con unas consideraciones acerca de «la repercusión interna de los problemas internacionales» y «las alteraciones del orden público».

(El texto íntegro de este documento figura como anejo documental.)

Miscelánea

El miércoles 16 de octubre hubo una reunión de Ministros Económicos a la que asistió el Embajador Ullastres para informar sobre las conversaciones con las autoridades de la CEE.

El Jefe del Alto Estado Mayor, General Muñoz Grandes, fue hospitalizado el 20 de octubre. Se decía de él que tenía una «mala salud de hierro». También fue internado el Ministro del Ejército, General Menéndez Tolosa.

Exclusión de candidatos al cardenalato

El Embajador Garrigues, en despacho de fecha 17 de octubre de 1968, informó a Castiella de su larga conversación con Mons. Benelli. Se iba a proceder al nombramiento de Cardenales. Muerto el Cardenal Albareda y jubilado el Cardenal Larraona ya no había ningún Cardenal español en la Curia Romana. «He hablado de esta cuestión —le dijo Benelli— con el Nuncio Mons. Dadaglio y el inconveniente que vemos es que no hay prelados que posean esa personalidad indiscutida y ese peso específico que es la madera de donde salen los Cardenales». Garrigues comentó a Castiella: «Hay que remediar esto. España no pesa nada hoy en la política vaticana.»

Carrero insta a Franco para que designe sucesor

El 24 de octubre, el Almirante Carrero Blanco leyó y entregó al Jefe del Estado un extenso memorial fechado el 21 de dicho mes, titulado «Consideraciones sobre la aplicación del artículo 6 de la Ley de Sucesión». En él se razonaba la conveniencia de la pronta designación del Príncipe Don Juan Carlos como sucesor, se indicaba el *modus operandi* y se incluía el proyecto de la Ley que sancionaría la designación.

En dicho memorial se decía:

«Si S.E. tiene hecha su elección, creo que retrasar la propuesta a las Cortes no puede proporcionar ya ningún beneficio. Por el contrario, la designación de su sucesor en el Príncipe Don Juan Carlos, única persona de la dinastía que tiene cualidades y la formación necesarias para su futura misión, ofrece las siguientes ventajas:

a) Dar a los españoles una tranquilidad que no tienen, al ver desaparecer el fantasma de que un día España se viera en el trance de la crisis que representaría el tener que hacer aplicación de la fórmula supletoria del artículo 8.°, seriamente agravada por la incidencia del artículo 16 de la Ley Orgánica del Estado.

b) Las Fuerzas Armadas tendrían perfectamente clara la misión de «defensa del orden institucional» que les confiere el artículo 37 de la Ley Orgánica del Estado ya que esta misión podría verse enervada por confusiones e intrigas durante la crisis a que fatalmente daría lugar la aplicación del artículo 8.º de la Ley de Sucesión.

c) Dar también a los países extranjeros interesados en la permanencia del Régimen actual español una garantía de continuidad del mismo, lo que puede redundar favorablemente en los acuerdos que podamos concertar con ellos.

d) El crédito exterior de nuestra economía, en el que tanto influye el factor psicológico de la confianza en la estabilidad política, se vería indudablemente robustecido.

e) Acabar definitivamente con las especulaciones internas y externas sobre nuestro futuro y terminar, de una vez para siempre, con los enredos de Estoril y del pequeño sector «hugonote».

f) Mejorar la formación del Príncipe, porque al tener éste un status definido como príncipe heredero tendría mucho mayor contacto con S.E., quien como nadie podría consolidar su formación y ponerle al tanto de todos los problemas nacionales.

g) Consolidar también la popularidad del Príncipe al verle frecuentemente la gente al lado del S.E. e incluso ostentando su representación en inaguraciones y determinados actos públicos.» (Véase el correspondiente anejo.)

Franco escuchó al Vicepresidente del Gobierno con la mayor atención, quedó convencido de la solidez de los argumentos y, finalmente, dijo con laconismo militar: «Conforme con todo.» La suerte estaba echada. Desde ese día, Don Juan Carlos era el sucesor *in pectore*.

Dionisio Martín contra la liberalización económica

Dionisio Martín Sanz, Procurador Sindical, dirigió una carta fechada el 25 de octubre, al Jefe de la Casa Civil del Jefe del Estado, Conde de Casa Loja, en la que hacía diversas críticas al Plan de Desarrollo con frases como éstas:

«España se ha convertido hoy en la primera colonia económica de Norteamérica en Europa y ello será una de las razones que obstaculicen seriamente nuestra entrada en el Mercado Común» (...) «Estoy convencido de que aún es tiempo de impedir, o al menos atenuar, esta lamentable evolución de la política económica. Pero este cambio de orientación no pueden hacerlo los mismos que han provocado la crisis de la economía española con una inoportuna liberalización del comercio exterior.»

Dionisio Martín Sanz fue uno de los más obstinados detractores de la liberalización económica iniciada con el Plan de Estabilización de 1959, del que arrancó la fuerte expansión de nuestra economía durante una década, que fue decisiva para la transformación de la sociedad española.

La Falange vista por los falangistas

La conmemoración de la fundación de la Falange en el Teatro de la Comedia, el 29 de octubre, dio lugar a serios incidentes y abucheos a Solís. A raíz de este suceso y hallándose en tramitación al Estatuto del Movimiento, el periódico *Pueblo* publicó, el 31 de octubre, una encuesta bajo el título «¿Qué pasa en la Falange?» en la que participaron José Luis de Arrese, Manuel Cantarero (Presidente de los Antiguos Miembros del Frente de Juventudes), Raimundo Fernández Cuesta, Manuel Hedilla, Eugenio López, Dionisio Ridruejo, Ramón Serrano Suñer y José Solís Ruiz.

En la entradilla de la encuesta se decía: «Anteayer, en el Teatro de la Comedia, se puso de manifiesto, como dicen los taurinos, una "división de opiniones". Fue un hecho episódico, probablemente sin importancia. Lo no episódico es el contorno, lo que aquí se dice, lo que viejos y jóvenes falangistas, separados de la organización unos, en plena actividad otros, nos cuentan, tratando de aclarar algo: qué está sucediendo, qué ha sucedido, qué puede suceder...»

Las respuestas son muy variadas. Salvo la optimista contestación de Arrese: «En la Falange no pasa nada malo» y las obligadas contestaciones «oficialistas» y un tanto evasivas de Fernández Cuesta —«seguimos fieles a nuestro afán de superación»— y de Solís —«la Falange se prolonga en el tiempo dentro del Movimiento»— otros destinatarios de la encuesta lo hicieron en términos duros.

Dionisio Ridruejo dijo: «lo que ahora sucede, si es una protesta de los jóvenes, es perfectamente explicable y ligeramente tardía». Según Cantarero: «En la Falange ha latido siempre un sentimiento de frustración.» Hedilla afirmó: «La Falange está hoy burocratizada» (...) «La Falange hoy ya no tiene nada. Se va de las manos y se acaba.»

Para Serrano Suñer «La Falange no fue nunca la fuerza básica del Estado. Sólo en tiempo ya lejano luchó por hacerse sitio. Luego no hizo más que cuidarse de su permanencia en el Poder de cualquier forma» (...) «La Falange debe ser hoy honrosamente licenciada» (...) «No se puede ahora inventar una Falange democrática y aliadófila» (...) «Disuélvase o apártese del Poder a la Falange.»

El estatuto del Movimiento

En relación con el Estatuto Orgánico del Movimiento, el 22 de octubre, el Ministro de Justicia, Antonio María Oriol, envió al Consejo Nacional unas observaciones (ver anejo). Por mi parte redacté otras más amplias, fechadas el 30 de octubre (ver anejo), que no remití al Consejo Nacional por no disponer todavía de un texto definitivo del proyecto de tal Estatuto. Hasta el 6 de noviembre no se nos remitió el texto que sería sometido dos días después al Consejo de Ministros, con la indicación de que «este texto modifica y sustituye los anteriores remitidos con fechas 5 de octubre y 2 del actual».

El Consejo de Ministros del 8 de noviembre se ocupó de este proyecto. Hubo una discusión un tanto viva. Mi postura fue que si, como se pretendía, el Movimiento no era un Partido, no debía exigirse la afiliación y que tampoco debía imponerse, como lo hacía el artículo 6.°, que la participación *en la vida nacional* fuera «a través del Movimiento». «¿Es que a los demás españoles no se les va a dejar vivir?; ¿los que no se afilien al Movimiento no podrán participar en la vida nacional?», argüí. «¿Están ustedes seguros de que sus hijos se incorporarán al Movimiento?»

Otros muchos argumentos se adujeron a favor y en contra del proyecto. Al final, se acordó, como era de esperar, remitirlo, con leves retoques, al Consejo Nacional.

Hablo con Franco del Programa de Inversiones Públicas

El 7 de noviembre tuve despacho con el Jefe del Estado en El Pardo. A propósito del Coloquio que había sostenido tres días antes en la Casa Sindical de Barcelona, le comenté que era más fácil entenderse con los trabajadores que con los burócratas del sindicalismo.

Le mostré mi preocupación por el aumento de los gastos públicos consuntivos en relación con los gastos de inversión, lo que había obligado a recortar el Programa de Inversiones Públicas del II Plan de Desarrollo. Pero, al propio tiempo, le dije que el remedio, a mi juicio, no consistía en acometer otra reforma fiscal —sería la tercera, después de las reformas del 57 y del 64—, sino en sanear la base imponible sin elevar los tipos, combatiendo el fraude fiscal.

Le informé que se habían presentado hasta la fecha 83 enmiendas al II Plan de Desarrollo. Por último, le mostré los indicadores de la coyuntura que acusaban una cierta reactivación de la economía.

Enmienda a la totalidad del II Plan

Dionisio Martín Sanz, Presidente de la Sección Económica del Sindicato Nacional del Olivo, que en 1963 había formulado una enmienda a la totalidad del I Plan, presentó el 8 de noviembre de 1968, como primer firmante, una enmienda a la totalidad del II Plan de Desarrollo, suscrita por otros doce Procuradores, diez de los cuales eran altos cargos de libre designación del Ministro Delegado Nacional de Sindicatos.

Yo no podía admitir que personas que dependían directamente de un Ministro y que habían sido nombrados por él, presentaran una enmienda a la totalidad de un proyecto aprobado por el Gobierno. Otra cosa sería, la presentación de enmiendas al articulado para perfeccionarlo.

Me decidí a cortar por lo sano este doble juego y llamé por teléfono a El Pardo para hablar con el Jefe del Estado. Era el sábado día 9 de noviembre de 1968. Franco estaba en una cacería en la que también participaba Solís. Desde El Pardo trataron de conectar con él, pero se encontraba en ruta y quedaron en darle el recado de mi llamada en cuanto llegara al punto de destino.

Denuncio el doble juego

En cuanto le dieron el recado, Franco me llamó a mi casa, a las nueve de la noche. Fue una deferencia nada corriente. Le dije: «Me da fatiga haber importunado a V. E. por un asunto de por sí minúsculo, aunque no faltarán quienes le quieran dar trascendencia. Se trata de una enmienda a la totalidad suscrita por Dionisio Martín y la plana mayor de la Organización Sindical: Presidentes de Sindicatos, Vicesecretario de Ordenación Económica, etc., casi todos ellos cargos de libre designación. La enmienda es inconsistente y redactada con lenguaje demagógico; habla, por ejemplo, del "colonialismo americano", de la "ostensible repulsa popular al Plan", etc.»

«V. E. podrá juzgar mejor que nadie el alcance político que ello pueda tener. Me temo que dé la impresión de un enfrentamiento de la Organización Sindical con el Gobierno puesto que los firmantes de la enmienda son, en gran mayoría, "mandos" sindicales. De otra parte, Dionisio Martín ha dicho al Presidente de las Cortes y al de la Comisión de Presidencia, que tenía autorización de Solís para presentar la enmienda. Este hombre, que todos conocemos, se atribuye a veces respaldos que no tiene. El propio Solís me ha dicho que no sólo no la había autorizado, sino que no conocía la enmienda.» (Cualquiera sabe quién de los dos decía la verdad.)

Franco me dijo: «Ha hecho usted bien en informarme. No se preocupe. Yo cortaré esta maniobra.»

El trasfondo de la enmienda a la totalidad

El 12 de noviembre despaché con el Jefe del Estado en El Pardo. Le hablé del contenido de la enmienda a la totalidad presentada por Dionisio Martín y otros «mandos» sindicales. Me fijé principalmente en la acusación central que formulaba la enmienda: la colonización de la economía española a consecuencia de las inversiones de capital extranjero. Hice ver la inconsistencia de tal acusación teniendo en cuenta que, en el cuatrienio del I Plan (1964/67), representaron el 10,6 % de la inversión total y en el II Plan se prevé que alcancen sólo el 6 %. Y traje a colación las palabras del Jefe del Estado en su mensaje a las Cortes con motivo del Convenio con los Estados Unidos de 1953, en el que afirmó: «raro es el país que por sí mismo puede satisfacer todas sus necesidades» y abogó por la financiación exterior como complemento de los recursos internos señalando «el vacío que en la economía española vienen a llenar».

Abundando en estas ideas, le dije que el ahorro exterior es una fuente complementaria indispensable del ahorro interno si se quiere conseguir ritmos elevados de crecimiento, salvaguardando el equilibrio de la balanza de pagos. De otra parte, constituye el ahorro exterior un medio, en muchos casos único, de incorporación de tecnología avanzada a nuestro sistema productivo.

Franco asintió a mis argumentos.

La fundamentación de la enmienda —añadí— es tan endeble que sería para mí una ocasión de lucimiento rebatirla en un debate parlamentario, pero el sentido de responsabilidad me obligaba a exigir que se mantuviera la unidad del Gobierno y que no se consintiera que un proyecto, que contó con la aprobación de Solís en el Consejo del 9 de octubre, fuera torpedeado por su propio equipo rechazando el proyecto en bloque. Por lo visto, Solís es de los que practica la fórmula de «se acata pero no se cumple». Esto tiene toda la apariencia de un doble juego.

Le dije, por último, a Franco que el domingo por la noche, Solís me dio palabra de que ordenaría que retiraran la firma de la enmienda a la totalidad, los Procuradores sindicales de su libre designación y que yo esperaba que la cumpliría.

Le comenté que la enmienda a la totalidad denotaba, a mi juicio, la pretensión de la Organización Sindical de arrebatar al Estado la dirección de la política económica. En España se ha llegado más lejos que en ningún país en la participación de empresarios y trabajadores en la elaboración del Plan a través del cauce sindical. Pero una cosa es la colaboración y otra lo que la enmienda de Dionisio Martín Sanz llama «simbiosis», eufemismo que oculta un afán de intromisión y de apoderamiento, totalmente incompatible con la Ley Orgánica del Estado según la cual corresponde al Consejo de Ministros «determinar la política nacional». El Estado no puede abdicar esta responsabilidad.

Le di cuenta, asimismo, que se habían presentado 249 enmiendas al articulado, lo que me parecía perfectamente legítimo y, en cierto modo, denotaba el interés suscitado por el Plan de Desarrollo, aunque la mayoría de las enmiendas eran de mínima importancia si bien algunas podían tener carácter obstruccionista para retrasar la aprobación del Plan.

Franco me escuchó con gran atención y tomó buena nota de cuanto le dije.

Dionisio Martín fue llamado a capítulo por Solís quien le hizo retirar la enmienda a la totalidad.

Hostilidad del Partido a la política económica

The Economist del 9 de noviembre, publicó una crónica de su corresponsal en Madrid en la cual informaba acerca de la actitud hostil de la burocracia y de la prensa del Partido frente a la nueva orientación económica del Gobierno del General Franco y especialmente contra los hombres del Plan de Desarrollo cuyo declarado propósito es la liberalización de la economía y marchar hacia la integración en el Mercado Común.

Efectivamente, Arturo Espinosa Poveda, Secretario General de la Organización Sindical, había afirmado categóricamente: «En esta Casa estamos en contra del Plan de Desarrollo.»

Intervención de Adolfo Muñoz Alonso y Torcuato Fernández Miranda al debatir el Estatuto del Movimiento

El 13 de noviembre comenzaron los debates en la Sección Segunda del Consejo Nacional, presidida por Alejandro Rodríguez de Valcárcel, acerca del Estatuto Orgánico del Movimiento (1).

Las intervenciones más destacadas fueron la de Adolfo Muñoz Alonso, como enmendante a la totalidad, y la de Torcuato Fernández Miranda en nombre de la Ponencia.

«No se trata de regresar al 18 de julio —dijo Muñoz Alonso— sino de que ese 18 de julio no vuelva a ser necesario» y añadió: «Si los principios no dinamitan la situación, la situación dinamitará los principios.»

Por su parte, Fernández Miranda afirmó que no se trataba de vincularse al pasado. Citó un verso de Machado: «Mi corazón está donde ha nacido», es decir, en el 36, pero estoy con el futuro antes que con el pasado, porque la inteligencia está con el futuro. Si tuviera que elegir entre el pasado y el futuro, lo haría, como José Antonio, por el futuro. Esto es lo que tenemos que hacer: un futuro en la unidad de la Patria; no el momentáneo bien de los vencedores. Respecto del pluralismo político, afirmó que el Consejo Nacional pretendía abrir cauce al asociacionismo pero que no se admitirían las asociaciones que representaran la ideología de los partidos políticos.

Mi opinión, que ya quedó anteriormente expuesta, era contraria a la burocratización del Movimiento y a la proliferación de estructuras paralelas a las del Estado, y favorable al pluralismo político.

Mortes piensa retirarse de la política

Vicente Mortes, en carta del 14 de noviembre a la que acompañaba diversos documentos relacionados con las enmiendas al Pro-

(1) La Ponencia estaba compuesta por Torcuato Fernández Miranda, Fernando Herrero Tejedor, Gregorio Marañón Moya, Cruz Martínez Esteruelas, José Miguel Ortí Bordás, Antonio Pedrosa Latas, José Luis Taboada, José Utrera Molina y José Luis Zamanillo.

yecto de Ley del II Plan, terminaba diciéndome que «sólo está en la política para servir a su país y que, gracias a Dios, ve ya cerca la aprobación del Plan, para volver con la cara bien alta, a sus quehaceres domésticos». Afortunadamente logré convencerle, tras la aprobación del II Plan en febrero de 1969, de seguir adelante pues yo tenía la fundada esperanza de que, por sus reconocidos méritos, sería Ministro en el próximo cambio de Gobierno.

Castiella propone la neutralización del Mediterráneo

El 16 de noviembre llegó Dean Rusk a Madrid para proseguir sus conversaciones con Castiella quien le sugirió la neutralización del Mediterráneo, a base de que lo abandonaran las Flotas soviética y norteamericana.

Esta postura neutralista le pareció disparatada a Carrero. La propuesta de Castiella no había sido sometida previamente a la deliberación del Gobierno y, en cambio, fue jaleada por la prensa vinculada a la Organización Sindical. Así, Lucio del Álamo en *El Alcázar* del 21 de noviembre escribía: «La propuesta de Castiella a Dean Rusk sobre la conveniencia de que los marinos norteamericanos y soviéticos abandonen el Mare Nostrum está destinada a obtener en Europa un asentimiento general, tácito, expreso o reticente. ¿Qué más da?» En *Pueblo* de la misma fecha, bajo el título «Que se marchen» podía leerse: «¡Pequeña ha sido la sorpresa que nos ha reservado el Ministro Castiella! (...). La sugerencia formulada a Dean Rusk para una desmilitarización del Mediterráneo tiene ya el aire inequívoco de una resuelta voluntad de independencia.»

El Gobierno desautoriza la postura neutralista de Castiella

Esta campaña de prensa contribuyó a excitar el ánimo de Carrero que, en el Consejo de Ministros del día siguiente, 22 de noviembre, se enfrentó abiertamente a Castiella. Por mi parte me permití hacer de «abogado del diablo» —así lo dije— respecto del llamado «Plan Castiella» de retirada de la VI Flota.

Aunque profano en la materia dada mi condición civil, opiné que era quimérico pensar en una retirada de la VI Flota del Mediterráneo tras la tensión creada por la reciente intervención soviética en Checoslovaquia. De otra parte, a lo largo del relato cronológico hecho por el Ministro de Asuntos Exteriores, se había visto que el valor geopolítico de España se cotizaba al alza en momentos de tensión entre los países de la OTAN y los del Pacto de Varsovia.

Si hoy la tensión existe y se ha agravado con la invasión de Checoslovaquia ¿es oportuno —pregunté— levantar la bandera de la distensión?; la desmilitarización del Mediterráneo, si fuera posible, ¿no haría bajar la cotización estratégica de España en las actuales negociaciones con los Estados Unidos?; a la vista del resultado de la política de De Gaulle de distanciamiento de los americanos, ¿es prudente que nosotros también queramos distanciarnos? No cabe parangonarnos con Suiza que ni tiene costas marítimas, ni tiene problemas con sus vecinos —nosotros los tenemos con Marruecos— ni tiene el mismo valor estratégico que España.

Me gustaría, añadí, conocer la opinión de los Ministros militares acerca de todas esas cuestiones. En todo caso, no debiera producirse ningún cambio sustancial en nuestra política exterior y en particular en nuestra política con los Estados Unidos sin un previo acuerdo del Gobierno.

Los Ministros militares se pronunciaron unánimemente en favor de un buen entendimiento con los americanos y consideraron peligrosa, si no fuera utópica, la retirada de la VI Flota del Mediterráneo.

La terquedad de Castiella haría inevitable su relevo en el siguiente cambio de Gobierno.

Tensión en los mercados monetarios

A mediados de noviembre se produjo una gran tensión en los mercados monetarios y una fuerte especulación sobre el marco. El día 20 cerraron las Bolsas de la República Federal Alemana, Francia e Inglaterra. Al día siguiente se reunieron los Diez en Bonn para afrontar la crisis y, veinticuatro horas después, acordaron no revaluar el marco y conceder un crédito de 2.000 millones de dólares a Francia cuya economía estaba seriamente quebrantada a consecuencia de los sucesos del «mayo francés».

A vueltas con el proyecto de Ley Sindical

El jueves 21 de noviembre desayuné con Jesús Romeo en su chalet de la calle Pedro Valdivia. Le hablé del peligro de concentrar el poder en la Organización Sindical. El Estado no puede abdicar de sus responsabilidades y entregar el poder a los Sindicatos.

En noviembre se nombró una ponencia de ocho Ministros, presidida por Carrero, para el estudio del proyecto de Ley Sindical.

Entrevista con el Príncipe en *Point de Vue*

El 22 de noviembre, la revista *Point de Vue* publicó una entrevista concedida por el Príncipe Don Juan Carlos en el palacio de la Zarzuela en la que el periodista le atribuía estas palabras: «Jamás, jamás aceptaré reinar mientras viva mi padre: él es el Rey.» Tales declaraciones eran apócrifas.

El 29 de noviembre el Marqués de Mondéjar hizo una gestión cerca del Ministerio de Información expresando la preocupación del Príncipe y el deseo de que, a ser posible, la entrevista trucada de *Point de Vue* no fuera reproducida por la prensa española; en el mismo sentido hablé con el Marqués de Luca de Tena para que no la publicara el *ABC*. Fraga le dijo a Mondéjar que la mejor manera de poner término al equívoco sería que el Príncipe hiciera unas declaraciones a la prensa española.

Silva frente a Solís

En la reunión celebrada en la Presidencia del Gobierno el 27 de noviembre de 1968, Silva me pasó una nota que decía:

«Estoy harto de Pepe (Solís). Tengo un paquete de cosas importantes que ha hecho en Córdoba. Ahora me sitia y espía. Porque quiere pegarse al carro del triunfo. Piensa y ayúdame. A ver cómo le doy el esquinazo y, sobre todo, que no vaya él a capitalizarlo.»

(La fotocopia de la nota figura en el anejo documental).

Al día siguiente despachó Silva con el Jefe del Estado y le habló principalmente de las relaciones con la Iglesia.

Franco le dijo: «Esto no está bien llevado y es importante. Vamos a ver, vamos a ver.»

Declaraciones del Príncipe a la *Agencia EFE*

El 2 de diciembre Franco le dijo al Príncipe, en una cacería, que no se inquietara por lo que hicieran los de Estoril.

Tras sopesar los pros y contras, Don Juan Carlos accedió a recibir al director de la *Agencia EFE* el 7 de enero de 1969 con un texto convenido y la entrevista se publicó al día siguiente. El párrafo más significativo es éste:

«La reinstauración del principio monárquico en la vida española se produjo después de haber pasado la Monarquía por una grave crisis que pudo haber acabado con ella. La situación política que ha hecho posible la reinstauración del principio monárquico se logró con la colaboración de muchos monárquicos y con el sacrificio de cientos de miles de familias españolas. Es lógico que estos más fieles mantenedores del principio dinástico acepten algún sacrificio en sus aspiraciones. Y si son verdaderos patriotas —y séame permitido afirmar que de un monárquico puede opinarse lo que se quiera, menos que no sea un patriota— comprenderán que, ante todo, está el bien de España.»

«La satisfacción de ver recuperada la Institución monárquica no es poco, por otra parte, para justificar agradecimiento y una cierta flexibilidad. Ninguna Monarquía, repase usted la Historia, se ha reinstaurado rígidamente y sin algún sacrificio.»

Almuerzo con Martín Artajo y con Bau

El viernes 25 de noviembre almorcé en casa de Bau con Martín Artajo; éste me propuso que asistiera a una reunión del Consejo de Redacción de la Editorial Católica y accedí con mucho gusto. Según Artajo, Areilza le dijo que Don Juan Carlos aceptaría ser el sucesor de Franco.

Relaciones Iglesia-Estado

El 26 de noviembre, a las ocho de la noche, visité al Cardenal Quiroga, Arzobispo de Santiago y Presidente de la Conferencia Episcopal. Le encontré apesadumbrado por la tensión existente en las relaciones entre la Iglesia y el Estado. Me dijo que en febrero terminaría su mandanto de Presidente de la Conferencia Episcopal y que no se veía con fuerzas para conseguir que los Obispos que se hallaban en una postura de enfrentamiento con el Gobierno modificaran su actitud pues se sentían respaldados por el Vaticano. Mons. Casaroli le dijo confidencialmente al Cardenal Quiroga que, de no haber estado él enfermo, no se hubiera enviado la carta de Pablo VI a Franco de 1968; reconoció que era dura.

Una frase de López-Bravo

López-Bravo en una reunión del Consejo de Trabajadores de Barcelona tuvo una frase feliz: «No podemos hablar de empresa nacional-sindicalista mientras no sepamos qué es.» Con esta ocasión, Antonio Gibello en *El Alcázar* del 28 de noviembre atacó duramente al Ministro de Industria.

Política mediterránea

El 28 de noviembre tuve despacho con el Jefe del Estado en el Palacio de El Pardo a las siete de la tarde. Buena parte del tiempo lo dedicamos a las relaciones con los Estados Unidos que había sido el asunto principal del Consejo de Ministros del viernes anterior. Le hablé de un informe del Estado Mayor francés según el cual los Estados Unidos y la Unión Soviética se habían concertado para acabar con De Gaulle y sus desplantes.

«No se puede hacer política exterior por despecho y con pasión —comenté— sino con serenidad y sangre fría. Lo que hemos criticado a De Gaulle —su distanciamiento de los Estados Unidos— y que tan caro le ha costado, ¿vamos a hacerlo nosotros? De otra parte, al pedir la Unión Soviética el desmantelamiento de Gibraltar, Occidente cierra filas e Inglaterra tiene un buen pretexto para no devolvernos el Peñón.»

Le mostré el diario *SP* que dirigía Rodrigo Royo y estaba en manos de la Organización Sindical, que publicaba en titulares de primera página: «PRAVDA dice: hagamos del Mediterráneo un mar de paz. La URSS, de acuerdo con retirar las Flotas de los países no ribereños.» (Diario *SP* de 28 de noviembre de 1968).

—«Efectivamente —dijo Franco—, esto va a retrasar lo de Gibraltar. He dicho que se corte esta campaña.»

Política eclesiástica

Le di cuenta al Jefe del Estado de mi entrevista con el Cardenal de Santiago del día 26 y se mostró partidario de «no ceder en nada, en materia concordada, hasta que se negocie todo» (fuero eclesiástico, dotación económica, derecho de presentación, etc.).

La Organización del Movimiento y la Organización Sindical

Le comenté los debates en el Consejo Nacional sobre el Estatuto Orgánico del Movimiento y, a propósito de esto, le dije sinceramente que, a mi juicio, el Movimiento-Organización no era un árbol que arraigaba, sino que se le caían las hojas y estaba en fase de desintegración.

En cuanto a la pretensión de la Organización Sindical de asumir la programación económica, Licinio de la Fuente como buen Abogado del Estado, me dijo que le parecía un disparate porque la Organización Sindical no puede convertirse en Administración. Sin embargo, en su calidad de Secretario Primero del Consejo Nacional, estaba bajo la disciplina de Solís, lo que le impedía pronunciarse públicamente sobre este asunto.

Las Asociaciones del Movimiento

El día 4 de diciembre Solís defendió ante el Pleno del Consejo Nacional el Estatuto Orgánico del Movimiento que fue aprobado y posteriormente refrendado por Decreto de la Jefatura Nacional, de 20 de diciembre de 1968.

En sus artículos 11 a 27 se regulaban las Asociaciones del Movimiento definidas en los siguientes términos: «Podrán constituirse asociaciones en el Movimiento con el fin de contribuir a la formación de la opinión sobre la base común de los Principios del Movimiento, en servicio de la unidad nacional y del bien común para la concurrencia de criterios.» (...) «Estas asociaciones contribuirán a promover el legítimo contraste de pareceres, con plena garantía de la libertad de la persona, en orden a la posibilidad de un análisis crítico de las soluciones concretas de gobierno y la formulación ordenada de medidas y programas que se orienten al servicio de la comunidad nacional.»

El reconocimiento de esas asociaciones y su revocación quedaba en manos de la Comisión Permanente del Consejo Nacional, con posibilidad de apelación al Pleno de Consejo.

Esta regulación del pluralismo político era, a todas luces, insuficiente y los intentos de su puesta en práctica aún habrían de dar lugar, como veremos más adelante, a discusiones bizantinas a cargo principalmente de Torcuato Fernández Miranda que desembocarían en el Estatuto jurídico del derecho de asociaciones políticas, aprobado por Decreto-Ley de 21 de diciembre de 1974 bajo el Gobierno de Arias, en el ocaso del régimen que apenas tuvo efectividad.

La Organización Sindical y el Plan de Desarrollo

El mismo 4 de diciembre, a las seis de la tarde, tuve despacho con el Jefe del Estado. Comencé por felicitarle con motivo de su cumpleaños —76— y excusándome por interferirme en un día de fiesta familiar. (En realidad yo había pedido despachar el día anterior pero los Ayudantes de S.E. me citaron para el 4). Quise someter a su consideración el discurso de presentación del II Plan de Desarrollo que iba a pronunciar la semana siguiente en la Comisión de Leyes Fundamentales de las Cortes donde iban a iniciarse los debates sobre las enmiendas presentadas. El texto que leí, le pareció muy bien.

Le informé que Espinosa Poveda, Secretario General de la Organización Sindical, decía abiertamente que se opondría al II Plan de Desarrollo, lo cual no parecía congruente con la petición de los Sindicatos —que siempre ha sido atendida— de participar en la elaboración del Plan. De modo que, reclamaron participación, se les concedió y luego no se responsabilizaron de la tarea realizada.

Intento de absorción de las Cámaras de Comercio por los Sindicatos

Durante el Consejo de Ministros del 6 de diciembre, Franco se ausentó unos minutos del salón para ir al lavabo. Era la primera vez que esto ocurría. Los años no pasan en balde. El principal asunto que se discutió en ese Consejo fue la pretensión de la Organización Sindical de apoderarse de las Cámaras de Comercio, Industria y Navegación. El Ministro de Comercio, García Moncó, se opuso, alegando que las Cámaras están homologadas internacionalmente y que sus funciones son distintas de las de los Sindicatos. Tras larga deliberación, la propuesta de Solís no prosperó.

Silva propugna un cambio de Gobierno

El día 10 me escribió Federico Silva una carta manuscrita (ver anejo) en la que se muestra satisfecho de sus gestiones en favor de un cambio de Gobierno.

Debates sobre el II Plan de Desarrollo

Por la tarde, en la Comisión de Leyes Fundamentales de las Cortes, comenzó el debate sobre el II Plan de Desarrollo. Se inició la sesión con una intervención mía en la que, en esencia, dije lo siguiente:

«Un Plan de Desarrollo debe ser realista. Si no quiere verse reducido a pura quimera, ha de saber discernir entre lo que nos gustaría y lo que nos es posible realizar.»

Desajustes surgidos durante el I Plan

«Durante la ejecución del I Plan se produjeron, como es sabido, desajustes puestos de relieve en las Memorias anuales remitidas por el Gobierno a las Cortes.»

«Un consumo superior a las posibilidades de la oferta provocó el alza de los precios y, en los últimos años, el déficit de la balanza de pagos, que, unidos a las conmociones monetarias internacionales, aconsejaron fijar el nuevo tipo de cambio a 70 pesetas el dólar USA. Sin embargo, el producto nacional, en términos reales, es decir, descontando la subida de precios, registró, durante el cuatrienio del I Plan, un aumento medio del 6,3 % anual, mucho más alto que el de los países del Mercado Común, que fue del 3,9 % durante el mismo período.»

Mejora del nivel de vida

«La renta nacional no sólo creció más, en términos absolutos, sino que se distribuyó mejor y el poder adquisitivo del salario durante ese cuatrienio aumentó en más de un 25 %. La mejora del nivel de vida se ha hecho tangible con el acceso masivo de la sociedad española al disfrute de bienes y servicios de superior calidad. Más de las 2/3 partes del parque de automóviles es posterior a 1963. Se ha mantenido una situación de pleno empleo y, en los dos últimos años, los saldos migratorios han registrado un mayor número de retornos que de salidas. No se puede negar la trascendencia social de estos hechos.»

Mantenimiento de la estabilidad

«La economía española, en estos momentos, atraviesa por una coyuntura de franca expansión, que requiere un enorme tacto para evitar el rebrote de tensiones inflacionistas. Resultaría inútil recurrir a la inflación para alimentar una prosperidad ficticia y quebradiza, o como fácil expediente para no abordar los problemas de fondo.»

Evolución deseable y previsible de la economía

«El Plan se debate entre unas aspiraciones prácticamente sin límites; y unos recursos que, por definición, son limitados. Las alternativas son muchas: ¿Hasta qué punto es posible contener el consumo para incrementar la inversión y crear nuevos puestos de trabajo? o, dicho de otro modo, ¿hasta dónde deben sacrificarse las generaciones presentes en beneficio de las futuras? ¿En qué cuantía deben dotarse los servicios a cargo del sector público para no mermar peligrosamente la inversión privada?»

«Tras un detenido estudio de la evolución previsible del producto nacional, se ha estimado en un 5,5 % el ritmo anual de crecimiento, compatible con la estabilidad interna y exterior. Este ritmo no es excesivo, pero tampoco es bajo. De mantenerlo, España habrá duplicado en 1975, es decir, en el transcurso de tan sólo doce años, la producción de 1963.»

«Dos trazos vigorosos definen claramente el perfil de este II Plan: la educación y la agricultura.»

La Enseñanza: dos millones de puestos escolares

«El II Plan de Desarrollo casi triplica las inversiones docentes, la cual permitirá el acceso a todos los niveles de enseñanza, con la creación de más de dos millones de puestos escolares.»

La Agricultura: ordenación rural de dos millones de hectáreas

«Otro sector que el II Plan declara prioritario, es la agricultura. El problema de las estructuras agrarias se aborda, entre otras actuaciones, mediante la ordenación rural de dos millones de hectáreas, el programa de expansión ganadera, la política de regadíos, la investigación agraria, la asignación de fondos para el acceso de los campesinos a la propiedad de la tierra y la mejora del medio rural.»

Transformaciones sociales y económicas

«El Plan se ha de valorar en función de su capacidad transformadora de las estructuras actuales. Porque el Plan de Desarrollo no pretende obtener una fotografía ampliada de la actual imagen de España, sino que es un poderoso instrumento para darle una fisonomía más justa.»

Con esta intervención mía se abrieron los largos debates sobre el II Plan de Desarrollo que se aprobó el 7 de febrero de 1969 por el Pleno de las Cortes.

Se abre una sinagoga en Madrid

Al amparo de la Ley de libertad Religiosa de 28 de junio de 1967, el 16 de diciembre de 1968 se inauguró en Madrid una sinagoga y la Comunidad israelí fue reconocida como asociación confesional.

Nueva resolución de la ONU sobre Gibraltar

El 18 de diciembre la Asamblea General de las Naciones Unidas aprobó la Resolución 2.429, por la que se solicitaba al Reino Unido que descolonizara Gibraltar antes del 1.º de diciembre de 1969: una victoria moral. Desgraciadamente las resoluciones de la ONU carecen de eficacia, si el país al que van destinadas hace caso omiso de ellas, como ocurre con Inglaterra en el contencioso gibraltareño.

Acto carlista en Valvanera

Don Javier de Borbón Parma y su hijo Don Carlos-Hugo, desde 1957 venían presentándose como abanderados de la Comunión Tradicionalista en la concentración carlista en Montejurra. Aquel año, en su alocución se refirió Don Carlos-Hugo a Carlos VII intitulándose nieto de éste, sin serlo, y se dirigió a los congregados en representación de su padre. Ello motivó que se le ordenara trasladarse a la frontera y salir de España.

Posteriormente se les permitió a Don Javier y a Don Carlos-Hugo que regresaran, advirtiéndoles que debían abstenerse de actividades políticas, cosa que no cumplieron. Sus reiteradas comparecencias públicas, culminaron en el acto político que tuvo lugar en el Monasterio de Valvanera el 15 de diciembre de 1968, presidido por Don Javier y sus hijos Don Carlos-Hugo y Doña María Teresa; los dos primeros enarbolaron la bandera carlista, con gran vehemencia.

Expulsión de la familia Borbón-Parma

El 20 de diciembre, el Consejo de Ministros acordó la expulsión de Don Javier y Don Carlos-Hugo de Borbón-Parma por las actividades políticas que, siendo de nacionalidad francesa, venían desarrollando en España y que culminaron en el acto que tuvo lugar en el Monasterio de Valvanera el anterior día 15, incumpliendo de este modo las disposiciones que regulan la residencia de extranjeros.

La Junta Suprema de la Comunión Tradicionalista protestó por esta orden de expulsión, mediante una nota que distribuyó la *Agencia Pyresa* (del Movimiento) y publicó *Arriba* el 22 de diciembre. Para salir del paso de esa nota, redacté, conjuntamente con Gonzalo Fernández de la Mora, un artículo titulado «Las hospitalidad española» que Carrero envió a Solís para que se publicara en *Arriba*. En uno de sus párrafos decía:

«Siempre es ingrato poner límites a la hospitalidad. Esta medida tiene un aspecto personal doloroso. Pero posee la virtud de ser fiel a nuestro Ordenamiento Jurídico y de clarificar la situación. Don Carlos-Hugo es un Príncipe de la Casa de Borbón-Parma que tiene todos nuestros respetos; pero no los derechos inherentes a la nacionalidad española. Por eso carece de títulos para intervenir en la cosa pública de nuestra nación.»

El día de Navidad, Don Esteban Bilbao, tradicionalista, recibió a Don Javier de Borbón-Parma.

Caetano desea el entendimiento con España en la política exterior

El 28 de diciembre me escribió Caetano una carta en la que, después de agradecerme mi felicitación de Navidad y Año Nuevo, decía:

«Son muy pesadas mis actuales responsabilidades. Y es muy necesario para sobrellevarlas la colaboración de los amigos, especialmente en la política exterior. Sé que tenemos posiciones e intereses en cierto punto divergentes. Pero estoy seguro de que podríamos hallar fórmulas amistosas de entendimiento, de modo que no perjudique la colaboración de ambos países en lo que sea esencial para la Península.» (Ver anejo).

Le mostré al Generalísimo esta carta y no cayó en saco roto.

Mensaje de Fin de Año

Portugal

«El año 1968 nos ha traído el dolor de la grave enfermedad que ha aquejado el Primer Ministro del país vecino, doctor Antonio de Oliveira Salazar, que hemos seguido intensamente. Confiamos en su restablecimiento y aprovechamos la ocasión para rendir homenaje a su insigne personalidad de hombre y de político excepcional» (...) «Nuestra amistad por el pueblo portugués nos hace expresar nuestros mejores deseos de éxito al nuevo Presidente del Consejo, doctor Marcelo Caetano, que ha tomado sobre sus hombros la continuación de la obra de Salazar.»

Caetano, en carta de 19 de enero de 1969 me escribió: «Ya hice saber por mediación del Embajador de Portugal, cuánto me había sensibilizado la cariñosa referencia que hizo el Generalísimo Franco en su Mensaje de Fin de Año. Quiera Dios que en la práctica todo ocurra de acuerdo con los sentimientos de los gobernantes de ambos países.»

La no prórroga automática de los Acuerdos con USA

Otro párrafo relativo a la política exterior que incluyó el Jefe del Estado en su mensaje de Fin de Año fue éste: «Nuestras relaciones con los Estados Unidos siguen moviéndose siempre en un plano de amistad y cordialidad, que no excluye la defensa cortés y firme de las que creemos razones legítimas y atendibles.»

Gibraltar

Después de referirse a la concesión de independencia a Guinea Ecuatorial, Franco dijo: «Mientras España cumple así sus compromisos internacionales, continúa pendiente el amargo e irritante problema de Gibraltar, que cada español estima como personal y propio. El consenso internacional ha sido claramente expresado, una vez más, por las Naciones Unidas, que han emplazado a Gran Bretaña para su solución. Estamos seguros que la justicia prevalecerá finalmente. Los que se obstinan en el mantenimiento de situaciones anacrónicas, recuerden que ni Gibraltar como núcleo de vida civil, ni Gibraltar como plaza fuerte, son hoy viables, ni en la paz ni en la guerra, sin la amistosa colaboración de España.»

AÑO 1969 I:

DESIGNACIÓN DEL PRÍNCIPE DON JUAN CARLOS COMO SUCESOR A TÍTULO DE REY

Objetivos 69

En el relativo sosiego de las fiestas navideñas y de Año Nuevo me tracé los objetivos que me proponía alcanzar aquel año. Las anoté en una hoja de la agenda encabezada con estas palabras: *Objetivos 69*.

El primero de ellos era conseguir que el Jefe del Estado se decidiera a designar como sucesor a título de Rey al Príncipe Don Juan Carlos y, el segundo, que se produjera el cambio de Gobierno, a todas luces inaplazable a causa de las divisiones internas y del desgaste de varios Ministros después de doce años de desempeñar el cargo o por razones de salud.

También me propuse tener contactos más frecuentes con los altos cargos y Procuradores en Cortes compenetrados con mis planteamientos políticos, que habían dado muestras de lealtad y eficacia, con objeto de cambiar impresiones con ellos y aunar esfuerzos para vencer la inercia del inmovilismo y contrarrestar la presión de los involucionistas.

Por último, procuraría conectar con nuevas personas de peso

específico y respaldo social que pudieran secundar mi actuación política: intelectuales, dirigentes de empresa, periodistas, etc.

Sin duda alguna, el nuevo año iba a ser decisivo y todos los apoyos y colaboraciones serían pocos para alcanzar los objetivos propuestos.

Interpelación acerca de la expulsión de la familia Borbón-Parma

El 4 de enero se presentó en las Cortes una interpelación de José Ángel Zubiaur Alegre en la que solicitaba al Gobierno explicaciones por la expulsión del territorio nacional de la familia Borbón-Parma (1). El argumento central del interpelante era que, según él, Don Javier de Borbón-Parma era el Representante de la Dinastía Carlista.

Juan Sáenz-Díez García, dinámico empresario a quien conocí, allá por los años cuarenta, en Santiago de Compostela y destacado militante de la Comunión Tradicionalista, disintió de la medida adoptada por el Gobierno en relación con la familia Borbón-Parma y, en particular, de la respuesta dada a la interpelación del Procurador en Cortes, Zubiaur. Vino a verme y le pedí una nota en la que expusiera sus razones.

En carta de fecha 2 de mayo de 1969 me decía «las notas que me pediste han resultado más largas de lo que yo creía y me ha sido imposible complacerte más pronto, como hubiese sido mi deseo. Por lo que valgan te las mando y puedes hacer de ellas el uso que te parezca más conveniente».

Efectivamente, ocupaban diez folios mecanografiados a un solo espacio. El escrito se basaba fundamentalmente en que Don Javier de Borbón-Parma se había sumado, aún antes de su inicio, al Alzamiento del 18 de julio y ello le legitimaba para aspirar a la Corona (2).

(1) En el anejo 55 de mi libro *La larga marcha hacia la Monarquía*, edit. Noguer, 6.ª edición, Barcelona 1978, págs. 607-611, puede verse el texto íntegro de la interpelación de Zubiaur, así como la respuesta del Gobierno, págs. 611-615.

(2) El texto íntegro de la nota de Juan Sáenz-Díez se reproduce en el anejo 56 de *La larga marcha hacia la Monarquía* (págs. 615 a 623).

Entrega de Ifni a Marruecos

En virtud del Tratado de Fez de 4 de marzo de 1969, se estipuló la «retrocesión» de Ifni a Marruecos, a cambio de concesiones en materia de pesca, mediante licencia, en aguas marroquíes (1), fundadas en las antiguas «Pesquerías de Santa Cruz de Mar Pequeña», origen de la presencia española en Ifni que se remonta a fines del siglo XV y que se confirmó por el Tratado hispano-marroquí de Tetuán de 1860. Ifni tenía una extensión de 1.500 km^2 y 60.000 habitantes, de los cuales unos 12.000 eran de origen europeo.

El Tratado de Fez establecía una vigencia de 10 años, prorrogable. Pues bien, aún no habían transcurrido cuatro años cuando Marruecos lo denunció, lo que inició el contencioso pesquero que ulteriormente fue agravándose por nuevos actos unilaterales del Reino alauita (2).

Resonancia de las Declaraciones del Príncipe a la Agencia Cifra

El 7 de enero, Don Juan Carlos recibió al Director de la Agencia Efe-Cifra, Carlos Mendo, se sacaron unas fotografías de la audiencia y el Príncipe le entregó, para su publicación, las declaraciones previamente redactadas, como es usual en estos casos. En el capítulo anterior he transcrito las frases más significativas.

El mismo día, el diario vespertino *Pueblo* las publicó y otro tanto hicieron, al día siguiente, los demás periódicos. Las declaraciones del Príncipe tuvieron extraordinario eco dentro y fuera de España. La suerte estaba echada: el Príncipe había decidido aceptar la designación de sucesor.

Tanto en los pasillos de las Cortes como en la antesala del Consejo de Ministros del 10 de enero no se hablaba de otra cosa. Al

(1) La extension de las aguas marroquíes era entonces de doce millas desde la costa; fuera de las doce millas, la pesca era libre.

(2) El 3 de marzo de 1973 Hasan II promulgó un dahir que ampliaba hasta 70 millas las aguas de Marruecos y la marina marroquí comenzó a apresar los pesqueros españoles que faenaban dentro de las 70 millas, lo que privaba de sus caladeros tradicionales a nuestros pescadores.

Almirante Carrero Blanco y a la mayoría de los Ministros les gustaron mucho las declaraciones.

Le hablo a Franco del Príncipe Don Juan Carlos

En el primer despacho que tuve en 1969 con el Jefe del Estado en el Palacio de El Pardo, el miércoles, 8 de enero, me empleé a fondo y le dije:

«Todo el mundo imagina, mi General, que estarán hechos todos los cálculos para poner en órbita al Príncipe Don Juan Carlos, con tanta precisión como el Apolo VIII que llevó a los astronautas americanos a circunvalar la luna. Si, por no actuar en el momento preciso, él se quemara, nos encontraríamos en un callejón sin salida. Están cerradas todas las puertas porque el artículo 8.º de la Ley de Sucesión es una salida impracticable: exige la reunión conjunta del Gobierno y del Consejo del Reino para proponer a las Cortes una persona de estirpe regia... Dios sabe lo que saldría de esa reunión. Don Juan Carlos ha recibido una formación que le hace idóneo para ser el futuro Rey; de otra parte, goza de la confianza de V.E.

—¡Y discurre muy bien! —añadió Franco.

—Urge, por tanto, que V. E. designe al Príncipe Don Juan Carlos porque su actual situación ambigua, conforme pasa el tiempo, se hace cada vez más insostenible. Finalizada la etapa de sus estudios militares y civiles, su presencia en el Palacio de la Zarzuela resulta, a los ojos de muchos, injustificada. La gente se puede preguntar: ¿qué hace aquí?

Hubo un plan de estudios universitarios que ya se ha cumplido. Ahora hace falta un plan para su mayoría de edad política que le habilite para ser heredero de la Corona al cumplir 30 años. Es preciso crearle una imagen ante el país. De otra parte, se han abierto las compuertas a la polémica sucesoria: unos sostienen la Causa del Conde de Barcelona, otros, la de su hijo, los de más allá, la de Don Alfonso de Borbón Dampierre o la de Don Carlos-Hugo de Borbón-Parma. Si no se zanja la cuestión de una vez por todas, me temo que la pugna por la sucesión irá en aumento por el transcurso del tiempo pues cada día que pasa nos acerca al inevitable desenlace.»

Le saqué a relucir las declaraciones del Príncipe a la Agencia EFE diciéndole que estaban hechas con mucha mano izquierda. «¿Quién se las habrá hecho?», dijo Franco, que estaba al cabo de la calle. Me limité a sonreír. Luego añadí: «Con sus declaraciones, el Príncipe ha quemado sus naves como hicieron los conquistadores. Ahora sólo falta la decisión de V. E.»

Asuntos varios

Traté también en ese despacho con el Jefe del Estado de otras cuestiones de menor interés: «el Plan de Desarrollo —le dije— puede fallar a la hora de su ejecución. Con la actual estructura de la Administración Central, no respondo de su cumplimiento. Además de los Ministros, hacen falta profesionales competentes que asesoren, como Henry Kissinger, hombre-clave de Nixon.

Le informé de haber distribuido a los demás Ministros un informe sobre la evolución de la economía a partir del cambio de la paridad de la peseta, que podría ser objeto de deliberación en la siguiente Comisión Delegada de Asuntos Económicos del 17 de enero.

Comenté los debates en las Cortes acerca del II Plan de Desarrollo en los que hubo abundantes dosis de demagogia y no pocas insinuaciones insidiosas. «A veces —dije— cuesta más callar que hablar: podría sacar a relucir algunas maniobras de bajo estilo, pero preferí callar; a los derrotados hay que tratarles con hidalguía, como el Marqués de Spínola en el cuadro de las lanzas.»

Preocupación en Estoril

La reacción de Estoril quedó reflejada en la carta que Don Juan de Borbón dirigió al Presidente de su Consejo Privado, José M.ª Pemán. Sus principales párrafos son los que siguen:

«Las recientes declaraciones del Príncipe Juan Carlos a la Agencia Cifra fueron hechas sin mi conocimiento ni intervención alguna por mi parte, ya que tuve noticia de las mismas al leerlas en el periódico, como un español más. Las especiales circunstancias que rodean la estancia en España del Príncipe de Asturias confieren un relativo valor a esas afirmaciones, que más parecen tener el carácter de compromiso con algún grupo o sector dominante que reflejar el espontáneo pensamiento de mi hijo en materias tan delicadas e importantes como son las de sucesión y legitimidad.»

«Dada la trascendencia de la cuestión he pensado en la conveniencia de formular una consulta personal y reservada a todos y cada uno de los miembros de mi Consejo Privado, recabando su explícita y sincera opinión sobre el asunto y sobre la actitud que debería yo tomar a la vista de lo acontecido, teniendo en cuenta la extraordinaria divulgación que el Gobierno, a través de la Prensa y Televisión, ha dado a dichas declaraciones, así como a la extensa confusión creada con este motivo en torno a la legitimidad dinástica y al principio sucesorio.»

«Aprovecho esta ocasión para enviarte copia de la carta que en el mes de octubre escribí al Príncipe previendo que iba a suceder algo grave en nuestra Causa. Puedes ponerla en conocimiento de los señores consejeros.»

Según una carta confidencial, sin fecha, de la «Secretaría de Organización» de la Causa Monárquica, la respuesta a la consulta solicitada por Don Juan fue concluyente: «Una abrumadora mayoría de Consejeros reiteró su adhesión incondicional al Conde de Barcelona, lamentando lo ocurrido y pidiéndole que remediase lo necesario para restablecer la unidad familiar y de criterio en materia tan fundamental y de importancia decisiva para el futuro de España.»

Franco le comunica al Príncipe que le nombrará sucesor

El 15 de enero fui al palacio de la Zarzuela y le conté al Príncipe mi despacho con el Jefe del Estado del 8 de enero y la favorable reacción con que éste había acogido sus declaraciones a la Agencia EFE. Le aconsejé que no le apremiara a Franco en la cuestión sucesoria pues podría resultar contraproducente.

Aquella misma tarde el Príncipe fue al Palacio de El Pardo. Franco le comunicó su decisión de nombrarle sucesor en el curso de aquel año. Don Juan Carlos le contestó que, como español y como soldado, se entregó por completo a su Patria desde que juró bandera y estaba dispuesto a declarar solemnemente su aceptación y hacer lo que fuera necesario por España. Le pidió a Franco que tuviera un detalle humano con su padre de modo que quedara clara su intención de contar con él.

—«No comprendo la actitud de vuestro padre; no se hace cargo de las cosas» —contestó Franco. Y añadió—: «Tenga mucha tranquilidad, Alteza. No se deje atraer ahora por nada. Todo está hecho.»

—«No se preocupe, mi General, yo ya he aprendido mucho de su galleguismo.»

—«Vuestra Alteza lo hace muy bien» —dijo Franco al despedirle.

El lunes, día 20 de enero, el Príncipe entregó a Fraga la carta que había escrito a su padre en diciembre en respuesta a la suya del 12 de octubre.

El Almirante Carrero Blanco defiende la Ley de Representación Familiar que dio entrada en Las Cortes a 108 nuevos Procuradores de carácter electivo. (26-VI-1967)

«Los Nuncios, en los países de Hispanoamérica, están acostumbrados a hacer política. Deberíamos pedir más información sobre Mons. Dadaglio (Franco, 7-VII-1967)

Me reuní con el Presidente Balaguer y los Ministros de su Gobierno. (14-VIII-1967)

El Presidente de la Diputación de Barcelona, José M.ª de Muller, durante su discurso de homenaje a Prat de la Riba. (1 de agosto 1967)

Asisto al Festival Pau Casals el 13-IX-1967.

El Almirante Carrero Blanco jura el cargo de Vicepresidente del Gobierno. (22-IX -1967)

Federico Silva recibido por Giulio Andreotti, Ministro italiano de Industria y Comercio, acompañado por el Embajador Alfredo Sánchez Bella (X-1967)

«La convivencia en la libertad tiene que basarse en un gran respeto para los puntos de vista ajenos, en una comprensión auténtica para todos los hombres.» (El autor en el Congreso Municipalista, en el Saló de Cent en Barcelona. (6-X-1967)

Franco recibe a Franz Josef Strauss, Ministro alemán de Finanzas. (31-X-1967)

«Debería existir un dispositivo para aunar esfuerzos entre las diferentes fuerzas políticas y marchar unidos en una misma dirección.» (Manuel Aznar, 3-XII-1967)

Más grave que los problemas económicos, que podrán superarse, es el error cometido con la Ley Orgánica del Movimiento al introducir los artículos que se habían eliminado de la Ley Orgánica del Estado.» (El autor a Fraga, 28-XII-1967)

Don Angel Herrera Oria propugnaba un General, el que sea, que sucediera a Franco como Regente y convocara elecciones para que el pueblo decidiera en favor de la República o de la Monarquía. (Así lo expresó a Alberto Martín Artajo y al autor)

El Conde de Barcelona, acompañado de José M.ª Pemán, visita en Madrid a Ramón Menéndez Pidal. (II-1968)

Llegada a Barajas de la Reina victoria Eugenia. (7-II-1968)

La Reina Victoria Eugenia con su hijo Don Juan y con su nieto Don Juan Carlos. (II-1968)

Bautizo del Príncipe Felipe en el Palacio de la Zarzuela. (8-II-1968)

Rafael Díaz Llanos solicita que se constituya una Comisión de encuesta en las Cortes para estudiar el problema universitario. (21-III-68)

Leonardo Prieto Castro dimite como Decano de Derecho y escribe al autor declarándose «víctima mangueada, empapada, entintada (y posteriormente resfriada)» a consecuencia de unos incidentes universitarios. (carta de 23-III-1968)

«La pronta y satisfactoria evolución del sector exterior ante la operación devaluatoria es una buena prueba de la capacidad de reacción de nuestra economía.» (Carrero Blanco, 3-IV-1968)

«Yo he seguido la línea que tú me trazaste.» (El Príncipe Don Juan Carlos a su padre, en mayo de 1968)

La rebeldía estudiantil en París degeneró en una auténtica revolución: «el mayo francés».

Silva pronunció, con gran alarde de memoria, un brillante discurso sobre los planes de Obras Públicas, que le mereció una gran ovación y un «olé tu mare» de un espontáneo. (18-VI-1968)

Leopoldo Calvo-Sotelo, Presidente de RENFE, entrega a Franco el primer billete Madrid-Burgos, en presencia del Ministro de Obras Públicas, Federico Silva. (5-VII-1968)

El Cardenal Pla y Deniel, publicó una Pastoral en la que, tras recordar la licitud del Alzamiento Nacional, preconizaba una orientación cristiana en la constitución del Estado, opuesta al totalitarismo.

Castiella defiende en las Cortes la ley de independencia de Guinea Ecuatorial. (27-VII-68)

«Con posterioridad al actual Jefe del Estado, será imposible mantener una situación de monopolio político salvo con el respaldo de una dictadura militar extremadamente precaria.» (Agustín Cotorrado, IX-1968)

Castiella, en Washington, negociando con Dean Rusk los Convenios con los Estados Unidos. (IX-1968)

El Almirante Carrero Blanco recibe la visita del Canciller alemán Kurt Georg Kiesinger. (30-X-1968)

Franco y el Sindicalismo

En su habitual despacho de los jueves con Carrero, el 23 de enero, salió a relucir el tema de la Organización Sindical. Franco le dijo: «Desde 1937 *ando patinando* con los Sindicatos.»

Se declara el estado de excepción por tres meses

La situación universitaria y la del País Vasco venía deteriorándose. En vista de ello, el Consejo acordó declarar el estado de excepción. Fraga justificó la medida ante los periodistas con estas palabras:

«Se trata de acciones claramente concertadas para meter al país en una ola de confusión y de subversión mundial; una estrategia en la que se utiliza la generosidad ingenua de la juventud para llevarla a una orgía de nihilismo, de anarquismo y de desobediencia que ha sido denunciada, por lo demás, en estos días por todos los hombres de Estado, y por todas las grandes tribunas del mundo» (...) «Es mejor prevenir que curar. No vamos a esperar a una jornada de mayo para que luego sea más difícil y más caro el arreglo.»

«Una marea de opinión sana y mayoritaria que ha llegado por todas las vías (telegramas y cartas en estos días) apoya al Gobierno, que desea la paz. Estamos cargados de razón porque se ha hecho todo —y ahí están los recientes sucesos de Barcelona— para llegar al diálogo, y se ha dado toda clase de facilidades para una auténtica armonía. Vamos a cumplir con nuestro deber de defender la Patria y el progreso de España; vamos a defender, como dice el decreto, el derecho de los españoles a estudiar, a enseñar, a trabajar, a mejorar su vida y vivir en paz y en sosiego; vamos a hacerlo tranquilamente, con los recursos que la ley establece por el tiempo que sea necesario» (...) «Ningún hombre de bien y de paz tiene, por supuesto, nada que temer ni perder; se trata de medidas perfectamente limitadas, que serán aplicadas de modo flexible.»

Aunque no carecía de fundamento, la medida me pareció desorbitada y, sobre todo, me contrarió vivamente, ya que daba motivo para aplazar el nombramiento de sucesor, cuando Franco, al fin, lo tenía decidido, pues, obviamente, no podía hacerse la designación oficial hallándose el país en estado de excepción.

Silva, pesimista

El 29 de enero, en la reunión de los miércoles en la Presidencia del Gobierno, el Ministro de Obras Públicas, Federico Silva, me pasó una nota manuscrita que decía:

«1. Esto se hunde por horas (José Luis Villar Palasí). Pensemos qué hacer. 2. Si se abre la Universidad, nos corren. 3. Si fracasamos, todo se irá en dirección al «bunker». Y el fracaso de la «represión» no hay que ser un augur para verlo. ¿Estarás aquí el fin de semana? Hablaremos esta tarde por teléfono.»

En el anejo documental puede verse la fotocopia de esta nota.

«Matar moscas a cañonazos»

A las gentes más moderadas de la clase política les pareció un desacierto la medida de declarar el estado de excepción. Así me lo expresó Vicente Mortes en carta de 4 de febrero de la que transcribo los siguientes párrafos:

«Matar moscas a cañonazos» y «dar palos de ciego» son dos expresiones que estoy oyendo con muchísima frecuencia estos días. Las dos se utilizan referidas al estado de excepción, y no precisamente por personas a quienes pudiera molestar esta disposición». (...) «Creo firmemente que el Régimen tiene la suficiente capacidad de encaje como para permitir la convivencia de quienes somos «acérrimos partidarios», con quienes lo son menos e incluso lo son apenas, con tal de que unos y otros respetemos la legalidad vigente».

Apreciaciones del Cardenal Antoniutti y de Mons. Casaroli, sobre el Régimen de Franco

En carta de 29 de enero de 1969, el Embajador Garrigues dio cuenta al Ministro Castiella de su entrevista con el Cardenal Antoniutti, en la que éste le dijo: «El Caudillo ha salvado no sólo a España sino a Europa del comunismo. Sin él, sin su acción, el mapa del mundo sería distinto de lo que es ahora. La injusticia que supone el no reconocer esto y el no proclamarlo, es manifiesta y esta injusticia se da incluso aquí en Roma. Nadie como el Régimen de Franco ha servido a la Iglesia, añadió el Cardenal, pero tiene que cambiar porque las nuevas generaciones piden que se adapte a las circunstancias.»

En la misma línea Mons. Casaroli dijo al Embajador Garrigues, según relata éste en despacho del 26 de febrero de 1969, la Iglesia nunca podría olvidar lo que el Régimen había hecho por ella y que este reconocimiento, de estricta justicia, era perfectamente compatible con los cambios de la sociedad y con el proceso de transformación inevitable e irreversible de la Iglesia.

Hablo con Franco del proyecto de Ley Sindical

En mi despacho con el Jefe del Estado del 29 de enero le expresé mi punto de vista acerca del estado de excepción. Si la medida se prolongaba nos colocaría en un callejón sin salida, como la guerra de Vietnam.

Le comenté las variaciones introducidas por las Cortes en el Proyecto de ley del II Plan de Desarrollo: los 12 artículos originarios se convirtieron en 20 y las 2 disposiciones finales, en 4. En general se trataba de citar a los Sindicatos en la mayor parte de los artículos de la Ley del Plan. Le leí las líneas generales del discurso que pensaba pronunciar ante el Pleno de las Cortes en defensa del II Plan de Desarrollo. Le pareció bien.

Le informé de mi conversación con Arturo Espinosa Poveda del 23 de enero acerca de la futura Ley Sindical. Parafraseando a Mussolini, el lema de la ley podría ser: «Todo por la Organización Sindical, nada contra la Organización Sindical, nada fuera de la Organización Sindical.» De prosperar ese proyecto de ley —dije— sólo podría gobernar en España quien tuviera en sus manos la Organización Sindical: es el único grupo, en las Cortes, en el Consejo Nacional y en el Consejo del Reino, que obedece a una disciplina política.

Mons. Tarancón, Arzobispo de Toledo

El 30 de enero de 1969 fue nombrado para regir la sede primada de Toledo, Mons. Vicente Enrique y Tarancón, hasta entonces Obispo de Oviedo y anteriormente de Solsona. Gozaba, sin duda, del favor del Nuncio, Mons. Dadaglio, quien lo tenía *in mente* como el eclesiástico idóneo para situarle al frente de la Conferencia Episcopal, como se verá más adelante, y para secundar los vientos reinantes en la Curia Romana.

La «non nata» provincia de Gibraltar

En la Comisión Delegada de Asuntos Económicos del 31 de enero de 1969 Castiella, apoyado decididamente por Fraga, propuso la creación de una nueva provincia —la de Gibraltar— con parte del territorio de las provincias vecinas de Cádiz y Málaga. Todo ello con vistas a conseguir la devolución del Peñón.

La propuesta pareció ingenua a la mayoría de los Ministros: sólo serviría para hacernos la ilusión de que ya teníamos Gibraltar por el hecho de trazar en el mapa una provincia con este nombre, mientras la Plaza seguiría bajo la dominación británica. Sería fabricarnos el estuche sin tener la joya: así lo dije en el debate que se suscitó en la Comisión Delegada. De otra parte, como era de prever, en cuanto se conociera el proyecto, se produciría una fuerte reacción en las dos provincias limítrofes cuyo territorio se pretendía mutilar en favor de la nueva e hipotética provincia. Y así fue.

Pero Castiella no se desanimó. En carta dirigida al Embajador en Londres, Marqués de Santa Cruz, fechada el 17 de febrero, le decía: «Cumpliendo acuerdo del Consejo de Ministros se va a presentar el viernes 21 al Consejo un proyecto de la ley creando la provincia de Gibraltar segregando 28 municipios de Málaga, con Ronda y Estepona, y 12 de Cádiz, con Tarifa, Algeciras, Los Barrios y La Línea. La capital será Gibraltar.»

El Ministro de la Gobernación dio cuenta en el Consejo de Ministros del 21 de febrero del estado de opinión en Cádiz y Málaga y, tras un amplio debate, se decidió definitivamente archivar el proyecto.

Visita oficial de Michel Debré

El 6 de febrero llegó a Madrid, en viaje oficial, el Ministro de Asuntos Exteriores de Francia, Michel Debré. Celebró amplias conversaciones con su colega español Fernando Castiella y fue recibido en audiencia por el Jefe del Estado en El Pardo. Uno de los asuntos que más interesaba al Ministro francés era que España adoptara el sistema SECAM de televisión en color, frente al sistema alemán PAL.

Diagnóstico político del Presidente de la Diputación de Barcelona

Con fecha 6 de febrero de 1969, José M.ª de Muller y de Abadal, Presidente de la Diputación barcelonesa, me escribió una extensa carta —cuatro folios mecanografiados a un solo espacio— de la que transcribo los siguientes párrafos:

Decepción

«Hace poco más de dos años el pueblo español, en proporción sorprendente, aprobó la Ley Orgánica del Estado» (...) «Dos años han transcurrido ya y el balance es prácticamente decepcionante. Las esperanzas de una evolución, gradual pero segura, se centraban en una liberalización progresiva del Régimen; en una democratización de las instituciones; en la solución, ágil y robusta a un tiempo, de la sucesión en la Jefatura del Estado; en una renovación del sistema de Gobierno a base de la formación de un equipo coherente de hombres, dirigido por un Jefe de Gobierno fuerte, por supuesto independiente, en cuanto a funciones, de la Jefatura del Estado; en la estructuración de una Organización Sindical no subordinada al Gobierno y auténticamente representativa; en una apertura del Movimiento Nacional francamente integradora de todos los españoles de buena voluntad; todo ello avalado no por palabras, sino por muestras palpables y certeras de que la Ley Orgánica del Estado no era retórica, sino camino recto que debía conducir a una seguridad política y jurídica, de presente y de futuro, que todo el país anhelaba y continúa anhelando.»

Balance

«Si realizamos un balance honrado, y por tanto objetivo, de lo efectuado desde el Referéndum, esa oportunidad clarísima, única y extraordinaria, que sería lamentable que la Historia pudiera calificar un día de "ocasión perdida", nos encontramos con que, en lo político, el resultado es casi nulo.»

«Parece como si hubiera dominado en las alturas el celo de "no hacer nada", de no dar un paso, de contradecir las esperanzas legítimamente abrigadas por el país; como si hubiera existido un especial regusto en arrojar una ducha de agua fría sobre todas y cada una de las ilusiones nacidas al conjuro de aquel Referéndum nacional.»

Urge un cambio de Gobierno

«Por no hacer nada, ni siquiera se ha procedido durante esos dos años a un cambio de Gobierno. No es que esta medida constituya como una afición a las novedades o a las variaciones de un juego. No se trata de eso, pues entonces cabría juzgarla como simple ligereza. Lo que sucede es que el país tiene la sensación de que el Gobierno no está unido, no es coherente y, como consecuencia de ello, su actuación no resulta siempre congruente, ni aún menos, solidaria.»

Hace falta un Presidente del Gobierno

«Ante esto el pueblo opina que un Jefe de Gobierno podría aglutinar y formar un "equipo", seleccionando sus hombres y dotándoles si no de uniformidad, cosa jamás deseable, sí en cambio de unidad, absolutamente indispensable para desarrollar en todos los terrenos una política que revele visión clara de los problemas, criterios firmes para su solución y energía para la ejecución de las soluciones acordadas en equipo, las cuales, una vez adoptadas, habrían de ser mantenidas con auténtico espíritu de solidaridad. Esto es lo que la gente percibe que falta en el Gobierno actual.»

Muller tenía razón.

Se aprueba el II Plan de Desarrollo

En el Pleno de las Cortes del 7 de febrero de 1969, el Vicepresidente del Gobierno, Almirante Carrero Blanco, hizo una amplia declaración acerca de los hechos que motivaron la implantación del estado de excepción. Y terminó con esta frase que incluyó a petición mía: «Por último, señores Procuradores, huelga decir que las medidas de excepción no durarán ni un día más del necesario para normalizar la vida universitaria y social.»

En la misma sesión plenaria me correspondió pronunciar un discurso en el que expuse la concepción política y la línea de pensamiento que había presidido la elaboración del II Plan de Desarrollo.

Un modo de concebir el Estado

«A la vez que se impulsa el desarrollo —afirmé— hay que configurar un orden institucional, hay que tener un concepto del Estado.

«Antes que un cuadro de medidas técnicas, el Plan es un modo de concebir el Estado. Sólo desde la política y para la política alcanza su plena significación.»

Luces y sombras

«Hay algo que el Plan de Desarrollo consiguió desde su iniciación: crear una conciencia nacional de lo que ese mismo desarrollo representa; un más alto nivel de vida sólo puede alcanzarse a través del trabajo de todos.»

«Algunos pensaron que el Plan servía para todo, incluso para hacer invulnerable nuestra economía a cualquier vicisitud, interna y exterior, lo cual, evidentemente, no es así.»

«El Gobierno es consciente de que, durante los últimos años, junto a avances en ocasiones de gran espectacularidad, hemos tenido dificultades: "que no siempre hemos de hallar castillos donde nos regalen —como diría Sancho—, sino que tal vez toparemos con algunas ventas donde nos apaleen." Hemos vivido años difíciles y sería engañoso e ingenuo afirmar que todo se ha superado.»

«Cuando las convulsiones del sistema monetario internacional sacuden a muchos países, cuando la mayoría de las estructuras económicas y sociales se ven rebasadas por unas exigencias que descoyuntan sus articulaciones, sería ingenuo esperar que nuestro país se enfrentara a su transformación económica y social sin dificultades y sin lucha. Tendremos dificultades, pero las venceremos.»

«No pensemos que un Plan es un cálculo que admite la precisión con que se anuncia un eclipse. Nunca un Plan de Desarrollo, en ningún país, se ha cumplido ni se podrá cumplir rígidamente, sobre todo si el Plan no es una ordenanza ejecutada de modo implacable por medio de la coacción estatal. Nuestro entendimiento de la programación económica respeta la libertad y la iniciativa privada inseparables de la dignidad del hombre.»

Toda España está en obras

«Evidentemente, la confianza no se logra tan sólo con palabras. La confianza se gana con hechos. No voy a recurrir ahora las estadísticas, a despecho de su positiva elocuencia; quiero apelar, señores, al testimonio directo e inmediato de ustedes. ¿No reemplaza la maquinaria agrícola a las yuntas?, ¿no se construyen fábricas por doquier?, ¿no surgen nuevos barrios en los núcleos urbanos?, ¿no se levantan nuevas escuelas?, ¿no se cubren los tejados de antenas de televisión?, ¿no se pueblan nuestras calles y carreteras de vehículos?, ¿no se incrementan los consumos de electricidad y de acero?, ¿no se ha multiplicado el nivel sanitario en el campo y en la ciudad?»

«Los señores Procuradores son testigos de que toda España está en obras. ¡Esa es nuestra realidad! En sentido metafórico y también en sentido propio, estamos asistiendo a la elevación de la talla del hombre español. He aquí la mejor y más entrañable síntesis de nuestro desarrollo. Y también su más alta finalidad: contribuir, sin demagogia, a que los hombres sean más plenamente dueños de sus propios destinos.»

Programa realista

«El espíritu que ha presidido la elaboración del Plan no ha sido el de redactar un programa fácil, sino un programa realista, que sepa distinguir entre lo que nos gustaría y lo que nos es posible realizar.»

«Del balance entre los obstáculos y los factores dinámicos condicionantes del desarrollo se desprende que podremos seguir avanzando de prisa, al máximo ritmo compatible con el mantenimiento de la estabilidad. En modo alguno admitiremos la inflación: pantalla de un bienestar ficticio, y fácil expediente para rehuir los problemas de fondo.»

Sentido humanista

«A España le conviene hoy, como en ningún otro momento de su historia, que la economía del desarrollo se dirija, ante todo, a la conquista de las metas sociales que son la base de nuestra convivencia.»

«El progreso social, o se funda en el desarrollo, o se precipita en la frustación. Los trabajadores saben muy bien que, si el sistema económico se potencia, su mejora será posible; y que si el sistema económico se perturba, su mejora se verá comprometida.»

«El Plan de Desarrollo es para todos. Cada español ha de sentir sus efectos; en la oficina, en el taller, en el hogar, en la escuela y hasta en el ocio. Nuestra concepción de la economía es genuinamente humanista.»

Integración en Europa

«Nuestro país debe estrechar sus contactos con el ámbito internacional del que forma parte, esforzándose por colaborar en sus metas y participar de sus logros. Por ello, entre las previsiones del Plan se encuentra el firme propósito de realizar los esfuerzos necesarios para una vinculación con el Mercado Común, que lo integre en el progreso social y económico de nuestro continente.»

Un gran quehacer nacional

«El II Plan pretende concretar un gran quehacer nacional: el desarrollo de España al comienzo de una nueva década. Podemos hablar con esperanza de la España de los años setenta. Tenemos derecho a esperar la consecución, en su transcurso, de importantes objetivos de desarrollo social, de progreso económico y de convivencia política.»

«La España de los años setenta será también la España de los que nos sucedan. La juventud no puede crecer en la decepción. Es lógico que exija unos planteamientos valientes y reclame el puesto que le corresponde, para incorporarse a la construcción de la imagen de España. Cuantos se asoman con ojos limpios al futuro, saben que tenemos algo más importante que hacer que pelearnos los unos con los otros.»

«Desconfiar del futuro sería desconfiar de nosotros mismos, equivaldría a abrir las compuertas a ese fantasma del complejo de inferioridad nacional, del que tanto se ha escrito. Somos un pueblo que ha despertado a un deseo ya irrefrenable de progreso en todos los órdenes.»

«No se trata de cambiar el sol, la alegría de vivir de España, por unos porcentajes de renta per cápita. Sería un mal negocio. Manteniendo nuestra autenticidad podremos disfrutar de las ventajas del desarrollo, sin traicionar el talante del pueblo español: el señorío ante la vida —que no se adquiere con divisas— y el buen humor, que ayuda a hacer fácil lo difícil, a abrirse paso a través de obstáculos aparentemente insuperables.»

El discurso fue muy bien recibido por los Procuradores en Cortes que aprobaron, por gran mayoría, el II Plan de Desarrollo.

Villar Palasí habla ante el Consejo Nacional

El Ministro de Educación y Ciencia, José Luis Villar Palasí, compareció ante el Consejo Nacional en su sesión del 12 de febrero para exponer sus planes de reforma de la enseñanza que desembocarían, el año siguiente, en la Ley General de Educación. Hizo un discurso predominantemente técnico, sin meterse en el avispero de la agitación política universitaria.

Asisto a la reunión ministerial de la OCDE

El 13 de febrero intervine en la sesión inaugural del Consejo de Ministros de la OCDE. En mi discurso resumí la evolución de la economía española durante 1968 en los siguientes términos:

Balance de situación

«En este año se ha conseguido el mantenimiento de los equilibrios fundamentales. El índice del coste de la vida ha aumentado en un 2,9 por ciento, pese a las elevaciones de precios que toda devaluación comporta y la balanza de pagos ha registrado superávit. Estos resultados han tenido lugar al mismo tiempo que el producto nacional bruto ha crecido el 4,7 por ciento. Por su parte, el paro ha vuelto a descender hasta niveles propios de una situación de pleno empleo.»

«El producto agrario ha aumentado en un 6,7 por ciento, al mismo tiempo que han comenzado a aparecer los primeros resultados de la política de reorientación de las producciones. Las importaciones de alimentos han disminuido en 53 millones de dólares el último año.»

«La industria creció un 4,5 por ciento y han consolidado algunos procesos de reestructuración, ha aumentado el aprovechamiento de su capacidad productiva y ha visto expansionarse sus exportaciones en un 25 por ciento.»

«Por su parte, continuó el incremento de los intercambios comerciales, en particular de las exportaciones que aumentaron en un 14 %. Destaca la modificación en su estructura, con una participación cada vez mayor de los productos industriales.»

Plan selectivo

Señalé a continuación que, como indicaba expresamente el informe de la propia OCDE, el II Plan de Desarrollo «procura ser más selectivo al señalar sus objetivos y en concreto presta una atención especial a la educación y a la agricultura. Contiene también determinadas innovaciones: por ejemplo, la inclusión de proyecciones de flujos financieros, y de unas "señales de alerta" cuyo fin es denunciar si la coyuntura se desvía en exceso de los objetivos del Plan.»

Más adelante dije: «Es preciso insistir en la necesidad de aplicar tarifas preferenciales en favor de los productos procedentes de los países que, como España y otros Estados miembros de la OCDE, requieren ayuda de los países más industrializados.»

Las convulsiones monetarias

Luego añadí: «Las economías se encuentran sometidas a la incertidumbre de un sistema monetario que sufre crisis periódicas cada vez más frecuentes y perturbadoras y cuya solución provisional supone siempre la adopción de medidas con repercusiones negativas sobre todos los países.»

«Las restricciones impuestas por los países industrializados han tenido siempre una incidencia sobre los distintos capítulos de la balanza de pagos. Nos alejamos así peligrosamente de los ideales de solidaridad que un día animaron la política económica internacional y que deben mantenerse a toda costa.»

En París tuve ocasión de hablar extensamente con el Ministro francés de Economía y Finanzas, François Ortolí, al que luego escribiría acerca de nuestras negociaciones con la CEE.

El clero vasco

El 14 de febrero se celebró una reunión extraordinaria del Consejo de Ministros para deliberar acerca de la pastoral del Obispo de Santander y Administrador Apostólico de Bilbao, Mons. Cirarda, que había sido leída el domingo anterior en las iglesias de su diócesis y de la actitud de varios sacerdotes en Sestao. El Ministro de la Gobernación, General Alonso Vega, mostró su indignación contra estos eclesiásticos y propuso la adopción de enérgicas medidas contra ellos. Franco le atajó diciendo: «Camilo, no te comas a los curas, que la carne de cura se indigesta.»

Al día siguiente, el Obispo-Administrador Apostólico de Bilbao se entrevistó con el Ministro de Justicia, Antonio María Oriol y se limaron algunas asperezas.

Silva y yo procuramos que se levante el estado de excepción

El lunes, 17 de febrero, hablé con Federico Silva acerca del estado de excepción. Conscientes del estorbo que suponía para la designación del sucesor de Franco, quedamos en tener un almuerzo con el Ministro de la Gobernación, General Alonso Vega, para tratar de convencerle de la conveniencia de restablecer en su integridad las garantías constitucionales contenidas en el Fuero de los Españoles que habían sido parcialmente suspendidas al declarar el estado de excepción.

También hablamos, Silva y yo, de las relaciones con la Iglesia. Silva se encargó de redactar un informe sobre este asunto para entregárselo a Franco, haciéndole ver el riesgo que se corría, si se prolongaba el estado de excepción, de que la Conferencia Episcopal publicara una declaración reclamando el restablecimiento de las garantías constitucionales. Pero hasta el 21 de marzo no conseguiríamos nuestro propósito, como en seguida se verá.

También se consignaría en el informe de Silva sobre las relaciones con la Iglesia, la conveniencia de evitar nuevos factores de tensión como la Ley Sindical que no estaba en consonancia con la doctrina del Concilio sobre el derecho de libre asociación de los trabajadores.

Por mi parte, quedé en ver a Jesús Romeo para cambiar impresiones acerca del proyecto de Ley Sindical que cercenaba las competencias del Ministerio de Trabajo.

Carta al Ministro francés de Economía y Finanzas

Con fecha 19 de febrero dirigí una carta a François-Xavier Ortolí, antiguo Comisario del Plan y entonces Ministro de Economía y Finanzas, a la que acompañaba una nota sobre los principales puntos de nuestras negociaciones con la CEE para los que le solicité el apoyo de la Delegación francesa en el Grupo de Trabajo «España» del Comité de Representantes Permanentes de la Comunidad.

«Los Servicios competentes de la Administración francesa —le decía en mi carta— encargados de preparar las propuestas de las concesiones a España en los sectores agrícola e industrial, podrán tener en cuenta las ofertas considerables hechas por mi país y la necesidad de llegar a un cierto equilibrio entre las concesiones de una y otra parte.»

Ortolí contestó a mi carta con la suya, fechada el 14 de marzo, en la que me aseguraba que «el Gobierno francés se ha mostrado siempre muy favorable a la rápida conclusión de las negociaciones, que habrán de consolidar los lazos comerciales entre España y la CEE en interés mutuo de ambas partes. La delegación francesa ha presentado ya en Bruselas propuestas que, en algunos puntos van más allá de las preocupaciones de usted» (...) «Le puedo asegurar que he dado instrucciones a mis servicios para que examinen los problemas pendientes con la mejor buena voluntad.»

Se refirió luego al II Plan español diciendo: «Aprovecho esta ocasión para confirmarle que soy muy partidario de un aumento de la participación francesa en el equipamiento de España que viene exigido por nuestra vecindad y por los intereses comunes a nuestros dos países en la cuenca mediterránea.»

Le hablo a Franco del sindicalismo

En mi despacho con el Jefe del Estado del 20 de febrero, le di cuenta de la Reunión ministerial de la OCDE en París, de mi entrevista con François Ortolí y del eco que había tenido en la prensa francesa mi discurso ante las Cortes en defensa del II Plan de Desarrollo.

Le indiqué que la Oficina de Información Diplomática (OID) del Ministerio de Asuntos Exteriores no había dado noticia del discurso del Vicepresidente del Gobierno ante las Cortes acerca del estado de excepción.

Abordé también el asunto del proyecto de Ley Sindical. Le hice notar a Franco que en Francia sólo el 20 % de los trabajadores estaban sindicados, mientras que en España la sindicación era obligatoria. Ningún sindicalismo tenía, como el nuestro, un presupuesto de 5.000 millones de pesetas gracias a la cuota sindical, sufragado principalmente por las empresas, y que la utilización de ese presupuesto no podía convertirse en un «botín electoral».

Elección del Presidente de la Conferencia Episcopal

Para cubrir la vacante del Cardenal Quiroga Palacios, Arzobispo de Santiago de Compostela, se barajaron los nombres de dos candidatos: el recientemente nombrado Arzobispo de Toledo, Primado de España, Mons. Vicente Enrique y Tarancón y el Arzobispo de Madrid, Mons. Casimiro Morcillo. El 25 de febrero tuvo lugar la votación y salió elegido Presidente de la Conferencia Episcopal el Arzobispo de Madrid a pesar del apoyo de la Nunciatura al otro candidato. A causa de su nuevo cargo, Mons. Morcillo renunció a su escaño de Procurador en Cortes y a su condición de miembro del Consejo del Reino y del Consejo de Regencia.

El Embajador Garrigues, en un despacho, fechado el 9 de abril, refiere que el Cardenal Antoniutti le dijo el sábado de Pasión: «Es obvio que la voluntad del Santo Padre era que el Presidente de la Conferencia Episcopal fuese el nuevo Primado de Toledo».

Carta de Juan Velarde

El 20 de febrero me escribió Juan Velarde, catedrático de Estructura e Instituciones Económicas, un simpático tarjetón de su puño y letra en el que me decía:

«Sería mentiroso si no te dijese que tu referencia, ayer noche, a la Sección de Economía de *Arriba*, me ha emocionado, como Director que fui de aquella aventura que tú tan generosamente calificaste.»

«Además me alegra, porque en esta España de maniqueos, donde todo tiene que ser blanco o negro a la fuerza, tú tienes finura de espíritu para apreciar que, a veces —si no siempre— detrás de actitudes contrapuestas, lo que existe es una mayor cordialidad y espíritu de ayuda del que muchos creen.»

«Por eso eres capaz de citar a Azaña, de tender puentes, de no marcharte de banderizo a la sierra con una pequeña partida. Y quizá por eso, nos aguantas a los que llevamos cierto porcentaje de sangre montaraz, que tú sabes medir con clasicismo mediterráneo. Creo que, en el fondo, y sin proponértelo, aciertas. Porque no echas abruptamente de tu amistad a los que, en un gran porcentaje de cosas, no piensan como tú.»

Le contesté al día siguiente con otro tarjetón. Le dije:

«Te agradezco mucho tus cordiales palabras. Es importante ver que hay hombres nobles y sinceros como tú. Echo de menos la oportunidad de vernos y charlar que antes teníamos. No olvido tu excelente papel de mediador en señaladas ocasiones (dije mediador y debí decir hombre bueno). Es una función imprescindible para esa mayor cordialidad, tan necesaria en estos momentos.»

«Ya sabes que cuentas con un amigo de verdad.»

Graves acontecimientos en Guinea Ecuatorial

El 26 de febrero llegaron noticias alarmantes de Guinea. El Presidente Macías actuaba despóticamente y daba muestras de fobia contra España. Nuestro Embajador fue declarado persona *non grata.* Dos días después, Atanasio Ndongo y S. Ibongo salieron para Guinea y el 4 de marzo trataron de derrocar a Macías, pero fracasaron en su intento, lo que les costó la vida. El Presidente guineano, en una rueda de prensa atribuyó al Gobierno español el fallido golpe, lo cual es totalmente falso. Se inició con ello en caza de brujas: fueron asesinados varios guineanos amigos de España y hubo apaleamiento de españoles. Macías pidió el día 28, la salida de la Guardia Civil de Guinea. En vista de ello, el crucero *Canarias* y los transportes *Castilla* y *Aragón* salieron rumbo a las aguas guineanas.

Ibáñez Martín se despide del Conde de Barcelona

El Embajador Ibáñez Martín, en carta dirigida a Franco el 27 de febrero de 1969, relata que, al dejar la Embajada de Lisboa, fue a despedirse del Conde de Barcelona el día 22 de dicho mes y hace el siguiente comentario: «Tengo la conciencia tranquila de haberle ayudado con la máxima sinceridad en cuantos momentos consideró necesaria mi ayuda. En ningún caso sirvió para nada» (...) «Yo he trabajado siempre por encaminar sus pasos a El Pardo pero pudieron más los insensatos que el buen sentido».

Duro enfrentamiento Carrero-Castiella

El Consejo de Ministros del 7 de marzo se ocupó principalmente de los sucesos de Guinea. El Almirante Carrero Blanco atacó la política de Asuntos Exteriores tachándola de precipitada e imprevisora. Comenzó por subrayar el contraste entre la situación de antes y después de la independencia y luego formuló estas preguntas: ¿Fue oportuno ceder a las presiones urgentistas y otorgar una independencia a todas luces prematura? ¿No debieron atarse previamente todos los cabos y contrarrestar eficazmente los manejos que llevaron a Macías al poder? ¿Existía un mínimo de garantías para que la botadura del barco no acabara en naufragio?

Esta y otras invectivas del Vicepresidente del Gobierno dejaron a Castiella desmoralizado y hundido. Carrero remachó el clavo: «Que lo sucedido en Guinea —dijo— nos sirva de lección para no caer por la misma pendiente en lo del Sahara.»

El debate en torno a los acontecimientos guineanos fue muy vivo. Las noticias eran confusas. Se habló de que en Guinea las Fuerzas Armadas regulares se vieron desbordadas y el poder estaba en la calle.

Franco entonces intervino y dijo «No nos engañemos: Macías domina la situación.»

Otros Ministros se preguntaban: ¿Cuál es el futuro previsible de Guinea Ecuatorial? ¿Es viable la República de Guinea como nación independiente? ¿Vale la pena facilitarle ayuda económica y mantener allí a funcionarios españoles para prestarle asistencia técnica? No faltó quien propusiera, incluso, romper las relaciones diplomáticas.

Los crímenes de Macías

En vista de los graves acontecimientos de Guinea, el Gobierno acordó recomendar la evacuación de todos los españoles allí residentes y declinar toda responsabilidad por lo que pudiera ocurrirles; acordó asimismo la retirada definitiva de la Guardia Civil y demás Fuerzas militares españolas y suspender la ayuda económica.

Al día siguiente, 8 de marzo llegó a Guinea el *Canarias* y, poco después el *Castilla* y el *Aragón*, para proteger la evacuación de las Fuerzas y ciudadanos españoles.

El lunes, 10 de marzo, hubo una reunión de los Ministros militares y los de Asuntos Exteriores e Información en El Pardo, a la que asistió el Coronel Alarcón, Jefe de las Fuerzas españolas en Guinea. Se descartó una intervención militar, pero se acordó proteger por todos los medios la evacuación. Con este objeto llegaron nuevos buques de la Armada frente a Guinea.

En la Comisión Delegada del siguiente viernes, 14 de marzo, se reprodujo la viva discusión acerca de la política seguida con Guinea. Se tuvo noticia de que muchos españoles fueron apedreados y maltratados, la mujer de Atanasio Ndongo, violada y asesinada y de que Macías intentaba impedir la salida de españoles.

Macías sembró el terror y abrió una etapa despótica y sanguinaria que se prolongaría varios años y acabaría con la vida del propio Macías. La economía guineana se hundió y pasó de ser la más floreciente de África a una de las más míseras. El régimen que sucedió al derrocado, aunque guardó algo mejor las apariencias, conservó resabios dictatoriales y corrupción administrativa, mientras el pueblo seguía sumido en la indigencia.

Entrevista de Garrigues con el Conde de Barcelona

El Embajador Garrigues, en carta de fecha 4 y 5 de marzo de 1969, dirigida a Castiella, le informó de su conversación con el Conde de Barcelona: «He tratado de convencerle —dice— que la Monarquía debe partir de este Régimen y, salvaguardar los valores y las realizaciones del actual sistema desarrollando luego sus virtudes».

«Las discrepancias con Don Juan Carlos, tras las declaraciones de éste, y las cartas publicadas por el Conde de Barcelona son muy perjudiciales para la institución monárquica. Don Juan compartió este planteamiento, incluso en las relaciones con su hijo. Pero le dije que sus consejeros han dado una imagen diferente, de fractura con el Régimen.»

Otra vez el proyecto de Ley Sindical

En mi despacho con el Jefe del Estado del 5 de marzo le hablé nuevamente del Informe sobre la Ley Sindical y documentos anejos. También abordé el asunto del gas natural en Barcelona, de las realizaciones en el Campo de Gibraltar y del Informe de la OCDE sobre España.

Al día siguiente, el Vicepresidente del Gobierno, en su habitual despacho de los jueves por la mañana con Franco, le leyó una nota sobre la situación política en la que le sugería la conveniencia del cese de Solís por empecinarse en sacar adelante una Ley Sindical tan recusable como los proyectos de Leyes Fundamentales de 1956, pues otorgaba todo el poder a la Organización Sindical, a semejanza de Arrese que pretendía todo el poder para la Secretaría General del Movimiento.

Entrevista con el Nuncio

El día 6 de marzo, a las cinco menos cuarto de la tarde, acudí a la Nunciatura. Hablé largamente con Mons. Dadaglio. Me expresó su deseo de que se restableciera la confianza en las relaciones de la Santa Sede con el Gobierno español, pero ello resultaba difícil a causa del temperamento del Ministro de Asuntos Exteriores, Castiella, quien «se exalta y repite las palabras tres veces», en expresión del Nuncio.

Se quejó de que, una vez aceptadas las «seisenas» que debían enviarse a la Santa Sede para que ésta devolviera una terna entre la que el Jefe del Estado elegiría al candidato, en ejercicio del derecho de presentación de Obispos, Asuntos Exteriores se volvía atrás y se dejaba influir por «los caprichos» de Esteban Fernández. En vista de lo cual, dijo el Nuncio, la Santa Sede nombraría Obispos Auxiliares y Administradores Apostólicos que quedaban al margen del derecho de presentación.

Le insinué a Mons. Dadaglio que las dificultades para la elaboración de las «seisenas» acaso provinieran de que las personas propuestas por la Nunciatura tenían, a juicio del Gobierno, unas connotaciones políticas determinadas. Si se abriera más el abanico probablemente resultaría más fácil ponerse de acuerdo.

Ampliando el horizonte, le dije a Mons. Dadaglio que existía un ancho campo para una leal colaboración entre la Iglesia y el Estado y que ésta se vería facilitada si se restableciera el principio de autoridad en cierto sector eclesiástico. El Nuncio me aseguró que pensaba llamar la atención a algunos Obispos por haber consentido algunos excesos del clero, especialmente en el País Vasco, y que estaba preparando una instrucción para prohibir las ocupaciones de templos.

Le comenté que, según el Embajador ante la Santa Sede, Antonio Garrigues, el Vaticano estaba de acuerdo en que el Papa hiciera una «escala técnica» en Barajas en alguno de sus viajes, para entrevistarse con el Jefe del Estado, lo que podría contribuir a mejorar las relaciones con la Iglesia. Mons. Dadaglio dudó que esto fuera factible.

Garrigues, por su parte, me ha asegurado que había preparado una entrevista secretísima de Pablo VI con Franco en el Año Santo Compostelano de 1965.

«¿Ha habido algún Papa que haya ido a España?» le preguntó, en aquella ocasión, Su Santidad.

«El antipapa Luna» contestó el Embajador. Según éste, fue Franco quien rehuyó entrevistarse con Pablo VI.

Se intenta neutralizar las declaraciones del Príncipe

Un télex de la Agencia *Logos*, del 4 de marzo, adelantaba la noticia de que el Conde de Barcelona, a su regreso de Roma donde había acudido, acompañado por Areilza, para asistir a los funerales de Alfonso XIII y visitar al Papa, se iba a entrevistar en Niza con su hijo el Príncipe Don Juan Carlos para examinar la situación política española, ponerse de acuerdo y marchar muy unidos. De este modo las declaraciones del Príncipe a la Agencia *EFE*, aparecerían como resultado del papel que le había tocado representar y no como su forma de pensar plenamente sincera.

Don Juan Carlos tenía hacía tiempo programado para el 7 de marzo un viaje a Barcelona con el fin de visitar el Salón Náutico y, a continuación, pensaba ir a ver a su madre, internada en un sanatorio de Niza y pasar con ella la tarde del sábado día 8 y el domingo 9. Pero, al enterarse de la entrevista preparada por Areilza con fines políticos, suspendió el viaje a Niza, anuló los billetes de avión y regresó a Madrid el día 8 directamente desde Barcelona.

En torno al estado de excepción

El 8 de marzo ofrecí un almuerzo a los periodistas que cubrían la información en las Cortes para agradecerles la labor informativa realizada con ocasión de los debates sobre el II Plan de Desarrollo. En ese almuerzo me preguntaron si el estado de excepción sería levantado antes del 30 de marzo. Contesté que así lo esperaba si todo continuaba como hasta el presente, salvo que se produjeran nuevos actos subversivos. Al decirme los periodistas si la vuelta a la normalidad sería con censura o sin censura de prensa, respondí que el levantamiento comportaría la vuelta a la libertad de prensa, «con la que yo me sentía más a gusto».

La Prensa extranjera se hizo eco de esa conversación que había sostenido en tono confidencial con los periodistas españoles. Concretamente, el periódico holandés *Haagsche Courant* del 13 de marzo publicó una crónica de su corresponsal en Madrid, según la cual, «El Jefe del Estado español, General Franco, se propone levantar el estado de excepción antes del fin de este mes. Así ha sido anunciado por el Ministro del Desarrollo Económico, López Rodó. Se espera que la medida sea tomada en la próxima reunión del Consejo de Ministros, el viernes de la semana que viene.»

En forma parecida se expresó el periódico dominical londinense *Daily Telegraph*. Fraga me mandó copia de esos despachos de Prensa extranjera que iban adornados con una serie de fantasías, como por ejemplo, que «es un secreto a voces que los Gobiernos extranjeros han ejercido presión sobre Madrid para que levante el estado de excepción». Ello dio lugar a que el 17 de marzo el corresponsal de la Agencia *France Presse* en Madrid desmintiera las declaraciones que me atribuía el *Daily Telegraph*.

Fabián Estapé partidario de la planificación

El 4 de marzo de 1969 publicó Fabián Estapé un amplio artículo en *La Vanguardia* con el título «El Plan o el anti-azar», en que se apostaba por la planificación. Estas son algunas de sus frases:

«En los años de la postguerra surgió en Francia la idea —plácemes a Jean Monnet— de utilizar, asépticamente, las virtudes objetivas de la programación económica para contribuir a una mejor utilización de los recursos económicos y para facilitar un nuevo clima en las relaciones entre el sector público y el sector privado.»

«La planificación que se ensaya en Occidente y que comprende iniciativas tan dispares, por lo menos aparentemente, como las que se abordan en Francia, Holanda, Noruega y otros países, desborda el marco ideológico de la planificación socialista» (...) «En los últimos quince años, una serie de economías europeas, con la francesa al frente, han realizado un esfuerzo importante en orden a aplicar a unas tareas específicas, las más variadas técnicas del análisis económico.»

«Me parece necesario expresar una idea concreta: la economía española, y hasta fines del año 1971, cuenta con las directrices contenidas en el II Plan, y ello supone que, afortunadamente se ha elegido el Plan frente al azar.»

Le doy cuenta a Franco de mi conversación con el Nuncio

El 13 de marzo despaché con el Jefe del Estado en el Palacio de El Pardo. El asunto principal que traté fue informarle detenidamentel de mi entrevista con el Nuncio, Mons. Dadaglio, de la semana anterior. Franco mostró especial interés por el tema.

También le referí al Jefe del Estado mi almuerzo con seis periodistas, todos ellos acreditados en las Cortes, para agradecerles su información objetiva sobre los debates del II Plan de Desarrollo. Le puntualicé la pregunta que me hicieron acerca del estado de excepción así como la respuesta mía que luego fue tergiversada por la prensa extranjera.

—«Ya estamos habituados a ello», comentó Franco.

Asimismo, hice objeto de despacho asuntos varios de carácter económico, sin especial trascendencia.

Alcalde honorario de Santiago de Compostela

El 14 de marzo, por la tarde, fui a Santiago con objeto de recibir el nombramiento de Alcalde Honorario y también para asistir a la celebración del XX aniversario del Colegio Mayor de La Estila y presidir una reunión del Consejo Económico Sindical del Noroeste. Me acompañaron Fernando de Liñán, Manuel Azpilicueta, Emilio Sánchez Pintado y José Luis de Echarri.

En el Colegio Mayor de La Estila asistí a la lección magistral del Profesor Legaz Lacambra sobre el tema «Orientaciones actuales del pensamiento filosófico jurídico» y, a continuación pronuncié unas palabras recordando la creación del Colegio Mayor, por iniciativa de Mons. Escrivá de Balaguer, y con el apoyo generoso de las instituciones y de las gentes de Galicia.

Al día siguiente, a las 10 de la mañana, me reuní con el Consejo Económico Sindical en el que se abordaron cuestiones relativas a la enseñanza, a la agricultura, al plan marisquero, a la vivienda, al turismo y a las vías de acceso a Galicia. Cerré el acto con una breve intervención en la que prometí mi apoyo a las justas aspiraciones de la región.

A la una de la tarde se celebró en el Palacio Rajoy, con asistencia del Cardenal Quiroga Palacios, del Ayuntamiento en Pleno y de numerosos amigos y ex-alumnos, el acto de imposición de la Medalla de Oro de la Ciudad y entrega del bastón y del título de Alcalde Honorario y de Hijo Adoptivo de Santiago de Compostela.

Se levanta el estado de excepción

El levantamiento del estado de excepción se produjo de la siguiente manera: el viernes día 21 de marzo me presenté en casa de Don Camilo Alonso Vega, a las nueve de la mañana. Estaba desayunando con su mujer, Doña Ramona. Me hizo pasar a la pequeña habitación donde tomaban el desayuno y allí abordé el tema.

Le hice ver que, en tanto no se levantara el estado de excepción, no se podría hacer la designación del sucesor de Franco, y que la actitud de los Ministros que se oponían a dicha designación era muy significativa, pues se trataba precisamente de los mismos que abogaban en favor del estado de excepción y de que se prolongara, por lo menos, durante tres meses más, lo cual nos situaría en plena dispersión veraniega.

Le dije que, a mi juicio, con la notable mejora de la situación del orden público, bastaban las facultades ordinarias de la autoridad gubernativa para garantizar la normalidad. Por todo ello, le rogué, con el máximo interés, que llevara al Consejo de Ministros de aquella misma mañana la propuesta de levantar el estado de excepción.

Don Camilo tuvo una de esas salidas tan peculiares suyas y me dijo: «No lo veo, pero puesto que usted me lo pide y entiende más que yo de política, lo haré.»

Causa sorpresa la propuesta del Ministro de la Gobernación

Efectivamente, en aquel Consejo y al llegarle el turno a Don Camilo para informar, dio cuenta minuciosa de la situación del orden público y terminó diciendo: «En vista de todo ello, el Ministro de la Gobernación propone al Gobierno el levantamiento del estado de excepción.»

La propuesta causó sorpresa en todos y estupefacción en algunos. Solís, entre otros, se opuso a lo que él llamaba «una decisión precipitada y poco madura». Siguió una gran discusión en el Consejo. Por mi parte, empleé toda clase de argumentos: «que el éxito del estado de excepción se medía por su brevedad; que la excesiva prolongación de la medida causa malestar y alarma porque denota que el mal es grave; que no puede convertirse la excepción en regla general y que el mantenimiento de la medida implicaría el reconocimiento de que el Gobierno no se considera capaz de dominar la subversión con los medios ordinarios».

Saliendo al paso de quienes hablaban de una decisión no meditada, insistí en la necesidad de levantar el estado de excepción por sorpresa para que los agitadores no supiesen con antelación el día en que ocurriría. Por último, recordé que el primero de abril se cumplían los treinta años del final de la guerra, y la conmemoración se vería nublada si se mantenía el estado de excepción.

Tras un amplio y, a veces, acalorado debate, Don Camilo mantuvo la propuesta y Franco zanjó la cuestión diciendo: «Puesto que el Ministro de la Gobernación lo pide, que se levante el estado de excepción.»

Varios asuntos de despacho con Franco

Salvador Pániker me había hecho una incisiva entrevista para su libro *Conversaciones en Madrid* que iba a publicar en breve. En mi despacho con Franco del 26 de marzo le leí las preguntas y respuestas concernientes a la cuestión sucesoria y al postfranquismo, «por si hubiera algo que añadir o quitar».

SP —Suponiendo que Franco designara en vida a un sucesor, ¿quién sería este sucesor?

LR —Esta pregunta sólo la puede responder Franco.

SP —¿Cuál es tu opinión personal sobre el período subsiguiente a la sucesión?

LR —Dependerá de la calidad del Gobierno que se forme, de la asistencia que le preste la Nación y de lo bien que le vayan las cosas en una primera etapa. Esto será decisivo. Y aquí considero importante un factor: «si el primer Gobierno después de la sucesión tiene prisa por modificar leyes y alterar el *statu quo* político, entonces mi pronóstico es negativo». (...) «Todo lo que sea alterarlas antes de un prudente período de tiempo y, sobre todo, sin contar con el *consensus* del país, me parecería un disparate.»

SP —Hemos hablado mucho y hemos hablado sin cortapisas. ¿Cuál podría ser el resumen de esta conversación?

LR —Tengo la fundada esperanza de que España seguirá en un continuado proceso de desarrollo con paz y libertad.

Al llegar aquí, Franco me interrumpió diciendo:

—«¡Magnífico, magnífico...!»

Yo le aclaré:

—«En mis declaraciones a Salvador Pániker, mi General, pinto un final de color de rosa que, en realidad, veo oscuro. Comprendo que no sea oportuno decirlo, pero mientras no esté designado el sucesor, el futuro constituye un serio motivo de preocupación y de incertidumbre.»

—«El mecanismo sucesorio es complejo —insistí— y podría ocurrir, dado el carácter individualista de los españoles, que cada grupo y grupito quisiera llevar el agua a su molino, mientras que la desición de V.E. será aceptada y respetada por todos. Sería una lástima que V.E. dejara de ejercer la prerrogativa más singular que la Ley de Sucesión le confiere.»

Franco me interrumpió:

—«Bueno, esto si no designo sucesor.»

En ese mismo despacho del 26 de marzo di cuenta al Jefe del Estado de mi carta al Ministro de Economía y Finanzas francés, Ortolí, y de su respuesta.

Conversaciones en Madrid

En el preámbulo de su citado libro, Salvador Pániker escribe: «López Rodó entiende que las sociedades industriales son muy frágiles y que la inestabilidad política resulta cara. De ahí que, aunque de talante liberal y moderado, preste su consenso a una política de autoridad que no quiere veleidades en el orden público.

España tiene que llegar a los mil dólares de renta *per cápita*; después ya veremos.»

La cifra mágica de los mil dólares per cápita

Posteriormente, en su libro *Segunda Memoria*, Salvador Pániker precisó: «López Rodó afirmaba que con el desarrollo económico desaparecerían los extremismos. La famosa frase "España tiene que llegar a los mil dólares de renta *per cápita*; después ya veremos" no la dijo él. La dije yo. La dije para compendiar un aspecto tácito de su pensamiento. Después la frase hizo fortuna y circuló por todas partes.» (1).

Mis exactas palabras fueron: «Un pueblo que disfrute de unas condiciones de vida dignas, se hace menos extremista.»

Otras preguntas sobre asuntos económicos

Además de las preguntas y respuestas que le consulté a Franco, Salvador Pániker me hizo otras varias. Transcribo algunas de ellas.

LR —«No necesito decirte que conmigo puedes hablar de lo que quieras. No tengo temas tabú.»

SP —«Lo celebro. Podríamos empezar con el tema del Segundo Plan de Desarrollo. Se dice que el Plan se entretiene más en trazar el cuadro macroeconómico que en resolver los problemas básicos» (...) «Quizá quieran decir que no se socializan los medios de producción.»

LR —«No creo en la socialización de los medios de producción. En primer lugar porque, como su nombre indica, son medios, y yo valoro estos medios según la productividad que alcancen, y me parece que, de ordinario, consiguen más productividad cuando están en manos privadas que cuando están en manos públicas.»

SP —«Hay quien dice que es posible una socialización, dejando un sistema de incentivos para los dirigentes.»

LR —«Pero, ¿quién nombra a los dirigentes de empresa en un país socializado?»

SP —«¿Cuál es tu pronóstico en relación con la Comunidad Europea?»

LR —«Mi pronóstico, con todos los riesgos que este tipo de vaticinios encierra, es que, antes de que termine la vigencia del Segungo Plan de Desarrollo, España habrá firmado un acuerdo preferencial con el Mercado Común.»

SP —«Estoy admirado de su optimismo.» (2).

(1) *Segunda Memoria*, Seix Barral, Barcelona 1988.

(2) El Acuerdo comercial preferencial con la CEE se firmó en junio de 1970, en plena vigencia del II Plan.

Algunas cuestiones políticas

SP —«Creo que ha llegado el momento de que me expliques las líneas generales de tu filosofía política.»

LR —«En mi opinión, hay dos tipos de políticos: el político especulativo, es decir, el político de ensayo intelectual, y el político activo, el político realizador. Naturalmente, no se puede ser realizador si no se tiene nada en el cerebro, pero tampoco puede uno dedicarse a las puras fantasías. Hay mucha gente que dice hacer política, pero la impresión que dan es que sólo operan *in vitro*: cuanto dicen y razonan es verdad, pero es verdad *in vitro*. Porque en cuanto quitas la campana neumática y te enfrentas con el condicionamiento de que existen bacterias, corrientes de aire y, a veces, hasta huracanes, se producen reacciones distintas, incluso opuestas, a las que se ensayaron *in vitro*.»

SP —«El estamento político de un país lo constituyen siempre una minoría más o menos intelectual. Al menos hasta la fecha.»

LR —«Ciertamente. Los dirigentes han de ser personas con ideas en la cabeza y que sientan pasión por su país y por el bienestar de su pueblo.»(...) «Se puede jugar a la política de dos maneras: por vía de revolución o por vía de evolución. A mi juicio, no hay cosa más regresiva que una revolución.»

Evolución frente a revolución

SP —«¿Entendiendo por revolución?»

LR —«La ruptura violenta con lo existente. Esta ruptura es regresiva, en primer lugar, por el colapso que provoca. Y en segundo lugar, porque muchos de los revolucionarios que se instalan en el poder reaccionan como "nuevos ricos": se encastillan aún más en sus privilegios que aquellos a quienes derribaron.» (...) «Yo creo, evidentemente, que no hay otro sistema aceptable de gobierno que aquel en que el pueblo participe de verdad en las decisiones políticas.»

Libertad y sacrificio

SP —«Sigo preguntándome en qué medida tus colegas en el Gobierno tienen esta mentalidad. La idea general es que en el estamento del Poder está, de un lado, la facción abierta a Europa y a la democracia, y del otro, la facción obsesionada por el orden público.»

LR —«No creo que exista tal obsesión.»

SP —«El problema de la Universidad es sintomático.»

LR —«El problema universitario es un fenómeno universal frente al que, de una u otra forma, reaccionan todos los Gobiernos. Es un tema serio» (...) «Existe, desde luego, un problema general de las sociedades industriales avanzadas, que al liberarse de viejas servidumbres, dejan un vacío» (...) «Vacío que debe cubrirse con una revaloración de la vida del espíritu que, en el fondo, implica siempre una misma cosa: sacrificio.»

SP —«Y libertad.»

LR —«Las dos cosas.»

SP —«Las dos cosas. De ahí que lo imposible sea volver a los modos autoritarios del pasado» (...) «Yo desearía que se me sinterizaran los ideales que ofrece el Régimen. Dejando a un lado la retórica, se entiende.»

El hombre, destinatario del desarrollo

LR —«Porque tampoco me gusta la retórica, quisiera referirme a un punto importante: el Segundo Plan de Desarrollo está pensado de cara a la persona concreta y singular del hombre español.»

SP —«Quizá sería interesante desarrollar este punto.»

LR —«Nuestra idea es que no existe nada más importante que el hombre» (...) «De ahí que el eje del Plan de Desarrollo sea éste: crear las condiciones necesarias para que cada hombre pueda ser más libre y pueda desplegar mejor las potencialidades de su propia personalidad.»

SP —«¿En qué medida es esto competencia de un Plan de Desarrollo?»

LR —«En la medida en que contiene múltiples objetivos sociales, comenzando por la expansión de la cultura y la enseñanza, a todos los niveles, y también porque multiplica la riqueza y asegura su mejor distribución. Si no hay un mínimo de bienestar material, no hay libertad posible. El hombre que pasa hambre, sólo es libre para morirse de hambre.»

SP —«Me pregunto en qué medida tus palabras vienen condicionadas por el puesto que ocupas.»

Mentalidad exclusivista

LR —«Condicionadas, en modo alguno. Simplemente, soy consciente de que estoy en este despacho» (...) «Hay gente que, por el hecho de que yo pertenezca al Opus Dei, se empeñan en considerarme diferente de cualquier otro católico que ocupara mi cargo.

Casi siempre se trata de personas con mentalidad exclusivista que no conciben la libertad de los demás y piensan que todos son como ellos» (...) «Una de las raíces de ese clima que algunos intentaron montar alrededor del Opus Dei, consiste en suprimir todo enfoque sobrenatural. Y sin ese enfoque no se puede entender el Opus Dei. Resulta como si un sordomudo fuera a un concierto: él diría que los señores de la orquesta están haciendo una estrambótica gimnasia.»

SP —«En fin, ¿cómo interpretas esta especie de sentir general respecto al Opus Dei?»

LR —«Ante todo no se trata de un sentir general, sino muy localizado; aunque —hay que reconocerlo— bastante orquestado por ciertos medios informativos» (...) «Pero, ¿te has parado a pensar en los maestros, los campesinos, las cocineras, los oficinistas o los albañiles que pertenecen al Opus Dei?»

SP —«¿Estos son numéricamente importantes?»

LR —«Son la mayoría. Lo que pasa es que si un campesino entrega su trigo al Servicio de Cereales no tiene por qué pregonar "yo soy del Opus Dei". Con el tiempo toda esta prevención irá menguando» (...) «Cada día resultará menos "noticia" que un ciudadano sea o no del Opus Dei. Lo que sí me interesa aclarar es que yo no tengo ningún cargo directivo en la Obra, ni la represento en absoluto.»

Prescripción de los delitos anteriores al final de la guerra

Con motivo del XXX Aniversario del fin de la Guerra Civil, un Decreto-Ley de 1 de abril de 1969, dictado a propuesta unánime del Consejo de Ministros, declaró la prescripción, por ministerio de la ley, de todos los delitos cometidos con anterioridad al 1 de abril de 1939, cualesquiera que hubiesen sido sus autores, su gravedad o sus consecuencias.

Era un paso obligado hacia la reconciliación de todos los españoles.

Conversación de Silva con Carrero

En la reunión celebrada en la Presidencia del Gobierno, el miércoles 9 de abril, le pregunté a Silva qué tal encontró a Carrero cuando habló con él. Me contestó sintéticamente por escrito en una hoja del bloc de notas con membrete de la Presidencia:

«1. Cortes, el 22. Buena disposición y decidido a plantarse. Pero creo debes empujar para rematarlo.»

«2. Le dije: los dos polos Vaticano y América. El primero no nos quiere y le hacemos carantoñas, y la segunda nos quiere y le damos la patada. Me dijo: repítalo; me gusta el planteamiento.»

«3. Conminé con el planteamiento que hablamos (sobre la designación del Príncipe Don Juan Carlos). Lo compartió plenamente.»

«Si tienes alguna duda, pregúntamelo.»

Destitución del General García Valiño

En una nota de Castiella a Franco de 7 de abril de 1969 le dio cuenta de las declaraciones del General García Valiño a la «Magreb árabe Presse» en la que afirmó: «Por lo que se refiere al Sahara español, vemos que está reivindicado por tres países, pero personalmente creo que el derecho está del lado de Marruecos». El Embajador en Rabat, Eduardo Ibáñez informó por telegrama a Castiella que el General García Valiño no había tomado el menor contacto con la Embajada de España y que tales declaraciones, publicadas en todos los periódicos de Marruecos, revestían extrema gravedad.

El General García Valiño, uno de los militares que más se distinguió durante la Guerra Civil en el Ejército Nacional —intervino en la conquista de Bilbao, Santander y Gijón y participó en la batalla del Ebro al mando del Cuerpo de Ejército del Maestrazgo—, era adicto a la Causa monárquica. Sus declaraciones del 7 de abril acerca del Sahara se consideraron impropias de un alto Jefe militar y motivaron que, en el Consejo de Ministros celebrado cuatro días después, fuera destituido de su cargo de Inspector General de Movilización y Reclutamiento. Conservó, sin embargo, su condición de Procurador en Cortes de libre designación del Jefe del Estado.

Le hablo a Franco de asuntos económicos y de las relaciones con los Estados Unidos

En mi despacho con el Jefe del Estado del jueves 10 de abril, le informé acerca de la situación económica en los siguientes términos: existen claros signos de expansión: aumento del volumen de créditos, intensificación de las inversiones y de la producción industrial, etc. Esta expansión —seguí diciendo— no traspasa los límites de la normalidad: el coste de la vida en febrero incluso descendió en un 0,5 %. No obstante, es preciso adoptar una actitud preventiva ante la posible aceleración de los factores expansivos. Se debe centrar la atención en el aumento del crédito y en la evolución de los ingresos y gastos del sector público.

Me referí también a los precios agrícolas: los países de la CEE no nos pueden comprar trigo ni cebada porque nuestros precios son superiores a los internacionales, y ¡seguimos sembrando trigos blandos en tierras de regadío!

Respecto de las relaciones con los Estados Unidos, le dije a Franco que yo no había recibido los documentos que el Ministro de Asuntos Exteriores nos había anunciado. Las bases norteamericanas en España podríamos decir que se hallaban en situación semejante a la de un desahucio, pendiente de lanzamiento, lo cual me parecía una temeridad por nuestra parte. Saqué a colación que, el 4 de febrero, se habían cumplido 70 años del Tratado de Paz de España con USA.

El Príncipe se entrevista con Franco

Ese mismo día 10 de abril, Don Juan Carlos estuvo en El Pardo. En un momento le dijo el Príncipe a Franco:

—«¿Es que usted, mi General, no se fía de mí?»

—«¿Por qué?», respondió Franco.

Tuvieron luego un cambio de impresiones a lo largo del cual encareció a Don Juan Carlos la conveniencia de que procurara ganarse a los carlistas.

De Gaulle se retira

De Gaulle anunció el 10 de abril que si no ganaba el referéndum, se retiraría. Así sucedió, en efecto, y el 28 de ese mes dimitió como Presidente de Francia. Pero sigue en vigor la Constitución de la V República, cuyo artífice fue él, que puso fin a los excesos del parlamentarismo.

Fallece la Reina Victoria Eugenia

El 15 de abril, treinta y ocho años después de su salida de España al día siguiente de proclamarse la República, falleció en su residencia «Vieille Fontaine» de Lausana la Reina Victoria, rodeada de sus hijos y nietos.

La Reina murió sin ver despejada la incógnita de la sucesión en el Trono de España, aunque con el presentimiento —y quizá la promesa del General Franco— de que lo ocuparía su nieto el Príncipe Don Juan Carlos.

Franco envió al Conde de Barcelona el siguiente telegrama: «Profundamente impresionado por triste noticia fallecimiento vuestra Augusta Madre Su Majestad la Reina Doña Victoria Eugenia (q.e.p.d.), envío a Vuestra Alteza y egregia familia mi más sentida condolencia por tan dolorosa pérdida. Generalísimo Franco. Madrid, 16 de abril de 1969.»

Para asistir a su entierro y funeral, el Gobierno nombró una Delegación oficial presidida por el Ministro de Asuntos Exteriores, Castiella.

Luto oficial

El día 17, el Boletín Oficial del Estado publicaba este Decreto:

«A última hora del día de ayer ha fallecido, en Lausana, Su Majestad la Reina Doña Victoria Eugenia de Battenberg, viuda de Su Majestad Don Alfonso XIII de Borbón y Habsburgo-Lorena, con quien compartió el trono durante veinticuatro años, demostrando en todo momento y hasta su fallecimiento su hondo y sentido afecto a España. Al comunicar el Gobierno al pueblo español la infausta noticia, cumple el deber piadoso de disponer las honras fúnebres que proceden y decretar tres días de luto como testimonio de la condolencia de la Nación.»

«En su virtud dispongo:

Artículo Primero. Se declaran luto nacional los días, 17, 18 y 19 del presente mes de abril, durante los que la bandera nacional será izada a media asta en los edificios públicos y buques de la Armada.

Artículo Segundo. El día 19, de acuerdo con las autoridades

eclesiásticas, se celebrarán en Madrid y capitales de provincia solemnes funerales por el eterno descanso de la Reina Doña Victoria Eugenia.

Así lo dispongo por el presente decreto, dado en Madrid, a 16 de abril de 1969. Francisco Franco. El Vicepresidente del Gobierno, Luis Carrero Blanco.»

El mismo Boletín Oficial del Estado se publicaría durante tres días con una orla de luto en su primera página. En cuanto a funerales, se celebraron varios, además de los dispuestos en el Decreto, y en todos ellos hubo gran afluencia de público que respondió sentidamente a las convocatorias. Los celebrados oficialmente en Madrid fueron presididos por Franco y su esposa el día 19 de abril. Puede afirmarse, en resumen, que el Estado español estuvo a la altura de su ordenamiento constitucional, de clara definición monárquica.

Testamento de la Reina

El día 21 fue abierto el testamento que la Reina Victoria otorgó en 1963, en cuya primera cláusula decía:

«Encarezco a mi hijo Don Juan que, si la Providencia le otorgase la posesión efectiva de la Corona de España, entregue su vida y desvelos a procurar a su pueblo el mayor bien posible.»

El Conde de Barcelona desea entrevistarse con Franco

Aprovechando la oportunidad de agradecer al Jefe del Estado su pésame y el luto oficial decretado por el fallecimiento de la Reina Victoria Eugenia, Don Juan de Borbón le dirigió la siguiente carta:

«A su Excelencia el Generalísimo Don Francisco Franco»
«Jefe del Estado»

«Mi querido General:»

«No quiero que pase más tiempo sin decir a V.E. cómo he agradecido de todo corazón, y cómo he apreciado en su justo significado, la reacción del Estado Español ante el doloroso trance de la muerte de mi madre, la Reina Victoria Eugenia (q.e.p.d.). Esta actitud oficial, inspirada personalmente por Vuestra Excelencia, me ha procurado además el consuelo de ese amplio sentimiento de pésame nacional que se ha manifestado libremente por toda España. Deseo tener la satisfacción de que podamos reunirnos para expresar a V.E. mi vivo reconocimiento.»

«Ya comprenderá, mi General, que mi estado de ánimo en estos tristes momentos está lejos de cualquier preocupación de tipo personal y que el dolor más bien ha acentuado, si cabe, la serenidad de mi espíritu. Pienso así que un encuentro con V.E., en estos instantes de culminación de su obra histórica, sería ocasión propicia para tratar de las grandes cuestiones nacionales que a los dos por igual nos preocupan.»

«Yo no contemplo esta posibilidad como una entrevista con agenda u orden del día, aunque tampoco veo inconveniente en ello, sino una conversación, a celebrar donde y cuando V.E. quiera, sobre aquellos puntos en donde convergen nuestros desvelos por España. Y con esta mira tan alta, ¿no parece evidente, mi General, la conveniencia nacional de que hablemos con sosiego y corazón abierto?»

«Le saluda con todo afecto.»

«Estoril, 8 de mayo de 1969.»

Carta del Príncipe

Don Juan Carlos contestó mi carta de pésame con la que se reproduce a continuación:

LA ZARZUELA

3 de mayo, 1969

Querido Laurito:

La Princesa Sofía y yo agradecemos profundamente el sentido pésame que hemos recibido por el fallecimiento de nuestra Abuela la Reina Victoria (q. G. h.).

Su muerte nos produce una enorme tristeza, pues además del cariño personal que le profesábamos, su falta nos deja un gran vacio, ya que su experiencia y sus consejos han sido siempre valiosísimos para nosotros.

Las oraciones que desde todas las regiones de la Patria se elevan al Señor por su alma, constituyen la mejor expresión del afecto que le profesaba nuestro pueblo, y estamos seguros que Ella, desde el Cielo, pedirá mucho por España, pues la tenía constantemente en su pensamiento y en su corazón.

Al repetir las gracias por tan cariñoso pésame enviamos todo nuestro afecto,

EXCMO SEÑOR DON LAUREANO LOPEZ RODO

Ministro-Comisario del Plan de Desarrollo

MADRID

Comentario de Van Lennep sobre la política económica española

El delegado Permanente de España en la OCDE, José Aragonés, me dio cuenta, en carta fechada el 15 de abril de 1969, de la siguiente observación de Van Lennep: «Es curioso comprobar el contraste que existe entre dos programas, el inglés y el español, adoptados al mismo tiempo, junto con una devaluación. El español ha sido un gran éxito y en cambio el inglés no ha conseguido resolver ningún problema.»

Aragonés añade el siguiente comentario: «Estimo que, dada la personalidad del Sr. Van Lennep (Presidente del influyente Grupo de Trabajo n.º 3 de Política Económica de la OCDE, Tesorero del Ministerio de Hacienda holandés y próximo Secretario General de la Organización), la observación tiene una indudable significación.» (1).

Repercusión de las medidas monetarias de los Estados Unidos

La Comisión Delegada de Asuntos Económicos del 18 de abril giró en torno a las medidas monetarias norteamericanas (2).

La política monetaria estadounidense provocó una evasión de capitales (se calculaba la salida de unos 50 millones de dólares en abril); además, los exportadores retrasaban las entregas de divisas obtenidas por sus ventas a los Estados Unidos, y se redujeron los saldos de pesetas convertibles (resultaba más ventajoso tener 1 millón de dólares fuera de España, con altos tipos de interés, que su equivalente en pesetas convertibles a un interés más bajo);

(1) Van Lennep hizo este comentario en un almuerzo organizado por el Embajador de Holanda en la OCDE, Strengers, al que invitó al Delegado Permanente norteamericano, Trezise, al Representante noruego Hancke y al Delegado español, con objeto de que conocieran en forma más directa y personal al nuevo Secretario General, Van Lennep, que tomaría posesión del puesto el día 30 del siguiente mes de septiembre al cesar Kristensen.

(2) A consecuencia de la elevación del tipo de interés en los Estados Unidos (7,5 %, frente al 3 % en la República Federal Alemana) salieron de Europa hacia Norteamérica unos 10.000 millones de dólares. (En Italia, a un ritmo de 150 millones al mes). El Banco de Basilea elevó una protesta al Gobierno USA por sus medidas monetarias.

se cancelaron muchos préstamos en el exterior y las empresas con inversiones extranjeras no cumplían la obligación de obtener un porcentaje de créditos exteriores.

La Comisión Delegada de Asuntos Económicos consideró los pros y contras de elevar los tipos de interés. Su efecto más negativo sería el alza de precios. Se acordó solicitar informe al Banco de España y al Consejo de Economía Nacional.

Entrevista con el Príncipe

El 19 de abril, a las cuatro y media de la tarde, fui al Palacio de la Zarzuela a requerimiento de Don Juan Carlos que había regresado de Lausana. Me refirió, con detalle lo relativo al entierro y funeral de su abuela, la Reina Victoria Eugenia, y al encuentro con su padre, el Conde de Barcelona.

Le conté al Príncipe que el Ministro de la Gobernación, General Alonso Vega, había tenido una conversación con Franco el día 16 en la que le instó nuevamente a que designara sucesor.

Por mi parte, le entregué a Don Juan Carlos el borrador de su posible discurso ante las Cortes para el día de la jura —cada vez me parecía más cercano— por si juzgara oportuno consultarlo con el Jefe del Estado y, de este modo, moverle a hacer pública, cuanto antes, la decisión de nombrarle sucesor.

Carta a Christian Rudel

En una encuesta sobre la sucesión portuguesa, publicada en el diario *La Croix*, de Christian Rudel, fui aludido, lo que motivó que le escribiera una carta el 23 de abril en la que le decía:

«Me ha sorprendido la referencia que usted hace a mi persona, afirmando luego que casi todo mi equipo político pertenece al Opus Dei.»

«Como usted comprenderá elijo mis colaboradores exclusivamente en función de su valía profesional y sus méritos políticos. Entre mis múltiples colaboradores son poquísimos los que pertenecen al Opus Dei» (...) «Entiendo que al proceder a la designación para un cargo público no es lícito hacer acepción de personas sino que debe elegirse al más idóneo, pertenezca o no a alguna asociación católica. La intimidad religiosa es cuestión de carácter estrictamente personal.»

Despacho con Franco

El 24 de abril despaché con el Jefe del Estado en el Palacio de El Pardo. Le hablé principalmente de dos asuntos: la evolución de la coyuntura económica y el proyecto de Ley Sindical.

En cuanto al primero, le leí un estudio de *U.S. News and World Report* que valoraba muy positivamente la situación de la economía española. Le di cuenta de los índices del coste de vida y de precios al por mayor correspondientes al mes de marzo que acusaban leves aumentos (del 0,4 % y del 0,2 %, respectivamente) y le hablé una vez más de la necesidad de combatir los factores de la inflación: el exceso de demanda, la elevación de los costes de producción y los defectos estructurales. Le indiqué que estábamos preparando un estudio acerca de la política de tipos de interés, para someterlo al Gobierno.

Respecto a la Ley Sindical, le referí una conversación que había tenido dos días antes con el Vicesecretario General del Movimiento, Alejandro Rodríguez Valcárcel, en la que me dijo que las Comisiones Obreras habían nacido en el «Círculo Miguel Mateo» y que pronto cayeron en manos comunistas. Lo mismo ocurriría, según él, con la Organización Sindical cuya base eran todos los trabajadores, a causa de la afiliación obligatoria.

Opinión del Marqués de Luca de Tena acerca de la cuestión sucesoria

El 30 de abril de 1969 Sabino Alonso Fueyo, Consejero de Información de la Embajada de España en Lisboa, me envió copia de una carta «muy confidencial» que escribió a Fraga en la que le daba la siguiente información:

«Lleva unos días en Lisboa el Marqués de Luca de Tena, con el que acabo de tener una larga conversación» (...) «Hemos hablado de temas que pueden tener interés para ti —por otra parte no me ha pedido ninguna reserva—, entre otros, de lo siguiente:

«Que está decidido, desde hace bastante tiempo, que no hay otro futuro Rey que Don Juan Carlos, el cual tiene a su favor la gran mayoría de la opinión monárquica.

«Que el Conde de Motrico, con el cual no está muy de acuerdo, ha perjudicado y perjudica mucho la política de Don Juan.»

«Las famosas declaraciones hechas por Don Juan Carlos se han publicado a iniciativa personal de él.»

«El Marqués, refiriéndose al Conde de Motrico me dijo: "Quisiera saber qué procedimiento y qué fuerza tiene Motrico para poder nombrar Rey a Don Juan".»

Despacho de López Bravo con Franco

Además de los asuntos propios de la competencia del Ministerio de Industria, Gregorio López Bravo al despachar con el Jefe del Estado, el día 5 de mayo de 1969, le entregó una nota en la que expresaba sus puntos de vista acerca de la cuestión sucesoria y le urgía a designar al Príncipe Don Juan Carlos. Al propio tiempo le exponía la conveniencia de nombrar Presidente del Gobierno al Almirante Carrero Blanco.

Mons. Pedro Cantero, miembro del Consejo de Regencia

Para cubrir la vacante producida en el Consejo del Reino por el Arzobipo de Madrid, Mons. Casimiro Morcillo, al ser elegido Presidente de la Conferencia Episcopal, fue nombrado, el 6 de mayo de 1969, Consejero del Reino el Arzobispo de Zaragoza, Mons. Pedro Cantero quien, en virtud de la Ley de Sucesión, pasó a ser uno de los tres miembros del Consejo de Regencia.

Ullastres informa sobre las conversaciones de Bruselas

Al «Consejillo» económico de los miércoles en la Presidencia del Gobierno, del 7 de mayo, asistió el Embajador Ullastres para dar cuenta de la situación en que se encontraban las negociaciones con el Mercado Común.

«Piano piano si va lontano.»

Memorándum de Carrero a Franco de 7 de mayo de 1969

Bajo el título «Consideraciones sobre la situación política» redactó el Almirante Carrero Blanco un amplio Memorándum. Como todos los que dirigía al Jefe del Estado, los redactaba por las tardes, en el silencio de su despacho, cuya puerta era en estos casos infranqueable, custodiada por su fiel secretario Luis Acevedo. Los escribía personalmente en una máquina portátil que colocaba sobre su mesa de trabajo. Su estilo es inconfundible y revela la mentalidad y las firmes convicciones del Almirante.

El Memorándum de 7 de mayo abordaba las siguientes cuestiones:

— La Ley Sindical
— Nuestras relaciones con la Iglesia
— Nuestra política exterior
— La subversión de la ETA y
— La preocupación e incertidumbre de la gran masa de españoles ante el futuro.

A lo largo del escrito se desarrollaba cada uno de los anteriores epígrafes.

Las frases, a mi juicio, más significativas las transcribo a continuación:

La Ley Sindical

«La Organización Sindical, o más exactamente los altos cargos de la misma, todos ellos de libre designación, pretenden de hecho el asalto del poder. Mientras la ponencia discute y se debate prácticamente ante un muro infranqueable, la prensa del Movimiento y la prensa Sindical, que, lógicamente, deben ser totalmente obedientes al Ministro Secretario General que es de quien dependen por la duplicidad de sus cargos, están constantemente azuzando al Gobierno a que envíe a las Cortes la Ley por ellos propuesta. No hay día en que no haya una o varias reuniones sindicales, en las que no surja la conminación, cada vez más insolente, al Gobierno para que remita la Ley a las Cortes.»

«Del estado de esta situación da clara idea la conversación que ha tenido el día 6 con un Ministro el Sr. Espinosa Poveda, Secretario General de la Organización Sindical y Consejero del Reino. En esa conversación, este señor ha manifestado que:

— Estamos dispuestos a hacer lo que haga falta y nuestro plan es: presentar una proposición de Ley en las Cortes con el texto de la propuesta del Congreso de Tarragona, que el Gobierno podría rechazar, pero ello supondría el enfrentamiento definitivo de la Organización Sindical con el Gobierno.»

«Y esto lo dice un señor nombrado por Decreto, que por tal cargo es Procurador en Cortes y Consejero del Reino y que varias veces ha jurado fidelidad al Jefe del Estado y a las Leyes Fundamentales, de un Gobierno que preside nada menos que el propio Jefe del Estado.»

«Y ha llegado a decir al final "que el Caudillo no olvide lo que le ha pasado a De Gaulle; De Gaulle ha caído porque le ha faltado el apoyo de los Sindicatos; en España podrían repetirse las jornadas de mayo de París si ellos (los Sindicatos) lo consintieran".»

«Considero que, en la situación a que hemos llegado, no hay más solución que dejar que la cuestión se enfríe y aplazar por varios meses el envío de esa Ley a las Cortes. Si se mandara ahora y no fuese como la que ellos propugnan, como manejan una gran masa de Procuradores, es seguro que intentarían modificar el proyecto según su desideratum y el Gobierno tendría que aceptar las modificaciones, lo que sería catastrófico, o retirar la Ley, lo que también sería un grave escándalo político.»

«Ahora bien: si se adopta la solución de aplazar la cuestión, que a mi juicio es la más aconsejable, sería imprescindible cambiar toda la cabeza del sindicalismo que hoy está empecinada en esta táctica de asalto al poder.»

«Creo que la situación planteada por la Ley Sindical es muy parecida a la surgida con el proyecto de Ley Orgánica del Estado de Arrese. Si entonces S.E. no hubiera decidido parar el proyecto y separar a Arrese de la Secretaría General, la Ley Orgánica del Estado no hubiera podido estudiarse con la calma y cuidado con que se hizo, ni hubiera logrado el clamoroso éxito del Referéndum de 14 de diciembre de 1966.»

Nuestras relaciones con la Iglesia

«Creo que nuestra política con la Santa Sede adolece del grave defecto de que ante ella no se defiende al Régimen español con el entusiasmo de un convencido, porque este convencimiento no lo tiene ni el Embajador Garrigues ni el Ministro de Asuntos Exteriores, que, en el fondo —yo lo creo así, aunque puedo equivocarme—, están ideológicamente más cerca de Monseñor Benelli que de los que creemos firmemente que el Régimen que S.E. ha dado a España es el único que puede asegurar un futuro de paz y de prosperidad a los españoles. El proyecto de Ley Orgánica del Estado redactado por Garrigues, según él a instancias de su Ministro, y el marcado apartamiento de éste de toda la propaganda del Referéndum de 1966, aparte de otras muchas circunstancias que pudieran citarse, dan sobrado fundamento a esta sospecha...»

Nuestra política exterior

«Desde hace ya unos cuantos años, toda nuestra política exterior gira en torno a un solo tema: Gibraltar.»

«Es evidente que todos los españoles deseamos vivamente el retorno a la Patria de ese trozo de tierra española que con tan malas artes nos fue arrebatado, pero una cosa es esto y otra muy distinta jugárselo todo a una carta. La obcecación de Castiella en esta cuestión supera todo lo imaginable.»

«Mientras tanto, el Convenio con los Estados Unidos está en el aire y el Gobierno desconoce en qué estado se encuentran las negociaciones y cuáles son las dificultades que hay que vencer, porque no ha recibido todavía los documentos que se le prometieron hace un mes. Yo creo que Asuntos Exteriores desea que los Acuerdos no se renueven.» (1).

«A mi manera de ver, no renovar los Convenios con los Estados Unidos, pese a que no logremos todo lo que deseamos, nos representaría que nuestros Ejércitos quedaran prácticamente desarmados, o al menos en condiciones de inferioridad frente a cualquier peligro que nos pueda surgir en el Sahara o en nuestras plazas del Norte de África por parte de Argelia o Marruecos y a crearnos la enemistad de los Estados Unidos, que nos pueden hacer mucho daño.»

«Hoy tenemos la enemiga de Inglaterra por el asunto de Gibraltar, sin que nos devuelva la plaza; están deterioradas nuestras relaciones con el Vaticano, ¿es que vamos a romper también con Estados Unidos, que es el único verdadero lazo que nos une con Occidente? ¿Es posible que vivamos aislados?»

(1) El 23 de abril tuvo entrada en las Cortes Españolas un escrito cuyo primer firmante era José Luis Fernández Cantos al que acompañaban 60 firmas en el que se mostraban contrarios a la existencia de Bases americanas en España. La fotocopia de dicho escrito figura como anejo documental.

La situación subversiva de la ETA

«Otro problema que se está enconando es el de las provincias vascongadas. Es asunto que todavía no ha adquirido toda la virulencia a que puede llegar, pero que anda por el camino de crear graves complicaciones a la unidad de la Patria.» (...).

«La extirpación de la ETA no puede ser ocasión para un enfrentamiento con el Pueblo Vasco ni con la Iglesia. Este es asunto muy delicado que hay que llevar con extraordinario tacto.»

¿Tendría el Almirante Carrero Blanco el presentimiento de que iba a ser el principal objetivo del terrorismo etarra?

Preocupación e incertidumbre de la gran masa de los españoles ante el futuro

«Por último debo señalar a S.E. que, sobre la inmensa mayoría de los españoles que tienen fe ciega en su Caudillo, empieza a pesar como una losa la preocupación por el futuro. Todos saben que mientras S.E. viva nada pasará, pero temen, y el temor es muy justificado, lo que podrá pasar cuando S.E. falte» (...) «Pero faltaría a la verdad si no confesase que, a pesar de todo, yo también participo de este temor general de los españoles.»

«Nuestros enemigos especulan cada día con mayor ahínco con la supuesta falta de futuro del Régimen, ante la complicacion del mecanismo sucesorio del artículo 8.°. Tanto en Washington como en el Vaticano están tratando de demostrar que de nada sirve tomar compromisos con un Estado que tiene su vida ligada a una persona. El mejor mentís a este pretendido horizonte cerrado sería la designación de un sucesor en la forma que establece el artículo 6.° de la Ley de Sucesión.»

«Es muy posible, mi General, que haya habido personas que le hayan dado su opinión en orden a que una designación de sucesor podría dar lugar a una merma de orden práctico en la autoridad de S.E. y a una desviación de las gentes hacia su sucesor. Yo creo que la designación de sucesor, aparte de granjear a S.E. una mayor gratitud por parte de todos los españoles, que sentirían el efecto consolador de una traqueotomía, lejos de limitar ninguna de las facultades de S.E., representaría el ejercicio de una prerrogativa excepcional que las Leyes Fundamentales le otorgan, con lo que culminaría la ingente obra de S.E. en beneficio de España, pues esta obra no quedará definitivamente consolidada hasta que S.E. no haga aplicación del artículo 6.°, de la Ley de Sucesión.»

El Cardenal Villot, Secretario de Estado del Vaticano

En un despacho de 7 de mayo de 1969, el Embajador Garrigues informó que había causado sorpresa el nombramiento del Cardenal Villot como Secretario de Estado. Supone un aumento de la influencia francesa en la Curia Romana. «No cabe ninguna duda —escribe Garrigues— que Juan Bautista Montini es un hombre que se alimenta principalmente de la cultura francesa y, casi podría decirse, de la espiritualidad francesa. La presencia de la Iglesia española es, en cambio, insignificante.»

Hablo con Franco de las relaciones con la Iglesia y con los Estados Unidos

Respecto a la Iglesia le hice al Jefe del Estado, en mi despacho del 8 de mayo, las siguientes consideraciones:

La Iglesia es una realidad compleja compuesta por un elemento humano y otro divino. Según la Constitución dogmática sobre la Iglesia, del Concilio Vaticano II, es una comunidad visible dotada de órganos jerárquicos y una comunidad espiritual de los hijos de Dios.

No hay que confundir la Curia Romana con la Iglesia. «España es más ancha que Castilla.» La división de los fieles en clérigos y laicos es fundamental ya que a éstos competen especialmente los asuntos temporales (Capítulo IV, párrafo 31 de dicha Constitución). Puede haber abusos del clericalismo cuando los sacerdotes se inmiscuyen en asuntos políticos y coartan la libertad que todos los cristianos tenemos dentro de la sociedad civil.

La Iglesia atraviesa una fuerte crisis: se ha resquebrajado la disciplina y algunos clérigos no observan la conducta que reclama la dignidad de su ministerio. Por la veneración que nos merece el sacerdocio hemos de contribuir a atajar los abusos del clericalismo. No parece lógico colocar en un pedestal a los «católicos de sacristía» que utilizan a los clérigos para sus jugadas políticas.

Habría que hacer llegar al Vaticano informacion veraz y bien documentada; para ello convendría que personas no dudosas por su fidelidad a la Iglesia visitaran a los dignatarios de la Curia Romana y al Nuncio y les ofrecieran la verdadera imagen de España.

Sería oportuno recordar la persecución religiosa que desencadenó una «República de Obispos», como se calificó inicialmente a la II República española, y que dio lugar en 1933 a la Encíclica «Dilectissima nobis» de Pío XI que contenía una dura condena al Gobierno republicano.

En cuanto a las relaciones con los Estados Unidos, expuse mi opinión de que era impensable conseguir elevar los Acuerdos a Tratado como pretendía Castiella. Hice también referencia a la resolución del Comité Fullbright que citaba expresamente los Acuerdos con España y cuya publicación era cuestión de semanas.

Invitación para una visita oficial a Portugal

Por último di cuenta al Jefe del Estado de la invitación recibida del Presidente Caetano, para realizar una visita oficial a Portugal en el siguiente mes de junio. Al Generalísimo le pareció muy interesante que aceptara la invitación.

Al día siguiente, escribí a Caetano en sentido afirmativo. «El Gobierno español —le dije— está animado de la mejor buena voluntad para que nuestras relaciones sean cada vez más fructíferas y beneficiosas y se traduzcan en realizaciones concretas y tangibles.»

Insistí en este punto porque entendía que había pasado ya el tiempo de la retórica acerca de la fraternidad hispano-lusitana y que debíamos ir a una cooperación efectiva, especialmente en el campo económico, con vistas a nuestra futura integración en la Comunidad Europea.

Los sucesos de Montejurra

En el Consejo de Ministros del 9 de mayo, el Ministro de la Gobernación, Alonso Vega, dio cuenta de los graves incidentes ocurridos en Montejurra y Estella con ocasión de la tradicional concentración carlista, en la que tomaron parte los Procuradores en Cortes Zubiaur y Goñi, los mismos que interpelaron al Gobierno por la expulsión de la familia Borbón-Parma. La actitud de este sector del carlismo no dejó de preocupar a Franco y contribuyó, sin duda, a que demorara la designación de Don Juan Carlos como futuro Rey.

Nota sintética de Silva sobre su despacho con Franco

En la reunión habitual de los miércoles en el palacete de Castellana, 3, del 20 de mayo, Federico Silva me pasó una hoja del bloc con el membrete de «Presidencia del Gobierno» en la que me resumía así su despacho con Franco en relación con la posible crisis:

—«Ayer, hora y tres cuartos.»

—«Impresión: está rumiando. No está quieto, pero no soltó prenda que permita hablar con seriedad de "parto".»

—«Muy importante el tema "bases" (americanas). Mientras esto no se resuelva estará parado. Sin embargo, creo que ayer empujé *decisivamente*.»

«Para vernos esta tarde sólo dispongo de la primera hora. Ahora tengo gente citada.»

(El original manuscrito de esta nota figura como anejo).

Cuando nos vimos me dijo que también le planteó el asunto de la designación de sucesor. Franco le contestó: «Estoy en ello: lo haré.»

Asimismo me contó Silva que le expuso al Jefe del Estado sus ideas sobre política exterior y le insistió en la conveniencia de que nuestra política con Hispanoamérica la hiciéramos del brazo con los Estados Unidos y que cultiváramos la amistad del país más poderoso de la tierra, invitando a senadores, etc.

Franco le dijo: «Esta es la política que se hará.»

Silva lo interpretó como un indicio de que iba abriéndose paso su deseo de ocupar la cartera de Asuntos Exteriores.

Visita al Nuncio

El 21 de mayo me entrevisté con el Nuncio, Mons. Dadaglio. Me dijo que había pedido audiencia al Jefe del Estado porque deseaba deshacer malentendidos y restablecer la buena armonía y la cordialidad en las relaciones entre la Iglesia y el Estado.

Afirmó que la Iglesia no espera un cambio de Régimen; quiere que continúe la paz y que se disipe la incertidumbre ante la incógnita de la sucesión; que no queden cabos sueltos que produzcan una convulsión sin que, por ello, trate de patrocinar a ninguna persona.

Por mi parte, le dije al Nuncio que la Iglesia y el Estado tenían un común denominador puesto que la inmensa mayoría de los españoles eran, a la vez, fieles católicos y ciudadanos del Estado, y que a ambas Potestades les interesaba mantener el principio de autoridad y condenar unánimemente la violencia, en particular los actos terroristas de ETA.

Me confesó el Nuncio que había recibido presiones y que el día anterior se presentaron en la Nunciatura las mujeres de 30 presos, pero sólo recibió a 4. También me dijo que había escrito al Abad de Montserrat para dejar las cosas en su punto.

Se lamentó del retraso en la tramitación de las seisenas para el nombramiento de Obispos por parte del Ministerio de Asuntos Exteriores y afirmó que la Nunciatura había sustituido los nombres de los candidatos a los que el Ministerio opuso reparos. Sin embargo, —añadió— había el mismo número de diócesis vacantes que cuando llegó a Madrid como Nuncio.

Por último, me aseguró que no existía ningún veto de la Santa Sede para que los Obispos pudieran aceptar el cargo de Procuradores en Cortes de libre designación del Jefe del Estado; también había dos representantes de la Iglesia en la Cámara Corporativa portuguesa.

Al día siguiente despaché con el Jefe del Estado y le informé con todo detalle de esta conversación con el Nuncio.

A Franco le inspiraban poca confianza las palabras de Mons. Dadaglio.

Consejo de Ministros del 23 de mayo

Ante la proximidad de la reunión de la OIT en Ginebra, había surgido una discrepancia entre Solís como Delegado Nacional de Sindicatos y el Ministro de Trabajo, Jesús Romeo. Al fin cedió Solís. Así me lo hizo saber Romeo en nota manuscrita que me pasó durante la celebración del Consejo. La nota decía: «Solís me ha dado *su palabra por escrito* dando explicaciones y que no asiste a Ginebra, pidiendo rectificar la inscripción hecha. Por eso no he intentado plantearlo. Era el acuerdo con Luis (Carrero).»

(El original manuscrito de la nota figura como anejo).

Intervención decisiva de Don Camilo Alonso Vega

El General Alonso Vega, compañero de armas e íntimo amigo de Franco, aprovechó la ocasión de cumplir 80 años el 29 de mayo de 1969 para plantearle a fondo la cuestión sucesoria. La víspera de esa fecha le dijo, poco más o menos, a Franco:

—Mi General, como tú muy bien sabes, mañana cumplo ochenta años. Desde esta altura de la vida se ven las cosas con serenidad, con mayor alteza de miras. Me he hecho muchas reflexiones que me llevan, en primer lugar, a pedirte que me releves del cargo de Ministro de la Gobernación, porque los años no pasan en balde y me doy cuenta de que, aunque estoy muy bien de salud, no tengo las mismas facultades de doce años atrás, y habrá otros mucho mejor dotados que puedan ocupar este puesto y desempeñarlo con acierto.

—Somos hijos de la muerte, nuestra vida está en manos de Dios, que en cualquier momento nos puede llamar. Toda la gran labor que tú, mi General, has realizado en España, en un país que estaba deshecho, que hubo que levantar después de la guerra de liberación, podría venirse abajo si al terminar tu mando las cosas no estuvieran suficientemente claras y se produjera una división entre los españoles.

—Sólo quienes estén interesados en la destrucción de la paz que disfrutamos pueden desear que se retrase y que no llegue a realizarse la designación. Si tú crees, mi General, que todos son ovejas, te engañas: en este país hay también lobos; lobos que están esperando el momento en que tú faltes para lanzarse sobre el redil.

Y se explayó a continuación sobre los peligros de subversión, aportando datos recientes de la ETA, etc. En fin, hablándole a su manera, le instó de una forma muy viva, muy apremiante, a que no demorara más la designación del Príncipe Don Juan Carlos.

La conversación fue muy larga. Franco le escuchó con gran atención y afabilidad, pero sin dejar traslucir su pensamiento ni siquiera en su semblante.

Franco decide nombrar sucesor antes del verano

El 29 de mayo, Carrero fue, como todos los jueves, a despachar con el Jefe del Estado. Y Franco le dijo que había decidido nombrar sucesor al Príncipe antes del verano.

Carrero me lo contó por la tarde, diciéndome: «Ya parió; nombrará sucesor antes del verano.» Esta expresión la había empleado varias veces conmigo, sobre todo cuando se gestaban cambios ministeriales. Sabiendo la lentitud con que Franco procedía en estos casos, me había dicho Carrero en más de una ocasión: «Hay que ver lo lento que es en parir este hombre.»

El viernes 30 de mayo, en la antesala del Consejo, informé a Silva de que la designación de sucesor andaba por buen camino. «Parece que el salmón ha picado», es la expresión que utilicé, empleando la palabra clave con que nos entendíamos al hablar de este tema en los salones de El Pardo.

En vista de ello, le rogué que tratara de conseguir la cancelación del proyectado viaje de Franco a Barcelona, en el que iba a inaugurar las autopistas de Mataró y Molins de Rey (1).

Silva me dijo que se lo plantearía el lunes siguiente, cuando fuera con él a Córdoba a inaugurar el pantano de Iznajar.

Se inaugura el nuevo monumento del Cerro de los Ángeles

El sábado 31 de mayo, el Jefe del Estado renovó la consagración de España al Sagrado Corazón que en su día hiciera Alfonso XIII en el Cerro de los Ángeles.

El primer monumento había sido destruido por los milicianos en los comienzos de la Guerra Civil. El nuevo monumento, de mayores proporciones, fue inaugurado ese día en presencia de los Príncipes Don Juan Carlos y Doña Sofía, el Gobierno en pleno, y una gran muchedumbre que quiso hacer patente su desagravio y su fervor religioso.

Escrito de Alfredo Jiménez Millas, acerca del Ministro Secretario General del Movimiento

Alfredo Jiménez Millas formó parte del grupo fundacional de la Falange y fue Delegado Nacional de la Vieja Guardia, Inspector

(1) Yo conocía la preparación del viaje por Porcioles: Fernando Fuertes de Villavicencio, segundo Jefe de la Casa Civil del Jefe del Estado, había ido a Barcelona para dar los últimos toques al Palacio de Pedralbes.

Nacional del Movimiento, Consejero Nacional, miembro de la Junta Política y Vicesecretario General del Movimiento. Era un caballero a carta cabal y un patriota que supo anteponer los intereses de España a los de cualquier grupo o partido. Hice buena amistad con él.

Ante los insistentes rumores de crisis que circulaban me entregó, el 1 de junio de 1969, una nota manuscrita de ocho folios en la que expresaba su opinión acerca del cargo de Ministro Secretario General. Dada su acusada significación falangista, creo que el escrito de Jiménez Millas tiene especial interés.

Excesivas atribuciones del Ministro Secretario General del Movimiento

«Parece natural que próximamente ha de producirse una crisis de Gobierno, en la que vaquen algunos Ministerios y la Secretaría General del Movimiento.»

«Sin descender a montar estas apreciaciones en actitudes personales de fobias o filias, nos atrevemos a sugerir como algo inadmisible que puedan residir en las manos de un solo Ministro, el Secretario General de Movimiento, tal cúmulo de auténticos poderes directos o a través de muy expresivas mayorías en todas las instituciones, organismos y organizaciones del país.»

«La persona de que se trate no hace demasiado al caso. Cualquier Ministro Secretario General se encontraría disponiendo de idéntico poder.»

«No puede, no debe ocurrir que un solo hombre "controle" el Consejo Nacional, las Cortes, el inmenso mundo de la Organización Sindical —en el que nos hallamos la casi totalidad de los españoles— las cadenas de prensa y radio dependientes de la Secretaría General —que son, en número, las más importantes entre las públicas y privadas existentes—; mayorías en las corporaciones provinciales y locales y en todas las instituciones socio-económicas de la Nación, etc. etc.»

«No es normal el que esto ocurra y que en muchas ocasiones todo dependa y gire alrededor de una personal y libérrima decisión.»

«Es de esperar que la Ley Sindical "desgaje" del tronco de la Secretaría General a la Organización Sindical y es, también, de suponer que la próxima legislatura —todavía excesivamente lejana en el tiempo dadas las necesidades de "prisa" que las circunstancias requieren— nos depare una representación más en consonancia con la diversidad ideológica del pueblo español y por ende menos "manejable" por el Ministro Secretario General de turno.»

Condiciones que debería reunir el futuro Ministro Secretario General del Movimiento

En la segunda parte de su nota, hace Jiménez Millas un «retrato robot» de la persona llamada a ocupar este puesto. Dice así:

«En principio, creemos que no debe serlo un falangista "clásico", un "vieja guardia", por excelentes que sean sus virtudes humanas y políticas.»

«Un falangista, aun con gran prestigio en la propia Falange y con claras posibilidades de ser gratamente aceptado por las diversas tendencias que integran el Movimiento, tropezaría con el serio inconveniente de tener que soportar las "presiones" de los "suyos". Y una de dos, o "cedería" ante ellas, cerrando con esa actitud las necesarias intenciones de apertura y manteniéndose el "statu quo" actual o se "enfrentaría" colocándose en personal y abierta pugna con sus "amigos políticos".»

«Un hombre conocido en el quehacer político —por escasos que hubieran sido sus contactos con el mundo falangista—; "buena prensa", en correcta línea con la idea del Movimiento y "encasillado como 'ministrable' en el ambiente de la calle sería, a nuestro juicio, el ideal. Sin la atadura de los vínculos —de que antes hablaba— podría mandar con independencia y autoridad".»

El candidato de Alfredo Jiménez Millas

El escrito concluye con el siguiente párrafo:

«Y para terminar estas notas, me atrevería a dar un nombre que "encajaría" perfectamente con las condiciones que he expuesto como ideales para ser reunidas por el futuro Secretario General del Movimiento, el de Vicente Mortes...»

(El texto íntegro del escrito de Alfredo Jiménez Millas aparece fotocopiado en el anejo documental.)

Revelaciones de Franco sobre Portugal

Mi despacho con el Jefe del Estado del 29 de mayo de 1969 versó principalmente sobre Portugal dada la proximidad de mi viaje oficial a Lisboa que se había fijado para los días 8 al 13 de junio.

Para ponerme en antecedentes, Franco me relató una serie de hechos estrictamente confidenciales.

Durante la II República española, las izquierdas portuguesas quisieron derribar el «Estado Novo» de Salazar por la fuerza; se halló un importante alijo de armas. Los conspiradores portugueses estaban apoyados por el Gobierno español. Franco entregó a Salazar copia de las cartas de esos conspiradores a las autoridades republicanas españolas.

Más adelante, en plena guerra civil, antes de la firma del Pacto Ibérico en 1939, hubo una revuelta en el Alentejo y Salazar pidió ayuda a las Fuerzas Armadas españolas para sofocarla. Se le contestó afirmativamente, a condición de que las tropas fueran mandadas por Jefes militares portugueses. No fue necesaria la intervención, pero tuvimos una División preparada en Extremadura. En momentos de peligro, hemos suministrado armamento a Portugal.

Cuando Salazar fue a Sevilla en febrero de 1942, le pregunté cuál iba a ser la reacción portuguesa ante la toma de Timor por los japoneses. Salazar respondió: no podemos hacer nada; está muy lejos; las colonias no admiten defensa a tanta distancia; si hubiera que defenderlas sería la ruina de la Metrópoli. Si los Aliados ganan la guerra nos lo devolverán.

Las colonias portuguesas en Asia —comentó Franco— se mantenían por su Alianza con el Reino Unido que era quien se las defendía.

El Pacto de Amistad y no Agresión entre España y Portugal, llamado comúnmente Pacto Ibérico o Pacto Peninsular, se hizo principalmente frente al comunismo. Pregúntele a Caetano: Si en Portugal surgiera un movimiento subversivo ¿qué nos pedirían?; ¿cómo podríamos servirles? Dígale también qué piensa del Pacto Ibérico y recuérdele que obliga a cada uno de los dos países a informar al otro previamente a la adopción de cualquier decisión de carácter militar y Portugal ha tomado una serie de decisiones sin consultarnos: el ingreso en la OTAN, la utilización por la República Federal Alemana de la base de Beira, etc.

«Los dos países peninsulares —concluyó Franco— son como hermanos siameses y si uno enferma y muere, el otro tendría que cargar con el muerto.» También empleó la metáfora del tabique de papel, aludiendo a la frontera que nos separa en la nación vecina: «Si un país se ve envuelto en llamas, inevitablemente el fuego se propagará al otro.»

Tomé muy buena nota de todo ello para mis conversaciones con Caetano.

En ese mismo despacho de 29 de mayo le hice notar a Franco que, a consecuencia de la denuncia de los Acuerdos con los Estados Unidos, España había quedado excluida del Presupuesto de Ayuda Exterior norteamericano, que entraba en vigor, el 1 de julio de 1969. También le expresé que, a mi juicio, si no renovamos los Acuerdos, las bases españolas podrían ser sustituidas por las portuguesas de Lagos, Faro, Olhâo, lo que reforzaría la posición internacional del país vecino a expensas del nuestro.

Cancelación del viaje a Cataluña

El 2 de junio de 1969, Franco inició un viaje oficial a Córdoba. Como se trataba de realizar varias inauguraciones, le acompañó en el coche el Ministro de Obras Públicas, Federico Silva, a quien yo había sugerido que tratara de conseguir la cancelación del viaje, proyectado para fines de junio, del Jefe del Estado a Barcelona pues, de realizarlo, se corría el riesgo de una nueva dilación en el nombramiento del Príncipe como sucesor. Silva logró convencerle.

El susto de Federico Silva

Federico Silva me contó que, a lo largo del trayecto de Madrid a Córdoba, Franco dio varias cabezadas, y cayó recostado sobre él, lo que le dio un buen susto, pensando si habría sufrido un desmayo. Por fortuna, no fue así, pero indudablemente la salud de Franco ya no era la de antes. Los años no perdonan.

A última hora de la tarde la comitiva llegó a la capital cordobesa y el Jefe del Estado, en coche descubierto y acompañado por el Alcalde, hizo un recorrido por los lugares más céntricos de la ciudad, que le tributó un gran recibimiento.

A las diez de la noche se hospedó en el Parador de La Arruzafa, junto con los Ministros que le acompañábamos. Al llegar al Parador se sentó en un butacón de la sala de estar y apenas habló. Pero dio orden al segundo Jefe de la Casa Civil, Fernando Fuertes de Villavicencio, de aplazar el viaje a Cataluña.

Al día siguiente, inauguró la Escuela de Formación Profesional Acelerada y el Gran Hospital. Después del almuerzo inauguró el Pantano de Iznajar, que permitió la puesta en regadío de ciento diez mil hectáreas de tierras de labor. Por la noche asistió a una cena en los jardines del Alcázar de los Reyes Católicos.

El miércoles, día 4, fue a la zona regable del Bembezar, visitó la presa de Hornachuelos y luego acudió al Poblado de Colonización llamado Mesas de Guadalora, donde hizo entrega de los títulos de propiedad a los colonos. A mediodía almorzó en el Parador de Bailén y a última hora de la tarde regresó al Palacio de El Pardo.

Borrador del mensaje de Franco a las Cortes

El 6 de junio di a Carrero un borrador del mensaje que podría pronunciar Franco ante las Cortes para proponer el nombramiento de Don Juan Carlos, y Carrero se lo entregó el jueves día 12 para irle desbrozando el camino y animarle a la pronta designación de sucesor. Del cotejo entre este borrador y el texto definitivo se desprende que fue en buena parte utilizado, como puede comprobarse en el anejo 58 de *La larga marcha hacia la Monarquía.*

Conversaciones con Caetano de carácter reservado

Mi viaje a Portugal del 8 al 13 de junio de 1969, aparte de las entrevistas y agasajos propios de todas las visitas oficiales: audiencia del Presidente, Almirante Américo Thomaz, reuniones con los Ministros de Negocios Extranjeros, Franco Nogueira, de Economía y Finanzas, Dias Rosas, y con otros miembros del Gobierno, almuerzos y cenas con los consabidos brindis, comunicado conjunto, etc., etc., tuvo especial interés por las conversaciones a fondo que sostuve con Marcelo Caetano, de las que me ocuparé en seguida.

Antecedentes

Antes quiero significar que, a mi juicio, las relaciones entre España y Portugal en la época de Salazar eran formalmente buenas y estaban enmarcadas en el Tratado de Amistad y de no Agresión de 1939. Pero no se tradujeron en un acercamiento efectivo entre los dos pueblos ni tuvieron la adecuada proyección en el terreno económico. Franco y Salazar se apoyaban mutuamente en el plano político, pero los dos países seguían viviendo de espaldas.

Franco prestó siempre gran atención a la política portuguesa y, sobre todo, a raíz de la enfermedad de Salazar mostró gran preocupación por Portugal.

Tras la desaparición de Salazar, dos figuras personificaban las actitudes contrapuestas respecto de España. Caetano, partidario del acercamiento, y Franco Nogueira, exponente del recelo y prevención. No obstante el peso e influencia del nuevo Presidente del

Consejo, Marcelo Caetano, subsistió dentro del Gobierno portugués el forcejeo entre los partidarios y los adversarios de intensificar la colaboración económica con España, puesto que Franco Nogueira seguía siendo Ministro de Asuntos Exteriores.

Caetano tenía, a la sazón 62 años, su mujer padecía una penosa enfermedad psíquica y tenía tres hijos, una hija y doce nietos. Asumió la Presidencia del Gobierno por sentido del deber, cuando fue llamado por el Almirante Américo Thomaz para sustituir a Salazar que padecía una hemiplejía del lado derecho y era incapaz de coordinar ideas y de hablar de forma inteligible.

Caetano hubiera preferido seguir ocupándose preferentemente de su familia y, en especial, de su mujer enferma; proseguir su labor docente en la Universidad, y mantener su prestigioso consultorio jurídico, como venía haciendo desde que fue cesado por Salazar, el 14 de agosto de 1958, en su cargo de Ministro de la Presidencia.

Tres largas y francas entrevistas

Durante mi visita oficial a Lisboa fueron tres las entrevistas que mantuve con Caetano, con un total de siete horas de conversación, en las que hablamos con la máxima franqueza.

Siguiendo las indicaciones del Jefe del Estado, le recordé el origen del Pacto Ibérico de 1939 y los episodios de la petición de ayuda de Salazar cuando se produjo una revuelta en el Alentejo durante nuestra guerra civil, y la entrega por Franco a Salazar de una copia de la correspondencia que mantenían los conspiradores portugueses con las autoridades republicanas españolas que les apoyaban, así como haber facilitado armamento a Portugal en momento de peligro. Caetano no tenía noticia de estos hechos.

También le dije que, más recientemente, el General Humberto Delgado se entrevistó en Praga con la Pasionaria y Santiago Carrillo y que los tres formaban parte del «Frente de Liberación Nacional Ibérico».

A continuación le formulé las siguientes preguntas:

Si Portugal se viera envuelto en una subversión, ¿cómo podríamos ayudarle?

¿Está usted realmente decidido a defender, hasta el fin, las Colonias portuguesas?

¿Podrá sostener Portugal esta guerra indefinida, a tantas millas de distancia?

¿No se cansará de la guerra el pueblo portugués (1)?

(1) Precisamente el martes, 10 de junio, Fiesta Nacional portuguesa, Caetano me llevó a presenciar, desde la tribuna de autoridades, la parada militar en Terreiro do Paço y era impresionante el desfile de soldados y Oficiales mutilados de guerra a los que se les imponía una medalla.

Caetano me respondió, en cuanto a la primera pregunta, que, por el momento, bastaba con un estrecho contacto entre la policía española y la portuguesa.

La guerra colonial

Respecto a la guerra en las «Provincias Ultramarinas» me dijo que el pueblo portugués no estaba cansado; por el contrario, no concebía el abandonismo. Sólo una minoría intelectual criticaba la guerra. Desde 1961 se venía diciendo que Portugal no podría soportarla y el hecho es que seguía sosteniéndola.

La situación más delicada —siguió diciendo Caetano— es la de la Guinea portuguesa. Si triunfara la independencia de esta «provincia» serviría de plataforma de asalto a la Isla de Cabo Verde; ya hubo una intentona en este sentido.

La situación de Angola es menos comprometida. Tiene 1.250.000 km^2 de superficie y 5 millones de habitantes. Aún es mejor la situación de Mozambique, con cerca de 800.000 km^2 y 7 millones de habitantes. De modo que, frente a una población en la metrópoli de 9 millones y medio de habitantes, la población de las «provincias de Ultramar» supera los 12 millones. De ahí que, según Caetano, era cuestión de ser o no ser para Portugal el conservar esas «provincias». El Estado portugués era, según él, multirracial.

Por ello, no se regateaban esfuerzos: la guerra consumía la mitad del presupuesto portugués y había más de 100.000 hombres luchando, de los cuales 15.000 eran indígenas. En realidad Portugal estaba en guerra. La lucha armada tenía lugar principalmente en las zonas fronterizas con los países hostiles: Zambia, bajo la dependencia de la URSS, y Tanzania, bajo la dependencia de la China de Mao. Sin embargo, la Colonia portuguesa de Macao estaba en muy buenas relaciones, de hecho, con la China comunista, aunque Portugal no tenía relaciones diplomáticas con ese país.

A continuación me expuso Caetano el plan, convenido con el Alto Estado Mayor que dirigía el General Deslandes, para la pacificación de las «provincias de Ultramar»: transformar el Ejército portugués en Fuerzas de orden público y de policía, dotadas de medios modernos; reclutar indígenas para que la guerra no tuviera ni siquiera la apariencia de una lucha entre razas, y hallar una solución política a la cuestión africana, a base de un desarrollo progresivo y creciente de la autonomía de las Provincias de Ultramar.

«Es difícil predecir —dijo Caetano— cuál será el final de ese proceso. Sólo Dios conoce el futuro. Si hubiera un cambio en Zambia, por ejemplo, todo cambiaría.»

Cada una de las dos conversaciones en el despacho oficial de Caetano se habían prolongado más de una hora. Al término de la segunda me dijo: «hemos de seguir hablando, acuda a mi casa».

La defenestración de Franco Nogueira y las relaciones económicas

En su domicilio particular me comunicó que el día 8 del siguiente mes de julio haría un viaje al Brasil acompañado del Ministro de Asuntos Exteriores, Franco Nogueira. «Será un "viaje de fin de carrera", porque pienso prescindir de él», comentó Caetano. Añadió que pensaba renovar el equipo económico de su Gobierno con hombres que tuvieran mentalidad de «apertura a España», aunque esto le acarreara cierta impopularidad. Me contó que estaba invitado para visitar Alemania, pero había dado largas a ese viaje porque antes pensaba venir a España.

Entramos luego en temas económicos. Le dije que el Pacto Ibérico se concibió en términos generales, lo que permitía darle el contenido que conviniera en cada etapa y que, a mi juicio, en aquel momento, cuando habían surgido áreas económicas supranacionales como la CEE y la EFTA, debería tener un contenido predominantemente económico.

Caetano me dijo que desde hacía dos meses, Portugal estaba negociando con la CEE, aunque seguía perteneciendo a la EFTA. Por mi parte, le comenté que la EFTA era, a mi juicio, una Organización a extinguir y que lo importante sería el ingreso de España y Portugal en el Mercado Común. Informé a Caetano de que el Presidente Pompidou se comprometió con Giscard D'Estaing a que Inglaterra entrara en la CEE, lo cual constituía un nuevo motivo para procurar el ingreso de los dos países peninsulares en la Comunidad.

El Presidente del Gobierno portugués se mostró conforme con la intensificación de las relaciones económicas con España, a cuyo efecto se acordó celebrar una nueva reunión a nivel ministerial en Madrid, antes de finalizar el año, para proseguir el estudio de la fórmula más conveniente de asociación económica entre ambos países.

«Cuando tenga alguna cosa importante que comunicarme —dijo Caetano— hágamelo llegar a mí directamente.»

Por último, me preguntó Caetano por la sucesión de Franco y me expuso sus temores de que éste pudiera fallecer sin dejar resuelto el problema.

Giménez Arnau alerta a Franco

El 11 de junio, durante mi estancia en Lisboa, el Embajador Giménez Arnau escribió al Jefe del Estado para informarle que los partidarios del Conde de Barcelona, con Areilza al frente, trataban, por todos los medios, que se retrasara la designación de sucesor.

Dos cartas de Caetano

Tres días después de mi regreso a Madrid, recibí una carta manuscrita de Caetano en la que me decía:

«Mi querido amigo:

»Pensaba que partía usted mañana. ¡Qué deprisa transcurrieron estos días! Hago votos para que su estancia en Lisboa no le haya resultado desagradable (a pesar de que el tiempo no acompañó) y que de ella se deriven para los dos países los mejores resultados.

»Las informaciones recibidas de los Ministros portugueses demuestran que mi amigo les produjo la mejor impresión. Su visita fue, pues, muy útil.

»Le deseo los mejores éxitos personales y las mayores felicidades para su País.

»Un abrazo muy fuerte de Marcelo Caetano.

»PS. Le acompaño la carta para el Caudillo.»

Esta segunda carta decía:

«Excelencia:

»El viaje a Portugal, coronado por tantos éxitos, de Don Laureano López Rodó, me proporciona la oportunidad de expresar a V. E. mis sentimientos de viva admiración y de profundo respeto que son también los de la nación portuguesa.

»A estos sentimientos se añade el de gratitud personal por la distinción con que V. E. quiso honrar en mi persona al cultivador de las ciencias jurídicas y a la que soy particularmente sensible. (Se refería a la Gran Cruz de San Raimundo de Peñafort que le había sido concedida el 6 de junio.)

»Fueron muy útiles las conversaciones mantenidas en Lisboa con el Ministro López Rodó, que podrá trasmitir a V. E. el tenor del intercambio de impresiones.

»El entendimiento amistoso entre los dos países peninsulares en los últimos treinta años, fue un factor poderoso de paz en el mundo y condición esencial para el progreso de los dos pueblos.

»El Gobierno portugués piensa que el entendimiento del Bloque peninsular podrá prestar un alto servicio a Europa, con ventajas inestimables para España y Portugal.

»Obligados por las circunstancias a un esfuerzo pesadísimo de defensa de las provincias africanas, donde las poblaciones no desean ser abandonadas al caos de las independencias prematuras, Portugal atraviesa un momento difícil de su existencia, pero no por ello deja de considerar con entusiasmo y coraje las tareas del presente y las perspectivas del futuro.

»Ruégole, Excelencia, que acepte el homenaje de mi alta consideración, de mi atenta y (ilegible).»

Marcelo Caetano

A su Excelencia el Generalísimo
Don Francisco Franco de Bahamonde
Jefe del Estado español

(Las fotocopias del texto original portugués de una y otra carta figuran en el anejo documental.)

Doy cuenta a Franco de mis conversaciones con Caetano

Mi despacho con el Jefe del Estado del 16 de junio giró en torno a mi reciente viaje a Portugal. Le entregué la carta que le dirigía Caetano y le referí pormenorizadamente mis conversaciones de Lisboa.

Caetano —le dije— es buen conocedor y amigo de España como lo demuestra el hecho de que un lienzo de pared de su biblioteca particular esté exclusivamente dedicado a libros españoles y que mantiene relaciones de amistad con bastantes intelectuales de nuestro país.

Le indiqué a Franco que, a mi juicio, debería aprovecharse la buena disposición de Caetano, reflejada en mis conversaciones con él, para que nuestras relaciones con Portugal fueran más permeables —no sólo en lo económico— y que formáramos un verdadero «Bloque ibérico». El distanciamiento de Portugal y nuestras divergentes políticas exteriores, perjudica a España. Al ser Portugal miembro de la OTAN, el mando de IBERLAND, apoyado en Madeira y Gibraltar, tiene su sede en Lisboa. La defensa del Estrecho queda, por tanto, fuera de nuestra jurisdicción.

«¡Qué política a largo plazo cabría hacer respecto de Portugal, si prestáramos la atención que se merece nuestro vecino peninsular! Por de pronto —dije— convendría remozar, actualizar y llenar de contenido el Pacto Ibérico. El Embajador Giménez Arnau entiende, y yo suscribo su parecer, que, en vez de la prórroga automática cada diez años que vencen ahora, debiera renovarse públicamente el Pacto, enriqueciéndolo, para demostrar que, aunque Portugal era miembro de la OTAN y España no, los dos países son solidarios en materia de Defensa, de política exterior y económica, cultural, etc. La renovación del Pacto convendría hacerla en Madrid, después de las elecciones portuguesas de octubre, y solemnizar su 30 aniversario.»

Como le recalqué a Caetano, el respeto a la soberanía de ambas naciones no quiere decir vivir de espaldas. Somos naciones independientes y libres y, en ejercicio de nuestra libertad, pactamos.

Al expresarle la preocupación de Caetano por la cuestión de la sucesión de Franco, le dije: «Mi General, evidentemente, todo lo que ocurre en Portugal nos afecta a los españoles, pero también a los portugueses les afecta lo que ocurra en España. Cuando en mis conversaciones con Caetano me referí a posibles movimientos subversivos en Portugal, él también mostró, lógicamente, su inquietud ante una posible subversión en España, si las previsiones sucesorias no quedaban completamente definidas.»

Franco se mostró satisfecho de los resultados de mi viaje a Portugal y agradeció mucho la carta de Caetano.

Conversación con el Príncipe

Al día siguiente de mi regreso de Portugal fui a la Zarzuela. El Príncipe seguía esperando que Franco le recibiera después de haberle pedido audiencia hacía casi dos meses para darle las gracias por las honras fúnebres dispensadas a su abuela, la Reina Victoria.

Dada mi relación con el Príncipe, me pareció obligado informarle que Franco había dicho a Carrero que le iba a nombrar sucesor antes del verano. Le dije, por tanto, que fuera haciéndose a la idea, que no dejara de la mano el discurso que habría de pronunciar ante las Cortes, y sobre todo, que viera también cómo conseguir que la reacción de Estoril fuera buena.

Comentándole al Príncipe otro aspecto de mi viaje a Portugal, concretamente, el slogan «continuidad y renovación» de Caetano, que luego no pudo llevar a cabo por la resistencia de Franco Nogueira y demás inmovilistas, Don Juan Carlos me hizo patente su preocupación porque también en España se evolucionara. «Ayúdame —me dijo— a realizar esta evolución.»

Contestación a la carta de Caetano

El 16 de junio le escribí para decirle, entre otras cosas:

«Conservo aún en la retina las estampas y escenas de esos días entrañables de mi estancia en Lisboa y, en particular, de mis entrevistas y conversaciones con usted.»

«Entregué su carta al Jefe del Estado y quedó muy complacido. Me dijo que le escribiría a usted. Le referí con detalle nuestras conversaciones y agradeció mucho la sinceridad de sus palabras y la claridad de sus planteamientos.»

«El Generalisimo espera, como yo, que mi viaje sea el comienzo de una nueva etapa de más estrecha cooperación entre las dos naciones peninsulares, particularmente en el campo económico. Las sesiones de trabajo que celebré con los Ministros y Secretarios de Estado de su Gobierno, nos han mostrado un amplio horizonte de posibilidades de colaboración en beneficio mutuo que habrán de irse concretando sin demora para que los frutos del viaje se hagan pronto tangibles.»

Unos días después —el 26 de junio— escribí de nuevo a Caetano para concretarle los acuerdos de principio a que había llegado con los Ministros económicos de su Gobierno, al mismo tiempo que le relataba las actuaciones que, desde mi regreso a Lisboa, se habían llevado a cabo por parte del Gobierno español (1).

La carta terminaba diciendo: «Me ha parecido del mayor interés, Señor Presidente y querido amigo, informarle de los avances que estamos obteniendo en el campo de la cooperación luso-española porque creo que le satisfará comprobar que las distintas conversaciones que, tanto mis colaboradores como yo, mantuvimos durante la pasada semana en Lisboa están pasando de las palabras a los hechos.»

(1) La carta se subdividía en los siguientes epígrafes: 1) Coordinación de los Planes de Desarrollo de ambos países; 2) Coordinación de políticas agrarias; 3) Cooperación industrial; 4) Cooperación entre las Compañías Aéreas TAP e IBERIA; 5) Comercio luso-español; 6) Mejora de las comunicaciones entre ambos países (en particular, construcción de un puente sobre el Guadiana, entre Ayamonte y Villarreal de Santo Antonio); 7) Relaciones culturales; 8) Cooperación en materia turística.

En el Consejo de Ministros del 20 de junio rendí cuenta de mi viaje a Portugal.

Últimos toques al proyecto de Ley de designación de Sucesor

El jueves 19 de junio Carrero encontró al Jefe del Estado un tanto dubitativo; llegó incluso a decirle: «Temo que designar sucesor pueda parecer una deserción.»

A Franco, en aquel momento se le había traspapelado el escrito que Carrero le entregó el 24 de octubre del 68 y el del 7 de mayo último que reproducía, en parte, el anterior, en los que se razonaba ampliamente la conveniencia de nombrar al Príncipe. Al primero de ellos se acompañaba el proyecto de Ley por el que se designaba sucesor.

Al terminar el Consejo de Ministros del 20 de junio, Carrero le entregó otra copia, añadiendo al proyecto de Ley un artículo por virtud del cual se disponía que «vacante la Jefatura del Estado, el Príncipe prestará juramento y será proclamado Rey por las Cortes, dentro del plazo de ocho días desde aquel en que se produzca la vacante».

Este nuevo artículo se lo sugerí a Carrero con el fin de salir al paso de cualquier intento de diferir *ad calendas grecas* la convocatoria de las Cortes para la proclamación del Rey después de la muerte de Franco, con lo cual la Jefatura del Estado podría ser asumida indefinidamente por el Consejo de Regencia.

Las razones por las que la designación del sucesor debía revestir forma de Ley, eran que, junto a la designación de la persona, se debía proveer a la instauración de la Monarquía y, por consiguiente, se trataba de algo más que de un simple nombramiento. El texto constaba de cuatro artículos y una disposición final sobre su entrada en vigor.

Carrero, desde que Franco le dijo que quería hacer la designación antes del 18 de julio, me encargó que redactara la exposición de motivos de dicha Ley y él se puso a trabajar en el calendario de los distintos actos (convocatoria de las Cortes, Pleno para el nombramiento, aceptación del Príncipe, acto de la Jura, etc.) para llevárselo al despacho siguiente.

La exposición de motivos de la Ley la redacté la noche del 30 de junio al primero de julio víspera de mi marcha a Bilbao, donde inauguré la Feria Internacional de Muestras, y se la hice llegar en seguida a Carrero, para que pudiera llevarla a El Pardo el día 3.

Comienza la cuenta atrás para el abandono de las bases americanas

El 20 de junio tuvo lugar en Washington el canje de notas en que se hacía constar que, concluido el período de consultas entre ambos Gobiernos, subsistía el desacuerdo acerca de las bases militares de utilización conjunta. Con ello se iniciaba el período de un año para que se produjera la caducidad del Convenio y, en consecuencia, los americanos abandonaran las bases. Sólo cabía que, durante este plazo, se consiguiera llegar a un entendimiento. El nuevo Embajador de los Estados Unidos, Robert Hill, secundado por el Almirante Carrero Blanco, hizo valer sus buenos oficios para evitar el desmantelamiento de las bases.

Mesa Redonda del Instituto Internacional de Ciencias Administrativas en Barcelona

Del 22 al 27 de junio se celebró en la Ciudad Condal una Mesa Redonda del Instituto de Bruselas, presidida por el Profesor Stjepanovic de la Universidad de Belgrado. Pronuncié el discurso inaugural bajo el título: «Una mirada al futuro: la nueva Administración», que luego se publicó en la Revista del Instituto. Acudieron numerosos administrativos de diversos países. Las sesiones de trabajo tuvieron gran altura científica.

La noche de San Juan, con sus hogueras en las calles de la ciudad, causaron gran sorpresa y hasta cierta alarma a los congresistas extranjeros. La fiesta de esa noche en el Pueblo Español de Montjuïc, con el bullicio y la alegría de la gente, sin el menor incidente, les convenció de que no se vivía tan mal en España como decían algunos medios informativos foráneos.

Pablo VI alude a España

El lunes 23 de junio, el Papa, en su discurso ante los Cardenales, mostró su preocupación por la situación política española en los siguientes términos:

«Permitidme dirigir un pensamiento de paternal afecto, no exento de cierta inquietud a España... Deseamos de verdad a este noble país un ordenado y pacífico progreso y para ello anhelamos que no falte una inteligente valentía en la promoción de la justicia social cuyos principios tantas veces ha perfilado claramente la Iglesia.»

Este discurso del Papa, en el que también se refirió a Vietnam, Nigeria y Oriente Medio, causó cierto disgusto en los medios oficiales.

Hablando con Franco, en mi despacho del 26 de junio en El Pardo, le hice ver que, a mi juicio, el discurso pontificio debía ser tenido en cuenta porque el Papa gozaba en España de gran autoridad moral.

Franco, a la vez que se lamentó por el discurso, disculpó al Papa diciendo: «Es que está mal informado, porque no podemos dudar de su rectitud moral.»

Inmediatamente entré en el tema que más me interesaba: Esto nos hace ver —comenté— que, en los ambientes vaticanos, se considera al Régimen en sus postrimerías. Y creo que esto exige un tratamiento. Pienso que lo mejor sería tirar por elevación, designando sucesor al Príncipe Don Juan Carlos.

Franco escuchó los argumentos en actitud receptiva y al final, con una amplia sonrisa, me dijo:

—«Estamos en ello, estamos en ello.»

Documento episcopal sobre la moralidad pública

El 25 de junio, la Comisión Permanente de la Conferencia Episcopal fue recibida en audiencia por el Jefe del Estado en el Palacio de El Pardo y le entregó un documento acerca de la moralidad pública sumamente crítico de la política del Ministerio de Información y Turismo por su interpretación laxa de la Ley de Prensa que establecía en su artículo 2, como límite de la libertad de expresión el respeto a la moral.

Este documento fue distribuido a los demás Ministros junto con un pliego de descargos de Fraga.

Visita a España de Hassan II

Al día siguiente de la ratificación por las Cortes del Tratado de Fez, llegó a Madrid, el 1 de julio el rey de Marruecos, Hassan II quien tuvo una larga conversación con Franco en el Palacio de El Pardo en la cual trató de plantear el asunto del Sahara. El Jefe del Estado se salió por la tangente.

Silva, Hijo Adoptivo, y yo, Hijo Predilecto, de Barcelona

El 2 de julio tuvo lugar en el Salón de Ciento, la entrega a Federico Silva y a mí de los títulos de Hijo Adoptivo y de Hijo Predilecto, respectivamente, de Barcelona. El Alcalde, José M.ª de Porcioles, enumeró algunas de las principales realizaciones del Ministerio de Obras Públicas en Barcelona —el Plan de Accesos a la ciudad, los dos Cinturones de Ronda, el Plan de Enlaces ferroviarios, la ampliación del Metro, etc. Mencionó también mi participación en la redacción de la Carta municipal y las obras incluidas en el Programa de Inversiones Públicas del Plan de Desarrollo.

«Si la condición de hijo de esta ciudad —dijo Porcioles dirigiéndose a mí— te la dieron tus padres, la de Hijo Predilecto la has sabido ganar con una vida ejemplar, repleta de ilusiones y cuajada de realidades.»

A las palabras del Alcalde contesté en nombre de Silva y en el mío propio:

«Federico Silva y yo, para merecer este honor, no hemos hecho más que aquello a que nos obliga la leal aceptación de nuestros cargos: servir lealmente a España.»

«Es justo que nuestro Ayuntamiento haya hecho al Ministro de Obras Públicas hijo adoptivo de nuestra ciudad. Desde sus tierras del Romancero ha venido muchas veces a la "vora del mar blau, davant la neu del Pirineu", para demostrar su amor por Barcelona, con obras concretas e importantes, a tono con nuestro tiempo y con amplia visión de futuro.»

«En cuanto a mí, ¡debo ya tanto a esta ciudad que me vio nacer, me formó y esculpió dentro de mí su impronta! Ahora vuestra generosidad al declararme hijo predilecto me da ocasión de complacerme en ser lo que soy: barcelonés.»

Todo queda ultimado

Llegado a este momento histórico me parece obligado relatar, aún con riesgo de repetirme, si bien, con mayor concisión, lo que dejé escrito más pormenorizadamente en *La larga marcha hacia la Monarquía,* a la vez que incorporo algunos documentos que entonces no publiqué, entre otros, las cartas del Príncipe Don Juan Carlos y del Jefe del Estado al Conde de Barcelona en las que le comunicaban la decisión sucesoria.

El jueves 3 de julio, en su despacho habitual con Franco, Carrero le llevó, junto con el texto de la Ley por la que se designaba sucesor y su exposición de motivos, un posible calendario, como si se tratara de una operación militar, de los sucesivos actos que exigía la designación, a partir del día D, que sería la fecha de la publicación de la convocatoria del Pleno de las Cortes.

Franco, por fin, en ese despacho, fijó el 17 de julio como día D. Quizá no sea superfluo recordar que el día 16 era la fecha fijada por la NASA para el lanzamiento del Apolo XI, la cápsula espacial que llevaría a Aldring, Amstrong y Collins camino de la Luna. Toda la expectación del mundo se centraría, pues, en Cabo Kennedy.

En este mismo despacho de Carrero, Franco dispuso que se convocara al Consejo de Ministros el 21 de julio por la mañana y, por la tarde, al Consejo del Reino, para comunicarles su decisión.

También le habló Carrero de los honores que había que otorgar al Príncipe. Su propuesta fue que se le nombrara Coronel Honorario, respondiendo a la práctica usual en las Monarquías de que el Rey o el Príncipe sean Coroneles Honorarios de uno o varios Regimientos. Pero Franco decidió hacerle General de Brigada de los tres Ejércitos. Excuso decir la alegría con que volvió Carrero de El Pardo; en seguida me dio la noticia de la convocatoria del Pleno de las Cortes.

Entrevista con el Príncipe

A las cuatro de la tarde del 3 de julio, vi a Don Juan Carlos y, sin concretarle la fecha, le dije que la designación de sucesor tendría lugar en la segunda quincena del mes de julio y que se le conferiría el empleo honorario de General de Brigada.

A todo esto, el Príncipe todavía no había sido llamado por Franco, que aún no le había concedido la audiencia solicitada meses atrás. Comentando esta circunstancia, me dijo, no sin cierta amargura: «Pero ¡cuándo me llamará!»

Don Juan Carlos me contó lo fundamental de la conversación mantenida con su padre la víspera de dejar Estoril. Estuvo allí seis días, hasta el 23 de junio. Don Juan, según le habían asegurado los de su Secretariado Político, daba por descontado que Franco jamás designaría sucesor. El Príncipe insistió en que, a su juicio, la designación se iba a producir. Por ello, era preciso ver qué postura debería adoptarse. La del Príncipe estaba clara: entendía que su presencia en España, debida a un acuerdo entre Franco y su padre, no tendría sentido si, al pedírsele su aceptación como sucesor, rehusara.

—«No puedo seguir en la Zarzuela —dijo el Príncipe— si, en el momento decisivo, me llama Franco y no acepto. Yo no he intrigado para que la designación recaiga en mí. Estoy de acuerdo en que sería mejor que el Rey fueras tú: pero si la decisión está tomada, ¡qué le vamos a hacer!»

—«¿No podrías conseguir que se aplace?» —apuntó Don Juan.

—«Esto no está en mi mano —adujo el Príncipe—. Y si, como yo creo, se me invita a aceptar, ¿es que hay otra solución posible distinta de la que Franco decida?»

La conversación fue siempre en tono cordial, de padre a hijo, pero no salió del *impasse*.

El Príncipe, al contármelo, me decía: «No he podido adivinar cuál será la actitud de mi padre cuando el hecho se produzca.» A Don Juan Carlos, naturalmente, le preocupaba este asunto desde el mes de enero, en que Franco le anticipó que le iba a nombrar sucesor.

Me dijo también que el 14 y 15 de julio se reunía en Estoril el Secretariado político, con Areilza a la cabeza.

Franco me hace partícipe de su decisión

Al regresar de la Zarzuela, le di cuenta a Carrero, en sus líneas generales, de mi conversación con el Príncipe. Me aconsejó que se la contara a Franco antes de empezar el Consejo del viernes, 4 de julio, porque, indudablemente, él ya sabría que estuve con Don Juan Carlos y era mejor que yo le diese personalmente la noticia.

En efecto, antes de comenzar el Consejo entré en el despacho del Jefe del Estado para decirle que había visto al Príncipe. Entonces Franco me comunicó que ya había decidido nombrarle sucesor, que el 17 se convocaría el Pleno de las Cortes y que escribiría una carta al Conde de Barcelona para pedirle que renunciara a sus derechos dinásticos en favor de su hijo, como en su día hizo Don Alfonso XIII.

Entrevista de Sáinz Rodríguez con el Príncipe

El miércoles 9 de julio estuvo en la Zarzuela Don Pedro Sáinz Rodríguez, acompañado por Pedro Plans y Sanz de Bremond. Sáinz Rodríguez dijo al Príncipe que no creía probable que Franco se decidiera a designarle como futuro Rey; pero que, si llegara el caso, tenía el deber de aceptar. Podría salvarse la situación con una declaración del Conde de Barcelona en términos que dejaran bien clara la armonía familiar; y que el Príncipe debería mantener buenas relaciones con su padre: visitas a «Villa Giralda», aparecer juntos a través de la Prensa, etc.

Sin embargo, ocho días después, en Estoril, Sáinz Rodríguez se expresó en otro sentido, como en seguida veremos.

Carrero llama al Embajador en Lisboa

El 10 de julio tuvo Carrero su habitual despacho de los jueves con Franco, quien le leyó la carta que había escrito al Conde de Barcelona y que le iba a ser entregada por el Embajador de España en Lisboa, José Antonio Giménez Arnau. Carrero, recogiendo una insinuación del Príncipe, le sugirió que llevara la carta López Ibor, quién tenía gran ascendiente sobre la Familia Real y podría ser una persona que aconsejara bien a Don Juan. Pero Franco dijo que una carta de esa importancia debía entregarla el Embajador de España.

Carrero me contó su despacho con el Jefe del Estado el mismo día, a primera hora de la tarde, sobre las cinco, recién llegado yo con gripe de un viaje de veinticuatro horas a Cuenca, y antes de una reunión para tratar de la Ley Sindical que se celebró a las seis de la tarde de aquel día. Luego, por la noche, me subió la fiebre y no pude asistir a la Comisión Delegada del día 11. Estuve con gripe hasta el lunes siguiente, día 14.

El 11 de julio, Carrero llamó al Embajador en Lisboa, José Antonio Giménez Arnau, para que acudiera a Madrid.

Franco comunica al Príncipe la fecha de su designación

El sábado 12 de julio, a las cuatro de la tarde, Franco recibió al Príncipe. La entrevista duró unos tres cuartos de hora.

De entrada, el Jefe del Estado le comunicó su decisión de designarle sucesor a título de Rey, a cuyo efecto el día 17 se publicaría la convocatoria de una sesión extraordinaria de las Cortes que tendría lugar el día 22. Le dijo que quería garantizar la continuidad y que esperaba del Príncipe que sabría imprimir un aire joven a la vida política española. Le leyó la carta que iba a enviar a su padre y le anunció que le nombraría General honorario de los tres Ejércitos, pero que al acto de juramento fuera con uniforme de Capitán, puesto que el nombramiento de General se publicaría al día siguiente de la jura, el 24.

La conversación fue muy cordial y emotiva. El Príncipe reiteró lo que ya le había dicho el 15 de enero: que él estaba para servir a España, que a ello se había comprometido cuando juró la bandera. Al término de la entrevista, Franco le dio un abrazo.

Los del Secretariado Político no se enteran

Los miembros del Secretariado Político y otras personas, reunidas en Estoril los días 14 y 15 de julio entre ellas el Conde de Motrico, Yanguas Messía y Sáinz Rodríguez, aseguraron a Don Juan que no iba a ocurrir nada, que el peligro había desaparecido, que Franco no tomaría ninguna decisión y, por lo tanto, aconsejaron al Conde de Barcelona que siguiera con su actitud de hacer todo lo posible por retardar cualquier paso que pretendiera darse. Areilza aseguró que, pese a los rumores, Franco no daría un paso, y leyó un escrito que tenía preparado para que se publicara el 25 de julio, en el que trataba de fijar la postura del Secretariado Político.

El Conde de los Andes estuvo el día 15 en la Embajada de España en Lisboa y le dijo a Giménez Arnau: «No hay nada; sólo rumores.»

El día 16 Areilza regresó a Madrid y manifestó que «todo se aplazaba» y que el verano sería «tranquilo».

Príncipe de España

El día 15, Carrero e Iturmendi fueron a la Zarzuela para mostrar al Príncipe el texto de la Ley y tratar del acto de aceptación y de las palabras que habría de pronunciar con tal motivo.

En cuanto a la Ley, el Príncipe hizo un solo reparo, relativo a que, en uno de sus artículos, decía que ostentaría el título de Príncipe de Asturias. Don Juan Carlos indicó que, aunque a él le gustaba mucho este título, entendía que podría dar lugar a equívocos, pues es el que ostenta el primogénito del Rey y esto era lo que deseaban los del Secretariado Político, que quedase dicho entre líneas que el Rey era su padre. Entonces, sobre la marcha, se le ocurrió al Príncipe simplemente tachar lo de «ostentará el título de Príncipe de Asturias» y poner «ostentará el título de Príncipe Don Juan Carlos de Borbón».

Cuando Carrero me mostró ese texto así corregido, le hice ver que esto no era un título, sino un nombre propio, personal. Entonces se me ocurrió, también sobre la marcha, sugerir que se le llamase «Príncipe de España». A Carrero le pareció una idea feliz, pero de todos modos creyó conveniente consultarlo con Don Juan Carlos.

Y aquí se dio un caso de verdadera telepatía, porque, entre tanto, en la Zarzuela, estaban dándole vueltas a este mismo tema el Príncipe, la Princesa, Gamazo y Mondéjar, y recordaron que alguna vez Alfonso XIII quiso cambiar el nombre de Casa de Borbón por Casa de España, si bien no llegó a hacerlo. La Princesa Sofía adujo que la Casa Real griega se llama Casa de Grecia, y entonces coincidieron en que lo mejor sería ostentar el título de Príncipe de España.

En efecto, Carrero recibió a primera hora de la tarde la llamada del Príncipe para decirle que se le había ocurrido que lo mejor sería darle el título de «Príncipe de España».

Cuando Gamazo me lo contó, temí que Carrero pudiera sospechar que me había adelantado a sugerirle al Príncipe mi propia idea para amartillarla y hacer que Don Juan Carlos se la impusiera. Por ello le pedí a Gamazo que contara a Carrero la verídica historia de lo ocurrido, como así lo hizo.

Carrero de nuevo en la Zarzuela

A consecuencia de esta llamada del Príncipe, Carrero acudió a la Zarzuela el día 16 por la tarde y tuvo una conversación bastante extensa, en la que se perfilaron una serie de pormenores.

Volviendo al relato de la visita conjunta de Iturmendi y Carrero a la Zarzuela, el día 15, he de consignar que tenía por objeto mostrar al Príncipe el texto de la Ley y del acta de aceptación y también ultimar con él los detalles de la ceremonia que tendría lugar en el Palacio de la Zarzuela. El Príncipe les dijo que le prepararan un borrador de las palabras que había de pronunciar.

Iturmendi quedó en redactarlo. Hizo un texto que llevó a Carrero. Cuando el Almirante me mostró ese borrador, tuve ocasión de limarlo y quitarle una serie de frases pomposas. Sin embargo, el Príncipe, toda vez que lo había pedido como borrador, se reservó, como es lógico, el derecho de hacerlo suyo y darle su estilo personal.

Carta del Príncipe a su padre

El Príncipe, como es lógico, lo primero que hizo fue escribir a su padre dándole cuenta de su entrevista con el Jefe del Estado del día 12, para que no llegara la noticia de la decisión únicamente a través del Embajador de España en Portugal. La carta del Príncipe la llevó el Marqués de Mondéjar. Su texto, que no publiqué en *La larga marcha hacia la Monarquía*, es el siguiente:

Madrid, 15 de julio de 1969

«Queridísimo papá:

Acabo de volver de El Pardo a donde he sido llamado por el Generalísimo; y como por teléfono no se puede hablar, me apresuro a escribirte estas líneas para que te las pueda llevar Nicolás, que sale dentro de un rato en el *Lusitania.*

El momento que tantas veces te había repetido que podía llegar, ha llegado y comprenderás mi enorme impresión al comunicarme su decisión de proponerme a las Cortes como sucesor a título de Rey.

Me resulta dificilísimo expresarte la preocupación que tengo en estos momentos. Te quiero muchísimo y he recibido de ti las mejores lecciones de servicio y de amor a España. Estas lecciones son las que me obligan como español y como miembro de la Dinastía a hacer el mayor sacrificio de mi vida y, cumpliendo un deber de conciencia y realizando con ello lo que creo es un servicio a la Patria, aceptar el nombramiento para que vuelva a España la Monarquía y pueda garantizar para el futuro, a nuestro pueblo, con la ayuda de Dios, muchos años de paz y prosperidad.

En esta hora, para mí tan emotiva y trascendental, quiero reiterarte mi filial devoción e inmenso cariño, rogando a Dios que mantenga por encima de todo la unidad de la Familia y quiero pedirte tu bendición para que ella me ayude siempre a cumplir, en bien de España, los deberes que me impone la misión para la que he sido llamado.

Termino estas líneas con un abrazo muy fuerte y, queriéndote más que nunca, te pido nuevamente, con toda mi alma, tu bendición y tu cariño.

Juan Carlos»

Entrega de las dos cartas a Don Juan

El día 16 por la mañana, Mondéjar acudió a «Villa Giralda» a eso de las diez. Después de saludar al Conde de Barcelona, le manifestó que era portador de una carta del Príncipe y se la entregó. Don Juan no quiso leerla delante de Mondéjar, se la guardó en el bolsillo y le dijo: «Mira, hoy es el día del Carmen, no quiero perderme la Misa; íbamos a salir en este momento, vámonos para allá.» Mondéjar también se unió a la Familia Real y acudieron a la iglesia de San Antonio.

Según Baltasar Porcel (1) «las cosas posiblemente fueron algo diferentes, y parece ser que Don Juan leyó la misiva ante el Marqués, permaneciendo luego en silencio hasta que preguntaría: «¿Y el Ejército, que opina de esto?» Mondéjar, tan afectuoso como sincero, pudo contestar: «Señor, el Ejército nunca ha dicho nada sobre Vos.»

Después de la Misa, Mondéjar se fue para Lisboa, a su hotel. La Condesa de Barcelona le llamó y le dio este encargo: «Dile a Juanito que estoy muy contenta, felicítale. Y que sepa que yo me ocupo de que aquí no se haga ninguna tontería.» Esto dio mucho ánimo a Mondéjar, que tomó aquella noche el *Lusitania expreso*

(1) «Opiniones», 15 de mayo de 1987.

para llegar a Madrid el 17 con cierto optimismo acerca de la reacción que podría producirse en Estoril, pensando que no iba a ser negativa.

El mismo día 16, Giménez Arnau, sobre las 12 del mediodia, entregó al Conde de Barcelona la carta de Franco. No quiso leerla en presencia del Embajador. Don Juan estaba muy contrariado y hasta se le saltaron las lágrimas. Giménez Arnau le dijo:

—«No puedo por menos de recordar, Señor, que asistí en Roma a la agonía de S. M. el Rey Don Alfonso XIII que moría de un infarto de miocardio a consecuencia de haber abdicado en favor de su hijo, por el bien de España.» (Así me lo refirió el propio Embajador el 10 de octubre del 69.)

Carta del Jefe del Estado a Don Juan de Borbón

La carta de Franco al Conde de Barcelona, que tampoco figura en *La larga marcha hacia la Monarquía,* dice así:

«A S. A. R. Don Juan de Borbón

Mi querido Infante:

En los momentos en que, en cumplimiento del artículo VI de la Ley de Sucesión, tomo la decisión de proponer a las Cortes mi Sucesor en la Jefatura del Estado, en favor de vuestro hijo Don Juan Carlos, quiero comunicároslo y expresaros mis sentimientos por la desilusión que pueda causaros, y mi confianza de que sabréis aceptarlo, con la grandeza de ánimo heredada de vuestro padre Don Alfonso XIII.

Me imagino los sentimientos contradictorios que esta noticia va a despertar en vuestro ánimo; pero la grandeza de la Monarquía está precisamente en ser un camino de sacrificio de las personas leales a la Institución, por ello me permito preveniros contra el consejo de aquellos seguidores que ven defraudadas sus ambiciones políticas.

Yo desearía comprendierais, no se trata de una restauración sino de la instauración de la Monarquía como coronación del proceso político del Régimen, que exige la identificación más completa con el mismo, concretado en unas leyes fundamentales refrendadas por toda la nación.

En este orden, la presencia y preparación del Príncipe Don Juan Carlos durante 20 años y sus muchas virtudes le hacen apto para esta designación.

Confío que esta decisión no alterará los lazos familiares de vuestro hogar ya que nuestras diferencias constituyen un imperativo de servicio a la Patria por encima de las personas. Le saludo con todo afecto y consideración.

Francisco Franco

Madrid, julio de 1969.»

Gestiones de apoyo a Don Juan Carlos

Cuando ya era inmediata la publicidad de la noticia, porque se iba a insertar el día 17 la convocatoria de las Cortes en el Boletín Oficial del Estado, traté de flanquear la operación por el lado de Estoril. Naturalmente, no podía hacerlo con excesiva antelación, ni mover a un gran número de personas.

El día 15, recibí, entre otras visitas, a Juan Herrera, que venía a plantearme un tema relativo a la refinería de petróleos de Tarragona. Como pertenecía al Consejo Privado del Conde de Barcelona y era persona de buen criterio, le rogué, pidiéndole naturalmente palabra de honor de guardar estricta reserva, que aquel mismo día marchara cuanto antes a Estoril para que no hubiera una reacción negativa.

Ese mismo día se lo dije a Federico Silva, que desconocía aún la convocatoria inmediata de las Cortes, como casi la totalidad de los Ministros, y le pedí que movilizara también a personas de confianza del Consejo Privado, para que fueran a Estoril. Le pedí, concretamente, que hablara con el Duque de Alba, pero que no lo hiciera hasta el mismo día 17, en que aparecería la convocatoria. Y, efectivamente, Luis Alba fue a Estoril, pero demasiado tarde, porque llegó el 18.

El 15 estuve tratando de localizar a Fernández de la Mora. Al final hablé con él por teléfono, a última hora de la tarde; tenía comprometida la cena y no pude verle aquella noche. Nos reunimos a primera hora de la tarde del 16. Por cierto, que entonces ya se había extendido la noticia por todo Madrid, al menos, entre la clase política, pues el 16 por la mañana había recibido el Conde de Barcelona las dos cartas e indicó a Juan Tornos que llamara a Areilza para que acudiera rápidamente a Lisboa. Y Areilza se lo comunicó a los miembros del Secretariado Político.

Fernández de la Mora me dijo: «Aquí lo que hace falta es que, sin perdida de tiempo, López Ibor vaya, en el primer avión, a Lisboa, porque si no vamos a llegar tarde.» Desde mi casa llamó por teléfono a López Ibor y le dijo: «Te quiero ver cuanto antes.» «Acudo en seguida», respondió éste. Luego supe que López Ibor no había podido irse ese día porque tenía invitados a cenar en su casa.

A las seis de la tarde del mismo día 16 vi, en mi despacho, a Joaquín Bau para pedirle que conectara, cuanto antes, con Juan Ignacio Luca de Tena, para que él también apoyara la decisión de Franco cerca de Estoril y, de camino, para asegurar la postura del *ABC*. Bau, al conocer la noticia, se emocionó y se le saltaron las lágrimas. Comentó: «¡Después de estar luchando durante cincuenta años por la Monarquía, me parece un sueño que, por fin, volvamos a tenerla en España!» Estuvo muy amable conmigo. Pero resultó que Juan Ignacio Luca de Tena no estaba en Madrid (creo que se hallaba en un crucero) y no fue posible localizarle.

También le pedí a Bau que conectara con el Conde de Godó para asegurar la reacción de *La Vanguardia* y del *Diario de Barcelona*, pero también Godó estaba en un crucero. En ausencia de Godó, hablé con Javier de Echarri, director de *La Vanguardia*; y, realmente, el periódico estuvo muy en línea.

Por último, le pedi al Ministro de Comercio, García Moncó, que hablara con su Subsecretario, Isasi-Isasmendi, yerno de José María Pemán, para que también se moviera cerca de su suegro, Presidente del Consejo Privado del Conde de Barcelona.

El hecho es que mientras López Ibor, Luis Alba y Juan Herrera no vieron a Don Juan hasta el 18, el día anterior estaban en «Villa Giralda» Areilza, Sáinz Rodríguez y Antonio García Trevijano.

Partidarios de un Príncipe-Regente

Ese mismo día 16, a las ocho y media de la tarde, hablé con Antonio Fontán, director del periódico *Madrid*, que con insistencia había pedido verme. Estaba realmente contrariado por la decisión tomada y trató de batirse en una última trinchera. Amparándose en el artículo 6.º de la Ley de Sucesión, que decía «en cualquier momento, el Jefe del Estado podrá proponer a las Cortes la persona llamada en su día a sucederle a título de Rey o de Regente», pretendía que el Príncipe no fuera designado sucesor a título de Rey, sino a título de Regente, lo cual dejaría la puerta abierta a que luego pudiera venir como Rey el único que él admitía, es decir, Don Juan.

Fontán abrigaba la esperanza de que se nombrara un Príncipe Regente, esperanza que no tenía la más leve posibilidad de abrirse camino. Y me dijo: «Si esto sale mal, tendré que volver a dedicarme a la Cátedra, y a escribir historia, ya que tengo mucha documentación y muchos datos de estos últimos tiempos.» Le vi muy contrariado, pero sereno. Tuvo unas frases cordiales para conmigo: me dijo que, aunque discrepáramos, estaba seguro de que mantendríamos la misma amistad de siempre.

Después de convocadas las Cortes, apareció en el periódico *Madrid* un editorial que propugnaba el nombramiento del Príncipe como Regente.

Calvo Serer dirigió una carta a Franco, con fecha 17 de julio, en el mismo sentido, y escribió a Carrero dándole cuenta de ello e insistiéndole en que se nombrara un Príncipe Regente y no un Sucesor a título de Rey. Carrero me mostró esta carta en La Coruña, el 14 de agosto de aquel año. Calvo Serer hizo esa misma gestión en favor de la designación de Don Juan Carlos como Príncipe Regente cerca de varios Ministros.

Se convoca el Pleno de las Cortes

La convocatoria del Pleno de las Cortes decía así:

«Notificada a esta Presidencia la determinación de S. E. el Jefe del Estado de dirigir personalmente un mensaje a las Cortes españolas en relación con el artículo 6.º de la Ley de Sucesión en la Jefatura del Estado (...), se convoca al Pleno de las mismas para la Sesión Extraordinaria que se celebrará el próximo 22 del corriente, a las diecinueve horas...»

A Castiella y Espinosa la convocatoria de las Cortes les pilló en Estados Unidos: cuando se fueron no sabían nada.

El día 17 se convocó también al Consejo del Reino para reunirse en El Pardo el día 21.

Ese día 17, Carrero le llevó a Franco el texto definitivo del Proyecto de Ley, en el que se había introducido la concesión a Don Juan Carlos del título de Príncipe de España. Franco se mostró reacio; ya no quería dar más retoques a la Ley. Pero Carrero logró que lo aceptase.

Convocadas las Cortes, Areilza reunió, el mismo día 17, en su domicilio, a los miembros del Secretariado Político y les expresó su oposición radical a la designación del Príncipe Don Juan Carlos. Por la tarde, salió por vía aérea hacia Lisboa y acudió, en seguida, a Estoril con ánimo de conseguir del Conde de Barcelona una declaración explícita contraria al nombramiento que iban a aprobar las Cortes.

Aspectos jurídicos

Hay una serie de aspectos jurídicos que juzgo importantes.

Yo seguía pendiente de los últimos detalles de la Ley y, por ejemplo, sugerí a Carrero, después de ese despacho con Franco del jueves día 17, que en el artículo 4.º se confirieran expresamente al Príncipe los derechos y deberes que corresponden al heredero de la Corona, según el artículo once de la Ley Orgánica del Estado. En concreto, me parecía conveniente que el Príncipe, en caso de ausencia o enfermedad del Jefe del Estado, le sustituyera automáticamente.

A Carrero le pareció muy bien mi sugerencia. Como andábamos contra reloj, esta sugerencia hube de hacérsela a Carrero mientras le acompañaba en su coche desde la Presidencia del Gobierno a la Casa de Campo, donde, a las siete de la tarde, se iba a celebrar, presidida por Franco, la inauguración de una Exposición sobre los treinta años de la Organización Sindical. Como Iturmendi acudió también a este acto, Carrero regresó con él en el mismo coche y le planteó la cuestión. Pero a Iturmendi no le convenció. A su juicio, la suplencia del Jefe del Estado estaba prevista, y correspondía al Consejo de Regencia (1).

Por último, le propuse a Carrero que el título de la Ley no fuera «Ley por la que se designa Sucesor al Príncipe Don Juan Carlos», sino «Ley por la que se provee lo concerniente a la Sucesión en la Jefatura del Estado». Es decir, se trataba de no hablar para nada de nombramiento, para huir del peligro de la votación secreta.

Mis temores sobre la votación secreta no eran infundados. Fue el último reducto en que se batieron los adversarios de la designación del Príncipe. Ya en el acto sindical del 17 por la tarde, en la Casa de Campo, Dionisio Martín, Primer Vicepresidente de las Cortes, habló en ese sentido a Silva. Y al día siguiente, Jesús Fueyo, en su calidad de Director del Instituto de Estudios Políticos, redactó un dictamen que entregó a Solís y que éste llevó al Consejo de Ministros del 21, aunque no llegó a leerlo.

No valió el argumento, porque lo que se iba a someter a las Cortes era una Ley y no simplemente un nombramiento y, por tanto, no era aplicable el apartado 6 del artículo 6.º del Reglamento,

(1) Una Ley posterior, de 15 de julio de 1971, confirió al Príncipe de España la suplencia del Jefe del Estado en caso de ausencia o enfermedad y al producirse la vacante.

sino otro apartado del mismo artículo según el cual en materias legislativas no cabe votación secreta. No se trataba sólo de nombrar a una persona, sino de instaurar la Monarquía, de establecer la fórmula de juramento, de determinar las prerrogativas del Príncipe y su status jurídico. Es decir, había que regular una serie de aspectos y, por lo tanto, se trataba de materia legislativa. Sin embargo, el día 17, el procurador Eduardo Tarragona dirigió una petición al Presidente de las Cortes para que la votación fuera nominal.

La reacción de Estoril

En la tradicional recepción del 18 de julio en los jardines del Palacio de la Granja —donde, por cierto, había nacido Don Juan de Borbón— Carrero, Iturmendi y Fraga hicieron un aparte en el interior del palacio mientras los Ministros esperábamos que bajara Franco con su esposa. El tema de que hablaban era la reacción de Estoril; había llegado ya una primera onda de que se había convocado en «Villa Giralda» a los corresponsales de prensa acreditados en Lisboa. Por lo tanto, se esperaba una declaración inmediata del Conde de Barcelona.

En la merienda-cena que se sirvió, como todos los años, en los jardines, tuve a mi derecha a la Embajadora de Irlanda. Me dijo: «It is unusual»: no salía de su asombro ante la decisión del Jefe del Estado de designar sucesor, ante un «dictador» que abre su propia sucesión en vida. A la izquierda tenía a la esposa de Bau y le dije: «Oye, Elisa, ¿por qué no le preguntas al Embajador que está a tu lado —el de Noruega— si va a ir a las Cortes el día 22?» Se lo preguntó y el Embajador respondió que no y, acto seguido, le dejó caer esta pregunta: «¿Qué dirá Estoril?» Ya estaba pues, el Cuerpo diplomático con la antena levantada esperando ver en qué onda emitía «Villa Giralda».

Durante ese refrigerio, estando todavía sentados a la mesa, llamaron a Fraga, que se levantó y acudió al teléfono. Como estaba cerca de mí, cuando regresó a su sitio le pregunté y me dijo que las primeras referencias que habían llegado sobre la declaración del Conde de Barcelona eran bastante negativas.

Terminada la merienda-cena, comenzó el concierto, en el que se interpretó *La vida breve* de Falla. Parecía una alusión directa. En plena *Vida breve* llamaron de nuevo a Fraga para leerle el texto literal de la declaración. Cuando volvió a su asiento en el concierto, me dijo, con vehemencia, que la declaración era inadmisible y añadió: «He pasado el texto al Fiscal del Tribunal Supremo porque es delictivo, es un ataque abierto a la Ley de Sucesión y está claro que el artículo 2.° de la Ley de Prensa impide que se ataquen las Leyes Fundamentales. Puesto que la declaración constituye un ataque a una Ley Fundamental, no puede publicarse.»

Como he dicho antes, fueron Areilza, Sáinz Rodríguez y García Trevijano quienes redactaron este documento el 17 y el 18 de julio y obtuvieron el visto bueno de Don Juan para hacerlo público, aunque, y resulta interesante puntualizar este extremo, el documento no está firmado por el Conde de Barcelona.

Según el Príncipe, su madre trató de que no se hiciera la declaración; estando Don Juan reunido con Areilza, Sáinz Rodríguez y García Trevijano, entró ella y les dijo que no tendrían el mal gusto de poner la fecha histórica del 18 de julio en el escrito que estaban preparando.

También según el Príncipe, esos tres consejeros le dijeron a su padre que impedirían a toda costa la designación del sucesor y que llegarían, si fuera preciso, a promover una huelga general revolucionaria en toda España los días 22 y 23 de julio. Sáinz Rodríguez alegó, entre otras cosas, que cuando estuvo con el Príncipe el 9 de julio, éste le manifestó que en modo alguno aceptaría una designación que no fuera en favor de su padre, tergiversando así la entrevista que antes referí.

Declaración del Conde de Barcelona

El texto de la declaración del Conde de Barcelona es el que se transcribe a seguido:

«En 1947, al hacerse público el texto de la llamada Ley de Sucesión, expresé mis reservas y salvedades sobre el contenido de esa ordenación legal en lo que tenía de contraria a la tradición histórica de España. Aquellas previsiones se han visto confirmadas ahora, cuando al cabo de veinte años se anuncia la aplicación de esa ley. Para llevar a cabo esta operación no se ha contado conmigo, ni con la voluntad libremente manifestada del pueblo español. Soy, pues, un espectador de las decisiones que se hayan de tomar en la materia y ninguna responsabilidad me cabe en esta instauración.»

«Durante los últimos treinta años me he dirigido frecuentemente a los españoles para exponerles lo que yo considero esencial en la futura Monarquía: que el Rey lo fuera de todos los españoles, presidiendo un Estado de Derecho; que la Institución funcionara como instrumento de la política nacional al servicio del pueblo, y que la Corona se erigiese en poder arbitral por encima y al margen de los grupos y sectores que componen el país. Y junto a ello, la representación auténtica popular; la voluntad nacional presente en todos los órganos de la vida pública, la sociedad manifestándose libremente en los cauces establecidos de opinión; la garantía integral de las libertades colectivas e individuales, alcanzando con ello el nivel político de la Europa occidental, de la que España forma parte.»

«Eso quise y deseo para mi pueblo, y tal es el objetivo esencial de la Institución monárquica. Nunca pretendí, ni ahora tampoco, dividir a los españoles. Sigo creyendo necesaria la pacífica evolución del sistema vigente hacia estos rumbos de apertura y convivencia democrática, única garantía de un futuro estable para nuestra Patria, a la que seguiré sirviendo como un español más y a la que deseo de corazón un porvenir de paz y prosperidad.»

Estoril, 19 de julio de 1969.

En realidad, este texto se hizo público el 18 de julio por la tarde.

Gamazo en la Zarzuela

Al terminar el concierto en los jardines de La Granja llamé a Gamazo para que fuera a la Zarzuela a acompañar al Príncipe y procurar tranquilizarle ante la declaración de Estoril. El Príncipe no esperaba el comunicado hecho público en Portugal, dadas las informaciones más bien tranquilizadoras que había recibido hasta entonces.

La noticia en *ABC*

Fraga hizo una gestión cerca de *ABC*, que dio una versión edulcorada de la declaración y la arropó con la noticia de la disolución del Consejo Privado y del Secretariado Político. El suelto de *ABC* del 20 de julio decía así:

«El próximo día 22, Su Excelencia el Jefe del Estado, haciendo uso de las facultades que le confiere el artículo 6.º de la Ley de Sucesión, propondrá a las Cortes como sucesor, a título de Rey, al Príncipe Don Juan Carlos de Borbón y Borbón.»

«Con este motivo, el Generalísimo Franco ha dirigido una carta autógrafa a Su Alteza Real el Conde de Barcelona, carta que le fue entregada en la mañana del día 16 por el Embajador de España en Lisboa, Don José Antonio Giménez Arnau y Grau.»

«Por su parte, el Príncipe Don Juan Carlos había escrito a Su Augusto padre comunicándole esta decisión, y cuyo texto le fue entregado por el Jefe de su Casa, Marqués de Mondéjar.»

«A la vista de estos acontecimientos, Su Alteza Real el Conde de Barcelona ha dirigido sendas misivas al Presidente de su Consejo Privado, Don José María Pemán, y al titular de su Secretariado Político, Conde de Motrico, disolviendo estos organismos.»

Carta de Torcuato Luca de Tena al Conde de Barcelona

La actitud del Director de *ABC*, Torcuato Luca de Tena, no pudo ser más caballerosa. Al tener noticia de la designación como sucesor del Príncipe Don Juan Carlos, escribió a Don Juan una extensa carta de la que entresaco los siguientes párrafos:

«Señor:

»*ABC*, que a lo largo de su historia ha tenido el orgullo de no abandonar jamás los puestos de vanguardia en la defensa de la Corona, se va a ver obligado en el plazo de muy pocos días a enfrentarse con este gravísimo dilema: o no defender a ultranza la pureza del orden sucesorio y la legitimidad del hijo y heredero de Alfonso XIII o desunir a los españoles en torno a la figura del hijo primogénito (y único varón) de Vuestra Majestad.

»El público enfrentamiento entre padre e hijo sería un mal irreparable para la Institución y para España. La simple expresión de un recelo o de un no reconocimiento de la situación legal de hecho con la que va a enfrentarse el Príncipe en la inmediata convocatoria de las Cortes sería, por lo mismo, tan grave como lamentable. ¿Se imagina Vuestra Majestad a quien hoy se atreve a firmar esta carta votando, como procurador en Cortes, en contra del Príncipe, vuestro hijo, al lado de los huguistas y los republicanos? No obstante, esto es lo que haré por lealtad a Vuestra Majestad, si Vuestra Majestad no apoya de una o de otra manera la única solución que nos ha sido dada: de la que no somos responsables, pero que está ahí, al alcance de las horas, como un hecho irreversible.»

«La Historia reconocerá algún día las virtudes heroicas de Vuestra Majestad y la ejemplar dignidad —como Rey y como hombre— de todas sus actuaciones. Quizá la más grande y la más difícil de todas estas virtudes sea la que mueva su ánimo para un nuevo sacrificio que la hora presente parece exigir de Vuestra Majestad.» (1).

Disolución del Secretariado Político

Areilza publicó una nota más extensa que la de Don Juan, en la que daba cuenta de la disolución del Consejo Privado y del Secretariado. Los párrafos principales, a mi juicio, de la nota son los que siguen:

«La declaración efectuada hoy, 19 julio, en Estoril, por S. A. R. Don Juan de Borbón, resume de forma breve y concisa la actitud tomada por el Jefe de la Dinastía española ante los acontecimientos próximos.»

«Mi opinión sobre el tema es que, al no respetarse el principio de la legitimidad ni, por consiguiente, el automatismo sucesorio, se inflige a la Institución un irreparable daño, vaciándola de su eficacia sustancial y reduciendo su presencia a un mero nominalismo formal que poco o nada tiene que ver con la Monarquía, sobre todo en una circunstancia como la española en la cual la Institución debería ser el instrumento histórico para superar una etapa excepcional, en vez de quedar convertida en una solución parcial y divisoria.»

«Don Juan de Borbón, culminando con ello una actitud que siempre estuvo inspirada en los más nobles principios del servicio a su País, ha disuelto, con fecha de hoy, su Consejo Privado y Secretariado Ejecutivo, para reajustar su actitud y la de quienes lo siguieron durante tantos años a las nuevas circunstancias que se van a crear dentro del marco de la legalidad vigente. Quedan, pues, sus componentes y seguidores en libertad de criterio y de opinión para obrar y pensar con arreglo a sus conciencias.»

«Creo que la Monarquía propugnada por Don Juan de Borbón consistía, como lo ratifica en su declaración, en establecer la evolución pacífica y democrática que insertara nuestro país, que no es diferente, en los niveles políticos de Europa.»

«Es lamentable que no se haya buscado en el Jefe de la Dinastía española, la salida natural de la situación. Pienso también que sin la presencia activa del pluralismo social y político no puede haber un régimen verdaderamente libre.» (El texto íntegro de la nota puede verse en el anejo documental.)

(1) El texto íntegro de esta carta puede verse en *La larga marcha hacia la Monarquía*, págs. 354 y 355.

Posteriormente, en unas declaraciones a *Nuevo Diario* de 14 de marzo de 1970, Areilza precisó: «Don Juan de Borbón fue ajeno al 22 de julio, pero no ha levantado bandera contra su hijo.»

Velatorio en la Secretaría General del Movimiento

El propio día 19 Solís reunió a los mandos de la Secretaría General del Movimiento (Vicesecretario General, Delegados Nacionales, Gobernador de Madrid, etc.). Consideraban la designación del sucesor como su gran derrota, y planearon la batalla en favor de la votación secreta. Tan sólo Torcuato Fernández Miranda y Alejandro Fernández Sordo se mostraron partidarios de la votación nominal.

El Príncipe con Franco

Ese mismo día 19, a las cinco de la tarde, el Príncipe acudió a El Pardo para leerle a Franco su proyecto del discurso que pensaba dirigir al Pleno de las Cortes del día 23. Al terminar, le dijo el Generalísimo: «Léamelo otra vez.» Se vio que le gustaba. Únicamente le surigirió una modificación de fondo: suprimir la directa alusión a Don Juan, en la que el Príncipe le rendía homenaje por su patriotismo.

Franco pensó, quizá, que después de la declaración del Conde de Barcelona del día anterior, ese párrafo podría provocar una reacción desfavorable de las Cortes (En el fondo, el Jefe del Estado no las tenía todas consigo en cuanto al Pleno). Pero al Príncipe le honra haber consignado ese párrafo, y realmente le dolió que se lo hiciera quitar.

Editorial en *ABC*

El 20 de julio publicó *ABC* un editorial titulado «Con la sangre de nuestros Reyes» en el que se lee:

«De acuerdo con las normas constitucionales vigentes, el Jefe del Estado va a proponer a las Cortes, y éstas decidirán en consecuencia, la designación de un sucesor. Aunque se desconoce el mensaje del Jefe del Estado a la nación, hay sobrados elementos de juicio para saber que la designación recaerá en el Príncipe Don Juan Carlos de Borbón, hijo único varón del Conde de Barcelona, a su vez depositario de los derechos hereditarios, por haber abdicado a su favor, meses antes de su muerte, Su Majestad el Rey Don Alfonso XIII.

Conocedores de las sobresalientes condiciones personales del Príncipe Don Juan Carlos, de su profundo y estricto sentido del deber y de su gran amor a España, pedimos a Dios que ilumine sus pasos en el difícil camino del más sacrificado servicio a la grandeza de la Patria. Nacido el Príncipe en una familia que es centro de clarísimas virtudes cívicas y cristianas, ha recibido directamente de su padre, el Conde de Barcelona, la ejemplaridad del espíritu de servicio, del abnegado cumplimiento del deber, la noción exacta de sus altas responsabilidades y el sentimiento de un acendrado patriotismo.

Hecha sincera súplica a Dios por el Príncipe, nuestro corazón y nuestro pensamiento se vuelven, con entrañable emoción, hacia esa pequeña villa, de españolísimo nombre, donde, en un pueblecito portugués, vive, desde hace tantos años, en apartamiento sobrellevado con ejemplar entereza, el hombre de quien Don Juan Carlos ha recibido la enseñanza y ejemplo de las más altas virtudes y quien, por el hecho, excelso siempre, de la paternidad, le ha transmitido la sangre de nuestros Reyes.»

Declaración del Infante Don Jaime de Borbón

En cuanto a la declaración de Don Jaime, aunque está fechada el 19 de julio, no puede ser anterior al día 20, por cuanto esta última fecha es la de la carta de su hijo Don Alfonso en la que dice:

«Querido papá:

«Ante las horas trascendentales para el futuro de España que se acercan, creo de enorme importancia lo que tú vayas a manifestar, y precisamente para destacar aún más tu personalidad y el patriotismo que siempre movieron tus actos.»

«Es por esta razón que he decidido, ante la imposibilidad de trasladarme personalmente, enviarte dos íntimos amigos míos, ambos Consejeros Nacionales y Procuradores en Cortes: Don Mariano Calviño, que tú ya conoces, y Don Baldomero Palomares. Ellos te hablarán como si yo estuviera presente para exponerte un proyecto que veo trascendental.»

«Que Dios te ilumine; recibe un abrazo con todo el cariño de tu hijo.

Alfonso»

A consecuencia de esta carta y de la visita de Calviño y Palomares, Don Jaime escribió con fecha atrasada (el 19 de julio) a Franco la siguiente carta:

«Excelencia:

Por mediación de los Consejeros Nacionales Don Mariano Calviño y Don Baldomero Palomares, que me han visitado en nombre del Ministro Don José Solís, y todo ello aceptando el requerimiento de mi hijo primogénito el Príncipe Alfonso, le acompaño nota a V.E. que contiene mis sentimientos en estos trascendentales momentos de la Historia de España. De ella hará, V.E., el uso que estime conveniente.»

La nota decía así:

«Yo, Jaime de Borbón y Battenberg, Jefe de todas las Casas reales de Borbón y de España, en estos momentos trascendentales para el futuro de mi Patria, deseo dejar constancia de mis sentimientos como un español más, y como debidas muestras de mi responsabilidad ante Dios y ante la Historia.

Para mí, como para mis hijos, el interés de España ha presidido nuestras vidas, y al mismo hemos plegado siempre algunas de nuestras más íntimas convicciones e intereses. Nuestra Patria y nuestro pueblo, su paz, su orden y su Justicia, han sido siempre nuestras más caras ambiciones. Hemos seguido las dificultades y las vicisitudes de nuestro pueblo en estos años, y mostramos nuestra complacencia por la ingente labor desarrollada a veces en un marco de incomprensión por su Excelencia el Jefe del Estado.

Nuestro hijo primogénito, el Príncipe Alfonso, que ha tenido la suerte de convivir y trabajar en el seno del pueblo español, nos ha fortalecido y acompañado siempre en estos ideales.

Por ello, como Jefe de las Casas reales de España y de Borbón, en estos momentos de alto interés para mi pueblo, y pórtico de un futuro en paz y prometedor, deseo dejar constancia de mi recuerdo entrañable para S.E. el Jefe del Estado, y mi confianza en las Cortes españolas, sobre las que cae tan grave responsabilidad en estos momentos.

Muestro mi más profunda complacencia por los lazos de unión y fraternal afecto que unen en estos momentos a mi primogénito el Príncipe Alfonso y su primo hermano y sobrino mío, el Príncipe Juan Carlos.

Pido a Dios con todo fervor colme de paz y prosperidad a mi querida España y a su pueblo.

Jaime de Borbón y Battenberg
Infante de España

París, 19 de julio de 1969.»

Fanjul con el Príncipe

El 20 de julio de 1969, Juan Manuel Fanjul estuvo en la Zarzuela y le mostró al Príncipe Don Juan Carlos la carta que había dirigido al Conde de Barcelona en respuesta a la consulta de éste a los miembros de su Consejo Privado. Fanjul manifestaba que, a su juicio, desde que se acordó que el Príncipe estudiara en España, quedó echada la suerte: el futuro Rey sería Don Juan Carlos. El Príncipe coincidía con esta apreciación.

Mortes y Liñán recibidos por el Príncipe

El 21, a las doce, el Príncipe recibió a Mortes. Estaba emocionado y le dio un fuerte abrazo.

Comenzaron comentando el «manifiesto» de Estoril. Don Juan Carlos le contó que, cuando en junio estuvo en «Villa Giralda», habían hablado padre e hijo, del tema sucesorio. Al preguntarle su padre en qué basaba esta hipótesis, le dijo que en la cancelación del viaje de Franco a Barcelona y en que hacía tiempo que no le llamaba.

El Príncipe le preguntó a Mortes si, a lo largo de los muchos años en que se conocían, le había oído alguna vez la más leve insinuación que pudiera significar deslealtad hacia su padre. Mortes le dijo inmediatamente que no.

Le preguntó entonces Mortes cuál era la actitud de su madre. Le dijo que estaba de su lado y le mostró una carta muy emotiva que acaba de recibir de ella. Tenía frases como esta: «Como él —refiriéndose a Don Juan— es bueno, acabará por comprender.» «Como española y como madre, estoy orgullosa de ti.»

Al preguntarle si la Condesa de Barcelona estaría presente en los actos de Madrid, respondió el Príncipe que no, que su obligación estaba en Estoril. «El matrimonio de mis padres está por encima de todo.»

Tampoco vendrían las Infantas. La Infanta Margarita le había dicho por teléfono: «Aquí tienes a tus aliados, Juanito.» Sabía que el Ministro de Hacienda, Espinosa San Martín, había pedido al Marqués de Deleitosa, Presidente de Banesto, que rogase a su nuera Pilar que viniera a Madrid. El Príncipe dijo que era mejor no forzar las cosas.

Don Carlos de Borbón-Dos Sicilias había consultado al Conde de Barcelona, como Jefe de la Casa Real española, si debía o no estar presente. Don Juan le había autorizado: «Tú tienes la edad de mi hijo y debes estar a su lado.» Pero Don Carlos entendía que le correspondía la precedencia respecto de Don Alfonso y Don Gónzalo de Borbón y Dampierre y al no serle concedida, se negó a asistir.

Le contó también el Príncipe a Mortes que, según él creía, quienes más habían influido en su padre para que se opusiera a la decisión de Franco fueron Areilza y Antonio García Trevijano. Este último fue quien mecanografió la nota del Secretariado Político. El Conde de Barcelona modificó el texto en el sentido de hacerlo menos negativo y de dejar abierto un portillo para un posible entendimiento futuro.

El Príncipe tenía la seguridad de que su padre acabaría cambiando de postura «porque es noble y bueno». Le mostró a Mortes el texto de su discurso ante las Cortes.

Le dijo que el 22, a las ocho de la mañana, iría con la Princesa a oír Misa en la iglesia de la Virgen de Atocha, a la que tiene particular devoción la Familia Real.

En ningún momento observó Mortes la menor duda por parte de Don Juan Carlos respecto del paso decisivo que iba a dar. La actitud de su padre no le había hecho vacilar. El Príncipe le despidió en el despacho de Ayudantes. Entraba entonces Fernando de Liñán.

La conversación de Don Juan Carlos con Liñán discurrió en términos parecidos. El Príncipe le dijo que no quería presionar para que su madre asistiese en la Zarzuela a los actos del día 23. Le habló de una reunión que, según sus noticias, se había celebrado en el restaurante Parque Moroso de la Cuesta de las Perdices, a la que habían asistido Areilza, Ruiz Giménez y algunos más para tratar de conseguir movimientos de protesta contra la designación de sucesor, incluso huelgas. En todo momento el Príncipe salvó la figura de su padre, aunque se le notaba dolido.

Franco comunica al Consejo de Ministros la decisión de nombrar sucesor al Príncipe

El último en llegar a El Pardo el 21 de julio —y lo hizo con retraso— fue el General Alonso Vega que apenas había dormido aquella noche por haberse quedado viendo por televisión el «alunizaje» de los astronautas.

Al comienzo de este Consejo de Ministros, Franco hizo una introducción —lo que era poco habitual—, en la que dijo poco más o menos:

«Empecemos por lo más importante —esto lo dijo con una cara muy sonriente—; la convocatoria del Pleno de las Cortes para mañana, a las que voy a dirigir un mensaje y proponer la designación del sucesor. Realmente, los años pasan; tengo ya 76, voy a cumplir 77. Mi vida está en manos de Dios. He querido enfrentarme a esta realidad. No debo dejar sin resolver la incógnita del sucesor, porque el mecanismo del artículo ocho de la Ley de Sucesión es sumamente complejo, y el riesgo es grande de que, en la crisis que habría de provocar mi desaparición, los grupos y grupitos de intrigantes renacieran y se produjera una situación de confusión. Como la Ley me autoriza a proponer en vida el sucesor, creo que ya a mis años debo hacerlo. La persona que voy a proponer es el Príncipe Don Juan Carlos, que es un hombre de magníficas cualidades y que pertenece a la Familia Real.»

A continuación hizo un elogio del Príncipe.

Dijo también:

«El año pasado, cuando estuvo en Madrid la Reina Victoria, y tuve una conversación con ella, me dio a entender claramente que sus preferencias estaban del lado del Príncipe Don Juan Carlos.»

«Aunque en estricto derecho no vengo obligado a comunicar esta decisión a nadie y aunque he querido operar utilizando el factor sorpresa, no obstante, dada la relación que siempre he tenido con la Familia Real, me pareció un deber dirigirme a Don Juan. Les voy a leer a ustedes la carta que le he enviado.»

Entonces sacó un pliego manuscrito y leyó la carta transcrita más arriba al relatar el momento en que le fue entregada al Conde de Barcelona por el Embajador Giménez Arnau, el 16 de julio.

Esta carta puso punto final a la copiosa correspondencia mantenida entre el Jefe del Estado y el Conde de Barcelona con la única excepción de la que éste envió el 28 de diciembre de 1973 para dar el pésame por el asesinato del Almirante Carrero Blanco, que Franco contestó el 7 de enero de 1974.

Terminada la lectura de la carta, dijo Franco:

«La reacción de Don Juan era de esperar. Es persona que sigue al último que habla, y en este caso, los últimos que le han hablado son Sáinz Rodríguez y Areilza. Y ya sabemos lo que se podía esperar de ellos. Ahora, la declaración de Don Juan constituye para mí la mejor prueba de que él era *inservible.*»

Precisó algunos detalles sobre la entrega de la carta al Conde de Barcelona:

«Llamé al Embajador y le di la carta, indicándole que esperara a entregársela hasta que terminara el "Consejo de rabadanes" que se celebraba por aquellos días. Y como, además, Don Juan tenía prevista su salida a la mar el 16, preferí que se le entregara la carta antes de su partida, en vez de tener que estar pendiente de cuál fuera el primer puerto a que se dirigiera, aunque esto implicara anticipar la noticia y romper un poco el factor sorpresa.»

También explicó que una de las razones que le indujeron a escribir la carta era que «el Príncipe tenía que decir a su padre que yo le había propuesto que aceptara la designación de sucesor y yo quería que no fuera sólo él quien se lo dijera». También a propósito de esto estuvo muy amable respecto de Don Juan Carlos, por su comportamiento para con su padre.

Franco le preguntó a Castiella si se había recibido alguna contestación de Don Juan, porque habían circulado noticias contradictorias. Parece ser que en cierto momento Don Juan dijo que no le contestaría; en otro momento dijo que sí, y también corrió el rumor de que iba a devolver el pasaporte diplomático y renunciar a los dos Secretarios de Embajada que tenía a su servicio. Castiella dijo: «No, mi General, a mí no me ha llegado ninguna referencia sobre esto.» Sin embargo, luego supe que, efectivamente, Don Juan pidió que le suprimieran el Gabinete diplomático y así se hizo.

Franco dio cuenta también al Consejo de Ministros de que don Juan iba a iniciar un crucero por el Mediterráneo, sin tocar puertos españoles.

El Vicepresidente del Gobierno agradece al Jefe del Estado su decisión

Después de terminar Franco su exposición, y en particular después de la lectura de la carta, hubo algo así como una aclamación general en el Consejo de Ministros y vivas muestras de satisfacción. Carrero, en nombre del Gobierno, leyó cuatro o cinco holandesas que llevaba escritas en las que felicitaba al Jefe del Estado por la decisión que había adoptado, le agradecía que hubiera dado este paso en vida, y razonaba las ventajas que tenía el haberlo hecho: se terminará con la zozobra y con la incógnita del futuro, quedarían fuera de la ley quienes alzaran bandera en favor de unos y otros pretendientes, etc. El escrito, incorporado al acta del Consejo, dice así:

«Mi General:

Permítame Vuestra Excelencia que, interpretando el sentir general del Gobierno, os exprese nuestro agradecimiento por la deferencia que hacia el Gobierno representa el querer darnos cuenta de la decisión que acabáis de comunicarnos y, sobre todo y muy especialmente, nuestro profundo reconocimiento por el hecho en sí de tal decisión, que entraña la culminación de vuestra ingente obra en servicio de España y cuya transcendencia histórica para el futuro de la Patria es evidente.» (...).

«La designación de este sucesor en la persona del Príncipe Don Juan Carlos de Borbón y Borbón a quien Su Excelencia conoce desde niño, cuya formación ha vigilado atentamente y en la que los aspectos más importantes ha intervenido de una manera personal y cuyas cualidades, por tanto, puede juzgar como ningún otro español puede hacerlo, ofrece las indudables ventajas siguientes:

a) Dar a los españoles una tranquilidad que no tenían, al ver desaparecer el fantasma de que un día España se viera en el trance de la crisis que representaría el tener que hacer aplicación de la fórmula supletoria del artículo 8.º de la Ley de Sucesión.

b) Las Fuerzas Armadas tendrán perfectamente clara la misión de "defensa del orden institucional" que les confiere el artículo 37 de la Ley Orgánica del Estado, ya que esta misión hubiera podido verse enervada por confusiones e intrigas durante la crisis a que fatalmente daría lugar la apliación del artículo 8.º de la Ley de Sucesión.

c) Dar también a los países extranjeros interesados en la permanencia del Régimen, una garantía de continuidad del mismo, lo que puede redundar favorablemente en nuestras relaciones internacionales.

d) El crédito exterior de nuestra economía, en el que tanto influye el factor psicológico de la estabilidad política, se verá indudablemente robustecido.

e) Acabar definitivamente con las especulaciones internas y externas sobre nuestro futuro y terminar, de una vez para siempre, con los enredos de Estoril y del pequeño sector de los partidarios de Don Hugo de Borbón-Parma, y

f) Afianzar la formación y la popularidad del Príncipe, al tener éste un status definido a vuestro lado como vuestro sucesor.»

«Por otra parte, y esto es muy importante, al ser propuesto el Príncipe por Su Excelencia en virtud de una Ley que tiene la aceptación del pueblo en dos clamorosos Referendums Nacionales y al ser aprobada esta propuesta por las Cortes, representación orgánica de la Nación, la Dinastía, a partir de Don Juan Carlos, tendrá un respaldo popular infinitamente mayor que el que tuvo en su origen, pues, a fin de cuentas, Felipe V subió al Trono de España como consecuencia de un entendimiento entre Inglaterra y Francia, en el que para nada se contó con el pueblo español.»

Referencia de prensa

El impacto que la decisión de Franco produjo en el Gobierno quedó reflejado en la referencia que Fraga dio a la Prensa. Dice así:

«El Consejo de Ministros de hoy comenzó con una exposición de su Excelencia el Jefe del Estado de determinados aspectos relacionados con la trascendental declaración que, en relación con el artículo sexto de la Ley de Sucesión, se dispone a hacer mañana en las Cortes.»

«Y debo decirles a ustedes que pocas veces los que tenemos la honra de trabajar a su lado en el Gobierno de la Nación nos hemos visto más impresionados por la grandeza histórica de su figura, por la serenidad de su mente, por su profundo patriotismo, por su extraordinaria generosidad y clarividencia.»

«Los que hemos visto transcurrir, en distintas capacidades, el tiempo de esta generación, que equivale quizá a un evo, a un ciclo histórico entero de otras eras históricas menos aceleradas (piensen que en este tiempo hemos vivido la Segunda Guerra Mundial, la aparición del Tercer Mundo, el Concilio Vaticano II o, esta misma madrugada, presenciado al hombre poner su planta en la Luna), y visto en qué forma, cuanto tantas cosas han sufrido el embate de los tiempos, nuestra Patria no solamente ha sabido estar a la altura de ellos, sino superar retrasos de un siglo y ponerse en forma a todos los eventos, era el oírle una verdadera satisfacción y, como digo, un reiterado motivo de admiración.»

«Lo cierto es que si en este mismo año hemos enterrado definitivamente los restos de las viejas divisiones y hemos puesto punto final a nuestra última guerra civil, en estos días se van a poner las piedras definitivas que, sobre el pasado histórico, gracias al presente brillantemente realizado, nos abre un futuro claro y esperanzador.»

Deliberación acerca del procedimiento a seguir en las Cortes

Después de la intervención del Jefe del Estado se produjo un conato de torpedeamiento. Solís, haciendo como que no era él quien ponía las objeciones, sino que se le habían acercado una serie de personas exponiéndole ciertas dificultades, hizo dos observaciones: primera, que Franco se ausentara del salón nada más leído su mensaje, para que la votación no se hiciera en su presencia; y, segunda, que la votación fuera secreta. Pero el Ministro de Agricultura, Díaz-Ambrona, insistió mucho en que Franco debía salir del salón y terminó diciendo: «Por lo tanto, me adhiero a la propuesta del Ministro Secretario General del Movimiento.» Entonces Solís se excusó diciendo: «Yo me he limitado a contar lo que me han dicho a mí; creo que es un tema como para que lo pensemos...» Pero no llegó a leer el dictamen que le había preparado Jesús Fueyo.

Díaz-Ambrona volvió a propugnar la votación secreta, y en vista de la reacción mayoritaria del Consejo, aceptó que la votación fuera nominal, pero en cambio insistió en que Franco abandonara el salón de sesiones al terminar de leer su mensaje.

El primero que salió en defensa de la presencia de Franco en el acto de la votación nominal fue Silva, quien dijo: «Varias veces se ha dicho aquí que el Gobierno no es una asesoría jurídica, sino un órgano político. Por lo tanto, hemos de ver qué es lo que más conviene políticamente. Y ya veremos si tiene o no tiene alguna dificultad jurídica. Como no hay ningún precepto que se oponga a que el Jefe del Estado presencie la votación desde el punto de vista político, todas la ventajas están a favor de que esté presente, fundamentalmente, porque él va a preguntar a las Cortes si aprueban la designación de sucesor y ha de oír lo que le contesten.»

Tras su intervención, Silva me pasó una nota que dice: «Ya ves cómo corté la maniobra a cuchillo. Hubo algún silencio significativo.» (se refería a Nieto Antúnez).

Fraga dijo que se creía en el deber de decir algo porque no en vano había escrito un libro sobre el Reglamento de las Cortes, y afirmó que, efectivamente, no había ningún impedimento jurídico para que estuviera presente el Jefe del Estado en el transcurso de la votación y para que ésta fuera nominal.

Carrero insistió mucho en favor de la votación nominal, porque, de este modo, los periodistas extranjeros sabrían qué había votado cada procurador. En cambio, la votación secreta ofrecía menos autenticidad que la nominal.

Yo también intervine, brevemente. Dije, en primer lugar, que no sólo no había ningún precepto que prohibiera la votación nominal, sino que, por el contrario, había un artículo en el Reglamento que prohibía que fuera secreta, el 69, uno de cuyos párrafos dice que «podrán ser secretas si lo piden más de cien Procuradores, siempre que no se trate de materias legislativas». Entonces hube de advertir que lo que se iba a someter a las Cortes no era una propuesta de nombramiento, sino una Ley con cinco artículos. Y al tratarse de materia legislativa, está expresamente prohibida la votación secreta. Añadí que era necesaria una Ley porque había que proveer a diversos aspectos de la sucesión.

Don Camilo, que se estaba conteniendo todo el tiempo, dijo: «Pero, ¿a ustedes les parece lógico que cuando España se sienta en aquel momento como una familia, se eche al padre que está platicando sobre qué va a ocurrir el día de mañana, qué va a ser de la Patria, y se le diga "márchese usted, que aquí no le queremos..."».

Con las palabras del Ministro de la Gobernación terminó la polémica.

Solís relató sus gestiones, realizadas a través de Mariano Calviño y Baldomero Palomares, que eran sus enlaces con Don Alfonso de Borbón Dampierre, para obtener una declaración favorable del Infante Don Jaime. Y luego Solís me pasó una nota relativa a Don Jaime que dice: «Para esta tarde le habían preparado una declaración aún más dura que la de Don Juan».

El Ministro de Hacienda habla de Matesa

En el memorable Consejo de Ministros del 21 de julio, el Ministro de Hacienda, Espinosa San Martín sacó a relucir el asunto Matesa. A hombres como Vila Reyes —dijo— hay que «tirarles de las orejas» de vez en cuando porque, en su mismo entusiasmo de empresarios creadores, a veces se pasan. Quedó en ampliar la información sobre el caso en el siguiente Consejo.

Pero aquel día nadie se enteró demasiado, centrados como estábamos en la decisión tomada por el Jefe del Estado de nombrar sucesor y en la preparación del Pleno de las Cortes del día siguiente.

Reunión del Consejo del Reino

El 21 por la tarde, Franco reunió al Consejo del Reino para dar cuenta de su decisión en parecidos términos a como lo hizo al Consejo de Ministros. Bau me contó que Carlos Arias, Alcalde de Madrid, en la antesala de esta reunión del Consejo del Reino sostenía que Franco debía ausentarse de las Cortes en el momento de la votación.

Esa misma tarde estuve con Carrero, quien me contó que aún le volvió a llamar por teléfono Nieto Antúnez para pedirle que la votación fuera secreta. Y también esa tarde, en la reunión que tuvimos los miembros de la Ponencia que estudiaba la Ley Sindical, siguió porfiando Díaz-Ambrona en favor de la votación secreta. Los que se oponían a la designación de sucesor desplegaron gran actividad hasta el último momento. Todos los Procuradores en Cortes recibimos dos circulares en las que se nos pedía que votáramos «no».

El Príncipe telefonea a su padre

El día 21 por la noche, el Príncipe habló con su padre por teléfono. La conversación fue serena. Habían transcurrido tres días desde la declaración de Don Juan y comenzaban a volver las aguas a su cauce. El Príncipe le dijo que se acordaría muy especialmente de él en aquellos momentos decisivos de su vida y tuvo con su padre las amabilidades y el cariño propios de un buen hijo.

La sesión en Cortes del 22 de julio

Franco acudió al palacio de las Cortes acompañado del Presidente, Iturmendi. No hace falta describir el aparato exterior de la ceremonia: La Compañía rindiendo honores, la multitud que aclamaba en las calles, el brillante aspecto del salón de sesiones. Catorce países solicitaron la conexión con TVE para retransmitir la sesión de las Cortes.

Las palabras más significativas del extenso discurso de Franco (1) fueron las siguientes:

«Ya con ocasión del Decreto de Unificación de 19 de abril de 1937 se consideró la posibilidad, cuando hubiéramos dado cima a la ingente tarea de la reconstrucción espiritual y material de España, y si las conveniencias políticas y los sentimientos del país lo aconsejaban, de llegar a instaurar en la Nación el régimen secular que forjó su unidad y su grandeza histórica.»

«El proceso era de una lógica abrumadora. La República que va de abril de 1931 a julio de 1936, compendiaba en sí todas las alteraciones, revoluciones, anarquía y desenfreno de la etapa que la precedió. En poco más de cinco años tuvo dos Presidentes, doce Gobiernos, una Constitucion constantemente suspendida, persecución religiosa perenne, incendios de conventos e iglesias, constantes movimientos de perturbación del orden público, apertura al comunismo, intentos de separación de dos regiones; sucesos que culminaron en el asesinato, por orden del propio Gobierno, del Jefe de la oposición parlamentaria, señor Calvo Sotelo. El balance no pudo ser más trágico.»

«Creo necesario recordaros que el Reino que nosotros, con el asentimiento de la Nación, hemos establecido, nada debe al pasado; nace de aquel acto decisivo del 18 de julio, que constituye un hecho histórico trascendente que no admite pactos, ni condiciones. La forma política del Estado nacional establecida en el Principio VII de nuestro Movimiento, refrendada unánimemente por los españoles, es la Monarquía tradicional, católica, social y representativa.»

«La Ley de Sucesión de la Jefatura del Estado establece en su artículo 6 que "en cualquier momento el Jefe del Estado podrá proponer a las Cortes la persona que estime deba ser llamada en su día para sucederle, a título de Rey o Regente.»

«La fórmula sucesoria que contiene el artículo 8 de la Ley de Sucesión constituye una fórmula supletoria para un caso de emergencia que, pese a todas las cautelas establecidas, entraña evidentemente una dilación en la resolución de la crisis, que queda definitivamente resuelta haciendo uso del artículo sexto de la Ley de Sucesión.»

«A la hora de decidir sobre tan importante materia, considero que no debo exponer a la Nación a los azares y dilaciones que entraña la aplicación de la fórmula supletoria establecida en el artículo 8 de la Ley, consciente de mi responsabilidad ante Dios y ante la Historia. Así, pues, valorando con toda objetividad las

(1) El texto íntegro de este discurso puede verse en el Boletín Oficial de las Cortes Españolas núm. 1.061, de 22 de julio de 1969, págs. 25.888 a 25.891.

condiciones que concurren en la persona del Príncipe Don Juan Carlos de Borbón y Borbón que, perteniendo a la Dinastía que reinó en España durante varios siglos, ha dado claras muestras de lealtad a los principios e instituciones del Régimen, se halla estrechamente vinculado a los Ejércitos de Tierra, Mar y Aire, en los cuales forjó su carácter, y al correr de los últimos veinte años ha sido perfectamente preparado para la alta misión a que podía ser llamado y que, por otra parte, reúne las condiciones que determina el artículo 11 de la Ley de Sucesión en la Jefatura del Estado, he decidido proponerle a la Patria como mi sucesor.»

«La resolución de este problema sucesorio queda en esta forma perfectamente definida y clara, y dará a los de dentro lo mismo que a los de fuera, una garantía de continuidad, acabando definitivamente con las especulaciones internas y externas y con los enredos políticos de determinados grupos, al tener el Príncipe un status que le define como heredero, que le permitirá consolidar a mi lado su formación y perfeccionar el conocimiento de los problemas nacionales.»

«Hoy no se puede decir que las Monarquías representen al sector conservador de los pueblos, pues si contemplamos las Monarquías de las distintas naciones del norte europeo, tenemos que reconocer el progreso y la eficiencia social que registran, a las que dio estabilidad y garantías de continuidad. Pero no tenemos que ir a buscar fuera ejemplos de que lo trascendente de las instituciones no es el nombre, sino el contenido; la Monarquía de los Reyes Católicos, que tantos años de gloria dio a la nación, es un ejemplo perenne de su popularidad y de la defensa constante de los derechos sociales de nuestro pueblo.»

«Por ello, para cumplir las previsiones sucesorias, se instaurará en su día, la Corona en la persona que hoy proponemos como sucesor, mediante la aprobación de la Ley a que va a dar lectura el señor Presidente de las Cortes» (1).

(1) El texto íntegro de la Ley es el siguiente:

«ARTÍCULO PRIMERO. Al producirse la vacante de la Jefatura del Estado, se instaurará la Corona en la persona del Príncipe Don JUAN CARLOS DE BORBÓN Y BORBÓN, que la transmitirá según el orden regular de sucesión establecido en el artículo once de la Ley Fundamental de veintiséis de julio de mil novecientos cuarenta y siete, modificada por la Ley Orgánica del Estado de diez de enero de mil novecientos sesenta y siete.»

«ARTÍCULO SEGUNDO. I. La aceptación del Príncipe Don JUAN CARLOS DE BORBÓN Y BORBÓN se formulará en presencia del Presidente y demás miembros de la Mesa de las Cortes y dará fe de ella el Ministro de Justicia en su calidad de Notario Mayor del Reino.»

«II. Aceptada la sucesión a título de Rey por el designado en el artículo anterior, las Cortes Españolas, en el plazo máximo de cinco días a contar desde la publicación de la presente Ley en el Boletín Oficial del Estado, le recibirán el juramento

La votación nominal arrojó el siguiente resultado: 491 votos afirmativos, 19 negativos y 9 abstenciones (1). Me fije en que, cuando el Teniente General García Valiño votó «no», Franco le clavó la mirada.

La designación del Príncipe Don Juan Carlos como futuro Rey de España fue «una operación tan perfectamente planeada como la del Apolo XI», según palabras de Tixier de Vignancourt.

Al salir de las Cortes con Iturmendi, Franco se mostró muy satisfecho. Comentó que la designación de sucesor era conveniente cara al Vaticano, «que no nos trata como merecemos.»

La actitud de Mons. Benelli, según el Embajador Sánchez Bella

Alfredo Sánchez Bella, Embajador de España en Italia, en una postdata manuscrita a su carta del 19 de julio, me dijo al respecto:

«Y quiero agregarte que las históricas decisiones tomadas estos

---

que preceptúa el artículo noveno de la Ley de Sucesión y el cincuenta de la Ley Orgánica del Estado, en Sesión solemne, presidida por el Jefe del Estado.»

«III. La fórmula del juramento será la siguiente: "En nombre de Dios y sobre los Santos Evangelios, ¿juráis lealtad a su Excelencia el Jefe del Estado y fidelidad a los Principios del Movimiento Nacional y demás Leyes Fundamentales del Reino?" El designado sucesor responderá: "Sí, juro lealtad a Su Excelencia el Jefe del Estado y fidelidad a los Principios del Movimiento Nacional y demás Leyes Fundamentales del Reino." Y el Presidente de las Cortes contestará: "Si así lo hiciereis que Dios os lo premie, y si no, os lo demande."»

«ARTÍCULO TERCERO. Prestado el juramento, el Príncipe Don JUAN CARLOS DE BORBÓN Y BORBÓN ostentará el título de Príncipe de España, con tratamiento de Alteza Real, y asumirá los derechos y deberes inherentes a su alta condición.»

«ARTÍCULO CUARTO. Vacante la Jefatura del Estado, el Príncipe Don JUAN CARLOS DE BORBÓN Y BORBÓN prestará juramento y será proclamado Rey por las Cortes Españolas, conforme al artículo séptimo de la Ley de Sucesión, y dentro del plazo de ocho días desde aquél en que se produzca la vacante.»

«ARTÍCULO QUINTO. Esta Ley entrará en vigor el mismo día de su publicación en el Boletín Oficial del Estado.»

(1) Votaron «no»:

Alfonso María Abella, José Alcaina, Antonio Arrue, Manuel Baldellou, José Bañales, Manuel María Escudero, Baldomero García García, Rafael García-Valiño, Auxilio Goñi, Torcuato Luca de Tena, Juan Pablo Martínez de Salinas, Juan Marrero, Rafael Merino, José Navarro López, Manuel Pizarro, José Manuel Sierra, Agatángelo Soler, Eduardo Tarragona, José Ángel Zubiaur.

Se abstuvieron:

Rafael del Águila, Fernando Beltrán Rojo, Fernando Fugardo, José María García Bravo-Ferrer, Jesús María Peña, Mónica Plaza, Francisco Vallbona, Josefina Veglison, Antonio Zaragoza.

días —y quiero felicitarte muy cordialmente por la decisiva participación que has tenido en ellas— desgraciadamente no han modificado en nada esta sorda e irracional oposición a la España actual cerca de los grupos más cercanos a Mons. Benelli. La han calificado de "desatino que llevará a España a la catástrofe". Cuando un amigo común me ha informado de ello, le he respuesto: (*sic*) ¿Por qué no le dices a ese Monseñor que deje de entrometerse en cuestiones políticas y de opinar de lo que no entiende? Hay que aspirar a que nos entiendan —aunque esto en ellos es imposible— pero sí a que nos consideren y respeten en la medida de lo que somos. Pero ello exige iniciar urgentemente una política de "diversidad en la unidad". No hay otro camino.»

Los miembros del Consejo Privado, a favor del Príncipe

Varios Procuradores explicaron su voto a través de la Prensa. Entre ellos, tres que pertenecían al Consejo Privado: el Marqués de Valdeiglesias, Alfonso García Valdecasas, que ofrece el particular interés de haber sido anteriormente Secretario del Consejo Privado, y Juan Manuel Fanjul, todos los cuales votaron «sí».

Otros muchos miembros del Consejo Privado se mostraron totalmente partidarios de la designación del Príncipe, no solamente Fernández de la Mora, que estuvo colaborando muy activamente en este sentido, el Duque de Alba, Juan Herrera y Juan José López Ibor, sino también Carlos Ollero, quien, concretamente en la apertura del curso académico del Colegio Mayor Covarrubias en octubre de 1969, acto al que asistió Don Juan Carlos, se dirigió expresamente al Príncipe y le manifestó de forma pública su total adhesión. Realmente, lo cierto es que la mayoría de los miembros del Consejo Privado de Don Juan aceptaron la designación de Don Juan Carlos como futuro Rey de España.

El acto de aceptación del Príncipe

Por la mañana tuvo lugar en el Palacio de la Zarzuela el acto de aceptación del Príncipe como Sucesor a título de Rey, en el que pronunció el siguiente discurso:

«Estoy profundamente emocionado por la gran confianza que

ha depositado en mí Su Excelencia el Jefe del Estado, al proponer a las Cortes, haciendo uso de la facultad que le concede el artículo sexto de la Ley de Sucesión, mi nombramiento como Sucesor a título de Rey, así como el altísimo honor que me ha hecho el supremo órgano legislativo del país al aprobar la propuesta que, sancionada, ha quedado convertida en Ley.»

«Me acabáis de comunicar oficialmente su contenido, y plenamente consciente de la enorme responsabilidad que sobre mí va a recaer, acepto, en mi nombre y en el de mis sucesores, las obligaciones y deberes que me impone esta designación, pues considero que, en definitiva, se trata de obedecer un mandato de nuestro pueblo, expresado en forma legítima y fehaciente a través de su representación genuina, que son las Cortes Españolas.»

«Formado en la España surgida del 18 de Julio, he conocido, paso a paso, las importantes realizaciones que se han conseguido bajo el mandato magistral del Generalísimo.»

«Mi aceptación incluye una promesa firme, que formulo ante Vuestras Excelencias, para el día, que deseo tarde mucho tiempo, en que tenga que desempeñar las altas misiones para las que se me designa dedicando todas mis fuerzas, no sólo al cumplimiento del deber, velando porque los principios de nuestro Movimiento y Leyes Fundamentales del Reino sean observados, sino también para que, dentro de esas normas jurídicas, los españoles vivan en paz y logren cada día un desarrollo creciente, en lo social, en lo cultural y en lo económico.»

«Or ruego, pues, Señor Vicepresidente del Gobierno y Señor Presidente de las Cortes, que así lo comuniquéis, respectivamente, a Su Excelencia el Jefe del Estado y a las Cortes Españolas.»

«Que Dios me ilumine y me ayude en un perseverante servicio a nuestra amada España, y que cada día sean una realidad plena nuestros anhelos de unidad, grandeza y libertad de la Patria.»

Entrega al Jefe del Estado del acta de aceptación

El Ministro de Justicia, Antonio María de Oriol, que actuó en calidad de Notario Mayor del Reino, al entregar después a Franco el acta de la aceptación, le recordó la emoción que había sentido al levantar aquella acta, puesto que él había sido de los que se sumaron al Alzamiento Nacional al grito de «¡Viva el Rey!» y no podía sospechar entonces que a la vuelta de los años iba a autorizar el acta de instauración de la Monarquía en España.

Cuando le puso en las manos el documento, Franco, que estaba muy contento, le dijo a Oriol sonriéndose: «Hemos hecho diana.» Estaba verdaderamente satisfecho de la designación de sucesor y muy encariñado con la persona del Príncipe.

La pluma estilográfica de oro con la que suscribió el acta Don Juan Carlos, le fue entregada como recuerdo. Posteriormente, después del asesinato de Carrero y en prueba de agradecimiento por lo mucho que hizo por la Monarquía y por el Príncipe, Don Juan Carlos regaló la pluma a la viuda del Almirante, en un estuche que tiene la Corona Real y una placa de plata en el interior con la siguiente inscripción: «Pluma con la que firmó la aceptación de su nombramiento S.A.R. el Príncipe de España. —A la Duquesa de Carrero Blanco con todo cariño. Febrero 1974.» Y una reproducción de la firma de Don Juan Carlos.

Acto de la jura ante las Cortes

El 23 de julio por la tarde, el Generalísimo fue con el Príncipe a las Cortes. Antes de salir de la Zarzuela hacia el Palacio de la Carrera de San Jerónimo, Don Juan Carlos llamó a López Ibor para que hablara por teléfono con sus padres y les dijera que iba a cumplir con su deber, pero que su corazón estaba con ellos.

Al poco rato la Condesa de Barcelona, después de hablar con su marido, llamó a López Ibor para decirle que Don Juan estaba cambiado, y que le dijera al Príncipe que estuviera tranquilo y que le saliera bien el discurso.

Tampoco voy a relatar aquí los pormenores del histórico acto de las Cortes del díal 23. Don Juan Carlos tenía el natural nerviosismo. Meses después contó que al ir hacia el Palacio de las Cortes en el coche con Franco, le dijo: «Mi General, le pido que me deje fumar un pitillo porque no puedo más.» Y se puso a fumar.

Discurso del Príncipe

Don Juan Carlos pronunció el siguiente discurso:

«Mi General, señores Ministros, señores Procuradores:

Plenamente consciente de la responsabilidad que asumo, acabo de jurar como Sucesor a título de Rey, lealtad a Su Excelencia el Jefe del Estado y fidelidad a los Principios del Movimiento Nacional y Leyes Fundamentales del Reino.»

«España, en estos últimos años, ha recorrido un importantísimo camino bajo la dirección de Vuestra Excelencia. La paz que hemos vivido, los grandes progresos que en todos los órdenes se han realizado, el establecimiento de los fundamentos de una política social son cimientos para nuestro futuro. El haber encontrado el camino auténtico y el marcar la clara dirección de nuestro porvenir son la obra del hombre excepcional que España ha tenido la inmensa fortuna de que haya sido, y siga siendo por muchos años, el rector de nuestra política.»

«Pertenezco por línea directa a la Casa Real española y, en mi Familia, por designios de la Providencia, se han unido las dos ramas. Confío en ser digno continuador de quienes me precedieron.»

«Deseo servir a mi país en cauce normal de la función pública, y quiero para nuestro pueblo: progreso, desarrollo, unidad, justicia, libertad y grandeza, y esto sólo será posible si se mantiene la paz interior. He de ser el primer servidor de la Patria en la tarea de que nuestra España sea un Reino de justicia y de paz. El concepto de justicia es imprescindible para una convivencia humana, cuyas tensiones sean solubles en la ley y se logren dentro de una coexistencia cívica en libertad y orden.»

«Ha sido preocupación fundamental de la política española en estos años la promoción del bienestar en el trabajo, pues no puede haber un pueblo grande y unido sin solidaridad nacida de la Justicia Social. En este campo nunca nos sentiremos satisfechos.»

«Las más puras esencias de nuestra gloriosa tradición deberán ser siempre mantenidas, pero sin que el culto al pasado nos frene en la evolución de una sociedad que se transforma con ritmo vertiginoso en esta era apasionante en que vivimos. La tradición no puede ni debe ser estática: hay que mejorar cada día.»

«Nuestra concepción cristiana de la vida, la dignidad de la persona humana como portadora de valores eternos, son base y, a la vez, fines de la responsabilidad del gobernante en los distintos niveles de mando.»

«Estoy muy cerca de la juventud. Admiro en ella, y comparto, su deseo de buscar un mundo más auténtico y mejor. Sé que en la rebeldía que a tantos nos preocupa está viva la mejor generosidad de los que quieren un futuro abierto, muchas veces con sueños irrealizables, pero siempre con la noble aspiración de lo mejor para el pueblo.»

«Tengo gran fe en los destinos de nuestra Patria. España será lo que todos y cada uno de los españoles queramos que sea, y estoy seguro de que alcanzará cuantas metas se proponga, por altas que sean.»

«La Monarquía puede y debe ser un instrumento eficaz como sistema político si se sabe mantener un justo y verdadero equilibrio de poderes y se arraiga en la vida auténtica del pueblo español.»

«A las Cortes Españolas, representación de nuestro pueblo y herederas del mejor espíritu de participación popular en el Gobierno, les expreso mi gratitud. El juramento solemne ante vosotros de cumplir fielmente con mis deberes constitucionales es cuanto puedo hacer en esta hora de la historia de España.»

«Mi General: Desde que comencé mi aprendizaje de servicio a la Patria me he comprometido a hacer del cumplimiento del deber una exigencia imperativa de conciencia. A pesar de los grandes sacrificios que esta tarea pueda proporcionarme, estoy seguro que "mi pulso no temblará" para hacer cuanto fuere preciso en defensa de los Principios y Leyes que acabo de jurar.»

«En esta hora pido a Dios su ayuda y no dudo que Él nos la concederá, si, como estoy seguro, con nuestra conducta y nuestro trabajo nos hacemos merecedores de ella.»

A continuación, tuvo lugar el acto del juramento, verificado el cual, el Jefe del Estado dijo:

«Hemos de agradecer las nobles, sentidas y expresivas palabras que acabamos de escuchar de Su Alteza Real el Príncipe de España, Don Juan Carlos de Borbón y Borbón, y felicitarnos de la proclamación por las Cortes Españolas de su condición de sucesor en la Jefatura del Estado a título de Rey, y del ofrecimiento de su entrega total al servicio de la Patria en su unidad, grandeza y libertad.»

Al terminar la sesión, el Jefe del Estado, con el Príncipe, el Gobierno y la Mesa de las Cortes, pasaron a tomar un refresco en la Sala de Ministros. Al entrar en esta Sala, y a menos de un metro de Franco, el segundo Jefe de su Casa Civil, Fernando Fuertes de Villavicencio, me felicitó. Al salir de las Cortes recibí otras felicitaciones de Procuradores que no sabían contenerse. Me llegaron también algunas cartas muy expresivas.

El Conde de Barcelona presencia el acto por televisión

Don Juan fue a uno de los pocos pueblos del Algarve desde donde se captaba la televisión española. Desembarcó y se metió en una tasca vestido de hombre de mar. Desde allí estuvo siguiendo el acto de la jura de su hijo. Se le saltaron las lágrimas. Dijo a los que le acompañaban: «¡Qué bien ha leído Juanito!» Por la noche le llamó para felicitarle y darle un abrazo.

Doy las gracias al General Alonso Vega

Desde las Cortes fui derecho al despacho de Don Camilo, porque tenía verdaderas ganas de darle las gracias por todo lo que él había hecho para que llegara aquel día. Le dije:

«Mi General, como solamente Dios, el Generalísimo, usted y yo sabemos lo que usted ha hecho para que Franco tomara esta decisión, y entiendo que alguien le tiene que dar a usted las gracias, a eso he venido exclusivamente: a agradecerle todas sus gestiones, las veces que usted le ha planteado al Generalísimo, con el salero con que usted sabe hacerlo, la necesidad de designar sucesor.»

Don Camilo se puso muy contento y me contestó:

«Bueno, tenga usted en cuenta que Ramona también ha hecho lo suyo. Ella ha sabido tratar a Doña Carmen para ir preparando su ánimo a evitar cualquier roce. Porque ya sabe usted que las mujeres influyen mucho.»

Aproveché también la ocasión para pedirle a Don Camilo que insistiera cerca de Franco en la necesidad de nombrar un Presidente del Gobierno: era la segunda petición que le hice la víspera de su octogésimo cumpleaños. Él, por supuesto, quedó en recordárselo en la primera ocasión que se le presentara, y estoy seguro que así lo hizo.

Gamazo con Don Juan Carlos

La tarde del 23, desde las Cortes, Gamazo fue a la Zarzuela y se quedó allí a cenar con los Príncipes, Mondéjar, Alfonso Armada, Dávila y los demás ayudantes. Luego, Gamazo se quedo a solas con el Príncipe y mantuvo con él una larga conversación.

Los temas que en aquel momento ocupaban la atención del Príncipe, eran, en primer lugar, la afectuosa conversación telefónica que acababan de tener con su padre, que le llenó de alegría. También se le había quedado muy grabado que, en el trayecto del Palacio de las Cortes al Palacio Real, Franco le había insistido por tres veces en lo importante que era, a partir de aquel momento, su seguridad personal. Por último, manifestó su deseo de seguir residiendo, cuando fuera Rey, en la Zarzuela, incluso detallando algunas de las obras de ampliación que, en términos generales, se corresponden con las que se han realizado.

Un sector carlista acepta la designación del Príncipe

El Boletín del Círculo Cultural Vázquez de Mella, cuyo presidente era Miguel Fagoaga, publicó un editorial titulado «La instauración de la Monarquía tradicional», en el que podía leerse:

«Ya sabemos que para muchos tradicionalistas la Monarquía Tradicional estaba encarnada en una Dinastía. Y que les resulta hasta cierto punto paradójico que sea un Príncipe de la Dinastía que siempre tuvieron enfrente, quien haya sido ahora proclamado por las Cortes instaurador de esa Monarquía. Pero los hechos están ahí. Y nosotros, precisamente por españoles y tradicionalistas, no podemos volver la cara en estas circunstancias, ni mucho menos desertar de nuestra ejecutoria. Hemos luchado siempre por la Monarquía Tradicional, y si para salvar estos principios hemos de sacrificar otras devociones —al fin y al cabo secundarias ante el interés supremo de la Patria y de la Institución—, creemos que no podemos dudar.»

Pemán ante la designación del futuro Rey

Pemán publicó en *ABC* (1), un artículo, delicioso como todos los suyos, en el que, bajo el título «Decir algo...», se refirió a la designación del Príncipe Don Juan Carlos. No me resisto a reproducir algunos de sus párrafos.

«Recientemente se ha instaurado la forma monárquica por la iniciativa del Jefe del Estado español. El *Figaro* hizo en estos días la lista de los milagros acumulados por el General Franco: ganó una guerra caliente y otra fría y diplomática; impulsó el desarrollo ... Y encima de todo eso, se preocupó de su reemplazo, cosa poco frecuente en los poderes omnímodos.»

«El General ha logrado ese sutil milagro de hacer lo que quiere y que los demás quieran lo que él hace.»

«Además, las manos del alfarero eran muy duchas y todopoderosas, pero hay que convenir que el barro le ofreció una docilidad que se llama en este caso, patriotismo, sacrificio y dolor hasta límites heroicos.»

(1) *ABC* de 23 de septiembre de 1969.

«No tengo autoridad ni información para ser portavoz de nada. Creo que debajo de todo esto hay una relación padre-hijo que no se romperá nunca, porque Dios hace los enganches humanos mejor que los humanos hacen los enganches políticos. Cuando el Conde de Barcelona —y también el Generalísimo, en entrevista con Luca de Tena— afirmó que había de ser, el que fuera, "Rey de todos los españoles", no expresaba cosa distinta que lo que ha querido expresarse, supongo, al crear el nombre de "Príncipe de España", superando lo de Asturias. Porque creo que ahí "España" querrá decir "todos los españoles", ya que aquello de la "anti-España" puede ser una improvisación polémica, pero no una realidad antropológica.»

Pemán, volvió sobre el asunto de la sucesión en la tercera de *ABC* del 14 de noviembre de 1969. Decía Pemán: «Si estamos en momentos de moderación, ¿cómo no va a obligarse a ese clima la Institución cuya sustancia es ser moderadora? Torrentes de discreción y torrentes de patriotismo han ungido al padre y al hijo en ese primer movimiento de la sucesión española.»

«El padre, ajeno a todo esto, ha afirmado que nunca levantará bandera contra el hijo. Todo, menos que se agrupen en torno de él unas especies de legitimistas o carlistas objetantes.»

«Don Juan tenía clarísima conciencia de todo lo que arriesgaba al enviar a su hijo a estudiar a España: o sea, a ser una presencia constante donde él iba a ser una constante ausencia.»

«En resumen, al padre y al hijo se le vienen pidiendo servicios discrepantes que ellos van cumpliendo con absoluta lealtad: con disciplina dolorosa frente a la utilización convencional de la Institución; y sin perdonarles ni una sílaba ni un ápice a cargo de la forma de hacer y de decir. Que nadie distribuya, pues, en el terceto de esta operación, calificativos hirientes: ambición, terquedad, descortesía, personalismo. No: éste ha sido un triángulo de prudencias y patriotismos... Y el vértice del triángulo, Dios; el Dios que invocamos todos cuando decimos: Dios dirá...»

Cartas a un escéptico ante la Monarquía

También creo oportuno traer a colación, a propósito del nombramiento de Don Juan Carlos, algunos párrafos de la Introducción de Pemán a su conocido libro *Cartas a un escéptico ante la Monarquía*, reeditado en 1956.

Uno de ellos dice: «Todo se sacrificaba a la realidad de una solución de vida o muerte. En esta línea discurrieron las gestiones, aún dolorosas, que se hacían para que Don Alfonso XIII fijara por procedimiento legítimo su sucesión en el Infante Don Juan, como el más apto de su prole, y para que, convertido ya éste en Príncipe, abdicara en él: no como penitencia de ninguna culpa personal, sino como expresión simbólica de que no se "restauraba" la Monarquía caída, sino que se "instauraba" una nueva, representativa y tradicional. Fue por entonces cuando al enviar su brindis a una comida de "Acción Española", en Roma, a la que no pudo asistir, don Juan de Borbón llamaba sus "maestros" a Pradera y al Conde de Rodezno...» (1).

Y en otro se lee: «Al fin y al cabo, este leve y prudente residuo selectivo dentro de la dura continuidad de la herencia no ha dejado de funcionar numerosas veces en las Monaquías. En la dinastía carlista funcionó ya en la exclusión del Príncipe Don Juan, hijo de Don Carlos, y en la alfonsina, los actuales titulares de los derechos históricos son producto de prudentes eliminaciones y designaciones en la que actuaron honrados motivos de idoneidad o de salud.» (2).

Despacho de Carrero con Franco

El día 24, Carrero despachó, como todos los jueves, con Franco, quien se mostró satisfecho por la actitud de Don Alfonso de Borbón-Dampierre. «Se ha portado bien —le dijo a Carrero—. Le haré Embajador.» También le dijo que el Príncipe iría unos días al Pazo de Meirás aquel verano; que pensaba decírselo al Príncipe al día siguiente, el 25, en que iba a ir con la Princesa a El Pardo a merendar.

Por la tarde me dijo Carrero que si Franco le proponía nombrarle Presidente del Gobierno le diría que es mejor dejarlo hasta que se apruebe la Ley Sindical, pues si hubiera que retirarla de las Cortes es mejor que lo haga un Gobierno presidido por Franco.

Otra vez el fantasma del Opus Dei

Una vez más se trató de implicar al Opus Dei en la política. En la edición quincenal en español de *The Economist* se le atribuyó nada menos que la designación del Príncipe Don Juan Carlos como sucesor en la Jefatura del Estado que, por lo visto, se debía

(1) José María Pemán, Introducción a *Cartas a un escéptico ante la Monarquía*, Ed. Rialp, Madrid 1956, pág. 24.
(2) José María Pemán, *Op. cit.*, pág. 48.

a la «paciente y trabajosa política del Opus Dei, dirigida por Laureano López Rodó». Como es lógico, envié al Director de esa revista una carta en la que decía que «en mi ideas políticas solamente mando yo, no el Opus Dei, ni nadie por el estilo» (...) «Quede, pues, claro que no hay "política del Opus Dei". y también que tan del Opus Dei soy yo como otras personas de cuya trayectoria política discrepo, y a la que me he opuesto públicamente, y que propugnan otras soluciones políticas para España.» (1).

Entrevista con el Príncipe

Cuarenta y ocho horas después de la jura ante las Cortes me recibió el Príncipe a las nueve de la mañana y estuve con él hasta las once menos cuarto.

Cuando llegué a la Zarzuela le encontré al pie de la escalera de la puerta principal del palacete. Don Juan Carlos estaba eufórico. Me dio un fortísimo abrazo, muy prolongado. Le di la enhorabuena, especialmente por su discurso. Y entonces, una vez más, me agradeció el material que le había preparado para ese discurso. Y me dijo también que estaba muy agradecido a todos los que le habían ayudado a irlo puliendo; concretamente, mencionó a Torcuato Fernández Miranda, que le sugirió el párrafo relativo a la juventud, a Federico Silva y a Alfonso Armada. Por supuesto fue muy importante la labor personal del Príncipe, que contribuyó a darle un aire y un estilo propios (2).

Me comunicó el Príncipe que Franco, en la última entrevista que había tenido con él, le dio a entender que después de año y medio o dos, le proclamaría Rey.

(1) Esta carta se publicó en el número de *The Economist* correspondiente al 3 de septiembre de 1969.

(2) En su versión originaria, preparada con varios meses de antelación, intervino también Gónzalo Fernández de la Mora quien, en carta de 12 de abril de 1969, me escribió:

«Querido Laureano:

Te incluyo el texto en el que he tratado de tener en cuenta todas tus observaciones. En mi opinión, si de algo peca, quizá sea de adulatorio. Creo que ganaríamos todos haciéndolo más sobrio. Pero nadie mejor que tú puede juzgar acerca de si es necesario.»

«Es madrugada. Me he quedado trabajando hasta muy tarde para darte un margen de tiempo suficiente. Me voy a acostar con la esperanza de que consigas llevar esta nave a feliz puerto, como las anteriores, cuyo derrotero no era menos difícil.»

«Te abraza.

Gonzalo.»

Don Juan Carlos tenía la preocupación primordial de ensanchar la base, de conseguir que incluso los que se opusieron a su designación como sucesor le aceptaran sin reservas y se fueran sumando voluntades. Por ejemplo, un gesto que pensaba tener era el de ir a visitar al Cardenal Primado Enrique y Tarancón. Efectivamente, el Príncipe acudió a Toledo a visitarle el 5 de septiembre.

Quise hacerle algunas puntuaciones sobre esta idea, absolutamente acertada, de ampliar la base. Y le dije:

«Alteza, efectivamente, creo que hay que tratar de ampliar la base todo lo posible, pero sin derribar el pedestal. Hay que tener prudencia en la apertura, contar con el tiempo y darse cuenta de que sería una imprudencia dar un puntapié al pedestal que ahora le sostiene, porque sin esa base de sustentación, la estatua se puede venir abajo.»

Le insistí bastante en aunar la idea de ampliar la base con la lealtad. Sería suicida suscitar recelos en quienes le apoyaban, porque, le dije, las cañas se volverían lanzas: no había que olvidar que debía volver a las Cortes a jurar como Rey; «y, por de pronto —concluí—, de esos quinientos Procuradores que Vuestra Alteza se metió en el bolsillo, procure que ninguno de ellos se aparte».

En otro orden de cosas, mostró también su preocupación por que no se crease la imagen de que él era, además de sucesor en la Jefatura del Estado, sucesor en la Presidencia del Gobierno. Sólo era sucesor del Jefe del Estado y, por tanto, debía evitar todo lo que supusiera una implicación en el Gobierno. En esta misma línea, Don Juan Carlos me dijo que le interesaba mucho que se llegara a nombrar Presidente del Gobierno, porque así ya no habría posibilidad de que surgiera ninguna confusión entre este cargo y la Jefatura del Estado.

Otro tema que tratamos fue el del servicio de seguridad que se le había montado al Príncipe. Le asignaron dos coches de escolta; cualquier movimiento suyo daba lugar a un pequeño despliegue de fuerzas de seguridad. A él le parecía excesivo; se sentía incómodo por estar tan vigilado. Yo aduje:

«Tenga presente Vuestra Alteza que constituye el primer objetivo de quienes quieran destruir la Monarquía; el primer objetivo de cualquier movimiento subversivo, hoy ya no es Franco, sino el Príncipe de España. Porque, indudablemente, la Monarquía no aguantaría hasta que el Infante Don Felipe alcanzara la mayoría de edad. Por tanto, tiene que aceptar Vuestra Alteza esta molestia. Sería una imprudencia no extremar todas las precauciones en torno a su persona.»

Nueva entrevista con el Príncipe el día de Fin de Año

Para seguir el hilo de mis conversaciones con Don Juan Carlos, relato a continuación la que tuve el 31 de diciembre en el Palacio de la Zarzuela. Acudí a verle para expresar al Príncipe mi felicitación y mis mejores deseos para el nuevo año. Anoté, sintéticamente, las sugerencias que me permití hacerle:

Oír a todos no quiere decir sacar la media aritmética de los dislates y los consejos prudentes.

No tener validos ni camarillas. Desterrar usos palaciegos.

No incentivar la deslealtad premiando a los desleales.

Le recordé el refrán que dice: «Para las cuestas arriba quiero mi burro, que las cuestas abajo yo me las subo», y lo que me decía por los años cincuenta Ibáñez Martín: «¿Quieres conocer a Perico?; dale un carguico.»

Protesta de Don Javier de Borbón-Parma y de la Junta Suprema del Carlismo

Con fecha de 25 de julio, Don Javier de Borbón-Parma dirigió un manifiesto a los carlistas que comienza con estas palabras:

«Con toda la autoridad que me concede el derecho, que es deber irrenunciable, de la legitimidad que ostento y los muchos años empleados en el servicio de la Patria, me veo obligado a elevar mi protesta ante la designación que el Generalísimo Franco ha efectuado en la persona de Don Juan Carlos de Borbón, en cuanto significa su futura elevación al trono de España.»

Junto con ese manifiesto, la Junta Suprema y los Jefes Regionales del carlismo se dirigieron también al país en términos de absoluta repulsa de la designación del sucesor.

El Archiduque Otto de Habsburgo

Contrasta con esta actitud la del Archiduque Otto de Habsburgo, que mandó un telegrama de felicitación al Príncipe y escribió una carta a su tío, Don Javier de Borbón-Parma, aconsejándole que aceptara la legalidad y reconociera al Príncipe como sucesor de Franco.

Los Príncipes en el Pazo de Meirás

En los primeros días de agosto, los Príncipes, en compañía de sus hijos, acudieron al Pazo de Meirás. La estancia en Galicia salió a pedir de boca. El Príncipe tuvo intervenciones afortunadas. Cuando visitó la Escuela de Formación Profesional, estrechó la mano a todos los obreros que allí estaban con sus alumnos. Alguno no se atrevía a dársela y el Príncipe le dijo en seguida: «Mis manos son como las vuestras.» Luego pronunció unas palabras y se llevó una gran ovación. También la Princesa hizo algunas visitas a Centros de tipo asistencial o benéfico. El clima del Pazo de Meirás fue muy cordial.

Durante su estancia en Galicia el Príncipe almorzó con su hermana, la Infanta Margarita, que estaba pasando unos días en casa de unos amigos. Para que pasara inadvertido el encuentro, acudieron a la playa de Bastiagueiro y allí almorzaron los dos hermanos, que no habían estado juntos desde antes de la designación de sucesor.

AÑO 1969 II:

EL CASO MATESA, CAMBIO DE GOBIERNO Y NUEVO PRESIDENTE DE LAS CORTES

Despacho con Franco: el asunto Matesa

El principal tema que traté con el Jefe del Estado en el Pazo de Meirás, el 11 de agosto, fue el asunto Matesa. Le di cuenta de las noticias que había podido recoger en Barcelona, principalmente a través del Gobernador Civil, Tomás Garicano, que eran de preocupar, pues los créditos que le había concedido el Banco de Crédito Industrial alcanzaban una cifra exorbitante y, de otra parte, las fórmulas empleadas para realizar las exportaciones no parecían del todo correctas.

Le comenté la reciente devaluación del franco en un 12,50 %, seguido por las monedas de catorce países del África francófona. Esta nueva convulsión monetaria afectaría, sin duda, a nuestro comercio exterior y deterioraría aún más la balanza comercial hispano-francesa que entonces arrojaba un saldo negativo de doscientos millones de dólares (1).

La devaluación francesa fue acompañada de severas medidas

(1) Importábamos de Francia por un valor de 340 millones de dólares y sólo exportábamos por 140 millones de dólares.

restrictivas, comenzando por un recorte presupuestario de 3.000 millones de francos nuevos.

Le informé acerca de la evolución previsible de nuestra balanza de pagos en 1969, que arrojaría un déficit de 150 millones de dólares, sin tener en cuenta la devaluación del franco que crearía una avidez de importaciones francesas. Francia era ya el tercer país suministrador de España. De ahí la necesidad de adoptar medidas para garantizar el mantenimiento de la paridad de la peseta, concretamente, la prórroga por un año del Decreto-Ley de agosto de 1968.

Le hablé también del proyecto de Ley Sindical que me parecía un ciempiés: habría que decantarla y extractarla pues contenía muchas repeticiones.

Las reuniones del Gobierno en Galicia: estalla el caso Matesa

La Comisión Delegada del 13 de agosto y el Consejo de Ministros del día siguiente estuvieron marcados por el signo del malhadado asunto Matesa.

Veamos los antecedentes del caso.

La Compañía «Maquinaria Textil del Norte de España, S.A.», Matesa, pertenecía en su totalidad, desde febrero de 1967, a miembros de la familia Vilá Reyes y a INTERPEI empresa holding que, a su vez, pertenecía en su 100 por 100 al mismo grupo familiar. Tenía como Administradores generales de la Sociedad, con carácter indistinto y solidario a Juan Vilá Reyes, Fernando Vilá Reyes y Manuel Salvat Dalmau.

La actividad de la empresa consistía en la fabricación y venta de un telar sin lanzadera marca «Iwer». Sus características no eran adecuadas para la fabricación de tejidos de algodón y de lana, los más comúnmente utilizados por la industria textil española en los años sesenta, por lo cual los telares «Iwer» tenían escaso mercado interior, y la exportación resultaba vital para Matesa.

Juan Vilá Reyes juzgó imprescindible para la expansión exportadora, contar con un holding multinacional a cuyo efecto constituyó una vasta red de sociedades filiales y conexas.

El crecimiento espectacular del holding y de las exportaciones de Matesa, que, según datos de la Dirección General de Aduanas, alcanzaron a 31 de julio de 1969 la cifra de 10.636 telares, colocó a Juan Vilá Reyes en la cumbre de la fama. Gozaba de una aureola de empresario dinámico, dotado de «agresividad exportadora» lo que le había merecido la obtención, por Orden dictada a propuesta de los Ministerios de Hacienda y de Comercio, de la «Carta de Exportador de Primera Categoría». También el Ministro de Educación y Ciencia, Villar Palasí, le impuso la Gran Cruz de Alfonso X el Sabio por la labor de investigación industrial realizada por Matesa. A su buena imagen contribuyó no poco el espacio de TVE «Ésta es su vida» dirigido por Federico Gallo, que tenía gran audiencia, dedicado a Juan Vilá Reyes. Sin embargo, este gigante tenía los pies de barro.

Lo importante, para Vilá Reyes era el crecimiento de su empresa y de su volumen de exportaciones, aunque infringiera preceptos legales que consideraba trabas inútiles y legislación obsoleta. Esto es jurídicamente inadmisible pero comprensible desde la óptica de un empresario de sus características personales. Su propio abogado, Jose María Gil Robles y Quiñones, nos lo retrata así: «Juan Vilá Reyes tiene el defecto de poseer una imaginación desbordada, con un talento natural extraordinario que a veces se deja arrastrar por la imaginación.» (1).

Para conocer el punto de vista de Juan Vilá Reyes sobre el asunto Matesa, nada mejor que reproducir palabras de Gil Robles:

«¿Qué es lo que hizo Juan Vilá Reyes? Ahí estuvo el origen de todas las desgracias y ahí está también lo extraordinario de la concepción que este hombre tuvo. Se dijo: voy a crear en el extranjero una serie de empresas filiales mías propias, con las cuales pueda firmar los contratos en firme que requiera para la fabricación de los telares y para su financiación. Le vendo los telares a mis propias filiales, en ventas que no son ficticias, pues ellas, en el momento que tengan clientes, las venden en firme sin más cortapisas.»

«Para el montaje de esa red de empresas tuvo que disponer de dinero fuera de España y lo sacó valiéndose del mercado negro ya que no podía actuar de otra manera al no contar con los créditos necesarios para la formación de "stocks"» (2).

Para la venta al extranjero de sus telares, Matesa contaba con los «créditos a la exportación» que concedía el Banco de Crédito Industrial. Estos créditos estaban asegurados por la Compañía «Crédito y Caución S.A.» (3) y los reaseguraba el Consorcio de Compen-

(1) Declaraciones a Enrique Sena, Director de *El Adelanto* de Salamanca publicadas en ese periódico los días 18 y 19 de abril de 1974 y reproducidas en el *Diario de Barcelona* del día 23 del mismo mes.

(2) Declaraciones de Enrique Sena, reproducidas en el *Diario de Barcelona*, de 23 de abril de 1974, pág. 12.

(3) «Crédito y Caución» era una empresa mixta entre el sector público y las principales Compañías de Seguros. Matesa había pagado 590 millones de pesetas a «Crédito y Caución, S.A.», en concepto de pólizas de seguro. Las pólizas cubrían habi-

sación de Seguros (1). El Banco sólo otorgaba el préstamo una vez firmada la póliza de seguro. La razón del seguro estriba en que las Compañías Aseguradoras, a través de sus conexiones internacionales —principalmente mediante la Unión de Berna—podían fácilmente conocer la solvencia de un comprador residente en el extranjero (2).

«Crédito y Caución S.A.», no puso inconveniente alguno a que se concedieran créditos a Matesa para la venta a través de sus filiales y en este sentido se lo manifestó al Banco de Crédito Industrial, hasta febrero de 1969 en que comenzó a exigir el contrato de venta directo, al advertir que el stock de telares en las filiales de Matesa había alcanzado un volumen muy considerable.

Denuncia del Director General de Aduanas

Así las cosas, el 17 de julio de 1969, Víctor Castro Sanmartín, Director General de Aduanas, presentó una denuncia por anomalías en las exportaciones de Matesa. A consecuencia de esta denuncia, el Ministro de Hacienda, Juan José Espinosa, ordenó, con la mayor diligencia, trasladar el expediente al Juez de Delitos Monetarios, quien el 24 de julio, inició el proceso y, en los primeros días de agostó, ordenó el ingreso en la Cárcel Modelo de Barcelona de los principales directivos de la empresa y decretó el embargo de sus bienes.

El Gobierno reunido en el Pazo de Meirás estudia el caso Matesa

En la Comisión Delegada de Asuntos Económicos que se celebró en el Pazo de Meirás el 13 de agosto y en el Consejo de Minis-

---

tualmente entre el 80 y el 90 % del crédito (sólo el principal, no los intereses) quedando el resto a cargo de avales firmados por familiares y colaboradores de Vilá Reyes.

(1) Organismo Autónomo del Ministerio de Hacienda.

(2) La previa autorización del sistema asegurador para la concesión de todo crédito a la exportación era práctica común en los principales países: Francia, a través de COFACE, Alemania, a través de HERMES, Gran Bretaña, a través de «Credit Garantee», Italia, a través de «Assicurazioni di Crediti».

tros del día siguiente, se trató ampliamente este asunto que había levantado gran polvareda en la prensa. Como afirmó Fraga: «Estalló el escándalo, cuyas proporciones adquirieron un grado máximo, sobre todo en la campaña de *SP*, en la que Rodrigo Royo intentó salvar el periódico (totalmente arruinado) con un sensacionalismo, en el que pronto arrastró a los demás.» (1). (Es de notar que *SP*, el 24 de diciembre de 1969 designó a Fraga «el hombre del año»).

No creo que fuera mera coincidencia que ese mismo día, 13 de agosto, Fernando Robina Domínguez, Procurador en Cortes y Consejero Nacional del Movimiento, dirigiera un escrito al Presidente de las Cortes en el que solicitaba que, tan pronto se reanudara la actividad legislativa, las Cortes estudiaran el caso Matesa.

No es cierta, en cambio, la afirmación de Fraga de que algunos Ministros «defendieron, con gran resentimiento, la tesis de echar tierra al asunto». Puedo dar fe que todos los miembros del Gobierno, comenzando por el Ministro de Hacienda, quisimos que se esclareciera el caso hasta sus últimas consecuencias. Buena prueba de ello es que la iniciativa de enviarlo al Juez de Delitos Monetarios partió de Juan José Espinosa y que el Consejo de Ministros del día 14 de agosto, acordó por unanimidad, según la reseña facilitada a la prensa por el Ministro de Información, lo siguiente:

«Se ha acordado el pase inmediato del tanto de culpa que corresponda a los Tribunales de Justicia, así como un especial estímulo al Ministerio Fiscal para una rápida y eficaz tramitación.»

«En estos últimos días se ha producido la sustitución de los administradores de la empresa (2) y se han adoptado por el Banco de Crédito Industrial oportunas medidas cautelares para el aseguramiento y control de los activos del grupo, situados tanto en España como en el extranjero.»

«El Gobierno encomendó a los Ministros de Hacienda y de Comercio que continúen la más amplia, minuciosa y completa investigación para el total esclarecimiento de los hechos y la exigencia de las responsabilidades de todo orden a que hubiera lugar.»

«El Ministro de Hacienda dio cuenta de que había aceptado la dimisión presentada por el Director General del Banco de Crédito Industrial (3) y que había nombrado para dicho cargo a don Francisco Merino Guinea, que entonces era Director de la Casa de la Moneda. Al mismo tiempo, el Ministro de Hacienda ha ordenado

(1) *Op. cit.*, pág. 251.

(2) Juan y Fernando Vilá Reyes y Manuel Salvat Dalmau fueron sustituidos por el hasta entonces Vicepresidente de Matesa Juan Ignacio Trillo López-Mancisidor y por Lorenzo de Zavala Richi, Adjunto al Vicepresidente.

(3) José González Robatto.

realizar una estricta inspección a los distintos servicios de dicha Entidad Oficial de Crédito.»

Lejos, pues, de arrojar tierra al asunto, el Gobierno no sólo ordenó pasar el tanto de culpa a los Tribunales de Justicia, sino que estimuló el celo del Ministerio Fiscal.

Bastaba una sencilla operación aritmética para darse cuenta de las anomalías (Carrero)

El martes, 26 de agosto Carrero preguntó a Mortes qué opinaba del caso Matesa; éste le dijo:

«Hay que distinguir dos aspectos: el hecho en sí y el giro político que está tomando. Respecto de lo primero, estimo que la investigación debe hacerse a fondo, con objetividad plena y caiga quien caiga.»

Carrero le dijo: «Me resulta inexplicable la actuación del anterior Director del Banco de Crédito Industrial. Bastaba con que hubiera hecho una sencilla operación aritmética para darse cuenta de lo anormal del caso. Los créditos de prefinanciación se conceden por el 80 % del valor de la mercancía que se fabrica. Un telar viene a costar medio millón de pesetas y, por tanto, Matesa recibía un crédito de 400.000 ptas. por telar. Como el Banco le había concedido créditos de prefinanciación por un importe de 5.000 millones de pesetas, esto quiere decir que debían estar, en almacén o en construcción, 12.500 telares. ¿Dónde estaban estos miles de telares?

El giro político del asunto

Respecto del giro político que estaba tomando el asunto, Mortes le señaló que daba la impresión de que se hubiera orquestado una campaña contra los Ministros económicos e, indirectamente, tal vez en una segunda etapa, contra él.

—«¿Contra mí? —dijo Carrero—: ¡Si yo me he enterado de lo de Matesa en el último Consejo de Ministros!»

—«*SP* pide en primera plana la dimisión de los Ministros económicos.»

—«El Caudillo no le hará el menor caso a lo que diga *SP*.»

Mortes se refirió entonces a la política informativa y le dijo al Almirante: «¿No piensas que la información debería depender, como en los demás países, de la Presidencia del Gobierno?»

—«Basta con que en el Ministerio de Información haya un hombre "leal"», replicó Carrero, y acto seguido le preguntó a Mortes: «¿Quién podría ser Ministro de Información?»

—«No sé; se ha hablado de Gonzalo Fernández de la Mora.»

—«No le conozco apenas. ¿Le conoces tú?»

—«Tampoco a fondo; pero tengo buena impresión de él. Me parece, a través de sus escritos, hombre leal al Caudillo y al Régimen.»

—«Sí, pero no sé qué resultado daría. ¿Qué te parece Silva? Creo —añadió Carrero—, que su formación sería una garantía. Por otra parte, el Ministerio de Obras Públicas ya está encarrilado.»

—«Nunca había pensado en ello —contestó Mortes—. Pero sí, puede ser. Si quieres puedo pensarlo más despacio.»

—«No, no hace falta.»

Mortes le insistió en que estimaba indispensable una pronta crisis.

—«Sí, es preciso, porque aquí cada cual anda por su lado», comentó Carrero.

—«Creo que cuanto antes, mejor.»

—«Sí, efectivamente. Pero date cuenta que el Caudillo nos acaba de resolver lo principal —el nombramiento de sucesor— magistralmente. Estoy seguro de que también hará la crisis en su momento oportuno», concluyó el Almirante.

La Vanguardia publica una carta de Vilá Reyes a su abogado

El prestigioso rotativo barcelonés publicó en su edición del día 31 de agosto, una extensa carta de Juan Vilá Reyes, fechada el 15 de dicho mes, dirigida a su abogado José A. Ramírez López. La carta ocupó dos páginas de *La Vanguardia.*

En esa misiva, Vilá Reyes comenzaba protestando por la campaña de desprestigio de la que se consideraba víctima. «Yo creo —dice— que el mayor fraude al que estamos asistiendo y el verdadero escándalo del verano es el engaño y tomadura de pelo a que se está sometiendo al crédulo lector español. (...) «Si yo hubiera sido un sinvergüenza capaz de haber hecho lo que dicen, no me hubieran cogido aquí. Sinceramente, son las dos cosas que me molestan más: que me tomen por deshonesto y por imbécil» (...) «Se me remueven las vísceras al pensar que la repercusión exterior de la campaña de prensa habrá alborozado a nuestros competidores, produciendo a Matesa anulaciones equivalentes a algunos cientos de millones. ¡Somos así de expertos en la lucha por el mercado internacional!»

En cuanto a la forma de operar de Matesa, citaba Vilá Reyes, en esa carta a su abogado, un «caso real»:

«En un país importante, queremos introducirnos por todo lo alto, dado el daño que la competencia nos puede hacer desacreditándonos si pactamos a través de pequeños clientes. Una gran empresa nos compra por valor cien y le hacemos la ilegal, heterodoxa y disparatada oferta: le ofrecemos un cinco por ciento de comisión sobre toda la venta que hagamos en su país hasta la total amortización de su pedido. Analice las consecuencias y verá cómo son extraordinariamente favorables para ambos. La operación se realizó; vendimos dos mil, amortizó su instalación y compró más máquinas, sin descuento alguno. Ahora bien, para contabilizar la primera parte... Fue una buena operación para España y su país; pero estábamos fuera de ambas legislaciones.»

Desde el primer momento, pues, Vilá Reyes reconoció que Matesa actuaba al margen de la legalidad. A su juicio, lo que había que exigir no era que Matesa se ajustara a las leyes, sino que éstas se modificaran para facilitar su expansión comercial en el exterior y, en general, las exportaciones españolas.

Se solicita de nuevo la intervención de las Cortes en el caso Matesa

El 23 de agosto, Ezequiel Puig y Mestro-Amado dirigió un escrito al Presidente de las Cortes relativo al asunto Matesa en el que solicitaba que, «aún estando éstas de vacaciones», se reuniera «no sólo la Comisión Permanente, sino la de Presupuestos de las Cortes y, si fuera necesario, el Pleno, para tener fiel conocimiento de los hechos por boca del Gobierno»; se designara «una Ponencia constituida por miembros de la Comisión que lleve a cabo una investigación», y que se llevara a efecto «una interpelación al Gobierno sobre este asunto en el próximo Pleno».

El 2 de septiembre, el mismo Procurador dirigió una carta al Presidente de las Cortes en la que reiteraba el anterior escrito. Y, el 23 de septiembre, cursó una nueva solicitud de celebración de un Pleno extraordinario dedicado al asunto Matesa.

El Proyecto de Ley Sindical

El proyecto de Ley Sindical de Solís pretendió estar respaldado por las Declaraciones aprobadas en el IV Congreso Sindical celebrado en Tarragona el mes de mayo anterior y en su supuesta representatividad de los trabajadores españoles. Pero, en realidad, de los 582 participantes con derecho a voto en dicho Congreso, tan sólo 193 habían sido elegidos por el Consejo Nacional de Trabajadores. Entre los restantes, 190 fueron libremente designados por el Ministro Delegado Nacional de Sindicatos y 199, elegidos por el Consejo Nacional de Empresarios.

De otra parte, la Organización Internacional del Trabajo (OIT), publicó el 18 de septiembre un informe en el que criticaba severamente el proyecto de Ley Sindical y hacía hincapié en la necesaria democratización de los sindicatos y en su independencia respecto de cualquier movimiento político.

Intento de integrar las Cámaras en la Organización Sindical

Una de las cuestiones polémicas que suscitó el proyecto de Ley Sindical fue la integración de las Cámaras de Comercio, Industria y Navegación, en la Organización Sindical.

El Presidente de la Cámara de Barcelona, Andrés Ribera Rovira, mediante carta, fechada el 27 de agosto, me manifestó su oposición a semejante intento «por cuanto incluso en la Ley Orgánica del Estado se ratifica el derecho de las Cámaras a designar tres Procuradores en Cortes». De otra parte, decía, «el vehículo cameral es prácticamente el único que puede circular por todo el mundo económico cualquiera que sea el sistema político o económico de los países».

Esta carta iba acompañada de una nota de 7 folios, fechada en Bilbao el 4 de septiembre, en la que se argumentaba en favor del mantenimiento de unas instituciones de raigambre histórica y prestigio internacional como son las Cámaras de Comercio, Industria y Navegación españolas.

Yo compartí plenamente el punto de vista de las Cámaras y formulé una enmienda al artículo 42 del Anteproyecto de Ley Sindical, en el sentido de que «la integración en la Organización Sindical de las actuales asociaciones económicas y profesionales no será de aplicación a las Entidades incluidas en el apartado i) del artículo segundo de la Ley de Cortes» (es decir, las Cámaras y los Colegios Profesionales). Esta enmienda fue aceptada en el Consejo de Ministros de 13 de septiembre que acordó la remisión a las Cortes del Proyecto de Ley Sindical.

Solís se declara dispuesto a modificar el proyecto de Ley Sindical

El lunes 1 de septiembre, hablé con Carrero. En esta ocasión, el Almirante se mostró dispuesto a aceptar la Presidencia del Gobierno, si Franco se lo proponía. Me dijo que Silva debiera sustituir a Fraga en el Ministerio de Información y Turismo. «¡A ver si se decide el Caudillo a hacer un cambio de Gobierno!»

Me contó también Carrero que, refiriéndose al proyecto de Ley Sindical, le había dicho a Solís: «Tú, Pepe, sabrás sacarla adelante» y que éste le manifestó que aceptaría todas las modificaciones que hiciera falta.

Se crea una Comisión investigadora

El 1 de septiembre, los Ministros de Hacienda y de Comercio nombraron una Comisión con el fin de dirigir y coordinar la acción investigadora para el esclarecimiento del asunto Matesa, presidida por Servando Fernández Victorio, Presidente del Tribunal de Cuentas, e integrada por Diego Salas Pombo, Presidente de la Comisión de Hacienda de las Cortes, y Juan de Dios Cortés Gallego, Procurador de la Organización Sindical.

La Comisión rindió su informe al Gobierno y éste acordó remitirlo a las Cortes, lo que se efectuó el 25 de octubre.

Carta a Vilá Reyes de su hija Blanca

Por conducto del Gobernador Civil de Barcelona, Tomás Garicano, recibí, con la suya de 8 de septiembre, copia de la carta, de fecha 6 del mismo mes, que envió a Juan Vilá Reyes su hija Blanca, en papel con el membrete de su esposa María Concha Costa de Vilá.

En dicha carta relata pormenorizadamente la conversación que sostuvo con el Catedrático de Derecho Político, Manuel Jiménez de Parga, en el despacho de éste, quien mostró «un *interés inmenso* en meterse en el asunto» (...) «Su actividad, como me dijo, sería puramente de 'contra-campaña' en el aspecto popular» (...) «Se trata de dar un *giro* popular, político, al asunto; de cambiar el foco de atracción Vilá Reyes por el foco Administración, estructura, órganos, etc.» (...) «Literalmente me dijo que en diez días habría girado en la mente popular el caso Matesa. Me dijo que él conoce bien la intríngulis de los periódicos; y que él se comprometía a lograr la ayuda de todos (en periódicos, etc.) los necesarios (desde *La Vanguardia* hasta la «*Soli*» (1), etc.), para desenmarañar el caso y darle el matiz que debiera tener» (...) «Se ofrece para todos los contactos que queramos, aquí o en Madrid» (...) «Tiene interés y categoría. Pero me da miedo su representación política. Es socialista-demócrata-cristiano» (...) «Es uno de los pocos, que de vez en cuando, y finamente, tira contra las estructuras actuales.»

(El texto íntegro de la carta figura en el anejo documental).

La carta me parece sumamente reveladora de los intentos de politización —desde todos los frentes— del caso Matesa.

La mujer de Juan Vilá Reyes, María Concha Costa, aportó también un testimonio de la actitud de algunos altos cargos del Ministerio de Información. En sus declaraciones a *Pueblo* de fecha 17 de junio de 1972, afirmó: «Hay una frase que, como muestra de la politización del tema y por su descarnada crueldad creo que no olvidaré jamás, dicha por un alto funcionario del Ministerio de Información y Turismo, cesado ya. Sus palabras exactamente fueron las siguientes: "Hay que echar carne a las fieras, señora; hay que echar carne a las fieras".»

(1) *Solidaridad Nacional*, de la Prensa del Movimiento.

Campaña de prensa

En la segunda quincena de agosto y primera de septiembre se desató una desaforada campaña de prensa en la que se vertían no pocas insidias dando a entender que algunas personas de las altas esferas políticas se habían lucrado con la concesión por el Banco de Crédito Industrial de créditos a Matesa, aparentemente fallidos (1). (Luego resultó que tuvo que cubrirlos «Crédito y Caución S.A.», en virtud de varias sentencias del Tribunal Supremo.)

«El asunto Matesa —escribió la Revista *SP*, de 24 de agosto— es un síntoma definitivo de que el equipo que rige los destinos económicos de España desde hace más de una década necesita renovación (...) ¿Dónde está la verdadera causa de que se produzcan situaciones como ésta? Sin duda en la orientación dada a la economía y la industria españolas por el equipo de tecnócratas que lleva el timón de la economía.»

El asunto Matesa —se dice en el diario *Pueblo* de 27 de agosto—«aparece cada vez más como una cuestión de fondo. Por eso el problema económico que entraña no debe ser abordado mediante criterios económicos y técnicos sino políticos. La economía no puede ser un fin, como nos han hecho creer los tecnócratas y los grandes financieros, sino un medio. Y el fin al que se tiende a través de la economía no debe dictarlo la economía sino la política».

«Las críticas pidiendo abiertamente la dimisión de Ministros y recordando la generosidad en la administración de sus fondos por parte del Banco de Crédito Industrial, marginaron totalmente, desde un principio, de sus sospechas a la Compañía Española de Seguros "Crédito y Caución"» (...) «Interesa subrayar la parcialidad de unas sospechas que marginaron absolutamente a una entidad que, al menos formalmente, había garantizado las operaciones crediticias. En medio de tanta anarquía informativa resulta reveladora esta actitud» (2).

(1) Entre los infundios vertidos en la prensa no podían faltar los que trataban de involucrar al Opus Dei en el caso Matesa, afirmando, por ejemplo que algunos de sus puestos directivos estaban desempeñados por miembros influyentes del Opus Dei. La Oficina de Información de la Obra hubo de salir al paso de esta falsedad afirmando tajantemente, en un comunicado de 15 de agosto, que «ningún miembro del Opus Dei ocupa un puesto directivo en la citada empresa».

(2) F. Álvarez-Puga, *Matesa, más allá del escándalo*, libro citado, pág. 307.

Entrevista con el Príncipe

El día 8 de septiembre, por la tarde, vi al Príncipe. Estuve con él en la Zarzuela algo más de hora y cuarto.

Me contó que había recibido muchas felicitaciones, entre ellas, la del Presidente Nixon, y estaba muy contento de ver que su posición se iba afianzando.

El Príncipe sentía cierto deseo de acudir al Consejo de Ministros que se celebraría pocos días después en San Sebastián, pero no quería tomar la iniciativa, sino estar a la expectativa de si Franco le requería su asistencia. A mi juicio, no hubiera sido bueno que Don Juan Carlos asistiera, por primera vez, a una reunión del Gobierno precisamente cuando se iba a debatir el delicado asunto Matesa.

Don Juan Carlos me habló de su visita al Cardenal Primado, acompañado de la Princesa, el 5 de septiembre, en Toledo. Mons. Enrique y Tarancón se mostró satisfecho y le dijo que la designación de sucesor había sido un paso, pero que «se debían dar otros».

Le informé del propósito de Franco de nombrar Embajador a Don Alfonso de Borbón-Dampierre. A Don Juan Carlos le agradó lo que él llamó «esta gallegada».

Terminó la entrevista con un abrazo muy efusivo y muy prolongado.

Despacho con Franco del 10 de septiembre

La antevíspera de la reunión de la Comisión Delegada de Asuntos Económicos, tuve despacho con el Jefe del Estado en el Palacio de Ayete. Me lamenté de la división del Gobierno, que había trascendido a la calle: los Ministros de Información y del Movimiento, frente a los de Hacienda y Comercio, a propósito del asunto Matesa.

Le expuse mi parecer en el sentido de que deberían adoptarse las decisiones precisas sin apasionamiento, con la mira puesta en el interés general, evitando todo lo que pudiera dañar a la exportación española, elemento fundamental para reequilibrar nuestra balanza de pagos. En una coyuntura económica como la actual —añadí— que exige sustituir el exceso de demanda interna por la externa, hay que cuidar más que nunca las exportaciones que son, además, un factor de creación de empleo.

El caso Matesa presenta —le dije— un triple aspecto: técnico, financiero y político. En cuanto a este último, el Gobierno debiera recuperar la iniciativa, dando toda la información disponible, que disipara los falsos rumores que circulaban.

Le expresé mis reservas respecto del proyecto de Ley Sindical. Me temo —le dije— que Solís vaya a hacer de aprendiz de brujo y acabe desencadenando unas fuerzas que él mismo sea incapaz de controlar. Un Gobierno con sentido de responsabilidad no debe consentir que la Organización Sindical tenga un excesivo poder. De otra parte, el proyecto de ley es demasiado extenso y debiera extractarse.

Le informé también al Jefe del Estado de las medidas económicas adoptadas por el Gobierno francés tras la devaluación del franco: contención salarial, impuesto sobre los beneficios de los Bancos, reducción presupuestaria, restricción de créditos al consumo y fomento de la exportación, principalmente.

Conversación del Gobernador de Guipúzcoa con Franco acerca de Matesa

El Gobernador Civil de Guipúzcoa, Enrique Oltra Moltó, me contó (1) la conversación que sostuvo con el Jefe del Estado durante la estancia de éste en San Sebastián en septiembre de 1969, en los siguientes términos:

«Cuando me permití decirle, contestando a sus preguntas, que había leído en la prensa y había oído comentarios en torno a una posible intervención en el asunto por parte de las Cortes Españolas y sobre la posible constitución, en su seno, de una Comisión investigadora, no veía clara ni la oportunidad de ello, ni la función que pretendían atribuirle a la Cámara, ni lo que parecía ser el propósito de, por lo menos, parte de quienes lo propugnaban» (...) «Y Franco no sólo asintió sino que me dijo que aquello "carecía de sentido".»

Silva entrega a Franco una nota documentada sobre la orquestación de la campaña de prensa

Silva, en el despacho que tuvo con Franco en San Sebastián el 11 de septiembre por la tarde, presentó un abultado dossier de

(1) Carta del 8 de mayo de 1989.

recortes de prensa que ponían de manifiesto el intento de convertir el asunto Matesa en un gran escándalo político y le leyó una extensa nota en la que denunciaba el protagonismo en la campaña de los 41 diarios de la Prensa del Movimiento y de la agencia Pyresa, dependientes de Solís, y de las Agencias Cifra y Fiel (filial de Efe), dependientes de Fraga. La nota de Federico Silva (1), comienza refiriéndose a la gran virulencia de la campaña, en la que se vertieron expresiones del tipo: «Desastre nacional» (*Arriba*, 25 VIII), «Delito de lesa Patria» (*Solidaridad Nacional*, 17 VIII), etc., y en la que se trató de responsabilizar de manera directa al Gobierno. Señala, a continuación, la resonancia en el extranjero de la campaña, la más dura jamás conocida durante el Régimen de Franco, según «France Presse».

En el segundo epígrafe, denuncia que en la campaña se ha conculcado repetidamente la letra y el espíritu del artículo 2.º de la Ley de Prensa, que establece como limitaciones a la libertad de expresión el debido respeto a las Instituciones y a las personas en la crítica de la acción política y administrativa, la independencia de los tribunales y la salvaguardia de la intimidad y el honor personal y familiar.

En lo que se refiere a los orígenes y agentes de la campaña, la nota pone de relieve la irrupción masiva de la Prensa del Movimiento que, para multiplicar su resonancia, empleó la técnica de «la reproducción sensacionalista de las informaciones y la publicación de editoriales inflamatorios que, a su vez, serían profusamente reproducidos hasta la saciedad».

«Al éxito de la campaña así concebida —sigue diciendo Silva— contribuyeron decisivamente las Agencias de noticias, en especial "Cifra", por su carácter oficial, y "Pyresa", del Movimiento. La Agencia "Fiel", el 70 % de cuyo capital pertenece a la Agencia oficial "Efe", se incorporó a esta rueda de multiplicación de noticias».

Mas adelante se refiere a lo que denomina sospechosas actitudes contradictorias: «los notorios cambios de postura que tuvieron algunas publicaciones pueden ser indicio de que determinados periódicos recibieron consignas en relación con este caso.» (2).

A modo de conclusión señala la nota de Federico Silva «que en los medios periodísticos llama poderosamente la atención la diligencia con que actuó el Ministerio de Información para evitar campañas semejantes y su actitud no sólo pasiva, sino incluso tole-

(1) La nota está dividida en los siguientes epígrafes: 1.— Los hechos; 2.— Calificación de la campaña; 3.— Orígenes y agentes de la campaña; 4.— Conclusión.

(2) «Incluso comentaristas que primero tomaron una postura, cambiaron radicalmente de opinión. Basta contrastar la tercera página de *Pueblo* del 12 de agosto y esa misma página catorce días más tarde. El mismo cambio puede observarse cotejando *Arriba* del 15 de agosto con el mismo diario, el día 27 de agosto.»

rante en el caso que nos ocupa (...) Los medios periodísticos comentan, asimismo, que no han faltado llamadas telefónicas de las autoridades competentes del Ministerio a directores de diarios y comentaristas, transmitiéndoles la consigna de airear al máximo todo lo relacionado con el caso».

Franco se percató de la intencionalidad de esa campaña periodística y mostró su disgusto por la actitud de los que la alentaban. (En el anejo documental puede verse la nota titulada «Campaña de prensa sobre el caso Matesa» de Federico Silva.)

García-Moncó propone la intervención de la empresa

El Ministro de Comercio, García-Moncó, el día 11 de septiembre, tuvo también despacho con el Jefe del Estado. Según su propio testimonio, en este despacho, tras un extenso y pormenorizado informe sobre todo lo ocurrido hasta entonces en torno a Matesa y la situación en que se encontraba ésta, y en base a una serie de consideraciones, propuso, como única actuación posible, a su juicio, para dar solución al asunto, la intervención por el Estado de la citada empresa, al amparo de la Ley de 1 de septiembre de 1939.

El Jefe del Estado, visiblemente satisfecho con la solución apuntada, expresó su absoluta conformidad, añadiendo que para tales casos se había dictado, en su día, dicha Ley, y encargó al Ministro que llevara el asunto a la Comisión Delegada de Asuntos Económicos y expusiera ante la misma, en la reunión ya convocada para el día siguiente, 12 de septiembre, con todo detalle, la propuesta de intervención de la empresa, añadiendo que —para ganar tiempo y evitar una doble exposición, ante la Comisión Delegada, primero, y ante el Consejo de Ministros, después, por cuanto la intervención debía acordarse mediante Decreto—, ordenaría la asistencia de todos los Ministros, aún cuando no fueran miembros de la Comisión Delegada.

La noche anterior a la reunión de la Comisión Delegada de Asuntos Económicos, Franco se encerró en el despacho húmedo y destemplado del Palacio de Ayete y leyó pacientemente centenares de folios de un minucioso informe sobre el caso Matesa, lo que le permitió conocerlo mejor que nadie.

Las reuniones de la Comisión Delegada y del Consejo de Ministros en Ayete

Conforme a lo previsto, se celebró el día 12 de septiembre la reunión de la Comisión Delegada de Asuntos Económicos con asistencia de todos los Ministros, excepto el de Información y Turismo, Manuel Fraga, que se encontraba en Chile. Después de una muy amplia exposición de García-Moncó y una deliberación en la que tomaron parte casi todos los restantes Ministros, se aprobó por unanimidad la propuesta de intervención de Matesa y se encomendó al Ministro de Comercio la redacción del texto del Decreto que se sometería a la aprobación —como formalidad necesaria— del Consejo de Ministros, que estaba ya convocado para el día siguiente.

A esta reunión del Gobierno en pleno asistieron todos sus miembros, incluso Fraga que ya había regresado de su viaje. La deliberación acerca del asunto Matesa se inició con una exposición del Ministro de Comercio en la que sustentó la tesis de que la intervención por el Estado de Matesa permitiría, según los estudios previos realizados, reestructurar la empresa, dotándola de una adecuada dimensión, mediante la realización de una serie de activos, tanto en España como en el extranjero, a través de determinadas operaciones de comercio de Estado, ya en proyecto, todo ello bajo la dependencia y control del Ministerio de Comercio, asistido de un Comité de Intervención integrado, entre otros miembros, por destacados industriales textiles y capacitados Técnicos Comerciales del Estado.

Tras un debate de seis horas, en el que tomaron parte la mayoría de los Ministros y en particular los de Información y Turismo, Comercio, Industria, Trabajo, Hacienda y yo, y la lectura de un informe elaborado al parecer —pues carecía de firmas— por los Administradores de Matesa, J. Ignacio Trillo y Lorenzo de Zavala, se acordó, por mayoría, rechazar la propuesta de intervención y que los Tribunales nombraran un Administrador Judicial.

En la adopción del acuerdo influyó la negativa de los Ministros de Industria y de Trabajo a que el Decreto de intervención de Matesa se dictara a propuesta también de ambos, junto con los de Hacienda y de Comercio, así como a la actuación, en base a tales negativas y a motivaciones de otra índole, del Ministro de Información y Turismo. Recuerdo que, en cierto momento del debate dije: «la verdad es que hay un compañero de Gobierno, el Ministro de

Comercio, que se siente con las espaldas tan anchas como para asumir personalmente la dirección del asunto... y le estamos poniendo dificultades».

Importa subrayar que la discrepancia, polarizada en los Ministros de Comercio y de Información, no se centraba en decidir si se debía investigar hasta el fondo, tanto en el orden administrativo como en el orden penal e incluso político, las responsabilidades dimanantes del caso Matesa —en lo cual todos los Ministros estábamos de acuerdo— sino en ver qué debía hacerse con la empresa: si dejar que se hundiera, arrastrando consigo el desprestigio del sector exportador, o bien proceder a su intervención por el Estado, como se había hecho en otras ocasiones (por ejemplo, con «Calzados Segarra» y con «Manufacturas Metálicas Madrileñas»), al amparo de la Ley de 1 de septiembre de 1939, con el fin de sacar a flote lo que hubiera de sano en su activo y evitar, al propio tiempo, el despido de todos sus trabajadores. Las dos posturas eran perfectamente admisibles y respetuosas de la legalidad. Se trataba, tan sólo, de acertar en la solución más conveniente para el interés general.

En el mismo Consejo de Ministros se acordó la remisión a las Cortes del proyecto de Ley General de Educación y del polémico proyecto de Ley Sindical. Este último fue declarado «secreto oficial» hasta su publicación en el Boletín de las Cortes. Sin embargo, a los pocos días, fue distribuido por el «Comité Central del Partido Comunista».

Reseña facilitada a la prensa

La reseña facilitada a la prensa por el Ministro de Información de lo tratado en el Consejo de Ayete acerca del asunto Matesa decía lo siguiente:

«El Consejo ha estudiado un extenso informe de los Ministros de Hacienda y de Comercio. Las investigaciones, tanto administrativas como judiciales, siguen su curso y es posible que se nombre un juez especial (1) para entender en el asunto en toda España. Desde el ángulo económico, el Banco de Crédito Industrial prosigue sus trabajos, y se ha acordado conceder toda clase de facilidades a la Comisión especial investigadora, que preside el señor Fernández Victorio, otorgándosele facultades ilimitadas para recabar

(1) Se designó como Juez especial para el caso Matesa, al Presidente de la Audiencia Territorial de Cáceres, Perpetuo Benedictino Sánchez.

toda clase de información. El Gobierno espera con interés el resultado de todas estas investigaciones y acordó, entretanto, mantener su política de créditos a la exportación, sin perjuicio de que la legislación al respecto pueda ser revisada.»

Opinión de Gil Robles

Después del acuerdo del Consejo de Ministros de 12 de septiembre, veamos de nuevo las declaraciones, antes citadas, de Gil Robles acerca de las operaciones de Matesa. Según él: «Vino el escándalo y entonces, ¡claro!, los compradores de los telares se retiraron del compromiso y la empresa se hundió».

Y resume Gil Robles así su versión del caso Matesa: «Esto no ha sido más que un negocio montado con demasiada ambición al amparo de una protección oficial que se corta cuando se asustan, se convierte en escándalo político y se deja hundir el negocio.» (1).

Opinión de Mortes

El 14 de septiembre me escribió el Comisario Adjunto, Vicente Mortes, una carta manuscrita en la que ponía de relieve la existencia del seguro de «Crédito y Caución». Entre otras cosas decía:

«El Banco de Crédito Industrial tiene asegurados todos sus créditos a Matesa con Crédito y Caución y complementariamente por los antiguos administradores de la sociedad. Los impagados de Matesa —que ya se han producido— el Banco los reclama, con pleno derecho, a Crédito y Caución y esta última sociedad debería ser la que, a su vez, los reclame a Matesa.»

(1) Declaraciones a Enrique Sena, reproducidas en el *Diario de Barcelona* de 23 de abril de 1974.

Franco recibe al Ministro francés de Asuntos Exteriores, Michel Debré. (7-II-1969)

«Nuestro entendimiento de la programación económica respeta la libertad y la iniciativa privada.» (el autor al defender ante las Cortes el II Plan de Desarrollo, el 7-II-1969)

Villar Palasí expone ante el Consejo Nacional los planes de reforma de la enseñanza. (12-II-1969)

«En esta España de maniqueos, donde todo tiene que ser blanco o negro a la fuerza, tú tienes finura de espíritu para apreciar que, detrás de actitudes contrapuestas, lo que existe es una mayor cordialidad y espíritu de ayuda del que muchos creen.» Juan Velarde al autor el 20-II-69.

La Reina Victoria Eugenia murió sin ver despejada la incógnita de la sucesión en el Trono de España. (15-IV-1969)

«No hay otro futuro Rey que Don Juan Carlos, el cual tiene a su favor la gran mayoría de la opinión monárquica .» (Juan Ignacio Luca de Tena, primero a la derecha)

«Toda la gran labor que tú, mi General, has realizado podría venirse abajo si al terminar tu mando las cosas no estuvieran suficientemente claras y se produjera una división entre los españoles. (Alonso Vega a Franco, 28-V-1969)

El 29 de mayo de 1969, Franco me hizo una serie de revelaciones sobre Portugal y su relación con Salazar, con quien mantuvo varias entrevistas. (En la foto aparecen Franco y Salazar en Sevilla en 1942)

«¿Está usted realmente decidido a defender, hasta el fin, las Colonias? ¿No se cansará de la guerra el pueblo portugués?» (El autor a Caetano, VI-1969)

Franco conversa en El Pardo con el rey Hassan II de Marruecos. (1-VII-1969)

El Príncipe Don Juan Carlos firma el acta de aceptación de sucesor a título de Rey, en presencia del Notario Mayor del Reino, Antonio M.ª de Oriol. (23-VII-1969)

El Príncipe Don Juan Carlos se dirige a las Cortes en el acto de la jura como futuro Rey (23-VII-1969)

En los primeros días de agosto de 1969, los Príncipes en compañía de sus hijos, acudieron al Pazo de Meirás donde reinó un clima muy cordial.

Torcuato Fernández Miranda defiende ante el Consejo Nacional el proyecto de reforma de la Secretaría General del Movimiento que suprime la Delegación Nacional de Asociaciones. (14-XII-1969)

«El general Franco se preocupó de su reemplazo, cosa poco frecuente en los poderes omnímodos... Creo que debajo de esto hay una relación padre-hijo que no se romperá nunca, porque Dios hace los enganches humanos mejor que los humanos hacen los enganches políticos.» (Pemán, *ABC*, 23-IX-1969)

Los nuevos Ministros ocupan el banco azul en la sesión del Consejo Nacional. (14-XII-1969)

Vilá Reyes alcanzó la cumbre de la fama. Gozaba de una aureola de empresario dinámico. Sin embargo, este gigante tenía los pies de barro.

«Juan Vilá Reyes tiene el defecto de poseer una imaginación desbordada, con un talento natural extraordinario que, a veces, se deja arrastrar por la imaginación.» (Gil Robles, abogado de Vilá Reyes)

Solís le dijo a Carrero que estaba dispuesto a aceptar todas las modificaciones del proyecto de Ley Sindical que hiciera falta. (VIII-1969)

García Moncó propuso, como mejor solución del asunto Matesa, l aintervención de la empresa por el Estado. (IX-1969)

En el Consejo de Ministros del Palacio de Ayete se acordó no intervenir Matesa y dar paso a la administración judicial. (13-IX-69)

El General García Valiño fue cesado como Consejero del Reino a consecuencia de unas declaraciones hechas en Marruecos sobre el Sahara.

«Desde que, a causa del desdichado asunto Matesa se inició —y consintió— la funesta campaña de prensa, comprendí que el mal ya hecho era prácticamente irreparable, pero que debía intentar paliarlo en la medida de mis posibilidades. Por ello no presenté entonces mi dimisión, pues me hubiera parecido desertar en momentos difíciles.» (Carta de dimisión, 15-X-69)

«Le pregunté a Franco si iba a quedar vacante el Ministerio de Asuntos Exteriores y al responderme afirmativamente, le dije que entendía que en aquel Ministerio podría desarrollar una labor útil para España.» (López Bravo a Franco, X-1969)

Primer Consejo de Ministros, en El Pardo, del nuevo Gobierno, el 31-X-1969.

Antonio Iturmendi, gran jurista y político, de trayectoria rectilínea, nunca zigzagueante, dimitió, por motivos de salud, de su cargo de Presidente de las Cortes. (4-XI-1969)

José Luis Zamanillo, destacado tradicionalista, fue el candidato alternativo a la Presidencia de las Cortes.

Alejandro Rodríguez de Valcárcel, Vicesecretario General del Movimiento fue nombrado Presidente de las Cortes.

Raimundo Fernández Cuesta, Presidente de la Comisión investigadora del caso Matesa, ha escrito: «Mi convencimiento personal es que no había habido nada que pudiera afectar a la honorabilidad personal de los presuntos responsables.»

Manifestación en la Plaza de Oriente en el XXXV aniversario de Franco en la Jefatura del Estado (1-X-1971). Con este motivo se concedió un indulto general que afectó a los altos cargos procesados por el asunto Matesa.

El Príncipe Don Juan Carlos, a la derecha del Jefe de Estado, en la recepción del 1.º de octubre de 1969, en el Palacio Real.

Informe de los representantes del Ministerio de Industria en el Banco de Crédito Industrial

A consecuencia del acuerdo acerca de Matesa adoptado en el Consejo de Ministros de Ayete, los representantes del Ministerio de Industria en el Banco de Crédito Industrial (1) elaboraron un informe, fechado el 20 de septiembre, del que juzgo interesante entresacar los párrafos que siguen:

«El Banco de Crédito Industrial ha llenado una importante laguna en nuestro sistema financiero, al cubrir los dos tercios del crédito a la exportación en España. Esta labor se ha realizado con pleno conocimiento de la insuficiencia de los medios del Banco para esta tarea, como se ha hecho constar en repetidas ocasiones en el Comité Ejecutivo del Banco.»

«Es necesario añadir que el crédito a la exportación de un Banco sin sucursales ni conexiones bancarias en el exterior, no habría podido realizarse sin el seguro de crédito con la Compañía de Crédito y Caución que era condición absolutamente indispensable para estos créditos.»

«Los representantes del Ministerio de Industria en el Comité Ejecutivo del Banco de Crédito Industrial consideran su deber puntualizar algunos extremos que hasta ahora no han sido suficientemente destacados, entre ellos:

«La importante responsabilidad de Crédito y Caución en el problema planteado.»

«La posibilidad de continuar Matesa como una actividad económica ha desaparecido prácticamente.»

«El Banco de Crédito Industrial no tiene capacidad para gestionar el negocio de Matesa, pero existe la grave duda de que haya ningún órgano de la Administración capaz de hacerlo.»

Crédito y Caución considera nulas las pólizas contratadas

Mediante escrito de 26 de septiembre, dirigido al Banco de Crédito Industrial, la «Compañía Española de Crédito y Caución, S.A.» declaró unilateralmente «la nulidad e ineficacia de las pólizas con-

(1) Ángel de las Cuevas González, Tomás Galán Argüello y Rodolfo Martín Villa.

tratadas teniendo en cuenta las circunstancias y hechos que concurren en el asunto Matesa, a la vista de la declaración del Gobierno que se ha hecho pública, la actuación del Juzgado Especial de Delitos Monetarios y el Sumario que se sigue por el Ministerio Fiscal, para el que ha sido designado un Juez especial» (1).

Nuevo Presidente del Banco de Crédito Industrial

En sustitución de Ángel Gregori Malet, el Ministro de Hacienda nombró, el 26 de septiembre, Presidente del Banco de Crédito Industrial a José Ramón Esnaola Raymond, ingeniero industrial, que entonces ostentaba la Presidencia del Sindicato del Metal.

Carta del Gobernador del Banco de España al Jefe del Estado

Con fecha 30 de septiembre, el Gobernador del Banco de España, Mariano Navarro Rubio, dirigió una carta al Jefe del Estado a la que pertenecen los siguientes párrafos:

«Creo que debemos seguir manteniendo un sistema de protección a la exportación, que podrá tener algun fallo, pero que nos ha sido —y nos puede seguir siendo— muy provechoso.»

«Existen, a mi entender, algunas posiciones revisionistas que pueden ir más lejos de lo que reclama la corrección de los fallos advertidos. Nos ha costado mucho levantar nuestra economía y no podemos dejar que una especie de "juicio político de residencia" nos deje desmoralizados y distraiga nuestros esfuerzos.»

«Durante estos días estoy dedicando todos mis empeños en llevar la confianza a todos los encargados de instrumentar la política de exportación. Seguiremos luchando sin desmayo.»

(1) Como más adelante se verá, y una vez terminado el proceso penal de Matesa, la Sala 1.ª de lo civil del Tribunal Supremo declaró que la Compañía Española de Crédito y Caución debía responder del seguro contratado con Matesa. Además, en el Consorcio de Compensación de Seguros no aparecían formalizados los Reaseguros de «Crédito y Caución».

La recepción del 1 de octubre en el Palacio Real

La tradicional recepción con motivo del aniversario de la exaltación de Franco a la Jefatura del Estado revistió aquel año la particularidad de que, por primera vez, estuvo presente en el Salón del Trono, el Príncipe Don Juan Carlos. El estrado tiene cuatro escalones y el Príncipe de España se colocó a la derecha del Jefe del Estado, en el segundo peldaño. Era una representación plástica de que se hallaba a medio camino de su ascensión al trono. La escena se repitió durante siete años consecutivos.

Encuentro con el Príncipe en Barajas

El 4 de octubre, por la tarde, coincidí con el Príncipe Don Juan Carlos en el aeropuerto de Barajas. Me dijo que había encontrado a Franco muy apagado y que su declive podría ser un proceso rápido. Franco le había dicho que tenía mucho interés por el viaje del Príncipe a Irán, ya que abriría camino para otros viajes, y añadió: «Yo no puedo viajar; Vuestra Alteza, sí.»

Me habló Don Juan Carlos de la posibilidad que se le ofrece de un viaje oficial de tres días a Francia y añadió. «Pero no puedo estar mucho tiempo fuera de España.» Le dije que venía bien que viajara mientras se prolongaba la vida de un «Gobierno agonizante» y no se nombrara otro nuevo. Lo entendió perfectamente: «Ahora —me dijo el Príncipe— es mejor no implicarme.»

El asunto Matesa visto por Carrero

En la extensa nota, fechada el 15 de octubre de 1969, que el Vicepresidente del Gobierno, Almirante Carrero Blanco, entregó al día siguiente al Jefe del Estado, exponía, con la ponderación que le caracterizaba, su opinión acerca de los cuatro principales problemas políticos de aquel momento. Por lo que se refiere al asunto Matesa (1), la apreciación de Carrero fue la siguiente:

«Se trata de un incidente desdichado y grave que, aireado con fruición a través de los medios informativos, ha causado un gran revuelo en la opinión del país.»

«En el caso Matesa hay que distinguir su vertiente económica y su vertiente política, es decir, entre el hecho del fallido bancario de mayor volumen registrado en España y el de su escandalosa politización mediante una campaña de prensa que ha lesionado no sólo el crédito exterior de nuestra economía, sino incluso la fama del Régimen al presentarlo como minado por la corrupción administrativa.»

«Esta clamorosa campaña de prensa, nunca vista, tuvo un origen y unos canales de difusión que prueban bien a las claras que fue instrumentada por las Agencias oficiales de noticias dependientes del Ministerio de Información ("Cifra" y "Fiel") y de la Secretaría General del Movimiento ("Pyresa") y que fue jaleado principalmente por el periódico *Pueblo* de la Organización Sindical y la cadena de prensa del Movimiento, a los que se les unió el *Ya* con mal disimulada complacencia. Todos estos medios periodísticos no cejaron en desprestigiar a dos Ministros cuya honestidad nadie puede poner en duda.»

«De la información disponible sobre la vertiente económica de este desdichado asunto, parece deducirse que los altos funcionarios afectados y mucho menos los titulares de los Departamentos de Hacienda y Comercio, no han cometido delitos, sino lamentables errores en las facilidades crediticias concedidas a Matesa, sin que por ello haya que descartar la existencia de irregularidades administrativas e incluso de responsabilidades penales por negligencia en los Servicios y Entidades Oficiales dependientes de los respectivos Ministerios.»

«Sin embargo, es forzoso reconocer que tanto por la magnitud de los préstamos como, sobre todo, por la escandalosa resonancia política dada al asunto, parece aconsejable la sustitución de los Ministros de Hacienda y Comercio que han quedado desprestigiados y de los de Información y Secretario General del Movimiento que, en el mejor de los casos, por su grave negligencia, han permitido que a lo largo de cuatro semanas se desatara tan vehemente y, en muchos casos, mendaz campaña de prensa sin utilizar el primero los resortes legales y sin ejercer el segundo su autoridad sobre sus propios periódicos, creando esos cuatro Ministros un serio problema que afecta al prestigio del Régimen.»

(1) Los otros tres problemas, que expondré más adelante, eran: la Ley Sindical, la política de información y de espectáculos y la política internacional.

Nombramiento de una Comisión Especial de las Cortes para investigar el caso Matesa.

El Presidente de las Cortes, Antonio Iturmendi, a propuesta de la Comisión Permanente, designó el 23 de octubre una «Comisión Especial de Estudio, Información y Propuesta», en relación con los créditos otorgados por Organismos Oficiales a la Empresa «Maquinaria Textil del Norte de España (MATESA)», compuesta por Raimundo Fernández-Cuesta como Presidente, José García Hernández como Vicepresidente, Eduardo Villegas Girón como Secretario, y por 28 Vocales (1).

Por Decreto de la Presidencia de las Cortes de 13 de noviembre se establecieron las normas de procedimiento para la actuación de la Comisión Especial (2).

(1) Alfonso María Abella y García de Eulate, Luis Álvarez Molina, Manuel Atencia García, José Bañales Novella, Manuel Batlle Vázquez, Fernando Bau Carpi, Mariano Calviño de Sabucedo y Gras, Manuel B. Cerviá Cabrera, José María Echevarría Iraolagoitia, Manuel Fuentes Irurozqui, Luis Galdós García, Alfredo Galera Paniagua, Antonio Gómez Picazo, María Belén Landáburu González, Enrique Martínez-Cañavate Moreno, Cruz Martínez-Esteruelas, José María de Oriol Urquijo, José Miguel Ortí Bordás, Fernando Pedrosa Roldán, José Antonio Perelló Morales, Ezequiel Puig y Maestro-Amado, Domingo Rojo Curto, Julio Salvador Díaz-Benjumea, (sustituido al ser nombrado Ministro, por Fernando Robina Domínguez) José María Serrats Urquiza, Fernando Suárez González, Joaquín Viola Sauret, Antonio Zaragoza Rodríguez, Pedro Zaragoza Orts.

(2) En síntesis, el procedimiento consistía:

1.° Redacción de un informe por la Ponencia en el que se recojan las sugestiones que presenten los Procuradores, en el plazo de veinte días naturales (plazo que fue prorrogado primero por diez días y después por quince días más).

La Ponencia debía emitir su informe en el plazo de veinte días (que fue prorrogado hasta el 7 de abril de 1970).

2.° Ultimado el informe de la Ponencia, se anunciará en el «Boletín Oficial de las Cortes» para que, en el plazo de quince días, los Procuradores que hubieran enviado sugestiones puedan conocer el informe y hacer por escrito las alegaciones que estimen pertinentes. La Ponencia resumirá dichas alegaciones, y de su informe y resumen complementario se enviará un ejemplar a cada uno de los miembros de la Comisión Especial.

3.° Dictamen de la Comisión Especial sobre la base del informe de la Ponencia y del resumen de las alegaciones,

4.° Conocimiento por el Pleno de las Cortes del dictamen de la Comisión Especial.

La Ponencia

El Boletín Oficial de las Cortes de 19 de noviembre publicó la composición de la Ponencia de dicha Comisión Especial: Alfredo Galera Paniagua, Enrique Martínez-Cañavate y Moreno, Cruz Martínez Esteruelas, José María Serrats Urquiza y Joaquín Viola Sauret.

La Ponencia inició sus reuniones de trabajo el 26 de noviembre asistiendo también a las mismas el Presidente, el Vicepresidente y el Secretario de la Comisión Especial.

Comenzó por estudiar el informe de la Comisión Investigadora presidida por el Presidente del Tribunal de Cuentas que se puso a disposición de todos los Procuradores y éstos presentaron a la Ponencia 30 escritos de sugestiones.

Carta de dimisión del Ministro de Hacienda

Conforme se multiplicaban las investigaciones acerca del caso Matesa —Interventor General de la Administración del Estado, Comisión presidida por el Presidente del Tribunal de Cuentas, Comisión Especial de las Cortes, Juez de Delitos Monetarios y Presidente de la Audiencia Territorial de Cáceres actuando como Juez Especial para instruir el sumario —el revuelo fue *in crescendo* y cada sector o tendencia política se movilizó para que se produjera a su favor el cambio de Gobierno, a todas luces inevitable e inminente.

La crisis quedó abierta con la carta de dimisión que el Ministro de Hacienda, Espinosa San Martín, tras haberla leído al Almirante Carrero Blanco, envió al Jefe del Estado el 15 de octubre. Su texto es el que sigue:

«Madrid, 15 de octubre de 1969
»Excmo. Sr. D. Francisco Franco Bahamonde
»Jefe del Estado Español
»Palacio de El Pardo

»Excelencia:

»Desde que, a causa del desdichado asunto Matesa, se inició —y consintió—la funesta campaña de prensa, con gran deterioro para el prestigio de nuestro país y daño positivo al Régimen y a su Gobierno, comprendí que el mal ya hecho era prácticamente irreparable, pero que debía intentar paliarlo en la medida de mis posibilidades. Por ello, no presenté entonces mi dimisión, pues me hubiera parecido desertar en momentos difíciles. No quiero hacer historia, triste historia, de los acontecimientos de este verano. La verdad es que la política juega malas pasadas. En julio, mi General, me hice la ilusión de poder descansar, una vez enviado a las Cortes el Presupuesto, concluido el Convenio con Navarra —tema delicado y que terminó felizmente— y firmado en Washington el préstamo del Banco Mundial para la Ganadería, después de haber pasado examen, en la inauguración de la Feria de Muestras de Barcelona, a nuestra economía que se presentaba halagüeña y más bien con algunos síntomas de excesiva euforia. Las medidas adoptadas en materia fiscal y recaudatoria estaban dando resultados positivos, lo que me hizo anticipar entonces al Gobierno algo que he repetido ahora en el último Consejo de Ministros, que conseguiríamos nivelar el Presupuesto de este año.

»Sinceramente, mi General, en el tiempo que llevo al frente de este Ministerio, pese a los problemas monetarios internacionales, la situación de la economía española hacía presumir a un Ministro de Hacienda que, en el verano de 1969, se podría disfrutar de cierta paz. Pero la realidad ha sido muy otra. El asunto Matesa, sobre el que ya había mostrado al Gobierno mi gran preocupación, exigió que se adoptasen por los servicios de este Ministerio urgentes y enérgicas medidas y, de manera concreta, por el Juzgado Especial de Delitos Monetarios. A partir de ese momento, hube de investigar hechos pasados y seguir de cerca sus vicisitudes, actuando sobre la marcha de acuerdo con los acontecimientos.

»En la actualidad, cubierta la Presidencia del Banco de Crédito Industrial, nombrado un nuevo Director General de dicho Banco, designado Administrador judicial para los bienes de Matesa, enterado debidamente el Gobierno de cuantos datos e informes ha podido reunir este Ministerio, y terminada la labor de la Comisión que preside el Presidente del Tribunal de Cuentas del Reino, a la que encomendamos el Ministro de Comercio y yo la coordinación de las investigaciones sobre Matesa, considero que el asunto, si no resuelto por desgracia, se encuentra ya debidamente encauzado, aunque su solución no puede ser fácil ni tampoco a plazo corto.

»No quiero dejar de hacer constar que, según mis noticias, de las investigaciones practicadas hasta el momento, y como era de esperar, no aparece nada deshonroso en la actuación de los funcionarios de esta Casa.

»Durante estos meses no he vacilado en tomar decisiones, afrontando incluso responsabilidades, muchas de las cuales no creo que fueran de mi exclusiva incumbencia. Lo he hecho porque creía que era mi deber y he padecido en silencio —y en una gran soledad— la inasistencia de muchos de mis colegas, cuando no la complacencia de algunos en consentir los ataques.

»Ahora, sin embargo, creo honradamente que, después de los hechos producidos y, sobre todo, del ambiente creado en torno a los mismos, aumentan las dificultades inherentes a la labor, siempre áspera, de todo Ministro de Hacienda, y temo sinceramente que en estos momentos mi "productividad" al servicio del Gobierno de la Nación se vea en gran parte disminuida, por este clima que entre unos y otros se ha ido creando.

»No quiero alargar más esta carta. Creo que las razones expuestas son más que suficientes para justificar una petición de relevo. He procurado en todo momento servir con la mayor lealtad a V. E., correspondiendo a la confianza que en mí ha depositado, confianza que siempre será para mí y para los míos un motivo de legítimo orgullo.

»Le ruego, mi General, que comprenda mi postura, que no es de abandono. Mi firme decisión de ser sustituido en este cargo quiero que sea interpretado por V. E. como un acto más de servicio en bien de la Nación.

»Queda, como siempre, a las órdenes de V. E.

Juan José Espinosa San Martín.»

Antecedentes remotos de la remodelación ministerial

La dimisión irrevocable del Ministro de Hacienda, no hizo sino reactivar la confección de listas de «ministrables» que venían elaborándose desde muy atrás. Como reseñé anteriormente, ya el 29 de mayo de 1967 Federico Silva le propuso al Almirante Carrero la siguiente combinación ministerial: *Asuntos Exteriores,* Pedro Cortina; *Justicia,* Alfonso Osorio; *Ejército,* el General Medrano o el General Zapatero; *Educación,* Gonzalo Fernández de la Mora; *Trabajo,* Efrén Borrajo Dacruz; *Industria,* Leopoldo Calvo-Sotelo; *Comercio,* Gregorio López Bravo; *Información y Turismo,* Blas Piñar.

Aquel mismo año 67, el martes 18 de abril, Carrero le habló a Silva de nombrar Vicepresidente del Gobierno a López Bravo y de sustituir a Castiella, Cánovas, Alonso Vega, Romeo, Sánchez Arjona y Ullastres y le pidió un nombre para Delegado Nacional de Sindicatos. Silva le dio el de Luis Nozal López. Dos meses después, el 20 de junio, Carrero me leyó su terna para Asuntos Exteriores en la que figuraba Federico Silva.

También he referido que, el 9 de enero de 1968, en un almuerzo con Silva y con Fraga, éste sugirió tres nombres: Javier Martín Artajo, Licinio de la Fuente y Pío Cabanillas. El 15 del propio mes de enero Silva habló con Nieto Antúnez y le brindó los nombres de Luis Sánchez Agesta, Francisco Guijarro, Federico Rodríguez, Francisco Sánchez Apellániz y Rafael Cabello de Alba.

El 11 de mayo de 1968, Franco pidió nombres a Fraga para un futuro cambio de Gobierno, que éste le entregó el 25 de junio. El 15 de septiembre de 1968, me comentó Fraga: «Franco cada vez oye a más gente y tiene listas más largas para preparar la crisis.»

Por último, el 15 de junio de 1969 —antes de que estallara el caso Matesa— Federico Silva me entregó una lista en la que Carrero seguía de *Vicepresidente,* él iba a *Exteriores,* el General Castañón a *Ejército,* Bau a *Justicia,* Monreal a *Hacienda,* Garicano a *Gobernación,* Villar Palasí a *Educación,* Alfonso Osorio a *Obras Públicas,* Villegas Girón a *Trabajo,* Allende a *Agricultura,* Fernández de la Mora a *Información y Turismo,* Fraga a *Vivienda,* Rodríguez Valcárcel a la *Secretaría General del Movimiento,* Giménez Torres a la *Organización Sindical* y yo seguía en el *Plan de Desarrollo* (véase en el anejo la lista manuscrita de Silva). La lista alcanzó el 50 % de aciertos, porcentaje muy considerable para un pronóstico hecho con más de cuatro meses de antelación.

La crisis es inminente

Me puse en contacto especialmente con Silva y, tras varios cambios de impresiones, estuvimos de acuerdo en casi todos los nombres que ibamos a proponer: Alberto Monreal para *Hacienda,* Tomás Allende para *Agricultura,* José María López de Letona para *Industria,* Licinio de la Fuente (propuesto por Fraga) para *Trabajo,* Torcuato Fernández Miranda para la *Secretaría General del Movimiento* y Enrique García-Ramal para *Relaciones Sindicales.*

Discrepábamos, en cambio, acerca de la persona más idónea para regentar la cartera de *Gobernación.* Silva, que en el mes de junio propuso a Garicano, se mostró luego partidario de un hombre «duro» capaz de garantizar, a toda costa, el orden público: el Teniente General Pérez Viñeta, que ocupaba entonces la Capitanía General de Cataluña. Yo seguí defendiendo la candidatura de Tomás Garicano, Gobernador Civil de Barcelona que lo había sido también de Guipúzcoa y me parecía que desempeñaría con más tacto y sentido político el difícil cargo de Ministro de la Gobernación. Finalmente, Silva hizo suya la candidatura de Garicano.

Candidatos de Federico Silva

El 10 de octubre, para precisar lo hablado conmigo y sugerir nuevos nombres, Federico Silva me entregó una lista a doble columna, que conservo, de las personas, a su juicio, más idóneas, para formar parte del futuro Gobierno. Para algunas carteras no tenía más que un candidato. Así, él iría a *Asuntos Exteriores*, Joaquín Bau a *Justicia*, Alberto Monreal a *Hacienda*, Tomás Garicano a *Gobernación*, Manuel Batlle a *Educación*, Alfonso Osorio a *Obras Públicas*, Tomás Allende a *Agricultura*, Gonzalo Fernández de la Mora a *Información y Turismo*; López Bravo y yo, seguiríamos en *Industria* y en la *Comisaría del Plan de Desarrollo*, respectivamente.

De estos diez candidatos, el desenlace de la crisis le daría cuatro aciertos. No prosperaron los nombres de Bau y de Batlle porque seguirían Oriol y Villar Palasí en el Gobierno.

Para otras carteras tenía Silva una doble lista con un primer candidato y otro suplente. Así, a *Comercio* iría Francisco Giménez Torres o Sáinz de Vicuña, a *Trabajo*, Villegas Girón o Giménez Torres y a la *Secretaría General del Movimiento*, Rodríguez Valcárcel o Solís. Estos cargos, como en seguida veremos, fueron cubiertos por terceras personas.

La cartera que, a su juicio, mejor podría desempeñar Federico Silva era la de *Asuntos Exteriores* pues, por sus conexiones con las altas esferas de la Iglesia, podría dirigir las relaciones con el Vaticano que constituían el principal problema político del Régimen dada la actitud de distanciamiento, cuando no de hostilidad, de ciertos medios eclesiásticos. Se vio alentado en sus legítimas aspiraciones a raíz de su despacho, al que ya me referí, con el Jefe del Estado, el 27 de julio anterior, cuando Silva le habló de la visita del Arzobispo de Madrid, Don Casimiro Morcillo, a Roma. En aquella ocasión, Franco le dijo: «Hábleme usted de Mons. Benelli.» Silva se explayó. Al final, Franco le hizo esta pregunta: «¿Sería usted capaz de entenderse con la Iglesia?»

El candidato de Carrero para Información y Turismo

Carrero prefirió que Silva, quien había sabido ganarse a la prensa, fuera Ministro de Información y Turismo, con objeto de que, tanto los medios de comunicación social como los espectáculos públicos fueran reconducidos a unos cauces de moralidad y de moderación.

No hay que olvidar el último párrafo dedicado a la «política de información y espectáculos» de la nota de Carrero entregada a Franco el 16 de octubre que decía: «Comentando un día la situación de la Prensa española en la época de la II República, dijo Pío XI: "Un pueblo que cada mañana se desayuna con esta dosis de veneno va directa e inexorablemente a la catástrofe, ¡pobre España!" La situación no es hoy, por desgracia, muy diferente y para poner término a esta situación, que no puede continuar, no veo otra solución que poner en el Ministerio una persona que ofrezca las máximas garantías morales junto a una probada lealtad política.» Y esta persona, para el Almirante, era Federico Silva.

Le brindo un abanico de nombres al Vicepresidente del Gobierno

Las últimas sugerencias que hice a Carrero acerca de la inminente combinación ministerial fueron: *Asuntos Exteriores*: Federico Silva, Alfredo Sánchez Bella, Gregorio López Bravo; *Hacienda*: Alberto Monreal, Manuel Gortázar y Landecho, Carlos Mendoza Gimeno; *Gobernación*: Tomás Garicano, Fernando Herrero Tejedor, Antonio Ibáñez Freire; *Obras Públicas*: Gonzalo Fernández de la Mora, Juan Antonio Ollero de la Rosa; *Agricultura*: Tomás Allende, Licinio de la Fuente; *Industria*: José M.ª López de Letona, Claudio Boada, Leopoldo Calvo-Sotelo; *Comercio*: Enrique Fontana, Andrés Ribera Rovira, José María Llosent Marañón; *Trabajo*: Licinio de la Fuente, Enrique García Ramal; *Información y Turismo*: Gonzalo Fernández de la Mora, Luis Coronel de Palma, Adolfo Suárez; *Vivienda*: Vicente Mortes, Manuel de la Quintana Fergusson; *Movimiento*: Alejandro Rodríguez de Valcárcel, Torcuato Fernández Miranda, Miguel Primero de Rivera; *Organización Sindical*: Enrique García Ramal, Francisco Giménez Torres, Eduardo Villegas Girón, y, en caso de quedar vacante *Justicia*, José María Porcioles.

Le entregué el correspondiente *curriculum vitae* de cada uno.

Ataques al Opus Dei

La oleada de infundios contra la Obra fue a mayores. Fraga refiere que: «*SP* (que está dando las boqueadas) publica un serio artículo, ¿El Opus Dei, fuera de la Ley?» (1). Este artículo apareció en el número correspondiente al 12 de octubre. Ello motivó que, al día siguiente, un portavoz de la Dirección General de Asuntos Eclesiásticos del Ministerio de Justicia hiciera la siguiente declaración:

«Primero. Consta en esta Dirección General que el Opus Dei es, en la actualidad, un Instituto secular de Derecho pontificio aprobado definitivamente por la Santa Sede en virtud el Decreto *Primum inter instituta*, de 16 de junio de 1950, y que se rige por su Derecho propio.»

«Segundo. En virtud de esta aprobación, publicada en el *Acta Apostolicae Sedis*, el Opus Dei es una Entidad regulada por el Derecho canónico, y por existir en España con anterioridad al 26 de octubre de 1953, fecha de entrada en vigor del vigente Concordato con la Santa Sede, tiene reconocida personalidad jurídica y completa capacidad de obrar, siendo su existencia en España plenamente legal sin otras formalidades.»

Despacho decisivo de Carrero con Franco

El jueves 16 de octubre Carrero al despachar con Franco, le leyó un extenso informe de 21 folios, cuya copia conservo, titulado «Consideraciones sobre la conveniencia de proceder a un reajuste ministerial», fechado en Madrid a 15 de octubre, redactado, como el anterior de 7 de mayo, a lo largo de varias tardes de trabajo a solas, frente a su máquina de escribir portátil. El informe comenzaba con estas palabras: «Cumpliendo el encargo que me hizo S. E. en mi despacho del pasado día 9, he pensado, o mejor dicho he seguido pensando, sobre la conveniencia de proceder a un reajuste ministerial.»

Los párrafos esenciales de dicho informe son, a mi juicio, los siguientes:

(1) *Op. cit.*, pág. 254.

La Ley Sindical

«El tema político de mayor importancia en estos momentos, porque es el que entraña mayores riesgos para el futuro del Régimen, es sin duda la Ley Sindical, cuyo proyecto, estudiado concienzudamente por una Ponencia de ocho Ministros y aprobado en el Consejo de San Sebastián, requiere un Gobierno unido y sin desgaste, capaz de hacer frente a los ataques que a dicho proyecto se van a dirigir en las Cortes.»

«La consigna que en su día dio S. E. a la Ponencia de consolidar jurídicamente lo ya experimentado en los 30 años de vida de nuestra Organización Sindical, y crear una sólida plataforma para ulteriores perfeccionamientos, tiene plena vigencia. S. E. nos señaló también el grave peligro que comportaría un Sindicalismo *omnipotente.*»

«Pero lo más grave es que existen suficientes indicios para temer que los propios dirigentes actuales del Sindicalismo están empeñados en modificar, en sus puntos más esenciales, el Proyecto de Ley.»

«No deja de ser sintomático que el Proyecto haya sido presentado a los corresponsales extranjeros de prensa por Solís, como una imposición de determinados Ministros, que ha dado lugar a un texto insatisfactorio para los intereses de trabajadores y empresarios, que habrá que modificar en las Cortes.»

«Todos los resortes de que dispone la Organización Sindical y la Secretaría General del Movimiento están siendo movilizados para que los artículos más fundamentales del Proyecto de Ley sean modificados. Raro es el día en que no aparece una declaración de un Consejo de Empresarios o de Trabajadores, celebrado en la Casa Sindical correspondiente y presidido por sus jerarquías, protestando por el texto del Proyecto de Ley enviado por el Gobierno a las Cortes, dirigiéndose las críticas especialmente contra el artículo 30 que establece la forma de designación del Presidente de la Organización Sindical.»

«La maniobra está tan clara, que sería imprudente no salirle al paso. En las Cortes, los Procuradores Sindicales "como un solo hombre", como se ha dicho, van a tratar de modificarlo para dejarlo como un traje a la medida de quien pretende alzarse con el poder y tener en sus manos una Organización, con enorme fuerza política, al margen del control del Gobierno. ¿Quién podría, entonces, gobernar en España?»

«Los sistemas políticos no son buenos o malos por lo que dicen sus Leyes. Son buenos o malos si permiten o no gobernar y servir al país. Ejemplos los tenemos muy claros en nuestra propia historia. La maniobra, pues, hay que cortarla en su raíz.»

«Las incitaciones a modificar la Ley, desde el propio Ministro hasta su plana mayor de la Organización Sindical, son patentes. Al iniciarse las discusiones en las Cortes es cuando se movilizarán al máximo todos los resortes sindicales para conseguir modificaciones en puntos sustanciales en los que no cabe ceder y, llegado ese momento, resultaría políticamente inviable la retirada por el Gobierno de dicho Proyecto de Ley, so pena de provocar una gravísima crisis en el seno del Régimen.»

«Ante tales perspectivas, no parece aconsejable "dejar hacer". La más elemental prudencia obliga a actuar inmediatamente, mediante un cambio de Gobierno que permita que el Jefe del Estado separe la Secretaría General del Movimiento de la Jefatura de la Organización Sindical, poniendo en ambos cargos dos Ministros, con prestigio y autoridad, y que se comprometan de verdad a defender el Proyecto de Ley, sin verse condicionados por compromisos de ninguna clase, fruto de negociaciones y actuaciones realizadas en los dos últimos años (Congreso Sindical, Consejo de Trabajadores, OIT, etc.). No cabe pensar que Solís pueda hacer olvidar a los altos cargos políticos del Sindicalismo y a los enemigos infiltrados a distintos niveles en la Organización Sindical, los acuerdos, por ejemplo, de Tarragona. Es más: existen pruebas fehacientes de que los altos mandos sindicales están moviendo a sus gentes para que presenten enmiendas a la Ley.»

«Para que el Proyecto del Gobierno llegue a buen puerto no se ve más solución que poner al frente de la Organización Sindical, antes de que comiencen los debates en las Cortes, a un hombre con arraigo en el Sindicalismo, y absolutamente leal, que ofrezca la plena seguridad de que va a defenderlo y no torpedearlo.»

«De otra parte, el nombramiento ahora de un Ministro sin Cartera, Delegado Nacional de Sindicatos, dejaría zanjada la cuestión del artículo 30 de la Ley, con la autoridad, que todos aceptan, del Caudillo de España y Jefe Nacional del Movimiento.»

«Resulta, pues, necesario, sustituir al Ministro Secretario General del Movimiento antes de que la Ponencia informe las enmiendas que ya se están presentando y, sobre todo, antes de que comiencen las discusiones en las Cortes de la Ley Sindical.»

Política internacional

«Nuestra política internacional en los últimos años ha permitido ciertos progresos en nuestras relaciones con el exterior y un avance en la irrenunciable reivindicación de Gibraltar. Sin embargo, la ilusión por obtener rápidamente una definitiva solución a este problema ha ido condicionando imprudentemente nuestra actitud en este campo, llegándose, en algunos aspectos, a actuaciones que pueden calificarse de obcecadas.»

«No parece necesario insistir en la necesidad de renovar en toda ocasión mediante actos de soberanía, nuestra política gibraltareña y de forzar al máximo el desarrollo socio-económico del Campo de Gibraltar, en orden a invertir cuanto antes los términos comparativos de la situación de la Roca con la de la zona española colindante, pero esto puede y debe hacerse sin producir innecesarios agravios a los gibraltareños y al pueblo y al Gobierno británico que es quien nos tiene que entregar Gibraltar ya que está descartado el que no vamos a empeñarnos en conquistarlo.»

«Ahora bien, cifrar toda nuestra actividad diplomática en ganarnos las simpatías de las Naciones Unidas, a quien nadie hace caso cuando no le conviene, para que éstas obliguen a Inglaterra a entregarnos Gibraltar, lo que evidentemente no va a hacer, y a cambio de ello aceptar todo lo que allí se diga en orden a nuestras posesiones en África, me parece un error muy grave. La experiencia de Guinea es bastante significativa. Pudiendo haberlo evitado hemos hecho un daño ya irreparable a unos millares de seres humanos.»

«Hay otros temas de la mayor importancia que no parecen bien enfocados por el actual Ministro de Asuntos Exteriores: las relaciones con los Estados Unidos y la política vaticana, que yo entiendo que son pivotes fundamentales de nuestra política exterior, porque, por lo que respecta a Europa poco podemos esperar cuando tenemos a Inglaterra, con sus satélites los países nórdicos, enconada por la cuestión de Gibraltar; a Italia, que no ofrece la más mínima seguridad política; a Alemania que acaba de dar un viraje que nos es claramente desfavorable, y a Francia que se encuentra en el orden político interno en situación similar a la de Italia y cuya política africana está en colisión con nuestros intereses.»

«Por todo cllo, la amistad con los Estados Unidos, nación la más poderosa económica y militarmente de Occidente, cuya situación política, pese a sus defectos, es mucho más estable que la de Europa y unas relaciones más cordiales con la Santa Sede, constituyen, a mi juicio, los cimientos más firmes en que se debe asentar nuestra política exterior.»

«Las relaciones con los Estados Unidos han sufrido un visible deterioro, las negociaciones para la renovación de los Acuerdos se llevaron a cabo con notorio desacierto, y, por otra parte, se ha creado en la prensa un cambio peligroso en la opinión pública de signo antiamericano, por no saber medir los riesgos que asumíamos al reaccionar imprudentemente ante una visita de la VI Flota a la base de Gibraltar o ante un editorial del *Washington Post*. No podemos perder de vista que, hoy por hoy, lo que instiguemos a que diga nuestra prensa contra USA tiene una trascendencia extraordinaria, y configura nuestra opinión pública, mientras que lo que diga cualquier diario americano, que nos afecte, no tiene la menor influencia en aquel inmenso país.»

«Con el soporte del buen entendimiento de nuestras Fuerzas Armadas con el Pentágono y de la necesidad que éste tiene de nuestra cooperación, el mejorar las relaciones con USA puede lograrse utilizando las grandes posibilidades que ofrecen los hombres de negocios norteamericanos que, sin excepción, acrecientan de día en día su admiración y su confianza en el Caudillo, en el Régimen y en nuestra economía. Y, como es lógico, no involucrando sin necesidad nuestro pleito gibraltareño con las relaciones con los Estados Unidos.»

«En cuanto a la Sante Sede, salta a la vista la necesidad de un cambio de política y de políticos. La Democracia Cristiana de allí y de aquí, y determinadas personas de la Secretaría de Estado, consciente o inconscientemente, no desean otra cosa que un cambio de Régimen y el establecimiento en España de una "democracia" a la italiana. El no ver esto es cerrar los ojos a la realidad y basta seguir paso a paso las actuaciones, las palabras y los silencios habidos en los últimos años, para concluir que, sin un cambio de protagonistas, continuará el deterioro de nuestras relaciones con la Santa Sede, con el grave riesgo, por lo que a la unidad de la Nación española se refiere, de que nuestras gentes, por falta de formación, no sepan distinguir entre las actitudes de la diplomacia vaticana y la autoridad del Papa en materias de fe y de moral. También es digno de tenerse en cuenta que el actual Nuncio está descontento del trato que recibe del Ministro de Asuntos Exteriores.»

El último epígrafe, y no el menos importante, de la extensa nota de Carrero decía así:

Relevos por motivo de salud

«Con independencia de todo lo anterior, hay unos cuantos Ministros, cuya salud no es buena y que, pese a sus largos y meritorios servicios, no se encuentran hoy en condiciones físicas, aunque voluntad no les falte, de mantener en sus Departamentos el necesario dinamismo y la debida eficacia.»

«En quien se advierte de un modo más patente esta pérdida de facultades es en el titular de Departamento tan importante como el del Ejército. Creo que S. E. hace tiempo que piensa en la necesidad de su relevo así como en el del Ministro del Aire cuya salud no es tampoco buena.»

«Si se cambian estos dos Ministros, considero que sería también conveniente el cambio del de Marina, en primer término, porque siempre, salvo en el caso de la vacante por defunción del General Martín Alonso, el cambio de los Ministerios militares ha tenido lugar en los tres Departamentos simultáneamente y, además, porque estoy seguro, por las razones que diría a S. E. verbalmente, de que la Marina vería con satisfacción un cambio en su Ministerio.»

«Deja también bastante que desear el estado físico del Ministro de la Vivienda, lo que se traduce, pese a su buena voluntad de servicio, a una cierta atonía en la actividad de un Ministerio que tiene que llevar a cabo una de las funciones sociales más importantes del Régimen y que ha de hacer frente a los serios problemas que plantean las grandes concentraciones urbanas, en las que, de no actuarse con gran celeridad y acierto, se podría llegar a producir un colapso. La urgente revisión y simplificación de la Ley del Suelo y el acometer una enérgica política contra la especulación de solares, son otras de las grandes tareas de este Departamento que, de momento, se encuentran en vía muerta.»

El general Alonso Vega

«El caso del Ministro de la Gobernación es particularmente doloroso porque sus incomparables servicios a la Patria en todos los cargos militares y civiles que ha desempeñado, así como sus grandes virtudes, en las que sobresalen su patriotismo, su espíritu de servicio y su inquebrantable lealtad a S. E., hacen de él un español ejemplar y de excepción, pero tiene ya 80 años... Precisamente por sus extraordinarios méritos y por el gran afecto y admiración que le profeso, creo que debe evitarse que, a sus años, se vea obligado a permanecer en un puesto de tanto desgaste y de tanta actividad como es el Ministerio de Gobernación. Considero que antes que el esfuerzo que su cargo exige y que por su espíritu no ha de regatear, que obliga a una actividad física y mental superior a la que su edad le consienta, acabe produciéndole un grave quebranto, debiera ser relevado con todos los honores y me permito sugerir a S. E. que, si dispone su cese, le nombre Capitán General del Ejército, porque nadie podría reunir más méritos para llegar a Príncipe de la Milicia como este General por tantas razones benemérito.»

Solís

«Otra cuestión a tener en cuenta en el caso del relevo del General Alonso Vega es que, en gran parte, su desgaste en el Ministerio de la Gobernación se debe a sus fricciones con la Secretaría General del Movimiento que son del dominio público y particularmente de los cincuenta Gobernadores Civiles, testigos de mayor excepción del antagonismo existente a lo largo de los doce años y medio que ambos llevan en el Gobierno. La conveniencia de evitar la humillación que, en los ambientes políticos y en sus actuales subordinados, representaría para el General Alonso Vega que el desenlace de esta pugna fuese su salida unilateral del Gobierno, es otra de las razones que aconsejan el relevo de Solís, cuya falta de seriedad y propensión al enredo hace muy difícil que pueda integrarse en un mismo equipo de Gobierno, incluso con los titulares de aquellos Departamentos que por sus funciones no tienen necesidad de relacionarse frecuentemente con la Secretaría General del Movimiento ni con la Organización Sindical, como es el caso de Silva Muñoz, quien me ha expresado su decidido propósito de no seguir en un Gobierno del que forme parte Solís.»

«En resumen, el reajuste del Gobierno que, por las razones apuntadas, considero que sería conveniente, afecta a diez Ministros de los que tres (Asuntos Exteriores, Gobernación y Secretario General del Movimiento) llevan casi trece años en sus actuales cargos; el de la Vivienda lleva casi diez; Marina, Aire e Información y Turismo llevan siete y medio; Ejército casi seis y Hacienda y Comercio algo más de cuatro años. La renovación aparecería de este modo ante los españoles como un reajuste normal de los que periódicamente realiza S. E., en atención tanto al desgaste inevitable de las personas como para atender a los problemas del momento, y resolviéndose con ello el "caso Matesa" que no podrá nunca pasar a la Historia como la "crisis Matesa", que representaría un estigma para el Régimen, por afectar el cambio a más personas de las afectadas por este lamentable asunto.

Madrid, 15 de octubre de 1969.»

Le hablo a Franco del Opus Dei

El propio jueves por la tarde tuve despacho con el Jefe del Estado. Ante las calumnias insidiosas vertidas contra el Opus Dei al revuelo del capote del asunto Matesa y la confusión artificiosamente creada, dediqué buena parte de mi despacho a hablarle de la Obra en términos sencillos y claros. Las principales ideas en las que hice hincapié fueron las que siguen.

Jesucristo llama al demonio «mentiroso y padre de la mentira». De ahí las calumnias contra el Opus Dei. Como escribió el Patriarca Don Leopoldo Eijo y Garay, en 1941, al Abad Escarré de Montserrat, «el Opus Dei es verdaderamente *Dei*; es de Dios».

La formación que da la Obra a sus miembros está en consonancia de sus fines, exclusivamente espirituales y apostólicos: estudios de Filosofía y de Teología para adquirir un conocimiento profundo de la Fe católica y vivir como cristianos consecuentes con su Fe.

El pertenecer a la Obra no es garantía de acierto en los asuntos temporales. Un miembro de la Obra, como todo el mundo, se equivoca muchas veces, aunque lucha con rectitud de intención para santificar su trabajo.

Los miembros del Opus Dei que estamos en la política somos una exigua minoría. Son tan miembros de la Obra los intelectuales como los campesinos o las empleadas del hogar. Hay muchachos de dieciocho años que renuncian a todo, sin buscar nada y sin hacer alardes.

Franco comprendió perfectamente cuanto le dije.

Carrero propone los sustitutos de Solís y de Fraga

Después de la reunión del Consejo de Ministros del 17 de octubre, Carrero entró en el despacho de Franco y se quejó de «la canallesca campaña contra el Opus Dei». En cuanto a las personas, comentó que «contra López Rodó no se han metido porque no han tenido por dónde cogerle, toda vez que no tuvo ni la más remota relación con el desdichado asunto Matesa».

Le sugirió el nombre de Torcuato Fernández Miranda para sustituir a Solís y el de Federico Silva para sustituir a Fraga. Franco dijo de Solís: «a veces gitanea». En cuanto a Silva, le pareció bien que fuera a Información y Turismo.

Cena en el Palacio de la Zarzuela

El domingo 19 de octubre los Príncipes invitaron a cenar a unos Senadores norteamericanos, a Federico Silva y a mí. La invitación la cursó, por orden del Marqués de Mondéjar, el Secretario de la Casa del Príncipe, Alfonso Armada.

Don Juan Carlos me dijo que fuera tres cuartos de hora antes.

EL JEFE DE LA CASA DE
S. A. R. EL PRINCIPE DE ESPAÑA

En nombre de Sus Altezas Reales los Príncipes de España, tengo el gusto de transmitirle Su invitación para la comida que ha de celebrarse en el Palacio de la Zarzuela, el próximo DOMINGO, día DIECINUEVE de octubre, a las 21,30 horas.

LA ZARZUELA, 10 de octubre de 1969

EL JEFE DE LA CASA
P.O.

ALFONSO ARMADA Y COMYN
Tte. Coronel de Artillería, D. de E.M.

EXCMO. SEÑOR DON LAUREANO LOPEZ RODO
Ministro Comisario del Plan de Desarrollo

M A D R I D

Me contó su viaje a Persia. El Sha le aconsejó no hacer demagogia. Hablamos luego ampliamente de la situación política interna. Apostó a que no habría cambio de Gobierno. Le dije que la crisis era inminente.

Antonio María Oriol: El refrendo de los nombramientos de Ministros y la conveniencia de nombrar Presidente del Gobierno

El Ministro de Justicia, en nota de 21 de octubre de 1969, entregada al Jefe del Estado, le planteaba dos cuestiones: la del refrendo y la del nombramiento de Presidente del Gobierno. Respecto de la primera, decía:

«Desde la entrada en vigor de la Ley Orgánica del Estado y de acuerdo con su artículo 8.º, apartado II. "Todo lo que el Jefe del Estado disponga en el ejercicio de su autoridad deberá ser refrendado, según los casos, por el Presidente del Gobierno o el Ministro a quien corresponda, el Presidente de las Cortes o el Presidente del Consejo del Reino, careciendo de valor cualquier disposición que no se ajuste a esta formalidad".»

«Este precepto se halla plenamente vigente puesto que en las Disposiciones transitorias de la Ley Orgánica del Estado no se somete a ninguna condición suspensiva dicha vigencia» (...) «Por lo que respecta al nombramiento de Ministros del Gobierno, el único caso que hasta ahora se dio fue el del Ministro de Educación y Ciencia, que fue refrendado por el Vicepresidente del Gobierno, a diferencia de los nombramientos de Ministros realizados con anterioridad a la Ley Orgánica, que no llevan refrendo.»

En cuanto a la Presidencia, argumentaba:

«La designación de Presidente del Gobierno desvanecería, de otra parte, el riesgo de que, en virtud de lo dispuesto en el art. 16 de la Ley Orgánica, en el plazo de diez días a contar de aquel en que se produzca el evento sucesorio, hubiera de procederse a nombrar nuevo Gobierno, lo cual añadiría un factor de perturbación e incertidumbre a la gran conmoción política y emocional que el propio hecho sucesorio habrá de reproducir.»

(El texto completo de la nota puede verse en el anejo documental.)

Se ultima la lista definitiva del nuevo Gobierno

Franco tenía alergia al espíritu de cuerpo de los funcionarios. Prefería que los Ministros de Obras Públicas no fueran Ingenieros de Caminos ni los Ministros de Hacienda, Abogados del Estado. No era partidario de que los Ingenieros de Caminos administraran los puertos y dijo, en una ocasión, bromeando, que si hicieran una catedral, alguno pretendería oficiar en ella.

Esto fue causa, por ejemplo, de que al cesar en 1965 Jorge Vigón como Ministro de Obras Públicas no le sustituyera Vicente Mortes, Ingeniero de Caminos, que era el Subsecretario, sino Federico Silva, Abogado del Estado, y fue la razón de que, en la crisis de octubre de 1969, Alberto Monreal, Economista del Estado, fuera Ministro de Hacienda con preferencia a otros candidatos pertenecientes a Cuerpos de este Ministerio.

¿Por qué fue López Bravo a Asuntos Exteriores?

Para la cartera de Asuntos Exteriores que, desde el primer Gobierno nacional de 1938, nunca la había desempeñado un diplomático (no lo fueron el Conde de Jordana, ni el General Beigbeder, ni Serrano Suñer, ni Lequerica, ni Martín Artajo, ni Castiella), Franco designó a Gregorio López Bravo, Ingeniero Naval, quien relató así el origen de su nombramiento:

«A mediados de octubre del 69, en un despacho ordinario, me comentó que pensaba hacer un cambio de Gobierno. Yo entonces le dije, con toda espontaneidad, que me parecía que era el momento para atender mi reiterado ruego de cesar, porque llevaba ya siete años y medio en el Gobierno. Franco entonces, con una gran benevolencia y un gran cariño, me dijo algo que recuerdo literalmente, sin tener que consultar ninguna nota: «No concibo una crisis prescindiendo de usted.»

«Ante una respuesta tan categórica, y como realmente creía que mis posibilidades de una acción eficaz en el Ministerio de Industria estaban disminuidas por los muchos años ya pasados en él, le rogué que me encomendase otro puesto. Su respuesta también fue muy generosa, porque se limitó a preguntarme adonde me gustaría ir. Le pregunté si iba a quedar vacante el Ministerio de Asuntos Exteriores, y al responderme que, efectivamente, iba a cesar en el cargo quien entonces lo ocupaba, le dije que entendía que en aquel Ministerio podría desarrollar una labor útil para España; sin vacilación, en el acto, me asignó ese puesto» (1).

Al quedar vacante el Ministerio de Industria, sugerí para regentarlo el nombre de José María López de Letona, Ingeniero de Caminos, Subcomisario del Sector Industrial del Plan de Desarrollo.

El 24 de octubre de 1969 se celebró el último Consejo de Ministros de *corpore insepulto*.

Silva rehúsa el Ministerio de Información

Carrero llamó a Silva el 27 de octubre y le ofreció, por encargo de Franco, la cartera de Información y Turismo. Silva, visiblemente contrariado, quedó pensativo y, al cabo de unos minutos, dijo que, o iba a Asuntos Exteriores o se quedaba en Obras Públicas.

Esto motivó que, a última hora, Carrero pensara en Alfredo Sánchez Bella, dinámico Embajador en Roma que mantenía frecuente contacto epistolar con la Presidencia del Gobierno, para el Ministerio de Información y Turismo.

Nuevos titulares de otras Carteras ministeriales

Para Comercio propuse a Enrique Fontana, Comisario de Abastecimientos y Transportes con categoría de Subsecretario (que tenía a su cargo el comercio de Estado de productos alimenticios), Procurador en Cortes como representante familiar por Tarragona y Consejero del Reino. Y para Vivienda, a Vicente Mortes, Comisario Adjunto del Plan de Desarrollo, ex Subsecretario de Obras Públicas con el General Jorge Vigón y ex Director General de la Vivienda con José Luis de Arrese.

Estando ya muy avanzada la gestación de la crisis, seguían moviéndose cuantos tenían acceso a El Pardo. El 27 de octubre, dos días antes del nombramiento del nuevo Gobierno, Solís, le dijo a Fraga que estaba seguro de sacar «su lista».

Los relevos en los Ministerios militares se los reservó, como

(1) *Franco visto por sus Ministros*, cit., pág. 120.

siempre, Franco. Menéndez Tolosa fue sustituido por Castañón de Mena en Ejército, Nieto Antúnez por Baturone en Marina y Lacalle por Salvador y Díaz-Benjumea en Aire.

La salida de Nieto Antúnez no carecía de significación política: era notorio su filofalangismo del que fue exponente el estentóreo «Arriba España» con que finalizó una arenga a bordo del *Dédalo* durante la Semana Naval de Santander en el verano de 1968, que pareció a las personalidades más destacadas de la Marina un intento de politización fuera de lugar.

Se desdobla la Secretaría General del Movimiento y la Delegación Nacional de Sindicatos

La principal novedad del cambio de Gobierno fue el desdoblamiento de los cargos de Secretario General del Movimiento y Delegado Nacional de Sindicatos. La acumulación de ambos puestos en la persona de Solís había dado lugar a una excesiva concentración de poder político y de medios de comunicación social: la dependencia de los Gobernadores Civiles en tanto que Jefes Provinciales del Movimiento, el control de los Ayuntamientos y Diputaciones a través de los Alcaldes nombrados por el Gobernador Civil-Jefe Provincial y de los concejales del tercio sindical y del familiar, el doble influjo en las Cortes por los Consejeros Nacionales y por los Procuradores Sindicales, la prensa (41 diarios y 20 revistas) y la cadena de radios del Movimiento, la Agencia Pyresa y el periódico *Pueblo*, etc., ponían en manos de Solís los principales resortes de la acción política y propagandística.

Al separarse uno y otro cargo, disminuyó la gravedad del problema. Sus nuevos titulares, Torcuato Fernández Miranda como Ministro Secretario General del Movimiento, y Enrique García-Ramal como Ministro Delegado Nacional de Sindicatos (más tarde, Ministro de Relaciones Sindicales), mantuvieron una actitud más solidaria con el Vicepresidente del Gobierno y con los demás Ministros.

Gestión «in extremis» de Solís

El 28 de octubre, víspera de la publicación de la lista del nuevo Gobierno, Solís fue a El Pardo acompañado de Dionisio Martín Sanz para tratar de parar la crisis, sin conseguirlo. Luego fueron ambos a La Zarzuela a pedirle al Príncipe que cogiera el teléfono y llamara a Franco para evitar lo que ellos llamaban «golpe de Estado».

El nuevo Gobierno

En definitiva, la composición del nuevo Gobierno, se publicó en el Boletín Oficial del Estado de 29 de octubre (1).

La conmemoración de la fundación de la Falange

Como de costumbre, el 29 de octubre se celebró en el Teatro de la Comedia la conmemoración del acto fundacional de Falange Española. Esta vez se produjeron serios incidentes. Unas ciento cincuenta personas, en su mayoría jóvenes, se congregaron delante de la entrada del teatro. Desde que llegaron, empezaron a cantar el «muera, muera el capital, viva, viva, la revolución, viva, viva Falange y de las Jons». Esto acompañado de gritos subversivos antimonárquicos y una serie de cancioncillas alusivas. Cuando entraron Pilar Primo de Rivera, Josefina Veglisson y Teresa Loring se oyeron gritos de «vendidas», «traidoras»...

Dentro del Teatro de la Comedia, normalidad. A las doce comenzó el acto. Sorpresa: Solís no acudió. Sancho Dávila, con voz de cansancio, se limitó a decir simplemente que se iba a proceder a escuchar el discurso fundacional. Pusieron la cinta y la voz de Dionisio Porres reprodujo el discurso de José Antonio Primo de Rivera. Después se cantó el «Cara al sol», y se dieron los gritos de rigor por Rodríguez de Valcárcel.

(1) *Vicepresidente*: Luis Carrero Blanco; *Asuntos Exteriores*: Gregorio López-Bravo de Castro; *Justicia*: Antonio María de Oriol y Urquijo; *Ejército*; Juan Castañón de Mena; *Marina*: Adolfo Baturone Colombo; *Aire*: Julio Salvador y Díaz Benjumea; *Hacienda*: Alberto Monreal Luque; *Gobernación*: Tomás Garicano Goñi; *Obras Públicas*: Federico Silva Muñoz; *Educación y Ciencia*: José Luis Villar Palasí; *Agricultura*: Tomás Allende y García-Baxter; *Industria*: José María López de Letona y Núñez del Pino; *Comercio*: Enrique Fontana Codina; *Trabajo*: Licinio de la Fuente y de la Fuente; *Información y Turismo*: Alfredo Sánchez Bella; *Vivienda*: Vicente Mortes Alfonso; *Secretaría General del Movimiento*: Torcuato Fernández-Miranda y Hevia; *Plan de Desarrollo*: Laureano López Rodó; *Relaciones Sindicales*: Enrique García-Ramal y Cellalbo.

Las canciones y los gritos de los «de fuera» —extrema izquierda de la Falange— no dejaron de oírse mientras se celebraba el acto. El grupo había aumentado y habría fuera del teatro unas quinientas personas.

Al salir los asistentes al acto se recrudecieron los gritos y por enésima vez se entonó el «Cara al sol». La policía invitó a los congregados a que se dispersaran. Entonces abuchearon a la policía y cuando ésta se dirigía para cargar contra ellos, volvieron a cantar el «Cara al sol», seguido de gritos contra la Monarquía, y sacaron varios carteles con el retrato de José Antonio. Un comandante de la policía armada dio la orden de carga, y los manifestantes se dispersaron en grupos. Con los carteles de José Antonio recorrieron las calles adyacentes gritando «¡obreros y Falange!», «¡muera el capital!»... Más tarde se agruparon delante de la Secretaría General del Movimiento y cantaron dos o tres veces más el «Cara al sol» y de nuevo se reprodujeron los gritos. La policía hizo mención de cargar contra ellos y se retiraron. A la una aún continuaban grupitos sueltos dando voces.

Tomas de posesión conflictivas

La toma de posesión que se realizó en un ambiente más tenso fue la de Alfredo Sánchez Bella. Manuel Fraga, al dejar el Ministerio de Información y Turismo, pronunció un discurso de despedida visiblemente contrariado y emocionado, hasta el punto de saltársele las lágrimas.

En la toma de posesión de la Secretaría General del Movimiento, llamó la atención y dio lugar a comentarios desfavorables por parte de los más antiguos falangistas, que Torcuato Fernández Miranda no vistiera la camisa azul. Con su camisa blanca quiso significar que el Movimiento era más ancho que la Falange.

Alonso Vega, Capitán General

En la misma fecha de su cese como Ministro de la Gobernación, Camilo Alonso Vega fue nombrado Capitán General del Ejército.

El resentimiento de algunos Ministros salientes

Quienes quedaron defraudados en sus expectativas políticas combatieron al nuevo Gobierno tachándole de «monocolor», como si hubieran desaparecido del mapa los hombres de la Secretaría General del Movimiento. Pero, si bien se examina el historial político de los nuevos Ministros y se coteja con el de los salientes, se comprueba que, lejos de cerrarse el abanico de las distintas procedencias y tendencias, más bien se amplió, dentro, claro está, del marco del Régimen.

En efecto, no puede decirse que Tomás Allende, afiliado a Falange desde abril de 1936 y miembro de la Vieja Guardia, y Licinio de la Fuente, Consejero y Secretario Primero del Consejo Nacional y Jefe del Secretariado de la Junta Política, fueran menos falangistas que Adolfo Díaz Ambrona y Jesús Romeo, ni que Torcuato Fernández Miranda, Consejero Nacional y Delegado Nacional de Cultura del Movimiento, y Enrique García-Ramal, con dos Cruces de Guerra, dos Cruces al Mérito Militar y la Medalla de Sufrimientos por la Patria y alto cargo de la Organización Sindical, sumaran menos méritos que Solís, al desdoblarse los dos cargos que éste ostentaba.

Enrique Fontana Codina, que luchó como voluntario en el Tercio de Requetés de Guipúzcoa y fue Procurador en Cortes del Grupo Familiar y elegido por los de este grupo Consejero del Reino, tenía una base representativa que no se daba en García-Moncó. Vicente Mortes procedente del Frente de Juventudes, había entrado en la política como Director General de la Vivienda con José Luis de Arrese, prohombre falangista que fue Ministro Secretario General del Movimiento. Alfredo Sánchez Bella había sido Director del Instituto de Cultura Hispánica con Martín Artajo y Embajador en Bogotá y en Roma con Castiella.

De otra parte, en los subsiguientes nombramientos de Subsecretarios, Directores Generales y otros altos cargos, se reflejó la misma amplitud de criterio del nuevo Gobierno. Basta consignar, por ejemplo, que tres destacados colaboradores de Fraga en Información y Turismo: Rodríguez Acosta, León Herrera y Gabriel Elorriaga fueron nombrados respectivamente Subsecretario de Trabajo, Director General en Gobernación y Gobernador de Tenerife.

Versión de Solís de su salida del Gobierno

Solís, en unas declaraciones a un periodista de la Agencia *EFE*, en el mes de septiembre de 1970, dio la siguiente versión de su cese:

«Voy a contar como salí del Gobierno. Una semana antes de la crisis estuve con Franco y le dije: "Mi General, es totalmente preciso que haga un Gobierno de concentración. El país lo necesita. Usted, mi General, sabe que soy falangista de primera hora, de los que me di bofetadas en Valladolid, que acabé la guerra mandando un batallón de Infantería cuando pude haberme quedado, como tantos otros, en el cuerpo jurídico; si usted me propusiera ahora un Gobierno falangista yo le diría que no, que el país necesita de todos sus hombres y fuerzas para cuando usted falte".

"Tiene ya 78 años, mi General, y hay que abrirse hacia la izquierda. No al marxismo, porque somos antimarxistas, no al comunismo, porque somos anticomunistas, pero sí hacia una idea socialista con las premisas y requisitos necesarios...». Franco me abrazó, me besó, y me dijo que confiaba plenamente en mí... A la semana siguiente yo salía del Gobierno...»

Hechos determinantes del cese de Fraga

El acontecimiento más resonante fue la salida de Fraga, prototipo de *homo politicus*, nacido para el mando. Comprendo perfectamente su contrariedad al verse apartado momentáneamente del poder. Su error consistió, a mi juicio, en haber hecho causa común con dos Ministros que estaban desahuciados: Castiella y Solís, especialmente el primero.

El propio Fraga, en sus Memorias, tras referir que, en el Consejo de Ministros del 22 de noviembre de 1968, Castiella sugirió la neutralización del Mediterráneo, abandonándolo las flotas norteamericana y soviética, advierte que: «Carrero le dirigió (a Castiella) un fiero ataque», comenta acto seguido: «ya está claro por dónde va a romper la crisis» (1). Más adelante, en el Consejo de Ministros del 17 de marzo de 1969, Carrero chocó también con Castiella por la actitud de éste respecto de Guinea y respecto de los Acuerdos con los EE.UU. Por último, en el Consejo de Ministros celebra-

(1) *Op. cit.*, pág. 233.

do el 20 de junio de 1969, cuando Castiella informó del canje de notas en Washington que daban constancia del desacuerdo sobre las bases americanas en España, abriéndose el período estipulado para su abandono, Carrero se le enfrentó nuevamente.

La solidaridad de Fraga con Castiella hizo que se viera arrastrado por la caída de éste. También influyó, a mi entender, en el cese de Fraga el haber apoyado a Solís en defensa del primitivo Proyecto de Ley Sindical. La postura de Carrero frente a la Ley Sindical quedó plasmada en la nota que entregó a Franco el 16 de octubre, anteriormente citada, y que operó como catalizador de la crisis. El propio Solís lo reconoció al escribir en su colaboración al libro *Franco visto por sus Ministros*: «La Ley Sindical, ante la oposición muy mayoritaria de varios Ministros, no prosperó y ocasionó la crisis de 1969.» (1).

Primera reunión del nuevo Gobierno

El 31 de octubre se celebró el primer Consejo de Ministros después de la crisis, en el cual se aprobó la Declaración del nuevo Gobierno, en la que afirmaba su decidida voluntad de vitalizar el orden institucional, practicar una política de efectiva coordinación supeditando las visiones Departamentales a la unidad de dirección de la política nacional.

Merecen citarse las siguientes frases:

«España —se decía explícitamente— pertenece al mundo Occidental y ha de orientar su política exterior hacia Europa.»

«El Gobierno inspirará sus relaciones con la Iglesia en el doble criterio de la independencia recíproca y de la sana cooperación al servicio del pueblo español.»

Tras una referencia al sistema educativo y a las Corporaciones locales se afirmaba «el decidido propósito de impulsar la venta en el exterior de los productos españoles, perfeccionando los mecanismos de fomento a la exportación.»

Más adelante, se decía: «El Gobierno practicará una política de información diáfana con el fin de que la opinión pública pueda juzgar su gestión y manifestar sus puntos de vista.»

En este primer Consejo se acordó conmutar la pena de muerte del etarra Antonio Arrizabalaga, condenado por delitos de bandidaje y terrorismo. No más penas de muerte: ésta era la voluntad del nuevo equipo ministerial.

(1) Pág. 106.

La prensa extranjera, en general, acogió bien la formación del nuevo Gabinete (así, el *New York Times*, *Der Spiegel* y *Le Figaro*, entre otros).

Escribo a Solís y a Fraga

El fin de semana del 8 al 10 de noviembre lo pasé en Barcelona. En el avión de vuelta escribí a ambos Ministros salientes para renovarles mi amistad. Las dos cartas eran parecidas. A continuación reproduzco la destinada a Solís:

«Querido Pepe:

Después del primer fin de semana tranquilo tras el intenso ajetreo de estos últimos días y aprovechando el hueco que me brinda el vuelo hacia Madrid, quiero expresarte el grato recuerdo que guardo de nuestra amistad personal particularmente durante los cuatro años en que hemos tenido ocasión de vernos con frecuente periodicidad.»

«Tu trato siempre me ha resultado extraordinariamente agradable. Bien quisiera para mí la décima parte de la simpatía que tú tienes. Nuestras diferencias de criterio en algunos temas concretos pesan muy poco en comparación con este factor humano de cordialidad que siempre ha existido y existirá entre nosotros.»

«Desde los tiempos ya lejanos de Galicia —tu Gobierno Civil de Pontevedra y mi cátedra de Santiago— he admirado tus cualidades y tus positivas realizaciones.»

«Cuenta siempre con el afecto de tu buen amigo.»

«Laureano.»

Iturmendi solicita el relevo en la Presidencia de las Cortes

El martes 4 de noviembre almorcé con Federido Silva en su casa de la calle O'Donnell. La noticia del día era la dimisión, por motivos de salud, del Presidente de las Cortes y del Consejo del Reino, Antonio Iturmendi Bañales.

La carta manuscrita dirigida al Jefe del Estado, en la que solicitaba el relevo, se reproduce a continuación:

El Presidente
de las Cortes Españolas
y del Consejo del Reino

Señor: Perdóneme que solicite Vuestra atención sobre un problema que no sólo afecta a mi situación personal, sino que también al buen funcionamiento de las Cortes.

Ya con anterioridad hice alusión ante S.E. a mi precaria salud. Mi buena voluntad no se ve acompañada por las energías necesarias para cumplir los deberes con que S.E. me ha distinguido. Estoy haciendo un esfuerzo que excede de mi estado de salud, debido a que el órgano legislativo requiere una atención y un vigor que yo no puedo prestarle. Y consecuentemente, la actividad y la obra de las Cortes han de padecer, y veo con pena que están ya padeciendo, por esa limitación que aqueja a su Presidente.

La verdad es que no puedo ni debo continuar porque mi continuación dañaría a las Cortes. Esta triste situación debilita mi espíritu y hace que mi conciencia me apremie a rogar de S.E. mi relevo. He llegado a esta conclusión, tras la debida meditación y lamentándola en el alma, porque así lo demanda el el sentido de la responsabilidad y el mejor servicio de España.

Cumplo, por tanto, el deber de conciencia y lealtad de elevar a S.E. el ruego de que acepte, por la causa justificada e involuntaria que la produce, el relevo o dimisión –término este último que emplea la Ley Orgánica del Estado– de los cargos de Presidente de las Cortes Españolas y del Consejo del Reino que el primero lleva consigo. Y juntamente con dicho ruego, mis sentimientos de respeto, afecto, adhesión inquebrantable, profunda gratitud y entrañable devoción a la persona de S.E. y al significado de la ingente obra que ha realizado en bien de España.

Dios guarde a Su Excelencia largos años.

Madrid, 24 de Noviembre de 1969

Antonio Iturmendi Bañales.

A Su Excelencia el Jefe del Estado y Generalísimo de los Ejércitos.

No sería de extrañar que hubieran contribuido al quebranto de la salud del Presidente de las Cortes, las presiones a que se vio sometido, por parte de algunos Procuradores interesados en politizar el caso Matesa, para que creara la Comisión Especial de investigación y diera cabida en ella a ciertos Procuradores de signo jacobino.

La enfermedad de Iturmendi fue agravándose progresivamente. La última vez que le vi fue en un Pleno del Consejo Nacional. Se dirigió a mí y articuló unas palabras, que no entendí. Yo hice como si nada le ocurriera y le dije unas frases amables. Fue muy penoso aquel conato de diálogo. Su lesión cerebral le había afectado al habla.

Me dio mucha lástima ver tan disminuidas las facultades de quien había sido un gran jurista y político: Abogado del Estado, Director General de Administración Local, Ministro de Justicia y Presidente de las Cortes y del Consejo del Reino. Su trayectoria fue siempre rectilínea, nunca zigzagueante. Era consecuente con sus ideas y luchó por ellas tenaz y noblemente. Sus arraigadas convicciones monárquicas le llevaron a defender con ahínco la Institución multisecular y fue uno de los principales valedores de la vuelta de la Monarquía a España.

Por mi parte, nunca olvidaré que fue él quien primero me hizo el honor de su confianza al solicitar mi colaboración para la redacción de las Leyes Fundamentales y quien le habló de mí al Jefe del Estado sugiriéndole la conveniencia de contar con mis servicios. De la mano de Iturmendi y con el beneplácito de Franco fui llamado por Carrero a desempeñar la Secretaría General Técnica de la Presidencia del Gobierno. Así fue como accedí a la vida política activa.

Episodios a que dio lugar la provisión de la vacante

La Presidencia de las Cortes vacante movilizó a las distintas fuerzas políticas para conseguir que fuera cubierta por persona afín.

Al despachar Carrero en El Pardo, el jueves día 6, Franco, siguiendo su táctica habitual de buscar el equilibrio de fuerzas y también para evitar que los Ministros salientes levantaran bandera, si no de rebeldía, por lo menos, de desafección, le preguntó a Carrero qué le parecían los nombres de Solís y de Díaz Ambrona. El Almirante, sin dudarlo un instante, se manifestó contrario al nombramiento de Solís: «sería —dijo— la lucha permanente con el Gobierno». Franco calló.

Al día siguiente, antes de que comenzara la reunión del Consejo de Ministros, el Almirante entró en el despacho de Franco y le sugirió que nombrara Procuradores en Cortes de libre designación a tres Ministros salientes: Díaz Ambrona, Romeo Gorría y Sánchez Arjona. Sólo prosperó el primero; para los otros dos puestos vacantes nombró al ex Ministro del Aire, General José Lacalle Larraga y al Subsecretario de Educación y Ciencia, Ricardo Díez Hochleitner.

El dilema Rodríguez Valcárcel o José Luis Zamanillo

En el despacho de Carrero con Franco, del jueves 13 de noviembre, se sopesaron los nombres de Alejandro Rodríguez Valcárcel, falangista, y de José Luis Zamanillo, tradicionalista. Hasta entonces la Presidencia de las Cortes había recaído en un tradicionalista: Esteban Bilbao y Antonio Iturmendi, ¿seguiría Franco el precedente?

Lo cierto es que, en este despacho del 13 de noviembre, Franco le indicó a Carrero que procurara que, en la terna que había de presentar el Consejo del Reino para el nombramiento de Presidente de las Cortes, se incluyeran ambos nombres.

Yo visité el 16 de noviembre, al Presidente en funciones del Consejo del Reino, Don Pedro Cantero y, el 17, al Rector de Murcia, Manuel Batlle Vázquez y al Marqués de Lozoya. Les razoné la conveniencia de no incluir en la terna a ninguno de los Ministros que habían sido dimitidos el mes anterior: cuando Franco les dio el cese por algo sería.

Diálogo de Franco con el Príncipe

El 20 de noviembre, yendo el Príncipe en el coche con el Jefe del Estado, camino del Valle de los Caídos, al funeral por José Antonio Primo de Rivera, le habló a Franco de la Presidencia de las Cortes, y éste le mencionó los nombres de Zamanillo, Rodríguez de Valcárcel y Herrero Tejedor.

El Príncipe le dijo —«Me atrevería a sugerir otro: Solís».

—«Es un ligero» —contestó Franco.

La terna del Consejo del Reino

El Consejo del Reino se reunió el 21 de noviembre. En dicha reunión José Luis Taboada, propuso a Rodríguez de Valcárcel y a Zamanillo. Todos los Consejeros se sumaron a la propuesta. Para el tercer puesto barajaron los nombres de Fernando Herrero Tejedor, Diego Salas Pombo y José García Hernández. Este último fue el que se incluyó en la terna.

El sábado 22 de noviembre Don Pedro Cantero llevó a Carrero el acta de la reunión del Consejo del Reino y la terna de candidatos, por orden alfabético de apellidos, según disponía la Ley Orgánica del Estado. En las páginas 548 y 549 se insertan las fotocopias de ambos documentos.

Nombramiento de Alejandro Rodríguez de Valcárcel

El mismo día 22 fue Carrero a El Pardo y Franco firmó el nombramiento de Alejandro Rodríguez de Valcárcel.

¿Por qué se inclinó la balanza de este lado? Según la versión que me dio Torcuato Fernández Miranda, en su casa de Gijón, el 10 de agosto de 1972, Franco se resistía a nombrar a Rodríguez de Valcárcel; quería a Zamanillo. Fue Carrero quien abogó a favor del primero.

Alejandro Rodríguez de Valcárcel, burgalés de 52 años, Abogado del Estado, se afilió a la Falange desde muy joven y pertenecía a la Vieja Guardia. Fue Presidente de la Diputación Provincial de Santander, Gobernador Civil y Jefe Provincial del Movimiento en Burgos y Baleares, Consejero Nacional y, últimamente, Vicesecretario General del Movimiento con Solís.

Emilio Romero comentó así el nombramiento de Rodríguez de Valcárcel: «La necesidad de coherencia y de trabajo en equipo ha construido un Gobierno, el 29 de octubre, que es muy homogéneo respecto a programas y personas, aunque no es monocolor. Entonces, el antiguo Vicesecretario General del Movimiento y falangista tranquilizante para ciertos sectores falangistas intranquilizados es el designado Presidente de las Cortes. ¡Redondo!» (1).

(1) *Pueblo*, 27 de noviembre de 1969, pág. 3.

Consejo del Reino

EXCMO. SR :

El Consejo del Reino, en su reunión del día veintiuno de Noviembre de mil novecientos sesenta y nueve, celebrado bajo la Presidencia del Excelentísimo Señor Don PEDRO CANTERO CUADRADO, en cumplimiento de lo dispuesto en el artículo doce, párrafo segundo de la Ley Orgánica del Consejo, y vista la comunicación de V. E. relativa a la presentación de la dimisión del Excelentísimo Señor Don ANTONIO ITURMENDI BAÑALES como Presidente de las Cortes y del Consejo del Reino, ha acordado, conforme a lo preceptuado en el artículo siete, tercero b) de la Ley Constitutiva de las Cortes y el artículo diecisiete, uno, h) de la Ley Orgánica del Consejo:

Emitir el preceptivo Dictamen en el sentido de que procede aceptar la dimisión del Excelentísimo Señor Don ANTONIO ITURMENDI BAÑALES, como Presidente de las Cortes y del Consejo del Reino, lamentando profundamente la causa involuntaria que la justifica.

Lo que tengo el honor de comunicar a V. E. para su elevación a Su Excelencia el Jefe del Estado.

Madrid, veintiuno de Noviembre de mil novecientos sesenta y nueve.

EL PRESIDENTE EN FUNCIONES DEL CONSEJO DEL REINO.

+ Pedro Cantero

EXCELENTISIMO SEÑOR VICEPRESIDENTE DEL GOBIERNO. M A D R I D.

Consejo del Reino

E X C E L E N C I A :

El Consejo del Reino en su segunda reunión del día veintiuno de Noviembre de mil novecientos sesenta y nueve, celebrada bajo la Presidencia del Excelentísimo Señor Don PEDRO CANTERO CUADRADO, en cumplimiento de lo dispuesto en el artículo doce, párrafo segundo de la Ley Orgánica del Consejo, vista la comunicación de Su Excelencia el Vicepresidente del Gobierno de fecha catorce de Noviembre, en relación con lo preceptuado en el artículo séptimo, primero, de la Ley Constitutiva de las Cortes y vista asímismo la comunicación de Su Excelencia en la que tiene a bien aceptar la dimisión del Excelentísimo Señor Don ANTONIO ITURMENDI BAÑALES como Presidente de las Cortes y del Consejo del Reino:

Ha acordado elevar a Su Excelencia, conforme a lo dispuesto en el artículo diecinueve, letra c) de la Ley Orgánica del Consejo del Reino y para cubrir la vacante producida en la Presidencia de las Cortes y del Consejo del Reino, la propuesta de la preceptiva terna integrada por los Señores Procuradores que a continuación y por orden alfabético se citan:

DON JOSE GARCIA HERNANDEZ.

DON ALEJANDRO RODRIGUEZ DE VALCARCEL Y NEBREDA.

DON JOSE LUIS ZAMANILLO GONZALEZ CAMINO.

Lo que tengo el honor de comunicar a Su Excelencia, cuya vida guarde Dios muchos años.

Madrid, veintiuno de Noviembre de mil novecientos sesenta y nueve.

EL PRESIDENTE EN FUNCIONES DEL CONSEJO DEL REINO.

+ Pedro Cantero

U EXCELENCIA EL JEFE DEL ESTADO Y GENERALISIMO DE LOS EJERCITOS.

El nombramiento de Rodríguez de Valcárcel supuso un giro importantel en la dirección de la Presidencia de las Cortes, que repercutió en el tratamiento parlamentario del asunto Matesa pues el nuevo Presidente fue complaciente con quienes deseaban su politización.

Conveniencia de reaccionar después del golpe sufrido por el sector exportador

El 13 de noviembre, en mi despacho con el Jefe del Estado le insistí en la conveniencia de mantener el crédito a la exportación y el fomento de las exportaciones, tan gravemente afectados por el asunto Matesa.

«Siendo nuestra balanza comercial deficitaria —le dije— hemos de exportar más. La prudencia en la concesión de créditos a los exportadores no ha de llevarnos a cegar la fuente sino a extremar la vigilancia sobre la solvencia de las empresas y a poner a punto los mecanismos de las Entidades Oficiales de Crédito. Los problemas de la circulación de automóviles no se resuelven encerrando los coches en los garajes. Siempre habrá accidentes de tráfico y habrá que hacer lo posible para evitarlos: mejorar el estado de las carreteras, dotar de más medios a la Guardia Civil, perfeccionar el Código de la Circulación; todo, menos quedarnos en casa.»

Le di cuenta de la invitación recibida del Ministro alemán de Cooperación Económica y Desarrollo para realizar una visita oficial a la República Federal y entrevistarme con él para tratar, entre otros asuntos, del crédito alemán para las obras del trasvase Tajo-Segura. A mi juicio —dije— es conveniente este viaje para reanudar los contactos con los medios económicos y financieros alemanes, después de la constitución del nuevo Gobierno español, y tener ocasión de disipar los temores que pudieran abrigar a causa de la polvareda levantada por el caso Matesa.

A Franco le pareció oportuno que aceptara la invitación alemana.

Por último le propuse el nombramiento de Gabriel Solé Villalonga, catedrático de Hacienda Pública y Derecho Fiscal, para el puesto de Subcomisario del Plan de Desarrollo en la vacante producida por José María López de Letona. Me dio su placet para llevar la propuesta al Consejo de Ministros del día siguiente, que aprobó el nombramiento.

Viaje a la República Federal Alemana

Llegué a Bonn hacia las diez de la noche del lunes, 17 de noviembre. Nada más llegar celebré rueda de prensa en el hotel Koenigshof. Al día siguiente, me entrevisté con el Ministro alemán de Negocios Extranjeros, Dr. Scheell y, a continuación, con el Ministro de Cooperación Económica y Desarrollo, Dr. Eppler, quien se mostró muy bien dispuesto en lo concerniente al crédito para el trasvase Tajo-Segura y, en general, a contribuir a la financiación del Plan de Desarrollo español. Visité también al Ministro de Economía, Dr. Schiller.

Luego me trasladé a Frankfurt donde me entrevisté con el Director General del Kreditanstalt, Dr. Martini, con el Presidente del Commerzbank, Dr. Lichtenberg, con el Director del Deutsde Bank, Dr. Pirkham y con el Presidente del Dresdner Bank, Dr. Abs y con su Director General, Dr. Henzeller. En todas esas visitas hallé la mejor comprensión para los asuntos económicos que les planteé y tuve ocasión de exponer los esfuerzos que hacíamos para seguir impulsando la modernización y liberalización de nuestra economía.

El jueves día 20 regresé a Madrid. La prensa alemana dedicó amplios espacios a mi visita, especialmente el periódico económico *Handelsblatt* de Dusseldorf.

Franco está más informado que nadie

El Consejo de Ministros del 21 de noviembre trató principalmente de la reunión de la Comisión para el desarrollo del Campo de Gibraltar, y acordó la participación a través del INI en el programa del avión «Mercure».

El Ministro de Asuntos Exteriores, López Bravo informó sobre la Conferencia de Cooperación y Seguridad Europea de Helsinki y sobre el Tratado de pesca con Marruecos.

A propuesta del Ministro de la Gobernación, Tomás Garicano, se aprobó el Decreto de convocatoria de elecciones parciales para designación de Procuradores en Cortes representantes de la Administración Local. También informó brevemente acerca del orden público. Desde el Consejo anterior apenas se habían producido incidentes. Citó dos o tres hechos aislados y terminó su turno diciendo: Nada más, mi General.

Franco le preguntó en seguida: ¿Y lo del polvorín?

Garicano contestó que una hora antes de comenzar el Consejo de Ministros había despachado con el Director General de Seguridad y no le habló para nada de esto.

Salió entonces de la reunión y llamó por teléfono al Director General. Efectivamente, a las nueve y media de la mañana, unos individuos armados habían asaltado un camión que transportaba explosivos, obligaron al conductor, a punta de pistola, a salir de la cabina y huyeron con la carga. Pero estaban a punto de ser detenidos por la Guardia Civil. Así lo informó Garicano al reincorporarse al Consejo y añadió: ¿Me permite, mi General, una pregunta indiscreta? Franco asintió con la cabeza.

—¿Cómo se ha enterado Su Excelencia de este suceso?

—Por el transportista —dijo Franco.

Una prueba más de que al Jefe del Estado le llegaban las noticias por varios conductos (Servicio Militar de Información, Guardia Civil, etc.) y estaba más enterado que nadie de lo que ocurría.

«Quid pro quo» con Portugal

Recibí una carta del Presidente del Gobierno portugués, Caetano, fechada el 24 de noviembre, en la que me decía que había llamado al Embajador de Portugal en Madrid para reanudar el diálogo peninsular y hacer efectivo el intercambio iniciado con mi visita a Lisboa del mes de junio anterior. Añadía que hizo planes en este sentido con su Embajador y pasó revista a los problemas pendientes para acelerar su resolución en lo que dependiera de Portugal. Pero en seguida surgieron dos casos que —decía— le dolieron mucho: la negativa de extradición de Palma Inacio y el cambio del voto de España en la ONU en una moción relativa a los territorios portugueses toda vez que después de votar en contra en la Cuarta Comisión, votamos abstención en la Asamblea General. «Una vez más —concluía— parece haber en España quien esté empeñado en destruir, en la práctica, las afirmaciones de amistad y solidaridad de los Gobiernos.»

Di traslado de esta carta al nuevo Ministro de Asuntos Exteriores, López Bravo, y, de acuerdo con él y después de consultarlo con el Jefe del Estado, en mi despacho del día 27, contesté a Caetano el 29 de noviembre y, le dije, respecto de la extradición solicitada por el Gobierno portugués, que el español, en su reunión del pasado 10 de octubre había acogido favorablemente la petición y remitió el caso, como era preceptivo, a la Audiencia Provincial de

Madrid, la cual denegó la extradición en aplicación del Convenio de 1877 sobre la materia.

Por lo que se refiere al debate de la ONU, le expliqué que «el Delegado español recibió instrucciones de votar a favor de Portugal para demostrar de modo rotundo la solidaridad peninsular, pero sólo Sudáfrica nos secundó. Ni Brasil, ni los aliados tradicionales de Portugal se sumaron a la posición española. La reacción de los países afroasiáticos fue bastante violenta, lo mismo en el seno de la ONU que de la OUA, y usted sabe perfectamente, señor Presidente, que España tiene cuestiones de importancia que, de un modo o de otro, están en relación con estas instancias internacionales. Dado el resultado de la votación, el voto de España sólo tenía ya un carácter simbólico y puesto que este efecto moral se había logrado, se ordenó a nuestro Representante que se abstuviera en la Asamblea General».

Acoso al Gobierno sobre el caso Matesa

El 20 de noviembre, el Procurador en Cortes Ezequiel Puig Maestro-Amado, principal instigador del proceso parlamentario del asunto Matesa, dirigió un nuevo escrito a su Presidente en el sentido de que «no sea aceptada ninguna propuesta en relación con dicho asunto, actualmente sometido a la consideración de las Cortes, hasta tanto que la Comisión designada y, en su momento, el Pleno, puedan pronunciarse sobre la cuestión».

La Ponencia de la Comisión Especial acordó, el día 2 de diciembre, manifestar su conformidad con el referido escrito que, el nuevo Presidente, Rodríguez de Valcárcel, trasladó al Gobierno mediante oficio, de 4 de diciembre, dirigido al Vicepresidente, añadiendo el siguiente párrafo:

«Asimismo, le significo la conveniencia de que se comunique a las Cortes Españolas, antes de que transcurra el plazo de treinta días, el texto de la respuesta del Gobierno.»

El tono del oficio era bien distinto del que era habitual en el anterior Presidente, Iturmendi.

Con este oficio del Presidente de las Cortes se cierran las actuaciones relativas al asunto Matesa en 1969, año que pone fin al seguno volumen de mis Memorias.

Desenlace político del caso Matesa

Sin embargo, y sin perjuicio de exponer en el tercero las sucesivas incidencias políticas derivadas de este asunto, para no dejar suspenso el ánimo del lector, anticiparé su desenlace político y jurídico.

La principal consecuencia política ya tuvo lugar en octubre, con la dimisión del Ministro de Hacienda y el subsiguiente cambio de Gobierno que dio lugar al cese del Ministro de Comercio. Los nuevos Ministros, al constituir sus respectivos equipos de altos cargos, prescindieron también de los Subsecretarios y Directores Generales que formaban parte del Comité Ejecutivo del Banco de Crédito Industrial (1) con la excepción de Rodolfo Martín Villa, Director General de Industrias Textiles, que fue nombrado Secretario General de la Organización Sindical. Quizá le valió su historial político: Jefe Nacional del SEU, Presidente del Sindicato Nacional del Papel y Artes Gráficas, Delegado de la Organización Sindical en Barcelona, Consejero Nacional del Movimiento por el tercio Sindical, etc.

En la segunda quincena de julio fue cesado Mariano Navarro Rubio en su cargo de Gobernador del Banco de España y le sustituyó Luis Coronel de Palma, Marqués de Tejada. Las medidas políticas no pudieron ser más severas y, en muchos casos, desproporcionadas y hasta injustas.

Sesión borrascosa de las Cortes

La Comisión Especial de las Cortes emitió un dictamen de sesenta y dos páginas impresas, tamaño folio, que se distribuyó a todos los Procuradores, y al que se dio lectura en un Pleno ex-

(1) El Comité Ejecutivo del Banco de Crédito Industrial en el período en el que fueron concedidos créditos a Matesa estaba integrado por: Joaquín Planell Riera, Presidente hasta el 26 de junio de 1968 en que falleció siendo sustituido por Ángel de las Cuevas, primeramente, y luego por Ángel Gregori Malet, representante del Ministerio de Hacienda; y como vocales por: Ángel Gutiérrez Martínez, representante del Ministerio de Industria, José Ángel Sánchez Asiaín, hasta 1966 en que fue sustituido por Tomás Galán Argüello, ambos representantes del Ministerio de Industria, Juan Ginebra Torra hasta 1968 en que fue sustituido por Álvaro Iranzo Comas, ambos representantes del Ministerio de Comercio, Rodolfo Martín Villa, representante del Ministerio de Industria y Ricardo Goytre Boza, representante del Ministerio de Hacienda.

traordinario del mes de junio de 1970, lectura interrumpida en numerosas ocasiones, por fuertes pateos, rumores y voces, que obligaron al Presidente a dar campanillazos y llamar al orden. Se ha dicho certeramente que en esa sesión parlamentaria las Cortes se convirtieron en Convención justiciera.

Testimonios de excepción

El Presidente de la Comisión Especial que dictaminó el asunto Matesa, Raimundo Fernández Cuesta, afirma en su libro *Testimonio, recuerdos y reflexiones*:

«Mi convencimiento personal y el de otros miembros de la Comisión es que, si se habían producido esas posibles responsabilidades, no había habido, en cambio, ninguna intención dolosa y, menos aún, nada que pudiera afectar a la honorabilidad personal de los presuntos responsables.» (1).

En conversación sostenida el 19 de enero de 1972, en la cena homenaje a Juan Manuel Fanjul, con el entonces Presidente del Tribunal Supremo, Francisco Ruiz-Jarabo Payá, éste afirmó:

«A nadie doy a pasar estos dos últimos años. Han sido durísimos para mí. En mi último despacho con el Caudillo le comentaba yo esto: Mi General, ¡qué dos años me ha hecho pasar!»

Franco le contestó: «Ahora me alegro de que los haya pasado usted, porque, dígame, Jarabo: ¿alguno de los procesados que habían ostentado cargos públicos se llevaron dinero a su casa?»

—«No, mi General, ni un céntimo. Son unos hombres de honor, unos caballeros que, política o administrativamente, pudieron equivocarse, pero nada más. Son hombres de honor.»

Procesamiento de altos cargos

En cuanto a las consecuencias derivadas de la actuación de los Tribunales, fueron también muy graves.

En julio de 1970 fueron procesados por el Tribunal Supremo en Pleno constituido en Sala de Justicia, con más de setenta magistrados, los ex Ministros de Hacienda y Comercio, Juan José Espi-

(1) *Op. cit.*, Ediciones Dyrsa, Madrid, 1985, pág. 250.

nosa San Martín y Faustino García-Moncó y, unos meses después, el ex Gobernador del Banco de España, Mariano Navarro Rubio, por presunta negligencia del artículo 395 del Código Penal (1).

Se impuso a cada uno de los encartados una responsabilidad pecuniaria por la cifra de doce mil millones de pesetas, el embargo de todos sus bienes y se les privó de la mitad del sueldo que percibían como funcionarios.

Fueron también procesados los siguientes miembros del Comité Ejecutivo del Banco de Crédito Industrial: Ángel de las Cuevas González, Ángel Gutiérrez Martínez, Juan Bautista Ginebra Torra, José González Robatto, Tomás Galán Argüello y Álvaro Iranzo Comas, así como el Director del Instituto de Crédito a Medio y Largo Plazo, Juan Antonio Ortiz Gracia.

Juan José Espinosa San Martín

La situación en que se vieron estas personas honorables y sin tacha no pudo ser más penosa. Me referiré sólo a un ex Ministro fallecido, para no herir la sensibilidad de los otros procesados.

El caso más sangrante fue el de Juan José Espinosa San Martín. Contaba entonces 51 años, estaba casado con Amalia García Oteyza y tenía once hijos. Era Abogado y Técnico Fiscal del Estado, con una limpia hoja de servicios; había sido durante seis años Director General del Tesoro, Deuda Pública y Clases Pasivas (artífice de la Ley de Clases Pasivas) y, durante más de cuatro años, Ministro de Hacienda. De él ha escrito el entonces Ministro de Justicia Antonio M.ª de Oriol, lo que sigue:

«Consciente de su propia honestidad y de la de todos sus colaboradores, pero sobre todo por su estricto sentido del deber, apercibido por uno de sus Directores Generales de las irregularidades que se estaban cometiendo por la sociedad Matesa, puso el asunto en manos de los Tribunales.»

«Su procesamiento y los comentarios que de él se derivaron fue su mayor amargura y una de las grandes que yo mismo he sufrido» (...) «Por eso yo hoy, como compañero de Gobierno y como amigo, en el quinto aniversario de su muerte, quiero dejar público testimonio de su honestidad y de la gran labor que, como excelente servidor del Estado, realizó Juan José Espinosa San Martín.» (2).

(1) Este artículo se refiere al funcionario público que, por abandono o negligencia inexcusables, diere ocasión a que se efectúe por otra persona la sustracción de caudales públicos.

(2) *ABC*, 15 de enero de 1987, pág. 44. En este artículo, sintetizó Oriol la labor de Espinosa San Martín al frente del Ministerio de Hacienda: «Tuvo la satisfacción

Franco recibe a la mujer de Espinosa San Martín

Amalia García Oteyza, viuda de Juan José Espinosa San Martín, tiene un temple extraordinario. Su invalidez, que la obliga a estar en una silla de ruedas, no la priva de vivacidad y buen ánimo. El relato que ella me ha hecho, creo que refleja mejor que nada la angustia que padeció su marido con motivo de su procesamiento.

Amalia García Oteyza, la antevíspera de jugarse la final de la Copa del Generalísimo en Barcelona, en junio de 1970, se encontró en una calle de Madrid con Joaquina Algar, mujer del Fiscal del Tribunal Supremo, Fernando Herrero Tejedor. Joaquina cuando vio a Amalia se echó a llorar.

—«¿Por qué lloras?»

—«Porque mañana van a procesar a Juan José y a embargaros vuestros bienes, incluso los enseres de vuestro piso.»

A Amalia le faltó tiempo para contárselo a su marido, que se quedó lívido pues nadie le había advertido de la posibilidad e inminencia de su procesamiento. Ella, ni corta ni perezosa, a pesar de su invalidez, se fue con su hijo Gabriel a Barcelona con ánimo de ver a Franco.

A las doce del mediodía del domingo en que se jugaba la final de la Copa, vio al Almirante Carrero y a su mujer. Les contó lo que se le venía encima a su marido. Carmen Carrero se emocionó y dijo «tenemos que hacer algo por él».

Amalia le dijo al Almirante: «No vengo a pedirte nada a ti; lo que quiero es una entrevista con Franco.» Carrero trató de disua-

---

de cerrar todos los años el presupuesto equilibrado o con ligero superávit. Lo consiguió gracias a una permanente contención de los gastos corrientes y a sucesivos, aunque ligeros, aumentos de la presión fiscal, de modo que las inversiones no sólo no se redujeron, sino que crecieron cada año en términos reales.»

«La farragosa legislación fiscal hasta entonces vigente quedó recopilada en doce textos, ajustados a las más modernas técnicas tributarias. Promovió un nuevo Reglamento General de Recaudación y la Ley sobre sistematización y tarifas de los Impuestos Generales sobre la Renta, piedra angular de la imposición personal en el futuro.»

«Asimismo, fue obra suya la aprobación del Reglamento General de Bolsas, la creación a efectos fiscales del "patrimonio familiar mobiliario", "las cuentas de ahorro bursátil", y de "ahorro vivienda", la creación del "patrimonio familiar agrícola" y de nuevos activos financieros, hoy tan de moda, como los certificados de depósito y los pagarés del Tesoro.»

«Merece destacarse de manera especial su colaboración y su decidido interés por la elevación del nivel educativo de los españoles» (...) «En los últimos presupuestos que redactó, los correspondientes al bienio 1970-1971, por primera vez en la historia de España, la Sección de Educación y Ciencia pasaba a ocupar el primer lugar en el gasto público.»

dirla y de tranquilizarla diciéndole que un procesamiento no es una condena.

Ella replicó: «Para un ratero puede que no; para un Ministro, no puede ser más deshonroso. ¿Te das cuenta lo que esto significa para mi marido, para mí y para nuestros hijos, y lo que significa que, por primera vez, procesen a un Ministro de Franco?»

En vista de que Carrero no se decidía a pedir la audiencia, Amalia llamó directamente al Ayudante del Servicio en el Palacio de Pedralbes, sobre la una del mediodía. No pasaron cinco minutos cuando el Ayudante le telefoneó para decirle que Franco la recibiría a las cuatro de la tarde, lo que resultaba verdaderamente excepcional toda vez que el partido de fútbol comenzaría a las cinco.

La mujer de Espinosa fue en taxi a Pedralbes y, cogida del brazo de su hijo Gabriel, se acomodó en un sillón de la antesala. A las cuatro en punto la recibió el Jefe del Estado. Entró ella sola en el despacho; su hijo quedó fuera. Amalia le dijo a Franco:

—«¿Que opinión tiene V.E. de mi marido?»

—«Es un excelente caballero y uno de mis mejores colaboradores.»

—«Pero V.E. nos ha dejado solos. Yo vengo a pedirle que nos eche una mano. Los españoles pensamos que V.E. puede hacer lo que quiera.»

—«A veces lo que se quiere hacer no es lo que se debe hacer. Si yo interviniera en este asunto sería como querer echar tierra encima y, puesto que conozco a su marido y sé que cuanto más indaguen más intachable van a encontrar su conducta, creo preferible que siga su marcha este desafortunado proceso que me ha quitado el sueño muchos días y sigue quitándomelo.»

—«Pero, ¿no le parece a V.E. que esto es cosa de locos? Es el juicio de Pilatos: aquí todos se lavan las manos. Lo único que nosotros tenemos es el apellido honrado de mi marido, que es el mío y el de mis once hijos y no puedo concebir que se ponga en tela de juicio.»

Una vez dicho esto, añadió Amalia para despedirse: «No quiero entretener a V.E., pues sus minutos están contados. Le agradezco mucho el que me haya recibido.»

Pidió entonces que avisaran a su hijo para que le ayudara a levantarse.

Amalia García Oteyza, viuda de Espinosa conserva muy grato recuerdo de esta audiencia. Me dijo: «Admiré en Franco su educación, por la puntualidad con que me recibió, su valentía por no rehuir la entrevista sabiendo que resultaría embarazosa y su habilidad para saber responder lo que debía a cada una de las preguntas que le formulé.»

Juan José Espinosa, en carta manuscrita de 3 de agosto de 1971 me decía que, a consecuencia del embargo de sus bienes y de la mitad de su sueldo de funcionario, tenía que «entregar todos los meses 30.000 pesetas y pico a la Caja General de Depósitos, lo que me hace deudor de mis amigos que tienen que prestarme de vez en cuando fondos para cerrar el mes.»

El indulto de 1.º de octubre de 1971

Esta situación dramática e injusta en que se hallaban unos fieles servidores del Estado dio lugar a que el Ministerio de Justicia redactara un proyecto de Decreto de indulto que incluía a los altos cargos procesados por el caso Matesa. Antonio María Oriol lo despachó con Carrero el cual le puso objeciones con el argumento de que los interesados no lo querían (se refería a Navarro Rubio) y también porque podría parecer que el Gobierno echaba tierra sobre el asunto.

El proyecto se llevó a la reunión de la Comisión Delegada previa al Consejo de Ministros que se celebraría al día siguiente en el Palacio de Ayete. Se debatió el asunto. Antonio María Oriol y Fernández de la Mora fueron quienes sostuvieron con más tesón que el indulto debía incluir a los ex Ministros procesados en el sumario de Matesa. Esta fue también mi opinión; pero la mayoría de los miembros de la Comisión Delegada se inclinó por la no inclusión.

Al salir de la reunión, Gonzalo Fernández de la Mora habló con Antonio María Oriol insistiéndole en que, el no incluir a los afectados por el asunto Matesa, supondría una discriminación y revelaría un complejo de inferioridad del Gobierno que así daría a pensar que se sentía culpable. El Ministro de Justicia que opinaba lo mismo, solicitó despachar con el Jefe del Estado antes del comienzo de la reunión del Consejo de Ministros del día siguiente.

Efectivamente, minutos antes de las diez de la mañana, el Ministro de Justicia entró en el despacho del Jefe del Estado para hablarle nuevamente del indulto y lo hizo con el mayor interés. Franco le comentó: «¿Es que no me van a permitir que indulte a los que han trabajado conmigo lealmente y con eficacia?»

Gonzalo Fernández de la Mora dijo al Ayudante de servicio que también quería ver al Jefe del Estado. El Ayudante le respondió que lo veía difícil porque sólo estaba previsto que le viera el Ministro de Justicia. Al salir éste del despacho de Franco le dijo a Gonzalo Fernández de la Mora que no estaría de más que diera otra carga.

El Jefe del Estado accedió a recibir unos minutos al Ministro de Obras Públicas. Según su propio testimonio, Fernández de la Mora le dijo:

—Mi General: ¿Me permite que le plantee una cuestión seria que no es de la competencia de mi Departamento?

—Desde luego, respondió Franco.

—En el Consejo de hoy se va a aprobar un Decreto de indulto al que se acogerán los parricidas, asesinos, ladrones, defraudadores y todo género de delincuentes comunes pero, por un falso temor a que el indulto sea mal interpretado, unos hombres de honor, que se habrán equivocado, pero de cuya honestidad nadie puede dudar y que se han reunido en torno a su mesa de Consejo durante años, a ésos se les va a discriminar negativamente, para sentarlos en el banquillo de los acusados. (En este momento Fernández de la Mora observó que a Franco se le humedecían los ojos). Quiero decirle, mi General, que, si esto se hace, será con mi voto en contra.

Franco se quedó conmovido y dijo:

—Está bien. ¿Algo más?

—No, mi General.

Acto seguido Franco hizo que el Ayudante llamara al Vicepresidente del Gobierno. Al salir Carrero del despacho del Jefe del Estado, habló con Antonio María Oriol para que llevara el asunto del indulto a la reunión del Consejo de Ministros.

El Decreto de 23 de septiembre de 1971, que se publicó en el Boletín Oficial del Estado de 1 de octubre, XXXV aniversario de su exaltación a la Jefatura del Estado, indultaba las penas impuestas por delitos y faltas cometidas a partir del 21 de julio de 1965 (fecha del anterior indulto general concedido con motivo del Año Jubilar Compostelano).

El artículo tercero del Decreto de indulto disponía que: «En las causas en que las penas pedidas en trámite de calificación por el Ministerio Fiscal y demás partes acusadoras sean de privación de libertad hasta seis meses y pecuniarias (y este era el caso de los ex Ministros y ex Directores Generales procesados), se aplicaría la gracia, sin necesidad de que se celebre juicio oral ni, en consencuencia, se dicte sentencia. En tales supuestos, el Tribunal, previo dictamen del Ministerio Fiscal y sin más trámites, dictará auto de sobreseimiento.»

A continuación añadía: «La responsabilidad civil, en su caso, sólo podrá ser exigida mediante el procedimiento de tal clase que corresponda.» Además, el artículo segundo, apartado tres, exceptuaba del indulto a «los condenados por delitos sólo perseguibles a instancia de parte».

Tiene razón Navarro Rubio cuando se lamenta de que el Decreto de indulto «no contiene la declaración —prevenida en el artículo 638 de la ley procesal— en el sentido de que "la formación de causa no perjudica a la reputación de los procesados" y no admite que se pueda aceptar o no aceptar por el interesado el beneficio ya que tiene carácter vinculante». «Escribí —dice— una carta al Jefe del Estado protestando por este modo de proceder. Pero no recibí contestación» (1).

Sin embargo, la mayoría de los procesados que ocupaban altos cargos en la Administración, recibieron con alivio el indulto al verse libres de una pesadilla y poder volver, con la frente alta, a ocupar puestos de relieve en la empresa privada. Buena prueba de la valía y honestidad de estos hombres es su ulterior y brillante carrera profesional y el prestigio de que todos ellos gozan.

Los procesos del caso Matesa siguen su curso

Es de advertir que el Decreto de indulto no entorpeció la acción de la Justicia en los demás procesos civiles y penales derivados del asunto Matesa. Así, en 1975, la Sección Séptima de la Audiencia Provincial de Madrid dictó sentencia, confirmada por el Tribunal Supremo en febrero del año siguiente, en virtud de la cual, Juan Vilá Reyes, fue condenado por dos delitos continuados de estafa, a siete años de presidio mayor por cada uno, y por 417 delitos de falsedad en documento mercantil, a seis meses y un día de presidio menor y 25.000 pesetas de multa por cada uno; por cuatro delitos de cohecho, a sendas penas de suspensión.

Gracias a sucesivos indultos, el tiempo de permanencia en la cárcel de Juan Vilá Reyes, fue en realidad de cinco años —desde el 23 de agosto de 1969 al 29 de agosto de 1972—; luego pasó al régimen de prisión preventiva atenuada en su casa de Barcelona. Gracias a la amnistía concedida por el Rey Don Juan Carlos I, Vilá Reyes recobró la plena libertad. «Me salvó la muerte de Franco» afirmó en unas declaraciones publicadas el 5 de diciembre de 1983 y acto seguido añadió: «Franco no me tuvo nunca antipatía, porque le gustaba la gente que arriesgaba en la vida.» (2).

(1) *ABC* del 4 de abril de 1988, pág. 29.
(2) *Cambio 16*, 5-XII-1983, pág. 40.

«Crédito y Caución» obligada a pagar los préstamos concedidos a Matesa por el Banco de Crédito Industrial

Por otro lado, se tramitaron los procesos civiles relativos a los contratos de seguro que concertó «Crédito y Caución» para garantizar los créditos que el Banco de Crédito Industrial concedió a Matesa, que fueron definitivamente fallados por la Sala de lo Civil del Tribunal Supremo, en sentencias de 8 de julio de 1977, 12 de diciembre de 1978 y 22 de noviembre de 1979, entre otras, mediante las cuales declaró que, existiendo pólizas de seguro de afianzamiento de crédito, al no haberse reintegrado el préstamo al Banco de Crédito Industrial, incumbía a «Crédito y Caución» la obligación contractual de indemnizar, por lo que condenó a dicha entidad aseguradora a la satisfacción del préstamo y al pago de las costas.

Pérdidas de Matesa durante la Administración Judicial

Finalmente, resulta de interés mencionar lo relativo a la Administración Judicial de Matesa. En un Memorándum de treinta y seis folios, de fecha 29 de octubre de 1982, el Administrador Judicial, Juan Manuel Arrieta, afirma entre otras consideraciones, lo siguiente:

«A la hora de ponderar con la mayor objetividad el asunto Matesa, libre de toda carga emocional y prejuicio o justificaciones de conductas pasadas, con la vista puesta en una solución equitativa y justa, no conviene olvidar que el escándalo de 1969 y consiguiente deterioro gradual de la empresa, se produjo como consecuencia de una acción oficial, impulsada desde órganos de altas instancias de poder e inducidos a su vez por una evidente intencionalidad política.»

«La pérdida de activos de la empresa entre el 28 de junio de 1969 —inmediatamente anterior al embargo de la empresa por el Estado— y los años 1978-81, según se tome una u otra fecha y valoración (1) oscila entre 9.000 y 10.500 millones de pesetas, aproximadamente. Es decir, una cifra análoga, incluso ligeramente su-

(1) Se refiere al balance de situación de la empresa a 31 de octubre de 1969, aceptado y suscrito por la Administración judicial y al estado financiero emitido por el Instituto de Crédito a Medio y Largo Plazo el 7 de julio de 1969, respectivamente.

perior, a la que fijó la Sentencia (1) como responsabilidad civil subsidiaria de Matesa.»

Los anteriores datos demuestran, a mi juicio, que no fue precisamente un acierto, desde el punto de vista económico, confiar una multinacional como Matesa a un Administrador Judicial. Mejor hubiera sido, en este aspecto, aceptar la propuesta del Ministro de Comercio de proceder a la intervención de la empresa y confiarla a un Comité de intervención integrado por fabricantes textiles y Técnicos Comerciales del Estado.

Reflexión acerca del asunto Matesa

A mi juicio, el caso Matesa debió abordarse con altura de miras, desapasionadamente, sin convertirlo en arma arrojadiza de una pugna entre tendencias políticas divergentes. Las discrepancias en el seno del Gobierno no autorizaban, en modo alguno, a aprovechar esa circunstancia concreta en la lucha personal entre los discrepantes, con grave daño a los intereses públicos.

Una cosa era exigir el esclarecimiento de los hechos, la transparencia informativa, la sanción de las posibles irregularidades cometidas, pasando el tanto de culpa a los Tribunales —en lo que todos los Ministros estábamos de acuerdo— y, otra muy distinta, «dar carnaza a las fieras», consentir que se orquestara desde una fracción del Gobierno, principalmente el Ministro Secretario General del Movimiento y el de Información y Turismo un «trial paper», un juicio de la calle, montado sobre bulos periodísticos que excitaban la «vendetta» y ajustes de cuentas a costa de los intereses de los españoles. Lamentablemente esto último es lo que ocurrió.

¿Y el chocolate?

Franco se interesaba mucho por el índice del coste de la vida y, en particular, por el grupo «alimentación». Mensualmente, al dar yo cuenta de la evolución de la coyuntura a la Comisión Delegada de Asuntos Económicos, me detenía en el coste de la vida

(1) Sentencia firme dimanante del sumario núm. 171 de 1969 que decretó la responsabilidad civil subsidiaria de la empresa por la cantidad de 8.993,44 millones de pesetas.

(o precios al consumo) y especificaba aquellos artículos que habían experimentado mayor subida. En la reunión del 12 de diciembre, cuando hube citado media docena de productos alimenticios que habían experimentado alzas superiores al 1 %, Franco preguntó: ¿y el chocolate?

Me limité a contestarle: No tengo este dato, Mi General.

A los Ministros nos chocó la pregunta y algunos no pudieron disimular la sonrisa. Concretamente, Alberto Monreal y Licinio de la Fuente, al salir del salón de Consejos lo comentaron bromeando en presencia del Ayudante de Servicio, Urcelay, quien les dio la clave de la pregunta: el día anterior la esposa del Jefe del Estado había comprado unos bombones para sus nietos y durante el almuerzo dijo: Paco, ¡qué caro está el chocolate!

En mi despacho con Franco, la semana siguiente le expliqué que «la cesta de la compra» que se utiliza para elaborar el índice del coste de la vida, contiene los artículos de consumo de las familias de bajo nivel de renta y, por tanto, no entran en la cesta, el whisky, el caviar, la langosta, ni los bombones de chocolate, sino tan sólo el chocolate común.

El Pleno del Consejo Nacional del 15 de diciembre

El nuevo Ministro Secretario General del Movimiento, Torcuato Fernández Miranda, abrió la sesión del Consejo Nacional con un discurso en el que defendió su proyecto de reforma de la Secretaría General, repartido con anterioridad, y cuyo aspecto de mayor interés era la supresión de la Delegación Nacional de Asociacionesl para sustituirla por una Delegación Nacional de Acción Política y Participación. Su argumentación se centraba en que, a su juicio, las asociaciones políticas o de opinión pública no debían ser involucradas con asociaciones de otro carácter y merecían un encuadramiento distinto: la nueva Delegación Nacional.

Aparentemente se trataba de potenciar el asociacionismo político pero muchos nos sospechamos que lo que se proponía Fernández Miranda era todo lo contrario, como quedó demostrado en los sucesivos regates que dio a tales asociaciones a lo largo de dos años, sacándose de la manga denominaciones pintorescas como el pluriformismo y otras no menos estrambóticas. Yo fui, en todo momento, partidario de las asociaciones políticas y las defendí, a capa y espada, en el seno del Gobierno, juntamente con López Bravo y López de Letona.

Tras el discurso de Torcuato Fernández Miranda, hicieron uso de la palabra Francisco Labadíe Otermin, Manuel Fraga Iribarne, Alberto Ballarín Marcial y Luis Herzogs. Este último, prácticamente se limitó a lamentar la ausencia de la Vieja Guardia entre las nuevas Delegaciones Nacionales. Francisco Labadíe reivindicó el pluralismo para la base del Movimiento. Alberto Ballarín fue el más explícito en favor de las asociaciones políticas, como modo de acceder al poder desde abajo.

La versión del discurso que Fraga nos da en sus *Memorias* (1) es ésta:

«Pronuncio un discurso importante, de tono desconocido hasta entonces; sólo logro doce votos en contra y cuatro abstenciones, pero mis palabras hacen época. Allí hablé de que el orden político no se logra por supresión; que al reinado de Carlos IV y Godoy sucedió una larga y trágica crisis; de que las asociaciones y el pluralismo político son necesarias; y de que España necesitaba ser gobernada al centro, lejos de todo extremismo y monopolio.»

Al día siguiente le replicó el también Consejero Nacional, Emilio Romero, en *Pueblo,* con estas palabras: «La nota la dio el ex Ministro Fraga. Su tono fue destemplado; sus afirmaciones, irritadas; ni una sola ironía, tan característica del intelectual, y tan eficaz; y una fogosidad por ideas de apertura que hubieran sido tan útiles en su larga y fructífera etapa ministerial. Temo que cuando sus palabras lleguen a conocimiento de aquellos ciudadanos que han seguido la peripecia de la Prensa desde la Ley de 1966 —la Ley de Fraga—, lógicamente tendrán que relacionar esas palabras con los 339 expedientes con 180 sanciones hasta 1968; y con los 201 expedientes con 118 sanciones hasta la primavera de este año exclusivamente, imputables a la potestad sancionadora de la Administración; y todo ello sin perjuicio de otras rigideces en el comportamiento político. Fraga es una noble e impetuosa vocación política no liberal.»

Y comentó luego Romero: «En nuestro país se da con frecuencia esta mudanza violenta de las mentes políticas, que son de una manera o de otra, si están en el poder o fuera de él.»

Intervención de López Bravo ante las Cortes

En el Pleno del 18 de diciembre compareció el nuevo Ministro de Asuntos Exteriores para exponer con gran concisión las líneas

(1) *Op. cit.*, págs. 260-261.

generales de la política exterior. Su discurso, en cuya redacción colaboró Gonzalo Fernández de la Mora, Subsecretario del Departamento, puede resumirse en los siguientes puntos:

CEE

Ya están perfiladas las grandes líneas de un Acuerdo comercial Preferencial que, a la larga, podría desembocar en la integración.

Estados Unidos

Es la potencia rectora del mundo libre y España es uno de sus amigos y aliados. Si no se reactualizara la alianza hispano-americana, ello podría interpretarse como un paso hacia la neutralización de España. Nuestras relaciones con los EE.UU. han de estar presididas por la lealtad y la dignidad.

Vaticano

Lo lógico es modificar el Concordato. España está abierta a cualquier iniciativa de la Santa Sede en este sentido.

Gibraltar

Es uno de los puntos cardinales de nuestra política exterior, pero no su polo magnético. El Peñón es una tierra irredenta a la que nuestro país no renunciará jamás; pero la Roca no vale una guerra.

Despachos con Franco del 27 de noviembre y del 18 de diciembre

El jueves 27 de noviembre, a las siete y media de la tarde, tuve despacho en El Pardo, centrado en exponerle al Jefe del Estado la situación y perspectivas de la balanza de pagos y de los precios. Una vez más, puse de relieve la necesidad de contener los gastos presupuestarios que iban a experimentar un aumento del 14 % al año siguiente.

El despacho del 18 de diciembre giró también alrededor de asuntos económicos. Le encarecí a Franco la conveniencia de activar las conversaciones económicas hispano-portuguesas, con vistas a la visita de Caetano a Madrid anunciada para mayo de 1970.

Respecto de la coyuntura, subrayé que sólo dos de las seis señales de alerta establecidas en el Plan de Desarrollo, estaban con luz roja: la relativa a las reservas de divisas, que habían descendido, y la relativa a la cobertura de las exportaciones sobre las importaciones. Una y otra, denotaban un mismo fenómeno: el desequilibrio del sector exterior de nuestra economía, resultante, a su vez, de la excesiva expansión de la demanda interna. Para contenerla, convenía —le dije al Jefe del Estado—mantener el techo del 6,5 % para los convenios colectivos, más holgado que el establecido en Inglaterra del 4 %.

A mi juicio, habiendo remitido el crecimiento monetario y con las medidas adoptadas de endurecer las condiciones de las ventas a plazo y el depósito previo a las exportaciones, era de prever que se aliviara el desequilibrio de la balanza de pagos.

Las otras cuatro señales de alerta acusaban bonanza: nivel de empleo, índice del coste de la vida y de precios, índice de producción industrial y oferta monetaria.

En definitiva, el año 69 fue un buen año: registró un fuerte crecimiento con estabilidad, cosa harto difícil. Fue la culminación de la década de los sesenta.

Escrito en el que se discrepa del modo de designación de sucesor y se solicita la evolución política

El 23 de diciembre de 1969, se recibió en la Presidencia del Gobierno, un escrito cuyo primer firmante era el catedrático Mariano Aguilar Navarro seguido de otras 317 firmas (1) en el cual «Partiendo de la declaración oficial en la que, el nuevo Gobierno, después de proclamar su propósito de vitalizar el orden institucional configurado por la Ley Orgánica del Estado, hizo hincapié en que España pertenecía al mundo occidental» (...) «creen sinceramente que no debieran producirse hechos como la reciente desig-

(1) Entre los firmantes figuran Óscar Alzaga, Jesús Barros de Lis, Miguel Boyer, Pablo Castellano, Fernando Chueca, Manuel Jiménez de Parga, Pedro Laín Entralgo, Pablo Lucas Verdú, José Antonio Maravall, Julián Marías, Gregorio Peces Barba, Joaquín Ruiz Giménez, Joaquín Satrústegui, Ramón Tamames y Enrique Tierno Galván.

nación de sucesor del Jefe del Estado, en que se ha querido establecer una fórmula jurídico-política sin apoyo en la realidad histórica y sin un genuino refrendo democrático.»

«Para que no se desvanezca el sentido que las manifestaciones del nuevo Gobierno parecen tener» (...) «su acción vitalizadora debería traducirse en una rápida adaptación de nuestra vida nacional a los principios e instituciones del actual Derecho Público Europeo, a las Declaraciones y resoluciones pertinentes de las Naciones Unidas, y, a la doctrina de la Iglesia Católica que, según el artículo segundo de la Ley de Principios del Movimiento Nacional, debe inspirar nuestra Legislación. Por ello y para que se dé principio a esa adaptación, los abajo firmantes piden a V.E. y al Gobierno en pleno:

A continuación, sintetizo las principales peticiones contenidas en este escrito:

— Que se reconozca el derecho de los trabajadores a crear un sindicalismo plenamente autónomo y representativo, y el de los empresarios a fundar sus asociaciones con igual libertad.
— Que se reconozca el derecho de asociación política.
— Que se conceda una amplia amnistía para los condenados por motivos sociales y políticos.
— Que se lleve a la práctica, lo antes posible, la reforma del Concordato.

El escrito fue divulgado por la prensa y su texto íntegro se publicó en *Cuadernos para el Diálogo.*

Puntualización al anterior escrito

Un grupo de 78 personas, la mayoría catalanas (1), se dirigió a Mariano Aguilar Navarro, como primer firmante del anterior escrito, para adherirse a las peticiones en él contenidas y, al propio tiempo, denunciar la existencia de un «vacío fundamental»: «el hecho de silenciar una realidad específica que se define por la existencia de las comunidades nacionales del País Vasco, Galicia y Cataluña.»

(1) Entre ellas figuran Josep Andreu i Abelló, Antoni Gutiérrez, Josep Solé Barberá, Joan Raventós, Jaume Carner Suñol, Jordi Pujol, Antón Canyellas y Josep María Vilaseca.

Balance de una década en el mensaje de Fin de Año del Jefe del Estado

Como era habitual, el treinta de diciembre, Franco dirigió, a través de la Radio y la Televisión, un mensaje cuyas frases más significativas fueron:

«El año que ahora se cierra, en el que se han cumplido los treinta años de la paz española, marca el fin de una década, la de los 60, y nos coloca en el umbral de un nuevo decenio.»

La Ley Orgánica del Estado

«En estos diez años, la fisonomía de la sociedad española ha experimentado un cambio radical. Su balance nos demuestra que ha sido ésta una década de grandes avances en el orden político, cultural y económico. Gracias a ello, hoy España está en condiciones de apuntar hacia metas cada vez más altas.»

«En el aspecto político, se ha producido la culminación de nuestro ordenamiento institucional con la promulgación de la Ley Orgánica del Estado.»

El nombramiento del futuro Rey

«Respecto a la sucesión a la Jefatura del Estado, sobre la que tantas maliciosas especulaciones hicieron quienes dudaron de la continuidad de nuestro Movimiento, todo ha quedado atado, y bien atado (1), con mi propuesta y la aprobación por las Cortes de la designación como sucesor a título de Rey del Príncipe Don Juan Carlos de Borbón. Dentro y fuera de España se ha reconocido, tanto con los aplausos como con los silencios, la prudencia de esta decisión trascendental.»

(1) Refiere Martín Villa que Carlos Arias Navarro en su última conversación con Franco, el mismo día en que éste redactó su testamento, escuchó la auténtica interpretación del «atado y bien atado»: Franco era consciente de los grandes cambios que en España iban a acontecer. El testamento político de Franco para nada aludía a la continuidad de las instituciones de su régimen como necesaria, seguro de que cambiarían en el futuro. Franco se limitó a pedir a los españoles unidad, en la diversidad, de los pueblos de España y apoyo al Rey (cfr. Martín Villa: *Al servicio del Estado*, Barcelona, 1984, pág. 23).

Desarrollo económico

«En la década que ahora acaba, la renta nacional, medida en pesetas constantes, se ha duplicado, habiendo crecido a un ritmo medio anual superior al de los países del Mercado Común.»

«Este crecimiento se ha reflejado en el nivel de vida de todos los españoles. En esta década se ha construido el 85 % de los automóviles que circulan por nuestras calles y carreteras; se ha instalado el 60 % de los teléfonos existentes y se construyeron 1.175.000 nuevas viviendas, lo que representa que en este decenio han estrenado casa unos 5.000.000 de españoles.»

Desarrollo cultural

«El esfuerzo realizado en favor de la enseñanza a todos sus niveles, ha sido también gigantesco. Durante estos diez años, el analfabetismo ha descendido del 12 al 5 % de la población mayor de quince años; se han construido 35.000 centros de enseñanza primaria, con la creación de más de un millón de puestos escolares; 1.800 nuevos centros de enseñanza media, cuyo total de alumnos ha pasado de 670.000 en 1959, a 1.700.000, en 1969. Respecto de la enseñanza superior, el número de estudiantes ha pasado de 81.000, en el curso 59/60 a 172.000, en el actual.»

«Pero lo más importante es que en este período la sociedad española ha cobrado conciencia de que la extensión de la enseñanza y la igualdad de oportunidades son el mejor motor y la más segura garantía de su futuro. En los Presupuestos Generales del Estado, los créditos correspondientes al Ministerio de Educación y Ciencia han pasado a ocupar el primer lugar por su volumen.»

Las últimas palabras del mensaje fueron: «Mientras Dios me dé vida estaré con vosotros, trabajando por la Patria.»

Opinión de Ullastres

Alberto Ullastres, en una declaraciones a Joaquín Bardavío, enjuició la década de los sesenta, con que se cierra este volumen. Al afirmar el periodista que «aquella fue la época áurea del franquismo», Ullastres replicó:

«Desde el punto de vista económico, sí. Desde el político, el Régimen era *biodegradable*. Porque el franquismo no tenía detrás una filosofía sistemática. Nació de una emergencia e iba capeando los tiempos de una u otra manera sobre el común denominador, eso sí, de autoritarismo. El sistema iba diluyéndose poco a poco, y así se demostró a la muerte de Franco.» (1).

Impacto histórico del desarrollo económico

José María García Escudero, en el capítulo titulado: «Desarrollo (1962-1969)» afirma que «incluso las regiones y clases menos favorecidas han dado un paso adelante espectacular y se puede hablar de una nueva clase extraordinariamente extendida: es la que forman medios y pequeños propietarios, industriales y comerciantes, empleados, técnicos y obreros cualificados que, unidos a la clase media tradicional, van a constituir esa base moderada, equilibrada y equilibradora que nuestro país buscaba en vano desde el principio de la edad contemporánea.» (...) «Se podía decir que España contaba ya con el elemento estabilizador, enemigo de las soluciones violentas y de las bruscas rupturas de continuidad, que no había tenido hasta entonces.» (2).

(1) *Diario 16*: «Historia del Franquismo», capítulo 30, pág. 474.
(2) *Historia política de la época de Franco*. Madrid, 1987, pg. 118.

ANEJOS

Anejo 1

CARTA DE DON JOAQUÍN BAU, PRESIDENTE DEL CONSEJO DE ESTADO, DE 30 DE ENERO DE 1966, EN LA QUE SE QUEJA DE UN DISCURSO DE JESÚS ROMEO

El Presidente
del
Consejo de Estado

Madrid 30 enero 1966

Excmo. Sr.
D. Francisco Franco
Jefe del Estado

Excelencia: He leído en la prensa el discurso que el Sr. Ministro del Trabajo D. Jesús Romeo ha dirigido a los trabajadores, según recorte adjunto, que tanto a los Sres. Consejeros como a mí nos ha llenado de asombro.

Es lamentable y desleal que mientras el C. de Estado está finalizando estos días el dictamen, justo y objetivo sobre el texto articulado de la Ley de Bases de Seguridad Social, como sabe el Sr. Romeo, a quien por cierto se le han tolerado (con el mejor deseo) indelicadas intervenciones personales [illegible] cerca de Consejeros y Letrados, es lamentable repito que un miembro del [illegible] Gobierno que es quien ha de resolver, [illegible] y actúe así públicamente.

El silencio del Gobierno y del

Consejo de Estado contesta con el gesto insólito referido, que sólo puede explicarse por maquinaciones alarmantemente coincidentes con otras graves actuaciones del Sr. Solís.

Vuecencia: He sentido el deber de destacar noticia y consideraciones a V. E. Al reiterarme a vuestras órdenes dignaos aceptar mis respetuosos saludos

F. Franco

Anejo 2

CARTA DE DON JOAQUÍN BAU, PRESIDENTE DEL CONSEJO DE ESTADO, DE 10 DE ABRIL DE 1966, EN LA QUE URGE LA PROMULGACIÓN DE LA LEY ORGÁNICA DEL ESTADO

10
Abril
1966.

El Presidente
del
Consejo de Estado

A S.E. Don Francisco Franco
Jefe del Estado.

Excelencia:

Con el conocimiento de distintas épocas y situaciones y encontrándome ya en la tarde de la vida pero con espíritu de mis tiempos mozos, estoy, estos días de mayor recogimiento, recordando y comparando ciertas actuales maquinaciones y presiones de gran peligrosidad para la Patria.

Quien no vivió los días llamados democráticos con Parlamentos de partidos, así como tampoco los posteriores años de la Dictadura y no contempló lleno de vergüenza el abandono en que dejaron al bueno y confiado General Primo de Rivera que escuchaba en demasía a miopes y serviles; quien no observó estupefacto la ciega apertura a "siniestra" del nefasto Gobierno Berenguer antesala de la revolución; quienes no fueron víctimas o actores en la trágica República española que precisó de una Cruzada y de un Caudillo victorioso, no tienen, no pueden tener puntos de referencia suficientes para enjuiciar con autoridad y acierto el futuro inmediato de la nación y mucho menos para aconsejar, desviar o retrasar directrices fundamentales de V.E. que por ser vuestras serán certeras por lo mucho que conoceis y por todo cuanto sentís.

El tiempo no perdona nunca a quienes aprovechándose de plataformas personales, periodísticas o sociales, intentan marcar sus propios caminos políticos o doctrinales inspirados por una defectuosa formación que, salvo excepciones, jamás en verdad supieron olvidar. Sería la mayor de las desgracias que tales hombres hicieran mella en nuestro espíritu, aunque algunos, pocos, se expresen con momentánea rectitud de intención pero que, repito, están impulsados por lo que llevan con error dentro del alma.

Ni el decir de equivocados u olviuadizos, resentidos o agazapados, ni el gritar de juventudes que no conocen los hechos porque no los quieren conocer, confundirá a V.E. que si, imponiendo con firmeza personales estrategias en la guerra, ganasteis batallas decisivas que otros elementos no supieron prever, también ahora con el temple de vuestro espíritu, el caudal de un gran saber y la bendición del cielo, sabreis Excelencia rubricar lo que España entera ansía, avalado siempre por vuestra alta y serena magistratura.

Os expreso pues Excelencia con el más profundo respeto, la urgencia de someter a Referendum la Ley Orgánica del Estado. El imperio de la hora presente que está resultando seriamente confusa, tiene sus exigencias. Con la promulgación de dicha Ley se sale al paso de toda clase de maniobras cortando de una vez peligrosas especulaciones.

Cuando uno se encuentra espiritualmente en tensión constante para el mejor servicio a V.E., por todo y por cuanto aún vais a hacer para la más completa obra que registra nuestra historia, cuando se está fundido por convicción y lealtad a un hombre y a una Causa que es fruto principal de ese hombre, se me puede disculpar la libertad de este nuevo escrito que es hijo de inquietudes y de haber vivido una vida política que ha sido además todo un rosario de gozos y dolores.

Medio siglo ya, caminando por las benditas tierras de España sosteniendo una misma fe y señalando unos mismos afanes, sean justificación suficiente por haberme dirigido a V.E. en estos trascendentales momentos.

Dios os salve e ilumine, Excelencia.

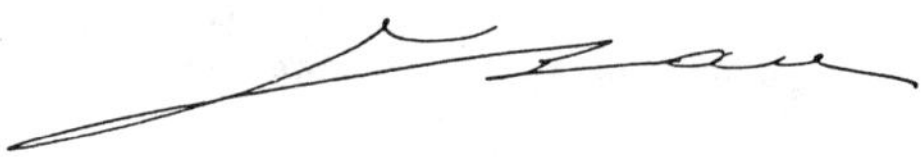

Anejo 3

CARTA DE JOAQUÍN BAU A FRANCO DE 10 DE JUNIO DE 1966, EN LA QUE DENUNCIA LOS CONATOS EN FAVOR DEL «REGENCIALISMO» DE LA SECRETARÍA GENERAL DEL MOVIMIENTO

A S.E. el Generalísimo Don Francisco Franco Bahamonde
Jefe del Estado
10 de junio 1966

Excelencia:

Hace contados días me encontraba en Cataluña, asistiendo en Tortosa a un acto bondadosamente ofrecido en mi honor y que acepté considerando podía y debía aprovechar la circunstancia para dirigirme, precisamente ahora, a los catalanes en particular y a los demás españoles.

Siento honor y satisfacción al dirigirme a V.E., emocionado, como todavía estoy, principalmente por el grandioso acto celebrado en el Parque Municipal de aquella ciudad, repleto de miles de personas que voluntariamente habían acudido y que rubricaban con impresionantes vítores y aplausos, cuanto tuve la dicha de hablarles sobre vuestra colosal obra y del futuro de la Patria, señalado por V.E.

Fue algo maravilloso que interpreté, ciertamente, como expresión de sentimientos y amor hacia V.E. y unidad de España. Pude recoger después valiosas expresiones de preocupación ante el presente momento, que está resultando demasiado constituyente en la calle y que intentan aprovechar, entre otros, los neorrepublicanos, que se las dan muy felices, adornándose con ropaje de falsa lealtad.

De aquella jornada inolvidable me permito dar traslado a V.E. La opinión, las ansias y la bondad se encuentran en actos semejantes, fundamentalmente espontáneos, no en osadas acrobacias ni en sueltos periodísticos con aires de rebotica, ni en salones con resabios de vejez y resentimientos, ni mucho menos en Secretarías Generales —como la del Movimiento— en donde acarician la idea de Regencia que, de hecho, no sería otra cosa que la «alcahueta» de otra República y después, de la revolución. Dichos señores pueden llevar oculta en su manto doctrinal la lanza que clavarían, en el momento oportuno, en el corazón mismo de la Patria, por partidismo y ambición.

Mi contacto con el pueblo catalán, capaz e inteligente, me aumenta la convicción de lo urgente que resulta culminar sin demora el proceso institucional, sin dar más tiempo a los «mangoneadores» sin escrúpulos, que se están encontrando en todas las latitudes.

Pido a Dios con toda el alma continúe la firmeza de vuestro timón personal y providencial para encauzar definitivamente, siempre con V.E., los destinos de esta nueva España.

Con la mejor voluntad lleno de devoción y servicio hacia V.E., os reitero mis respetuosos saludos,

J. Bau

Anejo 4

INFORME RESERVADO DE 16 DE JUNIO DE 1966 DEL SECRETARIO DE EMBAJADA DE ESPAÑA EN LUXEMBURGO, MARIANO BASELGA, A SU EMBAJADOR INFORMÁNDOLE SOBRE LAS REUNIONES DEL CONSEJO DE MINISTROS DE LA CEE.

MB/ag

Luxemburgo, 16 de Junio de 1.966

Embajada de España

Nº 40

RESERVADO

EXCMO. SEÑOR:

Aunque V.E. conoce mejor que yo el detalle de las reuniones de Bruselas del Consejo de Ministros de la C.E.E. de los pasados días 13 y 14 por lo que hace a la pendiente solicitud española, he creído de interés poner en su superior conocimiento ciertos pormenores que me han sidocomunicados de fuente absolutamente fidedigna (concretamente por funcionarios de este Ministerio de Asuntos Exteriores que acompañaron al Señor Werner y que estuvieron presentes en las reuniones). Sirvase V.E. en consecuencia descartar todo aquello que por sobradamente conocido, resultara ocioso.

En la reunión previa de los Ministros de Asuntos Exteriores (sin la Comisión) fué el ministro alemán Señor Schroeder quie presentó el "caso español" invocando el tiempo excesivamente largo que llevaba pendiente y solicitando un pronto examen. La proposición alemana constaba de tres puntos en los que se pedía que la Comisión enviara al Consejo (y ello antes de finales de julio, fecha del comienzo de las vacaciones de la Comunidad) un dictamen conteniendo:

1º) Un informe del estado actual de las conversaciones exploratorias con España.

2º) Un informe sobre los problemas planteados a España por la situación presente.

3º) Un informe proponiendo al Consejo la o las soluciones que estime más adecuadas dentro de lo previsto por los tratados de Roma.

.../...

.../...

Fué el Ministro francés Señor Couve de Murville quien inmediatamente apoyó la propuesta alemana pronunciando la frase: "cette affaire a trop traîné". El Ministro italiano Señor Fanfani aceptó igualmente la idea añadiendo que en el caso presente se debía hacer abstracción de las incidencias políticas teniendo solamente en cuenta la conducta general observada por la Comunidad con los terceros países. Además, en una frase que no puedo citar textualmente, aludió a la conveniencia de coordinar las economías mediterráneas.

Seguidamente los Ministros Señores Luns, Harmel y Werner dieron su asentimiento.

Me permito por lo tanto, de acuerdo con lo anteriormente expuesto, mostrar mi extrañeza ante las informaciones aparecidas ayer y hoy en periódico tan autorizado como "Le Monde" según cuyo colaborador Paul Fabra, el encargo hecho a la Comisión se refería a "un eventual acuerdo comercial con España, excluyendo en principio toda fórmula que implicara una asociación demasiado estrecha -de carácter político- con el Gobierno de Madrid.

Según mis informadores (y formulo expresamente esta reserva) ninguna limitación puso el Consejo a la Comisión; antes al contrario le dejaba en entera libertad de proponer la solución que juzgara más idónea. Otra cosa será, como es obvio, que el Consejo la acepte.

Con posterioridad el Consejo de Ministros se reunió con la Comisión. Al comunicarle la decisión tomada, el miembro de ésta Señor Rey tomó la palabra para, al aceptar el encargo, mostrar su satisfacción. Procedió entonces a hacer el elogio del

. . . / . . .

.../...

Embajador Señor Ullastres cuyas dotes personales encomió añadiendo que su personalidad y condición de ex-Ministro del Gobierno español le había permitido en el curso de sus viajes a las distintas capitales europeas, tener contactos de alto nivel con los diferentes Gobiernos. Para ello, se ha valido del apoyo incondicional y eficaz de los diversos Embajadores de España que le han prestado toda su ayuda. Y recalcó que esto que ha sido tan fácil para el Señor Ullastres debido a su situación personal, resultó, por ejemplo, imposible en el caso de algún otro país, concretamente la India a cuyo Embajador ante las Comunidades le negaron (por motivos de política interior) su colaboración los Embajadores acreditados en las seis capitales europeas.

Mostró pues su agrado el Señor Rey ante el encargo hecho a la Comisión pues por otra parte, concluyó, los Gobiernos habían individualmente tratado con el Señor Ullastres temas que la Comisión no estaba hasta el momento autorizada a tratar. Así pues, la situación resultaba más clara y el informe sería elaborado.

Mis informadores, aún admitiendo que las negociaciones propiamente dichas están todavía lejanas, no dejaron de insistir en que lo conseguido en esta reunión constituye un paso importante y un indudable éxito de nuestra diplomacia.

Dios guarde a V.E. muchos años
EL SECRETARIO DE EMBAJADA

Mariano Baselga

MO.SR. EMBAJADOR DE ESPAÑA EN LUXEMBURGO

Anejo 5

CARTA DEL ARZOBISPO DE SANTIAGO DE COMPOSTELA, CARDENAL QUIROGA PALACIOS, AL MINISTRO DE JUSTICIA, ANTONIO MARÍA ORIOL, DE 19 DE JULIO DE 1966, ACERCA DE LA RENUNCIA DEL DERECHO DE PRESENTACIÓN DE CANDIDATOS A SEDES EPISCOPALES

EL CARDENAL ARZOBISPO
DE
SANTIAGO DE COMPOSTELA

Santiago, 19 de Julio de 1.966.

Excmo.Sr.Don Antonio María de Oriol
Ministro de Justicia
M A D R I D

Respetable Sr.Ministro y distinguido amigo:

Permítame que vuelva sobre el asunto de la posible renuncia a la presentación de candidatos para el Episcopado por parte del Gobierno Español, de que he tenido el honor de hablar, a requerimiento del mismo, con el Sr.Director General de Asuntos Eclesiásticos, en conversación de la que tuve el gusto de dar cuenta personalmente a Vd., para aclarar algunos extremos.

Creo que el Señor va disponiendo las cosas para que pueda llegarse a la renuncia pura y simple de tal derecho, sin contrapartidas que le quitarían un poco su mérito y su belleza. En la Asamblea Plenaria de la Conferencia Episcopal Española, que acaba de celebrarse, se acordó hacer saber al Santo Padre la disposición de todos los Obispos españoles de aceptar cordial y gozosamente la renuncia, -a tenor del número 76 de la Constitución Pastoral "Gaudium et Spes"-, a cualquier clase de privilegios que la Santa Sede pudiera sugerir.

Así las cosas, se me ocurre pensar, -no soy diplomático-, que podrían darse dos documentos paralelos y sin que en el uno se hiciese mención del otro: la renuncia sin condiciones al derecho de presentación y la renuncia por parte de la Iglesia Española a alguno o algunos de los privilegios de que actualmente disfruta legítimamente.

En cuanto a la intervención de la Conferencia Episcopal Española en este asunto, creo, como ya tuve el honor de manifestarle personalmente, que debe reducirse,-y es absolutamente suficiente-, a indicar nombres de posibles candidatos, con la indicación de méritos y circunstancias, si la Santa Sede se los pidiere, como viene haciéndolo hasta el presente.

De este asunto hablé ya con el Sr.Subsecretario de ese Departamento en la visita que tuvo la bondad de hacerme el día 17.

Esta es mi opinión personal, sometida, claro está, a lo que juzgue más oportuno la Santa Sede o a lo que ésta pueda pactar con el Gobierno.

Aprovecho gustoso esta ocasión para reiterarme, con sentimientos de sincero afecto, suyo s.s. y amigo que atentamente le saluda y bendice.

+ Fernando, Card. Quiroga

Arzobispo de Santiago

Anejo 6

CARTA DEL ARZOBISPO DE MADRID-ALCALÁ, MONS. CASIMIRO MORCILLO, DE 20 DE JULIO DE 1966, EN LA QUE EXPRESA LA CONFORMIDAD DE LA CONFERENCIA EPISCOPAL ESPAÑOLA AL PROYECTO DE LEY SOBRE LIBERTAD RELIGIOSA

EL ARZOBISPO DE MADRID-ALCALÁ

.../66

Excmo. Sr. D. Antonio Mª de Oriol
Ministro de Justicia
MADRID

Excmo. Sr. Ministro :

Cumplo gustosamente el encargo recibido de comunicar a V.E. que la Comisión designada por la Conferencia Episcopal Española para examinar el texto de trabajo de la Ley sobre libertad religiosa, lo ha encontrado conforme en sus líneas generales y fundamentales con la declaración conciliar sobre el mismo tema.

La Comisión, de la que hemos formado parte tres prelados, el Emmo. Sr. Cardenal Arzobispo de Sevilla, el Excmo. Sr. Arzobispo de Sión y el que suscribe, no ha considerado necesario ni oportuno entrar en los pormenores del texto de trabajo o anteproyecto, sino solamente examinar su conformidad o disconformidad con el documento emanado del Concilio sobre esta misma materia.

Al cumplir el encargo de la Comisión, me es muy grato reiterarme de V.E. con toda consideración atto. y s.s. que le bendice

[firma]

Madrid, 20 de julio de 1.966

Anejo 7

«CARTA AL GENERAL-PRESIDENTE», DE SALVADOR DE MADARIAGA

«Carta abierta al General-Presidente» de Salvador de Madariaga de 5 de agosto de 1966.

Sus párrafos más significativos son los siguientes:

«En fecha reciente he publicado mi opinión, como liberal, sobre la intervención de las fuerzas armadas en la vida política; intervención que no excluyo "a priori" y aun considero puede ser indispensable en ciertos casos. Sería petulante que diese aquí mi opinión palmaria sobre si esta última intervención militar en la vida política argentina ha estado justificada o no; pero el mero hecho de que estoy escribiendo esta carta abierta indica que, a mi ver, este último caso podría ser un episodio fértil y creador en la historia del país.»

«No creo incompatible con el verdadero liberalismo aceptar en las crisis el gobierno desde arriba; puesto que la crisis consiste precisamente en que el gobierno desde abajo ha fracasado. Por la misma razón, estimo que al dictador (en el sentido lícito del vocablo, que es el romano, él guía durante y sólo durante una crisis) le asiste el derecho y aún diría que le incumbe la obligación de rehacer la constitución, que el país no se puede dar desde abajo puesto que está en crisis.»

«La desdicha de los países de América Ibérica es que todos se han querido vestir de constituciones hechas a medida sobre figurines de Washington. Hay que tirarle al trapero esos meros trajes y permitir al país argentino que le crezca una piel constitucional verdaderamente argentina. Por lo tanto, un período viviendo la constitución antes de otro (mucho más corto) escribiéndola.»

«Hay que jerarquizar la vida pública partiendo de un principio claro y evidente que las democracias al uso olvidan (y así les va). Una nación no es la suma aritmética de sus ciudadanos sino la integración orgánica de sus instituciones. Hay que construir el país en forma de federación de federaciones. El municipio en la base es lo primero que habrá de construir; elegido por sufragio universal directo. La comarca, después, cuyo consejo comarcal no será ya elegido por el sufragio universal directo, sino por el de los municipios, votando cada cual colegialmente. Las juntas provinciales elegirán los parlamentos provinciales, y éstos el Senado (única cámara política nacional).»

«El Presidente de la Nación sería elegido por el Senado, con lo cual se evitarían los males que a todo el continente ha causado la elección directa del Presidente por voto directo popular, la caricatura más desastrosa de la democracia que conoce la historia humana. Al punto que puede asegurarse que mientras las naciones hispánicas, de ambos lados del Atlántico, sigan apegadas a la elección directa del Presidente no conocerán la paz interior.»

«La Argentina podría ahora a favor de un régimen que gobierne desde arriba, efectuar todos estos cambios que la sacarían del ciclo cerrado en que sufre hace ya más de una generación.»

Anejo 8

RESUMEN DE LOS CINCO TEXTOS DEL PROYECTO DE GARRIGUES DE INSTITUCIONALIZACIÓN DEL ESTADO, DE SEPTIEMBRE DE 1966

Los Principios Fundamentales del Estado, incluidos en el proyecto de Garrigues, contenían 18 Declaraciones. Comenzaba diciendo que «España es una unidad de destino en lo universal. La unidad entre los hombres y las tierras de España es intangible», etc. (frases tomadas a la letra, de las Declaraciones I y IV de la Ley de Principios del Movimiento Nacional de 17 de mayo de 1958).

El Principio V de Garrigues rezaba así: «El pueblo español, unido en un orden de derecho, se organiza en Estado nacional, católico, social, representativo y democrático que, de acuerdo con su historia, se declara constituido en Reino.» (Este principio se corresponde con el VII de los del Movimiento Nacional con el añadido de la palabra «democrático» y la sustitución de la palabra Monarquía por la de Reino.)

El Principio VI declaraba: «La religión católica, que profesa la mayoría de los españoles y que inspira la vida nacional, es la religión oficial del Estado. Se reconoce la soberanía y la independencia de la Iglesia Católica en la esfera que le es propia.» (Garrigues mantenía, por consiguiente, la confesionalidad del Estado.)

El Principio VII reconocía la libertad religiosa en forma parecida a la del artículo 6.º del Fuero de los Españoles después de la reforma introducida por la Ley Orgánica del Estado.

El Principio XIII declaraba que: «La democracia orgánica constituye la base del orden político español e informa la estructura y el funcionamiento de sus instituciones representativas. La participación del pueblo en las tareas legislativas y en las demás funciones de interés general se llevará a cabo a través de la Familia, el Municipio y la Diputación, el Sindicato y las demás entidades que a este fin representativo reconozcan las leyes.» (Concuerda con el VIII de los Principios del Movimiento Nacional.)

Las principales innovaciones del proyecto de Garrigues de Principios Fundamentales eran: «La comunidad nacional es la depositaria del poder político, que procede de Dios.» (IV); «el Estado reconoce y garantiza la libertad política de los españoles dentro de los principios de responsabilidad moral y social y de respeto a la libertad ajena» (VIII); «se reconoce el principio de la separación de poderes dentro de la unidad esencial del poder político, encarnado en el Jefe del Estado como supremo representante de la comunidad nacional.» (IX).

El Principio XIV reconocía tímidamente el asociacionismo político en los siguientes términos:

«Todas las ideas, opiniones y tendencias políticas compatibles con los Principios Fundamentales del Estado pueden ser profesadas y libremente difundidas.»

«Podrán constituirse con arreglo a la ley grupos o asociaciones que, bajo la inspiración de los diversos ideales políticos, tengan por objeto la información, la educación cívica de los ciudadanos, la promoción de su sentido de responsabilidad social y su orientación en el ejercicio del derecho de sufragio. Estos grupos no tendrán, como tales, representación propia en los órganos del Estado.»

«En ningún caso podrán constituirse grupos o asociaciones de esta clase que por su ideología, fines, métodos o vinculaciones internacionales tiendan a destruir los fundamentos del orden político español o la unidad nacional o atenten contra la soberanía del país.»

«Toda organización política al margen de lo previsto por estos Principios Fundamentales será considerada ilegal.»

El texto del *Fuero de los Españoles* propuesto por Garrigues no ofrecía ninguna innovación esencial.

En cuanto al *Fuero del Trabajo*, la Declaración III del proyecto de Garrigues decía así:

«1. La Organización Sindical será única y autónoma y tendrá una constitución interna representativa. Respetará el principio de libertad de afiliación y dará cabida a todas las formas de trabajo que intervienen en el proceso productivo, encuadrándolas conforme a su naturaleza y sin desvirtuar la significación, de cada una de ellas. Será puramente profesional excluyéndose su adscripción a ideología política alguna.»

La Declaración VIII, 3, decía: «Corresponderá al Estado condicionar o, en su caso, planificar las actividades de la iniciativa privada, ya sea en forma indicativa o imperativa, en la medida en que el interés nacional así lo exija.»

La «*Ley Fundamental de Participación y Representación Política*» constaba de once artículos. En el primero se reiteraba «La democracia orgánica constituye la forma representativa básica del orden político español» y se enumeraban como cauces de participación la Familia, el Municipio y la Diputación, el Sindicato y las demás «entidades orgánicas» reconocidas por las leyes. «El voto familiar se articulará por sufragio directo de los cabezas de familia» entendiendo por tales «los varones y mujeres casados mayores de dieciocho años» (art. 3).

Los concejales son elegidos por el grupo familiar, por los organismos sindicales y por las entidades económicas, culturales o profesionales. El Alcalde será elegido por la Corporación municipal de entre una terna de concejales propuesta por el Ministro de la Gobernación o por el Gobernador civil (art. 4).

Los diputados provinciales son elegidos por los Municipios, por los organismos sindicales y por las entidades económicas, culturales y profesionales. El Presidente de la Diputación será elegido por la Corporación provincial de entre una terna de diputados propuesta por el Ministro de la Gobernación (art. 5).

«El Sindicato es asimismo cauce orgánico de participación del pueblo en las tareas políticas» (art. 6). Según el artículo 10 «Quedarán excluidos del desempeño de funciones públicas representativas quienes propugnen ideologías o ejerzan actividades que tiendan a destruir los fundamentos del orden político español o la unidad nacional, o atenten contra la soberanía del país».

«Sobre dicha exclusión decidirán, en el orden de la representación nacional, el Consejo del Reino, y en el de la representación provincial y local, los Tribunales electorales provinciales.»

Por último, el proyecto Garrigues de «*Ley Fundamental de Organiza-*

ción del Estado» constaba de 82 artículos distribuidos en los cinco Títulos siguientes: I. Jefatura del Estado (con un capítulo 1.º de «disposiciones generales», un apartado 2.º, «del Rey»; un capítulo 3.º, «de menor edad del Rey», un capítulo 4.º, «del Regente»); II. Las Cortes; III. El Consejo del Reino; IV. El Gobierno, y V. La administración de Justicia.

Merecen ser transcritos el art. 7.º, según el cual «La instauración de la Monarquía en España se hará conforme a las prescripciones de la Ley de Sucesión».

«Instaurada la Corona, la Monarquía dinástica constituirá la forma política permanente e irrevocable del Estado español, con exclusión de cualquier otra.»

El art. 8 disponía: «Para asumir la Jefatura del Estado como Rey de España se requiere: ser miembro de la Familia Real española; ser español de nacimiento; ser mayor de edad; profesar la religión católica; no haber sido excluido por las Cortes de la sucesión a la Corona; ser llamado al Trono conforme a las prescripciones de la Ley de Sucesión o suceder según el orden establecido en el artículo siguiente; y jurar las Leyes Fundamentales.»

Según el art. 17, «La elección de Regente para la menor edad del Rey se hará por las Cortes de entre una terna de nombres propuesta por el Consejo del Reino».

El artículo 20 decía: «Asumirá la Jefatura del Estado un Regente:

a) En los casos previstos en la Ley de Sucesión.

b) Cuando instalada la Corona en la persona de un Rey, llegara a extinguirse la dinastía por faltar un sucesor legítimo según el orden de sucesión al Trono establecido en el artículo 9 de la presente Ley.»

Y el artículo 21 consagraba el regencialismo al declarar: «Asumida por un Regente la Jefatura del Estado, por cualquiera de los cauces previstos en el artículo anterior, *el sistema de regencia constituirá la forma política permanente e irrevocable del Estado español*».

El art. 24 disponía: «El Regente será elegido para un período de ocho años. Su mandato no es en ningún caso renovable.»

«Antes de que sea promulgada una ley —declaraba el artículo 43—, el Jefe del Gobierno, oído el Consejo del Reino, podrá pedir a las Cortes, mediante mensaje motivado, una nueva deliberación sobre la misma. Si las Cortes aprueban nuevamente la ley por un quórum de dos tercios, ésta debe ser promulgada.»

Respecto del Consejo del Reino el artículo 48 establecía: «El Consejo del Reino es el órgano del Estado al que corresponde la suprema función de velar por la continuidad y estabilidad de las Instituciones y por la observancia de las Leyes Fundamentales.» y el art. 49 determinaba que «El Consejo del Reino se constituye de la siguiente forma:

a) De Consejeros nombrados por el Jefe del Estado.

b) De Consejeros elegidos por las Cortes.

c) De Consejeros designados por el Tribunal Supremo, de entre Magistrados.

d) De Consejeros natos, por razón del cargo que desempeñan.

El número total de Consejeros no podrá exceder de sesenta.»

Según el art. 55: «El Consejo del Reino tiene competencia para conocer de:

a) El recurso de fuero y contrafuero una vez agotadas las demás vías legales.

b) La responsabilidad del Jefe del Estado, del Jefe del Gobierno y del Vicepresidente en los casos de alta traición y de violación de las Leyes Fundamentales.

c) La responsabilidad de los Consejeros del Reino por los delitos cometidos en el ejercicio de su cargo.

d) La responsabilidad de los Procuradores en Cortes por los delitos cometidos en el ejercicio de su cargo.»

En cuanto al Jefe de Gobierno interesa transcribir los artículos 63, 64 y 65 del proyecto de Garrigues que decían:

Artículo 63. El Jefe del Gobierno es elegido por las Cortes entre españoles mayores de treinta años en quienes no concurran condiciones de ineligibilidad. Para la validez de su elección se requiere:

1.º La presentación de su candidatura a las Cortes por un mínimo de cincuenta Procuradores. Ningún Procurador podrá presentar más de un candidato.

2.º La obtención en primera, segunda o tercera votación de una mayoría de dos tercios de los votos válidos emitidos, que, como mínimo, constituyan la mayoría absoluta del total de Procuradores.

«Cuando ninguno de los candidatos propuestos haya alcanzado en las Cortes el número de votos necesario para su elección, el Jefe del Gobierno es elegido, mediante sufragio directo de todos los españoles, varones y mujeres mayores de veintiún años, de entre la terna formada por los candidatos que en la tercera votación de las Cortes hayan obtenido mayor número de votos. La elección se celebrará entre los treinta y los cuarenta y cinco días siguientes a la fecha de la mencionada tercera votación de las Cortes.»

Artículo 64. «El mandato del Jefe del Gobierno es de igual duración que la legislatura pero empieza seis meses después de la inauguración de ésta y termina seis meses después de su clausura.»

«El Jefe del Gobierno es elegido dentro de los seis primeros meses de cada legislatura. Nadie podrá ser elegido para el cargo de Jefe del Gobierno más de tres veces.»

Artículo 65. Instauraba un régimen presidencialista al disponer que: «El Jefe del Gobierno no es responsable ni ante el Jefe del Estado ni ante las Cortes. Su mandato no puede ser revocado sino por delito de alta traición o de violación de las Leyes Fundamentales o en caso de incapacidad permanente para el ejercicio de sus funciones.»

Los delitos de alta traición y de violación de las Leyes Fundamentales serán juzgados por el Consejo del Reino a petición de dos tercios por lo menos de los Procuradores en Cortes.

La incapacidad permanente sólo puede ser declarada por el Consejo del Reino.

Tales son los principales trazos del proyecto de Garrigues de Institucionalización del Estado Español.

Anejo 9

NOTA DE FEDERICO SILVA A PABLO VI, ENVIADA EL 29 DE SEPTIEMBRE DE 1966 POR MEDIO DE MONS. BENELLI, SOBRE LA PROYECCIÓN DEL CONCILIO, LA UNIDAD RELIGIOSA DE ESPAÑA Y LA UNIÓN DE LOS CATÓLICOS.

Hace casi dos años tuve la inolvidable oportunidad de ser recibido por V.S. Desde entonces he pasado desde el campo del apostolado seglar al de la política de mi país requerido por Su Excelencia el Jefe del Estado para formar parte de su Gobierno. Estos dos puntos de mira para observar la vida pública de España y en particular, sus aspectos sociológico-religiosos no resultan para mí contradictorios sino coincidentes para ratificarme en las consideraciones que V.S. tuvo la benevolencia de escucharme en aquella para mí memorable ocasión.

Fiado en esa paternal benevolencia y en la feliz oportunidad que para llegar hasta V.S. me ofrece el ilustre Prelado que conoce España como quizás ningún otro, siendo querido y admirado por todos, me permito poner en vuestras manos este escrito, dictado únicamente por el ferviente deseo de que mi país siga fiel a su tradición evangelizadora, especialmente en Hispanoamérica, mediante su indispensable unidad religiosa; salvando a todo trance la unión de los católicos y depurando mediante su adecuada actualización los defectos y rutinas de toda larga vida que puedan ensombrecer a los ojos del mundo moderno la contemplación de la Iglesia Española.

Perdonará V.S. que comience mi exposición con algunos recuerdos personales, pero creo que ellos contribuirán a situar cuando no a esclarecer mis puntos de vista. En fin de cuentas me dirijo al Padre común siempre dispuesto a la comprensión de todos sus hijos. Ingresé en la Congregación Mariana regida por los PP. Jesuitas el mismo año que iniciaba mi carrera universitaria; tiempos duros de una postguerra civil llena de penurias y sufrimientos coincidentes con los de una humanidad doliente por la guerra mundial. Después, durante 20 años, he pertenecido y hasta dirigido la A.C.N. de P., fundada por el Cardenal Herrera Oria, teniendo oportunidad como Presidente del Colegio Mayor Universitario de San Pablo y del Centro de Estudios Universitarios de conocer el pensamiento de miles de universitarios y haber participado en la formación de no pocos de ellos, muchos de los que actualmente forman ya en los cuadros dirigentes de la sociedad española.

De la mano de los padres, aprendí el deber de los católicos de intervenir en la vida pública, hoy ratificado por el Concilio, la doctrina política social de la Iglesia expuesta por los Pontífices desde León XIII, me formé en estas fuentes cuando las rechazaban la casi totalidad de la juventud universitaria española de entonces dirigida por un grupo de iluminados sacerdotes —pues nunca tuvieron éstos sobre la juventud más influencia que entonces, dado el momento de pasión y entusiasmo de aquellos años— que la aleccionaba y educaba en los principios del nacionalismo, del exterminio de los protestantes y de una ortodoxia casi inquisitorial. Cualquiera que sea la valoración histórica de estos hechos, lo que sí quiero subrayar con toda la veracidad de haber sido testigo o protagonista de ellos es que *los mismos sacerdotes y no otros* son los que en los últimos años han actuado sobre los seminaristas, jóvenes sacerdotes y universitarios con los extremismos opuestos. Salvo siempre su buena fe, pero afirmo con singular conocimiento de causa que azotados por un atormentado clima político mundial y en parte nacional de los años 30 a los 50 son nacionalistas desilusionados que al no haber podido hacer realidad un Estado teocrático-totalitario e igualatorio en lo económico, buscan pendularmente el polo opuesto, tan contradictorio y extremista como el primero, de una sociedad liberal, subjetivamente religiosa, predicando una autenticidad de la que se proclaman paladines y donde es difícil separar la sinceridad de la soberbia, así como mostrándose partidarios de un Estado agnóstico y socializante.

No es pues extraño que pidamos a Dios Todopoderoso ilumine a la Iglesia para que haga valer todos sus recursos con el fin de convencer a estos sacerdotes y seglares que les secundan en su errónea conducta buscando el equilibrio, la ponderación de que tan necesitados estamos todos, porque puede creerme V.S. y me parece que lo expuesto constituye un indicio elocuente, que en España es imposible, absolutamente imposible, pasar de una situación político religiosa como la actual a la que contemplan ciertos países sudamericanos y europeos, con la mínima estabilidad que asegure la paz pública y el verdaderamente ejercicio libre de los derechos religiosos.

Esta observación general y preliminar no quisiera que me desviase de mi propósito de referirme a los tres temas que me permití exponer a V.S. en aquella ocasión y que ahora desearía ampliar y actualizar, puesto que ellos siguen siendo a mi juicio las coordenadas que jalonan el cuadro sociológico-religioso de España; la proyección del Concilio, la unidad religiosa de España y la obediencia y la confianza en el mundo eclesiástico. Resaltaré algunos de los puntos que adquieren especial relieve en estas cuestiones, consciente de que el desarrollo en extenso de cualquiera de ellos haría adquirir a este escrito dimensiones improcedentes.

1. *La proyección del Concilio*

El Concilio Ecuménico, no es necesario extenderse más en aclararlo, ha dictado sus normas con una obligada generalidad tanto en cuanto a su materia y forma, como en cuanto a sus destinatarios, hombres de todas las tierras y de todas las razas. Su concreción compete a la Santa Sede y a las conferencias episcopales, sin embargo en España —que es a la que debo referirme— se ha levantado una corriente que propende a interpretar la letra y el espíritu del Concilio subjetiva y hasta anárquicamente, llegando en algunos casos, que no cito para no pormenorizarme en anécdotas, a lo ridículo y extravagante.

Por otra parte se ha difundido por esas mismas tendencias la falsa creencia de una relajación de las exigencias morales tradicionales a las que con frecuencia se ridiculiza en los púlpitos y cátedras sagradas como fruto de erróneos y caducados prejuicios. Lo grave en estas cuestiones, es que se parte de premisas ciertas para caer en sofismas, se tergiversa el sentido renovador del Concilio para hacerlo viento revolucionario, denotándose la falacia de estas conductas por los frutos visibles del daño espiritual que producen.

Es preciso destacar también que la predicación en España siempre había tenido un marcado carácter práctico; en otros países, por ejemplo en Francia, un sacerdote puede pronunciar su homilía exponiendo una tesis filosófica o moral refiriéndose al bien, la virtud o la moral en abstracto, el español está acostumbrado a que la palabra sagrada le diga cómo ha de ser veraz o virtuoso, las pláticas como diría el Cardenal Herrera han de terminar «en punta». Por ello hay cuatro actitudes en el clero español:

a) La de aquellos que se creen obligados a pronunciarse sobre casi todos los aspectos de la sociedad que les rodea y como ni son, ni pueden ser omniscientes cometen muchísimos yerros aun en los supuestos, no infrecuentes, de no caer en intromisiones inaceptables en el mundo político concreto, muy agudizadas en algunas regiones de España por parte de ciertos clérigos herederos de una tradición teocrática hoy bastante fosilizada.

b) Los que, como aplicaciones prácticas de la doctrina que exponen, plantean mínimas cuestiones, a veces pueriles.

c) Los que, en muchos casos, sin la debida reflexión, hacen formulaciones basadas en una moral autónoma de manera que desposeen el fenómeno religioso de toda trascendentalidad. La austeridad, la verdad, la virtud, en suma, son recomendables porque el hombre tiene el deber de ser bueno, no porque haya un Dios principio y fin de todas las cosas, no porque haya una vida ultraterrena con un premio y un castigo, lo que recuerda mucho a los paganos virtuosos de que nos habla San Pablo, los adoradores del Dios desconocido.

d) Y, finalmente, esa inmensa legión de sacerdotes que perplejos pero fieles, virtuosos, serenos, firmes en la fe y prudentes en la doctrina que siguen por el sendero de la edificación de los fieles esperando que, como ellos mismos dicen, pase el sarampión que algunos padecen.

A todo ello hay que unir las profundísimas transformaciones que mi país está experimentando en el orden social y económico. Cuando muchos hombres y mujeres se ven transportados a un medio ambiente urbano e industrial en que sólo les queda el factor invariable de su fe y creencias, acudiendo a la Iglesia con devoción simple pero sincera se encuentran con que allí también actúa activamente y, a veces inconscientemente la fronda destructora de los únicos resortes estabilizadores que les quedaban.

La conclusión de todo ello es una enorme confusión que constituye a mi juicio el síntoma más destacado y grave de la hora religiosa de mi país.

2. *Unidad religiosa de España y la unión de los católicos*

No voy a encarecer la necesidad de mantener la unidad religiosa de España, ni como católico ni como político. Fue V.S. en su memorable discurso al Colegio Español de Roma en Marzo de 1965 quien la calificó de «florón de España». No insistiré sobre ello, pero se observa con dolor, que al comentar la declaración conciliar de la Iglesia en el mundo se subraya por algunos mucho más el principio de libertad religiosa que el de unidad religiosa que también consagra dicha declaración al condenar que so pretexto de la libertad religiosa se cometan determinados abusos. Muchos católicos españoles confiamos en que los puntos de vista de nuestro Gobierno y de la Santa Sede serán plenamente coincidentes para sin ejercer violencias y coacciones que nadie desea ni siquiera admite pueda conservarse este patrimonio espiritual de mi país.

Si se quebrara el principio de Unidad Religiosa, si el proselitismo de los acatólicos llegara a hacer mella en la sociedad española, hoy más propensa que en otros tiempos por las hondas transformaciones de orden económico y social a que anteriormente he aludido, no sólo la Iglesia Católica habría perdido uno de sus países incondicionales, a lo que atribuyo menos importancia, con tener mucha, que al hecho indudable y cierto de la descristianización de una Sociedad que, con todos sus defectos, sinceramente lo es, así como a la pérdida de ese gran arsenal de vocaciones que es nuestro país cara a Hispanoamérica. Porque ¿en nombre de qué ideales se va a convocar a los jóvenes españoles para una acción misionera si resulta, como algunos quieren hacer creer, que la verdad se posee en cualquier credo, secta o religión y la virtud ha estado y está más de parte de los acatólicos que fueron humildes que de los católicos que hemos sido soberbios y triunfalistas? Las vocaciones misioneras con estas premisas más irán a difundir las doctrinas de las sectas, que a predicar unos principios que, a jucio de ellos, exigen tan profundas rectificaciones y purificaciones.

Fruto de todo ello son los alarmantes síntomas de desunión que presentan los católicos españoles a los que hay que mirar con serenidad y prudencia. Estos hechos no son, ciertamente nuevos en la historia pero conviene seguirlos vigilantemente para impedir que pueda llegarse a una situación no probable pero sí posible en que coincidiera la fractura de la unidad católica del país, el agnosticismo de la masa y las divisiones profundas de los católicos a lo que está contribuyendo, necesario es reconocerlo, el grave estado de confusión ideológica en que vivimos.

3. *La obediencia y la confianza en el mundo eclesiástico*

Es un hecho innegable que existe en una pequeña parte del clero una crisis de obediencia a la jerarquía y que ellos mismos —esa pequeña proporción del clero— alegan que existe una crisis de confianza en sus obispos.

En cuanto a la crisis de confianza creáme V.S. que he hecho todos los esfuerzos mentales posibles por colocarme en la posición de los que tal falta alegan para razonablemente comprender sus actitudes. Sin embargo observo que sus razones o son fútiles o falsas como producto de una hábil propaganda.

¿Se puede reprochar a los obispos españoles falta de virtud? Sería injustísimo y gravemente calumnioso. ¿Se les puede imputar falta de inteligencia y preparación? Niego en rotundo. Son personas preparadas, estudiosas, celosas y conocedoras de las ciencias sagradas y especialmente de la Teología, con unos niveles que ni puedo ni debo juzgar, pero que V.S. medirá adecuadamente. ¿No son celosos del bien de las almas y de su ministerio pastoral? Analicemos los frutos de sus respectivas diócesis y veremos lo infundado de tal acusación. De lo expuesto se deduce que la crisis de confianza, donde existe, es producto de una hábil propaganda que quiere presentar al episcopado español como un conjunto de sacerdotes muy semejantes a los escribas y fariseos, anquilosados en la doctrina, pagados de una cierta vanidad episcopal, propensos tanto al favor como a la amenaza del Estado, impermeables a todo progreso e indiferentes ante la injusticia social y todo ello es tan falso, tan burdo y tan injusto como cierto resulta que algunos sacerdotes les atribuyen clara y abiertamente esos defectos (...) mientras otros, más taimados, buscan el hábil camino de presentarse ante los seglares con una curiosa humildad que consiste en poner de relieve los propios defectos que no son los de ellos, naturalmente, sino los que atribuyen a los obispos citándoles expresamente.

Hasta tal extremo es cierto todo ello que no resisto a relatar un hecho que he presenciado: el pasado 15 de Septiembre he asistido a un día de retiro al que concurrían un grupo de los más activos del apostolado seglar. El sacerdote que lo dirigía, Sr. Jiménez y Martínez Carvajal, Catedrático de Derecho Público Eclesiástico y Relaciones de la Iglesia y del Estado de la Universidad de Madrid, calificó por tres veces la Basílica de San Pedro de Roma como «Baldón de la Iglesia», y a los Papas mecenas como una verdadera calamidad de la misma.

Todo ello produce un grave escándalo en el pueblo fiel, testigo de la grave indisciplina de un pequeño pero activo grupo de sacerdotes en actitud de franca rebeldía con sus obispos.

El hecho en sí de la indisciplina podría ser fácilmente corregido con el sentido de justicia, prudencia, caridad y ponderación que caracteriza a nuestra Jerarquía, pero en no pocos casos se ve ésta obligada a no adoptar determinación alguna porque llegan hasta ella indicaciones más o menos veladas, y en muchos casos a nuestro juicio de dudosa procedencia, en que se les manifiesta el desagrado con que «Roma» ve toda medida disciplinaria sobre estos clérigos. Es muy difícil precisar que se entiende por «Roma»pero, en todo caso, ello sirve para aumentar la confusión y disminuir el prestigio de la Jerarquía española al dejarla, al menos, con la creencia de que no tiene un respaldo moral tan necesario como incondicional en su fidelidad a la Sede Apostólica.

No es de extrañar que en este cuadro exista una profunda crisis de obediencia en dichos sacerdotes. Pero es que me permito llamar la atención de V.S. sobre un hecho aún más grave, no sólo el de la infiltración comunista detectada en algunos de estos clérigos ante cuya hipocresía no caben razones ni argumentos, sino el para mí más grave problema que hoy tiene planteado la Iglesia en España en relación con el mundo marxista; a mi juicio la creencia en el materialismo histórico se proyecta por el marxismo en forma de haz sobre el mundo de la ciencia, de la técnica y también, al mundo religioso. Lo mismo que el mundo de la biología o del espíritu humano, las sociedades, los pueblos y las agrupaciones mundiales tienen un tratamiento específicamente coherente con los fundamentos materialistas de sus planteamientos doctrinales, el mundo religioso es objeto de análogo tratamiento. Me da la sensación de que en pueblos profundamente religiosos es donde tienen su campo de experimentación más perfecto. Se trata de mezclar los ingredientes políticos, en muchos casos nacionalistas, en el ámbito de lo religioso, azuzar las creencias y sentimientos de ciertos jefes religiosos contra el poder civil, dar a los fieles la impresión de que sólo aquéllos son independientes y libres. Colocar en primera fila como dechados de valor personal a esos mismos jefes religiosos con olvido o desprecio de los demás. Crear agitación y malestar, sin fronteras entre lo espiritual y lo temporal.

Fácilmente se le alcanzará a V.S. que este diagnóstico es en este momento aplicable en varios lugares geográficos, singularmente, aunque con circunstancias bien diversas, en España y el Vietnam. Se pretende hacer de nuestros sacerdotes bonzos, porque para ello, unos y otros, son jefes de un fenómeno social que tienen un común denominador: el religioso. Contra ello tendrá la Iglesia del postconcilio que vivir vigilante, dispuesta a encender sus lámparas a tiempo como las vírgenes prudentes y no cuando sea tarde como las vírgenes necias para que no pueda decirse de nuestra generación que en ella también fueron más sagaces los hijos de las tinieblas que los de la luz.

Esto es precisamente lo que demandan los católicos españoles, luz sobre la confusión y las tinieblas, porque las reservas espirituales son muy grandes, las energías acumuladas aún mayores y la fe viva al servicio de la Iglesia renovada por la obra del Concilio.

Anejo 10

CARTA DE JOAQUÍN BAU A FRANCO, DE 21 DE DICIEMBRE DE 1966, EN LA QUE LE ACONSEJA EL NOMBRAMIENTO DE UN PRESIDENTE DE GOBIERNO.

Excmo. Sr. D. Francisco Franco.
Jefe del Estado Español.

21 de diciembre de 1966.

Excelencia:

Cuando todavía resuena el rotundo SÍ dado a vuestra consulta a la Nación y queda en el alma, grabada una vez más, la adhesión de todo un pueblo a vuestra persona, cuando aún estamos —digo— bajo la impresión de jornada tan esperanzadora y grande, me considero en el deber, en esta nueva ocasión, de dirigirme a V.E. cual centinela alerta que, porque Dios así lo quiso, ha vivido tantas épocas políticas aleccionadoras pudiendo adivinar, hoy, las maniobras de un cierto sector de la Secretaría General, que con piel de cordero y capa de leales, están preparándose el reparto impúdico de una supuesta y gloriosa herencia.

Mientras los españoles, en coro unánime han pronunciado, ante el asombro del mundo, su patriótica aclamación, dando con ello lección de coherencia y madurez, unos pocos dirigentes ambiciosos de la política que aún sueñan con monopolios de Partido y República disimulada con Regencia, se preparan con la Ley Orgánica en la mano y en la próxima Legislatura al asalto de las Cortes, que les sirva de trampolín para alcanzar el

Poder, que es lo que importa. El propio Director de Estudios Políticos, Sr. Fueyo, decía en *Pueblo* tenían que ir «a por los 300 Procuradores», usando un slogan de triste recordación. Sin recato se reúnen y organizan con espíritu exclusivista, ya que detentan los principales resortes de la mencionada Secretaría General.

Excelencia: una sola cosa puede acabar, sosegada y silenciosamente, con todo cuanto se maquina para el definitivo «paso» que podrían dar dichos señores en determinadas circunstancias, apoyándose en la propia nueva Ley, y esa única cosa es nombrar V.E., sin pérdida de tiempo, un Presidente del Gobierno que esté, a través de los años, fundido a toda prueba con V.E. y sienta lo que V.E. sienta y quiera lo que V.E. quiera. Con la presencia de tal Presidente se evitaría el peligroso clima de interinidad y las especulaciones y encuestas que se han desatado y se podría ir desarrollando todo normal y legalmente, con certeza de cuanto V.E. desea.

Pienso que la puesta en marcha inicial de la Ley Orgánica, para evitar peligrosas desviaciones ha de hacerse con las máximas garantías por un Gobierno que no sea tenido por interino. Si se apoderan de las Cortes elementos poco solventes, obtendrían la mayoría en el Consejo del Reino y, por ende, impondrían la terna para la propuesta de Presidente del Gobierno. Ahora, en cambio, el actual Consejo del Reino no habrá de crear dificultad alguna a V.E. para presentar la terna que V.E. estime pertinente. Es preciso que sea un Presidente del Gobierno de absoluta confianza de V.E. quien marque su impronta a las nuevas Cortes, en vez de ir a remolque de la próxima Legislatura que puede constituir una caja de sorpresas, utilizando ellos con exclusivismo —repito— los propios medios que V.E. ha concebido para el mejor porvenir de España y de toda la comunidad nacional.

Habéis visto, Excelencia, que hay una España que os quiere y os sigue; que está viva, despierta y responsable y mira hoy esperanzadora vuestras determinaciones. Disculpad si me he atrevido a indicaros que una de las decisiones más urgentes es el nombramiento de vuestro Presidente del Gobierno.

No dudo que me comprendéis y, si fuese preciso, que me sabréis perdonar.

A vuestras órdenes, Excelencia,

J. Bau

Anejo 11

CARTA DE DON JUAN DE BORBÓN A FRANCO DE 22 DE DICIEMBRE DE 1966, POR LA QUE LE COMUNICA EL COMPROMISO MATRIMONIAL DE LA INFANTA PILAR CON LUIS GÓMEZ-ACEBO.

"GIRALDA"
ESTORIL

Excmo. Sr. D. Francisco Franco Bahamonde
Jefe del Estado
Madrid

Mi querido General:

Como me consta el afectuoso interés con que ha seguido V.E. los asuntos de mi familia, no quiero dejar de comunicarle que hace muy pocos días se han comprometido para casarse mi hija Pilar y Luis Gómez-Acebo, hijo de los Marqueses de Deleitosa. Tanto María como yo vemos con agrado este proyecto de nuevo hogar por tratarse de un chico español del cual tenemos excelentes informes.

Aprovecho esta ocasión para desearle a Vuestra Excelencia y a todos los suyos felices Pascuas, esperando que el próximo año le sea próspero así como a nuestra querida Patria.

Renovándole mis mejores deseos, quedo suyo muy afectísimo,

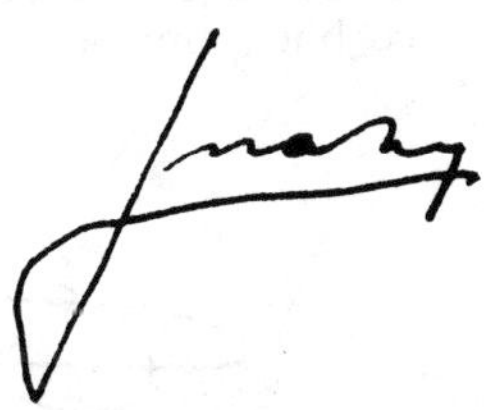

Estoril, 22 de diciembre de 1966.

Anejo 12

CONTESTACIÓN DE FRANCO AL CONDE DE BARCELONA DE 28 DE DICIEMBRE DE 1966.

EL JEFE DEL ESTADO ESPAÑOL

GENERALISIMO DE LOS EJÉRCITOS NACIONALES

A S.A.R. D. Juan de Borbón

Mi querido Infante:

Al recibir vuestra amable carta del 22, en que me dais noticia del compromiso matrimonial de la Infanta Pilar con Luis Gómez-Acebo, excelente muchacho, con cuya madre y abuela, la condesa de la Vega de Sella, nos ha unido una vieja amistad, quiero expresarle, en nombre de Carmen y el mío, nuestra más cariñosa felicitación por tan importante acontecimiento familiar y nuestros deseos de la mayor ventura para vuestra hija.

Renovándole nuestros deseos de felicidad para el próximo año, queda de V.A. afectuoso buen amigo,

Madrid, 28 de diciembre de 1966.

Anejo 13

CARTA DE DON JUAN DE BORBÓN A FRANCO DE 17 DE ENERO DE 1967, EN LA QUE LE FELICITA POR EL REFERÉNDUM DE LA LEY ORGÁNICA DEL ESTADO.

A S.E. el Generalísimo Francisco Franco
Jefe del Estado
Madrid

Mi querido General:

Al ser promulgada la Ley Orgánica del Estado, no quiero que falte mi personal y muy sincera felicitación a V.E. por cuanto creo que vale y pesa el significativo «Sí» de los españoles.

No vamos a pensar, porque sería humanamente imposible, que ese «Sí» apruebe o confirme analíticamente cada detalle, artículo o disposición de un conjunto legal tan extenso. Ese «Sí» tan unánime es un voto de gratitud y confianza, concretamente dirigido a la persona de V.E. como artífice de una gran obra de paz y progreso que España espera será terminada en pacífica continuidad.

Por eso no quiero que en ese clamor general falte mi voz, que se añade a la de tantos españoles. Va con estas líneas mi gratitud al soldado que en África comenzó una vida de generosa entrega a la Patria, que luego culminó, en guerra y paz, en una tarea agotadora que enderezó la vida de España hacia el estado actual de progreso y bienestar. Va también mi segura esperanza de que, con igual acierto y firmeza, alejará para su obra todo riesgo de desviación en esos fundamentales valores —paz y progreso— que ya son sus cimientos. España ha vuelto a ser en vuestras manos fiel a su ser histórico, y los españoles confiamos que la dejará en vías donde nunca se quiebre esa fidelidad.

Crea, mi General, en la sinceridad de cuanto le digo, y sabe soy siempre su afmo. amigo,

Juan

Estoril, 17 de enero de 1967.

Anejo 14

NOTA DEL AUTOR AL ALMIRANTE CARRERO ACERCA DE LA CUESTIÓN SUCESORIA (9 DE ENERO DE 1967).

En la cuestión sucesoria cabe distinguir diversos aspectos (históricos, jurídicos, políticos, etc.), aunque todos ellos se encuentran relacionados.

La presente nota trata de abordar los aspectos políticos, y más concretamente la «cuestión de hecho», de la viabilidad de las diversas soluciones previsibles y el «cálculo de posibilidades» de cada una de ellas. Lo cual no quiere decir que puedan desconocerse los restantes aspectos del problema ni que carezcan de valor los argumentos de otra índole. Por ejemplo, es evidente que Don Juan, como Jefe de la Casa Real española, no puede reconocer sin contradecir el principio dinástico, el factor electivo que introduce la Ley de Sucesión y mantiene la Ley Orgánica del Estado al disponer que el sucesor en la Jefatura del Estado a título de Rey podrá ser simplemente «persona de estirpe regia». Si la principal razón de ser de la Monarquía estriba en dejar fuera de discusión el orden regular de sucesión en la Jefatura del Estado, ligándolo a la sucesión hereditaria de la dinastía y, siendo la Monarquía la forma de gobierno del Estado español reconocida en las Leyes Fundamentales, es lógico que el Jefe de la dinastía se oponga a que no se respete el orden dinástico y se comience por admitir varios posibles sucesores a la Corona de España.

Otros muchos argumentos histórico-jurídicos podrían aducirse, pero no es éste el objeto de la presente nota.

Ciñéndose a los hechos, nos encontramos con que:

1.° El Régimen político surgido a partir de 1936, si bien derribó la República y derogó la Constitución de 1932, no ha procedido a restaurar pura y simplemente la Monarquía que cayó el 14 de abril de 1931. Tampoco promulgó una nueva Constitución formal, y hasta la aprobación de la reciente Ley Orgánica del Estado no se ha completado el ordenamiento constitucional español.

2.° Las Leyes Fundamentales del nuevo Estado han ido abriendo la puerta a una sucesión monárquica que podría denominarse «imperfecta». La Ley de Sucesión de 1947 se limitó a declarar al Estado «constituido en reino» y a establecer la doble posibilidad de un sucesor «a título de Rey» o un sucesor «a título de Regente», con un mecanismo sucesorio complejo que contempla a su vez un doble supuesto: la designación de sucesor por el actual Jefe del Estado o, en su defecto, por el Gobierno y el Consejo del Reino conjuntamente. En ambos supuestos, la designación había de ser aceptada por las Cortes mediante un quórum de dos tercios.

3.° La Ley de Principios Fundamentales de 1958 declaró que la forma política del Estado español es la Monarquía.

4.° La Ley Orgánica del Estado ha venido a modificar en parte la Ley de Sucesión en el sentido de poner fin al anterior «tanto monta, monta tanto» en que se hallaban el Rey y el Regente. Ahora la eventual Regencia se configura como un paréntesis «en tanto no se cumplan las previsiones del artículo 11 de la Ley de Sucesión», es decir, en tanto no se inicie el orden regular de sucesión dinástica hereditaria. De este modo, la Monarquía pasa a ser la única desembocadura definitiva de la Ley de Sucesión. Además, se ha rebajado a los tres quintos el quórum exigido para la aceptación de la propuesta por las Cortes y se han introducido otras modificaciones de signo «monarquizante» (juramento del «heredero de la Corona», etc.).

5.° La Ley Orgánica del Estado, pese a los vicios que puedan señalarse a la propaganda electoral, ha sido aprobada por la gran mayoría del país. (El testimonio directo que el pueblo español tiene de su propia participación en el referéndum contrarresta ampliamente los defectos de enfoque en que se haya podido incurrir, máxime teniendo en cuenta que la proclamación de los resultados del escrutinio refleja exactamente los sufragios emitidos.)

6.º La Ley Orgánica implica una solución de compromiso entre las tendencias divergentes que existen en el seno del Régimen y también entre las opiniones contrapuestas de la sociedad española. A ello se debe en gran parte la amplia mayoría alcanzada. En lo que concierne al tema de la forma de Gobierno, es notoriamente monarquizante, aunque establece un sistema monárquico imperfecto en el primer eslabón del orden sucesorio. Una Ley que hubiera establecido la tesis «monárquica pura» posiblemente no habría sido aceptada por amplios sectores de dentro y de fuera del Régimen.

7.º La Monarquía ha sido introducida paulatinamente en el nuevo ordenamiento constitucional español (Leyes de 1947, 1958 y 1967), arropándola siempre con otras declaraciones legislativas. Parece más que probable que si se hubiera sometido a referéndum el dilema «República o Monarquía», difícilmente habría triunfado ésta.

Un miembro del Consejo Privado comentaba que el referéndum de 1966 le ahorra a la Monarquía los riesgos de un plebiscito que en otro caso hubiera sido inexcusable, dado que tanto Alfonso XIII como Don Juan han dicho siempre que no ocuparían el trono si el pueblo no les llama.

8.º En interés de la propia Monarquía, parece conveniente aceptar la Ley Orgánica del Estado aunque se discrepe parcialmente de sus preceptos, pues, pese a sus imperfecciones sucesorias, constituye el dique más firme frente a las corrientes republicanas. En un caso extremo, las Fuerzas Armadas podrán respaldar la legalidad vigente. No respetar esta solución de compromiso exigiría un golpe de Estado, lo cual no parece viable ni aconsejable. Un hipotético golpe de Estado en favor de la tesis monárquica pura podría desencadenar una revolución.

9.º Partiendo de la aceptación de la Ley Orgánica del Estado como Constitución política de España, y sin perjuicio de sus posibles ulteriores modificaciones a través del procedimiento previsto (quórum de dos tercios en las Cortes y referéndum), parece evidente que si la designación del sucesor la propone el Jefe del Estado, será aceptada por la gran mayoría de las Cortes, lo cual sería mucho más difícil de lograr si la propuesta emana conjuntamente del Gobierno y del Consejo del Reino después de producirse la vacante de la Jefatura del Estado. Además, las posibilidades de que se nombre un Regente y no un Rey son mucho mayores en el segundo supuesto. Aun admitiendo que en el Gobierno y el Consejo del Reino prevaleciera la candidatura de un Rey que contara con el apoyo del Ejército, resultaría problemática su aceptación por las Cortes. Y el nombramiento de un Regente haría cada vez más difícil la restauración de la Monarquía, cuyo recuerdo se iría borrando de las nuevas generaciones.

10.º La designación de sucesor a propuesta del Jefe del Estado haría, además, posible la transmisión de poderes en vida, lo cual alejaría los riesgos que entraña la primera sucesión.

11.º Franco ha expresado al presidente de las Cortes y a otras personas de su confianza el propósito de presentar personalmente a las Cortes la propuesta de designación de su sucesor. De no realizarlo Franco, las cosas se complicarían extraordinariamente. Las posibilidades de restauración de la Monarquía se verían seriamente comprometidas. Está muy generalizada la opinión de que la Monarquía o la trae Franco o no la trae nadie.

12.º Los partidarios de la causa monárquica no han conseguido restaurar la Monarquía en la persona del Jefe de la dinastía, ni parece que cuenten con fuerza efectiva para conseguirlo. No se vislumbra un nuevo Martínez Campos ni el Régimen actual es débil como lo fue la Primera República, ni entonces la Restauración se hizo después de más de treinta y cinco años de caer la Monarquía.

13.º Existen datos más que suficientes para asegurar que Franco descarta a Don Juan y piensa en el Príncipe. No parece que a estas alturas vaya a modificar su actitud. Prescindiendo de la valoración histórica e incluso moral de este hecho, parece indudable que tiene gran relevancia.

14.º Es evidente también que muchos sectores del actual Régimen se opondrían a todo trance a Don Juan, y es comprensible que Franco no quiera echarles a todos por la borda. En los últimos meses se han publicado algunos artículos «juanistas» que han exacerbado los ánimos no sólo de los sectores «ultras» del Régimen, sino incluso de los más moderados, haciéndoles temer actitudes revisionistas y procesos políticos contra quienes han colaborado con Franco.

15.º Sólo un acercamiento de Don Juan a Franco podría hacer variar el pronóstico expresado en el párrafo anterior. Este acercamiento exigiría la plena aceptación por parte de Don Juan del vigente sistema constitucional y una actitud de probada buena voluntad hacia Franco, superando explicables antipatías. (La Reina Victoria dijo hace unos meses que su hijo y Franco no se pueden ver.)

16.º De no producirse este improbable cambio de panorama en las relaciones entre El Pardo y Estoril, las tres salidas previsibles son: el Príncipe Don Juan Carlos, Don Alfonso de Borbón-Dampierre y un Regente. La gran masa del país es indiferente a cualquiera de estas tres soluciones y aceptará la que Franco proponga porque tiene una gran confianza en él. (Es un hecho, prescindiendo de las causas.)

17.º Para que el Príncipe pueda ser designado sucesor es preciso que cuente con el consentimiento de Don Juan, pues en otro caso se alzaría contra su padre, lo cual no ha de hacer ni lo quiere: sabe perfectamente que si algún papel le corresponde jugar en la historia de España se debe exclusivamente al hecho de ser hijo de su padre, y que en cuanto no se comportara como hijo perdería todo título.

Jesús Pabón, siendo delegado político del Conde de Barcelona, dijo que Don Juan, llegado el momento, renunciaría en favor del Príncipe. Esto mismo aseguran otras muchas personas allegadas a Estoril.

18.º Existe, sin embargo, un sector monárquico que no admite más posibilidad de restauración de la Monarquía que en la persona de Don Juan, y califican de «amadeísta» cualquier otra solución, tanto por arrancar de un principio electivo como por el carácter efímero que le auguran.

19.º Otros monárquicos, quizá los más, estiman exagerada la postura anterior. La «cuestión sucesoria» se circunscribe a un ámbito bastante reducido: nadie piensa en la casa de Saboya ni en otras dinastías extranjeras. Don Carlos-Hugo de Borbón-Parma está excluido por la Ley de Sucesiòn por ser francés, y Franco le tiene absolutamente descartado y no le concede la nacionalidad española pese a las presiones de un amplio sector del carlismo. La duda se plantea entre un hijo y dos nietos del último Monarca. Más que un caso «amadeísta», sería un nuevo caso a lo Cánovas, que trajo a Alfonso XII en vez de Isabel II, o una decisión semejante a la que adoptó Alfonso XIII en su documento de 15 de enero de 1941 en el cual declaró: «No por mi voluntad, sino por ley inexorable de las circunstancias históricas, podrá tal vez mi persona ser un obstáculo... Deber mío es remover esos posibles obstáculos, sacrificando toda consideración personal, para servir la gran causa de España... Con este espíritu y este propósito ofrezco a mi Patria la renuncia de mis derechos...»

20.º En cuanto al riesgo de que la Monarquía sea efímera, posiblemente ello dependerá más del acierto con que se gobierne en los primeros años del reinado y del bienestar que disfrute el país, que de ser el Rey un hijo o un nieto de Alfonso XIII.

21.º Los monárquicos «ultrajuanistas» corren el peligro de ser más papistas que el Papa al no querer oír hablar de posibles fórmulas de renuncia de Don Juan a favor del Príncipe en caso de necesidad, como el propio Don Juan ha insinuado en diversas ocasiones. Si se quisiera imponer como condición *sine qua non* la persona de Don Juan, lo único que probablemente se conseguiría es descartar al Príncipe y hacer el juego a Don Alfonso o a la Regencia.

22.º Don Alfonso de Borbón-Dampierre se está moviendo. Sus declaraciones a *Le Figaro* son buena prueba de ello. Cuenta con el respaldo del equipo Solís, aunque éste, que juega a todas las cartas, se haya entrevistado hace pocos meses con Don Juan durante una hora y media en la Embajada de Venezuela en Lisboa, según informaciones del Ministro de la Gobernación.

23.º En resumen, lo que facilitaría la solución del problema sucesorio sería un acercamiento efectivo entre Estoril y El Pardo, sin descartar *a priori* la posibilidad de Don Juan, pero con la prudente flexibilidad para, en caso necesario, negociar una fórmula honrosa de renuncia que permita la designación del Príncipe e incluso su subida al trono en vida de Franco.

Franco ha dicho en varias ocasiones al Príncipe que ha de ser leal con su padre. También ha dicho que quiere dejar en buen lugar a Don Juan, e incluso justificar su patriótica actitud de 1945 cuando redactó aquel manifiesto que le quemó ante algunos sectores del país.

24.º A veces se moteja de «balduinistas» a quienes defienden en primer término a Don Juan y subsidiariamente, si esta solución no fuera viable, al Príncipe. Pero habría que considerar si no ha sido el «balduinismo» lo que ha salvado la Monarquía en Bélgica.

En cuestión tan vidriosa y opinable, quiero terminar con la frase de rigor en los dictámenes: «Tal es mi parecer, que con gusto someto a otro mejor fundado.»

Madrid, 9 de enero de 1967

Anejo 15

CARTA DE JOQUÍN BAU A ITURMENDI DE 14 DE MARZO DE 1967 SOBRE INCORPORACIÓN DE NUEVOS MIEMBROS A LA COMISIÓN DE LEYES FUNDAMENTALES DE LAS CORTES.

Joaquín Bau
Presidente del Consejo de Estado

Excmo. Sr. D. Antonio Iturmendi
Presidente de las Cortes
Madrid

14 de marzo de 1967.

Querido Antonio:

Esta noche después de nuestra entrevista, en la que hemos hablado de los componentes de la Ponencia que ha de informar en la Comisión que presido, sobre el Proyecto de Representación Familiar, he quedado muy preocupado porque no te convencí de la necesidad de añadir otros dos nombres a los tres, señalados por ti, dignos falangistas y honorables compañeros nuestros en Cortes y de cuyos tres Procuradores, según me expresaste, ya habías hablado o acordado, con anterioridad a la conversación conmigo, con Pepe Solís.

Permíteme, querido Antonio, insista en que se nombre también a Don José M.ª Porcioles, conforme te dije, y como los componentes han de ser números nones, se puede añadir a José M.ª Oriol. De otra forma, hazte cargo, no puedo estar yo de acuerdo, aunque lo haya estado Solís, pero no es a él sino a mí, contigo, a quien corresponde y a quien, en su caso, se me podía pedir responsabilidad.

Con la fraternal amistad que nos une y apoyado en mis cuarenta años desde que empecé mis luchas parlamentarias, luchas que tú no has conocido porque con honor y lealtad ejemplares actuaste y serviste a la Patria desde otras alturas, con todo este mi afecto profundo y bagaje de práctica ejecutoria, debo expresarte mis serias dudas sobre cuanto digan y hagan quienes no quisiera sorprendieran nunca, en tus actuales y superiores quehaceres parlamentarios, tu recta y recia voluntad de armonizar como es lógico y necesario, pero entre elementos cabales.

Hablo así por cuanto señalabas precisamente de la inconsistencia y falta de seriedad política de Solís, salvando, naturalmente, sus condiciones y simpatía personales.

Precisamente estos días, un subordinado del Secretario General, escandalosa y públicamente, ha atacado el Proyecto de Ley de Representación Familiar aprobado por el Gobierno y que justamente es el que vamos a examinar y al que me estoy refiriendo.

¿Me permites el presente desahogo y el deseo de que la Ponencia sea la indicada por mí y de acuerdo contigo?

Ya sabes cuánto te quiere tu viejo amigo que te abraza,

J. Bau

Anejo 16

TELEGRAMA CIFRADO DE FECHA 30 DE MARZO Y SU TRADUCCIÓN, DEL DELEGADO NACIONAL DE PROVINCIAS EXIGIENDO PREVIA CONSULTA PARA PRESENTAR ENMIENDAS A LAS LEYES DE REPRESENTACIÓN FAMILIAR Y ORGÁNICA DEL MOVIMIENTO.

+++ MDTH- DE MADRID 60257 14/118 30 2330

= DELEGADO NACIONAL DE PROVINCIAS A

: CLAVE AZUL: 5508 4819 9729 4582 2590 8361 0375 4817 8014 5475 5736 1981 9430 2134 9020
5410 2937 6651 2873 3783 4874 1713 8894 5265 5001 3942 1973 2863 3742 8937 0308 2430 1151
1370 1797 4861 5235 7621 0145 6925 3022 1281 2248 4783 9170 4613 3176 9451 8008 7437 2961 5328
1722 5066 1436 2839 8317 2301 5354 0278 1981 4526 7994 2119 5163 7075 2283 7819 3894 2990 0375
1903 4503 8329 9035 7328 1358 7708 2650 3822 7508 9429 4503 7321 3689 4511 5682 2513 5117
7571 0119 4130 2851 6781 0534 1483 5970 2990 0366 2651 2822 7508 1451 7359 4874 2688
1340 7329 6103 7328 7639 5038 5730 1925 8106 5428 2975 1713 PUNTO SALUDOS TABOADA

De orden Ministro advertirás a consejeros nacionales y procuradores cortes afiliados y de confianza política residentes esa provicia NO deberán suscribir NI presentar enmiendas Leyes Representación Familiar y Orgánica Movimiento sin previa consulta esta Secretaría General. Saludos, Taboada.

Anejo 17

TELEGRAMA DEL DÍA 31 DE MARZO DEL MINISTRO SECRETARIO GENERAL DEL MOVIMIENTO A LOS GOBERNADORES CIVILES Y JEFES PROVINCIALES PARA QUE SE ATENGAN A LAS INSTRUCCIONES CONTENIDAS EN EL TELEGRAMA CITADO DEL DELEGADO NACIONAL DE PROVINCIAS.

+ M H de Madrid NR 60322 39 31 22
= Ministro Secretario General del Movimiento a esa Jefatura debe atenerse enteramente a instrucciones contenidas telegrama cifrado Delegación Nacional Provincias fecha 30 de los corrientes quedando desautorizada cualquier otra orientación no sujeta a las instrucciones indicadas punto saludos.

Anejo 18

TELEGRAMA DEL MINISTRO DE LA GOBERNACIÓN A LOS GOBERNADORES CIVILES PARA QUE EVITEN SE COARTE EL DERECHO DE LOS PROCURADORES A PRESENTAR ENMIENDAS A LA TOTALIDAD O AL ARTICULADO DE LOS PROYECTOS DE LEYES.

MDF 340 de Madrid Gobernación 36043 119 7 2130
+ Ministro Gobernación a
+ recuerdo a V.E. conforme con el apartado dos artículo segundo de la vigente Ley de Cortes todos los Procuradores en Cortes representan al pueblo español deben servir a la nación y al bien común y no estar ligados por mandato imperativo alguno por ello y siendo V.E. el encargado de velar por el estricto cumplimiento de las leyes deberá evitar cualquier actuación que pudiera coartar lo más mínimo el derecho reconocido a los Procuradores por el artículo treinta y seis del Reglamento de las Cortes según el cual cualquier Procurador podrá presentar enmiendas a la totalidad o al articulado de los Proyectos de Ley le saluda afectuosamente Camilo Alonso Vega.

Anejo 19

CARTA DE SOLÍS AL AUTOR DE 3 DE ABRIL SOBRE EL PERIÓDICO *MADRID.*

Madrid, 3 de abril de 1967

Ministro Secretario General del Movimiento

Excmo. Sr. D. Laureano López Rodó
Ministro Comisario del Plan de Desarrollo
Ciudad

Mi querido amigo y compañero:

Te acompaño editorial publicado en el diario "MADRID" del sábado último.

Creo que este artículo ha llegado a un límite intolerable por su forma y contenido.

Con un fuerte abrazo,

Firmado: José Solís Ruiz

Anejo 20

CARTA DEL 5 DE ABRIL DE 1967 DEL DELEGADO NACIONAL DE PROVINCIAS EN EL QUE ORDENA QUE LOS CONSEJEROS NACIONALES Y LOS PROCURADORES DE CONFIANZA POLÍTICA ENTREGUEN SUS ENMIENDAS A LOS PROYECTOS DE LEYES DE REPRESENTACIÓN FAMILIAR Y ORGÁNICA DEL MOVIMIENTO A LA SECRETARÍA GENERAL «CON EL FIN DE ENCAUZARLAS DENTRO DE UNA UNIDAD DE CRITERIO».

El Delegado Nacional de Provincias

PERSONAL Y RESERVADA

Madrid, 5 de Abril de 1.967.

Mi querido amigo y camarada:

Como ampliación a nuestro telegrama cifrado del 30 del pasado y al enviado por el Ministro Secretario con fecha 31 del mismo mes, ante las consultas formuladas por distintas Jefaturas Provinciales del Movimiento, te pongo estas líneas con el fin de que indiques a los Consejeros Nacionales y Procuradores en Cortes de confianza política, residentes en esa provincia, que pueden cursar las enmiendas que estimen pertinentes a los Proyectos de Ley de Representación Familiar en las Cortes y Orgánica del Movimiento y de su Consejo Nacional, haciéndote entrega de las mismas, ya que tu las enviarás, por correo urgente, a esta Secretaría General, con el fin de encauzarlas dentro de una unidad de criterio.

No ha estado nunca en nuestro ánimo, limitar las facultades que asisten a nuestros Procuradores, pero comprenderás que es obligado, especialmente en esta ocasión, plantear cualquier actuación política a este respecto con criterio uniforme y evitar dispersiones que, en todo caso, no producirían más que confusión de conceptos y desorientación general con el consiguiente perjuicio político.

Te envía un fuerte abrazo tu buen amigo y camarada,

- José Luis Taboada García -

Anejo 21

DICTAMEN DEL CONSEJO DEL REINO DE 28 DE JUNIO DE 1967 FAVORABLE A LA PRÓRROGA DE LA LEGISLATURA DE LAS CORTES.

Consejo del Reino

EXCELENCIA :

El Consejo del Reino ha celebrado Sesión el día 28 de Junio de 1.967, requerido por Su Excelencia para emitir Dictamen acerca de la prórroga de la actual legislatura de las Cortes Españolas y se honra en elevar a Su Excelencia el siguiente

D I C T A M E N.

La Ley Orgánica del Estado en su artículo 7º. establece que corresponde particularmente al Jefe del Estado "...b).Prorrogar por el tiempo indispensable, a instancia de las Cortes o del Gobierno y de acuerdo con el Consejo del Reino, una legislatura cuando exista causa grave que impida la normal renovación de los Procuradores".

En el presente caso el requerimiento de Su Excelencia se ha producido a instancia del Gobierno, por lo que se dá uno de los supuestos contemplados en el precepto antes transcrito.

Por lo que se refiere a los motivos que impiden la normal renovación de los Procuradores en Cortes -causa justificadora de la prórroga de la legislatura- el Consejo del Reino estima que se encuentran precisamente en las importantes alteraciones que se han introducido en nuestro Ordenamiento jurídico como consecuencia, precisamente, de la Ley Orgánica del Estado.

Por de pronto, ha de advertirse que la Disposición Tran

sitoria segunda de la Ley Orgánica del Estado subordina la vigencia de las modificaciones que se introducen en la composición de las Cortes Españolas al hecho de la constitución de la próxima legislatura. Claro está, puesto que las expresadas modificaciones suponen, a su vez, requisito previo para que las nuevas Cortes queden constituídas, que resulta necesario prorrogar una legislatura que habría de finalizar el próximo día 6 de Julio, para hacer posible la elección y designación de los Procuradores que han de componer las Cortes Españolas.

Esto resulta particularmente evidente en relación con los Procuradores que lo son por su condición de Consejeros Nacionales (apartado b). del artículo 2º. de la Ley de Cortes) y de los Procuradores representantes de la familia por cada provincia (apartado f). del propio artículo 2º.)

Por lo que se refiere a los Consejeros Nacionales, las Cortes Españolas en su Sesión Plenaria del pasado día 26 de los corrientes han aprobado el Proyecto de Ley Orgánica del Movimiento y de su Consejo Nacional. Es incuestionable que el Consejo Nacional no podrá quedar constituído, teniendo en cuenta el sistema de elección que se establece en los artículos 14 y siguientes de dicha Ley, con anterioridad a la fecha de terminación de la presente legislatura.

En relación con los Procuradores de Representación Familiar, las Cortes Españolas en la citada Sesión Plenaria han aprobado el Proyecto de Ley de Representación Familiar, en cuyo artículo 2º. se determina que las elecciones para este grupo de Procuradores " tendrán lugar dentro de los dos meses anteriores al término de la legislatura". Por otra parte, basta examinar la Disposición final cuarta y las Disposiciones transitorias segunda y tercera de la Ley mencionada, para comprender que el Decreto de convocatoria de estas elecciones es un acto político de la exclusiva competencia del Gobierno, que puede modificar los plazos establecidos en la Ley de Representación Familiar en Cortes, excepto, precisamente, el plazo de dos meses antes indicado a que alude el artículo 2º. referido. Basta esta consideración para comprender que solo prorrogándose la legislatura podrá darse cumplimiento a dicho precepto legal.

No debe olvidarse asímismo que la Proposición de Ley sobre el Reglamento de las Cortes Españolas, cuya promulgación es requisito previo para la constitución de la nueva legislatura, se encuentra actualmente en tramitación.

En fin, en la iniciativa a Su Excelencia elevada por el Gobierno se adelanta el propósito de que la fecha para la celebración de las elecciones para Procuradores en Cortes en representación de la familia se fije para el día 10 de Octubre próximo. Supuesta esta fecha y teniendo en cuenta las operaciones electorales que a partir de ese día han de tener lugar, entre las cuales han de señalarse la resolución de las impugnaciones que se produzcan, la formación de las listas definitivas de los candidatos elegidos y su comunicación al Presidente de las Cortes y el plazo mínimo de quince días de que éste ha de disponer para convocar las nuevas Cortes, el Consejo del Reino considera totalmente justificado que la fecha en que deba constituirse la nueva legislatura sea la del 15 de Noviembre próximo. Por consiguiente, ésta debe ser tambien la fecha hasta la que quede prorrogada la legislatura actual.

En su consecuencia, el Consejo del Reino, por unanimidad, emite su Dictamen favorable a que la actual legislatu - ra de las Cortes Españolas sea prorrogada hasta el 15 de Noviembre de 1.967, y se honra en elevarlo a Su Excelencia.

Dios guarde a Su Excelencia muchos años.

Madrid, 29 de Junio de 1. 967.

A SU EXCELENCIA EL JEFE DEL ESTADO Y GENERALISIMO DE LOS EJERCITOS.

Anejo 22

CARTA DE 22 DE SEPTIEMBRE DE 1967 DE SANTIAGO UDINA MARTORELL, SUBSECRETARIO DE OBRAS PÚBLICAS, EN LA QUE EXPLICA LAS RAZONES POR LAS QUE DECIDE NO PRESENTARSE A LAS ELECCIONES DE PROCURADORES EN CORTES DEL GRUPO FAMILIAR.

El Subsecretario de Obras Públicas

Excmo. Sr. D. Laureano López Rodó.
Ministro Comisario del Plan de Desarrollo
Económico y Social.
Presidencia del Gobierno.
MADRID.-

Madrid,
22 sepbre.
1967.

Mi querido Ministro y respetado amigo:

Por la exquisita bondad y cortesía con que siempre has seguido mis modestas ocupaciones y preocupaciones en la vida pública, me siento movido a explicarte la razón de mi cambio de criterio al no haberme presentado como te anuncié, candidato a la representación familiar por Barcelona, que tanto me atraía y que tantos me invitaban a intentar en los comicios.

Me consta que en la Secretaría General del Movimiento mi candidatura no caía bien y que mi presentación no sólo no podía contar con ninguna simpatía de sus organizaciones, sino que había de provocar su oposición.

Mi presentación, mi programa y mi campaña habían de ser pro-Movimiento-comunión, bajo la Jefatura de Franco y los principios de 1958, con los que me siento identificado, planteando la modificación de la Ley orgánica del Movimiento y de su Consejo, para enervar el contrafuero; devolver al Estado el Consejo Nacional que le ha quitado el Movimiento-organización, cargándose esa quasi-segunda Cámara, base de equilibrio y serenidad política y suprimiendo la figura, de origen exógeno, del Secretario General: es decir acomodando el Movimiento y el Consejo Nacional a la Ley Orgánica del Estado.

No tengo la menor duda del éxito que hubiera tenido esta postura, en mi caso y sin jactancia, ante los electores catalanes, mucho más realistas, cara al futuro, que los Procuradores -unos por intransigencia y otros por debilidad- que han provocado este gran retroceso político de la Ley orgánica del Movimiento, que ha deslegitimado al mismo como soporte del Estado y que -

tanta prudencia y cautela políticas exigirá a corto y a largo plazo cara al futuro del país.

Pero levantar esa bandera, si leal con mi patria y su bien y con Franco y con cuanto he jurado servir, hubiera podido producir desgarros y polémicas, comprometer a mi Ministro, siempre tan respetuoso de mis criterios personales, a quien debo lealtad y con el que tengo tanta amistad y dejar -ésto sería lo grave- un ambiente tenso, de división interior, nunca conveniente.

Por esta razón no me he presentado. Amigos míos de Barcelona, personas muy vinculadas al Movimiento y al Régimen, me dicen que ésto es un error, que yo debía ir a la lucha. Pero yo prefiero una actitud discreta, que entiendo prenda de buen servicio, al planteamiento de un principio de división. Cuando en las Cortes vigentes se discutió ese problema del futuro, lo abordé con todas sus consecuencias personales. Esta de ahora es tal vez una de ellas. Y si fuí entonces leal, contra lo que digan los maldicentes, perdiendo una batalla para desgracia del país, quiero ahora seguir siéndolo perdiéndola para desgracia mía, si desgracia es quedar marginado de las nuevas Cortes por no presentarme candidato.

Dios quiera que los que lo han hecho y salgan elegidos tengan en las nuevas Cortes posibilidad y tiempo de encarrilar de nuevo la evolución política de España, por caminos de sensatez y generosidad personal.

Un abrazo de tu affmo.,

Firmado - Santiago Udina.

Anejo 23

INFORME DEL ALMIRANTE CARRERO A FRANCO DE 9 DE OCTUBRE DE 1967 ROGÁNDOLE QUE CONSERVE LA PRESIDENCIA DEL GOBIERNO.

INTERPRETACIÓN DE LA DISPOSICIÓN TRANSITORIA PRIMERA DE LA LEY ORGÁNICA DEL ESTADO

La disposición transitoria primera de la Ley Orgánica del Estado, que naturalmente tiene la misma fuerza de obligar que todos los demás artículos que constituyen la Ley, tiene tres párrafos.

El primero de ellos dice: «Cuando se cumplan las previsiones de la Ley de Sucesión, la persona llamada a ejercer la Jefatura del Estado, a título de Rey o de Regente, asumirá las *funciones* y *deberes* señalados al Jefe del Estado en la presente Ley.»

La interpretación de este párrafo de la disposición transitoria que nos ocupa no puede ser más clara. Si el Jefe del Estado no ha de estar obligado, en sus funciones y deberes, por la Ley Orgánica del Estado, *hasta que se cumplan las previsiones de la Ley de Sucesión*, es decir, mientras el Caudillo viva, es evidente que, de una manera general, éste no queda obligado al cumplimiento de las regulaciones y limitaciones que la Ley establece a las funciones del Jefe del Estado.

Pero el segundo párrafo de la Disposición transitoria primera es aún más concreto.

Dice así: «Las atribuciones concedidas al Jefe del Estado por las Leyes de 30 de Enero de 1938 y 8 de Agosto de 1939, así como las prerrogativas que le otorgan los artículos 6 y 13 de la Ley se Sucesión, subsistirán y *mantendrán su vigencia* hasta que se produzca el supuesto a que se refiere el párrafo anterior», es decir, mientras el Caudillo viva.

Las *prerrogativas* que otorgan al Jefe del Estado los artículos 6 y 13 de la Ley de Sucesión son las siguientes:

Artículo 6. «En cualquier momento el Jefe del Estado podrá proponer a las Cortes la persona que estime deba ser llamada en su día a sucederle, a título de Rey o de Regente, con las condiciones exigidas por esta Ley y podrá, asimismo, someter a la aprobación de aquéllas la revocación de la que hubiera propuesto, aunque ya hubiese sido aceptada por las Cortes.»

Artículo 13. «El Jefe del Estado, oyendo al Consejo del Reino, podrá proponer a las Cortes queden excluidas de la sucesión aquellas personas reales carentes de la capacidad necesaria para gobernar o que, por su desvío notorio de los principios fundamentales del Estado o por sus actos, merezcan perder los derechos de sucesión establecidos en esta Ley.»

Estas prerrogativas, y en especial la que afecta al artículo 6, son, evidentemente, prerrogativas que sólo el Caudillo puede ejercer y que, por tanto, no tienen vigencia más que mientras él viva.

Veamos cuáles son las *atribuciones* que al Jefe del Estado conceden las Leyes de 30 de Enero de 1938 y 8 de Agosto de 1939.

La Ley de 30 de Enero de 1938 es una Ley Orgánica de la Administración Central. Por ella se crean los departamentos ministeriales que pasan a asumir las funciones encomendadas por la Ley de 1.º de Octubre de 1936 a la Junta Técnica del Estado con sus Comisiones, a las Secretarías de Guerra, Relaciones Exteriores y General del Jefe del Estado y al Gobierno General.

De los diez y siete artículos de esta Ley, sólo dos o, más exactamente, los primeros párrafos de dos, el 16 y 17, afectan al Jefe del Estado.

Estos dos primeros párrafos dicen así:

Artículo 16. «La *Presidencia* (se refiere a la del Gobierno) *queda vinculada al Jefe del Estado*. Los Ministros, reunidos con él, constituirán el Gobierno de la Nación.»

Artículo 17. «*Al Jefe del Estado*, que asumió todos los poderes por virtud del Decreto de la Junta de Defensa Nacional de 29 de Septiembre de 1936, *corresponde la suprema potestad de dictar normas jurídicas de carácter general*.»

La Ley de 8 de Agosto de 1939 establece una nueva reorganización de la Administración Central, que se basa, fundamentalmente, en la supresión de la Vicepresidencia del Gobierno y del Ministerio de Defensa, en la separación de los Sindicatos del Ministerio de Obras Públicas y Organización y Acción Sindical y en la creación de los Ministerios de Ejército, Marina, Aire y Trabajo, así como de la Junta de Defensa Nacional.

La vinculación de la Presidencia del Gobierno en la Jefatura del Estado, establecida en el artículo 16 de la Ley de 30 de Enero de 1938, se reafirma en el preámbulo de la del 8 de Agosto de 1939, en el que se dice: «Ello aconseja una acción más directa y personal del Jefe del Estado en el Gobierno, así como desdoblar aquellas actividades...»

Esta vinculación de la Presidencia del Gobierno en la Jefatura del Estado, así como la potestad legislativa del Jefe del Estado, se establece de nuevo en el artículo 7 de la Ley de 8 de Agosto de 1939, que dice así:

Artículo 7. «Correspondiendo al Jefe del Estado la suprema potestad de dictar normas jurídicas de carácter general, conforme al artículo décimo séptimo de la Ley de 30 de Enero de 1938, y *radicando en él de un modo permanente las funciones de Gobierno*, sus disposiciones y resoluciones, adopten la forma de Leyes o Decretos, podrán dictarse aunque no vayan precedidas de deliberación del Consejo de Ministros, cuando razones de urgencia así lo aconsejen, si bien en tales casos el Jefe del Estado dará después conocimiento a aquél de tales disposiciones o resoluciones.»

Es por tanto indudable que la Ley Orgánica del Estado, Ley fundamental que ha tenido el respaldo popular del clamoroso referéndum del 14 de Diciembre de 1966, establece, mientras el Caudillo viva, la *vigencia* de los dos preceptos siguientes:

1.º vinculación de la Presidencia del Gobierno a la Jefatura del Estado (artículo 16 de la Ley de 30 de Enero de 1938, reiterada en el preámbulo y en el artículo 7 de la Ley de 8 de Agosto de 1939), y

2.º suprema potestad del Caudillo de dictar por sí normas jurídicas de carácter general (artículo 17 de la Ley de 30 de Enero de 1938 y artículo 7 de la Ley de 8 de Agosto de 1939).

El párrafo tercero de la Disposición Transitoria primera de la Ley Orgánica del Estado, dice así:

«La Jefatura Nacional del Movimiento corresponde con carácter vitalicio a Francisco Franco, Caudillo de España. Al cumplirse las previsiones sucesorias, pasará al Jefe del Estado y, por delegación de éste, al Presidente del Gobierno.»

Su interpretación tampoco ofrece duda. El Caudillo es, con carácter vitalicio, Jefe Nacional del Movimiento, y sólo los Jefes de Estado que en su día le sucedan estarán obligados a delegar la Jefatura Nacional del Movimiento en el Presidente del Gobierno.

«Por consiguiente, el estricto cumplimiento de los preceptos de la Ley Orgánica del Estado obliga a que, mientras el Caudillo viva, la Presidencia del Gobierno continúe vinculada a la Jefatura del Estado, puesto que está vigente el artículo 16 de la Ley de 30 de Enero de 1938, y a que el Caudillo ejerza personalmente la Jefatura Nacional del Movimiento. Lo contrario entrañaría un contrafuero con arreglo a lo dispuesto en el artículo 59 de la Ley Orgánica del Estado.»

«Ahora bien, como el Caudillo tiene también la suprema potestad de dictar normas jurídicas de carácter general, es evidente que puede, en el momento en que lo estime oportuno, hacer uso de dicha facultad para suspender o derogar la vigencia del artículo 16 de la Ley de 30 de Enero de 1938 y, una vez desvinculada la Presidencia del Gobierno de la Jefatura del Estado, designar un Presidente del Gobierno, bien por sí mismo haciendo uso de su potestad legislativa, bien mediante las normas de propuesta en terna por el Consejo del Reino establecidas en el artículo 14 de la Ley Orgánica del Estado.»

Existiendo un Presidente del Gobierno, el Caudillo podría, de estimarlo oportuno, hacer uso de su potestad legislativa para suspender la vigencia del párrafo tercero de la Disposición Transitoria primera de la Ley Orgánica del Estado y delegar en el Presidente del Gobierno la Jefatura Nacional del Movimiento.

Ésta es, a nuestro juicio, la situación jurídica que plantea la Ley Orgánica del Estado y tenemos la firme convicción de que, salvo quizás una exigua minoría de aficionados a las novedades, *nada lamentaría más el pueblo español que el Caudillo pusiera en otras manos distintas de las suyas la Presidencia del Gobierno* y la Jefatura Nacional del Movimiento. Un referéndum sobre esta cuestión sería aún más terminante que el del 14 de Diciembre de 1966.»

Madrid 9 de Octubre de 1967.

Anejo 24

CARTA DE DON JAVIER DE BORBÓN-PARMA A FRANCO, DE 22 DE ABRIL DE 1967

Excelencia:

Desde la fecha del telegrama que dirigí a Vuestra Excelencia en noviembre para felicitarle públicamente por su discurso ante las Cortes y presentación a las mismas de la Ley Orgánica, los Tradicionalistas y los antiguos combatientes Requetés, lealísimos a la Cruzada y a sus profundos y permanentes valores, están trabajando con ejemplar entusiasmo para dar contenido nacional y popular a las nuevas Cortes. Estos trabajos al servicio de la representación nacional, van a culminar en el Acto de Montejurra de este año que puede ser un ejemplo de adhesión popular a una constitución que es la primera que se hace, en el mundo moderno, sin el espíritu liberal que tanto ha turbado la Historia de España.

Como sabe Vuestra Excelencia, todos los años asiste a este acto alguno de mis hijos representando la gran vinculación de mi familia al carlismo y a España. Hoy se me pide mucho que asistan este año los Príncipes Carlos e Irene. Creo que la presencia de los Príncipes facilitaría la interior satisfacción de los carlistas para su rodamiento dentro de la Ley Orgánica en un clima de mayor paz. Los Príncipes acudirán al acto religioso que se celebra en la cumbre.

Terminada la Misa, el Príncipe podría leer un breve mensaje mío como se hizo en el acto tenido por los Requetés en el Cerro de los Ángeles el día de Cristo Rey de octubre pasado.

Aunque la presencia de los Príncipes en este Montejurra tiene altura espiritual y nacional, que está por encima de opiniones políticas, he querido comunicarlo a Vuestra Excelencia por si existiera alguna contraindicación de momento. En tal supuesto, que no creo que pueda darse ahora, ya conoce Vuestra Excelencia el sincero deseo constructivo con que siempre he querido actuar y actuaré también en este momento y siempre.

Reciba Vuestra Excelencia el testimonio de mi más alta consideración.

Anejo 25

CARTA DEL EMBAJADOR GARRIGUES A CASTIELLA SOBRE LA SALUD DE PABLO VI Y LA POSICIÓN DE MONS. BENELLI.

«*Pontificem habemus*». Querido Fernando:

El resultado del examen histológico de que da cuenta el último boletín sobre la salud del Papa confirma que la hipertrofia de la glándula no tiene carácter canceroso sino benigno. Éste era el punto crucial del asunto. El estado del paciente sigue siendo satisfactorio aunque últimamente le había vuelto a subir la fiebre.

Si todo sigue su proceso normal y no se presenta ninguna nueva complicación, la recuperación del enfermo será lenta, porque su salud y su estructura física han sido siempre débiles y de poca consistencia.

En las declaraciones que hizo Valdoni en la Televisión tuvo buen cuidado en subrayar estas características fisiológicas del ilustre paciente.

Quiere decirse con ello que la Cabeza de la Iglesia, por un período de tiempo de alguna extensión en el caso más favorable, va a estar constreñida a una notable reducción de actividad.

Con ello los poderes de Benelli y su posición dominante se acentúan considerablemente.

¿Tiene Benelli la experiencia y la madurez necesarias para asumir esa posición tan relevante?

Yo creo sinceramente que no, que todo ello es un poco prematuro, pero si el Papa no se decide a dar el paso de nombrar un Secretario de Estado, no hay duda de que la posición de Benelli va a ser la que queda dicha.

Un fuerte abrazo.

Antonio Garrigues

9 de noviembre de 1967.

Anejo 26

PROYECTO DE BASES DE ORDENACIÓN Y FUNCIONAMIENTO DEL CONSEJO NACIONAL DEL MOVIMIENTO.

I. El Consejo Nacional es el supremo Órgano colegiado del Movimiento.

La función representativa del Consejo Nacional abarca todo el orden de fines del Movimiento: la comunión de los españoles en los Principios Fundamentales, el cauce para la participación política del pueblo y la organización al servicio de aquellos fines.

En tal carácter, el Consejo Nacional ha de formar parte del orden Constitucional de la Nación.

II. Es competencia del Consejo Nacional:

1. Velar por la defensa, actualización y desarrollo de los Principios del Movimiento y de las Leyes Fundamentales.

En tal sentido, estimulará la acción política y legislativa para la mayor eficacia de los Principios.

Asimismo, le corresponde instar ante el Jefe del Estado la declaración de inconstitucionalidad de las disposiciones legales que los vulneren.

2. Conocer y deliberar sobre las cuestiones generales de interés político y emitir los informes y propuestas que considere oportunos.

3. Fortalecer la convivencia nacional, encauzando el contraste de pareceres en orden a la acción política.

4. Informar preceptiva y previamente todo proyecto de disposición legal que afecte a la estructura de las instituciones políticas.

5. Conocer y aprobar las líneas generales de la actuación de los Órganos del Movimiento Nacional y examinar su gestión.

III. La composición del Consejo Nacional, respondiendo a la síntesis política que el Movimiento representa y al orden de fines expresado en la Base I, será la siguiente:

1. Al Jefe Nacional le corresponde la designación directa de 50 Consejeros caracterizados por sus servicios al Movimiento. Si no hiciese uso de esta facultad, la misma se entenderá deferida al propio Consejo Nacional.

2. La representación de la organización corresponde en el ámbito nacional a los Mandos Nacionales del Movimiento a quienes el Ministro Secretario atribuya la consideración de Consejeros, sin que puedan exceder del 10 % del total de miembros del Consejo.

En el ámbito provincial estará a cargo de 50 Consejeros, designados uno por cada provincia por elección entre los miembros activos del Movimiento.

3. 30 Consejeros serán designados electivamente entre personas representativas de Asociaciones, Corporaciones, Sindicatos, Universidades, Colegios Profesionales y Entidades sociales de carácter nacional.

IV. La designación de los Consejeros se acomodará a los siguientes criterios:

1. Si el Caudillo no hiciere uso de su facultad de designación, la misma se entenderá deferida al propio Consejo Nacional que la realizará antes de la extinción de su mandato, eligiendo los 50 nuevos Consejeros de entre los candidatos que, habiendo prestado relevantes servicios al Movimiento, sean propuestos por un mínimo de quince Consejeros.

2. Los 50 Consejeros representantes electivos de la Organización, en su base provincial, serán elegidos, uno en cada provincia, de entre los miembros activos del Movimiento que tengan vinculación a la misma. Todos los afiliados tendrán derecho a participar en la elección por el procedimiento que se señale.

3. Los Consejeros representativos a que se refiere el núm. 3 de la Base anterior, serán elegidos en cada legislatura por los Consejeros ya designados por los procedimientos antes señalados y los que lo sean por razón del cargo, entre candidaturas presentadas por las respectivas Entidades, Organizaciones o Corporaciones, dentro del procedimiento que se señale.

V. El Consejo funcionará en Pleno, en Comisión Permanente y en Comisiones preparatorias.

1. El Pleno es el Órgano del Consejo a quien corresponde, en plenitud de competencia, las funciones señaladas en la Base II.

2. Del seno del Consejo se nombrará una Junta Política como Comisión Permanente del mismo, en cuya designación se tendrá presente la composición del Consejo. La mitad, al menos, de sus componentes serán elegidos por el Pleno, nombrándose los restantes por el Ministro Secretario.

Sus funciones esenciales serán las siguientes:

a) Mantener la competencia del Consejo cuando no esté constituido en Sesión Plenaria.

b) El gobierno y la dirección de las tareas del Consejo.

c) La relación con las Comisiones y los Consejeros.

d) La designación de los Consejeros que han de formar parte de las Comisiones, y la propuesta de los Presidentes y Vicepresidentes de las mismas.

e) La constitución de ponencias especiales para la realización de estudios e informes.

f) El reparto de los asuntos a las Comisiones y Ponencias.

g) La propuesta del Orden del día de las sesiones plenarias.

h) El asesoramiento al Jefe Nacional y al Ministro Secretario.

i) La asistencia a la Presidencia en los asuntos de urgencia.

j) La aprobación de presupuestos y cuentas.

k) La representación colegiada del Consejo.

3. El Consejo en su sesión plenaria constitutiva fijará las Comisiones que con carácter regular han de funcionar en el mismo.

VI. Al Caudillo, Jefe Nacional del Movimiento, corresponde la Presidencia del Consejo con carácter nato. La Presidencia efectiva, por delegación de aquél, estará a cargo del Secretario General del Movimiento.

El Consejo tendrá dos Vicepresidencias, una de las cuales será ejercida por el Vicesecretario General del Movimiento y la otra por un Consejero elegido por el Consejo.

Desempeñará el cargo de Secretario, el Consejero que designe el Secretario General del Movimiento.

VII. El Consejo se renovará cada seis años.

Los Consejeros Nacionales gozarán del Fuero que hoy les reconoce la legislación vigente. La condición de Consejero se perderá por renuncia, por expiración del Mandato, por reiteradas faltas de asistencia, por pérdida de las condiciones mínimas de elegibilidad y por declaración de indignidad hecha por el Pleno del Consejo.

VIII. Los actos del Consejo revestirán la forma de acuerdos, dictámenes, informes, mociones y propuestas, según los casos.

El Consejo actuará a iniciativa del Jefe Nacional, a propuesta del Secretario General o por sugerencia de más de 50 Consejeros, con informe favorable, en este último caso, de la Comisión Permanente.

El asesoramiento técnico del Consejo y la aportación del material de estudio y documentación, estará a cargo del Instituto de Estudios Políticos.

IX. Las propuestas de inconstitucionalidad a que se refiere el núm. 1 de la Base II, podrán provenir del Jefe Nacional, del Secretario General o de un grupo de más de cincuenta Consejeros, siendo necesario, en este último caso, para dar trámite a la propuesta que lo acuerde así la Comisión Permanente con el voto favorable de dos tercios de sus miembros.

Para que el Pleno y las Comisiones puedan deliberar sobre propuestas de inconstitucionalidad se exigirá la asistencia de dos tercios de sus componentes y para la adopción de acuerdos será necesario el voto favorable de dos tercios de los que asistan.

La propuesta así aprobada, será elevada con sus antecedentes al Jefe del Estado a los efectos que considere oportunos.

X. El Pleno del Consejo celebrará por lo menos un período de sesiones al año y se reunirá, además, siempre que sea convocado por el Jefe Nacional o por el Secretario General de acuerdo con los asuntos pendientes o cuando concurran los requisitos señalados en el párrafo último de la Base VIII.

XI. Las relaciones del Consejo con las Cortes Españolas se efectuarán por conducto de la Comisión Permanente y a través del Presidente del Consejo.

Las relaciones del Consejo Nacional con el Gobierno se llevarán a cabo a través del Secretario General.

XII. Todos los españoles podrán dirigirse al Consejo Nacional para formular las peticiones que estimen convenientes o llamar su atención sobre la procedencia de iniciar una propuesta de inconstitucionalidad.

XIII. El Consejo Nacional gozará de personalidad jurídica para el cumplimiento de sus fines.

XIV. La nueva estructura del Consejo Nacional deberá ser establecida, conforme a las bases procedentes, por Ley Fundamental.

Anejo 27

NOTA DE FEDERICO SILVA PROPONIENDO CANDIDATOS PARA DIVERSAS CARTERAS MINISTERIALES.

4

No sé si me expliqué suficientemente por teléfono, por las dificultades de entendernos.

1º Temo que habrá un "chivo expiatorio" del equipo económico. De haberlo creo debe ir por delante Hacienda, aunque temo que sea Comercio

2º Luis Coronel, Alfonso Osorio y Juan Antonio Ollero son nombres intercambiables para esa hipótesis, de manera que, en síntesis, si Luis o Alfonso no van a Información, puede, perfectamente ir Alfonso a Comercio o Hacienda, o Luis Coronel u Ollero a Hacienda. Pero en todo caso creo que mañana pues para tu reunión de las 10 de la mañana debes tener esto muy en cuenta

3º Si ves resquicio no vaciles en abrir brecha en Agricultura. Adolfo está moviendo los hilos de las interpelaciones contra el trasvase y aunque de nada le servirá es molesto y sobre todo desleal. Sigo pensando en Martínez Bohórquez (?), C. de Colonización, y, aun despreciando lo sucedido últimamente que no se repetirá, a ningún nivel, en Oñate

4º Después de lo de esta mañana éxito completo — "¡alea jacta est" a Don Fernando". Está sin control de sus nervios, tenso y enardecido. Es maravillosa su alabanza de los "exiliados" cuyo supuesto patriotismo lo mide en pensión del "caso [illegible]" con bula para la historia y para los propios procuradores.

5º En resumen:

Luis Coronel — Información o Hacienda
Osorio — Información, Comercio o Hacienda
Ollero — Hacienda, Trabajo o Vivienda

3-IV-68

Anejos 28

NOTA DE RODRÍGUEZ DE VALCÁRCEL ACERCA DE LA CRISIS DEL MOVIMIENTO Y NECESIDAD DE REORDENARLO PARA QUE CUMPLA SU MISIÓN POLÍTICA, AGOSTO, 1968

El Movimiento hoy, potencialmente, tiene unos ideales que persisten o *deben persistir*, una *organización defectuosa* a todos sus niveles, pero esencialmente a nivel nacional, *por haber mantenido un montaje que arranca de una época con distintos planteamientos*; y unos hombres que, aunque aún mantienen la fe y la ilusión, están en un estado de ánimo muy proclive —algunos ya han dado el paso— o a la disconformidad o a la intransigencia y el endurecimiento, como consecuencia de un *complejo justificado de esterilidad, de incomprensión o en el mejor de los casos de inacción o de frustración.*

Las razones que han determinado el que se haya llegado a esa situación son múltiples; desde la *rigidez y anquilosamiento de la propia Organización,* hasta la conciencia, de sentirse defraudados, pasando porque no llegan a comprender la cuando menos *aparente contradicción que existe a veces, entre las posiciones que se exigen a los hombres que participan en el Movimiento-organización, lo que se les dice, y las realidades políticas que por vía de la acción o de las designaciones se produce; la carencia de información o consignas sobre temas vitales para el presente o el futuro de España; la falta de capacidad operativa del Movimiento-organización*; el hecho de que porque hay pocas cosas que poder decir, no se acuda a ellos más que con ocasiones de recepciones, elecciones o situaciones parecidas; la *carencia de medios e instrumentos. Estas y otras causas determinan que nuestros hombres tengan sensación de frustración y nuestro Movimiento-organización haya quedado en pura rutina y la rutina tiene el gravísimo peligro de producir el vacío y el vacío ya se sabe,* no existe en política y los que desde fuera quieran llenar ese vacío tendrán grandes facilidades y posibilidades.

I. *Misión del Movimiento*

1. No sólo por la declaración legal contenida en nuestro Ordenamiento fundamental, sino como consecuencia inevitable de la vida social, el Movimiento tiene encomendada, en España, la misión de promover la vida política.

La *subsistencia del Estado* y del orden social y el progreso respectivo de uno y otro, *no pueden imaginarse siquiera sin reconocer la necesidad de la política. Política entendida* en el sentido más noble de la palabra; *como actividad destinada a defender constantemente unos Principios, a derivar de ellos y en cada etapa unos ideales concretos a alcanzar y a ilusionar e identificar al pueblo con aquellos Principios e ideales.* La *Administración pública* tiene el deber de respetar los Principios y de realizar la actividad que materializa dichos ideales. Pero *no está ni puede estar concebida para el proselitismo político.* Las Fuerzas Armadas, tanto por la naturaleza de las cosas, como por definición legal, constituyen el medio decisivo y final de defensa del sistema político, pero no pueden sufrir el cotidiano desgaste de una acción política.

La satisfacción de la necesidad que la política constituye se realiza por diversos medios que, en general, pueden reconducirse a tres grandes arquetipos:

a) *Los partidos políticos* que despliegan la actividad conducente a defender los principios, ideales e intereses de su respectivo esquema, agrupando afiliados y conquistando la adhesión de los elementos neutros.

b) *El partido único* que encuentra en su disciplinada y jerarquizada estructura el método de acción política.

c) *El intento que España ansía de una tercera vía que se llama Movimiento Nacional,* amplio, que no responda ni al pluripartidismo ni al monopartido. *Que sea unidad sustancial, no ruptura social.*

Los inexorables condicionamientos de la vida social se ponen de relieve en todo caso. Concretamente en la medida que el Movimiento Nacional no desempeña con plenitud su misión de promover la política, se apuntan rápidamente las proposiciones a realizarla por los otros medios clásicos:

a) Vemos así, de una parte, en la España de hoy, un intento de *regreso al pluripartidismo,* que se manifiesta:

1.º En la *radicalización de ciertos hombres de élite pidiendo su restablecimiento.*

2.º En la existencia, no ya sólo de organizaciones clandestinas o encubiertas, sino de posiciones claramente aglutinantes, públicas y continuas, *cual son algunos de los más importantes periódicos del país que están definiendo posturas y reclutando adhesiones.* Estos periódicos vienen a coincidir en muchos casos con sendas posiciones de partido ya clásicas en nuestra Patria.

3.º En la *situación de la Universidad* en la que, roto el cauce de unidad, *se acusa una fuerte politización partidista.*

b) Y nos encontramos también, por contraposición, con gentes que, a la vista de la situación, *fieles al Caudillo, desconfían, por los hechos, de la viabilidad del Movimiento* y piensan en dar *al mismo un giro totalitario,* que lleve a la solución de los problemas de promoción política por el camino de un *verdadero partido único.*

En suma: *en la medida que el Movimiento no cumple la misión que tiene encomendada, las regresiones parecen inevitables. O al pluripartidismo, o al partido único, o a la pura tecnocracia.*

II. *De las causas por las que el Movimiento no cumple su misión*

La insuficiencia funcional del Movimiento ha de basarse en razones de diversa índole:

1. *La falta de visión de muchas gentes,* a distintos niveles, *sobre la verdadera significación funcional del Movimiento.*

2. *La desconfianza de gentes de buenísima voluntad que no quieren abandonar posiciones rígidas y extremistas.*

3. El afán de otros *que quieren ver en la España de hoy una situación de pura transición que a la muerte de Franco ha de desembocar en un régimen de partidos políticos.*

4. *La indiferencia política de muchos españoles.*

5. *La falta de compenetración entre Gobierno y Movimiento.* Con honrosas excepciones los miembros del Gobierno no han tenido palabras de fe y de aliento para el Movimiento Nacional, lo que confirma la sensación de provisionalidad que otras personas registran.

6. *La falta, también, de medios económicos para realizar una acción de envergadura.* ¿Cuánto le cuesta a España la promoción de la política? La cantidad es irrisoria en comparación con su presupuesto nacional y lo que la política cuesta en otros países.

7. *La desmoralización y el desconcierto de muchos de los hombres encargados de hacer funcionar el Movimiento y la fosilización de muchos otros. Se apunta ahora un rejuvenecimiento de cuadros en el que se ha de perseverar.*

A pesar de todo ello hay un balance considerable:

1. En la constante estima al Caudillo, instrumentando eficazmente una adhesión popular que existe —qué duda cabe— pero cuyas concretas manifestaciones requieren dedicación y planteamiento oportuno.

2. El papel del Movimiento en toda clase de elecciones —Ayuntamientos, Diputaciones— y, en especial en las de las Cortes que, *han permitido una selección importantísima de fidelidades que hagan más llevaderas las relaciones entre Cortes y Gobierno,* y compensan, e incluso superan, ciertos intentos disgregadores registrados en la Cámara.

3. *Librando la lucha en el frente sindical.*

4. En general, *manteniendo unos canales de enlace entre la sociedad y el Régimen, no siempre fluido, pero, en definitiva, enlaces.*

III. *Exigencias para que el Movimiento cumpla su misión*

El Movimiento tiene un área política que debe cubrir.

Para cubrirla *necesita acreditarse por eficacias promotoras y operativas* que, en principio y como programa mínimo, deben conducir de una parte *a captar y responder la inquietud y realidad política y canalizarla convenientemente* y, de otra parte, *ilusionar manteniendo viva la adhesión y el entusiasmo a los leales al Movimiento.*

En tal sentido, podrían señalarse como objetivos imprescindibles e inaplazables:

1. *Definir unos ideales concretos de acción próxima a través del Consejo Nacional que cubran una etapa de varios años:*

a) *Funcionamiento integral de las Instituciones todas, tanto del Estado como del Movimiento,* debiendo el Gobierno facilitar el juego auténtico y eficaz de las de carácter representativo, para lo cual, y en orden a garantizar la necesaria confianza, parece el medio más adecuado responsabilizar en ello a los hombres del Movimiento-organización.

b) *Nueva concepción de la sociedad.* La Francia de hoy se «refugia» en la idea de participación. Para el Movimiento, la participación —incluida la que ha de tener lugar en el seno de la empresa— *es la meta de siempre.*

c) *Una política social avanzada que necesita la urgente premisa de una política fiscal congruente a los propósitos.*

2. *Hacer fluidas las relaciones entre Movimiento y Gobierno.* A nadie

se le oculta que, para ello, *hace falta un saber hacer en cuya virtud el Movimiento se haga eco de lo posible, previo diálogo con elementos gubernamentales.*

Somos conscientes de que el Movimiento-organización debe tener su medida y no se pretende que llene la vida política de tal forma que el propio Gobierno apareciera como mero intérprete de su fuerza.

Se trata de evitar que se produzcan dentro de los límites del campo de juego asignado al Movimiento, vacíos que se cubran con mejores medios por fuerzas hostiles o ajenas al vivir político del Régimen.

Banderas que en parte ha de proporcionárselas el Gobierno en un juego equilibrado, en el que si bien es cierto que al Gobierno debe corresponderle la administración de sus posibilidades políticas, al Movimiento le habrá de corresponder recoger el clima que convierta en demanda de la base aquellas posibilidades que entraran en el juego de propósitos del Gobierno y graduar, distraer o frenar las imposibilidades. En ningún caso el Movimiento debe estar *exclusivamente a resultas* de la acción del Gobierno, sino que, valor entendido —*el ser* de los hombres del Gobierno, y el de los hombres del Movimiento, debe ser el mismo; lo que hay que diferenciar es *el estar*, y de esta diferencia posicional han de sacarse todas las oportunidades incluso la de no ofrecer una plenitud de coincidencias—, *el Movimiento debe ir por delante de la acción del Gobierno.* En la misión promotora de esa acción, debe tener también una cierta actitud crítica, con la que a veces adquirirá una audiencia necesaria y otras defenderá la acción de sus propios entes asociativos.

3. *Delimitar con exactitud la finalidad de los medios de difusión del Movimiento para que no incidan en una posible confusión extrema entre Régimen y Gobierno,* que llevaría a la *ineficacia de los mismos medios al adoptar,* ante la opinión pública, *posturas exageradamente oficiales.* La crítica constructiva del Gobierno, al objetivar el Movimiento, sirve al Régimen y da una exacta sensación de esponjamiento e independencia de criterio. *Los órganos de comunicación social del Movimiento no pueden ser órganos netamente gubernamentales. A la hora de las grandes decisiones, previamente dialogadas, nada impediría que Movimiento y Gobierno cierren filas conjuntamente.*

4. *Devolver la ilusión a los hombres que hoy están encuadrados en el Movimiento y captar a los que no lo están y objetan las vías clásicas de afiliación y militancia. En este sentido hay que subrayar:*

a) *La necesidad ineludible del contacto personal y continuo, de un proselitismo directo que rompa inercias y cree la esperanza.*

b) Reforzar el asociacionismo a doble vertiente: *hacia las mayorías por la vía familiar,* y hacia las *minorías por vía de crear asociaciones de selectos —intelectuales, profesionales, etc.—* en cada provincia en que *todos los hombres políticamente sanos tengan cabida.* Ya no se trata de una asociación por cada tendencia, sino de una *asociación para que todas las tendencias quepan en ella,* frente al enemigo común. Son muchísimos los españoles que aceptan esta vía asociativa y rechazan la militancia clásica.

c) *Hacerse a la idea de que se producirán excrecencias extremistas, por afán de monolitismo o por repudio del sistema político vigente por abierto que éste sea.*

5. *Mantener conectado el Sindicalismo* con el Movimiento *no sólo a*

través del Consejo Nacional sino, además, haciendo recaer en el Ministro Secretario *el carácter de cauce entre los Sindicatos y el Gobierno, con el fin de evitar que se repita a gran escala la desdichada experiencia de la amortización del SEU,* y conscientes de que las corporaciones sindicales no admiten el aséptico tratamiento que las locales tienen, *sin perjuicio todo ello de la necesaria autonomía sindical.*

En este sentido, parece necesario traer aquí a colación el tema de la futura *designación del Presidente de la Organización Sindical.* A buen seguro, *la elección del mismo por el Consejo Nacional resolvería a la vez el problema de la conexión entre el Sindicalismo y el Movimiento* —prevista en la Ley reguladora del mismo— *y el de la presentación ante la opinión internacional del modo operativo de designar a dicho Presidente.*

6. *Dar una seria formación política —amplia, pero acorde con las grandes bases del sistema— a las juventudes de España —universitarias, obreras, rurales—, cortando la influencia que ciertos grupos ejercen hoy sobre ellos como consecuencia del vacío y la rutina existentes.*

7. *Promocionar a los hombres del Movimiento, haciendo de éste una esperanza para las vocaciones políticas que miran hoy a otros cauces de lanzamiento.*

8. *Creación de los grupos de hombres capaces de incidir en el mundo universitario, sindical y cultural con fuerza propia.*

9. *Y para todo ello, renovación de cuadros y vigorización de los medios económicos.*

10. DOTAR URGENTEMENTE AL MOVIMIENTO DE UNA NUEVA ORGANIZACIÓN Y NORMATIVA, lo cual ha de lograrse a *través de los nuevos Estatutos,* cuyo anteproyecto responde *a la doble necesidad de mantener y fomentar la ilusión de los miembros actuales del Movimiento e incorporar, por la vía asociativa y juvenil, nuevas adhesiones.*

Anejo 29

MEMORÁNDUM DE VILLAR PALASÍ A FRANCO SOBRE LA SITUACIÓN UNIVERSITARIA (6 DE SEPTIEMBRE DE 1968).

LA SITUACIÓN UNIVERSITARIA PARA OCTUBRE DE 1968

En estas líneas no se trata de hacer un diagnóstico de la situación universitaria, ni del fácil vaticinio de que en el otoño continuarán los disturbios estudiantiles.

Es más constructivo y por ello más aconsejable destacar las medidas necesarias para resolver este problema, que pudiera tener características de endémico. El problema universitario ha de ser abordado prontamente y no cabe intentar resolverlo con medidas parciales o, aún más, considerando que todo se reduce a los tumultos. De otra parte es de subrayar que no se trata de una simple agitación juvenil que desaparezca cuando el estudiante deje de serlo o cuando por razones de edad madure su propio pensamiento, sino que, en sus raíces, responde a más profundos planteamientos que afectan a la propia estructura social contemporánea del mundo actual. La Universidad, en parte, actúa como sismógrafo del futuro.

Necesariamente para conseguir la solución han de converger tres perspectivas. La primera hace relación a la imprescindible unidad de la acción gubernativa. La segunda, a la necesaria acción política, inexistente hoy en la Universidad, para contrarrestar la extremada politización de la misma que desde hace años se viene haciendo al margen o en contra del Régimen. La tercera, son las reformas universitarias estrictas.

1. *La unidad de acción del Gobierno*

En los pocos meses transcurridos desde abril de 1968 he podido comprobar numerosos defectos de coordinación o, en ocasiones, para decirlo con la mayor claridad, aunque con el debido respeto a mis compañeros, una total ausencia de coordinación.

Respecto al *Ministerio de la Gobernación* hay que apuntar dos hechos significativos. El primero se refiere a la consideración del problema universitario como una simple cuestión de orden público, sin tener en cuenta las especiales modulaciones que concurren en el mismo. Las frecuentes entradas de la Policía Armada, no para proceder a detenciones, sino simplemente para disolver reuniones de estudiantes en las Facultades, provocó casi siempre que resultasen golpeados los estudiantes que más escasa o ninguna participación habían tenido en la colocación de carteles y en otros actos subversivos. Como consecuencia de tal error de tratamiento, se produjo casi un frente único contra la acción del Gobierno, pues la juventud conoce muy bien quiénes son los que participan en este tipo de actos, y se agrupa monolíticamente frente a lo que consideran sanciones injustas.

En segundo lugar la policía ha sido incapaz de detectar con precisión a los auténticos culpables y dirigentes de la subversión y mucho más de aportar pruebas de la culpabilidad.

Se hace necesario por ello primeramente *reservar la entrada de las fuerzas de Policía Armada a aquellos casos de auténtica gravedad*, cuando haya amenaza para la integridad física de las personas o de los edificios y, *en segundo término incrementar la acción policial preventiva*, encomendándola a quienes tengan experiencia en este tipo de asuntos, reforzando la presencia de una policía paralela permanente y secreta en el interior de las Facultades.

El segundo aspecto se refiere en concreto al *Ministerio de Justicia y a los Tribunales*. En parte debido a la falta de pruebas aportadas por la policía o a la insuficiencia de las mismas, y en parte también porque en los Tribunales de Justicia se deja sentir *una especial benevolencia hacia los estudiantes en general*, el número de sobreseimientos y de absoluciones —en fase de sumario y de juicio oral respectivamente— va siendo cada día más numeroso. Por otra parte las condenas por hechos auténticamente graves, en las escasas ocasiones en que se producen, son normalmente todo lo más de arresto mayor, esto es, de un mes y un día a seis meses, que pueden quedar reducidos a nada si se aplica la remisión condicional a que aluden los artículos 92 y siguientes del Código Penal. Esto produce luego que sea impracticable aplicar o mantener sanciones académicas por los mismos hechos en que los Tribunales no han impuesto condena, sino absolución.

La necesidad de una mayor coordinación se hace más perentoria en lo que atañe a la *Secretaría General del Movimiento*. Tanto la Comisaría para el SEU como la Delegación Nacional de Asociaciones no han prestado la debida atención al problema o, cuando lo han hecho, ello se ha verificado con una absoluta falta de conexión con el Ministerio de Educación. Igual ha sucedido con la prensa del Movimiento y la sindical. La versión que de los sucesos estudiantiles o de la política universitaria dio constantemente *Pueblo*, por ejemplo, en su tercera página es siempre negativa, *sin el menor apoyo a la política de Gobierno.*

Por último, *el Ministerio de Información*. La política informativa ha de responder a líneas congruentes y coordinadas. La presentación reiterada y gráfica en Televisión de los sucesos estudiantiles en París, en Milán, en Uruguay o en Méjico, *es contraproducente*, por cuanto implica una exaltación de lo que el universitario considera el heroísmo rebelde de otros estudiantes. *No se trata de una habilidad*, para hacer ver que lo mismo ocurre en estos países, sino de una acción perjudicial que por una parte tranquiliza a los padres, haciéndoles pensar que lo que sus hijos hacen es lo que pasa en todos los sitios, y por otra parte estimula a los jóvenes con el ejemplo a «no ser menos» que sus iguales del extranjero. La prensa ayuda a esta perspectiva destacando como acontecimientos de primera magnitud los incidentes de la Universidad y poniendo un especial énfasis en las medidas represivas, con lo cual presentan a la política de Gobierno del modo más desfavorable y antipático.

Todos estos puntos han sido reiterada e insistentemente tratados con los titulares de los Departamentos a que se refiere esta nota, pero es de temer que pese a la insistencia, en *octubre se reproduzca la falta de coordinación*, cerrando con ello la posibilidad de que el problema entre en vías de una solución auténtica.

2. *Hace falta una política universitaria*

El problema universitario estrictamente no es sólo una cuestión de orden público, sino también un agudo problema político. De no solucionarse en este nivel político nos llevaría a la consecuencia funesta de perder para el Régimen a la juventud universitaria. Para evitar este resultado se necesita una acción política intensa *que no es posible llevar a cabo sólo en el Ministerio de Educación*, pues a ella han de converger todos los Departamentos antes mencionados. De otro modo, por ejemplo, el Ministerio de Educación se vería precisado a montar su policía paralela (cosa que por lo demás ya se ha hecho en la medida imprescindible con la aprobación en el último Consejo de Ministros de una plantilla de 200 subalternos —guardias civiles— para la Universidad de Madrid), su propio servicio informativo, y su propia actuación respecto a la prensa, etc. Tal perspectiva duplicaría innecesariamente los servicios y sobre todo escindiría la acción de Gobierno, y al final no podría ser realizada con éxito por un solo Departamento.

El problema más delicado dentro de este apartado lo constituye el *tema de las Asociaciones de estudiantes.* Por lo pronto, la prensa ha confundido estas Asociaciones profesionales con partidos políticos, desenfocando la problemática y haciendo más difícil la posible solución en este aspecto. A más de ello, respecto a la mentalidad de estudiante universitario hay que tener en cuenta un *principio fundamental* en concreto: el de que sus intereses y sus *ideologías les separan,* y es solamente la *acción* y la *llamada «represión»* lo que *les une* para la rebeldía. Por esta misma razón *ninguna de las agrupaciones clandestinas tiene propiamente un ideario político y por ello* cabalmente desde el primer día *intentan por todos los medios provocar la entrada de la fuerza pública* y producir el comienzo de una escalada de «represión» que es lo que produce al final la unidad estudiantil subversiva.

Es curioso que, en ocasiones en que la fuerza pública se ha ausentado del recinto universitario, grupos de activistas hayan ido hasta los lugares apartados en que la Policía Armada se encontraba para provocar la entrada de la misma en el «campus» universitario. Lo que desean los grupos activistas es justamente esta represión indiscriminada, o la presencia masiva de estas fuerzas armadas, que es la que agrupa a la totalidad de los estudiantes en contra de la política de Gobierno.

Por el contrario, es bien significativo que *los grupos subversivos están en contra de las Asociaciones diversas de estudiantes,* porque se dan cuenta de que perderán la posibilidad de actuar sobre la masa estudiantil amorfa, que hasta ahora ha estado a merced de bulos y «slogans» irresponsables.

El proyecto de Decreto que figura en el orden del día para el próximo Consejo de Ministros autoriza la constitución de *Asociaciones estudiantiles sin fines políticos,* sino con finalidades culturales, deportivas, etc. Es de destacar que la estructura actual de las APE autorizadas desde 1965, han sido simplemente una ficción legal, utilizada hábilmente como cobertura por los líderes de la subversión. Así los elegidos en virtud del Decreto de 1965 jamás aparecen ante los estudiantes como Delegados de las APE, sino más bien como «el Delegado del SDEUM», «FUDE», «F.L.P.» (FELIPE), etc., es decir, de cualquiera de las entidades clandestinas subversivas, pero cuando se intentó procesar a alguno de esos mismos Delegados, como ha sucedido en julio de este año, los Tribunales le han absuelto porque el Decreto de 1965 legaliza su situación como Delegado de las «APE». Las tales *APE no existen en la Universidad,* y sólo *sirven para que los Tribunales no condenen por Asociaciones clandestinas o ilegales a los activistas de los grupos clandestinos.* Con la reforma que el proyecto supone habrá posibilidad de declarar clandestina o ilegal a cualquier Asociación en el mismo momento en que por razón de su finalidad o su actuación esa Asociación se politizara, cosa que es imposible hacer en la actualidad con la existencia de las APE en el papel.

Por otra parte las APE han servido para canonizar la *cuota estudiantil* recaudada por la Administración y *entregándola a los activistas para financiar así la propaganda clandestina.* Tal situación supone evidentemente un contrasentido pero es imposible eliminar la cuota estudiantil sin una justificación legal.

Aún más; en las elecciones de Delegados de Curso y de Facultades de 1967-68 la mayor parte fueron elegidos por escasísimo número de votos a su favor —ante una gran masa de abstenciones— y es una ingenuidad inverosímil que se esté reconociendo como representantes estudiantiles a quienes no han obtenido una votación suficiente y auténtica. Es por esta razón por lo que el proyecto exige un número del 25 por 100 de los votos del alumnado oficial para que pueda reconocerse a los Delegados de Curso y de Facultad.

En este delicado tema de las Asociaciones, la falta de coordinación política antes aludida se ha hecho más patente que nunca, pues la Prensa del Movimiento ha unido absurda y confusionariamente la idea de Asociaciones universitarias con los partidos políticos. Y hasta la Comisaría del SEU ha hablado de la necesidad de regresar a una Asociación única y de cuota obligatoria. *No alcanzo a comprender* cómo se ha producido tal confusión, cuando era perfectamente conocido el objetivo marcado por el Decreto-ley de 6 de junio: la posibilidad de declaración de Asociación ilegal, la eliminación de las cuotas obligatorias y la supresión de locales de las delegaciones en las Facultades, que han sido el centro de subversión en los dos últimos años.

La acción política no puede limitarse a un simple cambio en el «Boletín Oficial», pues es muy fácil que todo siguiera igual pese a cualquier modificación de las normas, si sólo es formularia. En definitiva, hay que intentar seriamente con nuevos métodos abrir cauce a las aspiraciones de *los universitarios que en su mayor parte son recuperables y encauzables dentro del Régimen*, proponiéndoles objetivos a los que puedan dedicar sus preocupaciones. Pero ésta es tarea que *no puede realizar de modo aislado* el Ministerio de Educación. La formación de «élites» dirigentes, la aprobación de los Colegios Mayores como Centros de formación política, la promoción de Asociaciones desde el Movimiento y dentro del Movimiento, son tarea que el Frente de Juventudes y la Secretaría General del Movimiento pueden y deben abordar con su total plenitud, y desgraciadamente hay que reconocer que la política de la juventud está hoy abandonada en lo que se refiere a la Universidad.

3. *La reforma universitaria*

El último aspecto de la solución que se propone, se refiere concretamente a las reformas universitarias y *éste sí es ya un tema peculiar del Ministerio de Educación.*

Aparte de las líneas generales bien conocidas por S.E. y que están contenidas en el Decreto-ley de 6 de junio, son de destacar *las reformas de estructuras* que tienden a resolver la cuestión de un alumnado masivo, conservando la peculiaridad de la enseñanza universitaria. Ésta se caracteriza fundamentalmente porque tiene que ser una enseñanza dada en grupos gobernables por cada profesor. Al haber aumentado felizmente, gracias a la acción del Estado y a la política de becas, el número de estudiantes, se ha hecho imprescindible y urgentísimo *el aumento de los centros universitarios* si se quiere solucionar el problema de la cantidad sin mengua de la calidad de la enseñanza. Por otra parte también, en lo que hace a reforma de estructuras, es necesario configurar la naturaleza de la Universidad de modo diferente: de un lado la Universidad no es sólo una corporación de profesores y alumnos, sino más bien una fundación estatal en la que la sociedad ha de tener su debida participación, pues los problemas universitarios no son indiferentes ni a las Cortes, ni a los padres de familia, ni a las entidades locales, ni a la industria, etc. De otro lado, una vez que se haya reconocido la participación de la sociedad en el funcionamiento universitario, es preciso reforzar la agilidad funcional de la Universidad. Éste es un tema sobre el que se está trabajando intensamente en estos momentos, y al que responde en parte el proyecto de Decreto para el próximo Consejo relativo a los Patronatos universitarios. Es de subrayar que las funciones de estos Patronatos en el proyecto repartido son todavía escasas y ha de ser su funcionamiento regular y ordenado lo que proporcione la experiencia y la seguridad necesarias para atribuirles nuevas funciones y mayor autonomía.

Una última cuestión se refiere al *perfeccionamiento de las Universidades actuales*. Gran parte de los males de la Universidad en estos momentos procede de que es la Universidad quien recoge los malos frutos de una *inadecuada Enseñanza Media* y por tanto también a ésta debe alcanzar una profunda reforma. En la Enseñanza Media al estudiante no se le da criterio suficiente ni en política, ni en formación social, y ni siquiera en el método didáctico para que acceda de modo normal a la Universidad, donde se siente aislado frente a un sistema totalmente nuevo para él, y tremendamente politizado frente a la despreocupación y rígida disciplina de la Enseñanza Media. Es asimismo tarea que hay que acometer con la mayor urgencia la *modificación de los planes de estudio* en el sentido de que se gradualicen los títulos universitarios y de Escuelas Técnicas mediante la creación de títulos intermedios de graduados que permitan recoger el gran porcentaje de universitarios frustrados.

La generalización de la Universidad nocturna para estudiantes trabajadores que ya comienza en octubre de modo parcial, es también objetivo a corto plazo, aunque por el momento sólo tenga aplicación en algunas Facultades (Derecho, Filosofía y Letras, Ciencias Políticas).

Tal es el panorama de soluciones que leal y honestamente pienso podrían poner el problema universitario en vías de una solución acorde a nuestros tiempos, pero *para todo ello es imprescindible una total unidad de acción y criterio de Gobierno* al enfrentarse con un problema tan agudizado universalmente. Si tal unidad de acción y criterio no se obtuviese, por cualquier causa, con la imprescindible antelación y solidez, un Ministro determinado no tendría posibilidad de suplir dicha falta y no podría ser considerado como moralmente responsable de las consecuencias.

Madrid, 6 de septiembre de 1968

Anejo 30

CARTA DEL MINISTRO DE JUSTICIA, ANTONIO MARÍA ORIOL, EN LA QUE ACOMPAÑA COPIA DE NOTAS PARA EL JEFE DEL ESTADO SOBRE EL ANTEPROYECTO DE ESTATUTO ORGÁNICO DEL MOVIMIENTO, 20 DE SEPTIEMBRE, 1968

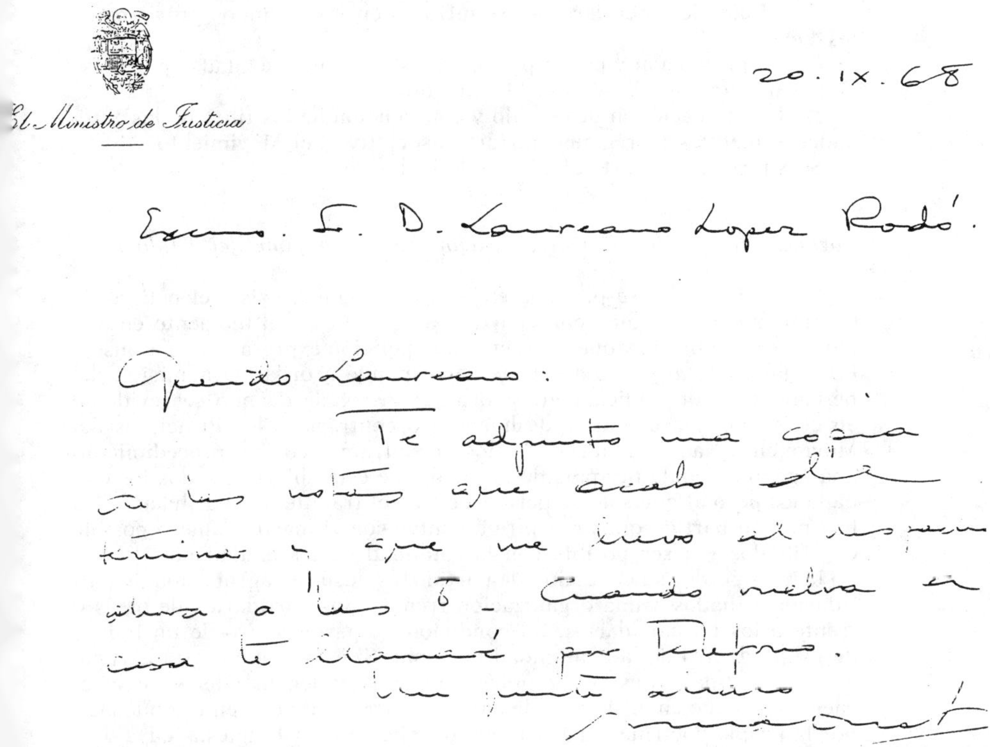
El Ministro de Justicia

20. IX. 68

Excmo. Sr. D. Laureano López Rodó.

Querido Laureano:

Te adjunto una copia de las notas que acabo de terminar y que me llevo al despacho ahora a las 6. Cuando vuelva a casa te llamaré por teléfono.

Un fuerte abrazo

ANTEPROYECTO DE ESTATUTO ORGÁNICO DEL MOVIMIENTO

Modificaciones que se proponen

TÍTULO I

Artículo 4.º En el artículo 4.º suprimir los apartados *c*) y *d*) por cuanto esta materia deberá ser regulada por la ley sindical.

TÍTULO II

Artículo 5.º Sustituir la redacción actual por la siguiente: «Integran el Movimiento Nacional todos los españoles mayores de 18 años que no se hallen inhabilitados para el ejercicio de sus derechos políticos.»

Artículo 6.º Las formas de participación en las tareas del Movimiento son:

a) El ejercicio del derecho de sufragio en los términos previstos en las Leyes.

b) La promoción y participación en asociaciones reguladas por el régimen jurídico asociativo del Movimiento.

c) La dedicación al desarrollo y consecución de los fines de las Entidades sometidas al régimen jurídico asociativo del Movimiento.

Se suprimen los artículos 7 a 11, inclusive.

Razones que justifican la modificación que se propone del Título II

1.ª Tal y como se propone en el texto original, existe el peligro de confundir «Movimiento» con «partido único». Desde el momento en que para ser miembro hay que presentar una petición expresa ante el Consejo Local (art. 6.º, *a*) y que a éste le corresponde acordar la admisión del peticionario, «que únicamente podrá ser denegada cuando sea evidente en el mismo una conducta deshonrosa o contraria a los Principios del Movimiento Nacional» (art. 7.º), nos encontramos con un procedimiento análogo al de cualquier partido político, que está abierto a todos los ciudadanos pero al que sólo se pertenece tras el trámite de la afiliación. No hay ningún partido que no aspire a contar con el mayor número posible de afiliados y a ser posible con la totalidad de los ciudadanos, lo que no le hace perder su condición de partido, es decir, de agrupación de partidarios afiliados a una organización frente a los partidarios de otras o frente a los no partidarios. Su condición de parte dentro de un todo o de grupo dentro de la comunidad nacional. Si este grupo o esta agrupación de partidarios es la que únicamente resulta legalmente reconocida, caemos de lleno en el sistema de partido único reiteradamente condenado por la propia doctrina del Movimiento, así como por la Iglesia, cuya doctrina «inspirará su legislación.» (Punto II, L. Principios).

2.ª El Preámbulo del Decreto de Unificación decía que «Todos los españoles han de ocupar un puesto en la gran tarea» y que el Movimiento había de «superar el exclusivismo de una de las fuerzas integradas en la Unificación» yendo «contra el partido único artificial». No puede aceptarse, por lo tanto, la formación de un grupo minoritario netamente diferenciado del resto del pueblo español que es en quien radica en última instancia la facultad suprema de decisión en materia política. Por ello se parte de la integración total de los españoles como principio que se deriva de la propia victoria que nunca se interpretó como la que consiguieron unos españoles sobre otros españoles sino la victoria de una ideología que habría de servir de base de convivencia a todos los españoles integrados en esa unidad que se considera fundamental promover por encima de particularismos para la mayor grandeza de la Patria. Quedan fuera de hecho los que no participen en alguna de las formas de participación previstas.

3.ª Además de éstas y otras razones doctrinales que abonan en contra del partido único y a favor de la participación de todos los españoles en el Movimiento sin los trámites innecesarios de admisión de peticionarios, hay alguna de orden práctico. La experiencia de más de tres décadas enseña que existe un progresivo descenso del número de altas formalizadas en la Organización, en tanto que el pueblo como tal se manifiesta con adhesión masiva y creciente a la persona del Caudillo, como es notorio.

Es decir, que de aplicarse este sistema de petición expresa quedarán fuera, marginadas de la Organización, gentes adictas y leales, de buena voluntad, que son las que votaron el Referéndum y se manifiestan ante el Caudillo como lo hacen en cuantas ocasiones se ofrecen y que diariamente están colaborando silenciosa y activamente con el Régimen.

4.ª El mencionado sistema de petición expresa y el trámite de admisión del peticionario no ofrece ninguna garantía para seleccionar los mejores. Es cierto que en toda organización tiene que haber unos que mandan y otros que obedecen, en definitiva, una disciplina, pero el camino no es la afiliación sino la selección para que manden los mejores. Los hombres dirigentes del Movimiento se destacarán de forma natural y espontánea a través de los diversos cauces de representación orgánica reconocidos en nuestras Leyes Fundamentales. La selección de los que mandan no puede hacerse *a priori* de unas personas que aspiran a mandar y para ello se apuntan, sino, por el contrario, de personas que acreditan merecer la confianza de ese pueblo español que se manifiesta a través de los diversos cauces de representación orgánica o por los servicios que han prestado o prestan al Movimiento.

No se pueden consagrar las interpretaciones personales de una minoría que se considera a sí misma llamada a la rectoría política, con exclusión de otras, para mantener una hegemonía.

Lo que no se opone a que en definitiva sea una minoría seleccionada, como antes se indica, la que se entrega al servicio de la Patria en la política.

5.ª A veces se utiliza como argumento a favor de la solución que se impugna ciertas comparaciones con la organización de la Iglesia. Pero no vale en el orden político extrapolar una organización que sólo tiene sentido en el campo eclesiástico. «No pueden confundirse los principios religiosos con los políticos» (palabras de S.E. en San Sebastián al Consejo Provincial). La razón de ser del clero en el seno de la Iglesia es de origen divino y estriba en el ejercicio del ministerio sacerdotal a través del cual administran los sacramentos unas personas consagradas a estos ministerios. En cuanto el clero se aparta del estricto ejercicio del ministerio sacerdotal, lejos de ser un factor positivo en la organización de la Iglesia se convierte en un elemento perturbador que provoca reacciones de anticlericalismo en el pueblo fiel.

No tiene, por tanto, sentido —aparte de lo que tiene de irreverente— y menos en los tiempos actuales en que la propia Iglesia se desclericaliza para no verse confundida con el estamento clerical, sino que por el contrario se presenta cada vez con más fuerza como «pueblo de Dios» integrada por todos los fieles —también por los laicos y no sólo por los eclesiásticos—, el pretender inspirarse en el ejemplo de la Iglesia para establecer una suerte de sacerdotes de la política que se diferencian dentro de la comunidad nacional y que sean los únicos poseedores del *ius activae civitatis* de los romanos.

TÍTULO III

En el artículo 14 añadir al apartado *b*) «ni a las corporaciones a que hacen referencia los apartados *g*), *h*) e *i*) del art. 2.º de la Ley de Cortes».

No puede aceptarse que surjan asociaciones profesionales de médicos, arquitectos, abogados, etc., en competencia con los colegios profesionales reconocidos en el citado artículo.

Suprimir el apartado *d*) por corresponder al Ministerio de Educación y Ciencia.

TÍTULO IV

Artículo 25.º Apartado *a*). «El Presidente que será el Gobernador Civil.»

Artículo 33.º Apartado *a*). «El Presidente que será el Alcalde de la localidad.»

Así como el Presidente del Consejo Nacional es el Presidente del Gobierno (art. 12, Ley Orgánica del Movimiento y su Consejo Nacional) se debe aplicar idéntico criterio a los planos provincial y municipal.

Es fundamental que al Municipio se le considere como la entidad política básica, tal y como lo proclama la doctrina del Movimiento. No es sólo una entidad administrativa, es la entidad natural básica en la que debe iniciarse toda acción promotora de adhesión de gobernados a gobernantes.

Artículo 37.º «Para ser elegido Consejero Provincial o local del Movimiento habrá de tener más de 18 años y no hallarse incapacitado en el ejercicio de sus derechos políticos.»

Esta modificación corresponde a la que se propone del artículo 5.º

Artículo 49.º «Añadir después de "los titulares a que se refiere el artículo 39" y diez consejeros designados al efecto por el Consejo Nacional...»

Parece conveniente hacer partícipe al Consejo Nacional de estas tareas.

Madrid, 20 de septiembre de 1968

Anejo 31

INSTRUCCIONES DE FRANCO PARA NEGOCIAR CON USA, OCTUBRE DE 1968

Para tener en cuenta en las conversaciones con los elementos militares de los Estados Unidos:

1. Necesidad de presentar un frente unido lo mismo en las conversaciones militares que en las conversaciones de Asuntos Exteriores.

2. No olvidar en ningún momento que los acuerdos sobre las bases son cuestión de alta política y de negociación entre los Gobiernos.

3. Las conversaciones militares tienen el fin de convencer a los Estados Mayores americanos de las razones que nos asisten en las peticiones de nuestros Estados Mayores.

4. Que en la preparación para la guerra no se pueden regatear los gastos.

5. Que el armamento que nos deban dar no es un armamento perdido por los Estados Unidos, sino todo lo contrario: un armamento que va a pesar en el área alcanzada por la primera línea de defensa de los Estados Unidos.

6. Que lo que los Estados Mayores españoles han considerado necesario es realmente muy poco dentro de los gastos generales de la defensa americana.

7. La presencia de la flota rusa en el Mediterráneo y la política de armamento de los países ribereños norteafricanos que reciben armamento y aviones de los dos lados, obliga para el equilibrio de fuerzas a recibir el armamento que hoy se plantea.

8. Que es interés de todos el que estos armamentos y ayudas sean entregados lo más rápidamente posible y que no se dilate como en los acuerdos anteriores durante los cinco años.

9. Que no se debe abandonar el argumento como verdadera palanca negociadora, de llevar a cabo otra política distinta.

10. Que no se puede dejar de tener en cuenta la política interior, y que en este orden la opinión pública desea el desplazamiento de la base de Torrejón por su proximidad a la capital, como tantas veces se ha expuesto a los Estados Unidos.

11. Que el último procedimiento del Secretario de Asuntos Exteriores americano de poner como base a las negociaciones el estudio de una estrategia común, debemos interpretarlo como la participación activa de España en la defensa conjunta de Occidente, en la que la inminencia del peligro aconseja la posesión de un material moderno y eficiente, no inferior al que tengan el resto de las potencias implicadas en este mismo empeño.

12. Que, aunque depende de decisiones superiores, existe un problema fundamental de la garantía de seguridad, del que deriva el que nadie pueda asumir riesgos ciertos derivados de una relación militar que no estén cubiertos por una garantía suficiente.

13. Que no se puede olvidar el sistema empleado por los rusos para promover guerras larvadas, que se provocarán tantas menos veces, cuantas se les enfrente una posición disuasoria por el estado de armamentos.

14. En toda negociación o cambio de impresiones hemos de ser cautos y tomarnos tiempo para estudiar y consultar las propuestas que se reciban.

15. El período de traspaso de funciones y de cambio de Administración en Norteamérica justifica las cautelas hasta conocer el pensamiento de la nueva Administración.

Anejo 32

COPIA DE LA CARTA DE 1 DE OCTUBRE DE 1968 DEL PRESIDENTE DEL CONSEJO DE ESTADO A FRANCO, ENCARECIÉNDOLE LA CONVENIENCIA DE NOMBRAR PRESIDENTE DEL GOBIERNO

(Copia de la carta escrita a mano con papel del Presidente del Consejo de Estado. 1-10-68)

A Su Excelencia el Generalísimo
D. Francisco Franco
Jefe del Estado

Excelencia: Las realidades nacionales, los sucesos externos, la ambición heterogénea de algunos y el paso de los años, nos hacen ver y sentir imperiosas determinaciones cuyo último alcance sólo V. E. puede conocer.

Apoyado en el deber, pero igualmente en la bondad con que siempre me tratáis y si es preciso disculpáis, deseo haceros llegar una honda preocupación mía pero que indudablemente en la superior conciencia nacional.

Me refiero a la urgencia de nombrar un Jefe de Gobierno para, ya, con autoridad y bajo vuestra Presidencia (Arts. 6 y 13 de la Ley Orgánica), dirigir y coordinar los distintos acuerdos y actividades de todos los ministros.

Hoy, una adecuada indicación de V. E. al Consejo del Reino, a través de su correspondiente, podría dar la seguridad en la propuesta; más adelante, debido a la composición de dicho Consejo, no se podría afirmar sino se sabía un lamentable [illegible] [illegible] resultado.

No creo equivocarme si os digo que España entera aplaudiría la determinación y el nombramiento. Sólo quienes intentaran asaltar el poder y repartirse impúdicamente una herencia podrían lamentarlo.

Recibid, Señor, mi reiterada y firme adhesión en este día feliz del 1º de Octubre, aniversario de nuestra exaltación a la Jefatura del Estado que ha sido la base de nuestra salvación y grandeza.

(Firmado: J. Bau)

Anejo 33

NOTA DE LÓPEZ BRAVO A FRANCO SOBRE LOS NOMBRAMIENTOS DE SUCESOR Y DE PRESIDENTE DEL GOBIERNO (7 DE OCTUBRE DE 1968)

1. Introducción

Se ha agudizado la preocupación del pueblo español por nuestro futuro político, quizá a consecuencia de la enfermedad del Presidente Salazar, al mismo tiempo que se consolida el deseo de intentar perpetuar el franquismo después de Franco.

Ello, en cierto modo, es razonable, pues si faltase el Caudillo en las circunstancias actuales, todo lo que tendríamos sería un Vicepresidente del Gobierno, que asumiría interinamente las funciones de Presidente con un mandato de diez días (Art. 16 L.O.E.), a todas luces insuficiente para dar adecuada solución a los trascendentales problemas planteados.

2. La Jefatura del Estado

Es evidente que la garantía de continuidad del Régimen se reforzaría sustancialmente si el Caudillo, con su enorme Autoridad, designase a la persona que habrá de sustituirle en la Jefatura del Estado.

Comprendemos lo delicado del tema, pero parece deseable, cuando menos, que los Ministros que cubren las misiones informativas, siguiesen una línea claramente definida creando un ambiente adecuado en la dirección que S.E. señalase. Lo que el país comprende peor es la falta de una política informativa en esta materia.

3. La Presidencia del Gobierno

Ofrece menores dificultades y riesgos el cubrir la Presidencia del Gobierno, tomando una serie de precauciones.

3.1. *Condiciones para nombrar Presidente*

Parecen lógicas dos:

1.ª Ser nombrado de acuerdo con la Ley Orgánica del Estado, es decir, a propuesta en terna del Consejo del Reino.

2.ª Que tenga una intervención muy activa en la formación del nuevo Gobierno.

3.2. *Cautelas por parte del Jefe del Estado*

También parecen básicas dos:

1.ª Que la designación de Presidente del Gobierno no aleje al Caudillo, en absoluto, de las tareas y responsabilidad del Gobierno. Es decir, debe seguir presidiendo de ordinario los Consejos de Ministros.

2.ª Que el Presidente del Gobierno esté seriamente comprometido a dimitir, a petición propia (Art. 15, b, L.O.E.), tan pronto como S.E. considerase que no era la persona adecuada para el cargo. Aparte de que el Caudillo puede decidir su cese, de acuerdo con el Consejo del Reino (Art. 15, c, L.O.E.).

3.3. *Ventajas de que el Caudillo designe Presidente del Gobierno*

El Videpresidente del Gobierno, tal como hoy está concebido su cargo, tiene muchas probabilidades de desgastarse, entre otras razones, por sus visibles discrepancias respecto a la actuación de varios miembros del Gobierno. Ello es grave, porque en la mecánica sucesoria, en las circunstancias presentes, el Vicepresidente tendría que jugar un papel decisivo.

Por otra parte, la continuidad del Régimen requiere que haya muchos políticos que hayan desempeñado cargos de responsabilidad con Franco, con lealtad y eficacia, asimilado su doctrina, y dejado sus cargos con energías y prestigio. Hace el efecto de que no tenemos muchos hombres en esta situación.

Si el Vicepresidente fuese nombrado Presidente, podrían ocurrir dos cosas:

1.ª Que la designación y su labor, fuesen un éxito.

2.ª Que ambas, constituyesen un fracaso.

En la primera hipótesis, no existiendo el menor riesgo de que nadie haga sombra al Caudillo, el país se sentiría más tranquilo y S.E. podría encargarle de una serie de misiones de menor grado, aligerando un poco la carga de trabajo que hoy soporta, no la responsabilidad.

Si la designación no resultase acertada, deberá procederse a su sustitución, habiendo S.E. prestado a España el incalculable servicio de haber eliminado de la lista de posibles Presidentes del Gobierno a un candidato inadecuado.

En todo caso, las cualidades humanas del Vicepresidente y su absoluta subordinación y lealtad al Caudillo, justifican y facilitan la oportunidad de la experiencia.

Anejo 34

CARTA DEL CONDE DE BARCELONA A SU HIJO EL PRÍNCIPE DON JUAN CARLOS, DE 12-X-1968

Mi querido Juanito:

El tiempo pasa y puede llegar el instante en que el futuro de España tenga que resolverse no como tesis abstracta, sino como realidad viva y concreta en su fórmula institucional y en las personas que hayan de realizarla y encarnarla. Sería imperdonable que en ese momento, conscientes de nuestra responsabilidad y deber, tú y yo no hubiéramos llegado, de común acuerdo, a un concepto definido de lo que en esa coyuntura es mejor para España.

Desde que el General Franco y yo convinimos como lo mejor para la Patria y para la Monarquía que tú, mi hijo primogénito, residieras en España, en ella cursaras tus estudios y te formases en contacto con la vida nacional, yo comprendí perfectamente que al lado de la segura eficacia que este plan tenía, albergaba posibles riesgos de falsas interpretaciones y aprovechamientos, dentro de una política menor, de la ausencia del padre y de la presencia del hijo.

Para salir al paso de estas posibles tergiversaciones, después de la última entrevista con el Generalísimo Franco en *Las Cabezas* se publicó una nota conjunta puntualizando el sentido y el alcance del acuerdo.

Desde entonces, tú has cumplido en España la función importantísima y difícil de mantener viva la presencia de la Institución y acercar a los españoles la realidad de la dinastía que la encarna. Todos los españoles, y yo el primero, te somos deudores de gratitud por ese servicio, y es para mí muy grato decirte que estoy contento de cómo has desempeñado tu misión.

El hecho de pensar en la Monarquía como forma de sucesión y desemboque de este período excepcional es consecuencia de la concepción clarividente del General Franco, moderado siempre en sus resoluciones, buen conocedor de su pueblo y nada amigo de aventuras ni improvisaciones. El General apoyaba su pensamiento monárquico como forma de futuro precisamente por sus valores de unicidad, claridad e independencia nacionalizadora que la Institución posee en su esencia y que se anulan totalmente en cuanto deja de funcionar el automatismo dinástico, y pasa a ser intervenida por decisiones puramente ocasionales y políticas. Esto sucedería, evidentemente, si prevaleciese el deseo de algunos sectores políticos.

No puede ser una sorpresa para nadie que ese frívolo entendimiento de lo que es la sucesión monárquica haya podido pasar de la divagación social irresponsable a la política menor, y aun llegar a ti en forma de presión o sugestión. De sobra sé que ese vano, y muchas veces interesado juego, ni en un ápice ha podido desplazar en tu espíritu tu cariño de hijo y tu lealtad de Príncipe. Sé que muchas veces esa posibilidad maniobrera te habrá llegado revestida de argumentos que pretenden salvar la Institución por encima de las personas, cuando se trata precisamente de desnaturalizar la Institución al enturbiar su diáfana rectitud personal y dinástica.

Lo más destructivo que pudiera ocurrirle a la serenidad antipolémica que requiere el momento de la instauración es presentar ante los españoles como dividida o rota la Familia que tiene que ser ejemplo y norma al frente de la Patria, puesto que ello sería dar al país un Rey tachado desde su origen por una incorrección dinástica que inevitablemente recibiría interpretaciones ofensivas de deslealtad e infidelidad.

Tú bien sabes que ni una sola de mis palabras puede estar inspirada por una apetencia de poder. He vivido lo bastante para sentirme bien lejos de toda personal ambición. Hasta el nombre de «pretendiente» lo he rechazado mil veces como inadecuado para quien sólo pretende recabar para sí el sacrificio de los momentos difíciles de una instauración, siendo mi única ambición el conseguir el arraigo nacional del Régimen, que deseo transmitir a mi sucesor funcionando normalmente como un instrumento eficaz para el engrandecimiento de España.

Has de tener en cuenta que toda sugerencia en ese sentido de perturbación de la normalidad dinástica procede de pequeñas pasiones que nada tienen que ver con el espíritu sereno y equilibrado del General Franco, al que desfiguran y disminuyen los que quieren presentarlo como raíz o motor de planteamientos artificiosos y de tan corto alcance.

Tú sabes de sobra que siempre he aplaudido en ti la posición disciplinada y digna que guardas para mí y para el Jefe del Estado, y que no es sino expresión absolutamente sincera de tu lealtad y reflejo fiel de mi concepción de lo que debe ser tu estancia en España.

Nadie deberá nunca confundir ese respeto tuyo con un asentimiento a ninguna maniobra, en su esencia, turbia y para ti ofensiva.

El hecho de haber cumplido los treinta años no debe en manera alguna modificar en ti esa posición leal y disciplinada, pero sí debe darte una nueva entereza frente a los que quisieran desviar tu camino, y también como representante mío personal y legítimo, una nueva manera de dialogar e intervenir en torno al planteamiento del futuro español, para que, haciendo coincidir legitimidad y legalidad, quede el porvenir fuera de toda confusión o inseguridad vacilante.

Es bien claro que esas elucubraciones que debes oír como vana murmuración, implican en sí el contrasentido de encerrar en una vía estrecha y única la Institución, privándola de toda eficacia al arrebatarle su carácter nacional, raíz de donde nace toda autoridad.

Yo he recibido a lo largo de los años, visitado por tantos españoles de toda clase y en contacto con la vida de Europa y del mundo, una ancha experiencia sobre el complejo y peligroso período histórico que vivimos. Tú has vivido una experiencia detallada y completísima de la vida actual de España, también llena de novedad y de riesgos. Esta cuidadosa atención a lo exterior y a lo interior tiene que ser, precisamente, la clave y síntesis del mañana.

Traicionaríamos nuestro deber si desaprovecháramos cuanto la Providencia nos ha concedido para que esa síntesis política tenga en nosotros la garantía viva y humana de una estrecha compenetración de padre e hijo, y faltaríamos a nuestra obligación si concediésemos nuestro beneplácito a cualquier fórmula contraria a la meditada doctrina que expreso en esta carta.

Como Jefe de la dinastía española, me creo en la grave obligación de hacerte llegar estos pensamientos, que reflejan simplemente lo que me dicta mi deber para con la Nación a la que pertenecemos, y lo que me exige mi lealtad hacia el pueblo español, cuya voluntad habremos, en último término, de acatar.

Con gran cariño te abraza tu padre,

Juan

Estoril, 12 de octubre de 1968

Anejo 35

MEMORÁNDUM DE FEDERICO SILVA A FRANCO (15 DE OCTUBRE DE 1968)

Al iniciarse el nuevo curso o año político que coincide con el primer año en la Vicepresidencia del Gobierno, he tratado de dar forma escrita a un conjunto de consideraciones que quizá de palabra fueran expuestas de manera más imprecisa y seguramente con pérdida de algunos necesarios matices.

El año transcurrido se inició con los graves acontecimientos monetarios en el ámbito europeo y su repercusión en nuestro país y se ha cerrado con la petición de consultas para un nuevo tratado defensivo con los Estados Unidos. En este período, jalonado por los dos referidos hechos, creo deben destacarse una serie de hechos positivos y, a mi entender, de alta significación política:

1.º *La importancia, que debemos estimar en toda su extensión, de la presencia del Vicepresidente en la Casa Sindical el 19 de Diciembre de 1967 y en las Cortes el 5 de Abril de 1968.* Cuando el derrotismo y la intriga de algunos sectores del régimen, minoritarios por fortuna, pero dueños de importantes medios de expresión y las maniobras de los enemigos, intentaban trasladar al terreno político los efectos de un reajuste económico consecuente a las medidas monetarias de fines de noviembre de 1967, los discursos aludidos en boca de un portavoz legitimado por muchos títulos, pero sobre todo por su calidad de Vicepresidente designado por el Caudillo, clarificaron la atmósfera que esos medios de difusión habían conseguido viciar, dieron una evidente confianza al país y robustecieron al Régimen, lo que se prueba, entre otros, por el hecho demostrable numéricamente de la elevación constante de los índices de cotización en Bolsa de los valores a partir de Abril del presente año.

2.º *Un cierto robustecimiento de la coordinación ministerial.* Si hemos de ser, como debemos, absolutamente sinceros, habremos de reconocer que la descoordinación y la pluralidad de políticas de los Ministros es un mal que nos aqueja gravemente. Excepción prácticamente única a este hecho ha sido la solución dada al delicadísimo problema de la «Descongelación», donde se ha demostrado la eficacia y necesidad de una mano que coordine «en concreto» las decisiones «concretas». De no haber existido esa mano en este caso, nos hallaríamos en una anarquía de las peticiones, manifestaciones, declaraciones de prensa y conatos de huelgas y disturbios sociales a que circunstancias análogas del pasado nos tienen acostumbrados.

3.º *Una notable mejora de la situación económica*, con recuperación de nuestra balanza de pagos, tonificación de la actividad económica, contención de precios y crecimiento acompasado y normal de la renta nacional. La repercusión favorable de estos fenómenos en el exterior puede observarse con la simple lectura de la prensa internacional. En el orden interior constituyen la base imprescindible del bienestar y de la satisfacción general existente en los más amplios sectores del país, que contribuye a mantenerlos adictos al Régimen. Pero esta situación a que hemos llegado no puede hacernos olvidar que las mismas causas producirían análogos efectos, por lo que si se deja a cada Ministerio en lo sucesivo al viento, que necesariamente ha de recibir, de las presiones de su específico sector volveremos inexorablemente a reemprender la carrera de precios y salarios que deterioró en el pasado nuestra economía en términos cuya gravedad todos conocemos. Y eso hay que impedirlo a todo trance, con los remedios de coordinación concreta que han dado, cuando se han aplicado en los términos antes expuestos, excelentes resultados.

4.º *Una esperanza abierta en el ámbito universitario*. Es pronto para juzgar sobre la nueva política de educación, pero sí hemos de registrar la sensación de alivio y esperanza que ante la complicación y difícil situación universitaria del invierno pasado, levantó el nuevo equipo de Educación en la última primavera, cuya lección parece ser muy significativa al ofrecer al país caras nuevas e ideas nuevas. Una valoración más profunda de estos hechos —insistimos— parece prematuro hacerla.

Pero junto a estos hechos a todas luces favorable, no podemos desconocer los problemas que nos acechan y sus lógicas consecuencias en la encrucijada de estos comienzos de curso o año político.

I. *La relaciones con la Iglesia*. Con ánimo de simplificación y no de simplicidad —porque una cosa es ordenar y sistematizar los elementos de problemas en busca de solución, y otra es ignorarlos para intentar resolverlos a golpes, generalmente mal medidos— entendemos que una nueva política con la Iglesia que comprenda los fenómenos postconciliares en ella, que sea fiel a la concepción tradicional y española de lo religioso en todo lo sustancial, que tenga clara idea de las fronteras entre lo civil y lo eclesiástico exige:

a) Un planteamiento de objetivos y un programa ejecutivo de los mismos.

b) Una política coordinada de Gobierno en el tratamiento de las diversas facetas de las relaciones Iglesia y Estado.

c) Una acción eficaz en Roma, hasta ahora ni siquiera ensayada.

d) Un diálogo permanente con la jerarquía española.

e) Mantenimiento vigilante del *statu quo* derivado de las vigentes normas concordatarias para que no se pueda alegar incumplimiento, singularmente en lo que a nombramientos episcopales se refiere, ni puedan acceder al Episcopado personas «poco adictas al Régimen».

Si éste es, a nuestro leal saber y entender, el camino de la solución, hemos de reconocer que no estamos en él: Las tensiones religiosas están profundamente agudizadas, sus interferencias en el mundo «civil» están generando importantes problemas políticos y nacionales, la velocidad de crecimiento y proliferación del problema es innegable, mientras la atención que requiere o no se ha prestado despreciando el problema ante otro, como sucede en el ámbito internacional y Vaticano, o se ha prestado con tanta buena fe y mejor celo, como error de planteamiento y ejecución en los terrenos interiores y de orden público. Y todo ello exige una urgente rectificación. No es buen oficio el de augur, pero aun a riesgo de ello, el vaticinio no parece difícil: Al cabo de un año, o se afronta el problema con prioridad, resueltamente y en toda su amplitud, o nos hallaremos pese a nuestras intenciones, deseos y creencias en plena ruptura con la Iglesia. Acaso no esté exenta de significación la ausencia del Nuncio el día 1 de octubre lo cual le ha impedido asistir a la recepción del Palacio de Oriente.

II. *Las elaboraciones legislativas que nos aguardan* van a crear, según sus actuales y conocidos planteamientos, fracturas de incalculables efectos. La Ley Sindical nueva se debate entre la necesidad de conservar y perfeccionar la parte instrumental de los Sindicatos, de manera que los hombres sinceramente vinculados y responsabilizados en el sindicalismo no desaparezcan y la sumisión a los principios del Movimiento sea efectiva; y de otra parte evitando el riesgo de enfrentamiento con la doctrina social de la Iglesia que, como Estado católico, hemos de cumplir. Creemos que la armonización de estos elementos es políticamente posible, pero con la misma convicción estimamos que esto no se conseguirá mientras se emplee la táctica de querer engañar a unos y otros, porque —preciso es reconocerlo— ninguno de los implicados en el tema es lerdo, ni parece dispuesto a dejarse engañar, con lo que el único que padece es el Gobierno expuesto a la intemperie de tan burdas maniobras. Tampoco será posible ese punto de coincidencia mientras el proyecto de la Ley Sindical sirva para crear el llamado «Poder Sindical» que supondría la abdicación de los poderes del Estado y su desintegración.

Esta deformación del «Poder Sindical» se vería acompañada de otra no inferior, la que se derivaría de la concepción del Movimiento a través de los Estatutos en proyecto que originarían un partido único con sus afiliados y organización cerrada y excluyente. Y esto supondría:

a) Una organización política disparatada y de imposible explicación ante la conciencia pública.

b) Un sistema político ingobernable por la suplantación de los poderes del Estado por fuerzas ajenas al mismo.

c) Un claro contrafuero por infracción de la Ley Orgánica del Estado, lo que se puede demostrar con el pertinente estudio jurídico.

d) Una regresión sin posible disimulo en el proceso evolutivo de la política española realizado por el Caudillo tan prudente y acertadamente.

Es preciso acomodar la estructura concreta del Movimiento a sus principios y a la Ley Orgánica del Estado y mucho es de temer que franqueándola o vulnerándola abiertamente se cree un nuevo factor de distorsión en el proceso político español para servir intereses personales o de grupo.

III. *La anarquía de los medios de información.* La Ley de Prensa sigue careciendo de los instrumentos precisos para hacer efectivas sus disposiciones. De otra parte, la falta de medida en el proceso «liberalizador» lleva a una descarada pornografía en el teatro, el cine y hasta la prensa diaria, de la que no se salva ni la prensa del Movimiento, como puede probarse, lo que abre la corrupción a las masas espectadoras o lectoras.

La política del Gobierno se ve constantemente sujeta a violentas y muchas veces injustas críticas. Los fenómenos de la subversión se magnifican y se les da una importancia tremendista de la que generalmente carecen.

Si el proceso sigue adelante, en breve plazo será imposible gobernar. Sin embargo choca todo ello con la evidencia derivada de la simple lectura de la prensa, de que existan temas que los periódicos titulan y tratan exactamente como desea el Ministerio respectivo. Tal es el caso de Gibraltar y las negociaciones con Estados Unidos. Puede argüirse que son temas nacionales ante los que no caben, por patriotismo, más que seguir las directivas del Gobierno. Admitimos el argumento, pero es que ¿en el caso de una devaluación monetaria no está también en juego el interés nacional? y es que ¿fue tratado por la prensa del mismo modo la devaluación de noviembre y los temas antes citados de Gibraltar y Estados Unidos? Evidentemente no. La devaluación levantó una tremenda campaña de prensa contra el Gobierno, mientras que los resultados negativos, hasta el momento de las actuaciones diplomáticas sobre Gibraltar, la obligada denuncia de los tratados con Estados Unidos y la política seguida en Guinea urgida por el Comité de los 24 han sido presentados como éxitos diplomáticos o paradigmas de una patriótica política. Tampoco resulta explicable la actitud reticente de cierta prensa, incluso la del Movimiento ante la Encíclica *Humanae vitae*, que viene a complicar nuestras relaciones con la Santa Sede. Ello demuestra hasta qué punto se puede establecer una política discriminatoria de la información permitiendo *cuando se quiere* la «anarquía de la prensa».

Pero aún hay más: Al discutirse en las Cortes la Ley de Secretos Oficiales, el Ministerio de Información permitió que se cambiara profundamente porque el proyecto tenía mala prensa y obedecía a los criterios duros de «Presidencia» como se afirmaba entonces en la Cámara. Ello ha cerrado el camino a toda medida directa, mientras las indirectas (cupos de papel, publicidad oficial, acción fiscal, etc.) están sin ensayar.

IV. *La repercusión interna de los problemas internacionales.* La independencia de Guinea en su tramitación y el anuncio de una nueva visita inexplicablemente autorizada por el Gobierno de la «Comisión de los 24» al Sahara, anuncian vientos de «descolonización» sobre este territorio. Es dolorosísimo pero no podemos negarnos a la evidencia. Entretanto Gibraltar sigue siendo inglés con la más dura de las intransigencias. El Mercado Común sigue con sus técnicas dilatorias para negociar el tratado con España, favoreciendo estas dilaciones tanto la posposición del tema en nuestras relaciones diplomáticas, como ciertas actuaciones interiores de orden político que aun siendo puramente formales ayudan a nuestros enemigos en su oposición. Por último, no se puede desperdiciar ni un solo día de los seis meses que tenemos para preparar las negociaciones que a primeros de año habrá que entablar con la nueva Administración norteamericana prestándole preferentísima atención en nuestra actividad diplomática. Con Tratados o sin ellos estamos ligados a Estados Unidos por situación geográfica y por fundamentación filosófica de nuestro Estado, aparte de que no debemos infravalorar la posible acción de la C.I.A. sobre el clima de subversión que se nos está creando.

En 1953 los Acuerdos con Estados Unidos y el Concordato nos abrieron los tres lustros de progreso económico y social que hemos tenido bajo la clarividente dirección del Caudillo. Basta recordar estas certeras palabras de su mensaje a las Cortes el 12 de octubre de 1953: «Los Acuerdos tienen, por otra parte, la virtud de interesar en nuestra defensa a la nación más poderosa de la tierra.«

El peligro de tener que dejar Rota, consolida la presencia inglesa en Gibraltar, que resultaría de este modo indispensable a la NATO. Ahora, una política de objetivos concretos, por emocional que resulte, y de otra parte el calculado reto de nuestros enemigos para conseguir un enfrentamiento del Régimen con la Iglesia, no pueden hacer quebrar estas dos líneas de marcha que son la cooperación con Estados Unidos y el entendimiento con la Iglesia. Nada hay más importante en el cuadro de nuestra política interior y exterior que estos dos temas.

V. *Las alteraciones del orden público.* El orden público se mantiene con policía y con política. Son dos elementos complementarios e inseparables, pero nunca sustitutivos. Es un hecho que en algunas provincias y ciudades el factor político está agotado y sólo actúa el policial, lo que agrava la situación. La desaparición del factor político se debe tanto al enfoque unilateral que se ha hecho desde el Ministerio de la Gobernación, confiando solamente en la fuerza pública como en la extinción de la fuerza política de ciertas jefaturas provinciales del Movimiento, enfrentadas o apartadas de la mayor parte de los hombres del 18 de Julio y sin imaginación y convicción para traer a los jóvenes hacia unas estructuras inactuales. Tenemos que convencernos todos de que la tarea política más urgente es dar una estructura actual a los principios del Movimiento.

Anejo 36

MEMORIAL DE CARRERO AL JEFE DEL ESTADO (21 DE OCTUBRE DE 1968)

Consideraciones sobre la aplicación del artículo 6 de la Ley de Sucesión

Meditando sobre la conversación sostenida con S.E. el pasado día 17, en relación con la conveniencia de proceder a la designación de la persona que en su día haya de sucederle en la Jefatura del Estado, considero que no serviría a S.E. con la fidelidad con que es mi más firme voluntad servirle, si no le expusiera con toda calma, exhaustivamente y por escrito, lo que honradamente pienso sobre tan importante materia.

La Ley de Sucesión en la Jefatura del Estado establece en su artículo 6.º que: «en *cualquier momento* el Jefe del Estado podrá proponer a las Cortes la persona que estime debe ser llamada en su día a sucederle a título de Rey o de Regente...» Esto, que fue promulgado hace ya más de 21 años (el 26 de julio de 1947) tras haber sido sometido a Referéndum de la Nación y aceptado por el 83 % del cuerpo electoral, que representó el 93 % de los votantes, ha sido ratificado recientemente en el Referéndum de 14 de diciembre de 1966 que, con ocasión de la Ley Orgánica del

Estado, puso de manifiesto la clamorosa adhesión popular (85,5 % del cuerpo electoral, que representó el 95,66 % de los votantes) al conjunto de las siete Leyes Fundamentales que integran nuestro ordenamiento institucional.

Con un intervalo de veinte años, prácticamente dos generaciones sucesivas de españoles han sido consultadas y han dado, casi unánimemente, la misma respuesta. No cabe, pues, *manifestación más terminante de la voluntad popular de que sea S.E. quien designe su sucesor en la Jefatura del Estado*, porque la idea de que este hecho ha de producirse es lo único que da a los españoles, que al pensar en el futuro de España piensan en sus hijos y en sus nietos, confianza y garantías de continuidad. La fórmula sucesoria que contempla el artículo 8.º de la Ley de Sucesión, no puede ser considerada sino como una *fórmula supletoria*, para un caso de emergencia, que, pese a todas sus cautelas, entraña. Evidentemente, unos momentos de grave crisis que sólo pueden desear los pocos que pretenden aprovecharlos para dar al traste con la ingente obra desarrollada por Su Excelencia, porque indudablemente esta obra no queda definitivamente consolidada hasta que S.E. no haga aplicación del artículo 6.º de la Ley de Sucesión.

Si a la tremenda conmoción que fatalmente España ha de sufrir el día que le falte su Caudillo se hubiera de agregar la peripecia de tener que poner en práctica el artículo 8.º de la Ley de Sucesión, la crisis que en tal momento se produciría sería evidentemente muy grave y prolongada. En el plazo de tres días, el Consejo del Reino y el Gobierno (35 personas en total) tendrían que, en sesión ininterrumpida y secreta, ponerse de acuerdo sobre la persona que debían proponer a las Cortes para asumir la Jefatura del Estado a título de Rey, propuesta en la que, indudablemente, podría pesar más el número que la razón y la conveniencia. Habría que convocar a continuación al Pleno de las Cortes, en las que, lo mismo para la aceptación que para rechazar la propuesta, podrían pesar más, aún con mayor motivo, el número, los enredos y las intrigas, que la realidad de la conveniencia nacional y en lo que se tardaría un plazo del orden, como mínimo, de diez días. Si la propuesta no fuese aceptada, sería necesario repetir el proceso de elección para la propuesta de una segunda persona a título de Rey. Si esta segunda propuesta no fuese tampoco aceptada, a los veinte días España se encontraría con que habría que repetir la propuesta para una tercera persona a título de Regente y el Gobierno y el Consejo del Reino tendrían que enfrentarse con el problema nada fácil de encontrar *una* «personalidad que por su prestigio, capacidad y posibles asistencias de la Nación» pudiera ocupar la Jefatura del Estado. Las Cortes podrían aceptarla o no. De no aceptarla, habría que seguir repitiendo indefinidamente la propuesta hasta encontrar una aceptación, en lo que se podría tardar sabe Dios cuánto tiempo. La crisis sería evidentemente gravísima y la solución de un Regente no haría más que aplazar su repetición pues, con arreglo a lo dispuesto en el apartado V del artículo 8.º, España tendría que volver a pasar por una crisis semejante al término del mandato concedido al Regente, lo que no haría más que exacerbar las intrigas y las apetencias de futuros Regentes y de nuevos pretendientes a la Corona. Piénsese, por último, en lo que agravaría la crisis de la elección la incidencia del artículo 16 de la Ley Orgánica del

Estado que establece que, en caso de fallecimiento del Presidente del Gobierno (Franco ostentaba entonces la Presidencia del Gobierno), se procederá a la designación de este cargo con arreglo a lo dispuesto en el artículo 14 de la misma Ley en el plazo de diez días, es decir, que en pleno proceso de designación del Jefe del Estado, el Gobierno, partipante en la primera propuesta, cesaría para dar paso a otro propuesto por el nuevo Presidente del Gobierno, que tendría que designar el Consejo de Regencia a propuesta en terna del Consejo del Reino. Estremece pensar que todo esto pudiera llegar a producirse.

Las gentes, aunque seguramente no se dan clara cuenta de la tremenda complicación que entraña la aplicación del artículo 8.°, ven en ello, por instinto, un serio peligro y sólo confían en la decisión de S.E. Lo que el pueblo español desea, mi General, es que S.E., en la plenitud de sus facultades, designe quién ha de sucederle en su día, y que Dios haga que ese día esté lo más lejano posible. Lo que S.E. decida en este aspecto, como en todos, será aceptado con entusiasmo por los españoles, pues en el ánimo de todos está que sólo S.E. está capacitado para tan trascendental decisión.

¿Cuál es el momento en que S.E. debe designar su sucesor haciendo uso del artículo 6.° de la Ley de Sucesión? Ésta es la primera cuestión a examinar.

Desde 1947, en que se promulgó la Ley de Sucesión, S.E. ha podido hacerlo, pero entonces no se había dado cima aún al proceso institucional: no se habían establecido los deberes y facultades de los futuros Jefes del Estado, ni materia tan importante como la forma de designación del Presidente del Gobierno y el señalamiento de sus atribuciones, y S.E., con sabia prudencia política, ha dejado transcurrir los años para completar, con la Ley de Principios del Movimiento Nacional y la Ley Orgánica del Estado, el proceso constitucional y para poder formar juicio sobre las personas de la dinastía, a la vez que decidía sobre la formación del Príncipe Don Juan Carlos. A lo largo de estos 21 años, éste se ha formado en España en muchas mejores condiciones para su futuro papel de Rey que si hubiera sido Príncipe de Asturias desde su nacimiento, ha constituido una familia, tiene más de 30 años y descendencia masculina y ha demostrado «tener las cualidades necesarias para el desempeño de su alta misión» a que se refiere el artículo 9.° de la Ley de Sucesión, sobre todo teniendo en cuenta las garantías que entrañan las cautelas establecidas en la Ley Orgánica del Estado, mientras que, por el contrario, durante estos años su padre, el Infante Don Juan, ha puesto de manifiesto, harto claramente, no reunir esas cualidades necesarias para poder ser un día Rey de España. Por consiguiente, la elección de S.E. está evidentemente hecha, y hasta manifestada con toda claridad aunque informalmente.

¿Hay alguna razón para pensar que *más tiempo* proporcionaría quizás a S.E. algún nuevo elemento de juicio que le hiciera cambiar de idea? Evidentemente no. *Don Juan* está desahuciado por S.E. y por la inmensa mayoría de los españoles, que estamos convencidos de que, con independencia de sus ideas liberales y de su desconocimiento de la realidad española, es alérgico al Movimiento Nacional, espina dorsal de nuestro ordenamiento jurídico: el *Príncipe Don Alfonso*, en quien pudo pensarse inicialmente por ser hijo del Infante Don Jaime, no ha recibido la formación que se ha dado a su primo, tiene otras características personales menos favorables, está aún soltero y, en todo caso, sólo puede ser una conveniente reserva. En cuanto al último pretendiente, *Don Hugo de Borbón,* candidato de una exigua minoría carlista mal informada, en primer término no es español, primera cualidad exigida por el artículo 9.º de la Ley de Sucesión, y además es, de todos los descendientes de Felipe V, el que menos derechos tiene a la Corona de España, pues se trata, como puede verse en el gráfico adjunto, del último descendiente de la rama de Don Felipe de Parma, último hijo de Felipe V. Más derechos que él tendrían, evidentemente, los descendientes de Don Fernando de las Dos Sicilias y del Infante Don Gabriel, hijos de Carlos III y, desde luego, los descendientes de Don Carlos María Isidro y Don Francisco de Paula, hijos de Carlos IV.

Desde el punto de vista de la legalidad de la sucesión de Fernando VII, los derechos de Don Carlos María Isidro, basados en que en España no podía reinar una mujer porque no aceptó la derogación de la Ley Sálica, al no tener sucesor por línea de varón pasaron a su hermano Don Francisco de Paula; de éste a su hijo Don Francisco de Asís y de éste a su hijo Alfonso XII, de su matrimonio con Isabel II. Es decir, que, con independencia de la pugna entre liberalismo y tradicionalismo, el problema de la Ley Sálica planteado a la muerte de Fernando VII, quedó resuelto con el matrimonio de Isabel II con Don Francisco de Asís. Sin Ley Sálica, la Reina era Doña Isabel: con Ley Sálica, el Rey era Don Francisco de Asís y, en cualquier caso, el hijo de ambos Don Alfonso XII.

Otro problema de orden legal es el de la renuncia del Infante Don Jaime y la abdicación de Don Alfonso XIII en el Infante Don Juan. La Constitución que juró Don Alfonso XIII establecía que las renuncias y las abdicaciones, para tener valor legal ante la Nación, requerían la aprobación de las Cortes, en forma similar a como lo establece el artículo 12 de nuestra Ley de Sucesión. Por consiguiente, ¿qué valor oficial tiene, ante la Nación, la abdicación de Don Alfonso XIII? Don Jaime podría renunciar a sus derechos a la Corona por su condición de incapaz, pero, legalmente, ¿podría renunciar a los derechos de su descendencia? Por consiguiente, desde el punto de vista exclusivamente legal, los derechos del Príncipe Don Alfonso frente a los de su tío Don Juan son bastante defendibles y podrían dar lugar a no pocas controversias, con evidente daño para la Nación.

Felizmente para España, la prudencia de S.E. zanjó definitivamente *toda cuestión de derechos.* El artículo 1.º de la Ley de Sucesión establece que «España como unidad política, es un Estado católico, social y representativo, que, de acuerdo con su tradición se declara *constituido en Reino*» y, a continuación, el artículo 6.º establece que en cualquier momento S.E. puede proponer a las Cortes la persona que estime pueda ser llamada a sucederle a título de Rey, sin más condicionamiento que el ser de *estirpe regia* «varón y español, haber cumplido la edad de 30 años, profesar la religión católica, poseer las cualidades necesarias para el desempeño de su alta misión y jurar las Leyes fundamentales, así como lealtad a los principios que informan el Movimiento Nacional» (artículo 9.º de la Ley de Sucesión). Se trata, pues, de una *instauración* y no de una *restauración.* Sólo después de instaurada la Corona en la persona de un Rey, comienza el orden regular de sucesión establecido en el artículo 11 de la Ley de Sucesión. Si el Príncipe Don Juan Carlos, que reúne las condiciones básicas del artículo 9.º de dicha Ley y cuyas «cualidades necesarias para el desempeño de su alta misión» sólo S.E. puede juzgar, porque es el único que posee las prerrogativas legales para hacerlo y porque, además, es el único que personalmente las puede apreciar está dispusto a jurar ante las Cortes fidelidad a los Principios del Movimiento y Leyes Fundamentales del Reino, el Príncipe Don Juan Carlos puede ser designado sucesor y pasar a ser en su día no la cabeza de una nueva dinastía sino la continuación de la *misma dinastía*, puesto que es nieto de Don Alfonso XIII, sin que pueda hacerse ninguna objeción legal a la *solución de continuidad* que puede representar la eliminación de su padre o de su primo porque nuestra legalidad, la legalidad vigente aprobada clamorosamente por el pueblo español en nuestras Leyes Fundamentales, no condiciona la designación de Su Excelencia establecida en el artículo 6.º de la Ley de Sucesión a ninguna *continuación sucesoria*. Se trata de una monarquía que se *instaura* y no de una *restauración*. Por otra parte, y esto es importante, al ser propuesto el Príncipe por S.E. en virtud de una Ley que tiene la aprobación de un clamoroso Referéndum y al ser aprobada esta propuesta por las Cortes, representación orgánica de la Nación, la *dinastía*, a partir de Don Juan Carlos, tendría un respaldo popular infinitamente mayor que el que tuvo en su origen, pues, a fin de cuentas, Felipe V, nieto de María Teresa, hermana de Carlos II, que había renunciado a sus derechos a la Corona de España al casarse con Luis XIV de Francia, subió al trono de España como consecuencia de un entendimiento entre Francia e Inglaterra, en el que para nada se contó con el pueblo español, y que incluso se realizó contra la voluntad de un gran sector del mismo.

Si S.E. tiene hecha su elección, creo que retrasar la propuesta a las Cortes no puede ya proporcionar ningún beneficio. Por el contrario, la designación de su sucesor en el Príncipe Don Juan Carlos, única persona de la dinastía que tiene las cualidades y la formación necesaria para su futura misión, ofrece las siguientes importantes ventajas:

a) Dar a los españoles una tranquilidad que no tienen, al ver desaparecer el fantasma de que un día España se viera en el trance de la crisis que representaría el tener que hacer aplicación de la fórmula supletoria del artículo 8.º seriamente agravada por la incidencia del artículo 16 de la Ley Orgánica del Estado.

b) Las Fuerzas Armadas tendrían perfectamente clara la misión de «defensa del orden institucional» que les confiere el artículo 37 de la Ley Orgánica del Estado, ya que esta misión podría verse enervada por confusiones e intrigas durante la crisis a que fatalmente daría lugar la aplicación del artículo 8.º de la Ley de Sucesión.

c) Dar también a los países extranjeros interesados en la permanencia del Régimen actual español, una garantía de continuidad del mismo, lo que puede redundar favorablemente en los acuerdos que podamos concertar con ellos.

d) El crédito exterior de nuestra economía, en el que tanto influye el factor psicológico de la confianza en la estabilidad política, se vería indudablemente robustecido.

e) Acabar definitivamente con las especulaciones internas y externas sobre nuestro futuro y terminar de una vez para siempre con los enredos de Estoril y del pequeño sector *hugonote*.

f) Mejorar la formación del Príncipe, porque al tener éste un *status* definido como Príncipe Heredero tendría mucho mayor contacto con S.E., quien, como nadie, podría consolidar su formación y ponerle al tanto de todos los problemas nacionales.

g) Consolidar también la popularidad del Príncipe al verle frecuentemente la gente al lado de S.E. e incluso ostentando su representación en inauguraciones y determinados actos públicos.

¿Debe llevarse a cabo la propuesta mediante una «acción por sopresa» o previa determinada preparación?

Yo aconsejaría decididamente la «acción de sorpresa». Cualquier preparación puede tener más inconvenientes que ventajas. Cualquier preparación de la índole que fuese (conversaciones con determinados sectores, algunas declaraciones del Príncipe en la prensa, etc.) no habrían de proporcionar mayores asistencias de los que no le quieren y en cambio les alertaría para orquestar oposiciones en España y fuera de España y, por otra parte, ninguna preparación es necesaria porque, sin el *menor género de duda*, las Cortes han de aprobar clamorosamente cualquier propuesta de S.E., como hicieron cuando la Ley Orgánica del Estado y como han hecho siempre, porque éste es el sentir general de todos los españoles y si hay pequeñas minorías contrarias, que sí las hay, éstas podrán manifestarlo tanto menos cuanto más se les coja por sorpresa.

Con respecto a decir algo previamente a Don Juan, yo aconsejaría que no se hiciese, porque inmediatamente entrarían en acción los que le rodean y es seguro que, a la desesperada, organizarían algún manifiesto, o algo parecido en el exterior, que aunque no produjera ningún daño sensible tampoco resultaría beneficioso. Es preferible que la cosa se realice por sorpresa y, en último caso, siempre podría S.E. escribir a Don Juan una carta, con los argumentos o consejos que S.E. estimara convenientes, para que el Embajador de España se la entregara a la hora precisamente en que S.E. se estuviera dirigiendo a las Cortes. Es decir, algo que en modo alguno pudiera interpretarse como una consulta, ni menos como un convenio. En esta cuestión hay dos problemas: el de España y el de la familia. el primero está perfectamente regulado con la aplicación de las Leyes, en cuanto al segundo, si Don Juan quiere no aparecer como excluido y salvar la cara de la legalidad de la abdicación de Don Alfonso XIII en él y de la continuidad de la dinastía, siempre puede hacer una renuncia de sus derechos en favor de su hijo Don Juan Carlos con una fecha anterior al día de la propuesta de S. E. que, naturalmente, se haría pública en España después de que la propuesta del Príncipe hubiese sido aceptada por las Cortes.

Por consiguiente, el *modus operandi* de la aplicación del artículo 6.º de la Ley de Sucesión, podría ser:

1.º Contar con la aquiescencia del Príncipe sobre todos los detalles de la ejecución y con su compromiso de guardar absoluto secreto.

2.º Convocar un pleno extraordinario de las Cortes con el menor plazo posible, que podría ser de cuatro o cinco días, en cuya convocatoria el Presidente de las Cortes podría decir simplemente lo siguiente: «Su Excelencia el Jefe del Estado ha tenido a bien convocar un pleno extraordinario de las Cortes Españolas el día tal a tal hora, para dar cumplimiento al artículo 6.° de la Ley de Sucesión en la Jefatura del Estado.» Si se puede encontrar una fórmula más sibilina, mejor.

3.° Si su Excelencia lo estima conveniente, podría, el mismo día por la mañana, reunir, conjunta o sucesivamente, al Gobierno y al Consejo del Reino, para darles cuenta de su decisión.

4.° Mensaje del Jefe del Estado a las Cortes proponiendo, en virtud del artículo 6.° de la Ley de Sucesión, la persona que estime deba ser llamada en su día a sucederle y pidiendo el acuerdo de las Cortes preceptuado en el artículo 15 de dicha Ley.

5.° Lectura por el Presidente de las Cortes de la propuesta de acuerdo del Pleno que habrá de revestir forma de Ley.

6.° Votación de las Cortes. El Presidente indicará que se levanten los Procuradores que no aprueben la propuesta.

El texto de la Ley es sencillo. La exposición de motivos podría limitarse a subrayar la conveniencia de dar cumplimiento al artículo 6.° de la Ley de Sucesión e indicar que la persona propuesta, además de reunir las condiciones señaladas en el artículo 9.° de dicha Ley, es de estirpe regia y «habida cuenta de los supremos intereses de la Patria» se juzga que posee las cualidades necesarias para, instaurada en su día la Corona, iniciar el orden regular de sucesión establecido en el artículo 11 de la citada Ley. La exposición de motivos podría terminar con un párrafo del siguiente tenor: «En su virtud, en ejercicio de la facultad que me confiere el artículo 6.° de la Ley de Sucesión y de conformidad con el acuerdo de las Cortes Españolas, adoptado en su sesión plenaria del día... DISPONGO:

Artículo 1.° Al producirse la vacante en la Jefatura del Estado, se instaurará la Corona en la persona del Príncipe Don Juan Carlos de Borbón y Borbón, que la transmitirá según el orden regular de sucesión establecido en el artículo 11 de la Ley Fundamental de 26 de julio de 1947, modificada por la Ley Orgánica del Estado de 10 de enero de 1967.

Artículo 2.° En el plazo de 8 días, las Cortes Españolas, en sesión solemne presidida por el Jefe del Estado, recibirán del heredero de la Corona designado en el artículo anterior, el juramento preceptuado en el artículo 50.° de la Ley Orgánica del Estado.

Artículo 3.° Una vez prestado el referido juramento, el Príncipe Don Juan Carlos de Borbón y Borbón ostentará el título de Príncipe de Asturias que tradicionalmente corresponde al heredero de la Corona y asumirá los deberes y derechos inherentes a tal condición.

Artículo 4.° Al producirse la vacante en la Jefatura del Estado, el Príncipe de Asturias será proclamado Rey ante las Cortes Españolas, de conformidad con lo establecido en el artículo 7.° de la Ley de Sucesión, dentro del plazo de ocho días.

Esto del título de Príncipe de Asturias parece natural porque si «España, como unidad política, es un Estado católico, social y representativo, que, *de acuerdo con su tradición*, se declara constituido en Reino» (artículo 1.° de la Ley de Sucesión) una de las más viejas tradiciones de la Monarquía española es el Principado de Asturias, creado por Juan I de Castilla en 1388 con ocasión del casamiento de su hijo Don Enrique con Doña Catalina de Lancaster; desde esa época llevan el título de Príncipe de Asturias los herederos de la Corona de España.

En cuanto al juramento a prestar, en su caso, por el Príncipe Don Juan Carlos debe tener una fórmula especial, porque especial es su caso. El artículo 50 de la Ley Orgánica del Estado dice en su apartado *a*) que corresponde a las Cortes «Recibir al Jefe del Estado y del heredero de la Corona al cumplir éste la edad de 30 años, *juramento de fidelidad a los Principios del Movimiento y demás Leyes Fundamentales del Reino*» pero en el caso del Príncipe debiera ser juramento de «*fidelidad al Jefe del Estado, a los Principios del Movimiento y demás Leyes Fundamentales del Reino*». Ésta es una de las cuestiones a las que previamente debe avenirse.

En el acto del juramento, el Príncipe, después de prestarlo, debería pronunciar un discurso, que naturalmente se le prepararía y nadie podría hacerlo mejor que Su Excelencia, en el que desarrollara ampliamente su voluntad de servicio a la Nación y su total identificación con todo lo que entraña el juramento prestado.

Una vez que el Príncipe haya jurado, asumirá, en cumplimiento de la Ley antes citada, «las funciones y deberes inherentes a su condición». ¿Cuáles son éstos? La Ley Orgánica del Estado establece en su artículo 11, que: «Durante las ausencias del Jefe del Estado del territorio nacional, o en caso de enfermedad, asumirá sus funciones el heredero de la Corona si lo hubiere y fuese mayor de 30 años o, en su defecto, el Consejo de Regencia. En todo caso, el Presidente del Gobierno dará cuenta a las Cortes.» Aparte de esta función eventual que la Ley Orgánica del Estado establece, el Príncipe no debe tener otras funciones que aquellas que, en cada caso, le encomiende el Jefe del Estado, del cual ha de depender directamente a todos los efectos. Sus deberes no pueden ser otros que hacer lo que S.E. le encomiende, y nadie mejor que S.E. puede saber cuál haya de ser la más conveniente orientación que haya de darse a su actividad.

En cuanto a lo que a honores se refiere, el reciente «Reglamento de precedencias y ordenación de autoridades y corporaciones» de 12 de julio de 1968, redactado sobre la base de la Ley Orgánica del Estado, da al Heredero de la Corona el segundo lugar, a continuación del Jefe del Estado. El Reglamento de honores y saludos militares, redactado mucho antes, en 25 de abril de 1963, no prevé la existencia de Príncipe Heredero y sólo en su artículo 12 se refiere a «Príncipes de la Sangre perteneciente a familias reinantes». Habría, posiblemente, que hacer una adición a dicho Reglamento fijando los honores que correspondan al Príncipe Heredero.

Madrid, 21 de octubre de 1968

El texto de la Ley es sencillo. La exposición de motivos podría limitarse a subrayar la conveniencia de dar cumplimiento al art. 6.º de la Ley de Sucesión e indicar que la persona propuesta, además de reunir las condiciones señaladas en el art. 9.º de dicha Ley, es de estirpe regia y «habida cuenta de los supremos intereses de la Patria» se juzga que posee las cualidades necesarias para, instaurada en su día, la Corona, iniciar el orden regular de sucesión establecido en el art. 11 de la citada Ley. La exposición de motivos podría terminar con un párrafo del siguiente tenor: «En su virtud, en ejercicio de la facultad que me confiere el art. 6.º de la Ley de Sucesión y de conformidad con el acuerdo de las Cortes Españolas, adoptado en su sesión plenaria del día... DISPONGO:

La parte dispositiva podría reducirse a tres artículos:

Art. 1.° Al producirse la vacante en la Jefatura del Estado, se instaurará la Corona en la persona del Príncipe Don Juan Carlos de Borbón y Borbón, que la transmitirá según el orden regular de sucesión establecido en el art. 11 de la Ley Fundamental de 26 de julio de 1947, modificada por la Ley Orgánica del Estado de 10 de enero de 1967.

Art. 2.° En el plazo de 8 días, las Cortes Españolas, en sesión solemne presidida por el Jefe del Estado, recibirán del heredero de la Corona designado en el art. anterior, el juramento de fidelidad a los Principios del Movimiento y demás Leyes Fundamentales del Reino preceptuado en el art. 50 de la Ley Orgánica del Estado.

Art. 3.° Una vez prestado el referido juramento, el Príncipe Don Juan Carlos de Borbón y Borbón ostentará el título de Príncipe de Asturias que tradicionalmente corresponde al heredero de la Corona y asumirá los deberes y derechos inherentes a tal condición.

Anejo 37

CARTA DEL MINISTRO DE JUSTICIA, ANTONIO M.ª ORIOL, DE 23 DE OCTUBRE DE 1968, A LA QUE ACOMPAÑA OBSERVACIONES SOBRE EL ESTATUTO ORGÁNICO DEL MOVIMIENTO ENVIADAS AL CONSEJO NACIONAL

AH/. Madrid, 23 de octubre de 1968.

El Ministro de Justicia

Excmo. Sr. D. LAUREANO LOPEZ RODO
Comisario del Plan de Desarrollo Económico y Social
M A D R I D

Querido Laureano:

Adjunto te remito las observaciones al Estatuto Orgánico del Movimiento que ayer envié al Consejo Nacional.

Me limito, prácticamente, al planteamiento de la cuestió sin desarrollar con la amplitud que puede ser conveniente este tema. Esp ro tus observaciones con especial interés.

Un fuerte abrazo

ANTEPROYECTO DE ESTATUTO ORGÁNICO DEL MOVIMIENTO

Observaciones al Anteproyecto de Estatuto Orgánico

En el Anteproyecto recibido veo que, en parte, se han recogido algunas de las observaciones hechas anteriormente al primer Anteproyecto recibido. Agradezco esta atención, pero me parece que debo insistir en especial en alguna de ellas.

TÍTULO II

Artículo 5.º La solución adoptada para dejar un apartado en el que figure sin aparecer el concepto de afiliación o de miembros, me parece que no es procedente y sería mejor suprimirlo. Hay manifestación de voluntad en cualquiera de los otros apartados señalados anteriormente, desde la *a*) a la *f*), en los que puede considerarse que es manifestación tácita en el apartado *a*) y en todos los demás es manifestación expresa. ¿Para qué hace falta el grupo *g*)?

Porque si en él se quiere incluir los que de una manera más directa desarrollan tal trabajo o tarea en el Movimiento, esto puede quedar perfectamente incluido en la letra *f*), en la letra *e*) y en la letra *c*).

TÍTULO IV

Nuevamente insisto en que encuentro que, al regular lo que se refiere a la base del Movimiento, se ignora al Municipio.

En diversas ocasiones el Caudillo se ha referido a este punto de manera muy concreta.

1.º En Barcelona, el 27-5-47: «Las Instituciones municipales son la realidad más importante de la vida política de una nación, donde se lleva a cabo el contacto directo del hombre con las Instituciones, entendiendo por vida política, la vida constructiva y de trabajo. La política no ha querido decir nunca unos partidos ni unos privilegios ni unas posiciones de ventaja; la política en el mejor sentido de la palabra ha debido ser siempre al servicio y al beneficio de la nación; el mejor servicio a los pueblos y el más puro servicio a las provincias.»

2.º En Madrid, el 19-5-55, en el Primer Congreso Iberoamericano de Municipios: «Habéis tratado técnica y administrativamente los problemas acuciantes de la vida municipal; pero por encima de ellos existe una realidad que es la política. *El Ayuntamiento es la primera asociación política*, la concreción primaria de una política. Nosotros hemos venido padeciendo en nuestros años de decadencia el apartamiento de los hombres mejores de las tareas municipales; podríamos decir que se sentía un asco por la política. Se llegaba a decir: buena administración y nada de política, como si la buena administración no fuera una norma política.»

3.º En Sevilla, el 19-6-55, al mismo Congreso Iberoamericano de Municipios: «Por eso no puede haber buena política en un Estado, desconociendo la realidad política del Municipio; es punto de conjunción del hombre con la sociedad en la que han de lograr sus más inmediatas aspiraciones. Los Municipios son la realidad más viva de la política, la que más directamente interesa, su más clara expresión. Si la política de la nación es una ficción, los Municipios serán una ficción también al no satisfacer los anhelos de los individuos, del servicio a la comunidad. Toda la vida de nuestra hora está impregnada de ansia social, de afanes de justicia y, por tanto, no puede existir una buena política municipal en la administración que no responda a esta realidad, que no se levante sobre una base social sirviendo al interés común, a los anhelos de todos, haciendo más perfecta la vida municipal y no divorciándola de las realidades del país, de esa convivencia de las familias, de los anhelos de todas las entidades en las que naturalmente se asocia.»

Por lo tanto, al plantear la estructura orgánica del Movimiento no se puede prescindir de esa realidad política que es el Municipio. Es posible que se alegue que el Estatuto Orgánico del Movimiento tiene unos plazos determinados para presentarse, mientras que la regulación definitiva del Municipio está pendiente de una nueva Ley de Régimen Local o de Estatuto Municipal. Pero entiendo que es más grave hacer un planteamiento incongruente, por no decir equivocado, de lo que es el Movimiento en su base desconociendo los principios doctrinales y legales que lo regulan que retrasar en la medida necesaria para que ambas disposiciones resuelvan lo que es fundamental y definitivo para el futuro.

No podemos dejar que se mantenga este planteamiento de que los Municipios son unos órganos dependientes del Ministerio de la Gobernación, con sólo una misión administrativa y que los Consejos Locales son otros órganos dependientes de la Secretaría General del Movimiento con una misión política. Con ello rompemos la unidad de base de la que se debe partir para una solución congruente con los principios que informan nuestro planteamiento político.

TÍTULO VI

Artículo 40.° Sustituir: La Jefatura Provincial por «el Presidente del Consejo Provincial, es el encargado...».

Artículo 41.° Sustituir la redacción actual por la siguiente: «La dirección y responsabilidad de la actividad del Movimiento en el ámbito de cada provincia corresponde al Presidente del Consejo Provincial del Movimiento que será en todo caso el Gobernador Civil de la provincia.»

Artículo 42.° El orden que quedaría de la competencia sería: primero *c*), segundo *a*), tercero *b*) y cuarto *d*).

Artículo 43.° «Una Secretaría del Consejo Provincial asistirá al Presidente del Consejo Provincial...» La razón de poner esto es que sea congruente con los artículos 31 y 33 de dicho Estatuto.

Donde aparezca «Jefe Provincial del Movimiento» se sustituirá por «Presidente del Consejo Provincial del Movimiento».

Artículo 44.° «Las competencias expresadas en los artículos 41 y 42 en el ámbito local corresponderán al Alcalde, que será el Presidente del Consejo Local del Movimiento.

Con este mismo criterio, en el artículo 15 habría que modificar «Jefatura Provincial del Movimiento» por el de «Presidencia Provincial del Movimiento».

22 de octubre de 1968

Anejo 38

CARTA DEL MINISTRO DE OBRAS PÚBLICAS, FEDERICO SILVA, SOBRE SUS GESTIONES CON VISTAS A UN CAMBIO DE GOBIERNO (10 DE DICIEMBRE 1968)

EL MINISTRO DE OBRAS PÚBLICAS

10-XII-68

Querido Laureano:

Todo ha ido perfecto. Lo mejor —entre las muchas buenas— que recuerdo.

1) Asunto tuyo: rematado y, si me lo permites, te diría que hasta solemnizado.

2) Asunto más pendiente de ti, pues el camino está despejadísimo y en solitario. No hay nadie, aunque yo he guardado, como es lógico, riguroso silencio, [illegible] personal en alguien.

3) Todo lo demás, perfecto, y adecuados en sus sitios respectivos, [illegible] que tú [illegible] [illegible] [illegible] [illegible] general y como en los tiempos en que [illegible] en mis [illegible].

Salgo en este momento para París. Después del viernes a las 2, a primera hora del viernes por la tarde, —si no [illegible] [illegible] en las [illegible]— pasaré a verte, si no [illegible] a la hora de comer, en que podrás encontrarme en casa o en casa de mis padres 2264097

Un fuerte abrazo

Federico

Anejo 39

CARTA DE CAETANO AL AUTOR, DE 28 DE DICIEMBRE DE 1968, EN LA QUE EXPRESA SU DISGUSTO POR EL ALEJAMIENTO DE ESPAÑA Y PORTUGAL EN POLÍTICA EXTERIOR

Presidência do Conselho

28. Dez°. 1968

Meu querido amigo:

Recebi e do coração retribuo os votos de Natal e Ano Bom que teve a bondade de me enviar.

São bem pesadas as minhas responsabilidades actuais. E bem preciso, para as suportar, da colaboração dos amigos. Mas é com desgosto que tenho notado que a Espanha se vai afastando de Portugal, nomeadamente na política exterior. Sei que temos posições e interesses em certos pontos divergentes. Mas estou seguro de que poderíamos encontrar fórmulas amistosas de entendimento, de modo a não prejudicar a colaboração dos dois países naquilo que para a Península seja essencial.

Creia-me, querido amigo, seu muito devotado e sempre att°,

Marcello Caetano

Anejo 40

DICTAMEN DEL CONSEJO DE ESTADO POR EL QUE SE DECLARA PRECEPTIVO EL INFORME DE DICHO CONSEJO SOBRE EL REGLAMENTO ORGÁNICO DEL CONSEJO NACIONAL

Bau, Presidente
Jordana de Pozas.
Conde de Casa Rojas.
Marqués de Valdeiglesias.
Suñer.
Basanta.
Cuervo.
Coronel.
Rovira.
Martín Artajo — Secret. Gral.

La Comisión Permanente del Consejo de Estado, en sesión celebrada en el día de la fecha, con asistencia de los señores que al margen se expresan, ha emitido el siguiente dictamen:

«Resulta de antecedentes que con fecha 10 de octubre de 1968 el Presidente del Consejo de Estado se dirigió al Ministro Secretario General del Movimiento, haciéndole saber que, en su sesión de igual fecha, la Comisión Permanente de este Alto Cuerpo había advertido que el citado Reglamento, publicado en el "Boletín Oficial del Estado" de fecha 5 de octubre pasado, había sido aprobado omitiéndose la audencia del Consejo de Estado, siendo así que, por tratarse de un reglamento (general) que se dicta en ejecución de una Ley, la Ley 43/67, de 28 de junio, debió ser objeto de consulta, según lo dispuesto en el art. 17 número 6, de la Ley Orgánica de este Alto Cuerpo.

»Por oficio de 8 de noviembre siguiente, el Vicepresidente del Consejo Nacional del Movimiento dio contestación al escrito del Presidente del Consejo de Estado, haciendo constar que la Comisión Permanente del Consejo Nacional, en su sesión de 31 de octubre, acordó, por unanimidad, que se le hiciera llegar el criterio adoptado, tras detenido estudio, de estimar que, en este caso, el informe del Consejo de Estado no era preceptivo, por no tratarse de un reglamento administrativo dictado por el Gobierno en ejecución de una Ley (supuesto a que se refiere el art. 17 de la Ley Orgánica del Consejo de Estado invocado), sino del Reglamento Orgánico de la Cámara, institucionalmente configurada por la Ley Orgánica del Estado, de rango fundamental, y habida cuenta de que el procedimiento para la elaboración del mencionado Reglamento quedó establecido de modo singular y expreso por la Ley de 28 de junio de 1967, en su art. 37, precepto legal especial que es el directamente aplicable y en el que no se incluye el informe de ese Alto Cuerpo.

»A la vista de los antecedentes expuestos, el Consejo de Estado tiene el honor de informar lo que sigue:

1. *En cuanto a la pertinencia del escrito elevado al Ministro Secretario General del Movimiento*

»El art. 18 de la Ley Orgánica del Consejo de Estado establece que "el Consejo de Estado podrá elevar al Gobierno las propuestas que juzgue oportunas acerca de cualquier asunto de interés general o buen orden de la Administración que la práctica y la experiencia de sus funciones le sugieran", lo que viene complementado por el art. 144 del Reglamento de dicho Alto Cuerpo, según el cual "el Presidente del Consejo, en nombre de éste, llamará la atención a quien corresponda cuando en el despacho de algún asunto se hubiere omitido indebidamente su audiencia, y podrá reclamar el expediente correspondiente para que se subsane este defecto".

»En el presente caso, el Consejo de Estado, según acuerdo de su Comisión Permanente, en la sesión celebrada el 10 de octubre de 1968, se dirigió al Secretario General del Movimiento, haciéndole saber que, a juicio de este Alto Cuerpo, había sido indebidamente omitida la audiencia del Consejo de Estado en la tramitación del Proyecto de Reglamento Orgánico del Consejo Nacional del Movimiento.

»La contestación a aquel escrito es emitida por el Vicepresidente del Consejo Nacional del Movimiento, por lo que el cauce formal no resulta el adecuado, toda vez que el oficio del Consejo de Estado se dirigía, correctamente —en virtud de los preceptos antes citados— al Secretario General del Movimiento, que es la autoridad a quien en su calidad de Ministro (art. 31, I de la Ley Orgánica del Movimiento Nacional) corresponde la ejecución de los acuerdos de dicho Consejo en todos los aspectos de su actividad y la orientación de las organizaciones que constituyen el Movimiento (art. 39 de la Ley citada y 59 de su propio Reglamento).

»A ello no obsta la asimilación de funciones que entre Secretario General del Movimiento y Vicepresidente del Consejo Nacional del mismo declara el art. 22, *e*) de la Ley Orgánica del Estado y repito el art. 13, *e*) de la Ley Orgánica del Movimiento, puesto que tal equiparación no puede significar confusión entre órganos y aun entre las mismas competencias que, respectivamente, corresponda ejercer a una misma autoridad.

2. *En cuanto al fondo de la cuestión planteada*

»El Consejo de Estado ha entendido que era preceptiva la audiencia del Alto Cuerpo como preveía a la aprobación del Reglamento Orgánico del Consejo Nacional del Movimiento. Semejante opinión es contradicha por el Consejo Nacional, cuya Comisión Permanente ha estimado que no era preceptiva en este caso la audiencia del Consejo de Estado por las razones expuestas.

»Las razones aducidas por la Comisión Permanente del Consejo Nacional del Movimiento no parece que concuerdan con el ordenamiento jurídico establecido. En contra de la opinión de aquel Consejo, entiende el Alto Cuerpo Consultivo que el Reglamento en cuestión es un Reglamento de aquellos a los que se refiere, como casos de audiencia preceptiva, el art. 17,6 de la Ley Orgánica del Consejo de Estado, es decir, un Reglamento *general* dictado en ejecución de una Ley que, en el presente caso, es la Ley 43/67 de 28 de junio, Orgánica del Movimiento Nacional. Es de notar al caso que en la cita que se hace del art. 17 en el escrito en cuestión, se habla de reglamentos *administrativos*, siendo así que su texto lo aplica a los reglamentos generales. Dicho Reglamento, además, es directamente ejecutivo de una Ley; categoría esta que, dotada de mayor generalidad aún que la anterior, es sometida también, sin ningún género de limitaciones, a la preceptiva audiencia del Consejo de Estado, no ya por las prescripciones de éste, sino por el art. 10,6 de la Ley de Régimen Jurídico de la Administración del Estado, según el cual es competencia del Consejo de Ministros:

b) Proporcionar al Jefe del Estado la aprobación de los reglamentos para la ejecución de las leyes, *previo dictamen del Consejo de Estado.*

»Ni siquiera se exige, pues, el carácter de generalidad del Reglamento ejecutivo para que sea preceptiva su consulta al Consejo de Estado.

»El Reglamento Orgánico del Consejo Nacional del Movimiento, que tiene carácter de general y que es directamente ejecutivo de la Ley Orgánica del Movimiento Nacional y su Consejo, de 28 de junio de 1967, no constituye, por otra parte, una especie singular de Reglamento, como el propio Consejo Nacional parece entender. Esta especialidad no puede dimanar del hecho de que tal Consejo haya sido institucionalizado por la Ley Orgánica del Estado, de rango fundamental, puesto que la creación de un órgano político o de gobierno, e incluso meramente administrativo, por una Ley fundamental, no supone una excepción ni a la naturaleza propia, ni tampoco al régimen jurídico con arreglo al cual ha de desevolverse la reglamentación jurídica de dicho órgano, y máxime cuando, ni directa ni indirectamente, la Ley Orgánica del Estado prevé excepción alguna a este respecto.

»Tampoco se advierte que exista excepción ninguna de rango formal por el hecho de que el art. 37 de la Ley Orgánica del Movimiento encomiende al Consejo Nacional, de acuerdo con el Gobierno, la redacción y aprobación de su propio Reglamento. Y tanto más cuanto que ese mismo precepto, invocado en su escrito por el Vicepresidente del Consejo Nacional, concluye haciendo notar que el Reglamento así elaborado "será elevado a la sanción del Jefe del Estado", con lo que se prefigura el rango de la norma reglamentaria que deba dictarse (el Decreto, con arreglo al art. 24,1 de la Ley de Régimen Jurídico de la Administración del Estado), sin que se declare, ni pueda en buena técnica jurídica, suponerse que exista una excepción a las normas legales previamente establecidas y, entre ellas, la que dispone la audiencia preceptiva del Consejo de Estado (artículo 17,6 de la Ley Orgánica de éste y art. 10,6 de la de Régimen Jurídico), en la aprobación de todo tipo de disposiciones reglamentarias que se dicten en ejecución de las leyes.

»En razón de lo expuesto, el Consejo de Estado es de dictamen:

»Que es preceptivo el informe del Consejo de Estado sobre el Reglamento Orgánico del Consejo Nacional del Movimiento, aunque, por razón de urgencia, se hubiera puesto en vigor con carácter provisional, según lo autoriza la cláusula final del párrafo 6.º del art. 17 de la Ley Orgánica del Consejo de Estado.»

Madrid, 14 de noviembre de 1968.

EL PRESIDENTE,

JOAQUÍN BAU

EL SECRETARIO GENERAL,

ALBERTO MARTÍN ARTAJO

Excmo. Sr. Ministro, Secretario General del Movimiento.

Anejo 41

NOTA *MANUSCRITA* DE ALFREDO JIMÉNEZ MILLAS ACERCA DEL CARGO DE MINISTRO SECRETARIO GENERAL DEL MOVIMIENTO

Parece natural que próximamente ha de producirse una crisis de Gobierno, en la que vaquen algunos Ministerios y la Secretaría General del Movimiento.

Sin descender a montar estas apreciaciones en actitudes personales de fobias o filias, nos atrevemos a sugerir como algo inadmisible —en el momento que vivimos y en busca de un deseable equilibrio o compensación de las fuerzas representadas en el seno del Gobierno— que puedan residir en las manos de un solo Ministro, el Secretario General del Movimiento, tal cúmulo de auténticos poderes directos o a través de muy expresivas mayorías en todas las instituciones, organismos y organizaciones del país.

La persona de que se trate no hace demasiado al caso. Cualquier Ministro Secretario General se encontraría disponiendo de idéntico poder y sea cual fuere el español que ocupe la Secretaría General, no parece razonable que se produzcan tales realidades que califico de gravísimas siempre y más aún en un ambiente político tan delicado como el que atravesamos por claras y singulares razones.

No puede, no debe ocurrir que un solo hombre "controle" el Consejo Nacional las Cortes, el inmenso mundo de la Organización Sindical — en el que nos hallamos la casi totalidad de los españoles — las cadenas de prensa y radio dependientes de la Secretaría General — que son, en número, las más importantes entre las públicas y privadas existentes —; mayorías en las corporaciones provinciales y locales y en todas las instituciones socio-económicas de la Nación, etc, etc.

No es normal el que esto ocurra y que en muchas ocasiones todo dependa y gire alrededor de una personal y libérrima decisión

Es de esperar que la Ley Sindical "desgaje" del tronco de la Secretaría General a la Organización Sindical y es, también, de suponer que la próxima legislatura — todavía excesivamente lejana en el tiempo dadas las necesidades de "prisa" que las circunstancias requieren — nos depare una representación más en consonancia con la diversidad ideológica del pueblo español y por ende menos "manejable" por el Ministro Secretario General de turno.

Quedan la Prensa y la Radio, y sobre este punto me voy a permitir un pequeño inciso: ¿Por qué estos medios de comunicación, difusión e influencia, han de encontrarse bajo la jurisdicción de la Secretaría General y no depender directamente de la Presidencia del Consejo de Ministros? Si la Secretaría General es, hoy por hoy, la representación de una de las partes o sectores de que se compone el Movimiento Nacional ¿cómo puede disponer una parte, de la Prensa y de la Radio que deberían estar al servicio del todo....?

— — — — — — —

"Si la crisis se produjera y el mando de la Secretaría General hubiese de ser ocupado por otra persona, resultaría interesante bosquejar, aunque sea brevemente, sobre las condiciones personales que juzgamos convenientes concurran en la que sea designada.

En principio, creemos que no debe serlo un falangista "clásico", un "vieja guardia", por excelentes que sean sus virtudes humanas y políticas y por muy favorables que nos resulten sus planteamientos y programas en relación con lo que estimamos ha de hacerse en la Secretaría General.

Un falangista, aún con gran prestigio dentro de la propia Falange y con claras posibilidades de ser gratamente aceptado por las diversas tendencias que integran el Movimiento, "tropezaría" con el serio inconveniente de tener que soportar las "presiones" de los "suyos". Y una de dos, o "cedería" ante ellas, cerrando con esa actitud las necesarias intenciones de apertura y manteniéndose el "statu quo" actual o se "enfrentaría", colocándose en personal y abierta pugna con sus "amigos políticos".

Y tan no deseable es la primera postura como la segunda. Ya que ésta última provocaría no solamente el que se "quemase" personalmente el Ministro falangista ante los suyos sino que se llegaría a disociar el mando de la Secretaría General con la masa falangista, de por sí habituada al sostenimiento de unas posiciones personales y de influencia política.

Y esta masa que, desde luego, representa valores positivos y negativos, sería inútil ceguera desconocerla, minimizarla o despreciarla. No sería inteligente tenerla "enfrente". Las organizaciones del Movimiento son todavía necesarias para el momento del Régimen, para utilizarlas en el tránsito hacia el futuro y para que sirvan como sólida base en el afianzamiento de ese futuro.

Serían los falangistas más fácilmente dirigidos y mandados por un Secretario General no procedente de su misma extracción política. En este caso el acceso —en sentido figurado— al Jefe, no facilitado por la amistad, la confianza, la camaradería y la pasada historia vivida en común —que cargaría el acento en las peticiones, las exigencias y las presiones— no se produciría tan naturalmente. Es evidente que ante un Ministro falangista, o éste se doblegaba o los falangistas le "volverían la espalda", tachándole de traidor y terminando por apartarse de la disciplina de la Secretaría General....

Un hombre conocido en el quehacer político —por escasos que hubieran sido sus contactos con el mundo falangista— "buena prensa", en correcta línea con la idea Movimiento y "encasillado" como "ministrable" en el ambiente de la calle, sería, a nuestro juicio, el ideal. Sin la atadura de los vínculos —de que antes hablaba— podría mandar con independencia y autoridad. Sin compromisos personales partiría de cero en la iniciación de su tarea. Las exigencias desaparecerían o se "ablandarían" porque la masa intuye sobradamente hasta donde le es posible llegar en cada caso. Con uno de los "suyos", por el contrario y lógicamente, tendería a "endurecerse".

Los falangistas, pasado el primer momento de estupor al observarse mandados por alguien que no es de los "suyos" —y empleo reiteradamente este posesivo por considerar que expresa muy gráficamente la idea en el sentido que pretendo— reaccionarán, sin duda, en el aspecto de una favorable colaboración. Primero, porque sospechan ya desde hace tiempo que algo parecido se iba a producir y segundo, porque se agarrarán a un clavo ardiendo en defensa de lo que consideran sus últimas posiciones, tácticamente siempre dignas de ser defendidas.

Y como quiera que, este Secretario

General "ideal", no "traicionaría" ninguna de las premisas entrañables del falangismo puro; respeto a la memoria y obra de José Antonio; sentido marcadamente social de la política a seguir; supremas razones del 18 de Julio, etc, etc; no se trata en modo alguno de "jugar una mala pasada" a una colectividad política que merece por su entrega a la Patria el mayor de los respetos sino, antes al contrario, mantener de la Falange todo aquello digno y posible de ser mantenido, pero "presentando" las tareas a desarrollar por la Secretaría General en perfecto acorde con el espíritu del Movimiento Nacional — definido en los Principios Fundamentales — como la comunión de los españoles en los ideales que dieron vida a la Cruzada, sin partidismos, exclusivismos ni cotos cerrados.

Insistiré en mi machacona idea de que las organizaciones del Movimiento, hoy por hoy, no es posible desconocerlas ni despreciarlas. Ahí están. Recuerdo mi frase de siempre: En cualquiera de nuestros cerca de nueve mil municipios los falangistas son, en número, más que los guardias civiles del puesto ---

Y para terminar estas notas, me atrevería a dar un nombre que "encajaría" perfectamente con las condiciones que he expuesto como ideales para ser reunidas por el futuro Secretario General del Movimiento, el de Vicente Mortes ---

[signature]

Anejo 42

ESCRITO QUE ELEVAN PROCURADORES EN CORTES CONTRARIOS A LAS BASES AMERICANAS EN ESPAÑA

Cortes Españolas

EXCMO. SR.:

1.- Van trascendiendo las dificultades de la negociación sobre las bases Hispano-Norteamericanas. Y se acrediten la dignidad y firmeza de la postura española, incluso con el agotamiento de todos los plazos de vigencia, sin firmarse un nuevo convenio.

2.- Estos temas preocupan ya hondamente al País.

3.- En nuestra situación una nueva prórroga quinquenal constituye un tema especialmente delicado.

4.- El almacenaje atómico es gravísimo. La reacción de diversos países lo acredita. En 1.953 no se preveía para España. Y nos situaría además en "primera línea de fuego".

5.- El Mediterráneo ha pasado a ser zona de guerra y de escuadras extrañas.

6.- Nuestras pasadas observaciones respecto a Guinea, infortunadamente, van siendo confirmadas por la realidad.

7.- Ifni y Gibraltar, nos traen nuevas reflexiones.

8.- La Cámara Norteamericana ha sido informada y ha podido manifestarse con amplitud, sobre la negociación de tales bases en nuestro territorio peninsular.

9.- Las consecuencias caen siempre sobre el pueblo.

10.- Por todo ello, entre otras razones, como representantes de todo el pueblo de España, ROGAMOS respetuosamente ser informados y poder informar, con la debida anticipación, libertad, y discreción, sobre temas de tanta trascendencia para nuestro futuro.

La acreditada sensibilidad de V.E. y de nuestro Gobierno, acordarán siempre lo más conveniente.

Palacio de las Cortes, a quince de Abril de 1.969.

J. L. Fdez Cantos — Pizarro — Enseñat — Finat — Fdz. Palacio

EXCMO. SR. MINISTRO DE ASUNTOS EXTERIORES. MADRID.

H. Escudero

E. Mohammed

A. Saenz

Juan A. Escribano

L. Peralta

Toña

T. Escribano

F. Bou

F. Poveda

Juan Marrero

Ballesta

A. Gil

Miguel Gamazo Pelay

MIGUEL GAMAZO PELAY

Andrés Miranda

M. Osorio

Fernando Beltrán

CARLOS JORET

Juan Luis, 2001

J. Mª Bravo Ferrer

SALVIO PARES

J. L. Pérez Fachecho

RAFAEL MERINO GARCIA

M. Palomino

Alvaro Laporta

Josefina Vegliner

J. Mª Peña

J. Mª del Moral

A. Arruti

A. SANCHEZ GARCIA

Santiago Aparicio Alcalde

J. Mª Zaldivar

J. Busto

E. Giner

Anejo 43

NOTA TITULADA «CONSIDERACIONES SOBRE LA SITUACIÓN POLÍTICA», DE 7 DE MAYO DE 1969, ENTREGADA POR CARRERO A FRANCO

Los párrafos más significativos de la nota son los siguientes:

En los momentos actuales hay una serie de aspectos de nuestra política que entiendo que no van bien y que requieren atención y rápido remedio. Estos problemas son:

— La Ley Sindical
— Nuestras relaciones con la Iglesia
— Nuestra política exterior
— La subversión de la ETA, y
— La preocupación e incertidumbre de la gran masa de españoles ante el futuro

La Ley Sindical. Desde el mes de noviembre, la ponencia de ocho miembros del Gobierno designada por S.E., que yo presido, está estudiando el Proyecto de Ley presentado por la Organización Sindical sobre la base de los acuerdos del Congreso de Tarragona.

Ahora bien; lo grave de este asunto es que se ha politizado y que la Organización Sindical, o más exactamente los altos cargos de la misma, todos ellos de libre designación, pretenden de hecho el asalto al poder. Mientras la ponencia discute y se debate prácticamente ante un muro infranqueable, la prensa del Movimiento y la prensa Sindical, que, lógicamente, deben ser totalmente obedientes al Ministro Secretario General que es de quien dependen por la duplicidad de sus cargos, están constantemente azuzando al Gobierno a que envíe a las Cortes la Ley por ellos propuesta. No hay día en que no haya una o varias reuniones sindicales, en las que no surja la conminación, cada vez más insolente, al Gobierno para que remita la Ley a las Cortes.

Del estado de esta situación da clara idea la conversación que ha tenido el día 6 con un Ministro el señor Espinosa Poveda, Secretario General de la Organización Sindical y Consejero del Reino. En esta conversación, este señor ha manifestado que:

— Agradece la dilación en la tramitación de la Ley Sindical porque esto «nos ha servido para estrechar las filas y unirnos para sacar adelante el proyecto de Tarragona».

— «Estamos dispuestos a hacer lo que haga falta y nuestro plan es:

a) Que nos reciba el Caudillo, probablemente el día 14 de mayo.

b) Interpelar al Gobierno; basta con una firma, pero tenemos más de cincuenta.

c) Presentar una proposición de Ley en las Cortes con el texto de la propuesta de Tarragona, que el Gobierno podría rechazar, pero ello supondría el enfrentamiento definitivo de la Organización Sindical con el Gobierno.»

Y esto lo dice un señor nombrado por Decreto, que por tal cargo es Procurador en Cortes y Consejero del Reino y que varias veces ha jurado fidelidad al Jefe del Estado y a las Leyes Fundamentales, de un Gobierno que preside nada menos que el propio Jefe del Estado.

Y ha llegado a decir al final «que el Caudillo no olvide lo que le ha pasado a De Gaulle; De Gaulle ha caído porque le ha faltado el apoyo de los Sindicatos; en España podrían repetirse las jornadas de mayo de París si ellos (los Sindicatos) lo consintieran».

Si esto sucede ahora, con unos dirigentes sindicales que pueden ser removidos por Decreto y con un Gobierno que preside nada menos que el Caudillo, ¿qué no sucedería el día de mañana con un Sindicalismo como el que el proyecto propugna, frente a un Gobierno presidido por un señor cualquiera, nombrado con arreglo a lo dispuesto en la Ley Orgánica del Estado? Esto corrobora plenamente cuanto en mi informe señalaba. En España no podrían gobernar, de hecho, más que quienes quisieran los actuales dirigentes de la Organización Sindical, que, de una manera práctica, escamotearían a la Nación la facultad que le conceden las Leyes Fundamentales de elegir sus gobernantes a través de las Cortes y el Consejo del Reino y ¿cuánto tiempo soportarían esto los españoles?

Considero que, en la situación a que hemos llegado, no hay más solución que dejar que la cuestión se enfríe y aplazar por varios meses el envío de una Ley a las Cortes. Si se mandara ahora y no fuese como la que ellos propugnan, como manejan una gran masa de Procuradores, es seguro que intentarían modificar el proyecto según su desideratum y el Gobierno tendría que aceptar las modificaciones, lo que sería catastrófico, o retirar la Ley, lo que también sería un grave escándalo político.

Ahora bien; si se adopta la solución de aplazar la cuestión, que a mi juicio es la más aconsejable, sería imprescindible cambiar toda la cabeza del sindicalismo que hoy está empecinada en esta táctica de asalto al poder.

Creo que la situación planteada por la Ley Sindical es muy similar, aunque quizá más grave, a la que se produjo en 1956 con el proyecto de Ley Orgánica del Estado de Arrese. Si entonces S.E. no hubiera decidido parar el proyecto y separar a Arrese de la Secretaría General, la Ley Orgánica del Estado no hubiera podido estudiarse con la calma y cuidado con que hizo, ni hubiera logrado el clamoroso éxito del Referéndum de 14 de diciembre de 1966.

Nuestras relaciones con la Iglesia. Creo que nuestra política con la Santa Sede adolece del grave defecto de que ante ella no se defiende al Régimen español con el entusiasmo de un convencido, porque este convencimiento no lo tiene ni el Embajador Garrigues ni el Ministro de Asuntos Exteriores, que, en el fondo —yo lo creo así, aunque puedo equivocarme— están ideológicamente más cerca de Monseñor Benelli que de los que creemos firmemente que el Régimen que S.E. ha dado a España es el único que puede asegurar un futuro de paz y de prosperidad a los españoles. El proyecto de Ley Orgánica del Estado redactado por Garrigues, según él a instancias de su Ministro, y el marcado apartamiento de éste en toda la propaganda del Referéndum de 1966, aparte de otras muchas circunstancias que pudieran citarse, dan sobrado fundamento a esta sospecha.

Nuestra política exterior. Desde hace ya unos cuantos años, toda nuestra política exterior gira en torno a un solo tema: Gibraltar.

Es evidente que todos los españoles deseamos vivamente el retorno a la Patria de ese trozo de tierra española que con tan malas artes nos fue arrebatado, pero una cosa es esto y otra muy distinta jugárselo todo a una carta. La obcecación de Castiella en esta cuestión supera todo lo imaginable.

Mientras tanto, el Convenio con los Estados Unidos está en el aire y el Gobierno desconoce en qué estado se encuentran las negociaciones y cuáles son las dificultades que hay que vencer, porque no ha recibido todavía los documentos que se le prometieron hace un mes. Yo creo que Asuntos Exteriores desea que los acuerdos no se renueven. La prensa, en gran parte manejada por el Ministerio, en parte directamente y en parte con el apoyo del Ministro de Información, está tratando de crear un estado de opinión contrario a la renovación de los acuerdos. Sin ir más lejos, en el *ABC* del 7 de mayo hay un artículo del señor Yanguas Messía, que estoy seguro que tiene las bendiciones de Asuntos Exteriores, que termina diciendo: «Soy partidario de la amistad política y de la cooperación económica con los Estados Unidos. No lo soy, y juzgo un estrecho deber declararlo, de la renovación de los acuerdos.»

Con todos los respetos a la sabiduría en política internacional del señor Yanguas quisiera yo saber cómo se puede lograr una política de amistad y de cooperación al dispositivo de Occidente que ellos sostienen, cuando esto, a fin de cuentas, es cooperar con nuestra propia defensa.

A mi manera de ver, no renovar los convenios con los Estados Unidos, pese a que no logremos todo lo que deseamos, nos representaría que nuestros Ejércitos quedaran prácticamente desarmados, o al menos en condiciones de inferioridad frente a cualquier peligro que nos pueda surgir en el Sahara o en nuestras plazas del Norte de África por parte de Argelia o Marruecos y a crearnos la enemistad de los Estados Unidos, que nos pueden hacer mucho daño.

Hoy tenemos la enemiga de Inglaterra por el asunto de Gibraltar, sin que nos devuelva la plaza; están deterioradas nuestras relaciones con El Vaticano, ¿es que vamos a romper también con Estados Unidos, que es el único verdadero lazo que nos une con Occidente? ¿Es que es posible que vivamos aislados?

Si no cambiamos la orientación de nuestra política exterior, creo —y repito que nada desearía más que estar totalmente equivocado— que nos podemos ver en una situación muy grave.

La situación subversiva de la ETA. Otro problema que se está enconando es el de las provincias vascongadas. Es asunto que todavía no ha adquirido toda la virulencia a que puede llegar, pero que anda por el camino de crear graves complicaciones a la unidad de la Patria y a las relaciones con la Iglesia y en el que quizás hay una repercusión del asunto de Gibraltar porque no pondría yo la mano en el fuego de que el dinero con que la ETA trabaja no es dinero inglés. Desde nuestras guerras carlistas, Inglaterra siempre ha mirado con cierta predilección esta región española y que no le faltan deseos de hacernos daño es evidente.

Esta situación hay que afrontarla con serenidad y firmeza a la vez que con prudencia, para no agravar los problemas con la Iglesia. La acción policial compete al Ministerio de la Gobernación, la judicial, por tratarse de delitos de bandidaje y terrorismo, al Ministro del Ejército y la acción sobre la prensa al Ministro de Información. Estos, con el de Justicia, deben actuar coordinadamente, con tenacidad y sensibilidad exquisita.

El Ministro del Ejército está, por desgracia, en una situación de salud que le impide prácticamente una acción eficaz. En cuanto al Ministro de la Gobernación, al que me une un extraordinario afecto y que por sus inmensos servicios a España, por su patriotismo y por su absoluta lealtad a S.E. lo considero digno de los más grandes honores y siento por él la mayor admiración, tiene ya 80 años, y pese a que su salud es buena, ¿podrá realmente con la carga? Nada desearía más que así fuera pues difícilmente podrá tener S.E. nunca un Ministro mejor, pero...

La extirpación de la ETA no puede ser ocasión para un enfrentamiento con el Pueblo Vasco ni con la Iglesia. Este es asunto muy delicado que hay que llevar con extraordinario tacto.

Anejo 44

CARTA DEL PRESIDENTE CAETANO AL AUTOR DE 13 DE JUNIO DE 1969.

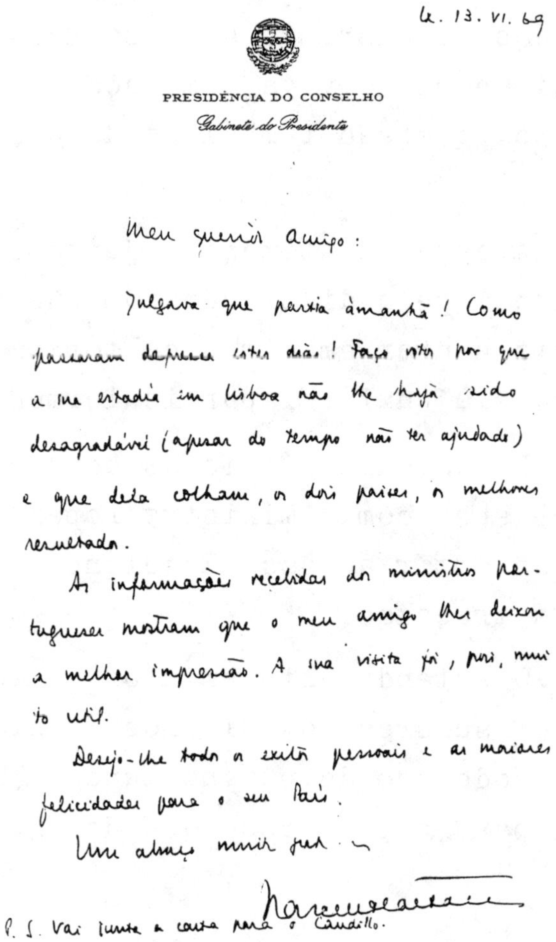

Lx. 13.VI.69

PRESIDÊNCIA DO CONSELHO

Gabinete do Presidente

Meu querido Amigo:

Julgava que partia àmanhã! Como passaram depressa estes dias! Faço votos por que a sua estadia em Lisboa não lhe haja sido desagradável (apesar do tempo não ter ajudado) e que dela colham, os dois países, os melhores resultados.

As informações recebidas dos ministros portugueses mostram que o meu amigo lhes deixou a melhor impressão. A sua visita foi, pois, muito útil.

Desejo-lhe todos os êxitos pessoais e as maiores felicidades para o seu País.

Um abraço muito grato

Marcello Caetano

P.S. Vai junta a carta para o Caudillo.

Anejo 45

CARTA DEL PRESIDENTE CAETANO AL GENERALÍSIMO FRANCO DE 13 DE JUNIO DE 1969.

Presidência do Conselho

Lisboa, 13 de Junho de 1969

Excelência:

A viagem a Portugal, coroada de tanto êxito, de Don Laureano Lopez-Rodó, proporciona-me o ensejo de exprimir a Vossa Excelência os meus sentimentos de viva admiração e de profundo respeito, que são também os da Nação Portuguesa.

A esses sentimentos junta-se o de gratidão pessoal pela distinção com que Vossa Excelência quis honrar em mim o cultor das ciências jurídicas, e à qual fui particularmente sensível.

Foram muito úteis as conversações mantidas em Lisboa com o Ministro Lopez-Rodó que poderá transmitir a Vossa Excelência o teor das impressões trocadas.

O entendimento amistoso entre os dois países peninsulares nos últimos trinta anos foi um factor poderoso de paz no Mundo e condição essencial para o progresso dos dois povos.

Presidência do Conselho

O Governo português pensa que a manutenção do bloco peninsular poderá ainda prestar altos serviços à Europa com vantagens inestimáveis para Espanha e Portugal.

Obrigado pelas circunstâncias a um esforço pesadíssimo de defesa das províncias africanas, onde as populações não desejam ser abandonadas ao caos das independências prematuras, Portugal atravessa um momento difícil da sua existência, mas nem por isso deixa de considerar com optimismo e coragem as tarefas do presente e as perspectivas do futuro.

Peço-lhe Excelência, que aceite as homenagens da mais alta consideração &

Muito atento e venerador

Marcello Caetano.

A Sua Excelência o Generalíssimo
Don Francisco Franco de Bahamonde
Chefe do Estado Espanhol

Anejo 46

NOTA *MANUSCRITA* DE FEDERICO SILVA, DE 15 DE JUNIO DE 1969, CON NOMBRES PARA UN FUTURO CAMBIO DE GOBIERNO.

VICE	CARRERO
A.E.	SILVA
J	BAU
E	CASTAÑÓN
M.	NIETO
G.	GARICANO
E	VILLAR
J	LOPEZ BRAVO
C.	G. MONCLÓ
SGM.	ROD. VALCARCEL
SIND.	JIMENEZ TORRES
VIV	FRAGA
P.D.	LOPEZ RODO
AIRE	SALAS
AGR.	ALLENDE
TR.	VILLEGAS GIRON
O.P.	OSORIO
— HAC.	MONREAL
IyT	FDEZ. MORA

Silva 15-VI-69

Anejo 47

CARTA A JUAN VILA REYES DE SU HIJA BLANCA, DE 6 DE SEPTIEMBRE DE 1969.

6 de Septiembre de 1969

Querido papá:

Te escribo estas letras para explicarte, más o menos, como ha funcionado el movimiento de acercamiento al Sr. Jiménez de Parga. Se ve que Ramírez le llamó hace cosa de 10 o 12 días, pero sin quedar concretamente en nada. Ayer, a eso de las 6 de la tarde llamó a casa preguntando por mí. Se puso mamá, porque yo no estaba en aquel momento y estuvo hablando largo rato con ella. Cuando yo llegué, mamá me dio el aviso de que fuera sin falta a su despacho, que quería hablar conmigo. A eso de las siete fui hacia allí. Me recibió en seguida, y con grandes confianzas, lo que me dejó algo sorprendida. Estuvo, como es lógico en estos casos, extraordinariamente amable y atento. La conversación se prolongó a lo largo de hora y media. La cuestión es que, tras el aviso de Ramírez, ayer mismo Oriol Casanovas, adjunto de una cátedra, le dijo que acababa de hablar con Sarrau, Jefe de la Enfermería (según creo), y que le había comentado el hecho de que Jiménez de Parga iría por allí a hablar contigo, de lo que él mismo no tenía la más mínima noticia. Total que J.P. había, según dijo, preferido este camino familiar, para justificar y determinar la posición con respecto al caso: no hay duda de que se ofrece a todo lo que tú quieras. Diciéndomelo a mí, como a él le encanta esto de sentirse catedrático, y más en un caso como el presente, quedaría clara su posición, para que no creyéramos que se desentendía; al mismo tiempo que no se entrometía con Ramírez, lo que me dijo le sabría mal. Éste es su punto de vista, que quiso yo creyera. Ahora te voy a decir lo que a mí me parece esto. En primer lugar, está claro que tiene *un interés inmenso* en meterse en el asunto, del que, económicamente, no sabe más que lo oficialmente dicho. Si él lograra adentrarse en esto, su actividad, como me dijo, sería puramente de «contra-campaña», en el aspecto popular, de confirmación de lo ya emprendido por tu carta. «Se trata ya ahora de dar un *giro* popular, político, al asunto.» «De cambiar el foco de atracción *Vilá Reyes*, por el foco (que ya no interesaría a tantos) Administración, estructura, órganos, etc.» Me dio soluciones para ello. Literalmente, me dijo que en 10 días, habría girado en la mente popular, el caso Matesa. Me dijo que el conoce bien el intríngulis de los periódicos; y que lo que actualmente hay que hacer es una defensa *indirecta*, eficaz y positiva; y que él se comprometería a lograr la ayuda de todos (en periódicos, etc.) los necesarios, aunque fuera pagando, y el trabajo constante en artículos, (desde *La Vanguardia* hasta *La Soli*, etc.; para desenmarañar el caso y darle el matiz que debiera tener. Estas son palabras suyas en las que como ves, denota un gran interés. Hasta me dijo que, tanto aquí como en Madrid, si se encargara de algo, me daría trabajo un par de horas «para la mayor tranquilidad mía» (sobre el caso claro). Aparte de esto, tanto si se hiciera responsable de algo, como de nada, se ofrece «para todos los contactos, etc.» que queramos, aquí o en Madrid. Me preguntó nombres que se habían barajado en casa. Yo le dije que no había estado en conversaciones tú-Ramírez, y que sólo se había dicho algún nombre como Díez-Llanos o Calvo Serer (que me aclaró que no es abogado). Pero al principio, y sólo como puras insinuaciones. Tiene interés y categoría. Pero me da miedo su representación política. Es socialista-demócrata-cristiano, y pertenece sin duda al P. Monárquico de Don Juan (vi una foto en el recibidor de él y Don Juan dándose un abrazo). Es uno de los pocos que, de vez en cuando, y finamente, tira contra las estructuras actuales. Es un enamorado de lo inglés: de las estructuras políticas inglesas. Saqué en claro que es un zorro, muy listo, que tiene clase, que tiene interés, y que ve claro (bastante) y tiene una cierta seguridad. Ahora tú, decide si te interesa, o si su determinación anti-estructuras políticas es demasiado fuerte. De todas maneras, yo creo que, fuera *sólo* por hablar, podías llamarlo. Bueno papá, recibe un abrazo muy fuerte. Ya me dirás algo, o ya se lo dirás a Ramírez. Pero creo que hay que moverse rápido ya ahora. Un abrazo de tu hija,

Blanca.

P.S. Pregunta a ver si conoce a Trillo, porque parecía muy enterado que estuviera casado con una chica Garrigues.

Anejo 48

NOTA ENTREGADA POR FEDERICO SILVA A FRANCO, EL 11 DE SEPTIEMBRE DE 1969, ACERCA DE LA CAMPAÑA DE PRENSA SOBRE EL «CASO MATESA».

CAMPAÑA DE PRENSA SOBRE EL «CASO MATESA»

1. *Los hechos*

El asunto MATESA ha dado lugar a la campaña de prensa más virulenta de los últimos treinta años (1). Iniciada a finales de julio, alcanzó su máximo despliegue en el pasado mes de agosto.

a) *Intensidad de la campaña*

Para dar medida a su intensidad basta decir, que entre el 8 de agosto y el 7 de septiembre, tan sólo los periódicos de Madrid dedicaron a este tema 44 editoriales; 14 chistes; y 371 informaciones, de las cuales 74 se destacaron en las primeras páginas. Otro tanto cabe decir de la prensa de Barcelona y de las principales ciudades españolas.

b) *Virulencia*

La crudeza de los ataques a que ha dado lugar se hace patente en las siguientes expresiones: «MATESA, escándalo público» y «Desastre nacio-

(1) Refiriéndose precisamente a este tema, *Informaciones* (12-VIII) escribía: «*Campaña es sinónimo de operación publicitaria, de asunto propagandístico, de tendenciosa deformación de los hechos.*»

nal» (*Arriba*, 24-VIII), «Delito de lesa patria» y «Mal irreparable» (*Solidaridad Nacional*, 17-VIII y *El Alcázar*, 18-VIII); «Fraude fabuloso, *a nivel oficial*» (*El Diario de Mallorca*, 26-VIII).

La responsabilidad directa del Gobierno se ha afirmado abiertamente: «En cuanto a los ... aventureros de los negocios ... mejor sería *citarlos por riguroso orden jerárquico: los Ministros del Gobierno* (1) ... (Agencia *Cifra*). La Revista *SP* del 24 de agosto publicó una fotografía del Gobierno en pleno, presidido por Su Excelencia el Jefe del Estado, con el siguiente pie: «*Consejo de Ministros: millones veraniegos.*»

Se pueden multiplicar las citas:

— *SP* (24-VIII): «Mientras las piezas fundamentales de los Ministerios económicos no sean sustituidas ... *los casos MATESA seguirán proliferando independientemente que afloren o no a la luz pública.*»

— *Pueblo* (30-VIII): «El pueblo necesita saber *cómo se ha intrumentado la operación* y qué colaboraciones activas o pasivas, *políticas* o personales, la han facilitado.»

— *Mundo* (30-VIII): «... la *ayuda de Vila Reyes a la última campaña presidencial de Richard Nixon* (700.000 pesetas). Probablemente el silogismo no será correcto, pero sí el dinero utilizado por MATESA vía Banco de Crédito Industrial es de *todos los españoles*, y si una parte pequeña de ese dinero se ha utilizado para ayudar a Nixon, resulta que todos los españoles hemos puesto nuestro granito de arena para que aquél haya llegado a ser Presidente de los EE.UU. *Al menos en esto, somos republicanos.*»

Para completar la acusación se ha subrayado el paralelismo existente entre el «caso MATESA» y el del «estraperlo» de 1934, durante la II República, y se ha insinuado la identidad de responsabilidades de los dos Gobiernos (*SP*, 19 y 22 de agosto y *Solidaridad Nacional*, 27 de agosto); se ha puesto en entredicho la legalidad de las normas jurídicas emanadas de los Departamentos ministeriales (EL CASO y SÁBADO GRÁFICO, 23-VIII, difundido por la Agencia *Fiel*) (2); se ha acusado de corrupción a la Administración (3); se han sembrado dudas acerca de la voluntad del Gobierno de aclarar los hechos y exigir las oportunas responsabilidades (4).

(1) Despacho de la Agencia *Cifra*; recogido en *El Pensamiento Navarro* y reproducido, entre otros, por *SP* (24-VIII).

(2) El editor-propietario de ambas publicaciones es Eugenio Suárez Gómez. Procede de la Prensa del Movimiento. Fue uno de los colaboradores más cercanos de Juan Aparicio en su época de Director de *Pueblo* y Delegado Nacional de Prensa y Propaganda.

El Director de *Sábado Gráfico* es Mario Rodríguez Aragón. Procede de la redacción de *Pueblo* en la época en que fue Director Juan Aparicio. Emilio Romero le envió de corresponsal a a República Federal de Alemania.

Entre los redactores de *Sábado Gráfico* figura en la portada Funes Robert, Funcionario expedientado del Ministerio de Comercio.

(3) «Parece que varios de los grandes Bancos Nacionales recibieron indicaciones *de altos cargos* de un Ministerio económico, en el sentido de que utilizaron las facultades que la Ley les concede para el crédito a la exportación a favor de MATESA» (*La Voz de España*, 27-VIII).

(4) «*El Consejo de Ministros habló. Pero no basta*... No puede ser la Administración sola la encargada de investigar y enjuiciar este "Affaire"» (*Correo Catalán*,

Como era de esperar, la ocasión ha sido también aprovechada por los periódicos y publicaciones hostiles al Régimen, para desarrollar sus ataques al mismo. Como botón de muestra basta citar al semanario *Destino* (6-IX), que en un número cuya portada es una fotografía a toda plana de Pablo Casals, incluye un extenso artículo titulado «L'affaire» que firma Santiago Nadal. En él se señala que «la vida política española ofrece *dos hechos políticos básicos* nuevos:

«1. La reciente *designación del Príncipe Don Juan Carlos*, como sucesor del Jefe del Estado a título de Rey, y

2. El asunto MATESA; y no vacilo en equiparar en importancia política, por lo menos de momento, ambos temas distintos. Y hay que decir que, ante ellos, la reacción del país ha sido también distinta.»

«Hay que reconocer, y esto es grave, que la designación de sucesor en la Jefatura del Estado *fue acogida con innegable indiferencia* ... no ha despertado indiferencia, en cambio, el "affaire" MATESA.»

La conclusión del artículo es la siguiente: «Lo verdaderamente importante ... es que el "affaire" pone de relieve la necesidad de una revisión desgarradora de casi toda la orientación política que se ha seguido hasta ahora. Varios periódicos han hablado de la necesidad de revisar la entera política económica del país. Yo no se si esta es la expresión oportuna. *La necesidad más imperiosa quizá sea la de revisar toda la política: la política «tout court»*.

La acritud y la duración de la campaña ha sorprendido a la propia prensa, que ha subrayado el ambiente de tolerancia, en que se desarrollaba: «Por primera vez en la historia del Régimen, y gozando de un nivel de facilidades para la crítica no conocido hasta la fecha, se ha lanzado un ataque directo contra los Ministros económicos pidiendo su dimisión.» (*La Actualidad Económica*, 30-VIII).

c) *Resonancia en el extranjero de la campaña de cierta prensa española*

Respecto a los periódicos extranjeros, la Agencia *France Presse* (30-VIII) señalaba que «se trataba de la más dura campaña de prensa jamás conocida durante el Régimen franquista».

Los ataques y las críticas al Régimen, también se han multiplicado en esta ocasión por parte de la prensa extranjera. La Revista norteamericana *Newsweek* (1-IX), califica el asunto MATESA de «un "affaire" como el de Prófumo, pero sin señoritas. Como decía un economista madrileño,

---

Wifredo Espina, 24-VIII). Distribuido el artículo a toda España, el propio periódico días más tarde alardeaba de que «ha tenido una rápida repercusión nacional» (*Correo Catalán*, 27-VIII).

El autor, Wifredo Espina, es el Subdirector de *Correo Catalán*. A partir de la Ley de Prensa, abordó casi siempre con aire de denuncia y de atrevimiento, temas políticos de «garra»: listas de nuevos Gobiernos, elecciones a Procuradores familiares, ataques a la Administración, etc.

El *Correo Catalán* es, prácticamente, el único periódico político activo de Barcelona. No obstante, ni contra él ni contra Wifredo Espina ha sido incoado ningún expediente por el Ministerio de Información y Turismo. Se sabe que este Departamento le ofreció un puesto de relevancia en el Instituto de la Opinión Pública de Madrid, pero al no querer dejar Barcelona, le fue dado un cargo similar en los Servicios de dicho Instituto en esa ciudad. Además, es bien conocido el hecho de que frecuentemente Wifredo Espina someta a «consulta voluntaria» sus artículos.

naturalmente existen *muchos manejos sucios en los negocios españoles.* Lo hemos sabido desde siempre, pero nunca soñé que llegasen a tanto». «Las repercusiones del caso pueden hacerse sentir durante muchos meses.» «*En España, algunos culpan al Gobierno.*»

El *Herald Tribune* y *The Times* (26-VIII) subrayaban que *por primera vez en la historia del Régimen de Franco* se ha pedido la dimisión de algunos miembros del Gobierno.

2. *Calificación de la campaña*

En la campaña en torno al «caso MATESA» se han conculcado repetidamente la letra y el espíritu del artículo 2.º de la Ley de Prensa e Imprenta. En efecto, el citado artículo señala como limitaciones a la libertad de prensa entre otras, «el debido respeto a las Instituciones y a las personas en la crítica de la acción política y administrativa; la independencia de los tribunales y la salvaguardia de la intimidad y del honor personal y familiar». Como ejemplos, además de los ya recogidos, cabe citar, entre otros muchos:

— *Solidaridad Nacional* (16-VIII): «... unos desdichados aventureros, *delincuentes comunes...*»

— *SP* (22-VIII) (distribuido por *Pyresa* y reproducido en la *Prensa del Movimiento*): «Se ha pretendido en estos días que nuestra reproducción del discurso de José Antonio Primo de Rivera sobre el "estraperlo" contenía alusiones inadmisibles... *Efectivamente, ... es alusivo.* Por eso lo publicamos, no faltaría más. No hay que ser avispado para comprender dónde está hoy el equivalente del partido radical y quién hace las veces de Don Alejandro Lerroux en la España actual, mejorando lo presente.»

— *Arriba* (24-VIII) (distribuido por *Pyresa*); «La administración de esta gama de *privilegios leoninos en contra de la comunidad,* se centra en exclusiva, no en el Banco de Crédito Industrial, sino en el Instituto de Crédito a Medio y Largo Plazo.»

— *Arriba* (27-VIII): «Lo de MATESA se sabía» (1).

— *Pueblo* (28-VIII): «... *se filtran por esa muralla 10 mil millones de pesetas.*»

— *SP* (29-VIII): «Pruebas documentales de una arbitrariedad.»«El Banco de Crédito Industrial, por *imposición* de los Consejeros que representan en él al Ministro de Hacienda, no sólo se saltó a la torera esta disposición de rango superior, sino que con posterioridad..., concedió *créditos a otras industrias que no tenían ningún derecho.*»

— *Región* (31-VIII): «Es un hecho indudable que la Banca privada *fue instigada* para conceder créditos a MATESA...»

En resumen han abundado los textos en los que se acusa de delitos con manifesta infracción del art. 2 de la Ley de Prensa.

3. *Orígenes y agentes de la campaña*

Evidentemente, no hay hecho sin causa y la campaña que nos acupa es claro que ha de tenerla, pues no ha podido surgir por generación espontánea. Para investigar quiénes sean los autores, instigadores y cómplices de esta clamorosa explosión del sensacionalismo periodístico se hace preciso rastrear los hechos ocurridos y su evolución:

Las primeras noticias sobre las dificultades en que se encontraba «una

(1) Distribuido por la Agencia *Cifra.*

importante industria que se distinguía por su capacidad exportadora» tuvieron su origen en Barcelona, a finales del mes de julio (1). En Madrid, el Semanario *Desarrollo* (3-VIII) fue el primero en informar sobre el asunto, citando ya el nombre de MATESA y dando datos concretos sobre el asunto. También *Informaciones* (7, 8 y 9 de agosto) publicó unos extensos reportajes que fueron ampliamente difundidos por toda España, en especial a través de las Agencias *Cifra* y *Pyresa*.

El día 9 de agosto se incorporan masivamente a la campaña la *Prensa del Movimiento* y los periódicos afines.

Ese mismo día, el diario *SP*, del que son accionistas, entre otros, los Vice-Secretarios de Ordenación Económica y de Ordenación Social de la Organización Sindical, tras de vaticinar que MATESA «lleva camino de convertirse en el "affaire" más sonado de los últimos treinta años», anunciaba textualmente que «Diario *SP ha montado su dispositivo de información con la cautela y discreción que convienen al caso,* estableciendo sus contactos con los organismos y personas cuya solvencia no concede un solo resquicio de duda».

De hecho, en sus páginas interiores, tanto ese día como los sucesivos, lo que publicaba era «una amplia *antología de los comentarios e informaciones de la prensa nacional* sobre el mencionado tema, por considerarla *de indudable interés general*».

Por ausencia de su director, Cristóbal Paez, al frente del periódico se encontraba su propietario Rodrigo Royo (2).

Quedaba consagrada, así, una técnica de multiplicar la resonancia de la campaña consistente en la reproducción sensacionalista de las informaciones procedentes de otros medios y en la publicación de editoriales inflamatorios que, a su vez, serían profusamente reproducidos hasta la saciedad. El mecanismo de «reacciones en cadena», era tan obvio, que no dejó de comentarse: «*Los periódicos, han estado copiándose unos a otros en carrousel...*» (3).

Al éxito de la campaña así concebida contribuyeron decisivamente las Agencias de noticias, en especial *Cifra*, por su carácter oficial, y *Pyresa*, con audiencia garantizada de la cadena de publicaciones del Movimiento (4).

El primer *informe de prensa* de *Pyresa* se recogió por los diarios del día 9-VIII, y luego siguió facilitando información masiva en días sucesivos. Igual puede decirse de *Cifra*. El corresponsal de *El Alcázar* en Barcelona escribía en su crónica del 26 de agosto: «La casi totalidad de los

(1) *Garbo* (23 y 30-VII); *Noticiero Universal* (29-VII); *Correo Catalán* (3-VIII); *Hoja del Lunes* (4-VIII). *Informaciones*, «el vespertino que más atención ha dedicado a este asunto» (*Correo Catalán*, 10-VIII).

(2) *Solidaridad Nacional*, de Prensa del Movimiento (27-VIII) reconoce expresamente que: «Rodrigo Royo, quien una vez subido a la dirección de su diario *SP* por vacaciones del director, no pierde fecha sin "matizar" el complejo escándalo económico.»

(3) *Actualidad Económica* (16-VIII).

(4) Según el «Estudio sobre los medios de Comunicación de Masas en España» dado a conocer en 1965 por el Instituto de la Opinión Pública del Ministerio de Información y Turismo, las «Publicaciones del Movimiento» están integradas por: 41 diarios, 37 publicaciones no-diarias, 205 revistas. En total 283 publicaciones.

diarios de la Ciudad Condal de ayer se limitaron a transcribir la información facilitada por la Agencia *Cifra.*»

También *Logos*, de la *Editorial Católica*, se sumó a este procedimiento (véanse, entre otros, sus muchos despachos en *Ya*, 14-VIII, *ABC*, 22-VIII, *La Vanguardia Española*, 25-VIII) (1). En menor escala lo hizo, asimismo, *Europa Press.*

Agencia Fiel

La Agencia *Fiel*, el 70 por 100 de cuyo capital pertenece a la Agencia Oficial *EFE*, se incorporó más tarde a esta rueda de multiplicación de noticias. Su primer gran reportaje aparece el 14 de agosto, con unas declaraciones de Manuel Funes Robert, a quien se presenta com «abogado y economista». Sin hacer constar su condición de funcionario público —Técnico Comercial del Estado— sometido a expediente por sus actividades en la prensa. Renovadas declaraciones de Funes Robert y extractos de sus artículos se multiplicaron en días sucesivos distribuidos por *Fiel*. Estas declaraciones contenían un ataque frontal al Gobierno. Con ello, la Agencia daba pie a que se conculcasen las normas del Reglamento disciplinario de los funcionarios de Estado, que considera falta grave «las manifestaciones públicas de crítica o disconformidad respecto a las decisiones de los superiores y a las medidas del Gobierno» (2).

A partir de entonces, *Fiel* gana por méritos propios un puesto de vanguardia en la difusión de «resúmenes de prensa», reproducción de editoriales, divulgación de noticias y rumores alarmistas.

Por ausencia del director, Luis Fernando de Bandín, durante agosto, se encontró al frente de la Agencia *Fiel*, su actual subdirector Ceferino Maeztu, quien al iniciarse el movimiento de Comisiones Obreras figuró entre sus primeros promotores, como representante de los Sindicatos (3). Fue detenido durante una manifestación organizada por las Comisiones Obreras frente al Ministerio de Trabajo, en compañía de Camacho y Ariza (comunistas, actualmente en la cárcel de Carabanchel) y de Víctor Martínez Conde (militante de la HOAC, en la actualidad en rebeldía, condenado a prisión). Se le procesó en el Tribunal de Orden Público.

Al ser puesto en libertad se incorporó de nuevo a su Agencia. Por esas fechas se produjo la compra del 70 % de las acciones de la misma por la Agencia *EFE*. Posteriormente, al ser condenado por el Tribunal de Orden Público volvió temporalmente a prisión.

Pues bien, este es el hombre que ha dirigido la campaña de escándalo en una Agencia de prensa cuya mayoría de capital es del Estado.

(1) El último Director de *Logos* ha sido D. Manuel Jiménez Quílez, en la actualidad Director General de Prensa desde agosto de 1962. El puesto está sin cubrir desde entonces. El subdirector actual es Antonio González Hernández. La cadena de publicaciones de la Editorial Católica incluye cinco diarios: *Ya*, de Madrid; *El Ideal*, de Granada; *El Ideal Gallego*, de La Coruña; *La Verdad*, de Murcia; y *Hoy*, de Badajoz.

(2) «Destaca también la peculiar figura de Funes Robert que desde el mismo *SP* (Don Gaiferos), desde la Agencia *Fiel* y desde *Sábado Gráfico*, amén de varias publicaciones más, ha lanzado durísimos ataques en la misma línea» (A.E. 20-VIII).

(3) «Hace unos años hubo unos contactos entre la CNT y el sindicalismo oficial, y precisamente yo fui uno de los elegidos para esta toma de contacto.» (Emilio Romero en «Conversaciones en Madrid», pág. 111).

La Agencia *Fiel*, no tiene abonados a su servicio, cobrando por noticia publicada. Los círculos periodísticos de Madrid comentan que *Fiel* se utiliza para canalizar noticias que no se juzga conveniente difundir a través de *Cifra*.

Como ejemplos de la actitud adoptada por la Agencia *Fiel*, además de los ya citados, se pueden añadir:

— La Agencia fue el principal cauce de difusión a toda España del Editorial de la revista *SP* titulado «Los Ministros económicos deben dimitir».

— Un redactor de *Fiel recabó declaraciones de Gil Robles*, sobre la semejanza entre el asunto MATESA y el del «estraperlo» (*El Alcázar*, 1-IX).

— Sus servicios distribuyeron a toda España, los reportajes de *Sábado Gráfico* (23-VIII) en los que entre otras cosas, se sostenía la *ilegalidad* de las Órdenes Ministeriales que regulan los créditos a la exportación.

— La Agencia difundió un constante flujo de noticias de carácter alarmista, fundadas exclusivamente en rumores y en hechos negativos. Por ejemplo: «Una representación de trabajadores de MATESA y Manufacturas Arga *proyectan trasladarse a San Sebastián cuando se celebre el próximo Consejo de Ministros* (5-VIII); no parece probable que, de momento, Don Juan Vilá Reyes sea trasladado a Carabanchel (26-VIII); se *rumorea* la posibilidad de que existan *otros casos MATESA* (27-VIII); el Banco de Crédito Industrial *aún no ha emitido un informe* sobre el caso (31-VIII); *todavía no ha podido reunirse el jurado de empresa con el director* de la factoría (29-VIII).

No cabe duda de que el sistema de informar de *hechos que aún no han ocurrido* y de recoger *rumores* que uno mismo ha contribuido a crear, es sumamente efectivo para crear la confusión, si bien es dudosa su calificación desde el punto de vista ético y legal.

Sospechosas actitudes contradictorias

Los notorios cambios de postura que tuvieron algunas publicaciones pueden ser indicio de que determinados periódicos recibieron consignas en relación con este caso.

El propio *SP*, el día 17-VIII publicó en su primera página, con la firma de su propietario, Rodrigo Royo, un comentario, titulado «Hacienda y Comercio tienen la palabra», en el que se afirmaba con energía: «*La honorabilidad, la integridad y solvencia* de los señores Espinosa y García Moncó están más allá de toda duda...» «El "affaire" *no puede ser, en modo alguno, imputable al Banco de Crédito Industrial*, el cual, según mis noticias, que van a misa, se había garantizado...». Pues bien, dos días más tarde, el día 19, daba a conocer su recuadro sobre «el estraperlo», el día 22, afirmaba que la reproducción había sido «alusiva»; y el día 29 concluía ofreciendo las supuestas «pruebas documentales de una arbitrariedad», de la que acusaba al Ministerio de Hacienda, «como fuente de inspiración también del "caso MATESA". Y al día siguiente "uno de los mayores misterios de este embrollo. El misterio de este... ¿Quién hay detrás de MATESA y de Vilá Reyes? ¿Cuántos y quiénes han sido los beneficiarios de los suculentos créditos?"» (*SP*, 20-VIII).

Incluso comentaristas que primero tomaron una postura, cambiaron radicalmente de opinión. Basta contrastar la Tercera Página de *Pueblo* del 12 de agosto y esa misma página catorce días más tarde bajo el título

«Señal de alerta»: «El asunto MATESA... incide medularmente en los planteamientos de nuestra economía... MATESA viene a ser *un delito concertado* ... En tal situación, lo aconsejable sería *La politización inmediata del problema.*»

También puede contrastarse la Tercera Página de *Pueblo* del 19 de agosto con la del 30 de agosto, en que se exigía «saber cómo se ha instrumentado la operación y qué colaboraciones... la han facilitado... *lo que está en juego es el crédito de eficacia de la Administración*».

El mismo cambio puede observarse cotejando *Arriba* del 15 de agosto con el mismo diario, el día 27 de agosto, cuya editorial lanzó la acusación de *el asunto MATESA «ya se sabía»* e insistía en la oportunidad de *una investigación independiente* «para exigir responsabilidades a sociedades y personas, por mala fe, negligencia e incompetencia».

Las consecuencias de la campaña

La propia prensa no ha dejado de apuntar las consecuencias de todo orden que una campaña semejante acarrearía inevitablemente al país. No cabe esperar que durante más de un mes se lleve a cabo un ataque sensacionalista contra las instituciones, el Gobierno y su política sin que haya que pagar un precio ciertamente elevado.

Se ha denunciado el daño que a nuestros productos de exportación hacía una campaña semejante, alentada desde los medios de difusión oficiales. Por citar sólo unos ejemplos, *ABC* (13-VIII) escribía en un editorial: «Es importante prevenir y yugular.. el *descrédito*... que puede recaer sobre *otros productos exportables españoles,* que tratarían de acentuar, nuestros competidores.» El redactor financiero del *Correo Catalán* (24-VIII) afirmaba: «La publicidad de que ha sido objeto este caso, *está siendo aprovechada por la competencia extranjera* de una manera singular y directa... como es lógico... *dañará a todos los vendedores de maquinaria española en el extranjero.*» La revista especializada en temas económicos *El Europeo* (15-VIII) opinaba que: «El caso MATESA... *cuyas consecuencias pueden ser peligrosas para el futuro de un sector vital como es el exportador.*»

Para la boletín *Spanish Economic News Service* no cabe sino esperar perjuicios económicos para España derivados del «torpe manejo del caso».

4. *Conclusión*

En los medios periodísticos llama poderosamente la atención la diligencia con que actuó el Ministerio de Información para evitar campañas semejantes y su actitud no sólo pasiva, sino incluso tolerante en el caso que nos ocupa.

Por ejemplo, son bien conocidas las gestiones del Ministerio cerca de los periódicos y Agencias para cortar la campaña en torno a la catástrofe de San Rafael, alegando el secreto del sumario que se instruía; al estallar el conflicto de Guinea Ecuatorial, invocando los altos intereses diplomáticos; al conocerse el supuesto rapto de la nieta del General Trujillo, aduciendo proteger la investigación policial; al producirse la suspensión del antiguo periódico *El Alcázar*; al conocerse las declaraciones del Procurador Zaldívar contra el Proyecto de la Dirección General de Promoción del Turismo sobre la Isla Graciosa; etc. Los ejemplos podrían multiplicarse.

Los medios periodísticos comentan, asimismo, que no han faltado llamadas telefónicas de las autoridades competentes del Ministerio a directores de diarios y comentaristas, transmitiéndoles la consigna de airear al máximo todo lo relacionado con el «caso».

Tan anómala situación, ha trascendido abiertamente a la prensa extranjera. La Agencia *France Presse* (30-VIII) señalaba que «la tolerancia manifestada por el Ministerio de Información ante esta campaña de prensa ha sorprendido a los observadores, quienes subrayan que, en otras ocasiones, y por razones de menor importancia, los periodistas ha sido objeto de sanciones».

8 de septiembre de 1969.

Anejo 49

NOTA DE CARRERO A FRANCO, ENTREGADA EL 16 DE OCTUBRE DE 1969, TITULADA «CONSIDERACIONES SOBRE LA CONVENIENCIA DE PROCEDER A UN REAJUSTE MINISTERIAL».

Problemas políticos

En los momentos actuales, nuestro Régimen, de cuya eficacia al servicio de España no dudan ni sus más acérrimos enemigos, se enfrenta con 4 problemas políticos, que si no se resolvieran en su conjunto con la debida urgencia, podrían erosionarlo seriamente.

Estos problemas son, por orden de importancia:

— La Ley Sindical.
— El asunto Matesa.
— La política de información y espectáculos.
— La política internacional.

La Ley Sindical

El tema político de mayor importancia en estos momentos, porque es el que entraña mayores riesgos para el futuro del Régimen, es sin duda la Ley Sindical, cuyo proyecto, estudiado concienzudamente por una Ponencia de 8 Ministros y aprobado en el Consejo de San Sebastián requiere un Gobierno unido y sin desgaste, capaz de hacer frente a los ataques que a dicho proyecto se van a dirigir en las Cortes.

La consigna que en su día dio S.E. a la Ponencia de consolidar jurídicamente lo ya experimentado en los 30 años de vida de nuestra Organización Sindical, y crear una sólida plataforma para ulteriores perfeccionamiento, tiene plena vigencia S.E. nos señaló también el grave peligro que comportaría un Sindicalismo «omnipotente».

Pero lo más grave es que existen suficientes indicios para temer que los propios dirigentes actuales del Sindicalismo están empeñados en modificar, en sus puntos más esenciales, el Proyecto de Ley.

No deja de ser sintomático que el Proyecto haya sido presentado a los corresponsales extranjeros de prensa por Solís, como una imposición de determinados Ministros, que ha dado lugar a un texto insatisfactorio para los intereses de trabajadores y empresarios que habrá que modificar en las Cortes.

Todos los resortes de que dispone la Organización Sindical y la Secretaría General del Movimiento están siendo movilizados para que los artículos más fundamentales del Proyecto de Ley sean modificados. Raro es el día en que no aparece una declaración de un Consejo de Empresario o de Trabajadores, celebrado en la Casa Sindical correspondiente y presidido por sus jerarquías, protestando por el texto del Proyecto de Ley enviado por el Gobierno a las Cortes, dirigiéndose las críticas especialmente contra el artículo 30 que establece la forma de designación del Presidente de la Organización Sindical.

La maniobra está tan clara, que sería imprudente no salirle al paso. En las Cortes, los Procuradores Sindicales «como un solo hombre», como se ha dicho, van a tratar de modificarlo para dejarlo como un traje a la medida de quien pretende alzarse con el poder y tener en sus manos una Organización, con enorme fuerza política, al margen del control del Gobierno. ¿Quién podría, entonces, gobernar en España?

Los sistemas políticos no son buenos o malos por lo que dicen sus leyes. Son buenos o malos si permiten o no gobernar y servir al país. Ejemplos los tenemos muy claros en nuestra propia historia. La maniobra, pues, hay que cortarla en su raíz.

Las incitaciones a modificar la Ley, desde el propio Ministro hasta su plana mayor de la Organización Sindical, son patentes. Al iniciarse las discusiones en las Cortes es cuando se movilizarán al máximo todos los resortes sindicales para conseguir modificaciones en puntos sustanciales en los que no cabe ceder y llegado ese momento, resultaría políticamente inviable la retirada por el Gobierno de dicho Proyecto de Ley, so pena de provocar una gravísima crisis en el seno del Régimen.

Ante tales perspectivas, no parece aconsejable «dejar hacer». La más elemental prudencia obliga a actuar inmediatamente, mediante un cambio de Gobierno que permita que el Jefe del Estado separe la Secretaria General del Movimiento de la Jefatura de la Organización Sindical, poniendo en ambos cargos dos Ministros, con prestigio y autoridad, y que se comprometan de verdad a defender el Proyecto de Ley, sin verse condicionados por compromisos de ninguna clase, fruto de negociaciones y actuaciones realizadas en los dos últimos años (Congreso Sindical, Consejo de Trabajadores, O.I.T. etc.). No cabe pensar que Solís pueda hacer olvidar a los altos cargos políticos del Sindicalismo y a los enemigos infiltrados a distintos niveles en la Organización Sindical, los acuerdos, por ejemplo, de Tarragona. Es más: existen pruebas fehacientes de que los altos mandos sindicales están moviendo a sus gentes para que presenten enmiendas a la Ley.

Para que el Proyecto del Gobierno llegue a buen puerto no se ve más solución que poner al frente de la Organización Sindical, antes de que comiencen los debates en las Cortes, a un hombre con arraigo en el Sindicalismo, y absolutamente leal, que ofrezca la plena autoridad de que va a defenderlo y no a torpedearlo.

De otra parte, el nombramiento ahora de un Ministro sin Cartera, Delegado Nacional de Sindicatos, dejaría zanjada la cuestión del artículo

30 de la Ley con la autoridad, que todos acatan, del Caudillo de España y Jefe Nacional del Movimiento.

Resulta, pues, necesario, sustituir al Ministro Secretario General del Movimiento antes de que la Ponencia informe las enmiendas que ya se están presentando y, sobre todo, antes de que comiencen las discusiones en las Cortes de la Ley Sindical.

El asunto MATESA

Análoga urgencia ofrece la sustitución de los Ministros a quienes afecta el caso MATESA. Se trata de un incidente desdichado y grave que, aireado con fruición a través de los medios informativos, ha causado un gran revuelo en la opinión del país.

En el caso MATESA hay que distinguir su vertiente económica y su vertiente política, es decir, entre el hecho del fallido bancario de mayor volumen registrado en España y el de su escandalosa politización mediante una campaña de prensa que ha lesionado no sólo el crédito exterior de nuestra economía, sino incluso la fama del Régimen al presentarlo como minado por la corrupción administrativa.

Esta clamorosa campaña de prensa, nunca vista, tuvo un origen y unos canales de difusión que prueban bien a las claras que fue instrumentada por las Agencias Oficiales de noticias dependientes del Ministerio de Información (*Cifra* y *Fiel*) y de la Secretaría General del Movimiento (*Pyresa*) y que fue jaleado principalmente por el periódico *Pueblo* de la Organización Sindical y la cadena de prensa del Movimiento, a los que se unió el *Ya* con mal disimulada complacencia. Todos esos medios periodísticos no cejaron de desprestigiar a dos Ministros cuya honestidad nadie puede poner en duda.

De la información disponible sobre la vertiente económica de este desdichado asunto, parece deducirse que los altos funcionarios afectados y mucho menos los titulares de los Departamentos de Hacienda y Comercio, no han cometido delitos, sino lamentables errores en las facilidades crediticias concedidas a MATESA, sin que por ello haya que descartar la existencia de irregularidades administrativas e incluso de responsabilidades penales por negligencia en los Servicios y Entidades Oficiales dependientes de los respectivos Ministerios.

Sin embargo, es forzoso reconocer que tanto por la magnitud de los préstamos como, sobre todo, por la escandalosa resonancia política dada al asunto, parece aconsejable la sustitución de los Ministros de Hacienda y Comercio que han quedado desprestigiados y de los de Información y Secretario General del Movimiento que, en el mejor de los casos, por su grave negligencia, han permitido que a lo largo de 4 semanas se desatara tan vehemente y, en muchos casos, mendaz campaña de prensa sin utilizar el primero los resortes legales y sin ejercer el segundo su autoridad sobre sus propios periódicos, creando esos cuatro Ministros un serio problema que afecta al prestigio del Régimen.

Política de información y espectáculos

La vigente Ley de la Prensa e Imprenta abrió una nueva etapa en esta importante vertiente de nuestra política. Pero desgraciadamente, con ella se inició una escalada contra el modo de ser español y la moralidad pública. Pudo esperarse que, pasada la «descompresión» inicial, se tendería a una situación más estable, más moderada. Lo que resulta inexplicable es que persista todavía y se agudice este desenfreno.

El artículo 2.° de la Ley de Prensa dice textualmente: «La libertad de expresión y el derecho a la difusión de informaciones, reconocidos en el artículo 1.° no tendrán más limitaciones que las impuestas por las Leyes. Son limitaciones: el respeto a la verdad y a la moral; el acatamiento a la Ley de Principios del Movimiento y demás Leyes Fundamentales; las exigencias de la defensa nacional, de la seguridad del Estado y del mantenimiento del orden público interior y de la paz exterior; el debido respeto a las Instituciones y a las personas en la crítica de la acción política y administrativa; la independencia de los Tribunales y la salvaguardia de la intimidad y del honor personal y familiar.»

Estas limitaciones son suficientes para haber encauzado debidamente la prensa y el libro dentro de una libertad sin libertinaje, pero la realidad ha sido que la Ley ha sido aplicada con tremenda lenidad. Basta hojear las páginas de periódicos y revistas. En lo político se resalta en la información todo lo negativo, se comenta ácidamente toda resolución gubernamental de política concreta, incurriendo en muchos casos en falsedades; cualquier lector normal saca la consecuencia de que España, es un país políticamente inmovilista, económicamente monopolista y socialmente injusto. La Prensa explota en buena parte la pornografía como instrumento comercial.

En la vertiente de la literatura, el teatro y el cine, la situación es igualmente grave en el orden político y en el moral. Las librerías están plagadas de propaganda comunista y atea; los teatros representan obras que impiden la asistencia de las familias decentes; los cines están plagados de pornografía.

En aras de un turismo de alpargata, se protege en los clubs «play-boy» el «strep-tease»... En fin, todos los días, gota a gota, se está lanzando corrosivo sobre la moral de los españoles y todo lo que éstos están ganando en bienes materiales lo están perdiendo en valores morales. Esto es muy grave y estamos asumiendo todos una gran responsabilidad ante España y ante Dios. Comentando un día la situación de la prensa española en la época de la II República dijo Pío XI: «Un pueblo que cada mañana se desayuna con esta dosis de veneno va directa e inexorablemente a la catástrofe, ¡pobre España!» La situación no es hoy, por desgracia, muy diferente... y para poner término a esta situación, que no puede continuar, no veo otra solución que poner en el Ministerio una persona que ofrezca las máximas garantías morales junto a una probada lealtad política.

La política internacional

Nuestra política internacional en los últimos años ha permitido ciertos progresos en nuestras relaciones con el exterior y un avance en la irrenunciable reivindicación de Gibraltar. Sin embargo, la ilusión por obtener rápidamente una definitiva solución a este problema ha ido condicionando imprudentemente nuestra actitud en este campo, llegándose, en algunos aspectos, a actuaciones que pueden calificarse de obcecadas.

No parece necesario insistir en la necesidad de renovar en toda ocasión mediante actos de soberanía, nuestra política gibraltareña y de forzar al máximo el desarrollo socio-económico del Campo de Gibraltar, en orden a invertir cuanto antes los términos comparativos de la situación de la Roca con la de la zona española colindante, pero esto puede y debe hacerse sin producir innecesarios agravios a los gibraltareños y al pueblo y al Gobierno británicos que es quien nos tiene que entregar Gibraltar ya que está descartado el que no vamos a empeñarnos en conquistarlo.

Ahora bien, cifrar toda nuestra actividad diplomática en ganarnos las simpatías de las Naciones Unidas, a quien nadie hace caso cuando no le conviene, para que éstas obliguen a Inglaterra a entregarnos Gibraltar, lo que evidentemente no van a hacer, y a cambio de ello aceptar todo lo que allí se diga en orden a nuestras posiciones en África, me parece un error muy grave. La experiencia de Guinea es bastante significativa. Pudiendo haberlo evitado hemos hecho un daño ya irreparable a unos millares de seres humanos.

Hay otros temas de la mayor importancia que no parecen bien enfocados por el actual Ministro de Asuntos Exteriores: Las relaciones con los Estados Unidos y la política vaticana, que yo entiendo que son pivotes fundamentales de nuestra política exterior, porque, por lo que respecta a Europa poco podemos esperar cuando tenemos a Inglaterra, con sus satélites los países nórdicos, enconada por la cuestión de Gibraltar, a Italia, que no ofrece la más mínima seguridad política, a Alemania que acaba de dar un viraje que nos es claramente desfavorable, y a Francia que se encuentra en el orden político interno en situación similar a la de Italia y cuya política africana está en colisión con nuestros intereses.

Por todo ello, la amistad con los Estados Unidos, Nación la más poderosa económica y militarmente de Occidente, cuya situación política, pese a sus defectos, es mucho más estable que la de Europa y unas relaciones más cordiales con la Santa Sede, constituyen, a mi juicio, los cimientos más firmes en que se debe asentar nuestra política exterior.

Las relaciones con los Estados Unidos han sufrido un visible deterioro, las negociaciones para la renovación de los Acuerdos se llevaron a cabo con notorio desacierto, y, por otra parte, se ha creado en la prensa un cambio peligroso en la opinión pública de signo antiamericano, por no saber medir los riesgos que asumíamos al reaccionar imprudentemente ante una visita de la VI Flota a la base de Gibraltar o ante un editorial del *Washington Post*. No podemos perder de vista que, hoy por hoy, lo que instiguemos a que diga nuestra prensa contra USA tiene una trascendencia extraordinaria, y configura nuestra opinión pública, mientras que lo que diga cualquier diario americano, que nos afecte, no tiene la menor influencia en aquel inmenso país.

Con el soporte del buen entendimiento de nuestras Fuerzas Armadas con el Pentágono y de la necesidad que éste tiene de nuestra cooperación, el mejorar las relaciones con USA puede lograrse utilizando las grandes posibilidades que ofrecen los hombres de negocios norteamericanos que, sin excepción, acrecientan de día en día su admiración y su confianza en el Caudillo, en el Régimen y en nuestra economía. Y, como es lógico, no involucrando sin necesidad nuestro pleito gibraltareño en las relaciones con los Estados Unidos.

En cuanto a la Santa Sede, salta a la vista la necesidad de un cambio de política y de políticos. La Democracia Cristiana de allí y de aquí, y determinadas personas de la Secretaría de Estado, consciente o inconscientemente, no desean otra cosa que un cambio de Régimen y el establecimiento en España de una «democracia» a la italiana. El no ver esto es cerrar los ojos a la realidad y basta seguir paso a paso las actuaciones, las palabras y los silencios habidos en los últimos años, para concluir que, sin un cambio de protagonistas, continuará el deterioro de nuestras relaciones con la Santa Sede, con el grave riesgo, por lo que a la unidad de la Nación española se refiere, de que nuestras gentes, por falta de formación, no sepan distinguir entre las actitudes de la diplomacia vaticana y la autoridad del Papa en materias de fe y de moral. También es digno de tenerse en cuenta que el actual Nuncio está descontento del trato que recibe del Ministro de Asuntos Exteriores.

En resumen, los graves problemas políticos enunciados, aconsejan la sustitución de los siguientes Ministros: Secretario General del Movimiento, Hacienda, Comercio, Información y Turismo y Asuntos Exteriores.

Relevos por motivos de salud

Con independencia de todo lo anterior, hay unos cuantos Ministros, cuya salud no es buena y que, pese a sus largos y meritorios servicios, no se encuentran hoy en condiciones físicas, aunque voluntad no les falte, de mantener en sus departamentos el necesario dinamismo y la debida eficacia.

En quien se advierte de un modo más patente esta pérdida de facultades es en el titular de Departamento tan importante como el del Ejército. Creo que S.E. hace tiempo que piensa en la necesidad de su relevo así como en el del Ministro del Aire cuya salud no es tampoco buena.

Si se cambian estos dos Ministros, considero que sería también conveniente el cambio del de Marina, en primer término, porque siempre, salvo en el caso de la vacante por defunción del General Martín Alonso, el cambio de Ministerios militares ha tenido lugar en los tres Departamentos simultáneamente y además, porque estoy seguro por la razones que diría a S.E. verbalmente de que la Marina vería con satisfacción un cambio en su Ministerio.

Deja también bastante que desear el estado físico del Ministro de la Vivienda, lo que se traduce, pese a su buena voluntad de servicio, en una cierta atonía en la actividad de un Ministerio que tiene que llevar a cabo una de las funciones sociales más importantes del Régimen y que ha de hacer frente a los serios problemas que plantean las grandes concentraciones urbanas, en los que de no actuarse con gran celeridad y acierto podría llegar a producir un colapso. La urgente revisión y simplificación de la Ley del Suelo y de acometer una enérgica política contra la especulación de solares, son otras de las grandes tareas de este Departamento que, de momento, se encuentran en vía muerta.

El caso del Ministro de la Gobernación es particularmente doloroso porque sus incomparables servicios a la Patria en todos los cargos militares y civiles que ha desempañado, así como sus grandes virtudes, en las que sobresalen su patriotismo, su espíritu de servicio y su inquebrantable lealtad a S.E. hacen de él un español ejemplar y de excepción, pero tiene ya 80 años... Precisamente por sus extraordinarios méritos y por el gran afecto y admiración que le profeso, creo que debe evitarse que, a sus años, se vea obligado a permanecer en un puesto de tanto desgaste y de tanta actividad como es el Ministerio de la Gobernación. Considero que antes que el esfuerzo, que su cargo exige y que por su espíritu no ha de regatear, que obliga a una actividad física y mental superior a la que su edad le consienta, acabe produciéndole un grave quebranto, debiera ser relevado con todos los honores y me permito sugerir a S.E. que si dispone su cese, le nombre Capitán General del Ejército, porque nadie podría reunir más méritos para llegar a Príncipe de la Milicia como este General por tantas razones benemérito.

Otra cuestión a tener en cuenta en el caso del relevo del General Alonso Vega es que en gran parte su desgaste en el Ministerio de la Gobernación se debe a sus fricciones con la Secretaría General del Movimiento que son del dominio público y particularmente de los cincuenta Gobernadores Civiles, testigos de mayor excepción del antagonismo existente a lo largo de los doce años y medio que ambos llevan en el Gobierno. La conveniencia de evitar la humillación que en los ambientes políticos y en sus actuales subordinados representaría para el General Alonso Vega que el desenlace de esta pugna fuese su salida unilateral del Gobierno, es otra de las razones que aconsejan el relevo de Solís, cuya falta de seriedad y propensión al enredo hace muy difícil que pueda integrarse en un mismo equipo de Gobierno, incluso con los titulares de aquellos Departamentos que por sus funciones no tienen necesidad de relacionarse frecuentemente con la Secretaría General del Movimiento ni con la Organización Sindical, como es el caso de Silva Muñoz, quien me ha expresado su decidido propósito de no seguir en el Gobierno del que forme parte Solís.

En resumen, el reajuste del Gobierno que, por las razones apuntadas, considero que sería conveniente, afecta a diez Ministros de los que tres (Asuntos Exteriores, Gobernación y Secretario General del Movimiento) llevan casi trece años en sus actuales cargos: el de la Vivienda lleva casi diez; Marina, Aire e Información y Turismo llevan siete y medio; Ejército casi seis y Hacienda y Comercio algo más de cuatro años. La renovación aparecería de este modo ante los españoles como un reajuste normal de los que periódicamente realiza S.E. en atención tanto al desgaste inevitable de las personas como para atender a los problemas del momento, y resolviéndose con ello el «caso MATESA», no podrá nunca pasar a la Historia como la «crisis MATESA», que representaría un estigma para el Régimen, por afectar a más personas de las afectadas por este lamentable asunto.

Madrid, 15 de octubre de 1969.

ÍNDICE DE DOCUMENTOS ANEJOS

ÍNDICE ONOMÁSTICO

A

B

C

CH

D

E

F

G

H

I

J

K

L

LL

M

N

Q

R

S

T

ÍNDICE GENERAL

Este libro se imprimió en los talleres
de Printer Industria Gráfica, sa
Sant Vicenç dels Horts
Barcelona